Karl Röttger

Russische Revue

Karl Röttger

Russische Revue

ISBN/EAN: 9783743333499

Hergestellt in Europa, USA, Kanada, Australien, Japan

Cover: Foto ©ninafisch / pixelio.de

Manufactured and distributed by brebook publishing software
(www.brebook.com)

Karl Röttger

Russische Revue

RUSSISCHE REVUE

MONATSSCHRIFT

FÜR DIE KUNDE RUSSLANDS

Herausgegeben

von

Carl Röttger

II. BAND.

Mit einer Karte von Khiva.

ST. PETERSBURG, 1873
Verlag der Kaiserlichen Hofbuchhandlung **H. Schmitzdorff**
(CARL RÖTTGER)

Inhalts-Verzeichniss.

Seite

Die Reise Katharina's II. nach Südrussland im Jahre 1787.*)

Zweimal hat während der Regierung der Kaiserin Katharina die orientalische Frage, vorzugsweise von Russland auf dem Wege der Eroberungspolitik angeregt, Europa beschäftigt. In zwei Kriegen haben die Pforte und Russland mit einander gerungen und beide endeten mit nicht unbeträchtlichen Erfolgen für Russland. Hatte schon der Frieden von Kutschuk-Kainardschi der letzteren Macht bedeutende Vortheile geboten, so erfolgte einige Jahre später, mitten im Frieden, die Annexion der Krim, welche sowohl die Türkei als auch Europa über die ferneren Absichten Russlands wohl kaum in Zweifel lassen konnte. Es war wie ein permanenter Kriegszustand. Wenn der Türkei nicht noch fernere Verluste an Gebietstheilen bevorstehen sollten, so musste sie sich zu einem Kriege gegen Russland aufraffen.

Ein Blick auf die Karte zeigt, wie systematisch Russland vorgedrungen war. Unter der Kaiserin Anna wurde im Jahre 1739 die Schleifung der türkischen Festung Asow und die Erwerbung eines Gebiets zwischen dem Bug und dem Donez erlangt. Unter der Kaiserin Elisabeth schreitet die Colonisation Neurusslands vor, das zum Theil den Namen Neu-Serbien erhält, von den dorthin übergesiedelten Serben. Im Frieden von Kutschuk-Kainardschi (1774) wurden die Tataren der Krim, der Budshak-Tatarei und im Kuban unabhängig; Russland erwarb Asow, Kertsch, Jenikale, Kinburn, das Recht der freien Schifffahrt durch die Dardanellen, das Recht der Einmischung in die inneren Angelegenheiten der Pforte zu Gunsten der rechtgläubigen Unterthanen des Sultans. Das griechische Project tauchte auf: Russland hoffte die Balkanhalbinsel in eine Secundogenitur für den Grossfürsten Konstantin verwandeln zu können. Russlands hochfliegende Entwürfe wurden immer drohender; die Krim wurde erworben: der Hafen von Ssewastopol bedrohte die türkische Hauptstadt; eine russische Flotte erschien auf dem Schwarzen Meere.

*) Der Verfasser behandelte denselben Gegenstand in russischer Sprache im Juliheft (1872) des „Journal des Ministeriums der Volksaufklärung."

Weder die Pforte noch das westliche Europa konnten geneigt sein, ein so erfolgreiches Fortschreiten der russischen Politik gleichgültig anzusehen. Es war natürlich, wenn die Türkei, von ihren westmächtlichen Bundesgenossen und Rathgebern angefeuert, sich zu einem Kriege gegen Russland entschloss. Es galt, die Krim wiederzuerobern. Russlands Demonstrationen und unzweideutige Entwürfe konnten jede Uebereinkunft, jeden Friedensschluss, jede Grenzregulirung nur als ein Provisorium erscheinen lassen. So schlimm es in der Türkei selbst aussah, so gering auch die Mittel waren, über welche sie verfügte, so vielen Schwankungen selbst die Freundschaft und Unterstützung der Westmächte unterworfen sein mochten – im Jahre 1787 wagte der Sultan es doch wieder einmal, der grossen Kaiserin den Fehdehandschuh hinzuwerfen, den russischen Gesandten in die Sieben Thürme einsperren zu lassen, mit Heer und Flotte zu dem ungleichen Kampfe auszurücken.

Gerade in die Zeit, als derartige Entschliessungen in Konstantinopel reiften, fällt jene vielbesprochene Reise der Kaiserin Katharina in den Süden, welche, als politische Demonstration, den Ausbruch des Krieges wesentlich entscheiden half.—Die Kaiserin unternahm mit ihrem Hofstaat, mit ihren Ministern, mit den Gesandten der auswärtigen Mächte, Englands, Frankreichs, Oesterreichs eine Vergnügungsfahrt nach Chersson, welches damals einen gewaltigen Kriegshafen vorstellte, in die Krim, wo Baghtschissarai, die ehemalige Hauptstadt der Tatarchane, der Kaiserin zu Füssen lag, wo Ssewastopol, der schönste Hafen der Welt, als ein Brückenkopf erschien, um hinüberzuschreiten nach Byzanz,—zum Schwarzen Meere, auf dessen Wogen bereits eine ansehnliche Kriegsflotte bereit war, die Feuerprobe zu bestehen im Kampfe mit den Türken. Die Reise war eine politische Action und zugleich eine Lustpartie von Fürsten und Staatsmännern, ein diplomatischer Congress von Schöngeistern und Salonmenschen, Scherz und Ernst vereinigend; ein Feuerwerk zur Erheiterung und zugleich eine Gewitterwolke, die den nahenden Sturm verkündete, der launige Einfall einer geistreichen und liebenswürdigen Fürstin und zugleich der gewaltige Ausdruck jener eroberungssüchtigen, stolzen Politik, welche Russland und insbesondere die Regierung Katharina's auszeichnete und so oft schon den Westen in Bestürzung versetzt hatte.

Der Darstellung dieser Reise sind die folgenden Blätter gewidmet. Es sind zu derselben zu einem grossen Theile Briefe und Actenstücke verwandt worden, welche erst in der letzten Zeit bekannt geworden sind. Das von dem Geheimschreiber der Kaiserin, Chrapowitzki, für die Veröffentlichung in den officiellen Tagesblättern jener Zeit bestimmte Reisetagebuch ist bereits im Anfang des laufenden Jahrhunderts von den Biographen Katharina's, Kolotow und Lefort, ihrer Darstellung dieser Reise zu Grunde gelegt worden und enthält nur mehr ein trockenes Referat über die Empfangsfeierlichkeiten und Lustbarkeiten während der Reise, über die während derselben von der Kaiserin ertheilten Audienzen, bewilligten Belohnungen und gespendeten Wohlthaten. — Von unvergleichlich grösserem Interesse sind die bereits in der von Smirdin herausgegebenen Sammlung der Schriften Katharina's enthaltenen, so wie in neuerer Zeit in den Editionen der Moskauer Gesellschaft für Geschichte und Alterthümer Russlands, in den historischen Zeitschriften „Russisches Archiv" und „Russlands Vorzeit" abgedruckten Briefe der Kaiserin und anderer Mitreisenden. — Sehr lehrreich sind die von Alfred von Arneth herausgegebenen Briefe Joseph's II., unter denen namentlich die an den Feldmarschall Lacy gerichteten höchst interessante Angaben über die Reise und die russischen Zustände in der Krim enthalten. — Von Witz und Laune sprudelnd sind die Briefe des Fürsten von Ligne, welcher ja ebenfalls zu der Gruppe dieser weltberühmten Touristen gehörte. — Einige nicht unwichtige Bemerkungen finden sich in den vor mehreren Jahren herausgegebenen privaten tagebuchartigen Aufzeichnungen des oben erwähnten Secretärs der Kaiserin, Chrapowitzki. — Eine sehr ansprechende Schilderung der Reise findet sich bekanntlich in den Memoiren des französischen Gesandten, Grafen Ségur. Von dem unmittelbarsten Einfluss auf die in der historischen Literatur über diese Reise herrschenden Vorstellungen war die in Archenholtz' „Minerva" bereits im vergangenen Jahrhundert erschienene, von dem Legationssecretär der sächsischen Gesandtschaft, Helbig, herrührende Biographie Potemkin's, welche als fast alleinige Quelle für die Darstellung dieser Vorgänge von Schlosser, Herrmann, Blum benutzt worden. — Wir sind im Stande, auf Grund mancher minder bekannten und neuerdings in russischen Zeitschriften enthaltenen historischen Materialien jene früheren Darstellungen zu ergänzen und hier und da zu berichtigen.

Bereits einige Jahre vor der Reise ist von einem solchen Vorhaben in den maassgebenden Kreisen die Rede gewesen. Aus dem von

Alfred von Arneth vor wenigen Jahren herausgegebenen Briefwechsel zwischen Katharina II. und Joseph II. ist zu ersehen, dass bereits bei Gelegenheit der Zusammenkunft Beider im Jahre 1780 ein solches Vorhaben in Aussicht genommen worden war. Katharina erinnerte wiederholt den „Grafen Falkenstein" (Joseph) an das ihr damals gegebene Versprechen, einer Einladung nach Chersson zu folgen [1]. Die Einzelnheiten des Reiseentwurfs scheinen im Jahre 1784 festgestellt worden zu sein. In einer Instruction des Fürsten Potemkin an den Brigadier Sinelnikow vom 13. Oktober 1784 finden sich die Vorschriften über die Anzahl der Pferde, welche für den Fall einer solchen Reise auf allen Stationen bereit gehalten werden sollten, über die Haltepunkte, an welchen die Reisenden ihre Mahlzeiten einzunehmen hätten, über die Paläste, welche nach einem dieser Instruction beigefügten Plane aufgeführt werden sollten, über die für das Gefolge der Kaiserin in den verschiedenen Städten vorzubereitenden Wohnungen u. dgl. m. [2]. Auch aus einem Briefe der Kaiserin an Zimmermann vom 1. Juli 1787 darf man schliessen, dass sie sich bereits ein paar Jahre vor der Reise mit dem Gedanken an dieselbe beschäftigt habe. Sie schreibt nämlich, sie begreife nicht, warum so viel Gutes und Schlimmes von dieser Reise gesprochen werde: dieselbe sei schon vor drei Jahren zu dem Zwecke entworfen worden, einen Anfall von Hypochondrie zu heilen, doch sei der letztere durch die Lectüre von Zimmermann's Buch über die Einsamkeit, dessen zweite Ausgabe in jene Zeit fällt, völlig gehoben worden [3].

Im Juni 1784 starb der Günstling der Kaiserin, Lanskoi. In seine Stellung trat bald darauf Alexander Petrowitsch Jermolow. Er bekleidete dieselbe von Anfang 1785 bis Juli 1786, worauf er von dem Grafen A. M. Dmitrijew-Mamonow abgelöst wurde [4]. Nun berichtet Helbig, der Verfasser der in Archenholtz' „Minerva" erschienenen Biographie des Fürsten Potemkin, Jermolow habe, um dem Fürsten Potemkin in der Meinung der Kaiserin zu schaden, die Kaiserin überredet, eine Reise in den Süden zu unternehmen und sich auf diese Weise persönlich über den

[1] Arneth, Joseph II. und Katharina von Russland. Wien 1869. S. 92 und S. 277.

[2] S. d. Schriften der Odessaer Gesellschaft f. Gesch. u. Alterthümer, II. 758.

[3] S. d. Schriften der Kaiserin. von Smirdin herausgegeben. III. 449.

[4] S. d. Tagebuch des Geheimschreibers der Kaiserin, Chrapowitzki, in den Schriften der Moskauer Gesellschaft für Geschichte und Alterthümer Russlands (чтенія), 1862. II. und III. 25. Juni 1784 und 15. Juli 1785.

Misserfolg der Verwaltung des Fürsten zu unterrichten. Ein anderer Zeitgenosse berichtet, Potemkin habe im Hinblick auf die bevorstehende Reise der Kaiserin im Jahre 1784 einen sehr tüchtigen Verwaltungsbeamten, Tutolmin, aus dem Süden, wo derselbe mit grossem Erfolge thätig war, nach Archangelsk versetzt, um die Erkenntlichkeit der Kaiserin, wenn sie selbst kam und befriedigt erschien, mit Niemand theilen zu müssen [5].

Auch im Frühling des Jahres 1786 finden wir die Kaiserin mit Vorbereitungen für die Reise beschäftigt. Sie schrieb am 2. März an den Polizeimeister von Moskau, Archarow, von ihrem Vorhaben, zu Anfang des Jahres 1787 einige Gouvernements zu bereisen und theilte ihm die Einzelnheiten der Reiseroute mit [6]. Am 13. März 1786 erliess der Senat einen Befehl an den Fürsten Potemkin, eine gehörige Anzahl Pferde für die Reise der Kaiserin bereit zu halten, die Orte, an welchen gerastet werden sollte, in Stand setzen zu lassen u. s. w. [7]. Im August 1786 benachrichtigte die Kaiserin den Kaiser Joseph von ihrem Vorhaben und lud ihn ein, mit ihr in Südrussland zusammenzutreffen [8]. Im Oktober schrieb sie an Zimmermann, sie gedenke im Januar in die Krim zu reisen; im December erwähnt sie in einem Brief an denselben, sie hoffe im Juni von ihrem Ausfluge zurückgekehrt zu sein [9].

Es war begreiflich, wenn die Kaiserin den Wunsch fasste, sich durch den Augenschein von den Erfolgen der administrativen Thätigkeit Potemkin's im Süden zu überzeugen. Die zahlreichen Gegner des Fürsten hatten viel Ungünstiges darüber berichtet und hervorgehoben, dass die ungeheuren Summen, welche Potemkin's Verwaltung kostete, als weggeworfen zu betrachten seien. Man hatte der Kaiserin vorgestellt, dass selbst die Annexion der Krim so bedeutender Geldopfer nicht werth sei. Jetzt gedachte sie selbst über die Sachlage zu urtheilen. In einer Unterredung mit dem französischen Gesandten, dem Grafen Ségur, bemerkte Katharina indessen, sie reise nicht zu dem Zwecke, um Städte und Provinzen zu sehen, welche ihr durch Pläne und Ansichten recht wohl bekannt seien, sondern um Menschen zu sehen und ihnen Gelegenheit zu geben, die

---

[5] Blum, ein russischer Staatsmann, II. 476.

[6] Das Russische Archiv, 1864. S. 896.

[7] Die Schriften der Odessaer Gesellschaft. II. 748.

[8] Arneth a. a. O. 277.

[9] Die Schriften Katharina's, III. 447. S. ebenfalls Schreiben an Jerozkin vom 25. November 1786, ebend. III. 355.

Kaiserin zu sehen, sich ihr zu nähern, ihre Klagen vorzubringen; dadurch sollten dann viele Missstände, Ungerechtigkeiten und Mängel abgestellt werden. Sie meinte, allein das Gerücht von einer bevorstehenden derartigen Reise sei geeignet, eine Verbesserung der Lage herbeizuführen [10]. Die Medaille, welche sie zur Erinnerung an diese Reise schlagen liess und welche auf der Rückseite die Karte Russlands aufweist, trägt auf der Vorderseite die Inschrift „Путь на пользу“ (Reise zum Nutzen). Die Kaiserin hoffte durch eine solche Reise ihrem Lande, ihren Unterthanen zu nützen.

Potemkin seinerseits mochte diese Reise der Kaiserin lebhaft wünschen. Hier bot sich ihm eine willkommene Gelegenheit, über seine Feinde zu triumphiren, die Grundlosigkeit der über seine Administration verbreiteten ungünstigen Gerüchte zu beweisen. Er gedachte der Kaiserin den ganzen Süden, die neuerworbene Provinz im allergünstigsten Lichte zu zeigen. Der Reichthum und die Productivität der Steppengegenden, die rasche Entwickelung der neuangelegten Städte, die grosse Menge der Kriegsvorräthe, die Stärke der neugebauten Festungen, die ausgezeichnete Haltung der Truppen, die strategische Bedeutung der neuen Seehäfen, der Zauber der südlichen Natur der taurischen Halbinsel — alles Dieses sollte das Staunen der Kaiserin erwecken, die Gegner Potemkin's entwaffnen, die Bewunderung Europas erregen. Jetzt galt es, dem Westen zu zeigen, über welche Reichsthumsquellen Russland verfügte, welche Machtmittel Potemkin zur Entfaltung gebracht habe. Der Fürst hoffte zugleich als genialer Administrator glänzen und der Pforte und deren Bundesgenossen gegenüber einen Trumph ausspielen zu können. Erfuhr die Welt, was Ssewastopol bedeute, welche gewaltige Flotte russischer Seits das Schwarze Meer zu beherrschen im Stande sei, wie bedeutende Truppenmassen im Süden jeden Augenblick schlagfertig daständen, so konnte damit den Feinden Russlands Furcht eingejagt werden. Europa sollte es wissen, dass es nicht so leicht sei, als bisweilen angenommen wurde, Russland die neuerworbenen Gebiete wieder zu entreissen. Mit der Vergnügungstour war eine politisch militärische Demonstration verbunden. Nicht blos hoffte Potemkin bestehen zu können vor den prüfenden Blicken der Kaiserin; er hoffte zu siegen über seine Widersacher am Hofe, sich in Respect zu setzen bei den Staatsmännern Europas.

---

[10] Ségur. Mémoires et souvenirs III. 56.

Es unterliegt keinem Zweifel, dass die russische Regierung in jener Zeit an die Möglichkeit eines Krieges mit der Türkei dachte. Doch geht Ségur zu weit, wenn er glaubt, Potemkin habe die Reise benutzen wollen, um Katharina zum Bruche mit der Pforte zu veranlassen, sie wenigstens möglichst kriegslustig zu stimmen [11]. Man darf nicht vergessen, dass der Gedanke an ein solches Unternehmen nicht von Potemkin ausgegangen war, Katharina selbst beabsichtigte nicht durch ihre Reise die Pforte zum Kriege zu reizen. Sie mochte einen Krieg für unvermeidlich halten, aber sie durfte nicht wünschen, dass ein solcher schon in der allernächsten Zeit zum Ausbruch gelangte. Es war genug, wenn die Reise ihr Gelegenheit bot, zu erfahren, über welche Streitkräfte sie gebot, falls es einmal wieder zu einem Conflict mit den Türken käme. Hätte die Kaiserin einen zweiten türkischen Krieg in der allernächsten Zeit für wahrscheinlich gehalten, so hätte sie in ihren Briefen an Joseph mehr Gewicht gelegt auf diese Reise, welche mit dem bevorstehenden Kriege in so nahem Zusammenhange stehen sollte. Oesterreichs und Russlands Interessen der Pforte gegenüber waren durch den Vertrag vom Jahre 1781 innig verbunden. Legte die Kaiserin ihrer Reise eine so grosse politische Bedeutung bei, dass dieselbe etwa den Sultan zu einer Kriegserklärung veranlassen sollte, so hätte sie unfehlbar den Kaiser Joseph nicht erst dann von dem bevorstehenden Ausfluge unterrichtet, es nicht in so beiläufiger, gelegentlicher Weise gethan, als schon alle Maassregeln zu der Reise getroffen, der Zeitpunkt für dieselbe schon festgesetzt war. Erinnert man sich des Inhalts der Briefe, welche Katharina mit dem Kaiser seit 1780 in Betreff der Orientalischen Frage gewechselt hatte, so wird man bei der leicht hingeworfenen Weise, mit welcher sie den Kaiser nach Chersson einlud und welche ihn tief verstimmte, nicht daran zweifeln dürfen, dass sie mit der Reise kein bestimmt formulirtes Programm in der auswärtigen Politik verfolgte. Wenn wohl wiederholt in Geschichtswerken, welche diesen Gegenstand berühren, die Ansicht sich findet, dass die Reise den Abschluss eines Bündnisses zwischen Russland und Oesterreich zum Zwecke gehabt habe, so muss man sich erinnern, dass seit 1781 bereits ein solches Bündniss bestand, dass also der Abschluss eines solchen im Jahre 1787 einfach als überflüssig gelten konnte. Der Briefwechsel Joseph's

---

[11] Ségur III. 113.

mit Katharina, dessen Herausgabe ein Verdienst Arneth's ist, belehrt uns darüber, wie Beide in den Jahren 1781 bis 1783 sich lebhaft mit den türkischen Angelegenheiten beschäftigen, während gerade in den, vor der Reise geschriebenen, Briefen Beider die etwa zu erwartenden Verwickelungen im Orient in den Hintergrund treten.

Aus dem erwähnten, von Arneth herausgegebenen Briefwechsel ist zu ersehen, dass Katharina im Anfange der achtziger Jahre kriegslustiger war als Joseph. Als der Letztere ihr angedeutet hatte, dass er zur Vorsicht zu rathen geneigt sei, um einen Conflict zu vermeiden, bemerkte sie, Russland werde nöthigenfalls auch ohne Oesterreichs Hülfe mit der Türkei fertig werden. Dennoch war es, als 1787 die türkische Kriegserklärung erfolgte, von der allergrössten Bedeutung für Russland, dass Joseph II. seinen im Jahre 1781 übernommenen Verpflichtungen nachkam und auch seinerseits der Pforte den Krieg erklärte. Hätte Katharina ihrer Reise für die Frage von Krieg und Frieden grössere Bedeutung beigelegt, — sie hätte ihrem Bundesgenossen von einer solchen Unternehmung in viel ernsterer Weise geschrieben. Während der ersten Tage des Zusammenseins im Süden sprachen Joseph und Katharina so gut wie gar nicht von der Politik, und überhaupt scheinen alle Unterredungen, welche damals stattfanden, in der Meinung Joseph's keine all zu grosse Bedeutung zu haben. Mehr im Scherz als im Ernst berührten Joseph, Katharina, Ségur, Ligne u. A. in ihrer Conversation die orientalische Frage. Es wurde nichts verabredet, was irgend einem neuen Vertrage oder Bündnisse ähnlich sehen konnte. Joseph reiste nach Wien zurück, ohne einen baldigen Ausbruch des Krieges für wahrscheinlich zu halten. Die in Chersson zwischen den, die Fürsten begleitenden Personen gepflogenen Unterhandlungen haben nicht eigentlich den Character eines politischen Congresses. Wenn später der Conflict eintrat, so ist die Veranlassung zu demselben nicht in der Reise der Kaiserin zu suchen, sondern in dem von Potemkin inspirirten Verfahren Bulgakow's in Konstantinopel. Während man in Chersson sich geeinigt hatte, der Pforte gegenüber mit Mässigung und Vorsicht zu handeln, trat Bulgakow sogleich nach seiner Rückkehr nach der türkischen Hauptstadt so herausfordernd auf, dass die Pforte sich zur Kriegserklärung genöthigt sah. Die Haltung Bulgakow's aber entspricht nicht den Absichten der Kaiserin bei Gelegenheit ihrer Reise in den Süden. Bulgakow handelte — darüber kann wohl kaum ein Zweifel bestehen — nicht sowohl unter den

Eingebungen Katharina's als vielmehr unter dem Einfluss Potemkin's und letzterer kann nicht irgendwie als der eigentliche Urheber der Reise Katharina's bezeichnet werden.

Der Glanz und die Pracht der Reise Katharina's erregten das Staunen der Zeitgenossen. Nur Wenige indessen waren geneigt, der Kaiserin in so reichlichem Maasse dasselbe Lob zu spenden, wie Zimmermann, welcher in einem Schreiben an Katharina bemerkt, die Reise lenke die Aufmerksamkeit Asiens und Europas auf sich und biete dem Philosophen ein höchst merkwürdiges Schauspiel. Es erschien ihm bewunderungswürdig, dass Katharina, nachdem sie ihre Unterthanen mit Wohlthaten überschüttet, noch selbst zu sehen gewünscht habe, was etwa noch zu thun übrig bliebe. Er meinte, diese Reise werde allen Theilen Russlands neue Kraft und neues Leben verleihen, die Schlechten würden dadurch in Schrecken versetzt werden, die Tugendhaften in günstigem Lichte erscheinen; die Geschichte, so schliesst Zimmermann sein hochtrabendes Schreiben, werde alle grossen und durch Menschenliebe veranlassten Thaten der Kaiserin aufzeichnen, diejenigen Fürsten aber, welche in träger Ruhe in ihren Palästen zu verweilen liebten, würden mit Zittern aus diesem Beispiele lernen, dass der Ruhm, eine Krone zu tragen, nichtig sei im Vergleich mit dem Ruhm, derselben würdig zu erscheinen [1].

Der Aufwand, mit welchem diese Reise verbunden war, übertraf das gewöhnliche Maass. Man erzählte, Katharina habe für diesen Zweck die Summe von zehn Millionen bestimmt, doch habe dieselbe nicht ausgereicht. Eine solche Ziffer ist nicht irgendwie verbürgt. Die Berechnung der Reisekosten ist schon darum nicht möglich, weil zu den directen Ausgaben während der Reise der Aufwand hinzugerechnet werden müsste, welcher durch Potemkin's grossartige Vorbereitungen für die Reise veranlasst war. Er liess zu dem Ende Wege und Brücken bauen, Paläste aufführen, Gärten anlegen, Märkte veranstalten. Die Geldopfer hierbei sind gar nicht, auch nicht annäherungsweise zu veranschlagen.

In Betreff der Vorbereitungen für die Reise sind u. A. folgende Angaben von Jnteresse: Auf der Strecke zwischen Kaidaki und Chersson (etwa 50 geographische Meilen, ungefähr der siebente

[1] Kolotow, Geschichte Katharina's, St. Petersburg 1811. Bd III. S 69.

Theil der ganzen Entfernung zwischen St. Petersburg und der Krim) mussten auf 25 Stationen nicht weniger als 10,480 Pferde, 5040 Kutscher und 9636 Sättel bereit gehalten werden. Auf denjenigen Halteplätzen, wo keine Paläste aufgeführt werden sollten, mussten erhöhte und bedeckte Bühnen oder Galerien erbaut werden; hier standen Tische mit allerlei Speisen und Getränken. Auf jeder Station hatten mehrere Edelleute über das zahlreiche Personal nebst Pferden die Aufsicht zu führen. Ferner mussten auf jeder Station ein Zimmermann und ein Schmied mit den nöthigen Werkzeugen aufgestellt sein, um sogleich die etwa erforderlichen Ausbesserungen besorgen zu können. Zur Beleuchtung jedes Schlosses, in welchem Katharina nächtigte, mussten 500 Näpfe mit Talg, 10 Laternen und 6 leere Theertonnen vorhanden sein. In jeder Stadt, durch welche die Reisenden passirten, gab es für das Gefolge der Kaiserin fünfundzwanzig vollständig eingerichtete Wohnungen. Alle Schifffahrt auf dem Dnjepr sollte für die Zeit der Reise aufhören, um jeden etwa möglichen Aufenthalt zu vermeiden. Es wurde darauf gesehen, dass alle Ruderer, welche auf dem Dnjepr zur Zeit der Reise erschienen, gut gekleidet wären. Für die Zeit des Aufenthaltes der Kaiserin in Krementschug mussten sehr viele Edelleute mit ihren Familien zur Stadt ziehen, so wie reiche Kaufleute und angesehene Bürger, um den Hof der Kaiserin verherrlichen zu helfen [13]. In allen Städten, welche die Kaiserin berührte, gab es kostspielige Illuminationen und Feuerwerke. Zu beiden Seiten der Strassen, welche die Städte und Dörfer verbanden und welche Katharina passirte, brannten Abends grosse Holzstösse. Alle Wohnungen, welche für die Kaiserin auf der ganzen Route hergerichtet waren, mussten mit ganz neuen Möbeln versehen werden. Bei jeder Mahlzeit wurde neues Tischzeug gebraucht und dann sogleich verschenkt. Als man in Kijew sich drei Monate hindurch aufhielt, wollte Katharina nicht gestatten, dass ihre ausländischen Gäste selbst für ihren Unterhalt sorgten; jeder derselben erhielt für diese Zeit ein vollständiges Haus mit einer grossen Anzahl von Lakaien, Köchen, Kutschern, Equipagen, mit Silber- und Porzellangeschirr, eine Menge Wäsche und bedeutende Vorräthe von kostbaren Weinen zur Verfügung [14].

---

[13] S. d. Schriften der Odessaer Gesellschaft für Geschichte und Alterthümer II. 748, 754. 758.

[14] Ségur III. 10. 57. Von der Erleuchtung der Landstrassen erzählt Ségur: „On avait élevé d'énormes buchers de sapins, de cyprès, de bouleaux, de pins, qu'on livrait

Bis Kijew bedienten sich die Reisenden verschiedener Fuhrwerke. Es waren im Ganzen 14 Wagen, 124 Schlitten und 40 Reserveequipagen [15]. Von Kijew an standen den Reisenden zu der Fahrt auf dem Dnjepr 50 bis 80 grosse, für diesen Zweck erbaute, ausserordentlich elegant eingerichtete und mit allem erdenklichen Comfort und Luxus ausgestattete Galeeren zur Verfügung [16].

Nur heitere Bilder sollten sich der Kaiserin auf ihrer Reise darbieten. Sie sollte sich davon überzeugen, dass Südrussland reich und glücklich sei. Die Ausländer erzählen nicht ohne Ironie von den grossen Volksmassen, welche, zum Theil zwangsweise, an denjenigen Orten erschienen, durch welche Katharina zu fahren hatte. Der Fürst von Ligne berichtet, die Kaiserin habe wohl, auf dieses Menschengewühl blickend, ihre Reisegefährten gefragt, ob der ausländische Schriftsteller Abbé Chappe, welcher Russland eine Wüste genannt hatte, auch bei diesem Anblick wohl seine Behauptung aufrecht erhalten könnte [17]. Da gab es liebliche Gruppen von singenden Landleuten am Ufer und in schön geschmückten Kähnen auf dem Flusse; alle Häuser waren mit Blumen und Kränzen geschmückt; an vielen Stellen sah man am Ufer gewaltige Viehherden; grosse Märkte mit den verschiedensten Waaren, künstlich als momentanes Schauspiel veranstaltet, sollten das Auge der Kaiserin erfreuen. Alles, was einen minder günstigen Eindruck hervorzubringen geeignet war, wurde sorgfältig entfernt. Ein unverdächtiger Zeuge, der bekannte Historiker Fürst Schtscherbatow berichtet, dass bei Gelegenheit der Rückreise der Kaiserin nach St. Petersburg, als in Moskau gerade eine ungewöhnliche Theuerung herrschte, alle Bettler, welche von den Bewohnern Moskaus Almosen erhielten und sich auf diese Weise, wenn auch kümmerlich ernährten, aus der

aux flammes; de sorte que nous parcourions une route de feux plus brillants que les rayons du jour; c'était ainsi que la fière autocratrice du Nord, au milieu des plus sombres nuits, voulait et commandait que la lumière se fît".

[15] Ségur III. 9.

[16] S. Ligne II. 14. Ségur III. 110—111.

[17] Ligne II. 49. Ségur, Tableau historique etc. sagt, es sei vieles „fardé, déguisé" gewesen. „L'obéissance et la curiosité attiraient sur la route une foule de marchands appelés de toutes les provinces, qui donnaient au pays un air de population et au commerce une apparente activité! Partout les pleintes étaient écartées, les hommages multipliés, les acclamations commandées. Toutes les villes offraient par des bals et des illuminations le spectacle de l'allégresse. Le clergé, craignant de perdre ce que lui restait de revenus, ne faisait entendre que la flatterie dans la chaire, destinée au langage de la vérité."

Stadt fortgejagt worden seien, damit der Anblick solcher Bettler das Herz der Kaiserin während ihres Aufenthaltes in der zweiten Hauptstadt nicht betrübe [18]. Einen grellen Gegensatz hierzu bildet Ligne's Erzählung, er habe wiederholt während der Reise der Kaiserin in ihrem Namen mit vollen Händen Goldmünzen unter die Volkshaufen werfen müssen, die den Wagen Katharina's umdrängten [19].

Wie viel Gemachtes, von den Verwaltungsorganen künstlich Veranstaltetes der Reise Katharina's die gewünschte Wirkung sichern sollte, ist u. A. aus einem Actenstück zu ersehen, welches recht eigentlich uns in die ganze Situation einen Einblick gewährt. Es ist ein Befehl des damaligen Gouverneurs der Statthalterschaft von Charkow, Wassilij Tschertkow, welcher erst vor Kurzem durch den Druck veröffentlicht worden ist und eine grosse Zahl von Vorschriften enthält, wie die verschiedenen Elemente der Bevölkerung sich bei Gelegenheit der Durchreise der Kaiserin zu verhalten hätten. So wird bestimmt, in welcher Ordnung alle Würdenträger, die Kreisvorsteher, die Adelsdeputirten und sonstige Beamte, so wie das Publicum sich zum Empfange der Kaiserin aufzustellen hätten. Sehr streng wird befohlen, dass Alle ihre besten Kleider anziehen und die Mädchen mit recht stattlichem Kopfputz und Blumen geschmückt erscheinen sollten. Es erschien so wünschenswerth, dass Niemand in unsauberer oder zerrissener Kleidung, oder gar in betrunkenem Zustande sich den Blicken Katharina's aussetzte, dass in der Verordnung Tschertkow's die diese Punkte betreffenden Ermahnungen und Drohungen nicht weniger als dreimal wiederholt werden. Es wird ferner vorgeschrieben, dass Alle in dem Augenblick der Vorüberfahrt der Kaiserin sich tief bücken sollen; die „besten Einwohner" sollen „Brot und Salz" darbringen; die Frauen und Mädchen aber sollen den Weg der Kaiserin mit Blumen bestreuen und alle Anderen müssen ihr Entzücken durch anständige Handlungen und Begrüssungen ausdrücken". Die ganze Strasse entlang, durch welche der Zug der Reisenden voraussichtlich gehen sollte, mussten, einer ferneren Vorschrift gemäss, alle Häuser frisch gestrichen, alle Dächer und Zäune ausgebessert, an allen Thüren und Fenstern aus Tannenzweigen und Blumen Verzierungen ange-

[18] S. die Schriften der Moskauer Gesellschaft für Geschichte und Alterthümer (чтенія) 1860. I. 130. Schtscherbatow's Aufsatz über die Korntheuerung.

[19] Ligne II. 49.

bracht werden; aus allen Fenstern sollte man möglichst kostbare Stoffe und Teppiche aushängen; ausdrücklich wird gesagt, dass alles dieses in allen auf der Reiseroute gelegenen Ortschaften, auch in den Dörfern geschehen müsse. Alle Musikanten und Kirchensänger mussten mit neuen Uniformen versehen, alle Häuser mit Anstalten zu glänzender Beleuchtung ausgestattet werden. Ueberall mussten „auf alle Fälle“ grosse Theertonnen bereit gehalten werden. Ausser den von der Centralverwaltung vorschriftsmässig geforderten, auf jeder Station bereit zu haltenden Pferden sollten, wie der Gouverneur befiehlt, auf jeder Station nicht weniger als 200 Pferde als Reserve sich befinden. „Ferner hoffe ich“, so fährt derselbe in seiner Verordnung fort, „dass die Herren vom Adel sich bemühen werden, auf jeder Station für den Wagen der Kaiserin zwölf besonders schön und gut eingefahrene Pferde mit gutem Anspann und vier Vorreitern in Bereitschaft zu halten. Die letzteren müssen rothe Jacken mit rothen stehenden Kragen und grünen Rabatten an den Aermeln, weisse Westen und ebensolche Beinkleider, schwarze Mützen haben u. s. f. Ueberall wird, wie ich hoffe, der Adel sich die Ehre geben, die allerhöchste Person der Kaiserin zu bewirthen, und in der Stadt Charkow wird die Kaufmannschaft nicht unterlassen, sich daran zu betheiligen“. Die ganze Bevölkerung, wird ferner vorgeschrieben, soll sich während der Reise der Kaiserin gesittigt betragen, allen Lärm und Zusammenrottungen vermeiden; Niemand dürfe um ein Almosen bitten, Niemand einen Rausch haben; Tag und Nacht sollten in den Städten und Dörfern Wachen patrouilliren, um darauf zu sehen, dass überall Stille, Reinlichkeit und Sicherheit herrsche. Ausserdem hielt der Statthalter es für angemessen, der Bevölkerung ein Gesetz vom 19. Januar 1765 in Erinnerung zu bringen, demzufolge Niemand die Kaiserin mit Ueberreichung von Bittschriften zu behelligen sich erdreisten dürfte, bei Strafe der Verurtheilung zum Soldatenstande, zur Zwangsarbeit, zur Knute und zur Verschickung nach Nertschinsk. Auf das Allerstrengste wurde verboten, auf dem Wege, den die Kaiserin nehmen sollte, derselben entgegenzufahren oder gar in derselben Richtung mit der Kaiserin fahrend, den Wagen derselben zu überholen. Sollte es indessen doch geschehen, dass Fuhrwerke der Kaiserin begegneten, so mussten die Insassen derselben, wenn es ihnen nicht gelang, zeitig in eine Nebenstrasse abzubiegen, sogleich stehen bleiben und aus ihren Wagen steigen. — Allen Stadtverwaltungsbehörden schrieb der Statthalter vor, darauf zu achten, dass keinerlei Preissteigerung, namentlich keine solche von Lebensmitteln und Getränken stattfinde, dass nur solche Lebensmittel zum Verkauf erschienen, welche von tadellosser Beschaffenheit seien, dass die Kaufleute und Krämer reinlich und wohlanständig gekleidet seien, mit unbeschmutzten Schürzen, dass nirgend schmutzige Matten hängen, um irgend etwas zu verdecken, dass in den Schenken zu der Zeit Niemand sich betrinke, in welch letzterem Falle die Inhaber solcher Schenken verhaftet und des Rechtes, einer solchen Schenke vorzustehen, verlustig erklärt, auch wohl je nach Maassgabe der Schuld körperlich gezüchtigt werden sollten, u. dgl. m. [20].

So sollte denn die Kaiserin, wie die Behörden es einrichten zu können hofften, Alles in günstigster Beleuchtung, in gefälligster Form und Farbe sehen. Die unnachsichtliche Strenge, mit welcher obige Verhaltungsregeln eingeschärft werden, zeigt deutlich, dass Wohlstand, Reinlichkeit, Sauberkeit, Nüchternheit, Anständigkeit von den Behörden selbst zu sehr seltenen Ausnahmen gerechnet wurden, während eben diese Behörden die Kaiserin glauben machen wollten, dass solche Erscheinungen eine Regel bildeten. Eine solche Handlungsweise der Administration hat dann zu dem, auch in die historische Literatur übergegangenen Gerücht Anlass gegeben, dass auf dem ganzen Wege der Kaiserin geradezu Theaterdecorationen, Dörfer und Häuser auf Leinwand gemalt, aufgestellt gewesen seien. Wenn man indessen auch eine solche Annahme nicht buchstäblich für wahr halten darf, so wird man aus den oben angeführten Thatsachen doch ersehen, dass das, was die Kaiserin sehen sollte und sah, weit davon entfernt war, dem wirklichen Zustande Russlands zu entsprechen. Sehr Vieles war nur mehr äussere Tünche und nicht geeignet, der Kaiserin einen richtigen Begriff von der eigentlichen Wohlstands- und Culturstufe ihrer Unterthanen zu geben.

Der Fürst von Ligne, welcher viel mehr sah, als Katharina selbst, bemerkt, es sei lächerlich, an die Fabel zu glauben, als seien gemaltes Papier und gemalte Leinwand unterwegs aufgestellt gewesen, aber er giebt zu, dass die Kaiserin, welche nie zu Fusse ging, manche Städte für vollendet hielt, während dieselben „keine Strassen hatten, die Strassen keine Häuser und die Häuser keine Dächer, Fenster und Thüren". Man zeigte, erzählt Ligne, in der Regel der Kaiserin nur solche Häuser, Buden, Regierungsgebäude, welche vollendet

[20] S. d. historische Magazin von Bartenjew, das achtzehnte Jahrhundert. — Moskau 1868. Bd. I. S. 306 ff.

waren und welche, wie die Paläste der Generalgouverneure, deren jeder bei Gelegenheit der Reise der Kaiserin Silbergeschirr für je hundert Personen zum Geschenk erhalten hatte, sich stattlich präsentirten [21].

Der Fürst Schtscherbatow drückt es mit einem nicht zu übersetzenden russischen Bonmot aus, wie die Kaiserin wohl viel gesehen und doch wenig betrachtet habe und wie eben darum ihr Zeugniss und ihr Lob in Betreff des Gesehenen gar nichts bedeute und nur geeignet wäre zu zeigen, dass Monarchen gut thun, nichts zu loben, wovon sie nichts verstehen [22].

Wir werden noch bei der Erzählung des Herganges der Reise Gelegenheit haben wahrzunehmen, dass der äussere Glanz nicht eigentlich der oben erwähnten Medailleninschrift „Путь на пользу" entsprach und gehen jetzt zu der Darstellung der Reise selbst über. Diese zerfällt in folgende Abschnitte: die Winterreise bis Kijew, der Aufenthalt in der letzteren Stadt, die Fahrt auf dem Dnjepr und die Begegnung mit dem Könige von Polen, Stanislaus August Poniatowski und mit dem Kaiser Joseph II, die Reise nach Chersson und in die Krim, die Rückreise nach St. Petersburg.

---

[21] Da dieser Punkt in Betreff der Decorationen geradezu sprüchwörtlich geworden ist und Ligne's Aeusserung geeignet sein dürfte, die hierüber herrschenden Meinungen auf ein gewisses Maass zurückzuführen, so setzen wir die ganze Stelle aus dem Schreiben des Fürsten her: „Je sais qu'il n'est pas à la mode de croire ni les voyageurs, ni les courtisans, ni le bien qu'on dit de la Russie. Ceux même d'entre les Russes, qui sont fachés de n'avoir pas été avec nous, prétendront qu'on nous a trompé et que nous trompons. On a déjà répandu le conte ridicule qu'on faisait transporter sur notre route des villages de carton de cent lienes à la ronde; que les vaisseaux et les canons étaint en peinture, la cavalerie sans chevaux. . . . Je sais trés-bien ce qui est escamotage; par exemple l'impératrice qui ne veut pas courir à pied comme nous, doit croire que quelques villes pour lesquelles elle a donné de l'argent, sont achevées, tandis qu'il y a souvent des villes sans rues, des rues sans maisons et des maisons sant toits, portes ni fenêtres. On ne montre à l'impératrice que les boutiques bien bâties en pierres, et les colonnades des palais des gouverneurs-généraux, à quarante deux desquels elle a fait présent d'une vaisselle d'argent de 100 couverts. On nous donne souvent dans les capitales des provinces des soupers et des bals de deux cents personnes. Les fourrures, les chaines d'or des femmes de marchands, et les espèces de bonnets grenadiers ornés de perles annoncent la richesse etc. — Aus Tula. Oeuvres du prince de Ligne, 1860. II. 49.

[22] Монархиня видѣла и не видала и засвидѣтельствованіе и похвала ея суть тщетны, самымъ дѣйствіемъ научающія монарховъ не хвалить того, чего совершенно сами не знають. «Чтеніе Моск. Общ.» 1860. I. 80.

Unter den Personen, welche die Kaiserin auf ihrer Reise begleiteten, waren die bedeutendsten: der französische Gesandte, Graf Ségur, der englische Gesandte Fitz-Herbert, der kaiserliche Gesandte, Graf Cobenzl, der Kanzler Graf Besborodko und der damalige Günstling der Kaiserin, Graf A. M. Dmitrijew-Mamonow. Katharina hatte den Wunsch gehegt, auch den Grossfürsten Konstantin, welcher damals acht Jahre zählte, mitzunehmen, doch erkrankte derselbe kurz vor der Reise und musste in St. Petersburg zurückgelassen werden [23]. Katharina hatte sich bereits wiederholt mit dem Gedanken beschäftigt, diesen ihren Enkel dereinst auf dem Throne von Byzanz zu erblicken. Ségur bemerkt, es habe den Unmuth der Kaiserin erregt, dass sie nun verhindert war, den Grossfürsten an die Grenze des ihm bestimmten Reiches mitzunehmen [24].

Die Reise begann in der kältesten Jahreszeit, am 6/17. Januar, von Zarskoje-Sselo aus. Dorthin hatte die Kaiserin die Gesandten Englands, Frankreichs und Joseph's II. aufgefordert; dort war noch am Vorabend der Reise der kleine Hofcirkel bei Katharina versammelt, welche, verstimmt durch ein vorübergehendes Unwohlsein Mamonow's und durch die Erkrankung des Grossfürsten, sich früher als sonst in ihre Gemächer zurückzog.

In den Morgenstunden brach man auf. Die vornehmsten Reisenden fuhren in vierzehn, auf Schlitten gesetzten, mit allen Bequemlichkeiten ausgestatteten Wagen. Alle waren in prächtige Zobel-, Bären- und Biberpelze gehüllt. Katharina hat sich mit ihrem Günstling in diesem stattlichen Reisekostüm malen lassen. Einen Stahlstich, das Portrait der Kaiserin darstellend, hat Ségur dem dritten Bande seiner Memoiren beigefügt [25]. Während der ganzen Fahrt befand sich in dem Wagen der Kaiserin stets Fräulein Protassow, das Kammerfräulein der Kaiserin, und der Graf A. M. Dmitrijew-Mamonow.

---

[23] Castera, vie de Cathérine II. Bd. II S. 123 „Depuis longtemps Cathérine avait résolu de se rendre en Crimée et de conduire son petit fils Constantin jusqu'aux portes de l'Empire d'Orient qu'elle lui destinait."

[24] Ségur, III. 5. bemerkt. einem früheren Plane zufolge hätte auch der Grossfürst Alexander an der Reise theilnehmen sollen. Beide Knaben wurden für die Zeit der Abwesenheit der Kaiserin der Obhut Ssaltykow's anvertraut. Laharpe arbeitete einen Studienplan für die beiden Grossfürsten aus. Die Kaiserin zeigte denselben zur Begutachtung dem englischen Gesandten Fitz-Herbert, welcher sich lobend darüber aussprach. S. das „Russische Archiv" 1864. S. 958.

[25] Das Original von Katharina's Bild befand sich bei Mamonow; s. über diese Bilder die Notiz Kişselew's über den Sohn Mamonow's im „Russischen Archiv" 1868 S. 90.

Ausserdem wurde bald der eine, bald der andere der übrigen Reisenden, namentlich aber die obengenannten Diplomaten aufgefordert, der Kaiserin in ihrem Wagen Gesellschaft zu leisten. Obgleich es empfindlich kalt war — bei der Abreise zeigte das Thermometer 17 Grad Frost und die Kälte stieg später auf 20 bis 25 Grad — litten die Reisenden nicht von der niedrigen Temperatur. Die Schlittenbahn war ausgezeichnet. Die Ausländer waren überrascht durch das ausserordentlich schnelle Tempo beim Fahren, über die verschwenderische Beleuchtung der Landstrasse während der Abendstunden. Man lebte sehr regelmässig während der Reise. Die Kaiserin pflegte um 6 Uhr Morgens aufzustehen, mit Besborodko, Chrapowitzki u. A. zu arbeiten, worauf sie frühstückte und die ausländischen Gesandten empfing. Um 9 Uhr pflegte man aufzubrechen. Die Fahrt wurde dann bis 2 Uhr fortgesetzt, wo man anhielt, um zu speisen. Nach Tische reiste man wieder bis gegen 7 Uhr Abends, wo man dann ein für diesen Zweck hergerichtetes Schloss erreichte. Hier erschien dann Katharina von ihren Mitreisenden umgeben, scherzte und spielte besonders liebenswürdig mit den Gesandten, zog sich in der Regel gegen 9 Uhr zurück und arbeitete dann noch ein Paar Stunden, ehe sie sich zur Ruhe begab. Für die Kaiserin selbst waren überall Schlösser und prächtige Häuser zum Empfange hergerichtet; die Gesandten und anderen Personen des Gefolges erhielten in den Städten, durch welche man reiste, bequeme Wohnungen bei reichen Einwohnern. In den Dörfern richtete man sich, so gut es eben gehen wollte, in den Bauernhäusern ein.

Sowohl im Wagen der Kaiserin als auf den Halteplätzen war die Unterhaltung meist lebhaft, geistreich und witzig und bewegte sich auf den allerverschiedensten Gebieten. Da gab es politische Winke und diplomatische Andeutungen, Bonmots und Verse, Calembours und Anekdoten. Man sprach von Mythologie und Geschichte, Literatur und Philosophie, Statistik und Landwirthschaft, erzählte einzelne Züge aus dem Leben Voltaire's, Diderot's, Mercier de la Rivière's und anderer Grossen der französischen Literatur. Abends spielte man Karten oder gab Räthsel und Charaden auf. Ségur zeichnete sich im Dichten von bouts-rimés aus; Fitz-Herbert glänzte durch geistreiche und tiefe Bemerkungen, die er mit englischem Phlegma, aber nicht ohne einen Anflug von Sentimentalität vortrug; Cobenzl, einer der Vertreter der principlosen Vergnügtheit, an denen jene Zeit bis 1815 besonders reich war, that sich durch stets gute Laune hervor, durch unverwüstlichen Humor, durch sein Talent

Abendgesellschaften mit allerlei drolligen Einfällen zu unterhalten, lebende Bilder zu insceniren u. dgl. m. Die Gesandten reisten ohne ihre Büreaux, ohne ihre Secretaire, nur von einigen Dienern begleitet. Die Geschäfte sollten ruhen, die Etikette schien in ihren strengsten Formen beseitigt zu sein, das Hofceremoniell war auf ein Minimum beschränkt. Man schwelgte in dem Genusse der Umgangsformen, in dem Zauber der Conversation, welche Talleyrand, einer der grössten Meister in dieser Kunst, als das grösste Glück pries, das dem Menschen in diesem Leben zu Theil werden könne. Aus den Memoiren Ségur's, den Briefen de Ligne's, den Bemerkungen Katharina's kann man ersehen, welche ausgezeichnete Anlagen die Reisenden für einen solchen Genuss mitbrachten.

Mit unnachahmlichem Tact verstand es Katharina die Conversation zu leiten, zu beleben, die übermüthigen Einfälle de Ligne's, der in Kijew sich zu den Reisenden gesellte, die gern in das Frivole, Equivoque hinüberschweifenden Anekdoten Ségur's in gewissen Schranken zu halten. Mit grosser Geschicklichkeit verstand sie es, über Russland, russische Verhältnisse, russische Politik zu reden, Alles in günstigstem Lichte darzustellen. Mit Beredtsamkeit schilderte sie den angeblichen Volkswohlstand im Wolgagebiet, welches sie auf einer früheren Reise besucht hatte, die Fruchtbarkeit des Bodens, die Ertragsfähigkeit der Fischereien, die Leichtigkeit, unter so günstigen Bedingungen zu verwalten, zu reformiren, zu regieren. Je genauer sie davon unterrichtet war, dass man im Westen die russischen Zustände sehr ungünstig beurtheilte, desto mehr war sie bemüht, wenigstens das Urtheil der Gesandten günstiger zu stimmen. Mit studirter Bescheidenheit nannte sie ihr grosses Reich wohl „ihren kleinen Haushalt“ [26].

Die Gesandten schienen entzückt; sie überhäuften die Kaiserin mit Lobsprüchen darüber, dass es ihr so schnell gelungen sei, die rohen Sitten ihres Volkes zu mildern, die Cultur Russlands zu heben. Daran knüpften sich dann Erörterungen über Russlands Geschichte; man sprach über Peter den Grossen, die Kaiserin Anna, über Biron. Von Peter, dessen Bildniss die Kaiserin stets bei sich hatte, sagte

[26] „Comment trouvez vous mon petit-ménage? N'est il pas vrai qu'il se meuble et s'agrandit peu à peu? Je n'ai pas beaucoup d'argent, mais il me semble qu'il n'est pas mal employé“. Ségur, III. 23. Ebenso bei de Ligne III. 15. 16.

sie, dass dies geschehe, damit sie stets sich fragen müsse, was jener grosse Monarch an ihrer Stelle gethan, gedacht, verboten, gestatte haben würde [27].

Und doch, sagt Ségur, wäre in allem Diesem nichts natürlich, Alles geschminkt, officiell, geschraubt gewesen. Man habe mehr Theater- als Reiseeindrücke gehabt; statt zu beobachten, sei man beobachtet worden; in dem Rausch von Festen, Bällen, Ovationen habe man keine Zeit gehabt zu ruhiger Ueberlegung, zur Sammlung. Russland erschien den Reisenden wie durch eine Zauberlaterne magisch beleuchtet, kaleidoskopisch, buntschillernd. Alle Eindrücke waren künstlich berechnet; die Ungezwungenheit eine gezwungene; obgleich man erklärt hatte, die Etikette sei beseitigt, behauptete sich dieselbe. Man war im Wagen der Kaiserin oder auf einer beliebigen Station dasselbe, was man in dem kleinen Hofcirkel der Eremitage oder im Lustschlosse von Zarskoje-Selo gewesen war. Dieselben Personen, welche während der Reise in scheinbarer Unbefangenheit scherzten und allerlei Kurzweil trieben, mussten dazwischen denn doch immer wieder an einen etwa bevorstehenden Bruch Russlands mit der Pforte, an die in Frankreich sich vorbereitende Krisis, an die Intriguen Englands und Frankreichs in ihren Beziehungen zu einander, an das Streben Friedrich Wilhelm's II., einen entscheidenden Einfluss in Europa zu gewinnen, denken. Jeder fühlte sich als der Vertreter ganz bestimmter politischer Interessen; Jeder empfand die Verantwortlichkeit für jedes Wort, das gesprochen wurde. Nur äusserlich feierte die Politik. In fast Allem war politische Tendenz, diplomatische Berechnung, das Streben, einander zu durchschauen, zu beeinflussen. Schmeicheleien und Lobsprüche, Winke und Andeutungen, ein Brillantfeuerwerk von witzigen Einfällen, von gelegentlichen Aperçus — alles Dieses waren Waffen in dem Kampfe politischer Interessen; wie ein rother Faden zieht sich der Gedanke an die Hauptfragen der europäischen Politik durch das Quodlibet von pikanten Spielereien hochstehender historischer Personen, welche sich ebensosehr der geistreichen Causerie als dem Ernst der Geschäfte gewachsen zeigten.

Diese Plaudereien wurden unterwegs von den Feierlichkeiten unterbrochen, welche mit dem Erscheinen der Kaiserin in den verschiedenen Städten verbunden waren. Es gab Reden und Adressen, Audienzen, Illuminationen, Festzüge. In Nowgorod-Sjewersk wurde

---

[27] de Ligne, III. 17.

ein glänzender Ball gegeben; ein prächtiges Mittagessen veranstaltete der Feldmarschall Graf Rumjanzow, bei welchem die Kaiserin auf dessen Gute Wischenki einige Stunden verweilte. Einige Tage verbrachte man in Ssmolensk, wo unaufhörlich eine unübersehbare Menschenmenge das Haus umgab, in welchem Katharina wohnte. Auf diese Massen blickend, sagte sie lachend: „Auch wann ein Bär gezeigt wird, läuft das Volk in hellen Haufen zusammen“ [28].

Eine derjenigen Reden, welche an die Kaiserin gerichtet wurden, zeichnet sich durch ganz besonders gespreizte Rhetorik aus. Sie wurde in Mstislawl von einem Geistlichen gesprochen, welcher bemerkte, es sei wohl bewiesen worden, dass die Erde um die Sonne kreise; die Sonne der Russen dagegen bewege sich um ihre Trabanten zu dem Wohle der letzteren; auf der Reise der Kaiserin vom baltischen Meere bis zum Pontus Euxinus würden alle Unterthanen erwärmt von dem Strahle der Gnade Katharina's; wie die Pflanze sich dem Lichte zuwendet, so wendeten sich Aller Blicke der Kaiserin zu; mit Riesenschritten solle die Kaiserin ihre Reise fortsetzen, nur dem Abend ihres Lebens solle sie nicht rasch zueilen. In diesem Falle würden Alle flehen: die Sonne solle stehen bleiben, bis alle Feinde besiegt seien u. s. w. [29].

Die Reise von St. Petersburg über Luga, Porchow, Welikije-Luki, Uswjat, Poretschje, Ssmolensk, Mstislawl, Tscherikow, Propoisk, Tschetschersk, Starodub, Nowgorod-Sjewersk, Mischenki, Ssosniza, Beresna, Tschernigow, Njeshin, Kosary, Koselez nach Kijew nahm 23 Tage (vom 6. bis 29. Januar) in Anspruch.

Der Aufenthalt in Kijew dauerte nahezu drei Monate, vom 29. Januar bis zum 22. April. Katharina schrieb an Jerozkin: „Mit unserer Ankunft in Kijew haben wir den fünften Theil unserer Reise vollendet und zwar den anstrengendsten. Wenn Gott uns gesund erhält, so werden wir hier ausruhen und das Aufgehen der Flüsse hier erwarten, wo man bisweilen schon im März zu pflügen beginnt“ [30].

Der Eindruck, welchen Kijew auf die Kaiserin machte, war kein günstiger. Das ganze Gebiet, dessen Verwaltung dem Feldmarschall Grafen Rumjanzow anvertraut war, bot eine weniger glänzende

[28] Chrapowitzki, 17. Januar 1787.

[29] S. d. Memoiren Engelhardt's S. 61.

[30] S. d. Schriften Katharina's, III. 335 ff.

Aussenseite, als manche andere Gegenden, durch welche die Kaiserin auf ihrer Reise gekommen war. Die Häuser in den Dörfern erschienen unanschnlich; die Strassen in Kijew waren unsauber und schlecht gepflastert; die Gebäude waren in schlechtem Stande und zeugten von wenig Geschmack. Unmuthig bemerkte Katharina, dass man es in Kijew an dem Aufputze hatte fehlen lassen, welcher anderswo zum Empfange der Kaiserin, selbst in kleinen Städten, ein so freundliches Bild geboten hatte. Sie trug dem Grafen A. M. Dmitrijew-Mamonow auf, dem Feldmarschall ihre Unzufriedenheit auszudrücken. Mamonow entledigte sich dieses Auftrages in möglichst zarter Weise, indem er dem Grafen Rumjanzow sagte, die Kaiserin habe erwartet, Kijew in besseren Stand gesetzt vorzufinden. Rumjanzow hörte diese Bemerkung ruhig an und erwiderte: „Sagen Sie Ihrer Majestät, dass ich Feldmarschall bin; meine Sache ist es, Städte zu nehmen, nicht Städte zu bauen und noch weniger Städte aufzuputzen“ [31]. Die Kaiserin soll, nachdem sie von dieser Aeusserung Rumjanzow's erfahren hatte, bemerkt haben: „Er hat Recht; mag Rumjanzow fortfahren, Städte zu nehmen; ich dagegen werde mir angelegen sein lassen, Städte zu bauen“ [32].

Auch Ségur bemerkte den auffallenden Gegensatz zwischen der Physiognomie der von Rumjanzow verwalteten Gouvernements und derjenigen anderer Provinzen. Als Ursache eines solchen Contrastes bezeichnet Ségur eine Intrigue Potemkin's, welcher den Grafen Rumjanzow ohne die Geldmittel liess, die zur Instandsetzung der von ihm verwalteten Gebiete erforderlich waren. Je weniger Pracht und Comfort, je weniger Wohlstand und Stattlichkeit Katharina in Kijew fand, desto mehr Anerkennung musste sie später, wenn sie sich in Potemkin's Statthalterschaft befand, der allerdings weit kostspieligeren Verwaltung des Fürsten zollen. Potemkin beutete seine Machtstellung aus, um seinem Gegner, dessen Ruhm ihm verhasst war, zu schaden und sein eigenes Licht um so heller leuchten zu lassen [33].

Katharina machte sich das Vergnügen, jeden der Gesandten zu fragen, wie ihm Kijew gefalle. Der stets zu hohlen Phrasen und Schmeicheleien bereite Cobenzl antwortete: „Majestät, ich habe nie eine Stadt gesehen, die schöner, prächtiger, grossartiger wäre, als

---

[31] Erzählung des Sohnes Mamonow's in dessen Memoiren. S. das „Russische Archiv“ 1868. S. 90. 91.

[32] Ségur, Tableau hist. S. 87.

[33] Ségur, Mém. III. 54.

Kijew". Fitz-Herbert bemerkte offenherzig: „Aufrichtig gestanden: das ist ein trauriger Ort; man sieht nur Trümmer und elende Hütten". Mit Feinheit sagte Ségur: „Majestät, Kijew bietet die Vergangenheit und die Zukunft einer grossen Stadt"[34].

Katharina, für welche übrigens ein Palast vollständig eingerichtet worden war, suchte den Mängeln der Stadtverwaltung in Kijew abzuhelfen. Sie wies u. A. beträchtliche Summen an zur Ausbesserung der Kirchen und zum Aufbau verschiedener öffentlicher Gebäude [35]. Am 21. April schrieb sie an Zimmermann: „Kijew hat eine landschaftlich sehr schöne Lage. Von der früheren Herrlichkeit sind nur die Kirchen erhalten. Die vier Theile der Stadt, welche auf Hügeln und im Thal liegen, sind sehr umfangreich, aber nur unvollkommen ausgebaut. Nie hat hier ein solcher Mangel an Wohnungen bestanden, wie zur Zeit meiner Anwesenheit. Die Zahl der hier anwesenden Fremden ist enorm" [36].

In der That gab es ein furchtbares Gedränge in Kijew. Sehr farbenreich schildert Fürst de Ligne das bunte Durcheinander von Staatsmännern und Militärs, Adel und Geistlichkeit, Polen, Kaukasiern und Andern, welche die Kaiserin umgaben. Er bemerkt, Ludwig XIV. mit seiner Prachtliebe hätte leicht neidisch werden können, wenn er den Hof Katharina's in Kijew gesehen hätte [37].

Besonders viele Polen kamen nach Kijew, um die Kaiserin und den Fürsten Potemkin sich günstig zu stimmen. Sie glänzten durch ihren Reichthum und grossen Aufwand, durch ihre Gastfreundschaft und durch zahlreiches Gefolge. Allein Schtschensny-Potocki hatte in Kijew ein Gesinde von nicht weniger als zweihundert Köpfen [38]. Es kamen der Grossgeneral Branicki, die Lubomirski's, Sapieha u. A. Besonders wohlwollend wurde Schtschensny - Potocki von der Kaiserin empfangen. Potemkin stand in näherer Beziehung zu Branicki. Es waren die verschiedenen Parteien der Polen vertreten. Die oben genannten gehörten zu der Opposition auf dem Reichstage. Aber auch die Neffen des Königs Stanislaus August Poniatowski be-

[34] Ségur. Mém. III. 54.

[35] S. d. vollständige Gesetzsammlung No. 16529.

[36] Kolotow. III. 105.

[37] Oeuvres du Prince de Ligne II. 8.

[38] Kostomarow, die letzten Jahre der Republik Polen in der Zeitschrift „Вѣстникъ Европы" 1869. April. S. 620. — Herrmann, nach Essen's Depeschen. Castéra I, 124.

fanden sich in Kijew und wurden der Kaiserin vorgestellt [39]. Tatarische, Kalmückische, Kirgisische Gäste umdrängten die Kaiserin zugleich mit den Vertretern Westeuropas. Scherzend schrieb Katharina am 8. März 1787 an Ssaltykow: „Täglich treffen neue Gäste bei uns ein und zwar nicht blos aus der Umgegend, sondern auch aus den mittäglichen Völkern stammende. Nennen Sie irgend ein beliebiges Volk und wir werden Ihnen sogleich eine Probe davon aufweisen können; ich habe noch nie so viele verschiedene Menschen gesehen, obgleich ich doch gewöhnt bin, mit den Vertretern von allerlei Nationalitäten zusammenzukommen". Einige Tage später schreibt sie: „Wir haben hier vier spanische Granden, die deutschen Reichsfürsten sind hier zahllos, an Polen giebt es eine Unmasse, ferner Engländer, Amerikaner, Franzosen, Deutsche, Schweizer; Seiten lang könnte man schreiben, ohne das Verzeichniss zu erschöpfen; nie habe ich so viele Ausländer gesehen; sogar die Kirgisen sind erschienen, und Alle leben in Hütten; es ist unbegreiflich, wie noch Alle Platz finden." [40] An Zimmermann schrieb die Kaiserin: „Die Zahl der Angereisten ist sehr gross. Es ist schwer zu errathen, was denn Alle veranlasst hat herzukommen, weil man doch nicht annehmen kann, dass Alle den Zeitungen Glauben schenkten, welche mit aller Gewalt meine künftige Krönung in Taurien oder hier meldeten, woran ich auch nicht im Entferntesten gedacht habe." Es war, wie Ségur bemerkt, als seien die Vertreter der orientalischen Völker herbeigeeilt, um die neue Semiramis die Huldigungen des Abendlandes entgegennehmen zu sehen. Wie auf einem Zaubertheater sah man in engster Mischung Alterthum und Neuzeit, Barbarei und Civilisation, die merkwürdigsten Gegensätze in Sitten und Formen, in Physiognomien und Sprachen, in Costümen und Geberden.

Die Kaiserin veranstaltete in ihrem Palaste häufig Gesellschaften. Da gab es unter anderem einen von fünfhundert Personen besuchten Ball [41], kleine Diners im Kreise der Gesandten, welche mehrmals wöchentlich bei der Kaiserin zu speisen pflegten. Besondere Pracht wurde bei dem Besuche der Kaiserin im Höhlenkloster entfaltet, und bei dem Gottesdienst am Ostersonntag [42]. Es gab vielerlei Zer-

[39] Chrapowitzki's Tagebuch, am 7. und 11. März 1787.

[40] „Russisches Archiv" 1864. S. 957. 958.

[41] Ségur. III. 55.

[42] Schreiben Katharina's an Jeruzkin vom 26. Februar 1787. Tagebuch Chrapo-

streuungen. Man spielte Billard, machte Verse. Besonders häufig versammelte man sich in Cobenzl's Wohnung, welche besonders geräumig war und, wie Ségur bemerkt, die Bezeichnung „café de l'Europe", hätte erhalten können. Bald gab es ein glänzendes Feuerwerk, welches, wie de Ligne erzählt, 40,000 Rubel kostete[43], bald einen Ball bei dem Grafen Cobenzl zur Feier des Namenstages Joseph's II.[44]. Die Kaiserin studirte in dieser Zeit die Schriften Blackstone's, welche das englische Staatsrecht betreffen, war in der Gesetzgebung u. A. in Betreff der Zweikämpfe thätig, beobachtete die ausländischen Gesandten, suchte womöglich ihre in das Ausland abzusendenden Briefe kennen zu lernen, correspondirte fleissig und beschäftigte sich gelegentlich mit der orientalischen Frage.

Unter den Ausländern, welche nach Kijew kamen, waren die hervorragendsten: Dillon, Lameth, Nassau-Siegen und der Fürst von Ligne. Lafayette wurde erwartet, konnte indessen nicht erscheinen, weil er an der Nationalversammlung theilnehmen musste. Katharina bedauerte sehr, den berühmten Helden des amerikanischen Freiheitskrieges nicht kennen lernen zu können. — Der Prinz von Nassau-Siegen war erst vor Kurzem in russische Dienste getreten. Ein grosser Ruhm ging ihm voraus. Er kämpfte später mit abwechselndem Glücke im türkischen und schwedischen Kriege und wurde in Spanien und Frankreich bei den Emigranten als Diplomat verwendet und zeichnete sich überall durch persönliche Tapferkeit und Unternehmungslust aus.

Zu den interessantesten Figuren des Hoflagers der Kaiserin in Kijew gehörte unstreitig der Fürst von Ligne, welcher damals 52 Jahre zählte, aber jünger erschien; sprudelnd von Witz und Humor, reich an drolligen Einfällen, gutmüthig, Alle neckend, aber harmlos und gemüthlich, geistreich, ohne Grundsätze, ein Bild der hohen Gesellschaft jener Zeit, ritterlich und tapfer, brauchbar im Kriege wie im Salon, zu ungründlich zum Feldherrn, zu flach zum Staatsmann, unübertrefflich als Gesellschafter und Correspondent. Er konnte als eine militärische Celebrität gelten: zehn Feldzüge hatte er bestanden, zwölf Schlachten mitgemacht. Er hatte etwas Cosmopolitisches und war, wie er selbst sagte, Franzose in Oesterreich, Oesterreicher in Frankreich, Beides in Russland und fand darin ein

---

witzki's vom 18. Februar. Memoiren des Grafen Komarowski in dem historischen Magazin, herausgeg. v. P. Bartenjew, das achtzehnte Jahrhundert, I. 317.

[43] Oeuvres II. 10.

[44] Chrapowitzki a. a. O.

Mittel überall zu gefallen und seine Unabhängigkeit zu wahren. Er gab zu, dass er nichts von den Geschäften verstehe, und nannte sich einen „diplomatischen Jockey“, der zum Tross der Armeen und Gesandtschaften gehöre, einen Rathgeber auf Reisen, einen Quasilegationssecretär. Er verglich sich mit den Günstlingen, Maitressen und Beichtvätern, welche Einfluss ausübten, ohne irgendwie verantwortlich zu sein [45].

Katharina sagte von ihm, unter der Maske der Frivolität sei in ihm der scharf und richtig urtheilende, tief denkende Philosoph verborgen gewesen [46]. Ségur, von dem Talente de Ligne's entzückt, bedauerte, dass solche Grazie in der Unterhaltung, so viel Urbanität und Gewandtheit immer seltener und seltener angetroffen werde. Seine Ankunft in Kijew, erzählt Ségur weiter, sei von durchschlagender Wirkung gewesen. Er habe Frische und Bewegung in das etwas langweilige Hofleben gebracht, allen Vergnügungen einen neuen Aufschwung gegeben; er war unerschöpflich im Erzählen von Anekdoten, im Recitiren von allerlei Liedern und Epigrammen; seine oft beissenden Witze hatten doch nichts eigentlich Verletzendes; spielend verstand er es, seinen Madrigalen und Charaden ein wenig Politik beizumengen. Obgleich seine Lustigkeit bisweilen zur Ausgelassenheit wurde, konnte er doch beim Klappern und Klingen seiner Narrenkappe manche tiefe, treffende, Moralpredigt halten. Er war Höfling aus Gewohnheit, Schmeichler mit System, gut von Character, Philosoph von Geschmack, Alle möchten ihn gern leiden [47]. Mit grosser Liebenswürdigkeit verbesserte er Katharina in ihrer Aussprache des Französischen [48], scherzte er über die Hypochondrie Cobenzl's und Ségur's [49], machte mehr oder weniger gewagte Spässe über Alle und brachte Abwechselung in die Einförmigkeit, welche in den Hofkreisen herrschte.

Als die bedeutendsten unter den Russen, welche nach Kijew gekommen waren, konnten Ssuworow, Kamenski, der russische Gesandte in Polen, Graf Stackelberg, und Potemkin gelten. Der letztere bildete gewissermaassen einen Gegensatz zum Fürsten von Ligne, indem er sich durch Unliebenswürdigkeit, Mangel an Feinheit, üble Laune hervorthat. Er hatte lange auf sich warten lassen, indem er in seiner

---

[45] Oeuvres II. 39. 56. 252. 257. 313.

[46] Tagebuch Chrapowitzki's. 18. Mai 1787.

[47] Ségur Mém. III. 71.

[48] Oeuvres du Pr. de Ligne, III. 20.

[49] S. d. komischen Einfall in den Memoiren Ségur's III. 74.

Statthalterschaft, dem eigentlichen Süden, beschäftigt gewesen war, Alles zum Empfange der Kaiserin und für die Reise auf dem Dnjepr vorzubereiten. Sobald er endlich in Kijew angelangt war, erschien er, obgleich allerseits gehasst und gefürchtet, doch von einem Haufen von Schmeichlern umgeben. Er hatte seine Wohnung in dem Höhlenkloster aufgeschlagen und ertheilte Audienzen in der Haltung eines Veziers in Konstantinopel, Bagdad oder Kairo. Eine unheimliche Stille herrschte um ihn her. Seine bizarre Art äusserte sich u. A. darin, dass er bald im glänzendsten Staat und Schmuck erschien, bald halbnackt und unbehost, mit ungeordnetem Haar, in Pantoffeln auf einer Ottomane liegend die grössten Würdenträger des Reiches oder des Auslandes empfing, wobei er höchst selten Jemand zum Sitzen aufforderte. Asiatischer Hochmuth, bengelhafte Nonchalance, Menschenverachtung waren der Grundzug seines Wesens. Mit eisiger Kälte behandelte er den Grafen Rumjanzow und den Grafen Stackelberg. Es gehörte Ségur's ungewöhnliche diplomatische Gewandtheit dazu, sich nicht irgendwie von Potemkin demüthigen zu lassen. Besonders die Polen suchten seine Gunst und waren glücklich, einen seiner Blicke zu erhaschen, wurden aber von dem Fürsten barbarisch und grob behandelt. Als Branicki einmal hartnäckig eine von ihm aufgestellte Ansicht behauptete, schrie Potemkin ihn streng an und drohte ihm mit der Faust. Er gebrauchte oft Schimpfwörter, wenn er mit den Polen sprach, nannte sie „Schurken", „Lügner" u. dgl. [30].

Von der Politik scheint in Kijew nur wenig die Rede gewesen zu sein. Obgleich Katharina möglichst sich darüber zu unterrichten bemüht war, was die Gesandten dachten, sprachen und thaten, hatte sie doch selbst mit ihnen keinerlei ernstere politische Unterhaltung. Sie wusste wohl, dass man in Europa ihre Reise mit einiger Spannung verfolgte und geneigt war, derselben eine grosse politische Bedeutung zuzuschreiben. Sie liess eben darum ein officielles Referat über den Fortgang ihrer Reise drucken, wie sie sagte, „um das Publikum in Athem zu erhalten, in den Hauptstädten leeres Geschwätz zu verhindern und den politischen Kannegiessern etwas zum Wiederkäuen zu geben [31]. Als an Joseph's II. Namenstage auf dem Balle beim Grafen Cobenzl Katharina sich erhoben und die

[30] S Ségur III. 76 „le prince tient du borgne et du louche", sagt de Ligne II. 9. „Potemkin hat den Blick eines Wolfes" sagte Katharina; s. Chrapowitzki, 30. Mai 1786.

[31] S. Chrapowitzki, 9. Januar 1787.

Gesundheit ihres Freundes, des Kaisers, ausgebracht hatte, sorgte sie dafür, dass die Erwähnung davon in dem officiellen Reiseberichte fortblieb. Die politischen Rücksichten standen trotz des Rausches von Vergnügungen doch in erster Reihe. Nur scherzweise erwähnte sie im Gespräch mit den Gesandten ihrer Beziehungen zur Türkei. Indem sie u. A. erzählte, dass ein russischer Seeofficier eine Negerin geheirathet habe, bemerkte sie lachend, man könne daraus sehen, wie weit ihre ehrgeizigen Absichten gingen, da es sich ja dabei um eine Vermählung der russischen Flotte mit dem Schwarzen Meere handelte [52]. Im Gespräch mit Ségur, dem sie für den Abschluss eines russisch-französischen Handelsvertrages dankbar war, pflegte sie dazwischen recht scharfe Bemerkungen über die Türken zu machen, indem sie auf die Weichlichkeit der in ihren Harems erschlaffenden Sultane hinwies, welche, ganz in den Händen der Janitscharen, unfähig seien zu denken, zu handeln, zu regieren, zu kampfen und bis in ihr Alter hinein gewissermaassen unmündig zu bleiben pflegten. „Sie wollen mir nicht erlauben", sagte sie einst scherzend zum französischen Gesandten, „Ihre Schützlinge, die Türken, fortzujagen; ein sauberes Volk das; es macht Ihnen Ehre. Wenn sie in Piemont und Savoyen solche Nachbaren hätten, die alljährlich durch Hungersnoth und Pest und durch Wegführung ganzer Tausende von Grenzbewohnern in die Gefangenschaft gefährlich werden, was würden Sie da sagen, wenn es mir einfiele, sie zu vertheidigen? Nicht wahr, Sie würden das als ein Intriguenspiel bezeichnen?" [53]. So lange derartige Bemerkungen nur leichthin im Scherz hingeworfen wurden, hatte Ségur keine Veranlassung, in ernsterem Tone zu antworten. Er half sich ebenfalls mit allerlei Spässen und Witzen.

In engstem Kreise, wenn Katharina etwa mit ihrem Geheimschreiber Chrapowitzki allein war, da erwähnte sie der Türkei in anderem Tone. So bemerkte sie einmal, ihr Gedächtniss sei so schwach geworden, zumal jetzt, wo sie sich „mit der Pforte beschäftige"; ein andermal klagte sie über die europäischen Cabinette, welche die Türken zum Kriege reizten und fügte hinzu, Russland habe in den Streitigkeiten in Betreff des Kaukasus und der Donaufürstenthümer einen hinreichenden Vorwand „anzufangen" [54]. Dass

---

[52] Ségur, Mém. III. 14.
[53] Ségur. Mém. III. 29.
[54] S. d. Tagebuch Chrapowitzki's, am 7. April 1787.

man damals im Publikum einen nahe bevorstehenden Krieg mit der Türkei für wahrscheinlich hielt, ist u. A. aus einem Brief Johann Jakob Sievers' an dessen Bruder vom 9. April 1787 zu ersehen, worin die Besorgniss vor einem solchen Kriege ausgedrückt und darüber geklagt wird, dass die Grossen des Reiches oft, um persönlicher Interessen willen, in leichtsinniger Weise Kriege herbeizuführen pflegten [55].

Als Katharina in Kijew eintraf, herrschte eine strenge Kälte. Das Thermometer zeigte 20 Grad unter Null. „Indessen", schrieb Katharina an Jerozkin, „ist die Luft hier nicht so scharf; obgleich so viele Menschen beisammen sind, ist doch nicht bemerkt worden, dass irgend Jemanden die Ohren oder die Nase erfroren seien." — Am 16. Februar schrieb sie an Ssaltykow: „Wenn wir von Kijew werden aufbrechen können, weiss Gott allein; in der Regel pflegt der Dnjepr nach den hiesigen Beobachtungen im Laufe des März vom Eise frei zu werden, bisweilen, aber selten, schon im Februar, noch seltener aber im April. Ich hoffe, wir werden Mitte April auf dem Dnjepr sein. Nach Taurien komme ich im Mai und werde auch im Mai von da abreisen. Meine Berechnungen in Betreff der Reise stellen sich bisher als durchaus richtig heraus" [56].

Es gab aber in jenem Jahre einen besonders kalten und langen Winter [57]. Obgleich die Kaiserin noch am 20. Februar in einem Brief an Ssaltykow über die warme Luft, die starke Wirkung der Sonnenstrahlen, die unbedeutende Dicke des Eises geschrieben hatte, klagt sie schon am 26., es wehe ein scharfer Nordwind und es gebe 10 Grad Frost. Am 8. März schreibt sie abermals, das Wetter sei abscheulich und fügt hinzu, sie fürchte sehr, dass sie bis Ostern nicht werde abreisen können, obgleich sie wünschte, rasch weiterzugehen. Mochte der Winter in Kijew der Kaiserin auch im Vergleich mit dem Winter in St. Petersburg als auffallend milde erscheinen, ja meinte sie sogar, dass man das, was in Kijew noch Winter genannt werde, gar nicht so bezeichnen dürfe, so

---

[55] Blum, ein russischer Staatsmann, II. 483.

[56] Das „Russische Archiv" 1864, S. 953.

[57] Der Dnjepr wird durchschnittlich am 14. März vom Eise frei. Im Jahre 1787 geschah dies am 23. März. Die Tataren behaupteten, dass seit der Besitznahme der Krim durch die Russen die Kälte im Winter zugenommen habe. Pallas hielt es für wahrscheinlich, dass es in jenen Jahren wirklich besonders strenge Winter gegeben habe. In der Krim fiel das Thermometer im Winter 1786—87 bis zu 18° unter Null. Der Bosporus, das Asowsche Meer u. dgl. waren mit Eis bedeckt. Pallas, Reisen II. 382.

musste sie doch ihre Abreise des kalten Wetters wegen immer weiter hinausschieben. Wiederholt klagt sie in ihren Briefen an Ssaltykow und Joseph II. über den durch die Kälte und die Stürme verursachten Aufenthalt. „Wir sind hier, wie die Krebse auf dem Trockenen", schrieb sie. An eine Landreise, fügte sie hinzu, sei erst recht nicht zu denken, um der schlechten Wege willen [58].

Am 4. April 1787 notirt Chrapowitzki in sein Tagebuch, die Kaiserin wolle baldmöglichst reisen, ungeachtet dessen, dass Potemkin noch gar nicht Alles in Bereitschaft habe und den Zeitpunkt der Abreise zu verschieben bestrebt sei. Allerdings war er diese Zeit über noch mit den umfassendsten Vorbereitungen zum Empfange der Kaiserin beschäftigt. Die Galeerenflotte auf dem Dnjepr, Chersson, Ssewastopol, Baghtschissarai — Alles sollte einen möglichst günstigen Eindruck machen, und da war denn noch bis zum Augenblicke des Erscheinens der Kaiserin viel zu thun.

Endlich, am 22. April, traten die Reisenden die Fahrt auf dem Dnjepr an. Die zu diesem Zwecke erbauten Galeeren waren schwimmende Hotels oder Paläste, sehr gross, aber schwerfällig, im römischen Geschmack verziert, mit allem nur erdenklichen Luxus ausgestattet [59]. Auf der Galeere „Desna" befand sich ein ungeheurer Speisesaal, in welchem Katharina grosse Tafel zu halten pflegte. Sonst befand sie sich in der Regel auf der Galeere „Dnjepr". — Die Schifffahrt auf dem Dnjepr war nicht ganz ungefährlich. Obgleich der Fürst Potemkin zum Zwecke der Reise viele Riffe und Steine hatte sprengen lassen, so ging doch die Fahrt nicht ohne mancherlei Fährlichkeiten ab und dauerte mehrere Tage länger, als man vorausgesetzt hatte. In einem Briefe an den Kaiser klagt Katharina über die Widerwärtigkeiten während der Fahrt.[60] Der Fürst von Ligne schreibt von einem Sturme, welcher drei Galeeren auf eine Sandbank

---

[58] S. d. Schreiben der Kaiserin im „Russischen Archiv" 1864. S. 955–963. Arneth's Briefwechsel Joseph II. mit Katharina II. S. 288. Wenn Katharina sich darüber wundert, dass der Dnjepr 1787 zwei Tage später vom Eise frei wurde, als der Ladogasee, so ist das wohl ein Irrthum. Das Eis auf dem Dnjepr ging am 27. März auf (s. Chrapowitzki), die Newa wurde am 13. April frei vom Eise. — Die Wege sind in jenen Gegenden im Frühling auch jetzt noch so unfahrbar wie damals. Der Fürst Golizyn musste damals mit 12 Ochsen reisen.

[59] Joseph an Lacy: „Les galères sont belles, commodes, mais bien trop lourdes et trop grandes. Le Dniepr fait trop de bancs de sables pour y naviguer avec des gros batiments. S. Arneth a. o. O. 354.

[60] S. d. „Russische Archiv" 1864. S. 970.

geschleudert habe [61]. Ségur bemerkt, das schlechte Wetter und andere Ursachen hätten jeden Augenblick sehr bedeutenden Aufenthalt zur Folge gehabt [62]. Sogar die Galeere, auf welcher sich die Kaiserin befand, war in einiger Gefahr und wurde von der starken Strömung sehr hart an das Ufer gedrängt. Chrapowitzki erzählt, die Kaiserin habe befohlen, die Erwähnung dieses Unfalls aus dem officiellen, in den Tagesblättern der beiden Hauptstädte abzudruckenden Reiseberichte zu streichen, weil dieselbe sonst viel unnützes Gerede zur Folge haben könne [63]. Dennoch erfuhren die in St. Petersburg zurückgebliebenen Diplomaten genug von dieser Episode, um in ihren Darstellungen der Reise von einer grossen Gefahr zu sprechen, in welcher sich die Kaiserin befunden haben solle. Man sprach von schrecklichen Stürmen, von arger Beschädigung der Fahrzeuge, von der Unfähigkeit der Matrosen, von der Unerfahrenheit der Befehlshaber. So berichtet Sacken, der sächsische Gesandte, von den stattgehabten Unfällen Folgendes: „Alle Schiffe trennten sich; die Galeere der Kaiserin war dem Scheitern nahe; die Grafen Anhalt und Besborodko entgingen mit Mühe dem Ertrinken; das eine Küchenschiff verbrannte, während das andere von einem mit neuen Lebensmitteln ankommenden Fahrzeug beinahe übersegelt worden wäre. Wie allgemein die Unordnung war, konnte man u. A. daraus ersehen, dass die Kaiserin genöthigt war, die Mittagstafel Abends um 9 Uhr und die Abendtafel Morgens früh um 5 Uhr zu halten." Der sächsische Legationssecretär Helbig schrieb: „Der Graf Tschernyschew, ein besserer Admiral zu Lande wie zu Wasser, zeigte jedenfalls bei dieser Gelegenheit seine Kenntnisse in keinem vortheilhaften Lichte" [64]. Mochte nun Vieles bei dieser Schilderung auch übertrieben sein, so ist denn doch nicht zu zweifeln, dass die Reisenden mit allerlei Hindernissen zu kämpfen hatten. So musste die Kaiserin, weil am Tage vor ihrer Begegnung mit Joseph II. ihre Galeere gestrandet war, ihren Freund und Bundesgenossen auf festem Lande begrüssen [65]. Der Fürst von Ligne erzählt, dass der Verkehr zwischen den Galeeren auf kleinen Böten bewerkstelligt wurde, und dass, wenn die Gäste der Kaiserin Abends

[61] Ligne II. 15.
[62] Ségur, Mém. III. 135.
[63] Chrapowitzki's Tagebuch, 29. April.
[64] Herrmann, Gesch. d. russ. St. VI. S. 149. Minerva 1798 II 308—311.
[65] Joseph an Lacy, b. Arneth, a. a. O. 353.

auf ihre Galeeren zurückkehrten, dies wohl mit einiger Gefahr verbunden zu sein pflegte [66].

Auf den 50 oder, nach anderen Nachrichten, 80 Fahrzeugen befanden sich nahezu 3000 Menschen. Die Verpflegung einer so grossen Anzahl von Personen mochte grosse Schwierigkeiten bieten [67]. Der Kaiser Joseph II. schildert die Verwirrung, welche bei der Behandlung des Gepäcks herrschte. Von anderer Seite wird berichtet, wie die Speisen selbst bei der Tafel der Kaiserin kalt und unschmackhaft gewesen seien. Es ist zu verwundern, dass bei so mancherlei Unbeqemlichkeiten, bei der langen Dauer der Reise, dieselbe den Character einer Vergnügungstour behaupten konnte. Dass dieses dennoch der Fall war, erfahren wir aus den Memoiren Ségur's und den Briefen de Ligne's.

Die Lebensweise der Reisenden auf der Fahrt zwischen Kijew und Krementschug, welche acht Tage dauerte, war folgende: Morgens war Jedermann so zu sagen bei sich zu Hause. Man beschäftigte sich mit Lectüre, machte Conversation, stattete guten Freunden und Bekannten wohl auch von Galeere zu Galeere Besuche ab und ging am Ufer des Flusses spazieren, was bei der langsamen Bewegung der Fahrzeuge wohl möglich war. Um 1 Uhr war Tafel bei der Kaiserin, wo die gute Laune mit einer bewunderungswürdigen Spannkraft sich erhalten zu haben scheint. Man wurde nicht müde zu scherzen und zu witzeln, einander mit Anekdoten zu regaliren, hier und da ein Wort von Politik fallen zu lassen, einander Artigkeiten zu sagen [68]. Weil einige der Hauptpersonen, welche Katharina umgaben, das Kartenspiel nicht mochten, verzichtete die Kaiserin auf die sonst bei Hofe herrschende Sitte, Karten zu spielen. Dagegen gab es dazwischen in der Kajüte der Kaiserin kleine dramatische Aufführungen, bei deren Vorstellung Graf Cobenzl ein grosses Talent an den Tag legte. Hier und da kam man, vielleicht aus Langeweile, zu recht seltsamen Einfällen. So producirte einmal der Stallmeister

[66] Oeuvres II 14.

[67] Von 50 Galeeren spricht Castéra II. 125. Von 80 Ligne II. 14. Katharina schrieb an Pohlmann: „und in allem auf die Schiffe 2800 Mann, ausser den Leuten des Kijewschen Gouvernements, so uns begleiten." S. Blum II. S. 478 und 479.

[68] Ségur erzählt u. A., man habe vom St. Petersburger Kabinet gesprochen und die Kaiserin bemerkte: „Ce cabinet de Pétersbourg, qui flotte aujourd'hui sur le Dniepr, paraît donc bien grand, puisqu'il donne aux autres tant d'occupation?" worauf der Fürst de Ligne sehr graziös erwiderte: „Oui, Madame, et je n'en connais cependant pas de plus petit, car il n'y a que quelques pouces de dimension; il s'étend depuis une tempe à l'autre et depuis la racine du nez jusqu'à celle des cheveux." Mém. III. 120.

der Kaiserin, Naryschkin, ein bekannter Witzbold, einen ungeheuren Brummkreisel, welchen er mitten in der Gesellschaft in Schwung brachte, so dass der Kreisel, zwischen dem Fürsten von Ligne und der Kaiserin hindurchtreibend, an einige Gäste stiess, den Prinzen von Nasau-Siegen anrannte und zum Schluss mit gewaltigem Knall und Zischen in mehrere Stücke auseinanderbrach. Es herrschte dabei eine ausserordentliche Heiterkeit. Die Kaiserin selbst war in derartigen Dingen so unternehmend, dass sie einmal, drollig genug, den Vorschlag machte, das „Sie" in der Unterhaltung abzuschaffen und ein allgemeines „Du" einzuführen. Der Fürst von Ligne bemerkte, dass das „Sie" in Bezug auf Gott auch abgeschafft sei, indem u. A. J. B. Rousseau sage: „Seigneur, dans ta gloire adorable" und es in einem Gebete heisse: „Nunc demittis servum tuum, Domine".—„Nun", erwiderte die Kaiserin, „dann begreife ich nicht, warum man mit mir mehr Umstände macht". Damit begann sie sogleich ihre Gäste zu duzen, worauf diese untereinander, ja sogar im Gespräche mit der Kaiserin, ein wahres Kreuzfeuer von „Du's" eröffneten, wobei sich natürlich der Fürst von Ligne durch besondere Unbefangenheit auszeichnete. Man lachte herzlich und de Ligne versichert, dass die Kaiserin bei aller Gewagtheit eines solchen Scherzes die Würde einer Selbstherrscherin aller Reussen, „ja sogar fast aller Welttheile", auf das Entschiedenste behauptete [69]. Nur gelegentlich streifte man das Gebiet der Politik. Katharina scherzte u. A.: ihre Reise sei für ganz Europa ausserordentlich gefährlich, da, wie man sage, sie und Joseph II. die ganze Türkei, ganz Persien und wahrscheinlich auch Indien und Japan zu erobern beabsichtigten [70].

Das Wetter war meist sehr schön, so dass die Reisegesellschaft sich im Freien aufhalten konnte. Hier und da sah man an den Ufern Truppen manövriren. Ueberall erschien eine geputzte Bevölkerung. Böllerschüsse erschütterten die Luft. Katharina gedachte der Zeiten Wladimir's des Heiligen, da die Gegenden, durch welche man jetzt reiste, der Schauplatz grosser historischer Ereignisse waren. Sie sprach ihr Bedauern darüber aus, dass St. Petersburg nicht am Dnjepr erbaut sei, es gebe jetzt keine Tataren in diesen

[69] Oeuvres du Pr. de Ligne II. 14.
[70] Ségur, III. 120.

Gegenden und die Nachbarschaft der Türkei sei nicht gefährlich, weil es nicht mehr die Türken von ehemals seien [71].

An Pohlmann schrieb Katharina am 29. April 1787: „Jetz seynd wir mitten auf dem Dnepr; das linke ufer ist das russische, das Rechte das Polnische, . . . die beyde ufer des Flusses seynd grün und alle Weiden und Birken haben schon ziemlich grosse Blätter. Die endten und anderes Flügel Wild fliegt uns fielfältig um die ohren. Die Polnische seite ist hoch, die Russische meist flach. Aber so ein Geschrei von Frösche habe ich noch niemals gehört wie hier" u. s. f. [72].

A. Brückner.

[71] S. d. Tagebuch Chrapowitzki's, am 4. Mai 1787.

[72] Blum, Ein russischer Staatsmann u. a. O.

(Schluss folgt.)

Die kaukasischen Eisenbahnen und der Ueberlandweg nach Indien.

„Der Bau der Eisenbahn von Orenburg nach Taschkent ist für Russland gewiss ein viel leichteres Werk, als es für England die Ausführung seiner Eisenbahnprojecte vom Mittelländischen Meere bis an das Indische sind — und Mitteleuropa dürfte wohl auch eine Eisenbahn bis China und Bengalen besser conveniren, als die totale Abhängigkeit von England, welches keinen fremden Schifffahrtsverkehr mit Indien und China aufkommen lässt, und die schweren Tonnengebühren des Suezkanals." — „Das Ausland", 1872, No. 36, S. 856.

In einem Augenblick, wo durch den begonnenen Bau der Rostow-Wladikawkaser Bahn der Kaukasus seinen Anschluss an das europäisch-russische Bahnnetz erhält, dürfte es an der Zeit sein, die Bedeutung dieser Brücke zwischen Europa und Asien vom Standpunkte des Weltverkehrs zu beleuchten.

Die geradeste und leichteste Verbindung zwischen Westeuropa und Indien oder dem Atlantischen und Indischen Ocean geht über Russland, den Kaukasus und Nordpersien. Dies zeigt ein Blick auf die Karte, dies zeigt — die Configuration der Ländermassen und der, von ihnen abhängige,. gesammte Lauf der menschlichen Geschicke.

Diesen Satz zu begründen, — mögen die folgenden Seiten dienen.

Wir beginnen mit dem negativen Beweise, mit der Kritik der englischen Eisenbahnprojecte durch Kleinasien, die wir einer von uns[1] publicirten Abhandlung des Obristen Stebnitzky, der, abgesehen von seinem europäischen Rufe als Kartograph des Kaukasus, in den letzten Jahren auf Grundlage des Studiums westeuropäischer Arbeiten und russischer Originalaufnahmen eine Karte Persiens und eine Kleinasiens im Maassstabe von 20 Werst im Zoll (1 : + 840,000) hergestellt hat, die eben in St. Petersburg im Druck begriffen sind.

Die erste von den Engländern vorgeschlagene Linie beginnt in Scutari, auf der asiatischen Seite des Bosporus, und kommt, Kleinasien in der Diagonale durchschneidend, über Konia (Iconium) auf Haleb (Aleppo) hinaus, worauf sie längs dem Euphrat unterhalb Bassra den Persischen Meerbusen erreicht. — Ausser den technischen Schwierigkeiten, welche diese auf 2320 Werst Länge veranschlagte Bahn auf dem Plateau und beim Uebergange über die Gebirge Kleinasiens, besonders den Bulghar- und Ala-dagh im Cilicischen Taurus, Ketten von beinahe 10,000′ absoluter Höhe, zu überwinden hätte, müsste sie eine bedeutende Strecke lang das, wegen seines tödtlichen Klimas und der unbändigen Araberhorden berüchtigte Gelände des Niederen Mesopotamien durchfurchen. Zudem dürfte, bei der dieser Linie mangelnden Continuität eines Ueberlandweges nach Indien,. der Schwierigkeit der Schifffahrt durch das Schwemmland des Schatt-el-Arab, durch den an guten Häfen armen Persischen Meerbusen und den stürmischen Indischen Ocean, diesem langen Wege kaum irgend ein Vorzug vor dem Seewege über den Isthmus von Suez eingeräumt werden dürfen.

Noch weniger praktische Bedeutung räumen wir den von Andrews und Herbert vorgeschlagenen Linien ein, die vom Meerbusen von Iskanderum (Alexandrette) beginnend, mit einer resp. Länge von 1450 und 1630 Werst, nur zu einer Verbindung des Mittelmeers mit dem unteren Mesopotamien dienen, somit nichts weiter, als ein Stück des vorerwähnten Weges, darstellen.

Die Unzukömmlichkeiten einer von Childes projectirten Linie, die vom Städtchen Tireboli (im W. von Trapezunt) über Erzingan an den schiffbaren Tigris bei Diarbekir ausgehen sollte, springen gar zu sehr in die Augen, wenngleich diese Idee von einer Autorität wie Rawlinson befürwortet worden. Schon in der Pontischen Gebirgs-

---

[1]) Сборникъ свѣдѣній о Кавказѣ (Sammlung von Nachrichten über den Kaukasus), herausgeg. vom Kauk. Statist. Comité, Band II, S. 48— 57, mit einer Karte. Tiflis 1872, gr. 8°.

kette gäbe es Gebirgspässe von annähernd 7000' Höhe zu übersteigen, hinter denen ganze Reihen von hohen Gebirgen, zum Theil von völlig ungebändigten Kurden und Kisilbaschen bewohnt, folgen.

Einer anderen, von Ssamssun über Ssiwas, Malatia, Diarbekir und durch Mesopotamien an den Persischen Meerbusen vorgeschlagenen Route mangelt, abgesehen von der gebirgigen Configuration der Küstengegend, selbst der Ausgangspunkt eines zweckmässigen Hafens.

Endlich eine von Trapezunt, Erzerum und Wan beginnende Linie durch den gebirgigsten Landstrich Kleinasiens konnte nur eine der Gegend völlig unkundige Persönlichkeit in Vorschlag bringen.

Von ungleich grösserer praktischer Bedeutung sind dagegen zwei andere Projecte, die, weil von dem, Konstantinopel gegenüberliegenden Scutari beginnend und bis Schikarpur am Indus reichend, bei einer Ueberbrückung des Bosporus (eines Planes, dessen Ausführbarkeit wir weiter unten besprechen wollen), einen directen Anschluss des europäischen an das indische Eisenbahnnetz bieten würden. Daher verdienen diese beiden Linien, die Kleinasien auf verschiedenen Wegen durchziehen, von Teheran aber bis Schikarpur einen gemeinsamen Weg einschlagen, eine eingehendere Betrachtung.

Da die Richtung der ersten dieser projectirten Routen, von Scutari über Erserum, Tawris und weiter gen Teheran nicht genauer angegeben ist, so soll sie, aller Wahrscheinlichkeit nach, mit dem gegenwärtigen gewöhnlichen Landwege von Konstantinopel zusammenfallen oder, was dasselbe ist, über Ismid (Nicomedia), Beibasar, Engurieh (Angora), Josgad, Tokat, Schabin-Karahissar, Ersingan und Erserum, dann wohl durch das Dorf Karakilissa in die Stadt Bajasid, hierauf über Choi nach Tawris, Teheran und weiter gehen. Die Länge dieser Linie von Scutari bis Teheran betrüge 2140 Werst.

Betrachten wir die Gegend Kleinasiens, durch welche diese Eisenbahnrichtung vorgeschlagen wird, so stellt sie eine Reihe von 2 bis 5000' über das Meer erhabenen Terrassen und Plateaus dar, die hier und da mit Bergketten von 6000' und höher abwechseln. Wenngleich ein so coupirtes Terrain keine absolut unüberwindlichen Schwierigkeiten dem Eisenbahnbau entgegensetzt, so sind solche doch Bedenken erregend. Sie häufen sich im Gebirgslande zwischen Erserum und Bajasid, wo es die hohe Kessa-dagh-Kette, die Wasserscheide zwischen dem Araxes und Euphrat, zu überschreiten gilt—auf einem Gebirgspasse, der wenig dem von der Grusinischen Militärstrasse zwischen Tiflis und Wladikawkas durchfurchten Passe an Höhe nachsteht. Ferner geht dieser Berg gegen Bajasid zu am Fusse der Aghri-dagh-Kette und des Ararats durch die Schlucht eines Quellflusses des Euphrat, des Murad-ssu, die gegenwärtig einen kaum erträglichen Saumpfad bietet. Endlich wären noch zwischen Tawris uud Kaswin im Kaflan-Kuh-Gebirge sehr bedeutende Terrainschwierigkeiten zu überwinden. Dazu käme noch, dass diese Strasse auf ihrer ganzen Erstreckung von Konstantinopel bis Tawris durch eine völlig waldlose Gegend ginge. Ueberhaupt lässt sich von diesem Projecte sagen, dass, wenngleich seiner Herstellung keine Schwierigkeiten entgegenstehen, die beim gegenwärtigen Stande der Technik für absolut unüberwindlich anzusehen sind, die Masse derselben gegen seine Ausführbarkeit sehr gerechte Zweifel erregen muss. Jedenfalls sind die hier aufstossenden Schwierigkeiten grösser, als sie irgendwo in Transkaukasien zu finden sind, sellbst wenn Jemand vorschlüge, Tiflis mit Eriwan durch eine Eisenbahn in der Richtung der gegenwärtigen Poststrasse zu verbinden, die bekanntlich am Goktscha-See vorbei den Kleinen oder Anti-Kaukasus passirt.

Die zweite der von Scutari durch Kleinasien über Teheran nach Indien vorgeschlagenen Linien hat den berühmten Orientalisten und Präsidenten der Geographischen Gesellschaft in London, General Rawlinson, zum Urheber. Von ihrem Ausgangspunkte auf der asiatischen Seite des Bosporus geht sie über Angora, Josgad, Ssiwas, Malatia, Diarbekir, Nisibin nach Mossul — stets durch ein gebirgiges Terrain, das dem Bau einer Eisenbahn nicht zu unterschätzende Hindernisse in den Weg stellt. Von Mossul aus führt sie nach Kifri am Diyalah, einem Nebenflusse des Tigris, hinab, um von dort gen Kirmanschah das aus mehreren Parallelketten bestehende Zagros-Gebirge auf Pässen von wenigstens 6 bis 7000′ Höhe zu überschreiten — und dies in einer Gegend, die von wilden Nomaden, Luren, Bachtiaren u a. bewohnt ist. Auch von Kirmanschah über Hamadan (das alte Ecbatana) nach Teheran bleiben dieser Route sehr bedeutende Gebirgsübergänge zu überwinden.

Der erste dieser englischen Ueberlandwege nach Indien, der in gerader Linie von Scutari nach Teheran streicht, beträgt auf dieser Strecke, nach Detailkarten Kleinasiens und Persiens berechnet, 2130 Werst; während dieselbe Strecke in der von Rawlinson vorgeschlagenen Richtung an 2600 Werst ergiebt. Die ganze Entfernung aber zwischen dem Bosporus und dem Indus bei Schikarpur betrüge über Erserum 4300, über Mossul und Kirmanschah jedoch 4750 Werst. In diesen beiden Directionen müssen zwischen Konstantinopel und Teheran über 2000 Werst mit Schienen durch Gebirgslandschaften und coupirtes, sehr bedeutende Schwierigkeiten darstellendes Terrain gelegt werden.. Von Teheran aber über Schah-rud, Meschhed, Herat, Kandahar und den Bolanpass in das Industhal hinab gestalten sich die Verhältnisse bedeutend günstiger.

Jedenfalls verdienen die beiden letztgenannten Linien — die gerade, kleinasiatisch-persische, und die kleinasiatisch-mesopotamisch-persische Rawlinson's wenigstens in *einer* Beziehung Beachtung: dass sie allein unter allen englischen Projecten direct zum Ziele einer ununterbrochenen Eisenbahnverbindung zwischen Europa und Indien führen. Wird einmal, woran im gegenwärtigen Augenblicke wenig fehlt, das europäische Bahnnetz bis Konstantinopel ausgedehnt, so liesse man es zur Verbindung der beiden Continente nöthigenfalls nicht an einer Ueberbrückung des Bosporus fehlen. Die Möglichkeit einer solchen zeigt [1] uns Herr Sesemann, ein speciell für den Bau von eisernen Brücken bei der Oberverwaltung Kaukasiens angestellter Ingenieur, unter anderen am Beispiele der von Röbling zwischen New-York und Brooklyn ausgeführten Brücke von 1700′ Länge. Seiner Ansicht nach müsste über den Bosporus, wegen seiner bedeutenden Tiefe sowohl, als auch um die Schifffahrt desselben nicht zu behindern, ein einziger Brückenbogen von 1740′ Spannweite, bei einer Höhe von 140′, geworfen werden, was 7 Mill. Rubel kosten würde.

Wenn solcher Weise die Möglichkeit eines Ueberlandweges nach Indien direct durch Kleinasien nicht in Abrede zu stellen ist, so können wir von seiner Rentabilität nicht dasselbe anführen. Das Binnenland Kleinasiens bietet sehr wenig Producte zur Ausfuhr, hat wenig culturfähiges Land und eine so dünne Bevölkerung, dass dieselbe nur acht Einwohner auf die Quadratwerst (etwa 402 auf die Quadratmeile) des ganzen Areals beträgt, wobei noch zu berücksichtigen ist, dass die Hauptmasse derselben sich an den Küsten angehäuft findet.

Ueberhaupt scheint es uns, dass die geringen Aussichten auf Rentabilität der einzige Grund sind, weshalb die Engländer, deren Capital stets bereit ist, denjenigen Unternehmungen zuzufliessen, die eine vortheilhafte Anlage desselben verheissen, bisher noch nicht an die Verwirklichung eines der von ihnen besprochenen Eisenbahnprojecte nach Indien gegangen sind, während doch die Nothwendigkeit eines festeren Anschlusses dieser Colonie an ihr Mutterland seit dem letzten Aufstande daselbst keinem Zweifel unterliegen kann. Dieses merkwürdige Zögern findet seine Erklärung auch darin, dass die einzige rentable Strasse nach Indien den britischen Kennern Vorderasiens, wenngleich wohlbekannt, so doch aus politischen Gründen unangenehm ist, da diese, ohne ihr Zuthun in Angriff genommene, ja sogar vom Meridian von Konstantinopel gerechnet, schon zu einem ganzen Drittel in Kurzem vollendete Route nicht England ausschliesslich dienstbar sein wird, sondern dem Verkehr aller Nationen in gleicher Weise offen steht.

Dieses gilt von der Eisenbahn durch Südrussland, die gegenwärtig bis Rostow im Betriebe ist, und sobald sie — wofür ein Termin von 2½ Jahren angenommen ist — das 620 Werst von Rostow entfernte Wladikawkas erreicht haben wird, in der Kosakenstaniza Prochladnaja (im NW. von Wladikawkas, an der Malka) einen Meridian durchschneidet, der um 14 Breitengrade Indien näher liegt, als Konstantinopel, der Ausgangspunkt der englischen Projecte. Da diese für ganz Nord- und Mitteleuropa, England selbst nicht ausgenommen, den kürzesten Weg nach Indien darstellende Bahn zum Theil vollendet, zum Theil aber ihrer demnächstigen Vollendung entgegensieht, so können wir uns des Nachweises ihrer Rentabilität enthalten

[1] Sammlung von Nachrichten über den Kaukasus. Bd. II. S. 55—57.

und unsere Betrachtung dieses Weges von Prochladnaja an beginnen.

Gleichwie die kürzlich dem Betriebe übergebene Poti-Tifliser Eisenbahn, dem ursprünglichen Plane gemäss, in Kurzem zur Vereinigung des Schwarzen mit dem Kaspischen Meere durch die productenreiche Osthälfte Transkaukasiens bis Baku weiter fortgeführt werden muss, so wird auch die Ciskaukasische bald in Petrowsk einen kaspischen Hafen erreichen. Die unbestreitbare Nothwendigkeit, Transkaukasien mit dem Eisenbahnnetze des europäischen Russlands zu verbinden, was am leichtesten am Kaspischen Meere zu erreichen ist, hat schon seit Jahren Untersuchungen dieses Weges veranlasst. Die Strecke von der Staniza Prochladnaja bis Petrowsk beträgt 306 Werst leicht herstellbarer Eisenbahn, auf der als einziger bedeutenderer Kunstbau eine Brücke über den Fluss Ssulak zu erwähnen ist. Die Bahn von Petrowsk bis Baku ginge, nach den Studien des Obristen Romanow, längs der Küste des Kaspischen Meeres über so günstiges Terrain hin, dass auch die Entfernung von 340 Werst bei einspuriger Bahn bloss 844 Kubikfaden Erdarbeiten auf die Werst und als einzige Schwierigkeit eine Brücke über den Fluss Ssamur an der Grenze des Daghestan und des Gouvernements Baku kämen.

Betrachten wir die Dichtigkeit der Bevölkerung auf der im Bereiche des Terek-Landstriches gelegenen Strecke von Prochladnaja bis Petrowsk, so finden wir für den Kreis von Grosnoi 680, Kisliar 217 und Chassawjurt 470 Einwohner auf die Geviertmeile eine Bevölkerung, die auf den weiten Steppenstrecken, deren Bewässerung eben in Angriff genommen wird, bedeutend an Zahl zunehmen kann, während die benachbarte, durch ihren Waldreichthum ausgezeichnete Tschetschnia sowohl für den Bau der Bahn, als für deren Betrieb reiche Hülfsquellen eröffnet. Die Naphthabrunnen des Terek-Landstrichs, wenngleich bisher noch nicht rationell bearbeitet, geben schon gegenwärtig 30,000 Pud Naphtha jährlich, zu welcher, gewiss leicht um das Vielfache zu steigernden Quantität an der Küste des Daghestan noch weitere 10,000 Pud hinzukommen. Die zahlreichen heissen Mineralquellen in der Nähe von Grosnoi, die schon seit Peter's des Grossen Zeit bekannt sind, sowie die von Miatly am Ssulak werden bei der, seit Bezwingung des Kaukasus gewährleisteten Sicherheit des Reisens, nicht verfehlen, zahlreiche Besucher an ihren heilkräftigen, in der herrlichsten Umgebung gelegenen Born zu locken. Die Turkmenen der Steppe gewinnen durch Brennen der Salzpflanzen gegenwärtig 20,000 Pud Soda jährlich, — eine Quantität, die bei steigender Nachfrage nach diesem Artikel zum Nutz und Frommen der russischen Industrie einer fast unbegrenzten Erhöhung fähig wäre. Was die sonstigen Producte des Pflanzen- und Thierreichs betrifft, so ist im Terek-Landstriche unter den Nomaden der Steppen die Viehzucht sehr ausgedehnt, während die ansässigen Bewohner der Ebene viel Krapp, Reis, Baumwolle, Seide und Wein produciren, welcher letztere von Kisliar und Mosdok aus, lange bevor noch der Weinbau in der Krim auftauchte, die Märkte Russlands zu versorgen begann.

Noch viel wichtiger aber, als diese localen Producte eines Landstriches, der wie das Terek-Gebiet vor noch wenigen Jahren Tag und Nacht unter Wasser stand und daher erst jetzt zu einem, seiner reichen Natur entsprechenden, industriellen Leben zu erwachen beginnt, ist für die Rentabilität einer Eisenbahn der hier stattfindende Durchgang von Frachtgütern benachbarter Gebiete. So senden die inneren Gouvernements des europäischen Russlands in den Hafen von Schandrukow im Terek-Delta alljährlich wenigstens für 2 Mill. Rubel Waaren, meist zur Versorgung Transkaukasiens mit Manufaktur- und Kurzwaaren, während das Kriegsministerium in manchen Jahren über 600,000 Tschetwert Getreide aus den Wolgaprovinzen zur Proviantirung der Kaukasischen Armee auf das Kaspische Meer befördert. die sich, ausser einer bedeutenden Quantität von Kriegsmaterial, auf die Häfen von Sherebriakow an der nördlichen Terek-Mündung, Petrowsk, Baku und die Mündung der Kura vertheilen.

Die grösste Bedeutung jedoch für eine das Kaspische Meer erreichende Bahn hat der immense Reichthum dieses Binnenwassers an vorzüglichen, den weitesten Transport lohnenden Fischen. Nach Herrn N. J. Danilewsky's[1] Berechnung werden im Kaspischen Meere alljährlich im Durchschnitte 12 Millionen Pud, oder um $^1/_3$ mehr, als der Gesammtertrag der vielberufenen norwegischen Fischereien im offenen Weltmeere ergiebt, im Werthe von $10^1/_2$ Millionen nach jetzigen niedrigen Preisen dieser Waare, gefangen und nach dem Innern Russlands zur Versendung gebracht. Diese Masse der ausgezeichnetsten Nahrungsmittel, die bei guter Bereitung und schneller Beförderung vielmals ihren gegenwärtigen Geldwerth vergrössern müsste, würde alsdann weit über die Märkte Russlands bis auf die Tafeln Westeuropas ihren Weg finden und ergäbe an sich allein das runde Jahr hindurch die volle Befrachtung von 50 bis 60 Eisenbahnwaggons täglich.

Betrachten wir nun die Linie von Petrowsk nach Baku, so müssen wir erwähnen, dass dieselbe am Fusse des Daghestanischen Alpenlandes hinstreicht, das auf die Quadratmeile durchschnittlich an 1000 der nüchternsten, kräftigsten Einwohner zählt, die gegenwärtig in ihrem rauhen Gebirge wenig mehr als Wolle (darunter den preiswürdigsten Ziegenflaum) produciren, aber nur der Erweckung zur rührigsten Gewerbthätigkeit bedürfen. Schon seit Jahren bilden die Küriner oder Lesghiner nebst anderen Bergbewohnern die kräftigste und anstelligste Arbeiterbevölkerung auf den Krappfeldern Derbends und Kubas und stellen die willigsten Kräfte für schwere Erdarbeiten bei dem Bau von Strassen und Eisenbahnen.

---

[1] Изслѣдованія о рыболовствѣ въ Россіи (Untersuchungen über den Fischfangs in Russland, Bd. V, St. Petersburg 1863, 4°., herausgegeben vom Ministerium der Reichsdomänen

Nachdem wir nun noch des Wein- und Krappbaus der Umgegend von Derbend, besonders des letztern im Kürinischen Kreise Erwähnung gethan, kommen wir in unserer Betrachtung der kaspischen Küste zum Gouvernement Baku.

Hier hat der Kreis von Kuba 1161 Einwohner auf die Geviertmeile, deren Mehrzahl sich am fruchtbaren Meeresstrande zusammengruppirt hat, sich für den Bau von industriellen Gewächsen noch einige Tausende von eingewanderten Persern und herzuziehenden Bergbewohnern hinzugesellend. Dieses reiche Marschland, das schon zu Peter's des Grossen Zeit die Kornkammer des benachbarten Chanats Schemacha war (um dasselbe für die Plünderung der russischen Factorei zu züchtigen, verbot der Kaiser bei Todesstrafe die Zufuhr von Getreide aus Kuba), eignet sich vortrefflich zur Cultur von feinen Obstsorten, von denen das europäische Russland nicht genug einzuführen vermag. Wenn irgendwo, so wäre es hier, wie in dem, in ähnlicher günstiger Exposition gelegenen Lenkoraner Kreise (von Persiens Südküste zu geschweigen), sowie in Gurien am Schwarzen Meere, wo der Theestrauch und die Chinabäume (Chinchona) cultivirt werden könnten, um Europa von der Zahlung von 50 Mill. Pfd. Sterl. zu befreien, die für ersteren Consumtionsartikel alljährlich nach China gehen, wo England allein sein Opium, die andern Staaten aber kein einziges Aequivalent an Waaren abzusetzen vermögen. Diese Idee,. die in den letzten Tagen von einem Mitgliede des Internationalen Statistischen Congresses bei Bereisung des Kaukasus in Bezug auf die Umgegend von Wladikawkas geäussert worden, hatte der Akademiker Ruprecht in St. Petersburg schon vor Jahren für Gurien in Vorschlag gebracht.

Die grösste Zukunft steht mit Entwickelung des kaukasischen Eisenbahnnetzes der Stadt Baku bevor, die schon im letzten Jahrzehnte sich durch Schifffahrt und Handel mächtig entwickelt hat. An einer, von allen Seiten geschützten, tiefen Bai, auf der weit ins Kaspische Meer — dem Hafen von Krassnowodsk und den vormaligen Mündungen des Amu-Darja gegenüber — vorspringenden Halbinsel Abscheron gelegen, erfreut sie sich unter allen kaspischen Häfen der gesundesten und günstigsten Lage. Dazu kommen die Mineralschätze der Umgegend, die auf die Quadratmeile 811 Einwohner zählt, welche grossentheils wegen der Dürre des Bodens der Schifffahrt und den Gewerben ergeben sind. Die nahegelegenen Salzseen geben ein durch Transkaukasien und längs der persischen Küste weit und breit versandtes Product, dessen Quantität im Jahre 1870 — 352,000, im vorhergehenden aber an 553,000 Pud betrug. Die Naphthagruben, die unter dem bisherigen Pachtmonopole (1870) an 1 1/2 Millionen Pud verschiedener, unter andern auch der seltenen und preiswürdigen weissen Naphtha ergaben, werden bei der in diesen Tagen ins Leben tretenden freien Concurrenz einen mächtigen Aufschwung nehmen und statt der bisherigen Production von 220,000 Pud Photogen in Bälde die drei- und vierfache Quantität dieses Leuchtmaterials ins europäische Russland senden, um daselbst, im

Verein mit der reichen Production der Naphthabrunnen am Kuban, die Zufuhr aus Amerika zu paralysiren. Das ausgedehnte, lange noch nicht überall in Angriff genommene Naphthaterrain der Abscheronischen Halbinsel verdient auch darum eine besondere Berücksichtigung, weil sein Product, nach jüngst in Baku angestellten Versuchen, sich als ausgezeichnetes Material zum Heizen von Dampfern und Locomotiven bewährt hat und ebenso seine Anwendung als Feuerungsmittel in den benachbarten holzlosen Steppenregionen finden dürfte. Ferner verheissen die in der Umgegend von Baku reichlich auf dem Meere sowohl als auch auf dem Lande hervorsprudelnden Massen brennbaren Gases — schon seit lange von den Eingeborenen zur Heizung ihrer Wohnräume, zum Kalkbrennen und auf den Fabriken von Kokorew und Mirsojew zur Destillation der Naphtha verwandt — der zu erweckenden örtlichen Industrie eine unschätzbare Triebkraft.

Wenn wir nun mit dem kaukasischen Bahnnetze in Baku an dessen östlichsten Punkt, unter einem Meridiane mit dem Nordende des Persischen Golfes, mit dem Hafen von Bender-Buschir, und um 20 Grade weiter nach Osten als Konstantinopel, angelangt sind, müssen wir baldigst über Lenkoran längs der Kaspischen Küste Astara, unseren Grenzpunkt mit Persien, zu erreichen suchen, um des persischen Handels theilhaftig zu werden. Diese 260 Werst weite Strecke bietet auf einem spiegelglatten Seeboden nicht die geringste nennenswerthe Schwierigkeit und nur einen einzigen Kunstbau — die Kurabrücke, und wird, wegen des reichen Fischfangs von Ssalian oder Boshij Promyssl — nach des Akademikers von Baer schönem Vergleiche, demjenigen Punkte des Erdballes, wo die grösste Menge von Fischen auf einmal gefangen wird — jedenfalls eine der rentabelsten Bahnen Russlands werden. — Bis nach Rescht, mit seinem Hafen von Enseli, verblieben dann noch 120 Werst auf persischem Grund und Boden.

Wohl hören wir im Augenblick, wo wir diese Zeilen aufzeichnen, dass eine englische Compagnie von der persischen Regierung das ausschliessliche Recht zum Bau von Eisenbahnen und zum Betrieb von Bergwerken, somit das Monopol des persischen Handels zugestanden erhalten habe, und dass sie den Bau einer Bahn von Bender-Buschir am Persischen Golfe bis Rescht am Kaspischen Meere beabsichtige, während gleichzeitig die türkische Regierung Engländern den Bau einer Euphratbahn gestattet hätte. Ist diese Nachricht gegründet, so geben die Engländer ihre à vol d'oiseau durch Kleinasien projectirten Bahnen auf und wollen im Zickzack durch Vorderasien vom Mittelmeer bis an den Persischen Golf und von dort an das Kaspische und Indische Meer gehen. Denn undenkbar ist es, dass, wenn sie von Rescht am Ssefid-rud oder Kisil-Usen herauf — auf dem von den Obristen Gerssewanow und Stebnitzky[1] angedeuteten Wege über Mendsil und Kaswin — die Hauptstadt Teheran

[1] Свѣдѣнія о Кавказѣ. — Nachrichten über den Kaukasus, Bd. II, S. 52, 53, 62

erreicht, nicht von hier aus den, von Rawlinson und andern Engländern vorgeschlagenen Weg, über Schah-rud, Meschhed, Herat, Kandahar und den Pass von Bolan nach Schikarpur am Indus nehmen sollten, um solcherweise das weite, vom Indischen bis zum Bengalischen Busen ausgebaute Eisenbahnnetz Vorderindiens mit Europa zu vereinigen.

Doch ehe wir die absolute Nothwendigkeit einer ununterbrochenen Eisenbahnverbindung von Europa mit Indien sowohl für England als auch für das gesammte übrige Nord- und Mitteleuropa besprechen, wollen wir noch einen Augenblick bei der Betrachtung der Bahn selbst verbleiben. Nicht will ich hier des Reichthums der Kaspischen Südküste an Metallen, Holz, Seide, Südfrüchten, Fischen erwähnen, deren genauer Würdigung ich früher eine Abhandlung [1] gewidmet, — eines Reichthums, den Russland und das übrige continentale Europa ebensowohl, wenn nicht leichter ausbeuten könnten, wie England, wenn nur ersteres sich beeilte, seine Eisenbahnen bis zum Kaspischen Meere auszubauen; doch kann ich nicht umhin anzuführen, dass Obrist Gerssewanow auf der zweiten Versammlung der „Gesellschaft für Förderung der Russischen Industrie und des Handels", die in Moskau in diesem Sommer zur Zeit der Polytechnischen Ausstellung tagte, auf die Wichtigkeit aufmerksam gemacht hat, die das Kaspische Bassin und der ihm so nahe gelegene Chorassan für Versorgung Osteuropas mit textilen Stoffen, wie Baumwolle und Seide, hätten — ein Mahnruf, der merkwürdigerweise in unserer Presse keinen Nachhall gefunden!

Die ebenberegte Strasse von Rescht über Kaswin, wenngleich sie bis zur letztgenannten Stadt mit einigen nicht unbedeutenden Terrainschwierigkeiten zu kämpfen hat, erweist sich als der einzig mögliche Weg, um aus dem Kaspischen Litoral über die Elborskette auf das persische Plateau nach Teheran emporzusteigen. Zudem bietet sie das beste Mittel der möglichst grossen Annäherung an den reichen Aderbeidshan mit Tawris, dem eben so bedeutenden Handelscentrum Westpersiens, wie es Meschhed für den Osten Irans ist. Einmal auf der Hochplatte des innern Irans angelangt, ergiebt sich die Richtung des Weges nach Indien von selbst. Sie wurde bei der Besprechung des kaukasischen Eisenbahnnetzes in seinem Verhältnisse zum zukünftigen Wege nach Indien seit lange in Tiflis in derselben Richtung am Südfusse der Elbors-Kette hin angedeutet, wie sie später von Sir Henry Rawlinson im Englischen Parlamente befürwortet ist. Ueberall durchzieht sie die fruchtbarsten Provinzen Persiens mit mildem, gesundem Klima und dürfte über Meschhed, Herat bis nach Kandahar in Afghanistan kaum auf erhebliche Terrainschwierigkeiten stossen. Nach letzterer Stadt hin soll übrigens, wie verlautet, schon eine Eisenbahn von Schikarpur durch den Bolan-Pass her in Angriff genommen sein. Die

[1] Handel und Wandel an der Kaspischen Südküste — in Petermann's Geographischen Mittheilungen, 1869, Heft III und VII.

Strecke von Rescht bis Teheran beträgt 410, diejenige von Teheran bis Schikarpur am Indus, bis wohin (ebenso wie bis nach Peschuwer am Fusse des Hindukuh-Himalaya) das weitverzweigte hindostanische Eisenbahnnetz vollendet ist, hat eine Länge von 2170 Werst.

Wenn nun die Engländer, wie es scheint, den Bau einer Bahn durch Kleinasien, die trotz der übermächtigen Terrainschwierigkeiten und der nöthigen Ueberbrückung des Bosporus doch kaum mehr als eine Verbindung der respectiven Endpunkte, ohne den für ihre Rentabilität so nothwendigen regen localen Verkehr wäre, auch aufgeben, so steht es kaum zu erwarten, dass sie es bei den Bahnen vom Busen von Alexandrette an den Golf von Persien, und von hier nach Enseli-Rescht am Kaspischen Meere bewenden lassen sollten. Erstere ist nichts weiter als eine bloss unbedeutende Annäherung Indiens an Europa; letztere aber, die mit dem Wege nach Indien eigentlich nichts zu thun hat, scheint auf die Ausbeutung der reichen Nordprovinzen Persiens und des Kaspischen Bassins berechnet zu sein. Diesen Zweck aber wird das kaukasische Bahnnetz und die Schifffahrt auf dem Kaspischen Meere weit besser erreichen, da ihr Weg nach Europa unvergleichlich näher ist, als der Englands durch Mesopotamien oder gar (wenn zu Schiffe) um das Kap der Guten Hoffnung herum. Und sollte es in Russland, wider Erwarten, an dem dazu nöthigen Unternehmungsgeiste und Capital gebrechen, so stehen die russischen Bahnen dem gesammten Nord- und Mitteleuropa zur Verfügung; käme dann doch wenigstens der bedeutende Waarentransport den russischen Bahnen (von Rostow allein eine Strecke von über 1500 Werst) zu Gute.

Sobald aber England von der eben erwähnten Bahn zwischen dem Kaspischen Meere und Persischen Golf in Teheran eine Bahn an den Indus abzweigt, was zur vollständigen Ausbeutung der Naturschätze des fruchtbaren Nordpersien nothwendig, so werden die kaukasischen Bahnen in Astara (zwischen hier und Rescht) eine Lücke von nicht mehr denn 120 Werst — sage 3 Stunden Dampfer- oder Eisenbahnfahrt! — in der weltdurchfurchenden Bahn von Calais bis Calcutta übrig gelassen haben. Diese Bahn wird zudem um 800 oder 1200 Werst (gegen Rawlinson's Vorschlag gehalten) kürzer sein, als der Weg über Konstantinopel nach Indien — überhaupt *der denkbar kürzeste Weg zwischen London und Indien*, ein Weg, der in 8 Tagen durch gesunde Landstrecken mit gemässigtem Klima zurückgelegt werden kann.

Eine directe und schnelle Verbindung mit Indien bringt aber England ebensoviel Vortheil, wie dem übrigen Europa. Erreicht doch sein Handel mit Hindostan allein (ganz abgesehen von den dahinter gelegenen China, Japan, der indischen Inselwelt und Australien) beitausend Millionen Silberrubel jährlich, zumeist in werthvollen Waaren oder Edelmetallen, die einen Eisenbahntransport wohl vertragen. England braucht einen gesunden und möglichst schnellen Weg nach Indien schon wegen der steten Geschäfts- und

Gesundheitsreisen seiner zahlreichen Beamten und Kaufleute, die selbst jetzt mitunter auf der Tour nach Europa an der kaspischen Küste Russlands vorsprechen, — ja ganz besonders für den Fall eines immerhin möglichen Aufstandes in Hindostan. Insoweit wir nun die öffentliche Meinung unseres Vaterlandes zu kennen glauben, so können die zur Pacification Indiens von England zu unternehmenden Operationen seitens der sämmtlichen Durchgangsländer Europas kaum günstigeren Blickes angesehen werden, als von Seiten Russlands, das in der Civilisirung und Assimilirung eines ganzen Drittels von Asien mit seinen Millionen fanatischer Muhamedaner eine genügend grosse Aufgabe vor sich hat, um nicht in dem ihm benachbarten Hindostan ein kräftiges europäisches Regiment, verbunden mit Ruhe und Ordnung, für sein eigenes Interesse zu halten.

England habe, so meinen wohl Manche, nur *einen* triftigen Einwand gegen jedweden Ueberlandweg nach Indien, und das sei der Hauptgrund, weshalb England den geraden Weg nicht für den besten anerkennen wolle. Es sei der, dass die meerbeherrschende Nation nicht im Alleinbesitze eines solchen wäre. Ein Ueberlandweg werde die Wohlthaten des Weltverkehrs allen Ländern und Völkern gleichermaassen zu Theil werden lassen, während bloss der Seeweg ein Monopol Albions verbliebe.

Wir lassen diese Ansicht dahingestellt sein.

Gegen den Strom des rührigen neunzehnten Jahrhunderts lässt sich nicht schwimmen und keine Dämme vermögen gegen die Wucht des in Schwung gerathenen Weltverkehrs aufzukommen. Schon erheben sich Stimmen aus China [1], die in Anknüpfung an das Bahnnetz Indiens für den Lauf des gegenwärtigen Jahrzehents eine directe Verbindung zwischen Calais und Canton verkünden — und dies zwar über Russland. Eine Bahn nach der andern durchfurcht den Norden des Neuen Continentes, den Atlantischen mit dem Stillen Ocean verbindend, — und schon sucht selbst auf der südlichen Halbkugel das erwachende Brasilien sich eine Gesichtsseite nach dem Westen zu eröffnen. Der Alte Continent kann und darf keinenfalls hinter dem Neuen zurückbleiben, denn wenn er sich nicht beeilt, die breite, ungeschlachte Masse Asiens durch Schienenstränge zu gliedern und beweglich zu machen, so überflügelt ihn sein junger Rival, macht den Stillen Ocean zu einem See Americas und leitet die Reichthümer von China, Japan und Indien nach Osten ab, statt sie, wie bisher, auf den Flotten Englands und Hollands nach Westen abziehen zu lassen.

Nur eine gliederreiche Kette von Eisenbahnen, die, von Europa ausgehend, Sibirien, China, Indien und Persien durchzieht und beseelt, vermag den Alten Continent vor diesem Erfolge seines rührigen Rivalen zu bewahren. — Caveant consules!

Tiflis, im December 1872. N. v. SEIDLITZ.

[1] Westermann's Illustrirte Monatshefte Januar 1872.

Die russischen Slawophilen im vierten bis zum sechsten Jahrzehent dieses Jahrhunderts.

Nach

A. Pypin.

———

Seit Mai 1871 bringt der „Europäische Bote" (Вѣстникъ Европы) aus der Feder des oben genannten Historikers eine Reihe von Aufsätzen (s. 1871: Mai September und December; 1872: Mai, November und December), welche unter dem Titel: „*Characteristiken der in der* (russischen) *Literatur der zwanziger bis funfziger Jahre vertretenen Richtungen*" (Характеристики литературныхъ мнѣній отъ двадцатыхъ до пятидесятыхъ годовъ) historische Studien über die geistigen Strömungen bei uns während der erwähnten Jahrzehnte enthalten, so weit sie im Schriftthum zu erkennen waren. — Wir bringen darnach im Auszuge nachstehenden Artikel, indem wir dem Original streng folgen. D. Red.)

———

Eine vollständige Würdigung der slawophilischen Richtung ist, nach unseres Verfassers Ansicht, zur Zeit noch nicht ausführbar, weil diese Richtung in der Literatur noch fortbesteht und ausserdem die Vertreter derselben selbst ihre Aufgabe für noch nicht beendet halten. Ein Theil der ersten Slawophilen setzt jetzt noch seine Wirksamkeit fort, von Andern, die bereits vom Schauplatz abgetreten, liegen noch keine Biographien vor und das Sammeln ihrer Schriften hat erst eben begonnen. Da Herr Pypin in seinen Schilderungen der in der Literatur vertretenen Richtungen auf den Zeitraum der zwanziger bis fünfziger Jahre sich beschränkt, so finden wir bei ihm eigentlich nur die Genesis des Slawophilenthums dargestellt und wir werden auf diese Weise mit dem — nach des Verfassers eigenen Worten — am wenigsten characteristischen Theile seiner Geschichte bekannt gemacht. Da jedoch an den Anfängen die Keime der späteren vollständigeren Entwickelung zu beobachten Gelegenheit sich bietet, so sieht der Verfasser sich zuweilen veranlasst, aus der jüngsten Geschichte des Slawophilenthums einige Momente zu kennzeichnen. Auch ist noch hervorzuheben, dass die Verhältnisse, in denen sich die Literatur jener Zeit befand, für eine unumwundene Aeusserung der gangbaren Ansichten nicht eben günstig waren. Dennoch war es den Slawophilen schon damals möglich, einige ihrer Hauptsätze aufzustellen und dadurch in der Literatur als besondere Schule aufzutreten.

Die Zahl der Anhänger des Slawophilenthums ist in den letzten Jahren gegen früher gewachsen; auch hat sich eine besondere neue Schule mit slawophilischer Färbung gebildet. Diese neuen Anhänger, obgleich sie oft bedeutend von der ursprünglichen Schule abweichen, legen den Begründern der Richtung eine grosse Bedeutung bei und hegen die Ansicht, dass deren Lehre immer mehr Herrschaft über die Geister gewinne und einen völligen geistigen Umschwung bewirkt habe, durch welchen der russische Ideenkreis und die öffentliche Meinung bei uns zur Selbstständigkeit und Volksthümlichkeit gelangen werde: es gilt ihnen das Slawophilenthum für eine neue Culturperiode, welche die Unterordnung unter Europa, an der unsere Bildung so lange gelitten haben soll, aufhebe.

Das war auch der Traum der Slawophilen selbst. Im Beginne ihrer Thätigkeit wähnten sie sich berufen, das europäische Joch abzuschütteln und das Panier einer selbstständigen russischen Idee aufzurichten. Sie wollten die wahrhaft volksthümlichen Grundlagen unseres gesellschaftlichen und geistigen Lebens finden und ihnen Kraft verleihen. Die jüngsten Jünger glauben, dass diese Grundlage gefunden und dass sie bloss von Denen nicht anerkannt und bestritten werden, welche, eines Verständnisses unfähig, im Irrthum beharren oder schlechte Patrioten sind.

Indessen sind die Verdienste des Slawophilenthums um unsere Literatur und um unsere öffentliche Meinung nicht zu leugnen: nur sind sie nicht so universell, wie seine Vertreter es glauben, und nicht wenige der von ihnen erhobenen Ansprüche sind zurückzuweisen.

Die unter dem Namen der Slawophilen später bekannte Schule bildete sich um die zweite Hälfte der dreissiger Jahre. Ihre frühesten Vertreter waren die Brüder Kirejewski (Iwan Wassiljewitsch 1806 bis 1856 und Peter Wassiljewitsch 1808—1856) und Chomjakow (1804—1860). Ihnen schlossen sich jüngere Männer eng an: Dimitrij Walujew, welcher 1845 starb, Konstantin (1817—1860) und Iwan Akssakow, Jurij Ssamarin; ausserdem Koschelew, Jelagin, Nowikow, Tschishow u. A. Diese Namen waren bis auf die jüngste Zeit die wesentlichen Träger der Schule.

Ungeachtet der Bedeutung, welche dem Slawophilenthum für unsere Culturgeschichte beigelegt wird, sind die Ursprünge seiner Lehre noch nicht hinreichend nachgewiesen, weder von seinen Anhängern, noch von seinen Gegnern. Man könnte erwarten, dass die Antecedentien dieser Lehre in dem früheren Gange der russischen socialen Idee zu suchen seien. Fasst man das Wesen des Slawophilenthums als die Anhänglichkeit an die Principien des alten Russlands und die Abneigung gegen die Reformen Peter's des Grossen auf, dann freilich könnte man eine sehr lange Reihe von Vorgängern dafür aus dem ganzen achtzehnten Jahrhundert herzählen. An Analogien fehlt es nicht und, ungeachtet der Sonderbarkeit vieler von ihnen, wären sie nicht grundlos, — denn mehr als einmal haben die Slawophilen mit äusserster Unduldsamkeit ihren Hass gegen die Reformen Peter's und gegen die „Petersburger Periode" der russischen Geschichte, so wie ihre entschiedene Vorliebe für das Alterthum zu erkennen gegeben. Auch von der theologischen Seite ihrer Anschauungen nähern sie sich, und zwar in bedeutendem Grade, den Idealen der alten Vertheidiger des vorpetrinischen Russlands. Ihre theologischen Anschauungen, welche bekanntlich einen hervorragenden Theil ihrer Lehre ausmachen, erinnern lebhaft an die religiöse Ausschliesslichkeit des alten moskowischen Russlands. Das Alterthum überhaupt hat einen so grossen Werth für die Slawophilen, dass mit den Gegnern der „neuen Sitten" aus dem achtzehnten Jahrhundert sie zusammenzustellen, ein Vergleich ist, der auf der Hand zu liegen scheint. Doch wäre ein solcher Vergleich nicht ganz zutreffend. Bei aller Voreingenommenheit für das Alterthum fassen die Slawophilen ihre Frage in viel complicirterer Weise auf, als die Conservativen des vorigen Jahrhunderts. Es ist nicht blosser Instinct, wonach sie handeln. Sie haben eine ganze Lehre aufgestellt, welche mit philosophischen Beweisen und mit Mitteln zu wirken bestrebt ist, die der im Namen des volksthümlichen Alterthums bekämpften modernen Bildung entnommen werden. Auch unterscheiden sich die Slawophilen von den Conservativen des achtzehnten Jahrhunderts durch eine höhere Bildung und die Eigenthümlichkeit dessen, was sie auf socialem Gebiete anstreben — hierin begegnen sie sich zuweilen mit den Besseren unter den Repräsentanten des Liberalismus —, so dass der Vergleich aufhört und man sich genöthigt sieht, im Slawophilenthum eine Erscheinung anderer Ordnung, als im Conservatismus des vergangenen Jahrhunderts anzuerkennen. Eben so unterscheiden sich des ersteren Vertreter von den Conservativen aus dem ersten Viertel des gegenwärtigen Jahrhunderts, von Schischkow und seinen Anhängern.

Es sind also die Anfänge des Slawophilenthums in einer viel späteren Zeit zu suchen; zwar schliesst dasselbe sich durch seine Sympathien an die Traditionen der alten Zeit an, mit denen es sich beständig beschäftigt, so dass es viele, wenig anziehende Seiten dieser eigentlich moskowitischen Traditionen sich angeeignet hat. Doch dieser Zusammenhang ist ein nur theoretisch gesuchter, und seinem Ursprunge nach ist das Slawophilenthum eine wesentlich moderne Erscheinung, deren Eigenthümlichkeit auf den Bedingungen der russischen Bildung und des russischen socialen Lebens während der ersten Jahrzehnte unseres Jahrhunderts beruht. Sein theoretischer Inhalt wurde mit den Mitteln der europäischen Literatur, und zwar unter dem Einflusse der Romantiker und der deutschen Philosophen geschaffen. Zu Grunde lagen ihm eine bestimmte ethisch-sociale Kraft, gesunde und natürliche Elemente; da es jedoch in seiner Entwickelung auf schwierige sociale Verhältnisse stiess, so verlor diese Kraft ihre natürliche Richtung und verfiel einem einseitigen Extreme, in dem sie noch jetzt beharrt.

Der Verfasser von „Vergangenes und Betrachtungen" erzählt, wie in den dreissiger und vierziger Jahren in Moskau zwei Parteien sich bildeten, die sich bald der Literatur bemächtigten. In einem Kreise, wo Diejenigen erst auf freundschaftlichem Fusse mit einander verkehrten, die später die Führer zweier verschiedener Richtungen in der Literatur und im socialen Leben wurden, wurden Unterhaltungen und Discussionen gepflogen, deren Gegenstand die deutsche Philosophie war, welche damals das Hauptinteresse der jungen Generation der Literaten in Anspruch nahm — die deutsche Philosophie mit jener Alles umfassenden Bedeutung, in welcher sie in sich alle Fragen des allgemeinen abstracten Denkens und alle speciellen Anwendungen auf Dinge des politischen Lebens, der Geschichte und der Literatur vereinigen wollte. Diesen Erzählungen stehen zur Seite die Erinnerungen von J. Ssamarin. „In jener Zeit", sagt er, „zerfielen die Moskauer Gelehrten und Literaten in zwei Cirkel — die sogenannten Sapadniki (Verehrer des Westens) und die sogenannten Slawophilen. Der erste, zahlreichere Kreis sammelte sich um die aus dem Auslande heimgekehrten Professoren der Moskauer Universität und bildete, in kleinem Maassstabe, den Reflex der damals in der deutschen gelehrten Welt herrschenden rechten Seite der Hegel'schen Schule. In dem andern Kreise bildete sich allmählich eine orthodox-russische Anschauung heran.... Seine Repräsentanten waren *Chomjakow* und die *Kirejewskij*. Beide Kreise stimmten fast in Nichts überein; dessen ungeachtet kamen sie täglich zusammen, lebten mit einander in Freundschaft und bildeten gewissermaassen *eine* Gesellschaft; sie bedurften einander und fühlten sich durch gegenseitige Sympathie angezogen, welche auf die Gemeinsamkeit ihrer geistigen Interessen und auf eine tiefe gegenseitige Achtung gegründet war. Bei den Verhältnissen, wie sie damals bestanden, war eine gedruckte Polemik unmöglich und, wie in der, der Erfindung der Buchdruckerkunst vorhergehenden Zeit, ward sie durch geordnete und durchaus nicht fruchtlose Dispute ersetzt. Der Streit drehte sich um folgende Fragen: ist ein logischer Uebergang, ohne Sprung oder Unterbrechung, vom Sein, durch das Nichts, zum Werden und Dasein möglich? Mit einem Worte: was regiert die Welt, der freischaffende Wille, oder das Gesetz der Nothwendigkeit?

„Ferner: wie verhält sich die rechtgläubige Kirche zur römischen und zum Protestantismus: als ursprüngliche Gemeinschaft anfänglicher Unterschiedslosigkeit, aus welcher, auf dem Wege späterer Entwickelung und des Fortschrittes, andere, höhere Formen religiöser Weltanschauung sich entwickelten, oder als ewig dauernde und ungeschmälerte Vollkommenheit der Offenbarung, welche in der occidentalischen Welt den römisch-germanischen Vorstellungen sich unterworfen, und in Folge dessen in entgegengesetzte Pole sich spaltete? Endlich: worin besteht der Gegensatz zwischen der russischen und westlich-europäischen Civilisation? — bloss in der Entwickelungstufe oder in der Eigenthümlichkeit der Bildungselemente?

Steht es der russischen Civilisation bevor, nicht allein von den äusseren Resultaten, sondern auch von den Grundlagen der westeuropäischen Bildung durchdrungen zu werden? — oder wird sie, nachdem sie ihr eigenes orthodox-russisches geistiges Leben tiefer erfasst, in demselben die Grundlagen einer neuen künftigen Phase allgemein menschlicher Bildung erkennen?

„..... Es wird unglaublich erscheinen, dass Menschen, die nicht beschränkt waren, so lange geistig leben konnten im Gebiete abstracten Denkens, während sie dabei den politischen Fragen den Rücken zuwandten. Indessen verhielt es sich so.....

„Ueber politische Fragen sprach damals Niemand und dachte auch Niemand nach. Dies war eine der besonderen Eigenthümlichkeiten der moskauischen wissenschaftlich und literarisch gebildeten Gesellschaft der vierziger Jahre, welche die Menschen der vorhergehenden Epoche sich durchaus nicht erklären konnten. Sie hörten an, was in dieser Gesellschaft gesprochen wurde und begriffen nichts.“ [1]

Also aus der deutschen Philosophie entlehnten die Slawophilen ihre Argumente, ihre Kampfmittel und das Formuliren ihrer leitenden Fragen, welche abstract und universell waren. Wenn auch politische Fragen von der Discussion Anfangs ausgeschlossen blieben — was übrigens damals ziemlich natürlich war — so führte doch die weitere Entwickelung der Meinungen zu directen politischen Fragen.

Der Umstand, dass die Streitpunkte auf Disputationen entschieden wurden, hatte zur Folge, dass die Lehre der Slawophilen im anfänglichen engen Kreise bis zu einer bedeutenden Schärfe der allgemeinen Principien und der Details ausgebaut wurde und in der Literatur, sodann als geschlossene Reihe fertiger Anschauungen, denen alle Mitglieder der Schule ziemlich treu blieben, auftrat. Letzteres geschah ziemlich spät, in der Mitte der vierziger Jahre, als nach dem „Ssimbirskij Sbornik“ (Симбирскій Сборникъ Ssimbirskische Sammlung), welcher mit historischen Materialien angefüllt war, der „Sbornik“ von Walujew und die „Moskowskije Sborniki“ erschienen. Es ist daher ziemlich schwierig, die allmähliche Entwickelung des Slawophilenthums in der gedruckten Literatur zu verfolgen. Uebrigens schlossen sich noch vor dieser Zeit Schriftsteller aus den Reihen der Slawophilen an Leute einer ihnen wohl verwandten, jedoch besonderen Richtung an, die im „Moskwitjanin“ vertreten war. Dieses Bündniss wirkte auf ihre Beziehungen in der Literatur: die Mitarbeiter des „Moskwitjanin“ genossen keines besonderen Rufes; die Gegner der Slawophilen vermochten nicht immer die Letzteren von den Mitarbeitern dieser Zeitschrift zu sondern, und das um so weniger, als die Slawophilen zu dieser Verwechselung selbst Veranlassung gaben, so dass, als in der Presse die Campagne

[1] Man vergleiche mit diesen Reminiscenzen die Biographieen von Stankewitsch und Granowski, die Erinnerungen des D. Swerbejew an Tschaadajew und Herzen (Russ. Archiv 1868, S. 976; 1870, S. 673; die Erinnerungen an das Studententhum der Jahre 1832—1855 von K. Akssakow (im „Tag“ (russ.) — f. 1862, No. 39—40) u. a.

eröffnet wurde, dieser Umstand zu einer beiderseitigen Erbitterung bedeutend beitrug.

Als einem wenig zahlreichen, engen Cirkel, in welchem Freundschaft und Blutsverwandtschaft die Bande noch enger knüpften, war es dem Slawophilenkreise nicht schwer, seine Ideen zu einer Lehre zusammenzufassen. Ausserdem war die Lage seiner Glieder in der Literatur im Verhältniss zu der ihrer Gegner eine günstigere. Durch ihre unabhängige Stellung in der Gesellschaft — sie waren meist ziemlich oder sehr reiche Gutsbesitzer — blieben ihnen die unangenehmen Seiten der Journalistenthätigkeit fremd; als Schriftsteller traten sie eben nur gelegentlich auf und konnten sich daher mehr auf die Ausarbeitung ihrer Lehre concentriren. Vielleicht ist aber aus diesen Verhältnissen der Umstand zu erklären, dass, während die entgegengesetzte Richtung bald auf practische Fragen der Wirklichkeit stiess, die Slawophilen-Schule ein Dilettantensystem blieb, welches mit Behaglichkeit in Abstractionen sich erging, ohne um practische Folgerungen sich zu kümmern.

Die freundschaftlichen Beziehungen der beiden Cirkel, deren wir oben erwähnten, bestanden also nicht lange. Der entschiedene Gegensatz der Ansichten führte endlich zu persönlichen Aeusserungen, in denen eine offene Feindschaft sich zu erkennen gab. Das erste Beispiel der Unduldsamkeit gegenüber der andern Richtung wurde von Seiten der Slawophilen gegeben, doch zeichneten sich einige von ihnen, wie Kirejewski, durch Duldsamkeit aus. Endlich gewann aber die Exclusivität im Lager der Slawophilen die Oberhand, und ihre scharfen Angriffe gegen die „Sapadniki" waren um so weniger am Platz, als diese nicht ohne Gefahr gegen ihre Theorie ankämpfen konnten, oder gar der Möglichkeit dazu entbehrten. Ausserdem waren die Slawophilen voll stolzen Dünkels auf ihr System, was ihnen ihre Gegner um so weniger verzeihen konnten, als ihre Anmaassungen unbewiesen blieben. Dazu kam noch, dass die Beziehungen des Slawophilenthums zum officiellen Volksthum unaufgehellt blieben. Hingerissen von dem Eifer für ihre neuen Principien und berauscht von der Hoffnung auf den künftigen Untergang der Civilisation des Westens und den Triumph des Ostens, liess diese Schule die Bedürfnisse der Zeit aus dem Auge, während sie mit der entgegengesetzten Richtung einen gemeinschaftlichen Feind in der Unbildung und dem Obscurantismus hatte. Diesen Umstand beachteten die Slawophilen auch später, in unserer Zeit, nicht. Sie haben es also sich selbst zuzuschreiben, wenn sie für die Entwickelung der öffentlichen Meinung weniger gewirkt haben, als sie es hätten thun können.

Andererseits, wenn auch dem herrschenden officiellen Volksthum nahe stehend, genoss das Slawophilenthum nicht die Gunst der höheren Sphären, welche, wenn sie auch seine principiellen Tendenzen nicht verurtheilten, dennoch der Meinung waren, dass es mit denselben zu weit gehe und sich um eine Sache kümmere, die es durchaus nichts angehe, indem es die wahren

Grundlagen des russischen Lebens nachweisen wolle. Einige persönliche Ungelegenheiten blieben für die Slawophilen nicht aus. Waren diese unangenehmen Erfahrungen für sie auch nicht sehr bitter, so verfehlten sie doch ihren Einfluss auf die literarische Thätigkeit der Schule nicht, da dieselbe durch sie bisweilen unangenehme Störungen erfuhr. Die erste consequente slawophilische Zeitschrift erschien nicht früher als 1856. Es war die „Russkaja Besjeda" (Русская Беседа = Russische Unterhaltung). Oben ist darauf hingewiesen worden, wie das Slawophilenthum sich herausgebildet hatte. Es ist keinem Zweifel unterworfen, dass die Slawophilen, wie auch alle besseren Vertreter der Literatur von glühender Vaterlandsliebe beseelt waren, und sie schenkten ihre volle Aufmerksamkeit dem Volke, seiner Geschichte und seinem gegenwärtigen Zustande; doch war ihr Verhalten zum Volke kein ungezwungenes, sondern ein in bedeutendem Grade von der Theorie eingegebenes, künstliches. Hierin erwiesen sie sich als Kinder ihrer Zeit, und jenes Verhalten zum Volke lässt sich hauptsächlich als ein *philosophisch-romantisches* characterisiren. Es entsprang sowohl aus poetischem Enthusiasmus als aus theoresirendem Verstande, und ein phantastisches Colorit haftete stets an der Theorie der Slawophilen. Der romantische Grundzug derselben beruht auf dem Streben nach einer fernen Vergangenheit. Das Volk, dem sie sich nähern wollten, war weniger das wahre Volk der Gegenwart, — dem sie freilich alles Gute wünschten, — als vielmehr ein ideales Volk, und zwar das Volk der Vorzeit, weil man dieses Volk der Vorzeit am ehesten als Repräsentanten der Principien darstellen konnte, welche sie als Ecksteine ihres Systems gebrauchten. Ihr Ideal lag eben in einer vergangenen Zeit; sie waren genöthigt, der Geschichte Concessionen zu machen und verheimlichten daher die Mängel der Vergangenheit nicht; in der That aber entlehnten sie derselben den Hauptvorrath ihrer Muster, nur in ihr fanden sie den wahren Ausdruck des russischen Volksgeistes. Ihre moderne Philosophie äusserte sich in dem Wunsche, das Moskowiterthum der Vor-Petrinischen Zeit zu einem neuen Princip der Civilisation zu erheben. Dies Moskowiterthum hielten sie für den Ausdruck rein russischen Lebens, und vergasen — seine byzantinischen und tatarischen Beimengsel. Aus Liebe zu ihm verhielten sie sich feindlich zu der Reform Peter's und zu der sogenannten Petersburger Periode der russischen Geschichte.

Herr Pypin hat in seinen früheren Artikeln nachgewiesen, wie in den Jahrzehenten, denen seine Culturstudien gewidmet sind, auch in unserem Leben jene Bewegung sich geltend machte, welche einerseits die feudale Restauration zur Folge hatte, andererseits den Völkern zu Gute kam und von der Regeneration der Nationalitäten begleitet war; wie auch bei uns das officielle Volksthum aufkam, als dessen Organe unter anderen auch einige unserer besten Schriftsteller auftraten. Die neue, slawophilische Schule ging weiter: sie liess sich nicht an Schilderungen der Vorzeit in einfältig-idyllischem und ehrwürdig-ritterlichem Geiste genügen, oder an Reden über Ruhm, Sieg und Vernichtung der Feinde. Unter einem neuen wissenschaftlichen und literarischen Einflusse suchte man jetzt nach dem nationalen Princip, nach den Eigenthümlichkeiten und der Bestimmung des Volkes, seinem Beruf in der Geschichte der Menschheit, u. s. w. Der romantische Patriotismus fand Befriedigung in seinen Anschauungen von der ethischeh Grösse des Volkes, seiner Geistestiefe, seiner grossen Bedeutung für die allgemein-menschliche Entwickelung und formte diese Anschauung zu einer philosophisch-historischen Theorie, in welcher man die Anwesenheit der Romantik nicht verkennen kann. Auch in ihrer rein literarischen Thätigkeit schloss sich die Schule den früheren Romantikern an. Die ältesten Slawophilen hatten ihre Erziehung während der Blüthezeit der europäischen Romantik und ihrer russischen Wiederholungen genossen. Schon Puschkin hatte den panslawistischen Ton angeschlagen, den die Slawophilen später sehr häufig hören liessen. Die ersten Aeusserungen der letzteren waren ebenfalls poetische, so in den Gedichten Chomjakow's und Jasykow's, die aus der Schule Puschkin's hervorgingen und denen später die Brüder K. und Iw. Akssakow sich anschlossen.

Für diese Ausbrüche der Romantik gab die russische Gesellschaft der zwanziger und dreissiger Jahre einen günstigen Boden ab. Damals legte der dürre Formalismus des officiellen Volksthums gewaltsam seinen Maassstab an alle Regungen des gesellschaftlichen Denkens und Fühlens und lastete auf allen Köpfen, in denen ein Bedürfniss nach selbstständiger Arbeit und eigener Ueberzeugung vorhanden war. Da die Gegenwart keine Befriedigung gewährte, musste nach einem Ideale gesucht werden und da es für eine mittelbare Thätigkeit in gesellschaftlichen Verhältnissen keine Möglichkeit gab, wandte sich die gesammte geistige Thätigkeit der Besseren unter der neuen Generation dem Suchen nach allgemeinen Principien, dem Schaffen eines abstracten Ideals zu. Die so entstandene Bewegung schlug zwei Richtungen ein; beiden folgten Geister, welche mit der Gegenwart unzufrieden waren: die Einen, indem sie sich negirend zu derselben verhielten und ihre Mangel — Abwesenheit eines Bewusstseins in der Gesellschaft, deren Ohnmacht und Ignoranz des Volkes — erkannten, erwarteten Abhülfe von einer grösseren Verbreitung der Bildung, von dem Aneignen europäischen Wissens; die Anderen suchten gleichfalls nach etwas Besserem, aber von der Gegenwart wandten sie sich der Vergangenheit zu. In dieser, von der uns die Zeit so bequem trennt, erblickten sie nicht jenen quälenden Zwiespalt, im Gegentheil eine völlige Einheit zwischen Autorität, Gesellschaft und Volk, die Herrschaft lebenskräftiger Traditionen, Glaubenssätze und Sitten; so blieben sie denn auch bei dieser Vergangenheit stehen. Dem Volke durch das Volk selbst wollte diese

Richtung dienen: die seit Peter von uns auf Treu und Glauben angenommene europäische Bildung war in ihren Augen eine verfehlte, weil sie nicht dem Character des Volkes entsprach; durch die Reform von der höheren Schicht der Gesellschaft getrennt, war das Volk auf dem wahren nationalen Wege, den auch das von den höheren Klassen abgeschworene Alterthum gegangen war, geblieben. Folglich mussten die höheren Kreise ihrem Schicksal überlassen bleiben oder bekehrt, das Volk aber studirt werden, um in seinem Leben die Mittel zur Heilung zu finden.

Dieser Gedanke, dem Volke zu dienen, hatte freilich viel Bestechendes an sich: er erschien wenigstens energischer, als die „sclavische" Nachahmung Europa's. Doch im andern Lager konnte das Einschlagen eines solchen Weges, wenn auch als originell und grossmüthig, so doch nicht als besonders kühn erscheinen; man durfte dort annehmen, dass Diejenigen, die diese Richtung verfolgten, ihre Schlussfolgerungen nicht hinreichend erwogen hätten oder sich scheuten, der Wirklichkeit gerade in die Augen zu sehen und ihre thatsächlichen Mängel anzuerkennen, dass man, indem man das Alterthum preise, wieder in jene Sackgasse gerathe, aus welcher das nationale Leben durch die Petrinische Reform herausgerissen wäre, und dass, unzufrieden mit der Gegenwart, man Ideale erzeuge, welche um Nichts besser als diese seien und nur dazu dienen könnten, diese traurige Gegenwart zu befestigen. Und in der That, das Ideal der Slawophilen war zuweilen so zweideutig in dieser Beziehung, dass man sich oft veranlasst sah, sie für Verbündete des Obscurantismus zu halten. Indessen ist nicht zu leugnen, dass im Slawophilenthum ein warmes Mitgefühl für das Volk lebte, welches sowohl der Gesellschaft als dem officiellen Volksthum fremd geworden war. Dieses Mitgefühl war seine beste, die am meisten sympathische Seite. Leider aber besteht in den Ansichten der Slawophilen bisher eine Unklarheit, in Folge deren ihre Sympathie zum Volk in der Literatur weniger Gutes gestiftet hat, als sie erwarteten; ihre exclusive Theorie unterschied nicht immer, wo die Feinde des Volkes und wo seine Freunde zu suchen seien.

Indem der Verfasser zur Betrachtung der einzelnen slawophilischen Ansichten und ihrer Würdigung in Hinsicht auf die Geschichte der socialen Ideen übergeht, bemerkt er, dass er jene nur in ihren allgemeinen Zügen kennzeichnen werde, für das Studium im Einzelnen aber auf ihre Schriften den Leser verweise.

Im Obigen war bereits darauf hingewiesen worden, worin die Lehre der Slawophilen bestand. Der Hauptpunkt war der, dass die Petrinische Reform den natürlichen Entwickelungsgang des russischen Lebens gestört habe und dass der durch diese Reform hervorgerufene Zwiespalt auszugleichen sei, indem man beim Volke, welches in seiner Lebensweise, in seinen religiösen Anschauungen und sittlichen Instincten die alten Traditionen treu bewahrt habe, die nothwendigen Elemente der Entwickelung suche. An ein Erheben des Volkes zu unserer Bildung zu denken, wäre lächerlich, weil der Inhalt seines Lebens viel höher stände, als unsere aufgepfropfte äussere Bildung. Der grosse Fehler und der Schaden der Petrinischen Reform bestand, nach der am Ende der dreissiger und in den vierziger Jahren ausgesprochenen Ansicht der Slawophilen, darin, dass von Peter die volksthümlichen Grundlagen der russischen Entwickelung zurückgewiesen worden waren und dass er, indem er der russischen Bildung die Nachahmung West-Europas vorzeichnete, der orientalischen Welt die ihr fremden Principien der occidentalischen aufdrang. Die Reform war nach jener Meinung eine gewaltsame und als solche brachte sie schlechte Früchte: die nationale Einheit war zerrissen; das Staatsleben vollzog sich ausserhalb des Volksbewusstseins, entwickelte sich äusserlich, verfiel aber innerlich, denn die Bildung der höheren Classen hatte sie dem Volke entfremdet, die Kirche zerfiel in einen leeren Formalismus, und das verlassene Volk, welches allein jenen Grundprincipien treu geblieben war, verfiel in Rohheit, spaltete sich in Secten u. s. w.

Damit nun das Leben von Neuem seinen natürlichen, dem ursprünglichen Character der griechisch-slawischen Rechtgläubigkeit entsprechenden Gang nehmen könne, wäre es nothwendig, zu den Principien von Alt-Russland zurückzukehren. Es thäte nicht Noth, Alles vom Westen durch uns Erworbene zurückzuweisen, da es uns die Möglichkeit verschafft habe, die modernen Handgriffe der dialectischen Erkenntniss uns anzueignen und uns mit der ausserordentlich reichen Erfahrung des Westens zu bereichern. Nothwendig sei aber die Zurückweisung des Princips der westlichen Bildung, — nicht nur deshalb, weil es uns nicht eigen sei, sondern weil es in seiner eigenen Heimath sich nicht bewähre.

Die Principien der westlichen Bildung wären irrige, weil sie vom allgemeinen Bewusstsein der universellen Kirche sich los gesagt hätte, daher wäre auch die auf diesen Principien aufgebaute Bildung eine falsche. Dieselbe habe wohl eine grosse Kraft der Vernunft sich angeeignet, viele nützliche Erfindungen erzeugt, die äusseren Bequemlichkeiten des Lebens vermehrt, leide aber an einem innern Zwiespalt — der Folge der Trennung der Vernunft vom Glauben. Die moderne europäische Bildung (der vierziger Jahre) erweise sich augenscheinlich als verfehlt, da sie in allen möglichen philosophischen Theorien und religiösen Secten einen Ausgang aus ihrer Lage suche und in ihr, in den besseren Köpfen, die Einsicht sich geltend mache von der Nothwendigkeit jenes Princips, das die östliche Bildung stets bewahrt habe. Um so mehr wäre es auch für uns an der Zeit, zu diesem Princip zurückzukehren.

Das Bild, welches in unserm modernen Leben die sogenannte gebildete Gesellschaft bietet, wäre ein trostloses. Ihrem Volke sei sie entfremdet, sclawisch nehme sie fremde Begriffe, fremde Sitten, sogar fremde Sprache an; von Allem, was westeuropäisch sei, lasse sie sich hinreissen, möge es noch so seltsam und läppisch sein; zum Volke verhalte sie sich mit Missachtung, wie zu einer niedern Race, obgleich sie von der Arbeit dieses Volkes lebe. Um diese traurige Lage der Gesellschaft zu beseitigen, um die verlorene Einheit des Volkes mit der Gesellschaft wieder herzustellen, das Leben in seine rechten Bahnen zu lenken, unsere nationale Bestimmung zu verwirklichen und die hohe, unabhängige und herrschende Stellung in der Civilisation einzunehmen, welche uns zukäme, müssten wir zum Volke zurückkehren, seine Geschichte, seine Ueberlieferungen, Sitten und Gebräuche erforschen, und mit diesem Volke zu *einem* Bewusstsein verschmelzen: die Gesellschaft hätte sich von Neuem zu erziehen, die verlorenen nationalen Grundlagen wieder in sich aufzunehmen.

So ungefähr raisonnirten die Slawophilen in jener Zeit. Jetzt haben einige dieser Thesen bedeutend an Klarheit gewonnen, sind greifbar und zu einer practischen Forderung geworden, in vielen Fällen freilich — nicht zum Nutzen der Schule. Uebrigens gehört diese letzte Redaction der slawophilischen Grundsätze nicht in das Bereich der Aufgabe des Verfassers.

(Fortsetzung folgt.)

Allgemeines Reichsbudget der Einnahmen und Ausgaben für das Jahr 1873.

Allerhöchst bestätigt am 30. December 1872.

REICHS-EINNAHMEN.

I. Gewöhnliche Reichs-Einnahmen.	Budget-Einnahme für 1872. Rbl.	Veranschlagte Einnahme für 1873. Rbl.
a. *Steuern.*		
Directe Steuern.		
1. Steuern	96,290,190	94,746,529
2. Für die Berechtigung zum Handel	12,390.000	12,602,600
Indirecte Steuern.		
1 Von Consumtions-Gegenständen (Abgaben und Accise)		
3. Getranke	162,428,422	166,601,600
4. Salz	12,523,070	11,417,450
5. Tabak	9,121,035	10,926,000
6. Accise von der Runkelrubenzucker-Fabrication	3,072,820	4,493,200
7. Zölle	43,815,500	51,077,000
2. Gebühren.		
8. Stempelpapier	7,356,000	8,150,000
9. Eintrags- und Kanzleigebühren	4,823,000	6,008,000
10. Pässe	2,416,000	2,565,000
11. Schiffahrt	787,890	799,615
12. Chausseeeinnahmen	335.953	220,546
13. Verschiedene Abgaben	2,384,790	2,416,374
Darunter:		

Von Postcertificaten (zur Verabfolgung von Postpferden	336,000 Rbl.		
Für Rangerhöhung	1,018,000 „		
Zur Bildung von Pensionsfonds, von den Vermessungen, Strafgelder und andere	1,062,374 „		
	2,416,374 Rbl.		
Steuern im Ganzen		357,744,670	372,023,914
b. *Regierungs-Regalien.*			
14. Bergwerksabgaben		3,310,616	3,516,821
15. Münzeinnahmen		4,966,975	5,226,929
16. Posteinnahmen		9,012,797	9,179,693
17. Telegrapheneinnahmen		4,300,174	4,570,180
Regalien im Ganzen		21,590,562	22,493,623
c. *Vom Staatseigenthum.*			
18. Grundzins und andere Abgaben der Kronsbauern und Kolonisten auf Kronsdomänen der baltischen Gouvernements		646,359	646,376
19. Abgesondert verpachtete Liegenheiten		5,266,598	5,233,692
20. Verkauf von Land und anderen Immobilien der Krone, Rekrutenquittungen etc.		1,228,192	3,022,348
21. Von den Forsten		8,984,180	9,181,047
22. Hüttenwerke und Bergindustrie		4,860,882	5,165,962
23. Eisenbahnen		18,724,058	20,594,928[1]
24. Güter und Capitalien des Educationsfonds		133,742	130,916
Vom Staatseigenthum im Ganzen		39,844,011	43,975,269

[1]) Darunter von Privatgesellschaften 20,444,928 Rbl.

	Budget-Einnahme für 1872. Rbl.	Veranschlagte Einnahme für 1873. Rbl.
d. *Verschiedene Einnahmen.*		
25. Landwirthschaftliche und technische Anstalten (Druckereien des Senats und des Ministeriums der Volksaufklärung); von Büchern und Journalen, herausgegeben von der Regierung	964,257	965,768
26. Verkauf von Erzeugnissen der wirthschaftlichen Thätigkeit des Staates	1,268,369	1,352,887
27. Summen vom Loskauf von der Rekrutirung	2,809,774	2,600,000
28. Steuern im General-Gouvernement Turkestan	1,775,419	3,321,889
29. Steuern von der Inneren Kirgisenhorde und der ehemaligen Kleinen Horde	154,065	149,350
30. Von den Privatzöglingen der Krons-Lehranstalten	143,014	151,080
31. Zurückerstattete Darlehen	4,570,093	4,890,211
32. Strafgelder	927,241	960,697
33. Einnahmen des Reichsschatzes von Communalabgaben und anderen Quellen	25,195,366	26,529,323
34. Zufällige Einnahmen verschiedener Art	8,098,775	9,617,731
35. Temporäre Steuern zu speciellen Zwecken	282,000	303,200
Verschiedene Einnahmen im Ganzen	46,188,373	50,842,136
36. Einnahmen aus Transkaukasien	5,480,709	4,885,059
Gewöhnliche Reichs-Einnahmen im Ganzen	470,848,325	495,220,001
II. Betriebs-Einkünfte.		
37. Für die aus der Druckerei der 2. Abtheilung der Eigenen Kanzlei S. M. des Kaisers an Behörden und Personen versendeten Gesetzbücher und für Arbeiten der Druckerei für die höchsten Regierungsbehörden	105,328	105,370

38. Beschaffung von Metallen und Metallfabrikaten in den Staatsbergwerken, welche den Ministerien des Krieges, der Marine und der öffentlichen Bauten verabfolgt werden	4,127,015	3,652,457
39. Verkauf des Stempelpapiers für gerichtlich-medicinische und ärztlich-polizeiliche Akte	241,550	242,217
40. Einnahmen von der Staatsdruckerei. die zum Unterhalte derselben verwandt werden	762,154	1,027,598
41. Verkauf von Proviant, Fourage und anderem Kronseigenthum an Kronsbehörden, und zur Deckung von verschiedenen Ausgaben, welche eine Behörde für Rechnung der andern macht	2,033,433	2,085,760
42. Einnahme von Gutsbesitzern als Deckung von Vermessungskosten	242,000	235,000
43. Rückzahlung von Ausgaben verschiedener Art	11,912,671	11,915,339
Betriebs-Einkünfte im Ganzen . . .	19,424,151	19,263,741
Im Ganzen . . .	490,272,476	514,483,742

III. Ressourcen,

44. Speciell zu Eisenbahnbauten, zur Vertiefung der Häfen und zur Aufschüttung der Molen im Odessaer Hafen bestimmt	6,925,326	2,866,092
Im Ganzen . . .	497,197,802	517,349,834

REICHS-AUSGABEN.

A. Gewöhnliche Ausgaben.	Beständige Ausgaben. Rbl.	Temporäre und ausserordentliche Ausgaben. Rbl.	Im Ganzen. Rbl.	Angabe für 1872. Rbl.
1. *Reichsschuld.*				
Interessenzahlung und Schuldentilgung.				
1. Auswärtige tilgbare Schuld	—	13,364,499	13,364,499	13,514,179
2. Auswärtige untilgbare Schuld	—	19,353,341	19,353,341	19,363,468
Innere tilgbare Schuld:				
3. a) An verschiedene Behörden	—	832,212	832,212	1,427,106
4. b) Vierproc. Billete der Reichsbank (Métalliques)	—	3,000,000	3,000,000	3,000,000
5. c) Fünfproc. Bankbillete, emittirt zur Verstärkung des Bankfonds	—	1,450,000	1,450,000	1,450,000
6. d) Reichsschatzbillete (Serien)	—	9,444,160	9,444,160	9,448,480
7. e) Fünfprocentige Prämienanleihen	—	13,279,250	13,279,250	13,291,750
8. f) Obligationen des Zarthums Polen	—	2,748,300	2,748,300	2,748,300
9. g) Liquidationsblätter und Scheine des Zarthums Polen	—	3,272,413	3,272,413	3,272,413
Innere untilgbare Schuld:				
10. a) Gewöhnliche unantastbare	—	3,946,161	3,946,161	3,956,641
11. b) Vierprocentige (ununterbrochen Zinsen tragende Billete)	—	6,169,365	6,169,365	6,169,508
12. Zins-Zahlung und Amortisation der fünfproc. consolidirten Obligationen der russischen Eisenbahnen mit Rückerstattung des Betrages von den Gesellschaften dieser Bahnen	—	14,201,908	14,201,908	8,739,730
Für die Staatsschuld im Ganzen	—	91,061,609	91,061,609	86,381,575

2. Höchste Regierungs-Institutionen.				
13. Reichsrath und Reichskanzlei	664,498	22,043	686,541	677,286
14. Kanzlei des Minister-Comités	73,277	2,410	75,687	75,713
Eigene Kanzlei Sr. Majestät des Kaisers.				
15. a) I. Abtheilung	30,663	57,808	88,471	88,971
16. b) II. Abtheilung und die Druckerei derselben	177,174	109,523	286,697	283,269
17. c) III. Abtheilung	250,803	5,730	256,533	248,015
18. d) Angelegenheiten des Zarthums Polen	187,380	—	187,380	164,793
19. Kanzlei des Comités für Angelegenheiten des Zarthums Polen	11,279	—	11,279	11,262
Kanzlei des kaukasischen Comités.				
20. Unterhalt der Kanzlei	27,187	980	28,167	28,167
Bittschriften - Commission und Kanzlei des Staatssecretärs für Annahme der Bittschriften an S. M. den Kaiser.				
21. Unterhalt der Commission und Kanzlei	106,934	24,500	131,434	129,474
22. Zur Vertheilung an die Armen und zur Erziehung von Kindern	74,500	7,200	81,700	80,400
Für die höheren Regierungs-Institutionen im Ganzen	1,603,695	230,194	1,833,889	1,787,350
3. Ressort des heiligen Synod.				
23. Central-Verwaltung	233,809	4,094	237,903	206,389
24. Kathedralen, geistliche Consistorien und Verwaltungen, Erzpriester-Häuser und Weihbischöfe	1,258,454	40,656	1,299,110	1,303,240
25. Klöster (лавры и монастыри)	393,042	14,369	407,411	407,411

	Beständige Ausgaben. Rbl.	Temporäre und ausserordentliche Ausgaben. Rbl	Im Ganzen. Rbl.	Angabe für 1872. Rbl.
26. Stadt- und Landgeistlichkeit	4,860,267	841,300	5,701,567	5,648,499
27. Verstärkung der Mittel der geistlichen Lehranstalten	1,509,225	30,000	1,539,225	1,539,225
28. Unterhalt der Synodal-Gebäude, Bau- und andere kleine Ausgaben	154,429	219,793	374,222	301,165
Im Ganzen für den heiligen Synod	8,409,226	1,150,212	9,559,438	9,405,929
4. *Ministerium des Kaiserlichen Hauses.*				
29. Unterhalt des Kaiserlichen Hauses, des Allerhöchsten Hofes, des Hofstaates S. K. H. des Grossfürsten Thronfolgers und der Söhne Sr. K. Hoheit, des Ministeriums des Hofes mit den demselben untergeordneten abgesonderten Theilen und den Palais, den Schlössern, Gärten und Parks in Warschau	6,338,708	2,614,971	8,953,679	8,953,679
5. *Ministerium der auswartigen Angelegenheiten.*				
30. Central-Verwaltung und Unterhalt der diplomatischen Beamten bei einigen General-Gouverneuren und dem Statthalter des Zarthums Polen	354,485	113,847	468,332	468,332
31. Gesandtschaften und Missionen	883,402	6,782	890,184	889,109
32. Consulate	363,877	8,458	372,335	372,834
33. Ausserordentliche Ausgaben im Auslande	606,070	8,410	614,480	660,272
34. Verschiedene Ausgaben	137,310	2,386	139,696	115,006
Im Ganzen das Ministerium des Auswartigen	2,345,144	139,883	2,485,027	2,505,553

6. *Kriegsministerium.*

35. Central-Verwaltung	1,731,634	149,267	1,880,901	1,859,337
36. Local-Verwaltung	5,623,804	323,896	5,947,700	5,495,032
37. Belohnungen und Unterstützungen für Personen des Militärressorts	1,969,333	924	1,970,257	1,969,538
38. Technischer Theil und Unterrichtswesen	4,517,595	22,064	4,539,659	4,554,739
39. Medicinal- und Lazarethwesen	450,538	2,269	452,807	538,734
40. Abzüge und Procente an die Emeritalkasse	1,998,414	966	1,999,380	1,835,057
41. Besoldung der Armee	27,162,333	608,679	27,771,012	27,411,078
42. Quartierwesen	3,070,674	121,497	3,192,171	1,814,038
43. Proviant	38,350,281	115,737	38,466,018	35,664,359
44. Fourage	13,913,673	360,634	14,274,307	12,871,484
45. Uniformirung	15,976,321	930,968	16,907,289	16,151,339
46. Krankenpflege	461,992	—	461,992	453,974
47. Remonte der Cavallerie-, Reit- und Zuchtpferde	701,748	7,800	709,548	697,501
48. Unterhalt des Artilleriewesens bei den Truppen und in den Festungen	802,850	1,973,546	2,776,396	1,559,331
49. Remonte des Ingenieur-Materials	59,335	115,030	174,365	324,915
50. Kanzleiausgaben der Truppen	300,139	1,514	301,653	298,993
51. Transport der Truppen	1,300,798		1,300,798	1,278,218
52. Beschaffung der Artillerie, der Waffen, des Pulvers, der Munition und für Versuche im Artilleriefach	12,874,672	7,126,094	20,000,766	20,480,071
53. Aufbau und Unterhalt der Gebäude, Befestigungen und Einquartierung der Truppen	8,033,804	7,123,518	15,157,322	14,926,328
54. Topographische Aufnahmen des Reiches	169,729	48,917	218,646	190,133
55. Reisegelder für Beamte, Estafetten, ausserordentliche und andere Ausgaben	6,258,945	884,075	7,143,020	6,229,917
Das Kriegs-Ministerium im Ganzen	145,728,612	19,917,395	165,646,007	156,604,116

	Beständige Ausgaben Rbl	Temporäre und ausserordentliche Ausgaben. Rbl.	Im Ganzen Rbl.	Angabe für 1872. Rbl.
7. Marine-Ministerium.				
56. Central- und Hafenverwaltung	1,458,689	113,217	1,571,906	1,571,000
57. Belohnungen und Unterstützungen der im Marine-ressort Dienenden	172,941	2,290	175,231	174,931
58. Unterrichtswesen	423,003	5,841	428,844	393,860
59. Medicinal- und Lazarethwesen	569,433	55.553	624,986	576.116
60. Besoldung der activen Marine-Mannschaften	1,989,618	19,243	2,008,861	1,622,476
61. Verpflegung	649,571	—	649,571	635.437
62. Uniformirung	636,093	—	636,093	616,982
63. Schifffahrt im Innern	3.430,798	—	3.430,789	2,663,016
64. Schifffahrt im Auslande	1,281,929	—	1,281,929	1,214,145
65. Hydrographische Abtheilung	268,141	57,320	325,461	284,157
66. Marine-Atillerie	339.395	708,086	1,047,481	936,866
67. Schiffsbau	6,500,487	60,000	6,560,487	4,431,168
68. Fabriken und Admiralitäten	280,888	540	281,428	206,039
69. Miethe, Unterhalt, Bau und Remonte der Gebäude	1,915,879	278,000	2,193,879	1,732,616
70. Transport. Arbeitskräfte, Abcommandirungen und kleine Ansgaben	3,398,674	46,900	3.445.574	3.710,459
Das Marine-Ministerium im Ganzen	23.315.539	1,346,990	24,662,529	20,769,268
8. Finans-Ministerium.				
71. Central-Administration	1,531,755	273,188	1,804,943	1,806,463
72. Local-Administration	18,820,518	1.367,665	20,188,183	19,885,131
73. Technischer Theil und Unterrichtswesen	351,517	79.754	431,271	407,269

74. Geschütze, Geschosse und Metalle aus den Staatshüttenwerken für die Ministerien des Krieges und der Marine	3,782,757	—	3,782,757	3,338,860
75. Anfertigung der Staatspapiere	—	317,221	317,221	47,000
76. Pensionen und Unterstützungen an Beamte, Wittwen und Waisen	22,371,631	411,262	22,782,893	23,137,033
77. Unterstützungen an verschiedene Behörden, Städte und Actiengesellschaften	2,701,020	2,508,529	5,209,549	5,129,707
78. Entschädigung verschiedener Behörden und Personen wegen Herabsetzung der Bankprocente und für Einnahmen, die an die Krone gefallen	2,552,946	154,575	2,707,521	2,743,598
79. Rückerstattung der Summen, welche nicht der Krone einzureichen waren	709,000	—	709,000	600,000
80. Ausserordentliche Ausgaben für den Reichsschatz und ausserordentliche Bedürfnisse der Provincial-Verwaltungen	11,273,000	—	11,273,000	11,592,000
81. Recrutirungs-Ausgaben	1,000,000	—	1,000,000	1,000,000
82. Erwerbung von Recrutenquittungen zum Verkauf an Personen, welche der Rekrutirung unterliegen	4,850	—	4,850	8,730
83. Uebersendung der Gelder des Staatsschatzes, Reisediäten für Beamte, etatsmässiger Gehaltszuschuss, Privatforderungen, welche von früheren Besitzern confiscirter Güter erhoben worden, Erziehung von Kindern und verschiedene kleine Ausgaben	1,912,353	521,039	2,433,446	2,383,395
84. Bau-, Oeconomie- und Operationsausgaben für das Getränke- und Salzaccise-, das Zoll- Münz- und Bergwesen	5,040,832	691,742	5,732,574	5,475,625
Im Ganzen das Finanz-Ministerium	72,052,179	6,325,029	78,377,208	77,554,811

	Beständige Ausgaben. Rbl.	Temporäre und ausserordentliche Ausgaben Rbl.	Im Ganzen. Rbl.	Angabe für 1872. Rbl.
9. *Ministerium der Reichsdomänen.*				
85. Central-Administration	686,789	64,964	751,753	1,003,329
86. Local-Administration	3,257,392	369,625	3,627,017	3,400,114
87. Förderung der Forst- und Landwirthschaft und des landwirthschaftlichen Unterrichtswesens	611,706	142,001	753,707	746,764
88. Unterstützung des Ackerbaues und Verbreitung rationeller Kenntnisse in demselben	76,833	43,450	120,283	168,036
89. Vermessung und Regulirung	84,442	640,478	724,920	799,693
90. Forstregulirung	587,728	—	587,728	641,603
91. Geld-Arrenden (Belohnung von Beamten)	—	2,022,732	2,022,732	2,025,520
92. Unterstützungen zur Erziehung der Kinder und verschiedene kleine Ausgaben	751,168	132,464	883,632	803,794
Im Ganzen das Ministerium der Reichsdomänen	6,056,058	3,415,714	9,471,772	9,588,853
10. *Ministerium des Innern.*				
93. Central-Administration	1,313,084	28,698	1,341,782	1,335,749
94. Censur-Verwaltung	258,450	1,470	259,920	259,920
95. Local-Administration	18,070,762	653,159	18,723,921	18,455,024
96. Unterrichtswesen	71,580	2,629	74,209	74,481
97. Medicinal- und Quarantainewesen	1,023,067	28,430	1,051,497	1,063,688
98. Unterhalt der Geistlichkeit fremder Confessionen	1,702,695	195,626	1,898,321	1,911,979
99. Unterhalt der Gefängnisse. Transport der Arrestanten und andere aufs Gefängnisswesen bezügliche Ausgaben	2,357,970	76,873	2,434,843	1,842,511

100. Unterstützung der Anstalten, welche den Collegien der allgemeinen Fürsorge, der Administration der Städte und anderen Institutionen unterstellt sind, und für den Bau von Kirchen	1,997,701	1,311,058	3,308,759	3,410,899
101. Locale Militärbedürfnisse in den Gouvernements des Zarthums Polen	1,653,724	—	1,653,724	1,976,650
102. Miethe und Remonte der Gebäude	947,633	97,037	1,044,670	1,219,936
103. Annahme, Ausgabe und Versendung der Correspondenz	2.386,473	25,000	2,411,473	2,459,226
104. Zuschuss an die Posthalter für das Halten der Pferde zur Beförderung der Posten und Reisenden	7,285,578	46,536	7,332,114	7,122,162
105. Telegraphen	—	350,000	350,000	383,563
106. Remonte und allmähliche gründliche Erneuerung der Telegraphenlinien und Drähte	803,688	—	803,688	743,831
107. Verschiedene Ausgaben	210,936	10,783	221,719	237,019
Im Ganzen das Ministerium des Innern	40,083,341	2,827,299	42,910,640	42,496,638
11. *Ministerium der Volksaufklärung.*				
108. Central-Administration	176,966	21,301	198,267	197,267
109. Local-Administration	334,305	47,251	381,556	392,432
110. Universitäten und Lyceen	2,461,226	14,405	2,475,631	2,348,695
111. Gymnasien	4.675,419	53,743	4,729,162	4,282,545
112. Kreis-, Pfarr-, Elementarschulen und besondere Lehranstalten	2,809,183	69,813	2,878,966	2,550,012
113. Ausgaben für das griechisch-unirte Ressort	253,322	78,500	331,822	190,643
114. Unterstützungen des Gelehrten- und Lehrwesens, Bauausgaben, Vorbereitung der Professoren und Lehrer und andere Ausgaben	974,692	332,489	1,307,181	1,294,007
Im Ganzen das Ministerium der Volksaufklärung	11,685,113	617,502	12,302,615	11,255,601

	Beständige Ausgaben. Rbl.	Temporäre und ausserordentliche Ausgaben. Rbl.	Im Ganzen. Rbl.	Angabe für 1872. Rbl
12. *Ministerium der öffentlichen Bauten.*				
115. Central-Verwaltung	907,213	261,762	1,168,975	1,070,714
116. Local-Verwaltung	1,476,496	57,174	1,533,670	1,493,526
117. Unterrichtswesen	132,692	13,387	146,079	143,958
118. Wasserstrassen	646,543	629,274	1,275,817	1,506,160
119. Landstrassen	3,433,745	562,255	3,996,000	3,944,368
120. Bau und Unterhalt von Gebäuden und Etablissements	17,000	134,468	151,468	67,000
121. Ausgaben der Nikolai-, Moskau-Kursker und der Liwnyschen schmalspurigen Eisenbahn	6,833,162	60,280	6,893,442	7,200,992
122. Unterstützungen der Privat-Eisenbahn-Gesellschaften (Garantien)	—	11,460,355	11,460,355	7,000,000
Im Ganzen das Ministerium der öffentlichen Bauten	13,446,851	13,178,955	26,625,806	22,426,718
13. *Justiz-Ministerium.*				
123. Dirigirender Senat und ihm untergeordnete Behörden	1,361,247	31,692	1,392,939	1,410,928
124. Central-Administration	212,598	14,829	227,427	237,900
125. Gouvernements-, Kreis-, Bezirks- und besondere Local-Gerichtsbehörden	7,110,043	177,301	7,287,344	7,339,210
126. Gouvernements- und Kreis-Inspection	366,067	—	366,067	347,781
127. Vermessungswesen	901,489	138,191	1,039,680	958,981
128. Kaiserliche Rechtsschule	189,157	—	189,157	189,157
129. Verschiedene Ausgaben	70,801	30,070	100,871	100,020
Im Ganzen das Justiz-Ministerium	10,211,402	392,083	10,603,485	10,583,977

14. *Reichscontrole.*				
130. Unterhalt der Reichscontrole nebst den ihr untergeordneten Institutionen, Oeconomie und andere Ausgaben	1,786,929	257,136	2,044,065	2,000,661
15. *Hauptverwaltung der Reichsgestüte.*				
131. Central-Administration	69,912	—	69,912	69,962
132. Reichsgestüte und die Pferdezucht betreffende Etablissements in Moskau und St. Petersburg	210,501	3,000	213,501	211,507
133. Unterhalt der Gestüte	315,258	15,000	330,258	348,658
134. Bau- und andere Ausgaben	57,410	6,250	63,660	62,502
Im Ganzen die Verwaltung der Reichsgestüte	653,081	24,250	677,331	692,629
135. 16. *Ausgaben für das Justizressort im Zarthum Polen.*	805,550	5,075	810,625	811,923
17. *Civil-Verwaltung von Transkaukasien.*				
136. Ausgaben der Civil-Verwaltung und Organisation von Transkaukasien	5,326,941	839,663	6,166,604	5,620,678
Im Ganzen gewöhnliche Reichsausgaben	349,848,369	144,343,960	494,192,329	469,439,959
137. B. *Für den möglichen Steuerausfall*	1,000,000	—	1,000,000	1,000,000
C. *Betriebs-Ausgaben.*				
138. Für Gesetzbücher auf Kosten des Reichsschatzes versendet und Arbeiten für die obersten Gerichtsbehörden, von der Druckerei der 2. Abtheilung der Eigenen Kanzlei S. M. des Kaisers ausgeführt	105,370	—	105,370	105,328
139. Beschaffung von Metallen und Metallfabrikaten auf den Bergwerken des Staates für die Ministerien des Krieges, der Marine und der öffentlichen Bauten	3,287,379	365,078	3,652,457	4,127,015
140. Für Vermessungen in den Gouvernements Poltawa und Tschernigow	35,000	200,000	235,000	242,000
141. Unterhalt und Ausgaben der Staatsdruckerei	1,025,381	2,217	1,027,598	762,154

	Beständige Ausgaben. Rbl.	Temporäre und ausserordentliche Ausgaben. Rbl.	Im Ganzen. Rbl.	Angabe für 1872. Rbl.
142. Gehaltszuschuss für die Kreis- und Stadtärzte und Ausgaben zur Herausgabe von Handbüchern und Sammlungen, die gerichtliche Medicin und die öffentliche Hygieine betreffend	242,217	—	242,217	241,550
143. Beschaffung des Proviants, der Fourage und anderen Kronseigenthums zum Verkauf an andere Ressorte und andere Ausgaben, welche von einer Behörde für Rechnung der andern gemacht worden sind	1,800,682	285,078	2,085,760	2,033,433
144. Ausgaben verschiedener Art auf Rechnung von Rückerstattungen	8,845,477	3,069,862	11,915,339	11,936,816
Im Ganzen Betriebsausgaben	15,341,506	3,922,235	19,263,741	19,448,296
Im Ganzen	366,189,875	148,266,195	514,456,070	489,888,255
145. D. *Temporäre und ausserordentliche Ausgaben zum Bau von Eisenbahnen, zur Vertiefung der Häfen und zur Aufschüttung der Hafendämme im Odessaer Hafen, welche durch besonders dazu bestimmte ausserordentliche Ressourcen gedeckt werden*	—	2,866,092	2,866,092	6,925,236
Im Ganzen	366,189,875	151,132,287	517,322,162[1]	496,813,581
Ueberschuss in den Einnahmen	—	—	27,672	
			517,349,834	

[1]) Darunter:
a) Ordentliche Ausgaben . . . 494,192,329 Rbl.
b) Für die Steuer-Ausfälle . . . 1,000,000 »
c) Betriebs-Ausgaben . . . 19,263,741 »
d) Ausgaben zum Bau von Eisenbahnen, zur Vertiefung der Häfen und zur Aufschüttung der Hafendämme im Odessaer Hafen, welche durch speciell dazu bestimmte ausserordentliche Ressourcen gedeckt werden 2,866,092 »

Im Ganzen . . 517,322,162 Rbl.

Der Finanzminister begleitete die Vorlage des Budgets an S. M. den Kaiser mit folgendem *Bericht* über das Budget pro 1873:

I. In dem Budget pro 1873 sind veranschlagt:

An Einnahmen:

Gewöhnliche Reichs-Einnahmen	495,220,001 Rbl,
Betriebs-Einnahmen	19,263,741 „
Ressourcen, speciell für Eisenbahnbauten und Hafen-Anlagen bestimmt	2,866,092 „
An Einnahmen überhaupt	517,349,834 Rbl.

An Ausgaben:

Gewöhnliche Reichs-Ausgaben	494,192,329 Rbl.
Für Ausgaben-Rückstände	1,000,000 „
Betriebs-Ausgabeposten	19,263,741 „
Temporäre Ausgaben für Eisenbahnbauten und Hafen-Anlagen, aus den Special-Ressourcen	2,866,092 „
An Ausgaben überhaupt	517,322,162 Rbl.

II. Im Vergleich mit dem Reichsbudget pro 1872 sind die gewöhnlichen wirklichen Einnahmen pro 1873 um 24,371,676 Rbl. gestiegen die Betriebs-Einnahmen um 160,410 Rbl. und die Special-Ressourcen (für Eisenbahn- und Hafen-Bauten) um 4,059,234 Rbl. gefallen. Demnach übersteigt die Gesammtsumme aller budgetmässigen Einnahmen des Jahres 1873 die des Jahres 1872 um 20,152,032 Rbl.

Eine Vergleichung der einzelnen Posten der gewöhnlichen Einnahmen der Veranschlagungen pro 1872 und 1873 ergiebt, dass 29 Posten des Einnahme-Budgets pro 1873 eine Erhöhung von 27,386,585 Rbl., 7 Posten aber eine Verminderung von 3,014,909 Rbl. aufweisen.

Eine Erhöhung der Einnahmen zeigt sich besonders bei folgenden Posten des Budgets:

1) Die Einnahme aus der Getränkesteuer ist um 4,173,178 Rbl. höher veranschlagt worden, mit Rücksicht auf den wirklichen Eingang dieser Steuer in den letzten Jahren.

2) Die Einnahme von der Tabacks-Accise steigt aus gleichem Grund um 1,804,965 Rbl.

3) Die Einnahme aus der Accise von der Runkelrüben-Zucker-Fabrikation hat eine Erhöhung um 1,420,380 Rbl. erfahren, theils in Folge der Erhöhung der Norm für die tägliche Ausbeute der Saftgewinnungs-Apparate, in Gemässheit des Allerhöchst am 10. Juni 1872 bestätigten Reichs-Raths-Gutachtens, theils auf Grund der erhaltenen Nachrichten über die günstige Runkelrüben-Ernte dieses Jahres.

4) Die Zolleinnahmen sind um 7,261,500 Rbl. erhöht worden, im Hinblick auf die beständige Zunahme und im Verhältniss zum wirklichen Eingang derselben.

5) Gleichfalls in Rücksicht auf den wirklichen Eingang ist auch die Einnahme von den Stempelgebühren (um 794,000 Rbl.) von den Documenten- und Kanzlei-Gebühren (um 1,185,000 Rbl.), zusammen um 1,979,000 Rbl. erhöht.

6) Die Einnahme aus dem Verkauf von verschiedenem Krons-Eigenthum hat eine Erhöhung um 1,794,156 Rbl. erfahren, hauptsächlich dadurch, dass ein Theil der Grundabgaben der ehemaligen Reichsbauern der westlichen Gouvernements in eine Loskaufs-Zahlung umgewandelt und bei diesem Posten mit veranschlagt worden ist.

7) Die Einnahme von den Eisenbahnen steigt um 1,870,870 Rbl. In Folge der Vergrösserung derjenigen Summen, welche von den Privat-Gesellschaften dieser Bahnen kontraktlich an die Krone zu zahlen sind.

8) Der Ertrag der Kopfsteuer und der verschiedenen Einnahmen im General-Gouvernement Turkestan weist eine Zunahme von 1,546,470 Rbl. auf, hauptsächlich dadurch, dass die Reichs-Einnahmen des Sarjawschanskischen Gebiets im Budget aufgenommen worden sind.

9) Die Summe der Beträge, welche der Krone aus anderen Quellen zufliessen, ist um 1,333,957 Rbl. gestiegen in Folge der Zunahme der Ausgaben, welche aus diesen Mitteln bestritten werden.

10) Der Betrag der zufälligen und kleineren Einnahmen ist auf Grund des wirklichen Eingangs dieser Einkünfte um 1,518,956 Rbl. erhöht worden.

11) Ausser den aufgeführten Hauptquellen des Zuwachses der Einnahme ist eine ziemlich bedeutende Erhöhung derselben ersichtlich: bei den Handels- und Gewerbe-Steuern um 212,600 Rbl., bei den Bergwerks-Abgaben um 206,205 Rbl., bei der Münze um 259,954 Rbl., bei der Post um 166,896 Rbl., bei den Telegraphen um 270,006 Rbl., bei den Kronsforsten um 196,867 Rbl., bei dem Transkaukasischen Gebiet um 404,350 Rbl.; ausserdem beziffert sich die Steigerung der Einnahmen in den verschiedenen kleineren Posten auf 966,275 Rbl. Die Erhöhung der budgetmässigen Veranschlagungen dieser Einnahme-Posten beruht hauptsächlich auf dem wirklichen Eingange derselben während der letzten Jahre.

Eine Abnahme in den gewöhnlichen Einnahmen im Vergleich zu den Veranschlagungen des Jahres 1872 steht zu erwarten: bei den Abgaben (подати) um 1,543,661 Rbl., bei der Salzsteuer um 1,105,620 Rbl., bei verschiedenen kleineren Posten um 365,628 Rbl. Die Verminderung der Einnahmen aus den Abgaben (подати) hängt vorzugsweise mit der Umwandlung der Grundabgaben der ehemaligen Reichsbauern der westlichen Gouvernements (1,516,586 Rbl.) in Loskaufs-Zahlungen zusammen, welche den Einnahmen aus dem Verkauf von Krons-Eigenthum zugezählt wurden; zum Theil ist sie aber auch durch die Verminderung der Anzahl der Kopfsteuerpflichtigen bedingt, und zwar in Folge von Umschreibungen zu anderen Ständen und der Reduction der zu diesem Einnahme-Posten gehörenden Procentsteuer in den westlichen Gouvernements. Die Verminderung in der Einnahme von der Salzsteuer entsteht vorzugsweise durch die projectirte Reduction des Verkaufs von Krons-Salz in den Gouvernements des Zarthums Polen in Folge dessen, dass mit dem 1. Januar 1873 in diesen Gouvernements der Handel mit Salz freigegeben wird; die beständige Einnahme aus der Salz-Accise aber bleibt für das Jahr 1872 unverändert mit 8,800,000 Rbl. veranschlagt.

III. Im Vergleich mit dem Reichs-Budget des Jahres 1872 sind die gewöhnlichen (wirklichen) Reichs-Ausgaben im Jahre 1873 um 24,752,370 Rbl. gestiegen, die Betriebsunkosten um 184,555 Rbl. und die aus Special-Ressourcen zu deckenden Ausgaben um 4,059,234 Rbl. entsprechend einer ebensolchen Verminderung im Einnahme-Budget gefallen. Hiernach ist die Gesammt-Summe aller budgetmässigen Ausgaben des Jahres 1873 gegenüber denen des Jahres 1872 um 20,508,581 Rbl. gestiegen.

Bei einzelnen Posten der gewöhnlichen Ausgaben des Budgets pro 1873 erweist sich eine Steigerung um 24,906,573 Rbl., bei anderen eine Verminderung um 154,203 Rbl.

Die wesentlichsten Ausgabe-Posten, welche erhöht wurden, sind folgende:

1) Die Zahlungen auf die Reichsschuld sind um 4,680,034 Rbl. gewachsen. Diese ganze Mehrausgabe fällt auf die Zahlung für Zinsen und Amortisation der consolidirten Obligationen der Russischen Eisenbahnen (um 5,462,178 Rbl.). Diese Ausgabe unterliegt einer allmählichen Rückzahlung, entsprechend den Verpflichtungen der Gesellschaften genannter Bahnen, und hat den Character eines Darlehens, welches durch die Capitalien und das Vermögen der Gesellschaften sichergestellt ist. Bei den übrigen Abzahlungen auf die Reichsschuld tritt eine Verminderung von 782,144 Rbl. ein.

2) Die Ausgaben des Kriegsministeriums haben im Allgemeinen eine Erhöhung von 9,041,891 Rbl. erfahren, und zwar hauptsächlich in folgenden Abtheilungen: Besoldung der Truppen um 359,934 Rbl., Verproviantirung derselben um 2,801,659 Rbl., Fourage um 1,402,823, Ausrüstungs-Gegenstände um 755,950, Einquartierung der Truppen um 1,378,133 Rbl. (in Folge der Verwandlung eines Theils der Natural-Quartierleistung in eine Geldzahlung), Unterhaltung der Feld- und Festungs-Artillerie um 1,217,065 Rbl., Verwaltungs-Ausgaben und zwar: für die Unterhaltung der Local-Verwaltungen um 452,668 Rbl. und für Abcommandirungen, Reise-Diäten, Estafetten, zu extraordinären Ausgaben u. s. w. um 913,103 Rbl., Unterhaltung der Gebäude und Befestigungen um 230,994 Rbl., sodann für verschiedene anderweitige Bedürfnisse um 260,424 Rbl. Bei vier Posten haben die Ausgaben für Militär-Bedürfnisse eine Reduction um 730,862 Rbl. erfahren, darunter für die Beschaffung von Geschossen und Zubehöre um 479,305 Rbl. und für Remonte und Abenition beim Ingenieur-Wesen um 150,550 Rbl.

3) Die Ausgaben des Marine-Ministeriums sind um 3,893,261 Rbl. gestiegen, hauptsächlich in den Posten: für Schiffsbau um 2,129,319 Rbl., Binnen-Schifffahrt um 767,782 Rbl., Besoldung um 386,385 Rbl. und für Gebäude und Localitäten um 461,263 Rbl.

4) Die Gesammt-Ausgabe für das Finanz-Ministerium ist um 822,397 Rbl. gewachsen. Eine Steigerung der Ausgaben weisen vorzugsweise folgende Posten auf: Anfertigung von Geschützen, Schusswaffen und Geschossen für die Ministerien des Krieges und der Marine um 443,897 Rbl., für die temporär gesteigerte Anfertigung von Staatspapieren um 270,221 Rbl., für die Unterhaltung der Local-Verwaltungen um 303,052 Rbl. (vorzugsweise in Folge der Gehalts-Erhöhung der Beamten der Grenzwache) und für Operationen im Accise-, Zoll-, Münz- und Bergwesen um 256,949 Rbl. Die Mehrausgabe für verschiedene andere Bedürfnisse beträgt 262,895 Rbl. Dagegen haben folgende Posten eine Reduction erfahren: Zahlung von Pensionen und verschiedene Unterstützungen um 354,140 Rbl., vorzugsweise duch Reduction der Anzahl derjenigen Untermilitärs, die ein Anrecht auf einmalige Unterstützungen haben; ausserordentliche Ausgaben der allgemeinen Verwaltung in den Gouvernements um 319,000 Rbl. und für verschiedene andere Gegenstände um 41,477 Rbl.

5) Die Gesammt-Ausgabe des Ministeriums des Innern ist erhöht um 414,002 Rbl., die einzelner Ausgabeposten betrifft in grösserem Maass: die Unterhaltung der Gefängnisse, der Etappen und der zur Zwangsarbeit in den Bergwerken verurtheilten Sträflinge um 592,332 Rbl., die Unterhaltung der Gouvernements-Administration um 268,897 Rbl., den Zuschuss zur Unterhaltung der Postpferde um 209,952 Rbl. und die anderweitige Ausgabe um 65,890 Rbl. Bei zehn Posten findet eine Verminderung der Ausgaben um 723,069 Rbl. statt.

6) Für das Ministerium der Volksaufklärung ist die Gesammt-Ausgabe um 1,047,014 Rbl. vergrössert. Die bedeutendste Erhöhung fällt auf die Posten: Unterhaltung der Gymnasien 446,617 Rbl., Unterhaltung der Kreis-, Kirchspiels- und Elementar-Schulen und besonderer Lehranstalten 328,984 Rbl., der Universitäten und Lyceen 126,936 Rbl. und Lehrwesen des griechisch-unirten Ressorts 141,179 Rbl.

7) Für das Ministerium der Wegeverbindungen beträgt die Erhöhung der Gesammt-Ausgaben 4,199,088 Rbl. Diese Erhöhung beruht vorzugsweise darauf, dass der Zuschuss (Garantie) für die Privat-Eisenbahn-Gesellschaften im Jahre 1873 gegen das Jahr 1872 um 4,460,355 Rbl. gewachsen, mit Rücksicht auf die aus dem Betriebe dieser Bahnen zu erwartenden Einnahmen.

Eine Vermehrung der Ausgaben hat ausserdem stattgefunden: bei den höchsten Staats-Institutionen um 46,539 Rbl., im Ressort des heiligen Synods um 153,509 Rbl., im Ministerium der Justiz um 19,508 Rbl., im Ressort der Reichs-Controle um 43,404 Rbl. und bei der Civil-Verwaltung von Transkaukasien um 545,926 Rbl.

Eine Verminderung der Ausgaben weisen auf: das Ministerium der auswärtigen Angelegenheiten um 20,526 Rbl., das Ministerium der Reichsdomainen um 117,081 Rbl., die Haupt-Verwaltung des Reichs-Gestütswesens um 15,298 Rbl. und das Ressort des Justizministeriums im Zarthum Polen um 1,289 Rbl.

Aus den obenaufgeführten Angaben ist ersichtlich, dass die Gesammtsumme aller im Budget pro 1873 veranschlagten Einnahmen die Total-Summe der veranschlagten budgetmässigen Ausgaben deckt und sogar letztere etwas übersteigt (um 27,672 Rbl.).

Die Zuverlässigkeit der im Budget pro 1873 veranschlagten Erhöhung der Einnahmen wird durch die bereits erledigten Budgets früherer Jahre unterstützt: der wirkliche Eingang der gewöhnlichen (wirklichen) Reichseinnahmen seit dem Budget-Jahr 1868 hat beständig zugenommen; im Jahre 1868 belief sich die wirkliche Einnahme auf 421,000,000 Rbl., im Jahre 1869 auf 457,000,000, im Jahre 1870 auf 480,000,000 und im Jahre 1871 auf 508,000,000 Rbl., eine Summe, welche die Veranschlagung für das Jahr 1873 (495,000,000) um 13,000,000 Rbl. übersteigt. Die wirklichen Resultate der Budget-Anschläge pro 1872 konnten allerdings noch nicht genau bestimmt werden, es ist jedoch unzweifelhaft, dass die Reichs-Einnahmen im Jahre 1872 die volle Möglichkeit gewährt haben alle Ausgaben zu decken, ungeachtet dessen, dass letztere bedeutend über die Voranschläge hinausgingen, und ohne dass es nöthig gewesen wäre, zu einer Erhöhung der Steuern oder zu den Mitteln des Credits zu greifen.

Indem der Finanzminister die vorstehend aufgeführten Daten der Allerhöchsten Einsichtnahme Allerunterthänigst vorlegt, wagt er es auszusprechen, dass bei dem wachsenden Volkswohlstande und der entsprechenden Vermehrung der Staatseinnahmen die Einhaltung des Gleichgewichts zwischen Ausgaben und Einnahmen eine feste Basis sowohl für eine vollständige und regelrechte Befriedigung aller Staatsbedürfnisse, als auch für eine sichere Lage der Staats-Finanzen gewährt.

Kleine Mittheilungen.

(Betheiligung des Russischen Reiches an der Wiener Weltausstellung.) Der, der Kaiserlich Russischen Commission auf der Wiener Weltausstellung zur Disposition gestellte, Raum umfasst im Ganzen 7315 □Meter, welche sich folgendermaassen vertheilen:

In der grossen Rotunde des Ausstellungsgebäudes	203	□Meter
In den Längen und den Transversal-Galerien . . .	3322	„
In der Maschinenhalle	1220	„
Ein zwischen 2 Transversalgalerien belegener Hof oder Garten	2570	„
Summa	7315	□Meter.

Behufs Theilnahme an der Ausstellung sind bisher bei der Allerhöchst niedergesetzten Ausstellungs-Commission und ihren 9 Hülfs-Comités 900 Anmeldungen eingegangen, in welcher Zahl jedoch beispielsweise das Ministerium der Reichsdomänen, welchem die Organisation der landwirthschaftlichen Ausstellung übertragen ist, und welches seinerseits Anmeldungen für dieselbe empfängt, als *ein* Aussteller figurirt, und folglich die Zahl der Aussteller die eben angeführte Ziffer von 900 bedeutend übersteigen wird. — Nach der von der österreichischen Weltausstellungs-Commission festgesetzten Gruppen-Eintheilung vertheilen sich die eingegangenen Anmeldungen wie folgt:

Es gingen ein:				Anmeldungen
Für die	1.	Gruppe	(Bergbau und Hüttenwesen)	19
„	2.	„	(Land- und Forstwirthschaft, Wein-, Obst- und Gartenbau)	29
„	3.	„	(Chemische Industrie)	73
„	4.	„	(Nahrungs- und Genussmittel als Erzeugnisse der Industrie)	148
„	5.	„	(Textil- und Bekleidungs-Industrie)	190
„	6.	„	(Leder- und Kautschuk-Industrie)	70
„	7.	„	(Metall-Industrie)	57
„	8.	„	(Holz-Industrie)	21
„	9.	„	(Stein-, Thon- und Glas-Industrie)	38
„	10.	„	(Kurzwaaren-Industrie)	17

			Anmeldungen
Für die 11. Gruppe		(Papier-Industrie)	18
„ 12.	„	(Graphische Künste und gewerbliches Zeichnen)	37
„ 13	„	(Maschinenwesen und Transportmittel)	71
„ 14.	„	(Wissenschaftliche Instrumente)	26
„ 15.	„	(Musikalische Instrumente)	15
„ 16.	„	(Heereswesen)	5
„ 17.	„	(Marinewesen)	4
„ 18.	„	(Bau- und Civil-Ingenieurwesen)	16
„ 19.	„	(Das Bauernhaus mit seinen Einrichtungen und Geräthen)	3
„ 20.	„	(Die nationale Hausindustrie)	16
„ 21.	„	(Darstellung der Wirksamkeit der Museen für Kunstgewerbe)	1
„ 22.	„	(Kirchliche Kunst)	3
„ 23.	„	(Bildende Kunst der Gegenwart)	7
„ 24.	„	(Erziehungs-, Unterrichts- und Bildungswesen)	16
		Summa	900

Aus der Zahl dieser Anmeldungen gingen ein:

bei der Allerhöchst niedergesetzten Ausstellungs-Commission (in St. Petersburg) 286, — bei den Hülfs-Comités: in Moskau 254, — in Warschau 271, — in Riga 54, — in Kijew 40, — in Helsingfors 37, — in Odessa 30, — in Orenburg 2, — in Tiflis 1, — in Irkutsk 25, — Summa 900.

(**Zur Bevölkerungs-Statistik des Russischen Zerafschân-Districtes**). In meinem Artikel über das Russische Turkestan (s. „Russische Revue“, I. Jahrgang — 1. Heft, S. 39 bis 42) gab ich einige Daten über die Bevölkerung dieses Districtes und der zu ihm gehörigen Gebirgsgaue. Im letzten Heft der „Iswestija“ der K. Russ. Geographischen Gesellschaft, Bd. VIII. No. 7 finden sich in Abth. II, S. 301 bis 302 einige neuere Daten über diesen Gegenstand, die Herr M. Wenjukow, wie es scheint, aus officieller Quelle geschöpft hat. Nach ihm zählt die Bevölkerung des ganzen Districtes mehr als 271,000 Seelen, während nach dem von mir benutzten „Jahrbuch“ des Taschkender Statistischen Comités nur 163,000 Seelen vor der Erwerbung der Gebirgsgaue, früher, gezählt wurden.

Auf die einzelnen Abtheilungen des Districtes kommen nach den neuen Angaben folgende Zahlen:

in der Abth. von Pendschikend zählt man 65,300 Seelen
„ Samarkand „ 113,100 „
„ Katy-kurghan „ 93,000 Seelen, im Ganzen also 271,400 Seelen.

Für die Gebirgsgaue, die zur Pendschikend'schen Abtheilung gehören, giebt die Notiz des Herrn Wenjukow folgende Dörfer- und Bewohnerzahlen an:

in Masdscha (oder Matscha)	41	Dörfer mit	9,385	Seelen
„ Falghar	31	„	13,890	„
„ Jaghnau	26	„	4,405	„
„ Fân	23	„	4,540	„
„ Kischtûd	18	„	1,200	„
„ Mâghiân	19	„	2,118	„

Vergleicht man die Zahlen der Seelen in den vier ersten Gauen mit der bei mir, S. 42, angegebenen Häuserzahl, die ich in der „Turkestanschen Zeitung" für 1871 entnommen, so ergiebt sich, dass den ersteren die letztere zu Grunde liegt. Denn multiplicirt man die Häuserzahl des einzelnen Gaues mit 5 (die gewöhnliche Annahme für die Zahl der Familienglieder), so erhält man die jetzige Seelenzahl. Sonderbar ist nur, dass die jetzigen Dörferzahlen mit den früheren nicht übereinstimmen.

Dieser Notiz fügt Herr Wenjukow folgende Bemerkung hinzu: „Diese Bevölkerung (der Gebirgsgaue) besteht ganz aus Berg-Tadschik oder *Ghaltscha* (wir bemerken hier, dass *Ghaltscha* bei den Persern einen Landbauer, einen Vagabunden, wandernden Krieger bedeutet), die des übrigen Theiles der Pendschikend'schen wie der beiden andern Abtheilungen aus *Tadschik*, *Uesbeken*, *Irâni* (d. i. Persern), *Afghânen*, *Arabern*, *Juden*, *Zigeunern* und *Europäern*, welche, ausser den letzten, 13 Tumân bilden. Diese Bevölkerung bearbeitet 129,000 Dessjätinen (25 Qu.-Werst) Land, welches vom Zerafschân bewässert wird und weniger als ein Drittel des wegen seiner Fruchtbarkeit berühmten *Miânkâl*, mit Einschluss der Oase von Buchara, ausmacht, so dass die ganze Ausdehnung dieses centralasiatischen Gartens nicht mehr als 83¼ geogr. Qu.-Meilen beträgt."

Ich benutze diese Gelegenheit, um hier mitzutheilen, dass von dem Eingangs meines Artikels im ersten Heft der „Russischen Revue" sub 2. angeführten Magazin („Das Russische Turkestan") die zweite und dritte Lieferung im Herbst herausgegeben sind. Lieferung 2. enthält Beiträge zur Ethnographie, Haus- und Landwirthschaft und Naturgeschichte, Lieferung 3. ist militärischen Inhalts. Beide Lieferungen sind redigirt von *W. N. Trotskij*.

P. L.

(*Auszug aus den Protocollen der historisch-philologischen Classe der Kaiserlichen Akademie der Wissenschaften, für April — September* 1872). In der Sitzung am 25. April las Akademiker *B. Dorn* eine Notiz über zwei für das Asiatische Museum erworbene Arabische Werke (s. „Bull." XVIII, S. 148—152). — Dasselbe Mitglied berichtete, dass es ihm nach langen Bemühungen gelungen sei, für das Asiatische Museum Abdrücke von den berühmten Inschriften auf dem Thurme in Rudekân, einem mazanderanischen Dorfe auf dem Wege nach Schahrûd, zu erwerben. Von besonderem Interesse sei die obere Inschrift, welche um den ganzen Thurm geht. Aus ihr ergebe sich, dass der letztere ein Grabdenkmal ist, dessen Bau im Jahre 407 der Hidschret (= 1016 nach Chr.) begonnen habe und im Jahre 411 (= 1020) beendet worden sei. Wie aus einem im Asiatischen Museum aufbewahrten Fragment dieser Inschrift sich ergebe, ist dieselbe nicht im Stein, sondern im Cement ausgeführt. Da die Abdrücke der Inschriften 41 Blätter einnehmen, so hat Herr *Dorn* sie durch den Pantographen nachbilden lassen. Ferner theilte er mit, dass er vom Asiatischen Departement des Ministeriums der Auswärtigen Angelegenheiten benachrichtigt sei, dass der britische Major a. D. Raverty um zwei Handschriften des Asiatischen Museums bitte, welcher er zu der von ihm unternommenen Uebersetzung der Geschichte Asiens und des muhammedanischen Indiens von Abu-Umar-i-Ussmân bedürfe. Die Classe genehmigt die Bitte des Hrn. Raverty und gewährt ihm die Benutzung der Handschriften auf 4 Monate.

Der Beständige Secretär kündigt an das Erscheinen des IV. Bandes von Dr. *W. Radloff's* „Proben der Volksliteratur der Türkischen Stämme Süd-Sibiriens" (Text und Uebersetzung).

In der Sitzung am 16. Mai las Akademiker *B. Dorn* einen Bericht über acht, vom bekannten verstorbenen Numismatiker General *Bartholomaei* dem Asiatischen Museum zugedachte Sassaniden-Münzen (s. „Bulletin" Band XVIII, S. 152—54) und theilte ferner mit, dass er die ihm vom General-Lieutenant *von Blaramberg* zur Verfügung gestellte Handschrift „Tableau historique, topographique, statistique, ethnographique et militaire du Caucase", in 2 Bänden dem Asiatischen Museum darbringe.

Akademiker *L. Stephani* legte die XXVIII. Abhandlung seiner Parerga Archaeologica zum Druck im „Bulletin" vor (s. Band XVII, S. 532—56). — Akademiker *A. Schiefner* berichtete, dass er mit der Abfassung einer Abhandlung über die Kürinische Sprache, auf Grund der Untersuchungen des Barons *P. v. Uslar* beschäftigt sei und referirte über den Inhalt seiner Arbeit. Zugleich wurde das Erscheinen von No. 6 des XVIII. Bandes der „Memoires" der Akademie, welche Herrn Schiefner's „Ausführlichen Bericht über Baron P. v. Uslar's Awarische Studien" enthält, der Classe angezeigt. Ferner theilte derselbe Akademiker mit, dass der in Magdeburg lebende Missionär *Jäschke* dem Asiatischen Museum sieben verschiedene, von der Mission in Kjelang herausgegebene Schriften dargebracht habe.

Akademiker *E. Kunik* berichtete, dass das correspondirende Mitglied der Akademie, *N. W. Kalatschow*, Auszüge aus den Documenten des Moskauer Archivs des Ministeriums der Justiz eingesandt habe, welche 1) 570 Bogen Auszüge aus den Protocollen des Senats von 1712 und 1713, 2) 300 Bogen Auszüge aus den Senatsprotocollen von 1711 und 1712, und 3) 30 Bogen verschiedene Materialien enthalten. Auf den Vorschlag des genannten Akademikers verfügte die Classe den Druck der von Hrn. Kalatschow gesammelten historischen Documente in einem besonderen Bande, in der Zahl von 600 Exemplaren, und übertrug die Leitung des Drucks dem Herrn Einsender.

In der Sitzung am 22. August legte Akademiker *L. Stephani* vor die Abhandlung des Ehrenmitgliedes der Akademie *S. A. Guédéonow* „L'enfant mort porté par un dauphin, groupe en marbre, attribué à Raphaël", welche seitdem im „Bulletin (Bd. XVIII, S. 82—90) erschienen ist. (S. „Russische Revue" Heft 3. Seite 218 — 227).

Die Akademiker *L. Stephani* und *A. Nauck* empfahlen zum Druck im „Bulletin" zwei Abhandlungen des Professors *Pauker* in Dorpat über die lateinische Lexicographie (s. „Bull." Bd. XVIII, S. 190—231) Akademiker *F. Wiedemann* berichtete über seine wissenschaftliche Reise in diesem Jahre. In Dorpat sammelte er Materialien zur Estnischen Grammatik, die ihms bisher gefehlt hatten; aus Pest brachte er Copien von *Reguly's* Ostiakischen Sprachproben, die auf Verfügung der Classe in der Bibliothek der Akademie deponirt werden.

Der Beständige Secretär zeigte an, dass seit der letzten Sitzung erschienen sein: 1) *Mélanges Russes*, T. IV, livr. 6 et dernière, 2) *W. Besobrasow, Revenus publics de la Russie* („Mém. de l'Acad." T. XVIII, No. 9).

Akademiker *L. Stephani* überreichte im Namen des Freiherrn *E. von Bibra* ein Exemplar von dessen Schrift: „Ueber alte Eisen- und Silber-Funde. Archaeologisch-chemische Skizze. Nürnberg und Leipzig 1873. — Vom Russischen General-Consul in Tebriz war eingeschickt der erste Theil der französischen Uebersetzung des schiitischen Scheri'at, welche der gegenwärtige französische Consul in Trapezunt, früher in Tauris, Herr *Querry*, mit Unterstützung seiner Regierung verfasst hatte. Die Classe votirte Herrn Querry ihren Dank und sprach den Wunsch aus, bald den zweiten Theil erscheinen zu sehen. — Aus Belgrad waren vom Chef der Statistischen Abtheilung des Serbischen Finanz-Ministeriums, Herrn Jakschicz, die 3 letzten Bände der officiellen Statistik Serbiens eingegangen, und aus Pest vom städtischen Statistischen Bureau das Werk: „Die königliche Freistadt Pest im Jahre 1870. Resultate der Volkszählung und Volksbeschreibung, vom J. Körösi. Pest. 1871." Auf den Wunsch des genannten Bureau's verfügte die Classe, dass demselben die letzten akademischen Ausgaben statistischen Inhalts zugestellt werden. Gleichzeitig wurde das Eintreffen der neuesten Publicationen des Berliner Statistischen Bereau's, mit dem die Akademie einen Schriftenaustausch unterhält, angezeigt.

Vom correspondirenden Mitgliede *Stanislas-Julien* in Paris war der Zweite Theil seiner „Syntaxe nouvelle de la langue chinoise" eingegangen. Demselben wurde auf sein Ansuchen die zeitweilige Benutzung eines mandshurischen und eines chinesischen Werkes aus dem Asiatischen Museum gewährt.

In der Sitzung des 13. Septembers wurde vom Beständigen Secretär das Erscheinen folgender akademischen Ausgaben angezeigt: 1) *С. А. Гедеонова* Мертвый Ребенокъ на дельфинѣ d. i. *S. A. Guédéonow* Der todte Knabe auf dem Delphin — die russische Ausgabe der oben (s. S. 80) erwähnten Schrift, als Beilage zum XXI Bande der Записки („Sapiski") der Akademie, und 2) *Hildebrand*: Das Rigasche Schuldbuch (1286—1352).

Von *P. Galate* in Savillone in Piemont wurde sein handschriftlicher „Essai comparatif des alphabets Italien-François, Allemand-Anglais et Russe" vorgelegt und den Akademikern *M. Brosset* und *F. Wiedemann* zur Begutachtung übergeben.

Akademiker *E. Kunik* berichtete, dass die Anfertigung des *Index zu den Quellen zur Geschichte Peter's des Grossen* so weit vorgeschritten sei, dass sein Druck im October beginnen könne und dass die Redaction der gesammelten und noch zu sammelnden Materielien zu übernehmen sich bereit erklärt habe Herr *L. Brosset* der Jüngere, welcher durch die Herausgabe der Materialien Butkow's, zur neuen Geschichte des Kaukasus, 1722 — 1803 (3 Bände unter dem Titel: Матеріалы для новой исторіи Кавказа, съ 1722 по 1803 годъ. *П. Г. Бутнкова* 1869. 8.) sich bereits einen Namen gemacht habe. Die Classe, den Vorschlag ihres Mitgliedes für die russische Geschichte genehmigend, beschloss den Druck des „Index" (Указатель къ источникамъ Исторіи Петра Великаго) in der Anzahl von 400 Exemplaren.

Vom Rector der Universität in Athen war ein Exemplar des Catalogs der alten Münzen, welche im Numismatischen Cabinet des National-Museums in Athen aufbewahrt werden, eingegangen. Dem Darbringer dieses wichtigen Werkes wurde der Dank der Classe votirt.

— —

Literaturbericht.

Die Silbervase von Nikopol in der Kaiserlichen Eremitage. Mit *Allerhöchster Autorisation Seiner Majestät des Kaisers* nach dem Originale photographirt und herausgegeben von *Carl Röttger*, Kaiserl. Hof-Buchhändler. In grossem Imp.-Folio mit erläuterndem Text von *Ludolf Stephani.* 8 Tafeln. St. Petersburg 1873.

Die seit den fünfziger Jahren unternommenen und gegenwärtig während mehr als eines Jahrzehents ausgeführten Ausgrabungen in den nördlich vom Schwarzen Meere gelegenen Länderstrecken, über welche wir die erste historische Kunde Herodot verdanken, haben uns eine Fülle archäologischen Materials geliefert, welches das Interesse der Alterthumsforscher nach zwei Seiten hin in Anspruch nimmt. Erstens giebt uns der innere Bau der aufgedeckten Gräber so wie die Ausstattung der Todten ein anschauliches Bild, zunächst von den Bestattungsgebräuchen bei den Skythen, dann auch von deren Lebensweise, wodurch die einschlagenden Berichte Herodot's vervollständigt und erläutert werden. Nicht nur dass in diesem Falle, wie auch früher in andern, die Aussagen des Vaters der Geschichte ihre Bestätigung finden, dieselben erhalten auch in den durch die Ausgrabungen an das Tageslicht gebrachten Thatsachen in mehreren einzelnen Punkten eine sehr erwünschte Ergänzung, unter Anderm auch durch den Umstand, dass sie uns das Leben der Skythen, namentlich ihrer Herrscher oder Häuptlinge, *nach* der Zeit, wo der ehrwürdige Grieche sein grossartiges historisches Gemälde auf geo-ethnographischem Grunde entwarf und ausführte, beleuchten. Zweitens aber lieferten uns die Riesengrabhügel der südrussischen Steppen und der Boden, auf denen sie aufgeschüttet wurden, zahlreiche der Blüthezeit griechischer Kunst angehörende und in den edelsten Formen ausgeführte Werke, welche nicht allein den Studienkreis des Kunstarchäologen in überraschendster Weise erweitert haben, sondern auch dem Gebildeten überhaupt einen seltenen ästhetischen Genuss zu bereiten ganz besonders geeignet sein dürften.

Mit lebhafter Freude begrüssen wir daher die oben verzeichnete Ausgabe, welche die von der Kaiserlichen Archäologischen Commission[1] in von gediegener Künstlerhand ausgeführten Kupferstichen bereits veröffentlichten, in künstlerischer Hinsicht sich besonders auszeichnenden Gegenständen des bedeutendsten der beiden aufgedeckten Skythengräber uns jetzt in vortrefflich gelungenen Photographien vorführt. Dem Herausgeber und Verleger wird das Kunst kennende und liebende Publicum in doppelter Hinsicht erkenntlich sein, denn erstens wird ihm durch die neue Publication die Möglichkeit geboten, herrliche Werke griechischer Kunst in vollkommen ungetrübter Weise, wie es durch einen Kupferstich nimmer möglich ist, zu geniessen, und zweitens sind den Photographieen Erläuterungen aus der bewährten Feder eines in der wissenschaftlichen Welt längst anerkannten Kunstarchäologen, des Herrn Akademikers *Ludolf Stephani*, beigegeben. Letzterer hat sich in seinen gegenwärtigen, höchst ansprechenden Erläuterungen auf das Nothwendige beschränken dürfen, da bereits in dem Compte-rendu de la Commission Impériale Archéologique pour l'année 1864 (St. Pétersbourg 1865, 4° mit einem Atlas von 6 Tafeln), die jetzt von Neuem veröffentlichten Gegenstände von ihm in seiner gewohnten eingehenden Weise wissenschaftlich beleuchtet worden sind.

Die Vase von Nikopol — so genannt, weil sie aus einem skythischen Königsgrabe in der Nähe der Jekaterinosslawschen Kreisstadt Nikopol am rechten Ufer des Dnjepr stammt — verdient unter allen edlen Denkmälern griechischer Kunst, die in der Kaiserlichen Ere-

[1] In ihren Comptes-rendu (Jahresberichten) und ihrer Sammlung von Alterthümern aus dem Herodoteischen Skythen, s. «Russ. Revue» I. Jahrgang. 1. Heft, S. 105—106.

mitage aufbewahrt werden, noch deshalb eine besondere Aufmerksamkeit, weil in den plastischen Darstellungen auf ihrem Fries das älteste ethnographische Bild aus russischem Lande uns erhalten ist. Der Künstler, welcher, nach dem sachkundigen Urtheile des Herrn Stephani, im IV. Jahrhundert vor Chr. lebte, bekundet in dem von ihm ausgeführten lebensvollen Fries, dass er eine persönliche Anschauung von den Skythen und ihrem Leben hatte. Dieser Fries „stellt den Marstall eines skythischen Königs, das Weiden der Thiere edelster Zucht auf der Steppe, das Einfangen und Bändigen derselben durch die Diener des Königs mit der höchsten Meisterschaft dar, welche die griechische Kunst überhaupt erreicht hat".

„Die Pferdebildungen dieses Gefässes gehören, wenn sie nicht überhaupt die vollendetsten sind, jedenfalls zu den vollkommensten, welche uns die classische Kunst des Alterthums hinterlassen hat. Mit den Pferden vom Parthenon haben sie den edlen Schwung der Linien und Flächen in gleichem Maasse gemein. Vor diesen voraus aber haben sie die damit verbundene naturwahre Durchbildung in allen Einzelheiten, welche eben erst einer späteren Zeit, als der des Pheidias, möglich war, im Verein mit jenem Adel der allgemeinen Auffassung aber der alten Kunst wohl nicht länger möglich geblieben sein wird, als während des vierten Jahrhunderts vor Chr.

„Dieselbe nicht nur naturwahre, sondern zugleich auch in nicht geringerem Grade von idealer Formenauffassung beherrschte Durchbildung, welche wir eben an den Pferden bemerkten, zeigt sich auch, wenn wir die skythischen Wärter des Marstalls näher ins Auge fassen".

Die vier ersten vorliegenden Tafeln geben Gesammtansichten der Silbervase, die fünfte giebt den Fries (in natürlicher Grösse) und die sechste den Hals der Silbervase. Auf Tafel VII ist die Goldplatte von getriebener Arbeit, welche zur Verzierung der äusseren Fläche, eines skythischen Goryts (Köchers) diente, abgebildet. Die Darstellung auf dieser Goldplatte ist der Alope-Sage entlehnt und in zwei übereinander stehenden Scenen ausgeführt. Dieses herrliche Kunstwerk „ist vollkommen unversehrt erhalten und setzt es durch Inhalt und Styl der reichen darauf angebrachten Darstellungen ausser allen Zweifel, dass es ebenfalls von einem griechischen Künsler des vierten Jahrhunderts vor Chr. gefertigt wurde, ja dass dieser Künstler der attischen Schule angehörte." Die letzte Tafel (VIII) bietet eine kleine Auswahl anderer, mit den eben angeführten Kunstwerken zusammen gefundener und „ebenfalls von griechischen Künstlern des vierten Jahrhunderts vor Chr. gefertigter Goldarbeiten, welche sich durch sorgfältige Ausführung besonders auszeichnen." Vor allen zieht uns eine Goldplatte an, welche zum Schmuck der Aussenseite einer königlichen Schwertscheide diente. Das Hauptfeld derselben ist von einer reichen Kampfscene eingenommen, „an welcher sich sowohl Hellenen als auch Barbaren, also ohne Zweifel Skythen, betheiligen, und vor Allem fällt der feine Takt in die Augen, mit welchem der griechische Meister sowohl seinem eigenen Patriotismus, als auch dem des skythischen Grossen, für welchen er arbeitete, zugleich Rechnung zu tragen verstanden hat, indem er keiner von beiden Parteien einen entschiedenen Sieg über die andere beigelegt hat".

Wir hoffen dass diese neue Publication des Herrn Herausgebers dieser Zeitschrift nicht nur bei uns, sondern auch im Auslande bei allen Kunstfreunden die Aufmerksamkeit finden wird, welche sie im vollem Maasse verdient. Der Text erscheint nicht allein in russischer und deutscher, sondern auch in französischer und englischer Sprache. P. L.

Өедоръ Успенскій. Первыя славянскія монархіи на сѣверозападѣ. С.-Петербургъ. 1872. 8°.

Fedor Uspenskij. Die ersten slawischen Monarchien im Nordwesten. St. Petersburg. 1872. IV + 266 + XI SS. 8°. Preis 1 Rubel 50 Kop.

Im Jahre 1868 war von der St. Petersburger Section des Slawischen Wohlthätigkeits-Comités, auf Vorschlag des damaligen Präsidenten desselben, des in vorigem Jahre verstorbenen A. Th. Hilferding, beschlossen worden, zum Andenken an die slawischen Apostel Kyrillus und Methodius, eine Preis-Stiftung für junge Slawisten zu gründen. Man hatte hierbei zunächst die Studenten der Russischen Universitäten und Geistlichen Akademien im Auge. In dem genannten Jahre wurde als Aufgabe für den ersten Kyrillischen Preis die Darstellung „der drei ersten Versuche staatlicher Einigung bei den Slawen" bestimmt. Als Termin war der 1. Januar 1871 gesetzt.

Am 14. Februar desselben Jahres wurde der erste Kyrillische Preis dem Verfasser des hier angezeigten Buches, damaligen Studenten, jetzt Candidaten der St. Petersburger Universität, vom Comité zuerkannt und, in Hinsicht darauf, dass der russischen Literatur ein umfassendes Werk über das Zeitalter der beiden Slawen-Apostel noch abgehe, beschlossen, den Druck der gekrönten Preisschrift zu veranlassen.

Obgleich der Verfasser bei wiederholter Durchsicht des Manuscripts es für nöthig hielt, einige wesentliche Veränderungen an seiner Arbeit vorzunehmen, glaubt er doch auch jetzt noch, dass sie von Mängeln nicht ganz frei sein möge. (*Vorrede.*)

Sein unlängst erschienenes Buch beginnt mit einem geographisch-ethnographischen Umriss, in welchem er dem Leser die Wohnsitze der Slawen und deren Nachbarn vorführt. (S. 1—6.) Dann handelt er von den Hunnen und dem Reiche Samo's, den er in Uebereinstimmung mit Schafarik und Palacky für einen Slawen hält, entgegen dem Ausspruche des Chronisten Fredegar (VII saec.) und der Ansicht des Historikers Büdinger, welche ihm fränkische Abkunft zuschreiben. (S. 7—18.) Das zweite Capitel ist Gross-Mähren gewidmet. (Seite 19—104.) Es wird die Ausbreitung der Herrschaft der Franken im Südosten und ihr Zusammenstoss mit den Slawen, die Consolidirung Mährens und sein Kampf mit den Deutschen für die staatliche und sein Streben zur kirchlichen Selbsständigkeit geschildert. Die geistliche Thätigkeit der Heiligen Kyrillus und Methodius, sowie die politische des Swjatopolk werden besonders berücksichtigt. Das Capitel schliesst mit dem Falle des mährischen Reichs durch die Ungarn. Im folgenden Capitel (S. 105—179) handelt der Verfasser von der Einigung der westlichen Slaven durch die czechischen Fürsten aus Premyslow's Geschlecht. Besondere Aufmerksamkeit wird der Thätigkeit Boleslaws' I. und Boleslaws' II. zugewendet. Das Capitel schliesst mit der Untersuchung der Ursachen des politischen Verfalls Böhmens. Das vierte und letzte Capitel (S. 180—266) beginnt mit der Beschreibung der Länder und Völker, welche das Reich Boleslaw's des Tapfern von Polen bildeten, betrachtet die Lage der Slawen am Ende des X. Jahrhunderts, die innern Angelegenheiten Polens unter Boleslaw dem Tapfern, die Conflicte des Staates mit den Russen, Czechen, Ungarn und Deutschen, welche mit dem Posener Frieden im Jahre 1005 für eine kurze Zeit ruhen. Dann folgen die Kriege mit den Deutschen während der Jahre 1007—1013 und 1015—1018. Zuletzt werden die Beziehungen Boleslaw's des Tapfern zu den russischen Fürsten, sowie die idealen Züge im Character des kriegerischen Fürsten, welcher einige Monate vor seinem Tode sich krönen liess, besprochen.

Den Schluss des sauber gedruckten Bandes bildet der Index der Orts- und Personennamen.

Das Rigasche Schuldbuch. (1286—1352.) *Herausgegeben von Dr. Hermann Hildebrand.* St. Petersburg, 1872. LXXIX + 153 SS. in 4° mit 1 Tabelle.

Dieses älteste Rigasche Stadtbuch, dessen Text an sich so nüchtern und trocken ist, dass es ausser dem Kreise von Fachgelehrten schwerlich irgend eine Beachtung gefunden hätte, erhält ein allgemeineres Interesse durch die Bearbeitung des gelehrten Herausgebers, der es trefflich verstanden, seinen Gegenstand derartig zu beleuchten, dass man nun mit einer gewissen Unmittelbarkeit sich hineinversetzt sieht in das Treiben der Handelsleute einer längst verschollenen Zeit. Die 71 Seiten lange Einleitung (S. IX—LXXIX) führt uns einen Abschnitt aus der frühesten Entwickelungsgeschichte des noch heute lebenskräftigen und blühenden Handels der Stadt Riga vor, und wir fühlen uns von dem gegebenen Bilde angezogen wie von der Jugendgeschichte und dem Entwickelungsgange eines bedeutenden Menschen. Das im Schuldbuch gebotene Material wird hier, wie der Herausgeber selbst sich ausdrückt, gesichtet und gruppirt, um „es so der Benutzung zugänglicher zu machen und die Richtungen, in denen es zu verwerthen wäre, anzudeuten". Dieser Absicht gemäss verbreitet sich der Herausgeber über die mercantilen und Rechtsverhältnisse jener fernen Zeit, behandelt in einem Abschnitte „die Schuldverschreibungen", die Entstehung der Geldschulden durch das Leihgeschäft und den Borgkauf, die Waarenschulden, scheinbare Waarenschulden, Commissions- und Speditionsgeschäfte; in dem nächsten Abschnitte: „Anderweitige Rechtsgeschäfte" dann Erbschichtungen, Rentenkauf, zinsbares Darlehen, Höhe des Zinsfusses, Alimentationsverträge, Bürgschaften mit ausschliesslicher Verpflichtung des Bürgen zur Zahlung. Sodann geht er über auf die „Personen", bespricht die Verschiedenheit derselben in Bezug auf Nationalität — und wie heute, herrschte auch damals schon im Rigaschen Handel ein, durch die geographische Lage des Ortes bedingtes, eigenthümliches Völker- und Sprachengemisch; desgleichen den, im Schuldbuche häufig erwähnten Deutschen Orden, sowie die Stadt selbst, deren milde Stiftungen und einzelne Corporationen, insbesondere die Corporation der Pilger, die auch nach Vollendung der Eroberung des Landes keineswegs gleich verschwunden, noch ihre genossenschaftlichen Rechte eingebüsst zu haben scheinen. Interessant ist ferner der Abschnitt: „Die Personennamen", insofern hier nicht nur ein Nachweis über die Bildung persönlicher Beinamen und deren Fortentwickelung zu Familiennamen gegeben, sondern auch der im Schuldbuche darin herrschende Uebergangszustand aufgedeckt, sowie die wechselnde Bezeichnungsweise von Personen, die vorkommenden deutschen Koseformen — fast durchgehend niederdeutsche, mitunter specifisch friesische — und russische, lithauische, lettische und livische Namen besprochen werden. Demnächst geht der Herausgeber auf die Münzverhältnisse, die damaligen Geldsorten (in- und ausländische) und ihre jetzigen Werthe, sowie auf die Waaren, Maasse und Gewichte näher ein und lenkt dann unsere Aufmerksamkeit auf die Maassregeln zur Sicherstellung der Zahlung, bei denen er im Verfolg auch der Association erwähnt und mit Belegen aus dem Schuldbuche darthut, wie ein wesentlicher Unterschied zwischen den damaligen und heutigen Associationen bestehe, indem jene sich keineswegs auf *alle* Unternehmungen der Betheiligten während eines gewissen Zeitraums, sondern nur auf ein einzelnes Geschäft bezogen, mit dessen Beendigung sie sich auch wieder lösten .... In einem Falle z. B. werden im Schuldbuche zwei Personen zunächst als solidarisch verbundene Compagnons genannt und darauf Jedem ein besonderer Schuldposten von verschiedener Grösse zugewiesen; ein anderes Mal schulden Johannes Domeniz und Willekinus ebenfalls gemeinsam 43½ Mark, von welchen indess ersterer 23¼ Mark, letzterer den Rest aufbringen soll. „Es handelt sich hier also beidemal keineswegs um ein gemeinsames Unternehmen von Genossen, sondern um von einander unabhängige Geschäfte zweier Personen, die sich nur gegenseitig für einander verbürgen." — Was die Zahlungszeiten betrifft, so mussten dieselben den natürlichen Verhältnissen angepasst werden, denn „mehr als heut zu Tage war der Handel in einzelnen Jahreszeiten durch natürliche Hindernisse beengt, die Verbindung mit dem Westen zur Winterszeit so gut wie völlig unterbrochen, die mit dem Innern während des Sommers und Herbstes wesentlich erschwert". Die Termine pflegten daher entweder ganz allgemein auf die Eröffnung der Schifffahrt, den Beginn der Schlittenbahn, oder aber genauer für bestimmte, mit jenen nahezu zusammenfallende Fest- und Heiligentage angesetzt zu werden, so dass demnach, wie das Schuldbuch zeigt, die bei Weitem meisten Zahlungen zu Ostern, Johannis, Michaelis (Schluss der Schifffahrt), Martini und Weihnachten geleistet wurden. Was dann ferner die Dauer des gewährten Credits betrifft, so sind die allgemein gültigen, herkömmlichen Normen, wie sie sich im Handelsverkehr von selbst herausstellen, bei dem Darlehen ausgeschlossen: bei letzterem kommen lange, zum Theil völlig unbegrenzte Fristen vor, während der Credit bei Handelsgeschäften rücksichtlich seiner Dauer sich innerhalb gewisser, nicht zu weit gezogener usueller Schranken bewegt. „Wir finden hier, dass derselbe auf vier, fünf und sechs Wochen, fünf, sieben, neun und zehn Monate, ungefähr ein Jahr und etwas darüber, ausnahmsweise und nur für einen Theil der Schuld selbst auf mehr als zwei Jahre zugestanden wird .... In Betreff seiner Dauer lässt sich mithin für alle Handelsschulden der Satz aufstellen, dass dieselbe — bei mannigfachen Abweichungen — doch regelmässig ein halbes oder ganzes Jahr währt und letztere Frist nur ausnahmsweise überschreitet." — Der Abschnitt „Unbezahlte Schulden" giebt im Hinweis auf die verschiedenen Zeiten einen ungemein interessanten Einblick in das Procentverhältniss der unbezahlten zu den bezahlten Schulden, sowohl im Allgemeinen, als auch mit Feststellung desselben bei einzelnen Personen. Die Resultate, die der gelehrte Herausgeber aus dem, auf den ersten Anblick doch so nüchtern und trocken erscheinenden, alten Schuldbuche gewonnen hat, sind gerade nach dieser Seite hin so anregend und spannend, dass wir es uns nicht versagen können, die Leser der „Russischen Revue", deren doch wohl nur Wenige das vorliegende Werk selber zu Gesichte bekommen werden, wenigstens andeutungsweise mit denselben bekannt zu machen, indem wir einzelne Sätze aus diesem Abschnitte herausheben, die das geschäftliche Treiben einer fernen Vergangenheit in das Licht der Gegenwart rücken und zu unmittelbarer, lebendiger Anschauung bringen. Der Herausgeber bedeutet uns, dass in den vernichteten Posten des Schuldbuches bezahlte, in den unversehrt erhaltenen, ungetilgte Schulden zu erkennen seien. „Von 1817 Schuldurkunden .... sind nur 1295 entweder durch Streichen, oder vollständiges, oder theilweises Radiren zerstört worden, während 522 — also $28^2/_3$ Procent — als unbezahlt sich erweisen. Dies, in Betracht der Unsicherheit damaliger Zustände und Zeiten nicht übermässig ungünstig erscheinende Gesammtdurchschnittsverhältniss stimmt mit dem der einzelnen Zeiträume aber keineswegs überein. Die Jahre 1286 bis Mitte 1297 liefern bei mindestens im Innern herrschender Ruhe das bei Weitem günstigste Resultat: unter den 1202 auf sie entfallenden Inscriptionen ist nur bei 302, mithin 25%, die Zahlung ausgeblieben und dieser Satz möchte überhaupt als der eigentlich normale zu betrachten sein. Die im Jahre 1297 ausbrechende langwierige Fehde des Ordens mit der Stadt, ferner die gewaltige Feuersbrunst, welche einen grossen Theil der letzteren in Asche legte, üben dann einen nachhaltigen, bis zum Schlusse von 1299 zu verfolgenden ungünstigen Einfluss auf den Verkehr ..... Als die äussere Lage sich wieder günstiger gestaltete, tritt zwar auch hier entschiedene Besserung ein, doch ist zunächst das vor jenen Katastrophen herrschende Verhältniss nicht wieder erreicht worden. Unter den 507 für das Jahr 1300 und die Folgezeit in Betracht kommenden Schuldverpflichtungen sind immer noch 164, also 32%, nicht gelöst worden. Der Gläubiger hatte sich somit in diesen drei Perioden auf den Verlust jeder vierten, beziehentlich zweiten und dritten Forderung gefasst zu machen .... Erscheint das Risico bei Leihgeschäften im Allgemeinen etwas geringer, so lässt sich doch auch hier eine stattliche Reihe ungetilgter Posten zusammenbringen. Der ganze Verkehr war danach angethan, in jähem Wechsel hier grossen Wohlstand zu erzeugen, dort lange bestehenden zu untergraben. Auch Männer, deren Stellung durch Jahrzehente die hervorragendste geblieben, unterliegen endlich diesen Wandlungen des Glücks. Der Rathsmann Conrad von Morum, der in 56 Verschreibungen als Gläubiger und im Jahre 1292 als Mitbürge für eine Schuld der Stadt genannt wird, tritt — nachdem er schon früher einmal einer geringfügigen Verpflichtung nicht zu genügen vermocht — auch an letzter Stelle als säumiger Schuldner uns entgegen. Sein Amtsgenosse Albert Winmann, dessen Wohlstand ein so festgegründeter schien, sieht sich von 1296 an bereits genöthigt, zu stets wachsenden Darlehen seine Zuflucht zu nehmen, bis er dann 1305 mit Hinterlassung einer Schuld von 100 Mark Silber aus unserem und vielleicht auch dem Gesichtskreis seines Gläubigers verschwindet."

Der letzte Abschnitt der Einleitung trägt die Ueberschrift: „Ausdehnung und Entwickelung des Rigaschen Handels und Theilnahme der dortigen Russen an demselben". In dieser Schlussbetrachtung berührt der Herausgeber zunächst die räumliche Ausdehnung der Handelsthätigkeit dieser Stadt, die in der Vermittelung des Productenaustausches zwischen dem Westen und Osten bestand, weist ferner aus dem alten Stadtbuche Verträge nach, welche als Grundlagen und erste Anfänge des Wechselverkehrs gelten dürfen und geht sodann auf den Antheil über, den die dortigen Russen an dem Rigaschen Verkehrsverhältnisse gehabt haben. Ueber diesen letzteren Passus lässt er sich des Weiteren aus und legt dem Umstande eine besondere Bedeutung bei, „dass den Russen bereits im 13. Jahrhundert in den livländischen Städten die Aufnahme in den Bürgerverband nicht verweigert ward und ein ohne Zweifel bedeutender Theil wirklich in denselben eingetreten ist". Er ist geneigt, diese Thatsache „als einen Beweis für die Unbefangenheit in nationaler Beziehung und die wahrhaft politische Einsicht zu halten, von denen die livländischen Gemeinwesen sich leiten liessen". Erwägt man jedoch, wie unentbehrlich den Rigaschen Handelsherren in den Beziehungen zu den östlichen Handelsgebieten die Russen waren, die mit der Sprache und den Verhältnissen des Hinterlandes vertraut, gewissermaassen die Rolle von Agenten übernahmen und dort als Aufkäufer und Factoren fungirten, so dürfte es doch in erster Linie weniger Unbefangenheit in internationalen Dingen — für welche jene Zeit noch kein Verständniss hatte — als vielmehr einfach ein Gebot der Klugheit gewesen sein, welches den praktischtüchtigen Handelsstand von Riga in seinem eigensten Interesse veranlasste, diese russischen Handeltreibenden durch Ertheilung des Bürgerrechtes dauernd an sich zu fesseln. Ueberdies ist der Herr Herausgeber auf die Frage nach dem Umfange der denselben ertheilten Rechte nicht näher eingegangen: waren die so Aufgenommenen blosse Schutzbürger mit beschränkten politischen Rechten, oder genossen sie „volle Gleichberechtigung“ mit den Patricier-Geschlechtern der Stadt?

Bei der Herstellung des, 119 Seiten umfassenden Textes stellten sich dem Herausgeber in den Eigenthümlichkeiten der Handschrift mancherlei Schwierigkeiten entgegen, die er mit vielem Geschick und anerkennenswerther Umsicht zu beseitigen gewusst. Die auf den Text bezüglichen Noten hat er unter demselben vermerkt, den Verschreibungen fortlaufende Nummern vorausgestellt, sowie auf den rechten Rand die Reductionen der Zahlungstermine gesetzt und die nicht gestrichenen, beziehentlich nicht bezahlten Inscriptionen durch ein, ihrer Nummer beigefügtes Sternchen hervorgehoben. Der leichteren Nachweisbarkeit und Uebersichtlichkeit wegen beim Gebrauche des Textes sind demselben dann noch ein Orts-, Personen- und Wortregister, sowie eine Tabelle der verschiedenen Schreiber des Codex angehängt. Die Arbeit ist im Auftrage der Kaiserl. Academie der Wissenschaften zu St. Petersburg unternommen und auf deren Kosten publicirt worden.

Письма Петра Великаго, хранящіяся въ Императорской Публичной Библіотекѣ и описаніе находящихся въ ней рукописей, содержащія матеріалы для исторіи его царствованія. Состав. А. О. Бычковымъ. С.-Петербургъ. 1872

Briefe Peter's des Grossen, die in der Kaiserl. Oeffentlichen Bibliothek aufbewahrt werden und Beschreibung der ebendaselbst befindlichen Materialien zur Geschichte seiner Regierungszeit enthaltender Handschriften. Bearbeitet von A. Th Bytschkow. St. Petersburg, 1872.

Unter vorstehendem Titel liegt uns eine auf Kosten der Kaiserl. Oeffentlichen Bibliothek von ihrem Vice-Director besorgte, sehr werthvolle Ausgabe historischer Materialien vor. Die erste Abtheilung derselben giebt 44 Briefe und Ukase, darunter einen Tractat; die zweite 38 sorgfältig und umständlich beschriebene, der genannten Bibliothek gehörige Sammelwerke, die für die Geschichte Peter's des Grossen ein ungemein reichhaltiges Material bieten. Beigefügt sind dem Buche ein Personenverzeichniss, mit ganz besonderer Berücksichtigung der Person Peter's, (denn die auf ihn bezüglichen Daten sind nicht nur nach Jahren, sondern nach Monaten, ja selbst nach

Tagen geordnet), und ein Sachregister, welches seiner Vollständigkeit und übersichtlichen Anordnung wegen besonders gelungen hervorgehoben zu werden verdient. In dem voraufgeschickten Vorworte macht der Herausgeber unter Anderem folgende, treffende Bemerkung: „Für die vaterländische Geschichtsschreibung ist die Bedeutung alles Dessen, was von Peter dem Grossen niedergeschrieben worden, unzweifelhaft. Vieles von seiner Hand ist schon herausgegeben worden, noch mehr bleibt aber zu veröffentlichen übrig. Leider ist alles bisher Edirte nur zu flüchtig und ungenau bearbeitet worden und liegt in hunderten von Bänden verstreut, daher denn mehrere Briefe wiederholentlich zum Abdruck gelangten und zwar jedes Mal mit neuen Fehlern; überdies sind die Originale einzelner, bereits gedruckten Briefe unwiederbringlich verloren, andere durch Autographensammler in's Ausland verschleppt. In Anbetracht alles Dessen wäre der Wunsch wohl gerechtfertigt, dass endlich zu der Herausgabe einer solchen Sammlung von Briefen und Papieren Peter's des Grossen geschritten würde, die eben Alles enthielte, was überhaupt aus seiner Feder geflossen ist."

Diesem sehr begründeten Wunsche steht die Erfüllung bevor, denn unlängst hat ein Allerhöchster Befehl die Bildung einer Commission veranlasst, deren Aufgabe es sein wird, den gesammten schriftlichen Nachlass Peter's des Grossen zu sammeln und in einer Ausgabe zu vereinen.

В. И. Межовъ. Исторія Русской и Всеобщей Словесности.

W. J. Meshow. Geschichte der Russischen und Allgemeinen Literatur. Bibliographie der einzelnen Werke und Aufsätze in periodischen Schriften, welche die russische und andere slawische, die westeuropäischen, classischen und orientalischen Literaturen betreffen und in russischer Sprache in den letzten sechszehn Jahren d. h. seit 1855 bis 1870 erschienen sind St Petersburg. 1872. XXIII + 708 SS. in gr. 8°.

Obgleich in diesem Buche manche Missgriffe und auch Lücken sich finden, so sind diese Mängel doch verschwindend klein gegen die grossen Verdienste die es hat. Es erweist sich als ein unentbehrliches Nachschlagebuch für Jeden, der sich in der russischen Literatur für die Jahre 1855 bis 1870 orientiren will. Viele Unterabtheilungen der ersten Abtheilung des Buches, welche die russische Literaturgeschichte behandelt, zeichnen sich durch ihre ausserordentliche Vollständigkeit aus, wobei auch häufig unbedeutende Journal- oder Zeitungsartikel nicht aus dem Auge gelassen sind.

Bei vielen Sammelwerken und Memoiren sind die Seitenzahlen angegeben, auf denen sich Nachrichten über einzelne russische Schriftsteller finden. Bei einzelnen Werken sind auch deren Recensionen angeführt.

Die Hauptabtheilungen des Buches sind folgende: I. Bibliographie der russischen Literatur; II. Bibliographie der slawischen Literaturen; III. Bibliographie der europäischen und nord-amerikanischen Literatur; IV. Bibliographie der classischen Literatur; V. Geschichte der morgenländischen Literaturen, so wie der Literatur der in Russland lebenden fremden Stämme. Den Schluss bildet ein sehr genaues und vollständiges Namen- und Sachregister.

Сборникъ выписокъ изъ архивныхъ бумагъ о Петрѣ Великомъ. Изданіе Николая Дмитрія Востряковыхъ, подъ редакціею *Г. В. Есипова.* Томъ I и II. Москва. 1872. 8°.

Sammlung von Auszügen aus Archiven über Peter den Grossen. 2 Bände, herausgegeben von Nicolaus und Demetrius Wostrjakow, redigirt von G. W. Jessipow. Moskau 1872, 420 und 406 SS. 8°.

Aus der grossen Menge von Gelegenheitsschriften, zu welcher die Feier des zweihundertjährigen Geburtstages Peter's des Grossen während dieses Jahres Anlass gegeben, kann die vorliegende als von bleibendem Werthe verzeichnet werden. Ihr Verdienst besteht hauptsächlich darin, das historische Material direct aus Archiven gesammelt und in seiner Ursprünglichkeit dargestellt zu haben. Es ist diese Arbeit eine um so dankenswerthere, als gerade nach dieser Seite hin bisher noch wenig geleistet worden ist. Herr Jessipow hat diese Lücke richtig erkannt und seine Thätigkeit einer sorgfältigen Durchforschung der Moskauer Archive, insbesondere des Archives des dortigen Hofministeriums zugewandt, als deren Resultat uns zwei stattliche Bände vorliegen, — eine in der That für den Historiker äusserst erwünschte Gabe. Der erste Band giebt Auszüge aus den Rollen des Hof-Amtes für den Zeitraum von 1672 bis 1701, desgleichen aus den „Zuschneidebüchern" (кроильныя книги) von 1672 bis 1692, so wie umfängliche Excerpte aus den Contobüchern des Rentamtes, des Amtes für die verschiedenen Gewerke, u. s. w. und gewährt hiermit einen, ungeachtet seiner Trockenheit und minutiösen Umständlichkeit, interessanten und unmittelbaren Einblick in den Zustand des zaarischen Haushaltes während der Jugendjahre Peter's. In ähnlicher Weise behandelt der zweite Band die Regierungsjahre des grossen Monarchen und liefert Contobücher, die, von einem Cabinetsbeamten geführt, von 1716 bis 1723 reichen, so wie ein Ausgabebuch der Kaiserin Katharina I. für die Zeit von 1721 bis 1723; darauf bilden Mittheilungen über die Thätigkeit der Moskauer Hof- und Staatsämter die zweite Hälfte dieses Bandes; hier werden uns verschiedene Hofverwaltungs-Instanzen und das Grosse Kassen-Amt (большая казна) in ihrer officiellen Wirksamkeit vorgeführt. Unter der Abtheilung „Vermischtes" sind verschiedentliche Papiere von mehr oder minder allgemeinerem Interesse zusammengestellt, wie z. B. ein Verzeichniss der Höfe in Moskau im Jahre 1701, ein Register schwedischer Fahnen und Feldzeichen von 1709. Aus dem, in eben dieser Abtheilung enthaltenen „Memoire über die Ausstattung der Gemächer der Zaarin Anastassia Kirilowna vom Jahre 1672" sucht Herr Jessipow den Beweis zu führen, dass Peter der Grosse nicht, wie sonst wohl angenommen worden, in einem Dorfe der Umgegend von Moskau, sondern in der altehrwürdigen Reichshauptstadt selber und zwar im Palais des Kreml, das Licht der Welt erblickt habe.

Zur bequemeren Handhabung des reichhaltigen Materials und um die Uebersicht zu erleichtern, ist das Werk nicht nur mit einem alphabetischen Namenregister, sondern auch mit genauen Verzeichnissen der Regierungsämter, Stiftungen, Kirchen u. s. w. ausgestattet. Die, beiden Bänden beigefügten Facsimile von Handschriften und bildlichen Darstellungen dürfen ebenfalls als gelungen bezeichnet werden. In Anbetracht dessen, dass ein derartiges Werk auf einen nur sehr beschränkten Absatz rechnen darf, ist dieses, die vaterländische, historische Literatur bereichernde und mit Geschick ausgeführte, Unternehmen um so mehr anzuerkennen, und verdienen daher die Herren Jessipow und Wostrjakow, — jener für die treffliche Bearbeitung, diese für die Bestreitung der Kosten — den Dank aller Freunde unserer vaterländischen Geschichte.

Краледворская Рукопись въ двухъ транскрипціяхъ текста съ предисловіемъ, словарями, частью грамматическою, примѣчаніями и приложеніями. Трудъ *Н. Некрасова*. Санктпетербургъ. 1872. 8°.

Die Königinhofer Handschrift in zwei Text-Transscriptionen mit Einleitung, Glossaren, einem grammatischen Theil, Anmerkungen und Beilagen Herausgegeben von *N. Nekrassow*. St Petersburg, 1872. VI + 438 SS. 8°.

Diese neueste der zahlreichen Ausgaben der altböhmischen Lieder, welche am 16. September 1817 in der Stadt *Kralové Dvor* (Aula reginae) von W. Hanka unter dem Gewölbe eines Kirchthurmes aufgefunden wurde, hat zum Zweck, den Studenten des Historisch-Philologischen Instituts, die sich in den Specialcursen der slawischen Philologie widmen, als Handbuch zu dienen.

In der Einleitung (S. 1 bis 24) wird anfangs die Handschrift kurz beschrieben, worauf die einzelnen Ausgaben und Uebersetzungen derselben angeführt und besprochen, und zugleich auch die von den Slawisten über das Alter der Königinhofer Handschrift und den Ursprung der in ihr enthaltenen Lieder ausgesprochenen Ansichten mitgetheilt werden. Bei uns in Russland ist sie im Jahre 1845 in den Abhandlungen der Kasaner Universität (Записки Казанскаго Университета, für 1845, Bd. IV) von A. Ssokolow übersetzt und commentirt worden. Der Verfasser des hier angezeigten Buches bedauert, dass diese verdienstvolle Arbeit, so wie auch die Uebersetzung des „Gerichts der Ljubuscha", welche in denselben Abhandlungen im Jahre 1846 (Bd. I) erschien, den westlichen Slawisten unbekannt geblieben ist. In künstlerischer Hinsicht ist die beste russische Uebersetzung der Königinhofer Handschrift die von N. W. Berg, welche 1846 erschien und von den Gelehrten Böhmens mit besonderem Beifall aufgenommen wurde.

Der Herausgeber giebt den ursprünglichen Text nach der photographirten Ausgabe *A. J. Wrtatko's* von 1862, mit dem Versabtheilungen nach der Editio princeps von W. Hanka des Jahres 1819. Der Text steht auf der linken Seite. Auf der rechten wird die Transscription nach der modernen Orthographie gegeben, und zwar nach den Ausgaben von 1845 (im Vybor z literatury Ceské. Dil. proni.), 1852 und 1869, mit Angabe der Varianten unter der Zeile.

Nach dem Text und der Transscription (S. 26 bis 31) folgt ein Glossar, in welchem die im alten Texte vorkommenden Wortformen mit Angabe der Belegstellen verzeichnet sind (S. 135 bis 175), und dann ein czechisch-russisches Wörterbuch (S. 176 bis 207), wo die czechischen Wörter nach der modernen Orthographie gegeben sind. Bei dem Verbum sind seine Hauptformen, bei dem Nomen und Pronomen der Genitiv singularis angegeben.

Die Grammatik (S. 208 bis 337) umfasst 97 §§. Der Verfasser nimmt hier durchgängig Rücksicht auf das Kirchen-Slawische und Neu-Czechische. Referent hätte hier eine andere Anordnung des Stoffes gewünscht. § 1 bis 17 sind der Schrift und den Lauten gewidmet, § 18 und folgende der Declination. Hier wird Vieles gegeben, was in die Lautlehre gehört, so z. B. in § 32, 33. In § 2 findet sich folgende, dem Referenten sonderbar scheinende Bemerkung. Nachdem die Vocale und Consonanten der (alten und neuen) czechischen Sprache aufgezählt worden sind, heisst es: „Der Laut j, welcher zur Erweichung der Vocale und Consonanten dient, nimmt die Mitte zwischen diesen und jenem ein". j ist ein palataler Consonant und wird auch vom Verfasser in § 9 zu den palatalen Consonanten gerechnet. Mit der Flexionslehre ist die Lehre von der Stammbildung durcheinandergeworfen. Der wissenschaftlichen Klarheit wegen wäre eine Trennung beider wünschenswerth gewesen. So z. B. ist die Bildung des Infinitivs und der Participia nicht füglich in der Flexionslehre zu behandeln.

§ 97 enthält die Beispiele der Syntax. Wie noch in vielen Grammatiken, wird auch hier Manches aufgenommen, was in die Bedeutungs- oder Functionslehre gehört, so unter andern hierher nicht Gehörigen der Gebrauch der Diminutiva und Kosenamen (S. 325).

Die Anmerkungen (S. 338 bis 364) beziehen sich auf die Gedichte I — VII und X und sind historischen und philologischen Inhalts. In den ersten 5 Gedichten der Königinhofer Handschrift werden in den Beilagen (S. 365 bis 438) Auszüge aus der Chronik des *Cosmas* von Prag, der *Dalemilova Chronika*, der czechischen Redaction der Chronik des *Pulkawa* und der Chronik des *Waclaw Haika* mitgetheilt.

Referent begnügt sich mit dieser kurzen Inhaltsangabe des höchst nützlichen, mit grossem Fleise und völliger Sachkenntniss ausgearbeiteten Buches, mit dem das hiesige Historisch-Philologische Institut die Reihe seiner Publicationen in würdiger Weise eröffnet hat.

Обозрѣніе книгъ, гравюръ и монетъ временъ царствованія Петра Великаго и Екатерины I Сост. Я. Березинъ-Ширяевъ. С.-Пб. 1872.

Sammlung von Büchern, Gravüren und Münzen aus der Regierungszeit Peter's des Grossen und Katharina's I. Bearbeitet von J. Beresin-Schirjaew. St. Petersburg 1872.

Diese, einem Freunde vaterländischer Alterthümer, dem Herrn Beresin-Schirjaew gehörige Collection, wird von diesem in seiner Privatbibliothek aufbewahrt und umfasst: 1) an Büchern aus der Zeit Peter's des Grossen 41 Nummern; 2) aus Büchern aus der Zeit Katharina's I. 4 Nummern; 3) an Gravüren aus der Zeit Peter's 28 Nummern; 4) an Münzen aus derselben Periode 71 Nummern; 5) an Münzen aus der Zeit Katharina's I. 12 Nummern; 6) an biographischen Schriften über Peter den Grossen 39 Nummern. Wenn der Verfasser es auch sonst an Genauigkeit in der Beschreibung seiner Collection nicht hat fehlen lassen, so wäre doch zu wünschen, dass er bei Besprechung der Bücher in umfänglicherem Maasse andere bibliographische Hülfsmittel und Handbücher in Betracht gezogen hätte.

Revue Russischer Zeitschriften.

1. „Der Europäische Bote" (Wjestnik Jewropy — Вѣстникъ Европы). Achter Jahrgang. Erstes Buch (Erscheint den Ersten jedes Monats). Januar 1873, Inhalt:

I Die Traditionen der ursprünglichen Russischen Chronik von *N. J. Kostomarow* 1 — 5. — II. Am Scheidewege, Roman von *N. Dmitrijew*. Erster Theil. — III. Die Verhandlungen des Fürsten Mentschikow in Konstantinopel, nach Originalurkunden, von *M N. Bogdanow*. — IV. Die Russen in Galizien. Literarische und politische Bemerkungen, von *M. T — ow*. — V. Die Poesie. Ein Gedicht von *J P. Polonskij*. — VI. Das moderne Wien und seine Selbstverwaltung, von Baron *N. A. Korff* — VII. Die praktische Philosophie des neunzehnten Jahrhunderts. von A. B. (auf Veranlassung von „Les discours de M. le Prince de Bismark") 1 — 3. — VIII. Gedichte vom Grafen *A. K. Tolstoj*. —IX. Die Wanderer (странники) oder Läufer (бѣгуны) unter den russischen Secten. von *A. J. Kosow*. 3. Die Organisation der Secte. — X. Skizzen aus der italienischen Gesellschaft von *A.* de *Gubernatis*. 1. — XI. Zur Kritik. Ein neues Buch über den Staatscredit („Der Staatscredit. Das Wachsen der Staatsschuld in England und Frankreich", von *M. M. Alexejenko*. in russ. Sprache; Charkow, 1872). von *J. K—n*. — XII. Chronik der Gegenwart: Ueber die höhere Bildung der Frau. Bei Gelegenheit der Polemik des Prof. Bischof mit den Professoren Böhmert und Herman. Von *S. J. Lowzow*. — XIII. Rundschau im Inlande: Das verflossene Jahr. — Das sociale und administrative Leben. — Drei Jahrzehente und ihr Reflex in der Presse der Gegenwart. — Die letzten Resultate der Reform der Bauernverhältnisse, nach dem gegenwärtigen Stande der Erwerbung von Land durch die Bauern. — Die Frage von den Zahlungen und Abgaben für das ausgekaufte Land. — Die Interessen des Ackerbaues.— Die Realschulen und die Landschaften. — XV. Umschau im Auslande. — Die Kreisordnungs-Reform in Preussen. — Die Ministerkrisis. — Der Brief des Kaisers und Königs. — Der Kampf mit dem Katholicismus — Thiers' Nachgeben gegenüber den Forderungen der Majorität. - Die Wahlreform in Oesterreich. — Die spanischen Angelegenheiten. Die Sklaverei in den Colonien. — Die Präsidentenbotschaft Grant's. — XVI. Correspondenz aus Paris: Thiers und die Rechte. — XVII. Russische Literatur: Unsere Historiographie bei Gelegenheit des 22 Bandes von *N. Ssolowjow's* Russische Geschichte seit den ältesten Zeiten (Geschichte Russlands unter der Regierung des Kaiserin Elisabeth, Bd II). — XVIII Neuigkeiten vom Büchermarkt. — Das Abc-Buch des Grafen *L. N. Tolstoj*. — XVIII. Ausländische Literatur (History of British Commerce and of the economic progress of the British nation. 1763 — 1870, By Leone Levi). — XX. Nachrichten (Die Gesellschaft zur Unterstützung hülfsbedürftiger Literaten und Gelehrten. — XXI. Bibliographisches Intelligenz-Blatt

II „Das alte Russland". Historische Monatsschrift (Russkaja Starina — Русская Старина). Erscheint jeden Ersten des Monats'. Januar 1873. Heft I. Inhalt:

I. Von der Redaction: Die drei ersten Jahrgänge der „Russkaja Starina", herausg. 1870 — 1872. — II Memoiren des Grafen *Th. P. Tolstoj*, Vicepräsident der Akademie der Künste 1783 - 1809. — III. Der Herzog Biron, von Baron *T. A. Bühler*. Mit einem Bildniss Biron's. — IV. Das Schicksal der Kinder der Regentin Anna Leopoldowna 1740 — 1780. Neue Materialien, mitgetheilt vom Akademiker *E Kunik*. Mit einer von der Princessin Catharina Antonowna, der Schwester des Kaisers Johann Antonowitsch (1740) ausgeführten Zeichnung, das Gefängniss von Cholmogory, den Einschliessungsort der Regentin und ihrer Familie während der Jahre 1744 - 1780 darstellend. — V. Das Eröffnen fremder Briefe und Depeschen zur Zeit Catharina der Zweiten. Von Prof. *A. Brückner*. — VI Fürst Madatow im Kaukasus in den Jahren 1826 – 1827. — VII. Fürst M S. Woronzow, seine Briefe an den Fürsten W.O. Bebutow. Mitgetheilt von *A.P. Bergé*. — VIII. M. D. Chmyrow, † den 27. November 1872. — IX. Blätter aus dem Notizbuch der „Russkaja Starina": „Album eines Hypochonders" (Epigramme scherzhafte Episteln und Lieder), von *N. Th. Schtscherbina*. — X. Bemerkungen, Berichtigungen und Kleinigkeiten. — XI. Bibliogr Intelligenz-Blatt (auf dem Umschlage).

Beilage: Memoiren von *A. T. Bolotow*. 1738 — 1795; Band IV und letzter. Theil XXII. Der letzte Chan der Krim, Schagin-Girej. — Das Leben des russischen Adels u. A. 1785 — 1786.

III. „Russisches Archiv". (Russkij Archiv — Русскій Архивъ) 1873. Heft 1. (Erscheint jeden Ersten des Monats). Dieses Heft enthält u. A.:

Briefe von W. A Shukowskij an die Kaiserin Alexandra Feodorowna (1826 und 1827). im französischen Original mit russischer Uebersetzung. Eine Bemerkung über St. Petersburger Paläste, von *M. N. Longinow*. — Zur Geschichte des siebenjährigen Krieges: 1. Ost-Preussen unter russischer Herrschaft; 2. Rescript der Kaiserin Elisabeth an den Fürsten N. W. Repnin. — Der Streit um den Befehl über die russischen Armeen nach dem Tode des Fürsten Potemkin. Originalpapiere, mit einem Vorwort von G. P. Alexandrow. Aus den Memoiren von Jakow Iwanowitsch Rostowzow. 1825 und 1826. - Correspondenz von J. I. Rostowzow mit E. P. Obolenski.

In Kurzem soll ein Index zu den zehn vorhergehenden Jahrgängen des „Russischen Archiv's" erscheinen.

Russische Bibliographie.

Markow, E. Skizzen aus der Krim. Sociale, historische u. naturhistorische Bilder. St. Petersburg 8° 509 S. (**Марковъ, Евгеній.** Очерки Крыма. Картины Крымской жизни, природы и исторіи. С.-Петербургъ.)

Arbeiten, die, des physiologischen Laboratorien der kaiserl. Universität zu Kasan. Herausg. von **Kowalewsky.** 8° Kasan. (Работы изъ физіологической лабораторіи Имп. Казанскаго Университета. Изд. проф. **Н. Ковалевскимъ.** Казань. 1873.)

Jahrbuch, statistisches, des Russischen Reiches. Serie II, Lief. 9. Die Statistik der russischen Banken. Bearbeitet von **J. J. Kaufmann.** Theil 1. St. Petersburg. (Статистическій временникъ Россійской Имперіи. Серія II. Вып. 9. Статистика русскихъ банковъ. Обраб. **И. И. Кауфманъ.** Ч. 1. С.-Петербургъ.)

Denkschriften des statistischen Comités des Tschernigowschen Gouvernements. Tschernigow. 8°. (Записки Черниговскаго Губернскаго Статистическаго Комитета. Черниговъ. 8°.)

Golowatschew, A. A. 10 Jahre Reformen. 1863—1871. 8°. St. Petersburg. (**Головачевъ, А. А.** Десять лѣтъ реформъ 1863—1871. С.-Петербургъ. 8°.)

Busse, N. W. Die Insel Sachalin und die Expedition im Jahre 1 53—1854. Ein Tagebuch vom 25. August 1853 — 19. Mai 1854. 8°. St. Petersburg. (**Буссе, Н. В.** Островъ Сахалинъ и экспедиція 1853 — 54 гг. Дневникъ: 25-го августа 1853 г. — 19-го мая 1854 г. С.-Петербургъ. 8°.)

Die Kaiserliche Eremitage. Die antiken Bronzegegenstände und Terracotten. Saal XVI. 12°. (Императорскій Эрмитажъ. Древнія бронзы и терракотты. Зала XVI. С.-Петербургъ. 12°.)

Balaschew, A. A. Album von Zeichnungen im russisch-byzantinischen Styl. 54 Bl. Moskau. (**Балашевъ, А. А.** Альбомъ рисунковъ русско-византійскаго стиля. Москва. 54 л.)

Konstantinowitsch, N. Ueber die Commerzschulen in Russland und im Auslande. 8° St. Petersburg. (**Константиновичъ, Н.** О коммерческихъ училищахъ въ Россіи и за границею. С.-Петербургъ. 8°.)

Herausgegeben und redigirt unter Verantwortlichkeit von Carl Röttger.

Дозволено цензурою. С-Петербургъ, 26-го января 1873 года.

Buchdruckerei von Röttger & Schneider. Newsky-Prospect No. 5.

Die Reise Katharina's II. nach Südrussland im Jahre 1787.

(Schluss.)

Ein Paar Tage, nachdem die Reisegesellschaft von Kijew aufgebrochen war, fand die Begegnung zwischen der Kaiserin und dem Könige von Polen, Stanislaus August Poniatowski, statt. Bei den damaligen Verhältnissen Polens musste das Erscheinen der Kaiserin an der polnischen Grenze, welche vom Dnjepr gebildet wurde, als ein bedeutendes Ereigniss gelten. Der König und seine Anhänger wünschten den Abschluss eines Bündnisses mit Russland, welches besonders für den Fall eines Bruches zwischen der letzteren Macht und der Pforte von der grössten Wichtigkeit sein musste. Aber auch die Gegner des Königs, die Mitglieder der Reichstagsopposition, wünschten eine Annäherung an Katharina und Potemkin, wollten indessen zugleich die Gelegenheit wahrnehmen, den französischen Gesandten Ségur für Polen zu interessiren. Ignatius Potozki erzählte dem Grafen Ségur, der König habe nur darum eine Zusammenkunft mit der Kaiserin Katharina zu veranstalten gewünscht, um dieselbe zum Kriege gegen die Türkei zu reizen.

Bereits am 28. Februar hatte der König Stanislaus Poniatowski Warschau verlassen und erwartete mehrere Wochen hindurch in Kanew die Ankunft der Kaiserin. Einige der polnischen Grossen, welche in Kanew den König umgaben, reisten wiederholt aus Kanew nach Kijew — die Entfernung betrug nur wenige Meilen — und kehrten wieder zum Könige zurück. Noch ehe der König nach Kanew kam, hatte er, in Chwostow, ein Gespräch mit Potemkin, bei welchem er sich über die Haltung seines Hauptgegners, Branicki's, beklagte. Einige russische Würdenträger, der Sohn des Feldmarschalls Rumjanzow, der Oberstallmeister Naryschkin, die Generale Lewaschow und Schuwalow, der Graf Besborodko, statteten dem Könige Besuche ab. Es wird erzählt, der König habe bei dieser Gelegenheit dem Grafen Besborodko die Frage vorgelegt, ob ein Krieg Russlands mit der Pforte in der nächsten Zukunft zu erwarten sei. Besborodko antwortete: „der Bruch ist nicht so nahe bevorstehend, wie man glaubt." Durch den russischen Gesandten in Polen, den Grafen Stackelberg, hatte er der Kaiserin ein Mémoire über die polnischen Verhältnisse unter dem Titel: „Souhaits du roi" überreichen lassen und erwartete die Antwort. Er hatte darin der Kaiserin ein polnisches Bündniss angetragen und hoffte dadurch seine Stellung in Polen zu befestigen. Katharina schickte dem Könige ein Antwortschreiben, aber er zeigte dasselbe Niemandem und hielt es wohlverwahrt in seiner Schatulle. Unter allerlei Vorwänden verhinderte man russischerseits einen Besuch des Königs in Kijew. Man fürchtete, er werde seinen Neffen als polnischen Thronerben anerkannt wissen wollen [73].

So wartete denn der König mehrere Wochen hindurch in dem am Dnjepr gelegenen polnischen Städtchen Kanew, bis dann endlich am 25. April die Galeerenflotte der Kaiserin an den Mauern der Stadt, auf denen reich gekleidete Krieger Wache hielten, vor Anker ging. Graf Besborodko und Fürst Barjatinski begaben sich zum Könige, um denselben zu einer Zusammenkunft mit Katharina einzuladen, worauf sich dann der König in einer prächtig geschmückten Schaluppe zu der Galeere der Kaiserin verfügte. In die Schaluppe einsteigend, sagte er zu den russischen Würdenträgern: „Meine Herren, der König von Polen hat mir den Auftrag gegeben, Ihnen den Grafen Poniatowski zu empfehlen" [74].

Es waren dreiundzwanzig Jahre seit der Zeit vergangen, da Katharina und Stanislaus August Poniatowski in einem näheren Verhaltnisse zu einander gestanden hatten. Damals, in den letzten Jahren der Regierung der Kaiserin Elisabeth, als gerade ein allgemeiner Angriff auf Friedrich den Grossen geplant wurde, im Jahre 1756, hatte Poniatowski am russischen Hofe eine Zeit lang als pol-

[73] Ligne witzelt über die grossen Kosten, welche diese Episode dem Könige verursachte: «il y a dépensé trois mois et trois millions pour voir l'impératrice pendant trois heures». Oeuvres II, 15. «Diese Reise», schreibt Essen am 30. December 1786, «wird dem Könige gegen 100,000 Dukaten kosten, wovon der grösste Theil zu Geschenken für die Personen des Hofes der Kaiserin bestimmt ist.» Herrmann. VI. 148.

[74] Ligne, II. 15.

nischer Diplomat fungirt. Er war von der Grossfürstin, welche gerade diese Zeit in ihren Memoiren etwas ausführlicher behandelt, ausgezeichnet worden. Seitdem hatten Beide einander nicht gesehen. Mit grosser Spannung beobachteten die Anwesenden, denen jene Episoden aus der Jugendzeit Katharina's und des Königs nicht unbekannt sein konnten, wie die Kaiserin den letzteren empfing. Sie that es mit grosser Würde, geleitete ihn dann in ihr Cabinet, wo sie mit demselben etwa eine halbe Stunde allein blieb. Als die beiden hohen Personen wieder erschienen, glaubten die Anwesenden eine Spur von Verwirrung in den Mienen der Kaiserin wahrzunehmen. Der König war nicht ohne einen Anflug von Traurigkeit, bewahrte aber eine ruhige und feste Haltung und sprach mit grosser Sicherheit [75].

Der Fürst Potemkin, welcher den König erst in diesem Augenblicke kennen lernte, soll sehr befriedigt gewesen sein von der Erscheinung des Königs; man meinte sogar es diesem Umstande zuschreiben zu müssen, dass Stanislaus noch mehrere Jahre auf dem polnischen Throne blieb [76]. Es ist nicht unmöglich, dass Potemkin's persönliches Interesse zum Theil von seinen Beziehungen zum Könige abhing. Es wird erzählt, als habe der König dem Fürsten Potemkin den Vorschlag gemacht, dessen grosse im Königreich Polen befindliche Güter in ein Fürstenthum zu verwandeln, dessen Beziehungen zu Polen in der Weise geregelt sein sollten, wie diejenigen Kurlands; der Fürst aber, wie weiter berichtet wird, habe diesen Antrag abgelehnt, wie er auch schon früher den Besitz Kurlands zurückgewiesen habe [77].

Während der Unterredung des Königs mit Katharina soll der Erstere der Kaiserin ein eigenhändiges Mémoire über die Lage Polens überreicht haben. Es waren darin Klagen über die Haltung der in Polen befindlichen russischen Truppen enthalten. Potemkin suchte den König zu begütigen, indem er ihm bedeutende Vortheile in Aussicht stellte [78]. Es scheint, dass hierbei des Königs persönlicher Vortheil im Spiele gewesen sei. Wenigstens wurde später dem Könige seine Handlungsweise während der Zusammenkunft mit der Kaiserin zum Vorwurf gemacht. Es galt die Annahme, dass der

---

[75] Ségur, III. 120. Castera, II. 125.

[76] Castera, a. a. O.

[77] S. das Tagebuch Chrapowitzki's, 16. März 1787. Nadeshdin im Odessaer Almanach f. d. J. 1839. S. 63. (russisch).

[78] Herrmann VI. 163.

König im Verein mit einigen Polen eine Art Verschwörung gegen das Königreich geplant habe [79]. Von einem in Kanew abgeschlossenen Vertrage ist nur in Herrmann's „Geschichte des russischen Staats" die Rede, wobei auf die Berichte der sächsischen Diplomaten aus Warschau und St. Petersburg als Quelle hingewiesen wird. In der Beilage zum sechsten Bande seines Werkes theilt Herrmann den Entwurf eines solchen Vertrages mit. In demselben wird die Menge der Truppen bestimmt, welche Polen im Falle eines Krieges zu stellen habe und ebenso die Subsidien, welche Polen dafür von Russland erhalten solle. Ferner sollte Kurland, diesem Entwurfe zufolge, dem Fürsten Potemkin abgetreten werden; dem Könige wird eine Erhöhung seiner Einnahmen um 2 Millionen sowie die Bezahlung seiner Schulden in Aussicht gestellt. Ausserdem sollte die Kaiserin einige Verstärkung der monarchischen Gewalt gestatten, insofern als der König seine Minister ernennen und absetzen, die Reichstagsbeschlüsse genehmigen oder verwerfen dürfte u. s. w. [80] Die Existenz eines derartigen Vertragsentwurfs, auf welchem sogar bemerkt ist, welche Punkte von der russischen Regierung genehmigt worden seien und zu welchen Punkten die Kaiserin ihre Zustimmung verweigert habe [81], beweist nur, dass um die Zeit, in welcher die Zusammenkunft stattfand, Verhandlungen gepflogen wurden, nicht aber, dass es in Kanew zum Abschluss eines Vertrages gekommen sei. Die späteren Ereignisse enthalten keine Bestätigung der Annahme, dass ein Vertrag geschlossen wurde. Dagegen kann man mit grosser Wahrscheinlichkeit annehmen, dass das von dem Könige der Kaiserin in Kanew überreichte Mémoire mit dem von Herrmann mitgetheilten Vertragsentwurfe, dessen Abschrift sich im sächsischen Archiv befindet, im Zusammenhange gestanden habe Kostomarow bemerkt, dass Katharina damals den förmlichen Abschluss eines Vertrages mit Polen gar nicht für dringend halten konnte; der Krieg mit der Türkei wurde gar nicht als so nahe bevorstehend für wahrscheinlich gehalten; die kaiserlichen Höfe wünschten nicht in so unmittelbarer Zukunft die Türkei zum Bruche zu veranlassen; ein derartiger Vertrag mit Polen konnte, wenn derselbe bekannt wurde, als ein arger Ausfall gegen die Pforte gelten. Ebenso konnte der Abschluss eines solchen Vertrags die europäischen Mächte reizen;

[79] Ebend 537.

[80] Ebend. 150 und 522.

[81] So wurde die Anerkennung des Neffen des Königs als Thronerben verweigert.

nicht blos die preussische Regierung wäre damit höchst unzufrieden gewesen, auch Joseph hätte ihn gemissbilligt. So hätte denn ein solcher Vertrag, statt Russland zu nützen, leicht nachtheilbringend sein können [82].

Die Zusammenkunft hatte vorwiegend den Character eines Höflichkeitsbesuches. Von Politik kann nur wenig gesprochen worden sein. Man suchte die Zeit mit Scherzen und Lustbarkeiten hinzubringen. An der Mittagstafel, welche auf der Galeere „Dessna" abgehalten wurde, ging es lebhaft her, so berichtet ein Augenzeuge. Ein Anderer berichtet, man habe wenig gesprochen, wenig gegessen, aber um so mehr beobachtet. Es wurde auf die Gesundheit des Königs getrunken. Nach Tische stattete der König in Potemkin's Gesellschaft den russischen Würdenträgern und Generalen in der Eigenschaft eines Grafen Poniatowski Besuche ab und verbrachte den Abend bei der Kaiserin. Zusammen mit Katharina vertrat er die Pathenstelle bei der dabei veranstalteten Taufe eines Kindes des Grafen Tornowski und machte sodann mit der Kaiserin, dem Grafen Stackelberg, dem Fürsten Potemkin und dem Grafen Mamonow eine Kartenparthie. Endlich gab die Kaiserin das Zeichen zum Aufbruch. Stanislaus August soll leise den Fürsten Potemkin gefragt haben: „Ist einige Hoffnung auf längeren Aufenthalt vorhanden?" Potemkin verneinte es. In einem Nebengemach sagte die Kaiserin zu Stanislaus August: „Es ist spät; ich weiss, dass Sie Besuch haben zum Abendessen; meine Reise ist lang; ich muss zu meinem Bedauern von Ew. Majestät Abschied nehmen." Der König beklagte lebhaft, nur so kurze Zeit mit der Kaiserin habe verbringen zu können. „Lassen Sie keine trüben Gedanken aufkommen", tröstete Katharina, „rechnen Sie auf meine Freundschaft, auf meine Ihnen und Ihrem Reiche wohlwollenden Absichten." [83]

Ségur erzählt noch die Anecdote, dass, als der König, sich zum Fortgehen anschickend, seinen Hut suchte, Katharina ihm denselben reichen liess, worauf Stanislaus August bemerkte, „er habe schon einmal einen Hut aus Katharina's Händen empfangen, und zwar

---

[82] Kostomarow in der Zeitschrift „Вѣстникъ Европы", April 1869. S. 630—631, hält es für wahrscheinlich, dass Stanislaus August in seinen Memoiren die Kaiserin ersucht habe, einen ihrer Enkel zum Thronerben Polens zu ernennen. Wenigstens erinnerte der König, als er 1792 Katharina bat, den Grossfürsten Konstantin zum Könige von Polen zu machen die Kaiserin an seine in Kanew vorgebrachten Bitten und Vorschläge.

[83] Alle diese Details nach Kostomarow a. a. O. S. 628.

einen schöneren als diesen — nämlich die polnische Krone.“ Katharina schmückte den König mit dem Andreasorden, blieb aber indessen in etwas kühler Haltung [84].

Hierauf folgte in den Gemächern des Königs in Kanew ein glänzender Ball und ein Abendessen, zu welchem das Gefolge der Kaiserin geladen war. Aus den Fenstern sahen die Gäste des Königs ein prachtvolles Feuerwerk, welches den Ausbruch des Vesuv darstellte.

Damit waren die Festlichkeiten in Kanew zu Ende und am andern Morgen lichtete die Galeerenflotte die Anker, um die Reise flussabwärts fortzusetzen. Aus einer von glaubwürdiger Seite mitgetheilten Aeusserung der Kaiserin ersehen wir, dass sie „froh war, von der Unruhe des vergangenen Tages erlöst zu sein.“ Sie klagte: „Der Fürst Potemkin sprach kein Wort; ich musste fortwährend sprechen: die Zunge ist mir ganz trocken geworden; fast würde ich ärgerlich durch die Bitte, länger zu verweilen; der König versuchte zu feilschen: er verlangte drei Tage, dann zwei, dann wollte er sich schliesslich begnügen, wenn ich nur bis zum Mittag am andern Tage bliebe.“ [85]

Einige Tage später erreichte die Reisegesellschaft Krementschug. Hier begann schon der Triumph Potemkin's, dessen Haus, in schöner Lage, mit prächtigem, an grossen, frisch gepflanzten Bäumen reichen Garten für die Kaiserin als Wohnung hergerichtet worden war. Der Fürst hatte nichts unterlassen, um einen möglichst günstigen Eindruck auf die Kaiserin hervorzubringen. Bereits ein Jahr früher, im Winter 1785/86, hatte er in seiner Residenz Krementschug eine Gesellschaft von Russen, Moldauern, Serben, Griechen zur Hoffähigkeit herangebildet, Bälle gegeben, Concerte und Festlichkeiten verschiedener Art veranstaltet. Sehr angenehm berührte Katharina der Gegensatz zwischen dem ärmlichen Kijew und dem mit grossen Mitteln zu ihrem Empfange hergerichteten Krementschug. Sie schrieb u. A. an Pohlmann: „Es ist hier so warm wie bei uns im Juli monath, ich logire in ein charmant schönes Haus, hinter welchem

---

[84] Ségur, Tableau hist. S. 89.

[85] S. d. Tagebuch Chrapowitzki's am 26. April 1787.

ein Wald von eichen Bäumen ist und ein garten, worin hecken von Fruchtbäumen gepflanzt sein". [66]

Besonders wichtig erschien der Kaiserin die Vervollständigung der Armee. Sie war sehr befriedigt von der Haltung der Truppen, welche der Fürst Potemkin ihr in einer Revue zeigte. Es war eine Demonstration zu Gunsten Potemkin's, wenn sie über diesen Gegenstand an Jerozkin schrieb: „Ich habe hier den dritten Theil jener Reiterei gesehen, von welcher bisher Leute, die von der Sache nichts verstehen, behaupteten, sie existire nur auf dem Papier. Diese Reiterei ist aber wirklich vorhanden und so vorzüglich, wie vielleicht noch nie eine gewesen ist. Erzählen Sie das den Neugierigen und berufen Sie sich dabei auf mein Schreiben, damit man endlich aufhört, Unwahrheiten zu verbreiten und damit man endlich den Verdiensten der eifrig mein und des Reiches Interesse Fördernden Gerechtigkeit widerfahren lasse." [67] Ebenso schrieb sie an Ssaltykow: „Hier habe ich jene leichte Reiterei gefunden, von welcher der selige Panin und noch einige alte Weiber auszustreuen liebten, sie bestehe nur auf dem Papier, ich habe aber gestern mit eigenen Augen gesehen, dass diese Truppen nicht papierne sind, sondern sehr vortreffliche und thatsächliche." [68]

So bestimmt und mit Absichtlichkeit ausgesprochene Worte der Kaiserin lassen unzweifelhaft erkennen, dass ihr sehr Ungünstiges über die Handlungsweise Potemkin's berichtet worden war. Auch blieb der Zweifel bestehen, wie z. B. aus der Bemerkung Helbig's in Potemkin's Biographie hervorgeht, der Fürst habe die Kaiserin in Krementschug getäuscht, indem er einige Husarenregimenter durch andere Uniformen in die leichte Cavallerie verwandelt habe, von deren Existenz in so skeptischem Sinne so viel die Rede gewesen war [69].

Katharina lobte den Fürsten Potemkin, indem sie dabei ihr Missvergnügen über die mangelhafte Verwaltung der dem Grafen Rum-

---

[66] Blum a. a. O.

[67] Die Schriften Katharina's, III 342.

[68] Das „Russische Archiv" 1864. S 966.

[69] S. Archenholtz' „Minerva" a. a. O. 317. Katharina glaubte wohl selbst nicht an eine Täuschung und es ist nicht abzusehen, wie jenes Schreiben an Jerozkin den Biographen Joh. Jak Sievers hat veranlassen können zu sagen: «Wer liest nicht hier zwischen den Zeilen, dass es der Kaiserin nicht minder bekannt war als aller Welt, wie Potemkin sechs der besten alten Reiterregimenter in neue Uniformen gesteckt hatte, um mit ihnen als seiner Schöpfung sich zu brüsten» Blum II. 478.

janzow anvertrauten Gebiete durchblicken liess [90]. Nachdem sie drei Tage in Krementschug sich aufgehalten hatte, schrieb sie an Ssaltykow: „In Krementschug gefällt es uns Allen sehr wohl, besonders nachdem wir in Kijew gewesen sind, für welche Stadt sich nicht ein Einziger unter uns begeistert hat. Wenn ich gewusst hätte, wie schön Krementschug ist, so wäre ich lange hergekommen. Wer sich davon überzeugen will, dass ich nicht ohne Grund so viel Vertrauen setze in die Fähigkeiten des Feldmarschalls Fürsten Potemkin, der muss diese Gouvernements bereisen, wo alle Theile der Verwaltung aufs Beste geordnet sind: die hier befindlichen Truppen erfreuen sich sogar des aufrichtigen Lobes der Ausländer; es werden neue Städte gebaut; es giebt keine Steuerrückstände. Dagegen sind in den drei kleinrussischen Gouvernements, weil die Verwaltung nichts in Zug zu bringen versteht, die Steuerrückstände bis zu einer Million Rubel aufgelaufen; die Städte dort sind abscheulich; es geschieht nichts." [91]

Freilich kam bei der Reise der Kaiserin durch die Verwaltungsgebiete Potemkin's dem letzteren auch das südliche Clima und das herrliche Frühlingswetter zu Gute. „Hier ist ein sehr schönes Clima", schrieb Katharina, „alle Dörfer sind mit Blumen geschmückt. Nie habe ich solche Birnbäume gesehen, wie in meinem Garten. Zwei Männer umspannen die Stämme kaum." [92]

Einige Tage nachdem die Reisegesellschaft von Krementschug aufgebrochen war, fand die Begegnung zwischen Katharina und Joseph II. statt.

Schon im Jahre 1781, als Joseph der Kaiserin von seiner Absicht, nach Florenz zu reisen, geschrieben hatte, drückte Katharina den

[90] «Depuis Pétersbourg jusqu'à Kieff j'ai cru voir le ressort de mon empire détendu et usé; ici je le retrouve dans toute son activité et dans toute sa vigueur». Ségur, Mém. III. 133.

[91] Ssamoilow in der Biographie Potemkin's im „Russischen Archiv" 1867 S. 1235.

[92] S. d. „Russische Archiv" 1864. S. 967. Ueber den Aufenthalt in Krementschug finden sich einige Einzelheiten bei Castera u. A. eine Anecdote von Samarow, eine Schilderung der blühenden Dörfer am Dnjepr. In dem officiellen Bericht der Reise ist eines Orchesters erwähnt, das aus 186 Leibeigenen Potemkin's bestand. Ueber die Reform in der Uniformirung der Truppen spricht Engelhardt in seinen Memoiren, S. 51, und erwähnt dabei lobend des Fürsten Potemkin. Auch Ségur lässt einige Erfolge der administrativen Thätigkeit Potemkin's gelten, wie er denn u. A. das Zunehmen der Bevölkerung erwähnt.

Wunsch aus, den „Grafen Falkenstein“ einmal in Chersson begrüssen zu können. In sehr verbindlicher Weise erwiderte Joseph, dass er eine Reise nach Mohilew, nach St. Petersburg oder nach Chersson und überhaupt dahin, wo er die Kaiserin sehen könne, viel lieber unternehmen würde, als eine Reise nach Italien. Seitdem hatten die türkischen Angelegenheiten eine hervorragende Stelle in dem Briefwechsel Joseph's mit Katharina eingenommen. Hin und wieder spricht Katharina die Hoffnung aus, den Kaiser in Südrussland zu sehen, indem sie mit Entzücken sich der Begegnung mit Joseph in Mohilew im Jahre 1780 erinnert [93].

Am 10. August 1786, nachdem sie in einem recht ausführlichen Briefe an Joseph über die beständigen Einfälle der türkischen Unterthanen und Bundesgenossen in das Gebiet des kaukasischen Fürsten und russischen Vasallen Heraklius Klage geführt hatte, fügte sie in einem Postscriptum hinzu: „Gestatten mir Ew. Majestät Ihnen mitzutheilen, dass ich gesonnen bin im nächsten Jahre eine Reise zu unternehmen, in Betreff welcher sich Ew. Majestät in Ssmolensk in so freundschaftlicher Weise ausgesprochen haben. Im Januar reise ich nach Kijew, wo ich bis zur Hälfte des April bleibe; hierauf reise ich auf dem Dnjepr bis zu den Stromschnellen, und von da über Chersson nach der Krim. Ich wage es nicht, meine Hoffnungen weiter auszudehnen und habe es nur für meine Pflicht gehalten, Ihnen von meinem Vorhaben Nachricht zu geben.“ [94]

Eine solche Andeutung konnte noch nicht als eine Einladung gelten, doch darf man vermuthen, dass der kaiserliche Gesandte in St Petersburg schon früher von Katharina ersucht worden war, den Kaiser zu einer Reise nach Südrussland aufzufordern. Es findet sich nämlich in einem Handbillet des Kaisers an Kaunitz vom 9. August 1786 die Bemerkung, er erwarte in der allernächsten Zeit eine solche Einladung, es werde nicht leicht sein der Kaiserin zu antworten, indem er lebhaft wünsche, unter irgend einem Vorwande diese Einladung abzulehnen. Indem er nun wenige Tage später dem Fürsten Kaunitz jenes Schreiben Katharina's mit dem die Reise betreffenden Postscriptum zusandte, bemerkte Joseph, er finde eine solche Art einzuladen sehr seltsam und habe nicht übel Lust, klar und kurz dieser in eine Katharina von Russland verwandelten Prinzessin von Zerbst (à la Princesse de Zerbst Cathérinisée) anschaulich zu machen,

---

[93] A. v. Arneth, a. a. O. 256.
[94] Ebend. 277.

dass es sich nicht zieme, in dieser Weise über ihn, den Kaiser, zu verfügen [95]. In einem Postscriptum, der Kaiserin hierin nachahmend, bemerkte Joseph in einem Schreiben an Katharina am 10. September, dass er, obgleich seit 1780 die Verhältnisse sich wesentlich geändert hätten, insofern als er der Sklave vieler Pflichten geworden sei, doch die Hoffnung hege, mit der Kaiserin zusammenzutreffen, vorausgesetzt, dass nicht andere wichtige Angelegenheiten ihn von einer solchen Reise abhalten würden [96]. Offenbar dachte der Kaiser daran, die Einladung im letzten Augenblicke abzulehnen. Indessen erwähnt er in einem Schreiben an Kaunitz der bevorstehenden Reise, die er möglichst abzukürzen und nicht vor dem Frühling anzutreten wünscht. Dabei spricht er sich etwas gereizt und verwundert darüber aus, dass man in St. Petersburg auch nicht im Mindesten an seinem Kommen zweifle. Kaunitz dagegen stellte dem Kaiser vor, wie nothwendig es sei, sich die Freundschaft Katharina's zu erhalten, indem man gar nicht wissen könne, von wie grossem Nutzen die energischen Entschlüsse der Kaiserin sein würden. Er erwartete, dass eine zweite Zusammenkunft Joseph's und Katharina's entscheidend sein werde für den Rest des Lebens des Kaisers; eine solche Zusammenkunft werde gelingen, wie auch die erste gelungen sei, nur müsse man Katharina in Zukunft ebenso rücksichtsvoll behandeln als bisher; es komme darauf an, dass die Kaiserin in Joseph denselben Grafen Falkenstein wiederfinde, der ihre Eroberung gemacht habe.

So entschloss sich denn Joseph zu reisen und bei dieser Gelegenheit, wie schon früher, oft der Kaiserin zu schmeicheln. Er schrieb derselben am 22. December 1786 in den überschwenglichsten Ausdrücken, wie entzückt er sei, die Kaiserin wiederzusehen und wie er der Kaiserin zu zeigen hoffe, dass Graf Falkenstein seit 1780 sich nicht verändert habe. In ähnlicher Weise antwortete Katharina am 26. December 1786 (6. Januar 1787). Am 4. (15.) Februar schrieb Joseph der Kaiserin, er könne kaum den Augenblick des Wiedersehens erwarten, nur werde Katharina den Grafen Falkenstein sehr gealtert finden, eine Perücke entstelle ihn, er sei nicht mehr so heiter wie früher und dgl. Noch mehrere derartige Briefe wurden vor der Zusammenkunft gewechselt. Es werden die Tage und Stunden bis

[95] «qu'elle doit mettre un peu plus de considération et d'empressement pour disposer de moi». Arneth a. a. O. S. 278.

[96] Im J. 1780 lebte Marie Theresia noch und Joseph hatte weniger Regierungssorgen.

zum Wiedersehen gezählt, die stets abnehmende räumliche Entfernung mit Freude beobachtet. Katharina schenkt seiner Versicherung, er habe sehr gealtert, keinen Glauben. Er betheuert, dass die blosse Nennung des Namens Chersson, wo er Katharina treffen werde, ihm Herzklopfen verursache. Sie ist sehr zufrieden, dass endlich einmal ein ganz unbefangener und gerechter Zeuge, ein erfahrener und unparteiischer Richter, über Russland urtheilen werde. Er verspricht der Kaiserin allen Glanz der Kaiserwürde in Brody abzulegen und als einfacher Edelmann zu erscheinen, um tausendmal der Kaiserin, seine Verehrung auszudrücken u. dgl. m. [97]

Die letzten Briefe des Kaisers sind schon unterwegs geschrieben. Auf dem Wege zwischen Brody und Chersson traf Joseph, auf der Poststation in Korssun, mit dem Könige Stanislaus August Poniatowski zusammen. Er hatte ihn noch nie gesehen, behandelte ihn aber sehr wohlwollend und freundlich als alten Bekannten. Joseph sagte ihm u. A.: „Ich gebe Ihnen mein Ehrenwort und Sie können es der ganzen Welt wiederholen, dass ich von Polen nichts will, verstehen Sie, nichts — nicht einen einzigen Baum. Uebrigens muss Ihnen die Kaiserin schon dasselbe gesagt haben [98]. An Kaunitz schrieb Joseph über diese Begegnung: „Ich schied von ihm mit Betheuerungen der Freundschaft und dass ich die Verträge achten und die Verfassung Polens schützen würde.“ [99]

Bereits am 3. (14.) Mai traf Joseph II. in Chersson ein, wo er von dem Sohne des Feldmarschalls Grafen Rumjanzow empfangen wurde. Mittlerweile war die Kaiserin Katharina in lebhafter Besorgniss, dass sie den Kaiser warten lasse. Am 5. Mai schrieb sie an denselben, sie trage keine Schuld an dem Aufenthalte, aber sie habe mit allzu grossen Schwierigkeiten auf dem Wege zu kämpfen und könne nicht so rasch fortkommen, als sie wünsche. Ebenso schrieb sie an Jerozkin, sie erwarte jeden Augenblick die Ankunft des Grafen Falkenstein, bei welchem sie sich wegen des durch die Hindernisse der Reise verursachten Aufenthaltes entschuldigt habe. Sie wisse, mit wem sie zu thun habe und sei überzeugt, dass ein solcher Zwischenfall ihr Verhältniss nicht trüben werde [100].

Während seines 36stündigen Aufenthaltes in Chersson besichtigte Joseph in Begleitung des Feldmarschalllieutenants Grafen Kinski die

---

[97] A. v. Arneth.

[98] Kostomarow a. a. O. 632.

[99] Kolotow a. a. O. III. 127.

[100] S. d. Schriften Katharina's, III. 343.

neuen Festungsbauten, die Werften, die Magazine u. s. w. und brach dann auf, um Katharina entgegenzufahren. Kaum hatte Katharina auf ihrer Galeere durch den Grafen Rumjanzow von der Ankunft des Kaisers in Kaidaki Nachricht erhalten, als sie sich sogleich ans Ufer begab und im Wagen dem Kaiser entgegenfuhr. Im Gefolge der Kaiserin befanden sich der Fürst Potemkin, Graf Branicki, der Prinz von Nassau-Siegen. Die Begegnung fand einige Werst weit vom Dnjepr statt. Einige Zeit verbrachte die kleine Gesellschaft in der Hütte eines Kosaken, wo die genannten Begleiter der Kaiserin, weil es an anderer Bedienung fehlte, ein Mittagsessen bereiteten. Die Speisen waren recht schlecht und ungeniessbar [101], doch herrschte bei der Tafel die grösste Heiterkeit, weil Katharina es verstand, ihren Gast mit grosser Liebenswürdigkeit zu bewillkommnen und zu unterhalten [102].

Nach Tische fuhr man zu den Galeeren, wo sich dem Kaiser ein lebhaftes Bild der Verwirrung bot. Indem man die Reise zu Lande fortzusetzen gedachte, musste Vieles von den Schiffen auf die Wagen umgeladen werden. Dies war mit grossen Schwierigkeiten verbunden. Die unbeholfenen Fahrzeuge konnten nur mit grosser Mühe hart ans Ufer gebracht werden. Bei der Menge des Gepäcks und der fortzuschaffenden Vorräthe, bei der Zahl der Reisenden fehlte es an Fuhrwerken. Viele der letzteren brachen und dann lag alle Bagage — Matratzen, Kissen, Silberzeug, Lebensmittel — auf der Steppe umher. Joseph war verwundert über eine solche „Confusion" und wünschte sich Glück zu dem Umstande, dass er sein gesammtes Gepäck auf einer Kalesche untergebracht hatte. Er fand überhaupt den Mangel des Comforts auf der Reise sehr unbehaglich und bemerkt, es habe sehr viel zu essen gegeben, doch seien die Speisen meist schlecht, kalt und hart gewesen. „Ohne die Kaiserin und einige Herren, die recht angenehm sind", schrieb Joseph, „wäre eine solche Reise eine Höllenstrafe." An Luxus fehlte es nicht, wohl aber oft an dem Nothwendigsten. Auf der Galeere des Fürsten Potemkin befanden sich 120 Musikanten, aber, als ein Officier sich die Hände verbrannte, suchte man vier Tage einen Arzt, ohne einen zu finden, so dass Joseph II. die Rolle eines Chirurgen spielen und den Verunglückten verbinden musste, und als endlich ein Arzt im

[101] Ueber diese Begegnung s. Katharina's Schreiben an Jerozkin in den Schriften der Kaiserin III. 344. Ségur III. 137 Arneth a. a. O. 353.

[102] Joseph schreibt: „tout ce qu'elle m'a dit avait l'empreinte de la sincérité et de l'amitié la plus vive".

Gefolge der Kaiserin sich fand, stellte sich heraus, dass es an den nöthigen Arzneimitteln fehlte [103].

Mittlerweile war, um das Unbehagen zu erhöhen, eine Veränderung des Wetters eingetreten: es wurde empfindlich kalt. In Kaidaki, wo für die Reise der Kaiserin ein prächtiger Palast aufgeführt worden war [104], sass man Abends vor dem brennenden Kamin, um sich zu erwärmen, und hüllte sich in warme Kleider [105].

Hierauf fuhren die Reisenden nach Chortiza. Auf dem Wege dorthin erfolgte die denkwürdige Grundsteinlegung der Stadt Jekaterinosslaw.

Schon im Jahre 1784 wurden Maassregeln getroffen, um eine geeignete Stelle zur Gründung einer Stadt Jekaterinosslaw ausfindig zu machen [106]. Einige Monate später wurde bereits der Befehl gegeben, in der neuzugründenden Stadt eine Universität zu errichten, wo nicht blos Russen, sondern auch Glaubensgenossen aus den benachbarten Ländern studiren sollten. Bald darauf erschien eine grosse Zahl Arbeiter an der Stelle, wo, am rechten Ufer des Dnjepr, in der Nähe des Dorfes Kaidaki die neue Stadt sich „zum Ruhme Katharina's" erheben sollte. Es kamen Steinhauer, Maurer, Schmiede, Zimmerleute zu vielen Hunderten. Vorläufig wurde dem Obersten Ssinelnikow, welcher die Bauten beaufsichtigen sollte, und von dessen vielseitiger administrativer Thätigkeit unzählige Actenstücke Zeugniss geben, die Summe von 200,000 Rubel zur Verfügung gestellt [107]. Die Stadt sollte gewaltige Dimensionen erhalten. Die Strassen sollten eine Breite von 200 Fuss haben. Man bestimmte für die Stadt ein Weichbild von 300 Quadratwerst (gegen 6 Quadratmeilen); 25 Werst oder nahezu 4 Meilen lang sollte sich die Stadt längs dem Ufer des Flusses hinziehen. Ausser sechs Brunnen beabsichtigte man noch mitten in der Stadt, die auf einer

[103] S. Joseph's Brief an Lacy a. a. O. 353. Nicht ohne Interesse sind die Bemerkungen des Kaisers über die Hauptbegleiter Katharina's. Er bemerkt u. A.: Potemkin stehe sehr fest in der Gunst der Kaiserin, Rumjanzow sei ganz gestürzt, Mamonow sei ein ganz netter Junge, Anhalt schmeichle der Kaiserin u. dgl. m.

[104] Die Schriften der Odessaer Gesellschaft für Geschichte und Alterthümer V. 430,

[105] S. d. Schreiben Katharina's an Jerozkin in ihren Schriften III. 344.

[106] Vollständige Gesetzsammlung No. No. 15908, 15910, 16057.

[107] Ssamoilow. Biographie Potemkin's im „Russ. Archiv" 1867. S. 1228. Schriften der Odessaer Gesellschaft, 742. III. 128.

Anhöhe liegen sollte, ein grosses Wasserbassin zu errichten; man hoffte es mit Pumpwerken aus dem Flusse speisen zu können. Sehr ausgedehnte Weideplätze für das Vieh der Stadtbewohner wollte man abstecken, eine Fischerei, einen botanischen Garten, Plätze für die Belustigung der Städter gedachte man anzulegen. Man errichtete eine grosse Anzahl von Werkstätten für die Handwerker; ungeheure Mengen von Ziegelsteinen, Gyps, Kalk, Granit, Sandstein wurden angefahren; man erbaute Ziegelbrennereien, es entstanden verschiedene Baucommissionen u. s w.

Alsbald stand der Palast des Fürsten Potemkin fertig da: ein ausgedehnter Luxusbau mit kostbarem Hausgeräth ausgestattet. Die Prunkgemächer strotzten von Reichthümern. In dem Garten, dessen Bäume durch hohes Alter ausgezeichnet waren, gab es zwei Treibhäuser, eines für Ananas, das andere für Lorbeer-, Pomeranzen-, Apfelsinen-, Granatbäume, Dattelpalmen u. s. w. Rings um den Palast baute man kleine Häuser für die Beamten der verschiedenen Kanzleien, welche alsbald entstanden, für die Handwerker und Industriellen, die bei den Bauten beschäftigt waren, und die bei den grossen zu gründenden Fabriken Beschäftigung finden sollten, endlich auch für die Ansiedler, welche man durch allerlei Vergünstigungen, Abgabenfreiheit, Geldvorschüsse, geschenkte Bauplätze herbeilocken zu können hoffte. Zwölf Fabriken wollte man gründen, darunter eine Seidenstrumpfwirkerei, für deren Anlage 340,000 Rbl. assignirt und aus dieser Summe 240,000 Rbl. wirklich verausgabt wurden, und welche nach wenig Jahren wieder einging. Eine Tuchfabrik bestand längere Zeit [108]. — In den Entwürfen, welche Potemkin der Kaiserin einsandte, ist auch von einem Gerichtsgebäude, das im Styl der alten Basiliken, und von einer Kaufhalle die Rede, welche nach dem Muster der Propyläen in Athen gebaut werden sollte, von einer Börse, einem Theater, einem musikalischen Conservatorium. Ausdrücklich bemerkt Potemkin, dass sämmtliches Baumaterial für alle diese Werke bereits vorräthig sei. Indem er von der Universität spricht, macht er darauf aufmerksam, von welch grossem Werthe eine solche grosse Lehranstalt für die benachbarten Polen, Griechen, Moldauer, Wallachen, Illyrier und andere Völker sein müsse [109].

Damals beabsichtigte die Regierung noch andere Universitäten zu

---

[108] Schriften der Odessaer Gesellschaft, V. 426—453.

[109] Actenstücke aus der Kanzlei Potemkin's, herausgegeben im „Russischen Archiv" 1865. S. 66, 394.

gründen. In den Acten finden wir Pskow, Tschernigow und Pensa als Orte genannt, an denen Universitäten errichtet werden sollten[110]. Die Universität in Jekaterinosslaw sollte eine Lehranstalt im grössten Style sein. Schon im Jahre 1786 war man so weit, dass eine Universitätskanzlei bestand. Für die Gründung wurden allerlei Einkünfte aus verschiedenen Gegenden Südrusslands im Betrage von 300,000 Rubel angewiesen. Man berief sogar Professoren. Als Director der Universität sollte der damals sich grosser Berühmtheit erfreuende Musiker Sarti fungiren, als Historiograph ein französischer Militär Guyenne; zwei Maler wurden berufen; auch für die Lehrstühle der Oeconomie und Landwirthschaft werden in den Acten Personen namhaft gemacht. Das musikalische Conservatorium und eine Academie der Künste sollten mit der Universität verbunden sein. Ein Observatorium sollte errichtet, ein besonderer Stadttheil für die Wohnungen der Professoren und Studenten — eine Art quartier latin — angewiesen werden. [111]

Die Kathedrale, welche Jekaterinosslaw zieren sollte, gedachte man in den allergrössten Dimensionen zu bauen, und zwar nach dem Muster der Peterskirche zu Rom. Sie sollte eine Länge von 500, eine Breite von 150 Fuss, somit einen Flächeninhalt von 75,000 Quadratfuss haben. Potemkin hielt darauf, dass die Kirche um eine Elle länger sein müsse, als die Peterskirche in Rom. Noch heute werden in der jetzigen unverhältnissmässig kleineren Kirche, welche ein halbes Jahrhundert später an jener Stelle gebaut wurde, die Pläne aufbewahrt, welche damals entworfen wurden. Zwei Ansichten des Innern der zu gründenden Kathedrale sind noch heute in dem Museum der Odessaer Gesellschaft für Geschichte und Alterthümer Südrusslands zu sehen und zeugen von der Grossartigkeit dieser Entwürfe. Von dieser Kathedrale ist nur ein Theil des Fundaments fertig geworden und derselbe hat 71,102 Rbl. 45½ Kop. gekostet. Die Summen für den Weiterbau versiegten sehr bald.

An der Stelle, wo die Stadt errichtet werden sollte und schon einige Gebäude vollendet waren, langte nun Katharina am 8. (19.) Mai 1787 mit ihrem glänzenden Gefolge in Begleitung des Kaisers Joseph II. an. Sogleich fand ein Feldgottesdienst in einer in einem

---

110 Vollständige Gesetzsammlung No. 16315.

111 Schriften der Odessaer Gesellschaft II. 743. 332. „Russisches Archiv" 1865. S. 869. 870.

Zelt eingerichteten Kirche statt, und hierauf schritt man zur Grundsteinlegung der Kathedrale.

Die meisten bei dieser Feierlichkeit anwesenden Personen mochten in Betreff der zukünftigen Stadt sehr sanguinische Hoffnungen hegen. Ein Zeitgenosse sagt, man habe gemeint, Jekaterinosslaw werde ein zweites Rom, ein zweites Athen werden, dafür bürge ja das Genie Potemkin's [112]. Joseph II. theilte solche Hoffnungen nicht. Man berichtet von der sarkastischen Aeusserung des Kaisers, er habe an diesem Tage ein grosses Werk vollbracht, die Kaiserin habe den ersten Stein zu einer Kirche gelegt, — er den letzten [113]. Im Gespräch mit Joseph II. äusserte Ségur wohl später: es werde wohl nie und nimmer in dieser Kirche zu Jekaterinosslaw eine Messe gelesen werden.

Gleich nach der Ceremonie der Grundsteinlegung setzte die Reisegesellschaft ihre Fahrt fort. Unterwegs speiste die Kaiserin bei dem Generalmajor Ssinelnikow, dem Stadthalter von Jekaterinosslaw und erfreute sich nach Tische an dem Anblicke der die Stromschnellen pfeilschnell herabschiessenden Fahrzeuge, welche von kundigen Lootsen gelenkt wurden.

Man weiss, in welch geringem Grade die an Jekaterinosslaw geknüpften Hoffnungen in Erfüllung gingen. Der türkische Krieg (1787—1791) unterbrach die Bauarbeiten sehr bald. Ssinelnikow, welcher die Arbeiten leiten sollte, fiel bei Otschakow. Es fehlte an Geldmitteln. Obgleich nach dem Abschluss des Friedens von Jassy einige Maassregeln zum weiteren Ausbau der Stadt ergriffen wurden [114], existirte noch im Jahre 1795 denn doch eigentlich nur jenes obenerwähnte stattliche Haus Potemkin's [115]. Die von dem letzteren in Gang gebrachten Fabriken stellten sehr bald ihre Arbeiten ein [116]. In dem für die Stadt abgesteckten Gebiete war die offene Steppe. Erst in den dreissiger Jahren entstand die kleinere Kirche an der Stelle der grösseren, deren Fundament noch heute kenntlich ist und eine Art Kirchhofsmauer bildet. Ungefähr gleichzeitig wurde der Kaiserin Katharina vor der Kirche ein Denkmal er-

[112] Ueber den Aufenthalt in Jekaterinosslaw s. Ssamoilow im „Russ. Archiv" 1867 S. 1232. Die Schriften der Odessaer Gesellschaft V. 430. Mamonow's Mémoires secréts sur la Russie I. 105.

[113] Ségur, Mémoires et souvenirs III. 212.

[114] S. d. Verordnung Katharina's in den Schr. d. Od. Ges II 659.

[115] Georgi, Beschreibung des russischen Reichs Königsberg. 1799. II. 850.

[116] Schr. d Od. Ges V. 444

richtet. Die Bronze-Statue zeigt nach Süden. Nicht Jekaterinosslaw ist die Stadt der Zukunft geworden, auch nicht Chersson, wohin die Reisegesellschaft von Jekaterinosslaw aus aufbrach, sondern Odessa [117].

Auch auf dem Wege nach Chersson hielt die vortreffliche, optimistische Stimmung der Kaiserin an. Sie schrieb u. A. am 12. Mai aus Berislaw an Jerozkin: „Es ist schön diese Gegenden mit eigenen Augen zu sehen: man hat uns gesagt, wir würden in eine unerträgliche Hitze gerathen, aber die Luft ist warm, der Wind frisch, aber angenehm und ganz frühlingsmässig; allerdings ist die Steppe baumlos, aber die Ackerkrume ist vortrefflich, sodass ohne viel Mühe alles Mögliche producirt werden kann; man meinte, es sei dort Mangel an Wasser, aber wir haben überall Bäche und Flüsschen gesehen, an denen zahlreiche Dörfer gelegen waren. Wenn wir dieses Gouvernement, das zur Zeit des Friedens von Kainardschi mit Ausnahme der Kreise Jelissawetgrad, Krementschug und Poltawa noch nicht bestand, mit dem Zustande St. Petersburg's nach dessen sechs- bis zehnjährigem Bestehen vergleichen, so meine ich, dass hier Alles nicht so gewaltsam, und mit geringeren Opfern und Unkosten gefördert wird als dort; wie in allen grossen Unternehmungen, so wird auch hier der Nutzen und Vortheil erst später sich herausstellen; jetzt begreift die Menge noch nicht, welchen Gewinn man erwarten kann. Das St. Petersburger Gouvernement liefert den achten Theil der Einkünfte des Reiches: aber dasselbe besteht bereits vier und achtzig Jahre und der Hof hat dort seinen Aufenthalt. Wir werden sehen, wie bedeutend in kurzer Zeit die Einkünfte der hiesigen Häfen sein werden; noch muss ich bemerken, dass alle Einwohner ohne Ausnahme hier ein viel frischeres und gesunderes Aussehen haben, als die Leute im Kijewschen Gouvernement, und sie scheinen mir überhaupt arbeitsamer und frischer. Alles Dieses schreibe ich Ihnen ausdrücklich, damit Sie von meinen Bemerkungen gelegentlich Gebrauch machen, um jene bisweilen so arg in den Köpfen der Menschen hausenden Vorurtheile zu widerlegen. Alles Obengesagte

---

[117] S. m. Aufsatz in d. „Grenzboten", 1870. S. 139—144: Eine Stadtgründung unter Katharina II.

kann nur etwa von Leidenschaftlichen oder Schwachsinnigen oder Unkundigen geleugnet werden". [118]

Ein feierlicher Empfang wurde der Kaiserin in der Nähe von Chersson durch den Oberen eines Klosters zu Theil. Die Mönche dieses Klosters waren mit ganz neuen Anzügen ausgestattet worden und hatten sich paarweise mit Kreuzen, Lichtern, Heiligenbildern in den Händen aufgestellt. Auf mehreren Tafeln standen Erfrischungen bereit für die Kaiserin und deren Gefolge [119].

Ihren Einzug in Chersson hielt die Kaiserin auf einem prächtigen Wagen, in welchem sie mit dem Kaiser Joseph II. und dem Fürsten Potemkin Platz genommen hatte. Das Volk spannte die Pferde aus und zog den Wagen in die Stadt. Etwa 30,000 Mann Soldaten bildeten Spalier [120].

Chersson machte einen günstigen Eindruck und erregte sogar die Bewunderung der Ausländer im Gefolge der Kaiserin; die Kasernen, in denen etwa 24,000 Mann Soldaten Platz finden konnten; die Admiralität mit grossen Vorräthen, das Arsenal mit etwa 600 Kanonen; zwei Linienschiffe und eine Fregatte, welche so eben vollendet vom Stapel laufen sollten; einige Regierungsgebäude und Kirchen; gegen zweitaussnd Privathäuser; eine Menge Kaufläden mit ausländischen Waaren — alles Dieses genügte von einem raschen Aufschwunge Südrusslands im Allgemeinen und von Chersson insbesondere [121]. Es ist damals von einem Ausländer, einem österreichischen Consul, welcher 1786 sich in der Krim aufhielt, die Ansicht ausge-

[118] S. d. Schriften Katharina's III, S. 344, 345. Ueber die Steuerkraft Südrusslands schrieb Potemkin am 4. October 1786: „Dieser Theil des Reichs steuert drei Millionen bei zum Bau der Festungen und anderer Gebäude in Taurien", s. d. „Russische Archiv" 1865. S. 394.

[119] S. d. Aufsatz v. Mursakewitsch in d. Schr. d. Odessaer Ges. II. 304.

[120] Ssamoilow im „Russ. Archiv" 1867. S. 1234.

[121] S. über die Bauten in Chersson, welche zum grossen Theil von Soldaten ausgeführt wurden, die Erzählung Ssamoilow's im „Russischen Archiv" 1867 S. 1216, sowie die Mémoiren Ségur's III. 142. — In vielen Werken, bei de Ligne, Ségur, Castera, Volney (Considératicn sur la guerre actuelle des Turcs) u. s. w., findet sich die Geschichte von einer angeblich in Chersson auf einem Wegweiser angebrachten Inschrift: „Weg nach Byzanz." Einer Tradition zufolge hat es damit folgende Bewandtniss: Als Katharina einst eine griechische Inschrift erblickte, welche keiner ihrer Begleiter zu übersetzen vermochte, soll der Fürst von Ligne sich mit der ihm eigenen Geistesgegenwart dadurch geholfen haben, dass er bemerkte, die Inschrift heisse: „Strasse nach Byzanz."

sprochen worden, Chersson werde ein zweites Amsterdam werden [122]. Sogar Joseph II., welcher im Einzelnen an Chersson viel auszusetzen hatte, bemerkte über den Gesammteindruck, dass die Stadt wirklich „nach Etwas aussehe".

Katharina war sehr zufrieden. Sie schrieb an Ssaltykow am 14. Mai: „Mit Staunen und Vergnügen haben wir gesehen, wie viel hier geschaffen worden ist. Wir kamen hierher zu Lande, über die Steppen, welche keineswegs totalen Mangel an Wasser leiden und überall productiv erscheinen — wo man auch etwas säet oder pflanzt, Alles kommt gut fort und gedeiht rasch. Ich bitte zu bedenken, dass vor sechs Jahren hier noch gar nichts war. Die Festung wird in diesem Sommer ganz vollendet sein; sie ist unvergleichlich besser als die Festung in Kijew. Ich wohne gegenüber der Admiralität und sehe aus dem Fenster drei Kriegsschiffe, welche morgen vom Stapel laufen sollen; ich habe schon fünf steinerne Kirchen gesehen [123]. Die Privathäuser sind der Art, dass sie die besten Strassen St. Petersburgs nicht verunzieren würden; die Kasernen sind besser als diejenigen der Gardesoldaten" [124]. An Jerozkin schrieb sie: „Wir sind in Chersson. Dies Kind lebte vor acht Jahren noch nicht. Zuerst sahen wir im Vorüberfahren steinerne Kasernen für sechs Regimenter; hierauf bogen wir rechts ab und fuhren in die Festung ein, welche sich gut halten wird. Viele Gebäude in der Festung sind vollendet; einige werden es bald sein; eine steinerne Kirche ist besonders schön. Nachdem wir die Festung verlassen hatten, kamen wir zur Admiralität, wo alle Vorrathsräume und steinernen Gebäude mit Eisen gedeckt sind. Auf der Schiffswerft trafen wir ein ganz fertiges Linienschiff von 80 Kanonen, welches, so Gott will, Sonnabend vom Stapel laufen soll; daneben ist ein Schiff von 66 Kanonen ebenfalls fertig, und ferner noch eine Fregatte mit 50 Kanonen. . . . Ich darf sagen, dass meine Erwartungen hier in einem Maasse erfüllt sind, dass ich mein Lob nicht zurückhalten kann: überall sieht man Eifer, und die Wahl tüchtiger Menschen ist eine glückliche." [125].

Welchen Eindruck Chersson auf die Kaiserin gemacht hatte, ist

---

[122] S. Kolotow. Gesch. Katharina's III, 131. Castera 126. Joseph schrieb: „Cela a l'air de quelque chose." Arneth 359.

[123] In einer dieser Kirchen war später Potemkin's Grab, über dessen Stelle nachmals viele Zweifel geäussert wurden. S. d. „Russische Archiv" 1864. S. 969 und 1867. S. 1181 ff.

[124] S. d. „Russ. Archiv" 1864. S. 969.

[125] S. d. Schriften Katharina's III, 346, 347.

noch aus einem späteren, aus Baghtschissarai geschriebenen Briefe zu ersehen: „Diejenigen", schrieb Katharina, „welche mit Geringschätzung von der Erwerbung dieser Gegenden sprechen, wissen überhaupt das Gute nicht zu schätzen. Chersson und die Krim werden nicht blos die Opfer, welche zu ihrer Erwerbung nöthig waren, wieder einholen; diese Gebiete werden viele andere an Fruchtbarkeit und Ertragsfähigkeit übertreffen. Man hat das hiesige Klima geschmäht, mich mit Zweifeln erfüllen wollen. Indem ich selbst hier bin und Alles sehe, begreife ich solche Vorurtheile gar nicht. Ich habe gehört, dass Peter der Grosse in Betreff St. Petersburgs ähnlichen Schwierigkeiten begegnet ist; ich erinnere mich, dass jene Gegend anfangs auch Niemandem zusagte; der Süden aber ist viel besser und allmählich schwindet alle Furcht vor den Tataren, deren Raubzüge noch in Aller Erinnerung fortleben. Mit diesen Gedanken und nicht ohne grosse Genugthuung dieses schreibend, gehe ich heute zu Bette und bin überzeugt, dass ich nicht blos keinen Schaden verursacht, sondern meinem Reiche grossen Gewinn gebracht habe".[126]

Auch in Chersson gab es Festlichkeiten der verschiedensten Art, einen glänzenden Ball bei der Kaiserin, mit Prunk und Luxus bei Gelegenheit des Vom-Stapellaufens der Kriegsschiffe. Alle Decorationen, Draperien u. s. w. waren das Werk von Soldaten, deren Anstelligkeit besonders der Fürst von Ligne bewunderte[127]. Auch die Umgegend Cherssons lernten die Reisenden kennen. Der Graf Besborodko gab der ganzen Reisegesellschaft auf seinem, fünfzehn Werst von Chersson entfernten Gute ein Mittagsmahl[128]. Es kamen noch mehrere Personen nach Chersson, welche die Reise dorthin nicht mitgemacht hatten. So erschienen aus Konstantinopel der russische Gesandte Bulgakow und der österreichische, Baron Herbert; so kam auch ein Gesandter des Königs von Neapel, Marquis de Gallo, um der Kaiserin zu ihren Erfolgen Glück zu wünschen und Handelsverbindungen zwischen dem Königreich Neapel und Südrussland anzuknüpfen.

---

[126] Ebend. an Jerozkin III, 348.

[127] Eines der Schiffe hiess „Der Ruhm Katharina's", ein anderes „Joseph II." Der Fürst de Ligne erzählt „Je me suis amusé à me faire lancer aussi. Vous sentez bien que le bâtiment que je montais, était un vaisseau de *ligne*." Katharina bemerkt, es sei eine hübsche Galanterie, dass das eine Schiff den Namen des Kaisers führe; s. d. Tagebuch Chrapowitzki's am 17. Mai.

[128] Kolotow III, 132, spricht von der hübschen Lage des Gutes des Grafen Besborodko. Im Frühling bieten die Steppen allerdings, wenn auch nur kurze Zeit, einen heitern Anblick.

In Chersson ist dann auch die Politik zur Sprache gekommen [129]. Aber die Weltlage erschien damals nicht so verhängnissvoll, als sich dieselbe später herausstellte. Es ereignete sich allerdings, dass Katharina sogar bei Tische in Aller Gegenwart den Kaiser Joseph halb scherzend in ein politisches Gespräch zu ziehen suchte; allerdings machte die türkische Flotte eine Demonstration, indem sie sich in der Mündung des Dnjepr sehen liess, so dass die Kaiserin einen Ausflug nach Kinburn aufgeben musste; allerdings fanden zwischen den Diplomaten Russlands, Frankreichs, Englands, des Kaisers in Chersson geschäftliche Besprechungen statt; dennoch spielte die Politik in Chersson eine Nebenrolle, Niemand vermuthete, dass schon wenige Wochen später der Krieg ausbrechen werde. Joseph II. und Katharina erschienen auch in Chersson nur mehr als Touristen; nicht die gemeinsame Feindschaft gegen die Türkei, sondern eine innige Freundschaft schien sie zusammengeführt zu haben.

Nicht günstig war der Eindruck, den Chersson auf Joseph II., auf Ségur und andere Begleiter der Kaiserin machte. Joseph hatte noch vor seinem Zusammentreffen mit der Kaiserin Zeit gehabt, Alles in Chersson genau in Augenschein zu nehmen. Am meisten hatte er an den Fortificationsarbeiten und der Militärverwaltung auszusetzen. Er schrieb über diesen Gegenstand ausführlich an seinen Freund, den Feldmarschall Lacy. Manchen missfiel die Lage Cherssons ausnehmend. Sie erschien hygienisch ungünstig, politisch gefährlich, commerciell ohne Vortheile [130]. Auch eine Autorität wie Pallas erwähnte um diese Zeit der um Chersson im Sommer herrschenden Morastluft [131]. Joseph äusserte, der Handel Cherssons sei vorläufig ganz unbedeutend und man hätte die Stadt dreissig Werst näher zum Meere bauen müssen, während jetzt die Türken jeden Augenblick die Möglichkeit hätten, die Verbindung zwischen Chersson und dem Meere abzuschneiden. Nie, meinte Joseph, werde in Chersson der Handel blühen [132].

---

[129] Die wenig bekannte Geschichte dieser Conferenzen in Chersson, welche indessen keine grosse Bedeutung hatten, gedenken wir in einem späteren Aufsatze ausführlich zu behandeln.

[130] Ségur III, 143. Ebenso S. 212.

[131] Pallas' Reisen II, 506.

[132] Joseph schreibt: „Si les Turcs veulent faire couler bas une seule de leur caravelles avec de pierres au débouché de Dnjepr, qui leur appartient, il peuvent intercepter toute la navigation au point que plus un bâteau ne pourra entrer dans le Dnjepr; alors adieu Chersson." A. v. Arneth a. o. O. 355—356. Auch Joseph erwähnt der Fieberluft in der Umgegend von Chersson, der Zollplackereien u. s. w. S. 359. Auch seinem

Fünf Tage hatte der Aufenthalt in Chersson gedauert; dann wurde die Reise in die Krim angetreten. Der Weg führte über Kisikerman und Perekop. Es war zwischen den beiden letzteren Punkten für die Reise der Kaiserin eine neue Strasse gebaut worden. Potemkin hatte befohlen, die Strasse solle so schön gemacht werden, dass sie den Kunststrassen der alten Römer nichts nachgeben sollte: er werde sie die Strasse Katharina's nennen [133].

Unterwegs scherzten Joseph II. und Ségur über den abenteuerlichen Character der Reise; der letztere nannte den Kaiser Harun-al-Raschid und sich selbst Giafar. Beide erfreuten sich an dem Anblick der Steppe, der Kameele, der Tataren und der tatarischen Zelte. Besondere Beobachtung schenkte Joseph den unterwegs manövrirenden Kosaken [134]. Bei Perekop besichtigte der Kaiser die Spuren des Walles, welcher zur Vertheidigung der Krim gebaut worden war und unternahm mit dem Grafen Kinski, auf Kosakenpferden reitend, einen Ausflug zum Siwasch, indem er sich lebhaft die Ereignisse vergegenwärtigte, welche wenige Jahrzehnte zuvor sich in diesen Gegenden zugetragen hatten [135]. Die anderen Reisenden staunten über eine solche Beweglichkeit und Spannkraft des Kai-

---

Bruder Leopold schrieb Joseph über die empfangenen Reiseeindrücke und dieser entgegnete, dass die Briefe des Kaisers „m'ont confirmé dans l'idée que je m'en étais toujours faite. que le pays était beau et fertile. mais dévasté, dépeuplé et pas cultivé, que Chersson était dans une mauvaise situation qu'on n'aurait choisie pour y faire tant de dépenses si l'on avait eu alors la Crimée, que beaucoup y était apparence, et qu'il n'y avait d'éssentiel que les ports et la proximité de Constantinople par mer" Arneth, a. o. O. Vorrede XXVIII. — Joseph's Urtheil über die Fortificationsarbeiten, welches um so mehr Berücksichtigung verdienen dürfte, als er dieselben in Begleitung eines Fachmannes besichtigte, gedenken wir in einem späteren Aufsatze, in welchem überhaupt von den der russischen Regierung beim Ausbruche eines Krieges mit der Pforte zu Gebote stehenden Mitteln die Rede sein wird. mitzutheilen. — Nicht ohne Interesse ist der Umstand, dass Katharina während ihres Aufenthaltes in Chersson in dem an ihre Gemächer anstossenden Garten eigenhändig einen Aprikosenkern pflanzte und dass später ein herrlicher Baum daraus entstand. Im Jahre 1844 betrug der Umfang des Stammes am Fusse des Baumes 7 Fuss 7 Zoll. Es ist der einzige Aprikosenbaum in Chersson; längs der ganzen Südküste findet sich kein Exemplar, das an Grösse und Umfang sich mit dem von Katharina gepflanzten Baum, welcher 10 bis 12 Pud Früchte jährlich zu liefern pflegte, vergleichen liesse. Der Baum wurde mit einem Gitter umgeben und mit einer passenden Inschrift versehen. S. d. Schriften der Odessaer Gesellschaft I, 608.

[133] S. die Biographie Potemkin's von Nadeshdin in dem Odessaer Almanach für das ahr 1839 S. 61.

[134] Ségur, Mém. III 159. Arneth, 359.

[135] Arneth 360.

sers, welcher sogar den trägeren und mehr auf Comfort bedachten Genossen dazwischen lästig wurde. Der Secretär der Kaiserin, Chrapowitzki, schrieb am 20. Mai: „Der Graf Falkenstein und der Graf von Anhalt lassen Niemandem Ruhe: sie stehen schon früh auf und gehen schon um sechs Uhr spazieren.“ Dabei theilt Chrapowitzki eine Aeusserung der Kaiserin mit: „Ich sehe und höre Alles, und laufe doch nicht so viel umher, wie der Kaiser“. Fast scheint es, als habe Katharina sich über die Vielgeschäftigkeit Joseph's aufgehalten.

Bei den Salzseen in Perekop gab es ein solennes Frühstück, bei welchem Salzproben vorgezeigt wurden [136]. In Aibar wohnte die ganze Reisegesellschaft, die Kaiserin nicht ausgeschlossen, in Zelten. Katharina scherzte darüber, dass Fitz Herbert und Ségur, die Vertreter zweier Mächte, welche oft mit einander in Hader lebten, friedlich in einem Zelte hausten und darin an einem und demselben Tische ihre Depeschen an ihre Regierungen, wahrscheinlich in sehr verschiedenem Tone, abfassten.

Auf dem Wege zwischen Aibar und Baghtschissarai ereignete sich folgende Episode: Es erschienen plötzlich etwa tausend Tataren zu Pferde und umringten den Wagen der Kaiserin. Es war ein Ehrengeleite, von dem Fürsten Potemkin veranstaltet, um der Kaiserin einen Beweis zu geben von der loyalen Haltung ihrer neuen Unterthanen. Der Fürst de Ligne bemerkte im Gespräch mit Ségur bei dem Anblick einer so grossen Anzahl Bewaffneter, es wäre ein sehr wunderliches Ereigniss und würde in Europa viel Sensation machen, wenn plötzlich diese Tataren, die gesammte Reisegesellschaft zu einem beliebigen Hafen in der Krim zu bringen, die Majestäten Katharina und Joseph auf einem Schiffe als Gefangene nach Konstantinopol zu schaffen und damit dem Sultan Abdul-Hamid ein besonderes Vergnügen zu bereiten den Einfall hätten. Nicht einmal, fügt der Fürst hinzu, würde man eine solche That ein Verbrechen nennen dürfen; die Tataren könnten, meinte er, ohne alle Gewissensbisse einen solchen Handstreich gegen zwei fürstliche Personen ausführen, welche allem Völkerrecht und den bestehenden Verträgen zum Hohn ihnen ihr Land geraubt und ihren Fürsten vom Thron gestossen hätten [137]. Die Mitreisenden wollen in der That bei dem

---

[136] Kolotow III, 136.
[137] Ségur, Mém. III. 170.

Kaiser Joseph, welcher an der Loyalität der Tataren zweifelte, einige Unruhe bemerkt haben [138].

Als man sich der Hauptstadt der Chane, Baghtschissarai, näherte, befand sich plötzlich die Kaiserin in grosser Gefahr. In einer tiefen und steil abfallenden Schlucht konnten die Pferde die schwere Reise-Equipage der Kaiserin nicht aufhalten und waren bereit, in wilder Hast den Abhang hinunterzustürzen, als die den Wagen umgebenden Tataren noch im letzten Augenblick, mit Aufbietung aller Kraft, den Wagen zum Stehen brachten und damit einem Unfalle vorbeugten, welcher sehr schwere Folgen hätte haben können. Die Mitreisenden bewunderten die Kaltblütigkeit der Kaiserin in diesem Augenblicke [139].

In Baghtschissarai gab es ein buntes, echt orientalisches Bild: ein wirres Durcheinander von Häusern, Moscheen, Trödelbuden, Kaffeehäusern, Thieren und Menschen. Hier hatte Alles Kostüm und Physiognomie. Hier hätte man überhaupt in Kabul oder Buchara zu sein glauben können. Man stieg im Palaste der Chane ab, vor dessen Thoren auch jetzt noch eine Inschrift an die Reise der Kaiserin erinnert, und welcher auch jetzt noch ein buntschillerndes Bild echt orientalischen Luxus' darbietet. Grosse und kleine Höfe, umgeben von, mit Arabesken verzierten, Gebäuden und von Galerien mit zeltstangenartigen Säulen, Minarets, Springbrunnen, sorgfältig gepflegte Gärten, dunkel beschattete Marmorbassins, eine teppichartige Ornamentik der Gebäude, ein Labyrinth von Sälen, Stuben, Thürmen, Galerien, Gärten und Verandas, überall eine styllose Spielerei mit geometrischen Figuren, dazu die seltsamen Formen der religiösen Gebräuche, das Tanzen der Derwische, das Rufen der Mullah's — alles Dieses wirkte wie berauschend auf die Reisenden. Mit Entzücken berichtet der Fürst von Ligne, dass es ihm geglückt sei, eines von den Frauengemächern als Wohnung angewiesen zu

[138] S. die Biographie Potemkin's von Ssamoilow im „Russ. Archiv" 1867. S 1015, und Castera II, 129. — Joseph schrieb an Lacy: „Au reste malgré tout ce que l'impératrice fait en faveur de cette nation, et nonobstant la liberté dont elle la laisse jouir, il n'y a aucun, surtout parmi les vieux, qui ne quitterait avec plaisir la nouvelle domination." Arneth a. o. O 362. Castera bemerkt übrigens ganz richtig. dass die Tataren selbst wenn sie etwas Derartiges im Schilde führten, doch sich hätten erinnern müssen, dass Potemkin nicht sehr weit davon eine Armee von 150,000 Mann zu seiner Verfügung hatte.

[139] Ségur III. 133. Ligne II. 19. „Il y avait à croire qu'on se casserait le cou. J'aurais eu bien plus peur, si je n'avais pas voulu voir si l'impératrice en avait: elle était calme comme au déjeuner, qu'on venait de quitter."

erhalten und spottet darüber, dass Ségur im Gegensatze hierzu eine ehemals von den hässlichen Wächtern der schönen Frauen bewohnte Stube inne hatte. Von dem Styl der Gebäude bemerkte der Fürst, es sei eine Mischung von maurischer, arabischer, chinesischer, türkischer Architectur [140]. Einige für die Kaiserin bestimmte Gemächer waren in europäischer Weise möblirt. Alle übrigen waren völlig in dem Zustande verblieben, in welchem sie noch einige Jahre zuvor, in der Zeit der Chane, gewesen waren [141]. Joseph fand einige Aehnlichkeit zwischen der Lage Baghtschissarais und derjenigen Genua's. Ihm gefiel die Buntheit der Trachten, das Gewimmel auf den Strassen, das Leben in den zahlreichen Kaufläden. Die Bauart des von einer hohen Mauer umgebenen Palastes erinnerte den Kaiser an ein Karmeliterkloster, das er einmal besucht hatte [142]. Die grotesken Formen der die Stadt umgebenden, fast völlig kahlen Felsen erschienen Abends, nachdem die Reisenden angekommen waren, von einem grossartigen Feuerwerk auf das Prächtigste beleuchtet.

Katharina war in gehobener Stimmung. Es war, wenn man sich frühere Epochen der Geschichte Russlands ins Gedächtniss zurückrief, kein geringer Triumph, dass die Kaiserin jetzt den Palast derjenigen Tatarenchane bewohnte, welche so oft Russland mit ihren Raubzügen sehr schwer heimgesucht hatten [143]. In liberaler Weise und als Vertreterin des Toleranzprincips liess sie Summen zum Bau von Moscheen anweisen, unterhielt sich freundlich und wohlwollend mit vornehmen Tartaren und erzählte mit Genugthuung, dass viele Tataren die ganze Nacht hindurch mit Gebeten für eine glückliche Reise der Kaiserin zugebracht hätten [144]. Sie hielt streng darauf, dass die religiösen Gebräuche und sonstigen Sitten der Tataren geachtet wurden [145]; sie liess ferner eine neue Ausgabe des Korans anfertigen und war stolz darauf, dass die Correctheit des Druckes

[140] Oeuvres II, 20 ff.

[141] Pallas' Reise II. 30.

[142] S. d. Schreiben Joseph's an Kaunitz bei Arneth a. o. O. S. 292, sowie sein Schreiben an Lacy S. 361.

[143] Ségur, Mém III 179.

[144] Tagebuch Chrapowitzki's, 28. Mai.

[145] S. b Ségur III, 192. die Episode mit dem Fürsten von Ligne und dem Grafen Ségur, welche durch unvorsichtiges Benehmen mit Tatarenfrauen den Unwillen der Kaiserin erregten und einen Verweis von derselben erhielten.

von verschiedenen Seiten gelobt wurde [146]; der Nichte des ehemaligen Chans ertheilte Katharina eine Audienz, welcher der Fürst von Ligne und Ségur hinter einem Schirme verborgen, durch eine Spalte blickend, beiwohnen durften [147]; sie liess sorgfältige Angaben über alle tatarischen Umstände sammeln [148]. Mit Eifer begann sie die Europäisirung dieser orientalischen Gebiete. Ueber die hohe Bedeutung der Besetzung der Krim äusserte sie sich folgendermaassen: „Diese Erwerbung ist sehr wichtig; unsere Vorfahren hätten viel darum gegeben, um die Krim zu besitzen. Aber es giebt leider noch immer Leute, welche darüber jammern, dass Peter I. die Bärte scheeren liess. Graf A. M. Dmitrijew-Mamonow“ — vermuthlich hatte dieser nicht sehr optimistische Aeusserungen in Betreff der Krim gethan — „ist noch jung und sieht den Gewinn nicht, der nach einigen Jahren daraus erwachsen muss. Der Graf Falkenstein sah Alles mit ganz andern Augen an, Fitz-Herbert folgt den englischen Grundsätzen, welche England zu dem gegenwärtigen kläglichen Zustande herabgebracht haben. Graf Ségur sieht ein, wie mächtig Russland ist, aber das französische Ministerium, von seinen Emissären getäuscht, glaubt ihm nicht und macht sich ganz falsche Vorstellungen von der Macht der Pforte“ [149]. Offenbar wusste sich die Kaiserin in Bezug auf diese Fragen im Widerspruche mit den Ansichten mancher ihrer Reisegefährten.

Der Aufenthalt in Baghtschissarai dauerte nur anderthalb Tage, aber in dieser kurzen Zeit beschäftigte sich die Kaiserin u. A. auch mit der Kunst, Reime zu schmieden. Es war eine bei Hofe sehr be-

[146] S. das Tagebuch Chrapowitzki's am 17. December 1786. Von der Göttinger Universität erfolgte ein lobender Ausspruch; s. d. Schreiben Katharina's an Zimmermann in den Schriften der Kaiserin III. 356, 462. Als der Pascha von Otschakow bei der Einnahme dieser Festung in Gefangenschaft gerieth, beschäftigte er sich mit der Durchsicht dieser Edition und bekannte, keinen einzigen Fehler darin gefunden zu haben, was der Kaiserin viel Vergnügen bereitete; s. Chrapowitzki's Tagebuch am 15. März 1789. Sie schickte u. A. ein Exemplar an Grimm; s. Chrapowitzki am 3. October 1788. Anfangs waren 1200 Exemplare gedruckt worden; dies stellte sich als zu wenig heraus; es wurde verfügt, dass noch weitere 3600 Exemplare gedruckt werden sollten. — Ueber die Ernennung eines Mufti durch die Kaiserin als den ersten Fall dieser Art s. Chrapowitzki 21. September 1788.

[147] S. Arneth a. o. O. 371.

[148] Im Archiv von Reschetilowka (Gouvernement Poltawa), wo Potemkin's Papiere sich befinden, befindet sich u. A. ein damals zusammengestelltes sehr umfassendes Mémoire über die Tataren, deren Ursprung, deren Beziehungen zu den Türken, deren Sitten und Zustände. S. d. „Russische Archiv“ 1865. S. 535.

[149] S. d. Tagebuch Chrapowitzki's am 21. Mai 1787.

liebte Spielerei, in welcher manche der Begleiter Katharina's eine nicht unbedeutende Fertigkeit an den Tag legten. Um so grösser war die Heiterkeit, wenn es ihr selbst nie recht gelingen wollte, etwas einem Gedichte Aehnliches zu machen. Schon in Kijew hatte sie einmal einen Anlauf genommen, um Verse zu fabriciren, war aber nicht weiter gekommen, als zu den Zeilen:

Ci gît la duchesse Anderson (— eine Hündin —)
Qui mordit Mr. Rogerson (Leibarzt der Kaiserin).

Sie war von ihren Begleitern wegen ihres Mangels an Dichtertalent ausgelacht worden. Jetzt, in Baghtsschisarai, schloss sie sich ein und gedachte ein Gedicht zur Verherrlichung Potemkin's zu produciren. Aber auch diesmal kam sie über die zwei Anfangszeilen nicht hinaus:

„Sur le sopha du Khan, sur des coussins bourrées,
Dans un kiosque d'or, de grilles entouré . . . ."

und wurde auch diesesmal ein Gegenstand der schmeichelhaften Spöttereien Ségur's und Ligne's. Sowohl aus dem Tagebuche Chrapowitzki's als aus dessen zum Theil bekannt gewordenen nachgelassenen Papieren ist zu ersehen, dass der unermüdliche, stets zu literarischen Handlangerdiensten bereite Geheimschreiber es übernahm, das Gedicht der Kaiserin in russischer Sprache fortzusetzen [150].

Am 22. Mai brach man von Baghtschissarai auf. Die Strasse nach Inkerman über das Kalkgebirge zwischen der Katscha und dem Belbek, obgleich für die Reise der Kaiserin vorbereitet, war sehr beschwerlich und besonders wegen des steilen südlichen Abfalls übel zu befahren [151]. Indessen langte man glücklich in Inkerman an.

In Inkerman, am östlichsten Theile der Bucht von Ssewastopol gelegen, genoss die Kaiserin den Anblick des herrlichsten Kriegshafens der Welt. Sogleich nach der Ankunft in dem für die Kaiserin errichteten Schlosse war die Reisegesellschaft, ohne die Bucht gesehen zu haben, zu Tische gegangen, als plötzlich während des Essens die Vorhänge von den Fenstern des Speisesaals hinweggezogen wurden und der überraschende Anblick einer stattlichen

[150] S. d. Oeuvres du prince de Ligne II. 26. Das Tagebuch Chrapowitzki's am 23 Mai, am 28 Mai und das „Russische Archiv" 1865. S. 1513, wo das russische Gedicht, worin die Kaiserin darüber klagt, dass das Schreien der Mullah's sie nicht schlafen lasse.

[151] Pallas' Reise II. 41.

Flotte sich darbot. Es waren drei Linienschiffe, zwölf Fregatten, zwanzig kleinere Fahrzeuge, drei Bombardirböte und zwei Brander; auf allen diesen Schiffen und Fahrzeugen wurden in diesem Augenblick sämmtliche Kanonen gelöst. Bei diesem Anblicke erhob Katharina ihr Glas und trank auf die Gesundheit ihres besten Freundes, Joseph's II, indem sie bemerkte, dass sie diesem zu einem bedeutenden Theile die Erwerbung der Krim verdanke [152].

Potemkin hatte für die Kaiserin in Konstantinopel eine prächtige Schaluppe bauen lassen. Sie war genau nach dem Muster eines dortigen Fahrzeuges angefertigt, welches dem Sultan gehörte. Dieses Boot bestiegen die Reisenden nach Tische, um nach Ssewastopel zu fahren [153]. Als man sich der Flotte näherte, salutirten alle Schiffe. Joseph war entzückt von dem Hafen und bemerkte in einem Schreiben an Kaunitz, einen besseren finde man nirgends; 150 Linienschiffe könnten bequem darin Platz finden [154]. Es gab zu jener Zeit bereits viele Häuser in Ssewastopol, ein Arsenal, eine Admiralität, ein Lazareth. Die Reisenden staunten darüber, dass Potemkin in so kurzer Zeit dieses Alles ins Werk zu setzen vermocht hatte [155]. Sogar Joseph II. zweifelte nicht daran, dass diesem Punkte eine grosse Zukunft bevorstehe. Sowohl ihn als den Grafen Ségur beschäftigte der Gedanke, dass man aus Ssewastopol in etwa 36 bis 48 Stunden nach Konstantinopel fahren könne. Joseph äusserte in einem Schreiben an Lacy, der französische Gesandte habe bei dem Anblicke des neuen russischen Kriegshafens recht finster dreingeschaut. „Und nun stellen Sie sich vor", fährt Joseph fort, „was sich der Sultan dabei denken muss; er erwartet täglich, dass diese braven Burschen kommen und mit dem Donner ihrer Kanonen ihm die Scheiben an den Fenstern seines Palastes zertrümmern. Die Kaiserin ist entzückt über einen solchen Machtzuwachs Russlands. Der Fürst Potemkin ist jetzt allmächtig und man kann sich keine Vorstellung davon machen, wie Alle ihm schmeicheln". Joseph gab zu, dass der

---

[152] S. d. Tagebuch Chrapowitzki's und Joseph's Schreiben an Lacy bei Arneth a. o. O. S. 363. Am folgenden Tage schreibt Chrapowitzki, jener Toast der Kaiserin, dessen in dem Entwurf zum officiellen Reisebericht erwähnt worden war, sollte mit Stillschweigen übergangen werden. Man hielt es offenbar nicht für angemessen, der Welt die Freundschaft Oesterreichs mit Russland in Erinnerung zu bringen.

[153] S. Potemkin's Schreiben an Bulgakow aus Ssewastopol vom 7. Januar 1787 im „Russ. Archiv" 1865, S. 413.

[154] Arneth a. o. O S. 292.

[155] „C'était réellement un prodige d'activité." Ségur III, 181.

Besitz eines solchen Hafens zu verschiedenen Handstreichen verlocken könne und wunderte sich darüber nicht, dass Ségur durch diese Vorgänge in einige Besorgniss gerieth [156].

Auch in Ssewastopol war für den kurzen Aufenthalt der Kaiserin ein Palast gebaut worden [157]. Hier empfing sie in feierlicher Audienz den russischen Geschäftsträger aus Malta, Capitain Taro, welcher im Auftrage des Grossmeisters des Ordens der Kaiserin einen mit Siegestrophäen geschmückten Palmzweig überreichte, als Zeichen der Beglückwünschung zur Besitznahme der Krim. Katharina überreichte diesen Palmenzweig dem Fürsten Potemkin, als dem Gründer des Hafens von Ssewastopol, und dieser schickte denselben an Bord des Schiffes „der Ruhm Katharina's“ [158].

Joseph wünschte die Umgegend Ssewastopols kennen zu lernen und unternahm einen Ausflug nach dem später so berühmt gewordenen und zur Zeit der Genuesen so bedeutenden Hafen Balaklawa [159]. Von dort reiste Joseph über die Berge der Kaiserin entgegen, welche von Ssewastopol aus durch das Baidar-Thal die Südküste erreichte. Der Prinz von Nassau-Siegen und der Graf Ségur, welche einen Ausflug nach dem nur wenige Werst von Ssewastopol gelegenen St. Georgskloster unternommen hatten, kehrten nach Ssewastopol zurück und begleiteten die Kaiserin. Der Fürst von Ligne, welcher sehr reiselustig gewesen zu sein scheint und von Baghtschissarai aus einen Ritt bis auf den Tschatyr-Dagh unternommen hatte, bereiste von Ssewastopol aus die ganze Südküste der Halbinsel. Hier hatte ihm die Kaiserin zwei Güter geschenkt, Parthenit und Nikita, hier schrieb er seine farbenreichen, phantastischen „Lettres de Crimée“, hier unternahm er durch die damals noch sehr unwegsamen, steil ins Meer abfallenden Küstengegenden zu Pferde die Tour bis nach Karassubasar, wo er mit der übrigen Reisegesellschaft wieder zusammentraf [160].

Auch im Baidarthal war für die Reise der Kaiserin eine Kunst-

[156] Ségur, Mém. III. 181. Arneth a. o. O 363 ff.

[157] Pallas, II. 45. Mémoiren Engelhardt's (russisch). S. 65.

[158] S. d. Schriften der Odessaer Gesellschaft für Gesch. u. Alterth IV. 265.

[159] An Lacy: „J'ai pris les devants pour voir un port autrefois très-fameux, celui de Balaclava, qui est petit mais sûr et où il s'est fait un peu de commerce L'entrée du port est mauvaise, étroite et remplie de rochers, ce que j'ai observé moi-même sur une chaloupe. Au reste la plupart des habitants étant désertée, on n'y voit que des ruines et des maisons vides.“

[160] S. d. allerliebsten Brief de Ligne's. II. 27–41.

strasse angelegt worden [161]. Die herrlichen Berglandschaften gefielen der Kaiserin ausserordentlich. Sie schrieb an Ssaltykow aus Borislaw und Krementschug: „Der bergige Theil Tauriens und die dortigen Thäler sind sehr schön. Ich erinnere mich, dass mir früher die Hügel bei Waldai schon hoch erschienen, aber nach dem Taurischen Berge, den wir sechs Werst hinauf und sechs Werst hinuntergefahren sind, können jene Hügel nur als kleine Warzen erscheinen". Bei Skeli traf Joseph mit Katharina wieder zusammen und musste sich damit begnügen, die landschaftlich herrlichste Gegend der Krim, die Südküste, nur aus einiger Entfernung von Laspi aus zu betrachten, weil der Mangel einer Strasse das Reisen im Wagen unmöglich machte. Recht unwillig äussert sich Joseph darüber, dass Potemkin, um den Reisenden auf einem seiner Güter zwei Angoraziegen zu zeigen, dieselben auf sehr schlechten Wegen einen Umweg machen liess. Bei dieser Gelegenheit geriethen die Reise-Equipagen in Unordnung und erst um 1 Uhr Nachts traf die ganze Reisegesellschaft sehr ermüdet in Baghtschissarai ein. Dort blieb man einen Tag, um zu rasten [162].

Von Baghtschissarai reiste man nach dem damaligen Ak-Metschet, dem jetzigen Ssimferopol, wo Potemkin einige Häuser hatte erbauen und einen Garten im englischen Geschmack hatte herstellen lassen. Dann ging es weiter nach Karassubasar, wo Potemkin einen herrlichen Palast nebst englischem Garten mit Wasserkünsten besass. In etwas höherer Lage war ein Palast für die Kaiserin erbaut worden. Der Abends glänzend erleuchtete Garten entzückte Alle. Das bei dieser Gelegenheit abgebrannte Feuerwerk bestand aus 300,000 Raketen, aber noch bezeichnender für das Maass des dabei entfalteten Luxus ist der von Joseph II. berichtete Umstand, dass Potemkin zur Veranstaltung der Illumination und des Feuerwerkes in Karassubasar eine Compagnie der Preobrashenskischen Garde aus St. Petersburg in die Krim hatte kommen lassen, wo diese Soldaten 100,000 Lampen anfertigten, welche mit von Moskau hergebrachtem Talg gespeist

[161] Pallas II, 95. „Kaiserstrasse — südwestlich vom Belbek."

[162] Sehr ungenau sind die geographischen Angaben bei Ssamoilow, indessen s. Biographie Potemkin's, im „Russischen Archiv" 1867 S. 1571. — Das ganze Baidarthal gehörte damals dem Fürsten Potemkin. — Auf dem Wege nach Baghtschissarai musterte die Kaiserin eine Truppe von mehreren hundert Albanesen und Dalmatinern, welche Potemkin gebildet hatte. S. Arneth a. o. O. 365. Chrapowitzki am 25. Mai Der Fürst von Ligne, der übrigens nicht zugegen war, macht daraus ein Regiment von Amazonen. S. Oeuvres II. 47.

wurden, um des andern Tages die Rückreise nach St. Petersburg (2000 Werst) abermals zu Fusse anzutreten [163]. Die für drei Infanterieregimenter bei Karassubasar erbauten Kasernen erwiesen sich als auf einer hygienisch sehr ungünstigen Stelle errichtet.

Anderen Tages schon reiste man über Stary-Krim nach Feodosia, wo Katharina und Joseph übrigens nur wenige Stunden verweilten; sie nahmen die Münze in Augenschein, wo während ihres Aufenthaltes eine Medaille mit passender Inschrift zum Andenken an diesen Besuch geprägt wurde, und gedachten nicht ohne Wehmuth der Grösse und Berühmtheit dieser unter den Genuesen so bedeutenden Handelsstadt. Jetzt war die Stadt in Verfall gerathen und litt besonders durch die Nachbarschaft von Taganrog. Ségur will gesehen haben, dass der Kaiserin beim Anblick der ehemaligen, jetzt grösstentheils in Trümmern liegenden Grösse Kaffas die Thränen in die Augen traten [164]. Joseph II. bemerkte, dass es in Kaffa zur Zeit der Besetzung der Krim durch die Russen 30,000 Einwohner gegeben habe, während Joseph und Katharina bei ihrem Besuche im Jahre 1787 nur 400 Einwohner mehr dort angetroffen hätten. Ségur giebt indessen für die letztere Ziffer 2000 an.

Mit einigen Gefährten bereiste Ségur noch die Halbinsel bis Kertsch. Am 31. Mai waren alle Reisenden schon wieder in Perekop. Der ganze Aufenthalt in der Krim hatte nur zehn Tage gedauert. Die Kaiserin beabsichtigte noch die Städte Mariupol, Taganrog, Tscherkassy und Asow zu besuchen, aber sie gab diesen Entwurf einer solchen Ausdehnung ihrer Reise bald wieder auf. In Borislaw trennte sich Katharina von ihrem Freunde, Joseph II. Derselbe hatte inzwischen die Nachricht von den in den Niederlanden ausgebrochenen Unruhen erhalten und eilte nun nach Wien, um in dieser Angelegenheit die entsprechenden Maassregeln zu ergreifen [165]. Er gab der Kaiserin das Versprechen, sie in St. Peters-

---

[163] Joseph an Lacy bei Arneth a. o. O. 366 ff. Ségur, Mém. III 195. Den für die eine Nachtruhe der Kaiserin erbauten Palast erhielt ein griechischer Officier. S. die Schriften der Odessaer Gesellschaft II, 766. Pallas II, 247, bemerkt, später habe Graf Besborodko denselben gekauft. Noch später wurde derselbe von dem bekannten Abenteurer zur See, Lambro Caccioni, umgebaut.

[164] Ségur, Mém. III. 201.

[165] Ssamollow und Castera, sowie später Herrmann lassen fälschlich den Kaiser Joseph bei dem Manöver in Poltawa anwesend sein. Ueber das Versprechen Joseph's nach St. Petersburg zu kommen s. Chrapowitzki's Tagebuch, 17. Mai 1787.

burg noch einmal besuchen zu wollen, ein Versprechen, das er nicht erfüllen konnte. Noch waren nicht drei Jahre nach der Zusammenkunft im Süden vergangen, als Joseph II. starb.

Die Reise von Perekop nach Moskau währte einen Monat. In Krementschug, wo Katharina sich zwei Tage aufhielt, trennte sich Prinz Nassau von der Reisegesellschaft und begab sich nach Frankreich. In Poltawa veranstaltete der Fürst Potemkin ein grosses Truppenmanöver, welches die Schlacht vom Jahre 1709 vorstellte. Der Graf Ségur bemerkt, dass dieses Schauspiel der Kaiserin ausnehmend gefallen habe. Sie wandte sich an den Fürsten Ligne und bemerkte, jener Katastrophe Karl's XII. gedenkend, dass das Schicksal grosser Staaten sich sehr rasch verändere und dass die von den schwedischen Feldherren bei Poltawa gemachten Fehler verhängnissvoll geworden seien für die Stellung Schwedens in Europa [166].

Ueber Charkow, Kursk und Orel reiste die Kaiserin nach Moskau. In Charkow verabschiedete sich der Fürst Potemkin von Katharina, welche ihm hier den Beinamen des „Taurischen" verlieh, und begab sich in seine Statthalterschaft zurück [167]. Man reiste langsam und Katharina schrieb an Ssaltykow am 11. Juni 1787: „Ich kann unmöglich schneller reisen, als es dem Programm entspricht, weil Alle gesättigt sein und Ruhe haben müssen. Wenn man mit einem Gefolge, wie ich es habe, täglich vier Stationen zurücklegt, so genügt das; wir können so wenigstens damit prahlen, dass Alle gesund und unverletzt sind, trotz der grossen Entfernung und des Geschwätzes der Leute, welches in Verläumdung ausartet [168]. In allen Städten wiederholten sich die üblichen feierlichen Audienzen, die Adressen, Reden, Bälle u. s. w. Ségur bemerkt, dass man in diesen

---

[166] Katharina schrieb an den Grossfürsten Alexander von dieser Darstellung der Schlacht bei Poltawa; s. ihr Schreiben an Ssaltykow vom 9. Juni 1787 im „Russischen Archiv" 1864. S. 973. Ueber die Wirkung des Schauspiels auf die Kaiserin schreibt Ségur: „La joie et la gloire brillaient dans les yeux de Cathérine; on aurait pu croire que le sang de Pierre le Grand coulait dans ses veines. Ce grand et magnifique spectacle couronnait dignement son voyage, aussi romanesque que historique." Ségur, Mém. III, 223. Zum Fürsten von Ligne soll Katharina gesagt haben: „Voilà donc à quoi tiennent les empires; un jour en décide. Sans cette faute, que firent les Suédois et que vous me faites remarquer, messieurs, nous ne serions pas ici." Oeuvres III. 10.

[167] Dass Potemkin erst hier den Beinamen erhielt, ist zu ersehen aus dem Tagebuche Chrapowitzki's und der Biographie Katharina's von Kolotow III, 152.

[168] S. d. Schriften Katharina's a. a. O.

reichsten Gegenden die Kaiserin besonders herzlich empfing [169]. In Orel veranstalteten Dilettanten eine dramatische Vorstellung. Es wurden ein Lustspiel und eine Oper aufgeführt [170]. In Tula besichtigten die Reisenden die Gewehrfabrik [171]. Der Fürst Ligne und Graf Ségur erzählen mancherlei von der geistigen Frische der Kaiserin auch während der Rückreise, von den Einfällen Katharina's, wohl auch von ernsteren politischen Gesprächen, wie denn u. A. recht eingehend über die Bedeutung des nordamerikanischen Freiheitskrieges gesprochen wurde [172].

Am 28. Juni traf Katharina in Moskau ein. Sie pflegte anzunehmen, dass die zweite Hauptstadt nicht eigentlich besonders loyal gesinnt sei [173]. In Moskau begann eine neue Reihe von Festen, welche von reichen Edelleuten veranstaltet wurden. Den grössten Luxus entfaltete der Graf Scheremetjew bei einem zu Ehren der Kaiserin veranstalteten Balle und Souper [174]. Diesen Festen aber machte der Umstand plötzlich ein Ende, dass Katharina zufällig von der in vielen Gegenden des Reiches herrschenden Hungersnoth erfuhr. Man hatte ihr bis dahin absichtlich von dieser Calamität nichts mitgetheilt. Jetzt hielt sie es für unangemessen, an weiteren Lustbarkeiten Theil zu nehmen, während das Volk Mangel litt, und eilte nach St. Petersburg, wo sie am 11. Juli eintraf [175].

Es gewährte der Kaiserin Vergnügen, sich ihrer Reise zu erinnern. Sie schrieb am 1. Juli 1787 an Zimmermann, sie habe die herrlichsten Gegenden, den klimatisch glücklichsten Himmelsstrich der Erde

---

[169] Ségur III, 226.

[170] S. Kolotow, III 160. Ségur, III. 226.

[171] Katharina schenkte in Tula dem Fürsten von Ligne „un tabouret, un parapluie, une table, une canne, un necessaire damasquiné." Oeuvres du pr. de Ligne II 51.

[172] Ligne erzählt von den herrlichen Südfrüchten, Apfelsinen und Aprikosen, mit welchen die Reise-Equipagen angefüllt waren, von den ununterbrochen betrunkenen Bedienten, die den Umstand benutzten, dass der Champagner in Strömen floss. — Eine Probe der Unterhaltung erzählt ebenfalls Ligne: Katharina bemerkte einmal: „Si j'avais été homme, j'aurais été tué avant d'être capitaine", worauf Ligne, gekränkt darüber, dass Katharina sich für tapferer hielt als Andere, entgegnete: „Je n'en crois rien, Madame, car je vis encore" Ligne II, 52.

[173] S. d. Memoiren Engelhardt's S. 66.

[174] S. Ségur, Mém und die Memoiren des Grafen Komarowski in dem historischen Magazin „Das achtzehnte Jahrhundert", herausgegeben von Bartenjew, I 323.

[175] Es war ein schroffer Uebergang, wie aus einem Traume. Ségur schreibt: „C'était en effet quitter l'action rapide et variée du roman pour revenir à la marche lente grave de l'histoire. Sorti du cercle de la féerie." — Ligne: „Nous touchons au moment de quitter la fable pour l'histoire et l'Orient pour le Nord."

gesehen; besonders das Klima der Krim lobte sie. Als am 5. August ein Bericht des Admirals Greigh über die Nothwendigkeit einer Vertiefung des Hafens von Kronstadt verlesen wurde, scherzte Katharina, man müsse auch noch den Hafen von Ssewastopol tiefer machen. Als schlechtes Herbstwetter eintrat, klagte sie, jetzt sei es südlich von Krementschug ganz anders, viel freundlicher; „ma seconde pensée y est toujours", seufzte sie. „Hier", bemerkte sie ein andermal, „warten wir unser Lebelang auf gutes Wetter, wie ganz anders ist die Lage von Jekaterinosslaw" [176].

Nicht so günstig urtheilte Joseph II. über die während der Reise empfangenen Eindrücke. Er schrieb sehr ausführlich darüber an den Feldmarschall Grafen Lacy, über den Verfall der Städte in der Krim, über die Unzufriedenheit der Tataren, welche jeden Augenblick sich von Russland freizumachen wünschten, über die schlimme Lage der Ausländer, die sich in der letzten Zeit in der Krim angesiedelt hatten, über einige starke Fehler in der Verwaltungsweise des Fürsten Potemkin. Der Kaiser fand, dass vor allen Dingen überall Wege gebaut und die Südküste bevölkert werden müsste, dass man sich die Entwickelung einer Handelsflotte angelegen sein lassen müsse; diese, meinte Joseph, wäre dann die beste Schule für die Bemannung der Kriegsschiffe; nur so werde Russland das ersehnte Ziel erreichen — die Verjagung der Türken aus Europa [177].

Die Reisenden konnten oft nicht umhin, die Früchte der Wirksamkeit Potemkin's zu bewundern. Der Fürst Ligne, Ségur u. A. waren in einzelnen Augenblicken überrascht, optimistisch gestimmt [178], aber besonders aus den Unterredungen Ségur's mit Joseph II. ist zu ersehen, dass eine ruhige Betrachtung die Oberhand behielt und dass man von Potemkin's administrativer Thätigkeit keineswegs sehr grosse Resultate zu erwarten geneigt war. U. A. sagte Joseph II.: „Ich sehe in allem Diesem mehr Effecthascherei, als inneren Werth. Potemkin versteht es anzufangen, aber nicht zu vollenden. Da man weder Geld noch Menschen schont, so erscheint Alles leicht ausführbar. Wir in Deutschland oder in Frankreich

[176] S. d. Tagebuch Chrapowitzki's am 5. August, am 13. November 1787, am 4. Januar 1788.

[177] Arneth a. a. O. S. 370. 371.

[178] So schreibt u. A. de Ligne, II. 43: „J'en reviens aux admirations et aux merveilles. Nous avons trouvé des ports, des armées et des flottes dans l'état le plus brillant. Chersson et Ssebastopol surpassent tout ce qu'on peut dire . . . Ces déserts seront bientôt transformés en champs, en bois, en villages."

würden nie das zu unternehmen wagen, was man hier wagt. Der Sklavenbesitzer befiehlt — die Sklaven arbeiten; man bezahlt hier entweder gar nicht oder schlecht; man füttert sie schlecht; sie klagen nicht, und ich weiss doch, dass in den neuerworbenen Gouvernements im Laufe von drei Jahren gegen 50,000 Menschen der Erschöpfung, dem sumpfigen Klima erlegen sind; Niemand liess eine Klage laut werden; Niemand sprach auch nur davon"[179]. Ein andermal sagte Joseph: „Sie sehen, dass man hier das menschliche Leben und die menschliche Arbeit nicht achtet, man baut hier Kunststrassen, Kriegshäfen, Festungen, Paläste in Morästen, lässt in der Steppe Wälder anlegen und zahlt dabei keinen Arbeitslohn. Die Arbeiter klagen nicht, sind von Allem entblösst, haben kein Bett, leiden Hunger". Ségur sagte: „Alles wird begonnen, nichts vollendet. Sehr oft lässt Potemkin das ruhen, was soeben erst angefangen war, nicht ein einziger Entwurf wird solide gemacht, geschweige denn ausgeführt. — In Jekaterinosslaw haben wir eine Stadt gesehen, die nie bewohnt worden, eine Kathedrale, in welcher nie die Messe gelesen werden wird; die für Jekaterinosslaw gewählte Oertlichkeit ist wasserarm; Chersson ist von einer sumpfigen Fieberluft umgeben. In den letzten Jahren sind die Steppen öder geworden als sie es früher schon waren. Die Krim hat zwei Drittheile ihrer Bevölkerung verloren. Kaffa ist herabgekommen und wird sich nie wieder emporraffen. Nur Ssewastopol ist in der That ein wunderbarer Fleck Erde, aber es wird noch lange währen, ehe dort eine wirkliche Stadt bestehen wird. Man hat nur Alles zur Ankunft der Kaiserin zeitweilig aufgeputzt. Sie ist fort und aller Zauber schwindet. Ich kenne den Fürsten Potemkin, sein Stück ist ausgespielt und der Vorhang ist gefallen; er wird sich jetzt mit anderen Dingen beschäftigen, mit Polen oder mit der Türkei. Eine wahrhaft tüchtige Verwaltungsweise, welche Beharrlichkeit erfordert, ist unverträglich mit seinem Character". Joseph schloss die Unterredung, indem er die ganze Reise als eine „Hallucination" bezeichnete[180].

Und nicht blos Ausländer urtheilten so. Auch in Russland dachte man in ähnlicher Weise, wie u. A. aus den Bemerkungen des Fürsten Schtscherbatow zu ersehen ist. Die Unzulänglichkeit der Administration Potemkin's, der Gegensatz von Schein und Sein in

[179] Ségur, Mém. III 149.

[180] Ségur, Mém. III. 213, 214.

Allem, was Katharina im Süden bewundert hatte, stellte sich heraus, als der Krieg mit der Türkei ausbrach. Obgleich Potemkin als ein Haupturheber des Bruches mit der Pforte gelten konnte, erwiesen sich seine Vorbereitungen zum Kriege als höchst mangelhaft. Dies zeigen die auf die Reise Katharina's folgenden Ereignisse.

A. Brückner.

Die Industrieverhältnisse des Zarthums Polen und des Grossfürstenthums Finnland

von

F. Matthäi.

Im Decemberhefte 1872 der „Russischen Revue" habe ich, wenn auch in gedrängter Kürze, doch immerhin unter Berücksichtigung des vorhandenen statistischen Materials die Industrieverhältnisse Russlands einer eingehenden Betrachtung unterzogen, nachdem ich in den vorangehenden Heften Mittheilungen über die Productionsverhältnisse des Kaukasus und des Gebietes von Turkestan gemacht hatte. Um ein vollständiges Bild der industriellen Production Gesammtrusslands zu geben, muss auch in dieser Beziehung des Zarthums Polen und des Grossfürstenthums Finnland um so mehr gedacht werden, als beide Länder, wenn auch nach verschiedenen Richtungen hin, als Industrie- und daher auch als Productionsgebiete von erheblicher Bedeutung sind.

Die Daten, welche uns bisher über die industriellen Verhältnisse der beiden genannten Länder zur Verfügung standen, waren ziemlich mangelhaft. Das „Jahrbuch des Finanzministeriums' vom Jahre 1869 berücksichtigte zwar in seinen Zusammenstellungen über die Industrieverhaltnisse des Reiches auch diejenigen Polens und Finnlands, konnte aber nur unvollständige und den gegenwärtigen Verhältnissen nicht mehr entsprechende Angaben liefern. Schon die letzte St. Petersburger Manufactur-Ausstellung konnte uns in dieser Beziehung Anhaltepunkte liefern. In Finnland erscheinen zwar in finnischer Sprache periodische Mittheilungen über den Bestand der dortigen Fabriken, ohne jedoch bis jetzt ein vollständiges Material zu bieten. In den Specialwerken über einzelne Industriezweige Russlands, z. B. in den Goworow'schen Zusammenstellungen über die

Zuckerindustrie, finden wir eingehende Angaben über die Ausdehnung dieses Industriezweiges in Polen und Finnland, allein ein zusammenhängendes Bild der gesammten Industrieverhältnisse der beiden genannten Länder wurde uns noch nirgend geboten. Diesem Mangel hilft nun das dritte Heft des statistischen Atlas der russischen Fabrikindustrie von D. A. Timirjasew [1] in anerkennenswerther Weise ab, obgleich der Verfasser der ganzen Anlage seines Werkes entsprechend uns die einzelnen Industriezweige nur in tabellarischer Uebersicht geordnet vorführt. Wenn auch die Timijasew'schen Angaben für Polen aus dem Jahre 1869, für Finnland aus dem Jahre 1870 stammen und dem Arch've des Manufactur-Departements entnommen sind, daher im Allgemeinen den factischen Verhältnissen entsprechen, so zeigen auch sie einzelne unvermeidliche Lücken, welche auf die rapiden Fortschritte zurückzuführen sind, welche die industriellen Verhältnisse Russlands in den letzten Jahren aufzuweisen haben. Von hohem Interesse, übersichtlich, neu und originell im Entwurfe und den factischen Verhältnissen entsprechend, sind die dem Atlas beigegebenen Industriekarten Polens und Finnlands, obgleich sie selbstverständlich nur den allgemeinen industriellen Character der in Rede stehenden Ländergebiete andeuten können. Meiner gegenwärtigen Arbeit habe ich nicht nur den Timirjasew'schen Atlas, sondern auch für einzelne Zweige das „Jahrbuch des Finanzministeriums", den officiellen Ausstellungs-Catalog vom Jahre 1870, endlich auch von mir selbst gesammelte Notizen zu Grunde gelegt.

a) *Die Industrie-Verhältnisse des Zarthums Polen.*

Als hauptsächlichstes Industriegebiet Polens kann nur jener Landestheil bezeichnet werden, welcher auf dem linken Ufer der Weichsel liegt und bis an die benachbarte österreichische und preussische Grenze reicht. Nur das Warschauer Gouvernement mit seinem entwickelten Industrieleben überschreitet die Weichselgrenze und dehnt sich, wenn auch nur wenige Quadratmeilen, auf dem rechten Weichselufer aus. Als das reichste Industriegebiet Polens, mit einer jährlichen Production im Werthe von je 12 bis 13 Mill. Rub., können die Gouvernements Warschau und Piotrkow angesehen werden. Seiner ganzen Ausdehnung nach wird dieses Gebiet von Nordost in der Richtung nach Südwest von der St. Petersburg-Warschauer und der Warschau-Wiener Eisenbahn und in der Richtung nach Nordwest von der Warschau-Bromberger Bahn durchschnitten. Wenn es auch keinem Zweifel unterliegt, dass die drei genannten Bahnen ihr Entstehen wenigstens theilweise der industriellen Entwickelung

[1] Статистическій Атласъ главнѣйшихъ отраслей фабрично заводской промышленности Европейской Россіи съ поименнымъ спискомъ фабрикъ и заводовъ. Составилъ по официальнымъ свѣдѣніямъ за 1867 годъ А. М. Тимирязевъ. С.-Петербургъ 1870.

jener Gegenden danken, so ist es andererseits ebensowenig zu bezweifeln, dass diese letztere wiederum jenen Bahnen den Aufschwung dankt, welchen sie im verflossenen Decennium aufweist. Ausserdem unterstützen auch die Boden- und die klimatischen Verhältnisse jener Gouvernements die Industrie, welche zum Theil wenigstens die Erzeugnisse der Urproduction zu ihrer Basis genommen hat. Während das Warschauer Gouvernement als das Centrum der Lederfabrikation, der Stearinlicht- und Seifenfabrikation, der chemischen Industrie und des Maschinenbaues angesehen werden kann, finden sich wiederum im Gouvernement Piotrkow, vorzugsweise in der Stadt Lodz, alle Zweige der Gespinnst- und Gewebe-Industrie concentrirt. Das zweitwichtigste Industriegebiet, mit einer jährlichen Production im Werthe von je 2½ — 5 Mill. umfasst die Gouvernements Kalisch, Radom und Kjelze. Im Gouvernement Kalisch herrscht die Gespinnst- und Gewebe-Industrie vor, im Gouvernement Radom der Maschinenbau und die Gerberei, im Gouvernement Kjelze sind die meisten der genannten Industriezweige, wenn auch nur durch weniger bedeutende Etablissements vertreten. Das dritte Industriegebiet Polens endlich mit einer jährlichen Production im Werthe von ½ — 1 Mill. Rub. per Gouvernement umfasst alle auf dem rechten Weichselufer gelegenen Gouvernements. Ein besonderer industrieller Character ist diesem Indústriegebiete nicht beizumessen.

Ehe ich auf die einzelnen Industriezweige übergehe, habe ich noch hervorzuheben, dass die polnische Industrie sich dadurch in auffallender Weise von der russischen unterscheidet, dass die überwiegende Mehrzahl der polnischen Industrieetablissements den russischen an Betriebsleistung sehr wesentlich nachsteht. Während die russischen Fabriken ihrer Mehrzahl nach die Grossindustrie repräsentiren, lässt sich dies von nur verhältnissmässig wenigen polnischen Fabriken sagen. Polen ist das Land der Kleinindustrie, die schon mehr dem handwerksmässigen Betriebe zuneigt. Während in Russland der Dampfbetrieb in allen Industriebranchen, wenn auch nicht gerade vorherrscht, doch immer mehr und mehr Eingang gewinnt, ist die überwiegende Mehrzahl der polnischen industriellen Etablissements an und für sich hinsichtlich ihrer Anlage so beschränkt, dass sie von den Vortheilen des Dampfbetriebes keinen Nutzen ziehen kann. Dagegen finden wir aber bei den grösseren polnischen Etablissements den Dampfbetrieb allenthalben angewendet, wo sich Gelegenheit hierzu bietet und zwar selbst in umfassenderer Weise, als bei russischen Fabriken von gleicher Ausdehnung.

Nach Timirjasew besass das Zarthum Polen im Jahre 1869 die grosse Anzahl von 4,507 Fabriken und industriellen Etablissements. Dieselben beschäftigten 39,000 Arbeiter und lieferten eine Jahresproduction im Werthe von 38½ Mill. Rub. Auf eine Fabrik entfallen daher durchschnittlich nur 8,6 Arbeiter und ein Productionswerth von 8546 Rbl. Schon aus diesen geringfügigen Durchschnittsziffern geht hervor, dass sich unter den angeführten Fabriken sehr viele von ganz geringer Productionskraft befinden müssen. In der That begegnen wir auch nur unter 3019 industriellen Etablissements, wenn wir von den 1488 Brauereien, über welche detaillirte Angaben hinsichtlich ihrer Jahresproduction fehlen, absehen, 2660 kleine, deren jährliche Production den Werth von 10,000 Rbl. noch nicht erreicht. Demnach entfallen durchschnittlich auf eine dieser kleinen Fabriken 4,3 Arbeiter und eine Jahresproduction im Werthe von 1,725 Rbl., wohl Beweis genug, dass die Mehrzahl der polnischen Industrieetablissements kaum den Namen „Fabriken" verdient, sondern in die Categorie gewöhnlicher Werkstätten zu verweisen ist.

Nach diesen allgemeinen Bemerkungen gehe ich auf die einzelnen Industriezweige selbst über.

Baumwollenspinnereien: 15 Etablissements (nach Timirjasew) mit 1687 Arbeitern und einer Jahresproduction im Werthe von 2,040,426 Rbl. Man kann aber mit Bestimmtheit annehmen, dass heute die Baumwollenspinnerei mindestens 2000 Arbeiter beschäftigt und eine Production im Werthe von 2,600,000 Rbl. liefert. Unter diesen 15 Etablissements giebt es 7 kleine mit 7 Arbeitern und einer Jahresproduction im Werthe von nur 2,526 Rbl. Die grösseren Fabriken befinden sich mit Ausnahme von 2 Fabriken, welche im Gouvernement Kalisch liegen, sämmtlich im Gouvernement Piotrkow und zwar 4 in der Stadt Lodz, 1 in der Stadt Sharne und 1 in der Stadt Sgersh. Die grössten Fabriken sind die beiden von K. Scheibler in Lodz und Sharne (629 Arbeiter, 1,040,400 Rbl. Productionswerth), die von H. Schlösser (260 Arbeiter, 400,000 Rbl. Productionswerth) und K. Schlösser (250 Arbeiter, 280,000 Rbl. Productionswerth in Oserkow, (Kalisch) von Gebrüder Günsberg (404 Arbeiter, 262,500 Rbl. Productionswerth) und von Th. Krusche (164 Arbeiter, 195,000 Rbl. Productionswerth) in Lodz.

Baumwollenwebereien: 1071 Etablissements mit 11,720 Arbeitern und einer Jahresproduction im Werthe von 6,573,660 Rbl.; darunter 967 kleinere (7,453 Arbeiter, 2,321,118 Rbl. J.-P.). Von den 104 grösseren Fabriken entfallen 21 auf das Gouvernement Kalisch, 1 auf das Gouvernement Kjelze und 82 auf das Gouvernement Piotrkow, von letzteren allein 77 auf die Stadt Lodz. Diese Stadt zeichnet sich unter allen Städten Polens durch ihre entwickelten Industrieverhältnisse aus. Wenn auch die Mehrzahl der sich mit der Baumwollenweberei befassenden Fabriken von verhältnissmässig geringer Leistungsfähigkeit ist und nur einen durchschnittlichen jährlichen Productionswerth von 30 bis 40,000 Rbl. aufzuweisen hat, so giebt es doch in den Städten Lodz und Pabianitze Fabriken, welche eine jährliche Production im Werthe von mehreren hunderttausend Rubeln liefern. Hierher gehören namentlich die Fabriken von E. Hentsche (350 Arbeiter, 475,000 Rbl. Productionswerth), J. Heinzel (120 Arbeiter, 159,900 Rbl. Productionswerth) in Lodz und die Fabriken von W. Krusche (556 Arbeiter, 519,840 Rbl. Productionswerth) und

R. Kindler (220 Arbeiter, 265,000 Rbl. Productionswerth) in Pabianitze Von den 21 Fabriken des Kalischer Gouvernements entfallen 19 auf das Industriestädtchen Sdunskaja-Wolga und 2 auf die Stadt Turek. Diese Kalischer Fabriken sind weit kleiner und deren grösste (K. Chille) liefert nur eine Jahresproduction im Werthe von 51,200 Rubel.

War schon in der Baumwollenindustrie das Verhältniss der kleineren Fabriken zu den grösseren (9 : 1) ein sehr bedeutendes, so wird es doch in der *Flachsindustrie* ein ganz unverhältnissmässig grosses. Unter 807 Flachsspinnereien und Webereien giebt es nicht weniger als 805 kleine, welche zusammen nur 831 Arbeiter beschäftigen und eine Jahresproduction im Werthe von nur 252,047 Rbl. liefern. Die beiden grösseren Fabriken gehören ein und denselben Besitzern, den Herren Hielle & Dittrich. Deren Flachsspinnerei und Weberei zu Zyrardow ist eines der bedeutendsten derartigen Etablissements in ganz Russland, das alle Zweige der Flachsindustrie betreibt. Es beschäftigt gegen 2000 Arbeiter und liefert eine Jahresproduction im Werthe von 1 Mill. — 1,200,000 Rbl. Die zweite Fabrik derselben Besitzer zu Blendow (Blonsker Kreis) steht hinsichtlich ihrer Leistungsfähigkeit hinter der erstgenannten weit zurück.

Die Schafzucht wird im Zarthum Polen ziemlich lebhaft betrieben, und wenn auch ein Theil der gewonnenen Schafwolle ins Ausland exportirt wird, so bleibt doch der bei weitem grössere Theil im Lande, um hier versponnen und zu Wollfabrikaten verarbeitet zu werden. Während dass grosse Russland nur 30 fabrikmässig betriebene *Wollspinnereien* aufzuweisen hat, zählt das verhältnissmässig kleine Zarthum Polen deren 22, — 730 Arbeiter, 637,330 Rbl. Productionswerth — unter welchen sich allerdings 5 kleinere befinden. Sämmtliche polnische Wollspinnereien, wenigstens die 17 grösseren, liegen wiederum im Gouvernement Piotrkow und zwar 7 in der Stadt Lodz, 3 in Sgersh und 7 in der Stadt Tomaschew. Die 3 grössten Fabriken in dieser Branche sind die der Gebrüder Kunze, der Herren Th. Peters und L. Peters sämmtlich in Lodz und mit einer Jahresproduction im Werthe von ca. 100,000 Rbl. per Fabrik.

Weit grösser ist die Anzahl der Etablissements, welche sich mit der *Fabrikation von Wollstoffen* (Modestoffen) und *Tuch* befassen. Es giebt deren 390 mit ca 4000 Arbeitern und einer Jahresproduction im Werthe von 9½ Mill. Rbl., darunter allerdings 314 kleine mit 1111 Arbeitern und ca. 950,000 Rbl. Productionswerth. Auch die hier genannten Industriebranchen concentriren sich im Gouvernement Piotrkow. Von den 76 grösseren Fabriken des Zarthums befinden sich 66 in dem genannten Gouvernement, und zwar 26 in Tomaschew, 6 in Lodz, 30 in Sgersh, 2 in Konstantinow und je eine in Tatar und Belchatow. Nächst dem entfallen 9 Fabriken auf das Gouvernement Kalisch (7 auf die Stadt Osorkow) und je eine auf das Gouvernement Warschau und Kjelze. — Die bedeutendsten Fabriken in der Branche der Wollstoffabrication sind von E. Hensel (350 Arbeiter, 500,000 Rbl. Productionswerth) und Gebrüder Baruch (480 Arbeiter, 230,000 Rbl. Productionswerth), beide in Lodz, so wie die von B. Krusche (897 Arbeiter, 462,500 Rbl. Productionswerth) und R. Kindler (3000 Arbeiter, 300,000 Rbl. Productionswerth), beide in Pabianitze. Die Fabrikate der genannten Firmen sind höchst beachtenswerth. Unter den Tuchfabriken nehmen den ersten Platz ein die von Ch. Moës (im verflossenen Jahre gestorben) zu Slawnewa im Gouvernement Kjelze (500 Arbeiter, 350 bis 400,000 Rbl. Productionswerth), die von Ferd. Nitsche zu Opatow, Gouvernement Kalisch (560 Arbeiter, 320,000 Rbl. Productionswerth) und von Josephson, Librach & Margulies in Sgersh (180 Arbeiter, 180,500 Rbl. Productionswerth). Sämmtliche übrigen Wollstoff- und Tuchfabriken sind von minderer Leistungsfähigkeit. Die Tuche von Ch. Moës gehören mit zu den besten der in Russland producirten.

Seidenwebereien giebt es im Ganzen eine grössere von O. Worowski in Lipkow — 124 Arbeiter, 30,000 Rubel) und acht kleine Fabriken, welche letzteren 15 Arbeiter beschäftigen und eine Production im Werthe von nur 14,500 Rubel liefern. Ebenso ist die *Wirkwaarenfabrikation*, wenigstens im Vergleiche zu andern Zweigen des Manufacturwesens, von untergeordneter Bedeutung. Wird von den anerkennenswerthen Leistungen der Hielle & Dittrich'schen Fabrik in Zyrardow (s. o.) abgesehen, in welcher die Wirkwaarenfabrikation als Nebenbranche betrieben wird, so beschäftigen sich mit derselben ausschliesslich nur 14 Fabriken, unter denen blos zwei, die von A. Kreske in Pabianitze (35 Arbeiter und 26,000 Rubel Productionsw.) und die von J. Wünsche in Sgersh (86 Arbeiter und 21,500 Rubel Productionswerth) von etwas grösserer Bedeutung sind. Die übrigen 12 Etablissements beschäftigen 29 Arbeiter und liefern eine Jahresproduction im Werthe von nur 23,806 Rubel, treten also aus dem handwerksmässigen Betriebe kaum heraus.

Grössere Dimensionen hat die *Papierfabrikation* im Zarthum Polen angenommen, obgleich auch in dieser Branche der Kleinbetrieb vorherrscht. Unter 34 Papier- und Tapetenfabriken mit 950—1000 Arbeitern und einer Production im Werthe von circa 700,000 Rubel giebt es nach Timirjasew 27 kleine Etablissements, welche zusammen 144 Arbeiter beschäftigen und Fabrikate im Werthe von 43,521 Rubel liefern. Von den grösseren Fabriken entfallen 4, darunter die Tapetenfabrik von Vetter & Co. (60 Arbeiter, 45,000 Rubel Productionswerth) auf das Gouvernement Warschau, 1 auf das Gouvernement Kjelze und 2 auf Piotrkow. Unter diesen Fabriken ist die grösste die von J. Epstein in der Stadt Ssotschewka des Kreises Gostynin (Gouvernement Warschau), welche nicht nur alle Sorten Papier, sondern auch Asphaltdachpappen, zusammen im Werthe von gegen 300,000 Rubel jährlich fabricirt, und hierbei 50

Arbeiter beschäftigt. Eine zweite grössere Warschauer Fabrik, im Dorfe Jeserna, ist die von K. Rössler (180 Arbeiter, 100,000 Rubel Productionswerth). Endlich zeichnet sich noch die Fabrik von Ch. Moës (s. o.) zu Berbke, Kreis Olkuscha, Gouvernement Kjelze, durch grössere Leistungsfähigkeit aus. Sie beschäftigt 181 Arbeiter und liefert Fabrikate im Werthe von 140,000 Rbl. Eine specielle Branche, die Fabrikation von bunten Papieren, verfolgt die Warschauer Fabrik von M. Behagel (50 Arbeiter, 30,000 Rbl. Productionswerth). Die oben erwähnte Tapetenfabrik von Vetter & Co. zählt zu den besten derartigen Fabriken Russlands.

Obgleich die Zahl der unter dem Namen „*chemische Fabriken*“ aufgeführten Etablissements keine geringe ist, so giebt es eigentliche „chemische“ Fabriken doch nur wenige. Im Ganzen führt Timirjasew 72 Etablissements auf, welche sich mit der Erzeugung von chemischen Fabrikaten im Werthe von 685,235 Rubel befassen und 445 Arbeiter beschäftigen. Unter diesen giebt es wiederum 62 kleine, mit 154 Arbeitern und einer Production im Werthe von 81,939 Rubel. Als die grösste Fabrik wird von dem genannten Autor die Warschauer der Deutschen Continental-Gesellschaft (in Odessa) mit 77 Arbeitern und einer Jahresproduction im Werthe von 193,902 Rubel aufgeführt. Eine recht bedeutende, rein chemische Fabrik ist die schon im Jahre 1822 gegründete der Herren Hirschmann, Kijewski & Scholze, welche mit Dampfkraft arbeitet, 70 Arbeiter beschäftigt und eine Jahresproduction für 130,000 Rbl. liefert. Auch die chemische Fabrik von Epstein & Lewi (34 Arbeiter, 120,000 Rubel J.-P.) gehört zu den grössten derartigen Etablissements Warschaus. Zu bemerken ist, dass von den 10 grösseren chemischen Fabriken Polens 9 im Warschauer Gouvernement (8 in Warschau selbst) und nur eine, die von A. Krieger, im Gouvernement Radom liegen. Unter den mit dem Namen chemische Fabriken angeführten Etablissements giebt es eine grössere Anzahl, welche sich mit der Herstellung kosmetischer Fabrikate beschäftigt, darunter solche von recht grosser Bedeutung. Hierher gehören namentlich die Fabriken von J. Sommer (25 Arbeiter, 80,000 Rbl. Productionswerth) und von F. Puls (15 Arbeiter, 30,000 Rubel Productionswerth) in Warschau u. A., welche Fabrikate von hoher Qualität liefern. Auch giebt es eine grössere Anzahl von Zündhölzchenfabriken, welche sich neuerdings auf die Fabrikation der sogenannten Wiener Zündhölzchen gelegt haben.

Die *Licht- und Seifenfabrikation* — 78 Etablissements, 462 Arbeiter, 1,286,689 Rubel Productionswerth — wird ebenfalls vorzugsweise durch kleine Etablissements (65 mit 163 Arbeitern u. 254,693 Rbl. Productionswerth) betrieben. Die diesem Industriezweige angehörenden grösseren Fabriken betreiben grossentheils die *Stearinlichtfabrikation* und als Nebenzweig die Seifenfabrikation. Der Sitz dieses Industriezweiges ist sowohl das Gouvernement, wie die Stadt Warschau. In letzterer giebt es drei grössere Stearinfabriken, die von L. Epstein, von W. Sänger und von K. Rösler mit einer Jahresproduction von à 120— 200,000 Rbl. Im Warschauer Kreise, im Dorfe Grochow, befinden sich die Stearinfabriken von K. Scholze (180,000 Rbl.) und J. Hoch (180,000 Rbl.) und noch einige bedeutendere Seifenfabriken. Von letzteren giebt es noch je eine in den Gouvernements Ljublin, Piotrkow und Plozk. Die Leistungen der polnischen Stearinfabriken sind sehr anerkennenswerth.

Lederfabrikation. — 315 Etablissements, 1,050 Arbeiter, 2½ Mill. Rbl. (nach Timirjasew 2,188,427 Rbl.) Productionswerth. — Wenn auch in dieser Industriebranche die Zahl der rein handwerksmässig betriebenen Etablissements (294 mit 456 Arbeitern und 378,216 Rbl. Jahresproduction) die der grösseren Fabriken gewaltig übersteigt, so giebt es doch unter diesen letzteren einige von sehr hervorragender Bedeutung. Sie liefern zum Theil Fabrikate von hoher Qualität. In einzelnen Ledersorten hat die Warschauer Industrie die russische weit überflugelt. Das polnische Lackleder z. B. steht den guten ausländischen Sorten am nächsten. Der Sitz dieses Industriezweiges ist vorzugsweise die Stadt Warschau. Hier giebt es 15 mehr oder weniger grosse Lederfabriken, unter denen die der Gebrüder Temler & Schwede (220 - 250 Arbeiter und 610,000 Rbl. Productionswerth) eine der bedeutendsten und leistungsfähigsten nicht nur in Polen, sondern auch in ganz Russland ist. Nächst den genannten sind die Fabriken der Herren J. G. Lidtke (146 Arbeiter, 437,800 Rbl.), K. Schlenker (55 Arbeiter, 252,000 Rbl.) und E. Pfeifer (70 Arbeiter, 225,000 Rbl.) als die grössten und leistungsfähigsten Warschaus zu bezeichnen. Im Kjelzeschen Gouvernement giebt es 1, und im Radomschen (Stadt Radom) noch 3 grössere Fabriken, unter welchen letzteren die von K. Freundlich (40 Arbeiter, 100,000 Rbl. Productionswerth) die bedeutendste ist.

Die *Rübenzuckerfabrikation und Zuckerraffinerie* gehören zu den entwickeltsten Zweigen der polnischen Grossindustrie, und macht dieser Industriezweig auch dadurch eine Ausnahme von allen übrigen, dass wir es bei ihm nur mit grösseren Fabriken zu thun haben, welche sämmtlich mit Dampfkraft arbeiten. Timirjasew führt für das Jahr 1869 — 42 Fabriken mit 11,759 Arbeitern und einer jährlichen Production im Werthe von 7,210,784 Rbl. auf. Wie es scheint, bezieht sich diese Angabe nur auf die normalmässige, d. h. versteuerte Zuckerproduction und dürfte daher in Wirklichkeit eine höhere Production erzielt werden. In vielen Etablissements ist die Rübenzuckerfabrication mit der Raffinerie vereinigt. Von den 1366 in den polnischen Fabriken in Verwendung stehenden Pressen waren 1113 Dampfpressen, während von den in 266 russischen Fabriken in Verwendung stehenden 1113 Pressen in demselben Jahre (1868) nur 851 Dampfpressen waren. Mit Zuckerraffinerien standen 22 Fabriken in Verbindung. Von den oben angeführten 43 Fabriken entfallen auf die Gouvernements Warschau 21, Kalisch 6, Radom 4, Piotrkow 3, Ljublin, Lomsha, Plotzk und Sjedletz je 2 und auf Kjelze 1. Ebenso giebt es auch die meisten Raffinerien im Gouvernement Warschau (10), dann in Radom (4), Piotrkow (3), Ljublin (2), Kalisch, Kjelze und Sjedletz (je 1). Die bedeutendste Fabrik, verbunden mit Raffinerie, ist die von A. Kronenberg & Co. (100 · 136 Arbeiter, 643,156 Rbl.) zu Ostrowy, dann die von L. Kronenberg & Teplitz (503 Arbeiter, 481,380 Rbl.) zu Valentinow, von F. Ssabanski (501 Arbeiter, 390,000 Rbl.) zu Gussows, L. Epstein & Co. (813 Arbeiter, 375,000 Rbl.) zu Konstanzija, G. Epstein (600 Arbeiter, 343,333 Rbl.) zu Hermanow und L. Epstein & Co, (272 Arbeiter, 330,000 Rbl.) zu Dunilowo; sämmtlich im Gouvernement Warschau gelegen und mit Raffinerien verbunden. Schliesslich ist noch bemerkenswerth, dass die Zuckerfabrikation in Polen bereits von mehreren Actiengesellschaften betrieben wird, dass eine grössere Anzahl der hervorragendsten Warschauer Banquiers sich dieser Industriebranche zugewendet hat, und dass auch eine nicht unbedeutende Zahl von Fabriken durch Verpachtung in die Hände von Fachleuten übergegangen ist.

Branntweinbrennereien giebt es zwar eine grosse Menge im Zarthum Polen (1488), allein schon der Umstand, dass sie in ihrer Gesammtheit nur eine jährliche Production im Werthe von 10,564,415 Rbl. liefern, dass demnach durchschnittlich auf eine Fabrik nur ein Productionswerth von 7100 Rbl entfällt, kann als Beweis gelten, dass die meisten polnischen Fabriken die Branntweinbrennerei nicht gewerbsmässig, blos des Spiritusgewinnes wegen, betreiben, wie dies bei den meisten russischen der Fall ist, sondern als landwirthschaftliches Nebengewerbe, im Interesse der Viehzucht. Von den oben angeführten Brennereien entfallen auf die Gouvernements Warschau 181, Kjelze 156, Kalisch 230, Lomsha 89, Ljublin 147, Piotrkow 217, Plotzk 80, Radom 138, Ssuwalki 108 und Ssedletz 142.

Porzellan- und Fayencefabriken giebt es 6, welche circa 300 Arbeiter beschäftigen und eine Jahresproduction im Werthe von über 150,000 Rbl. liefern. Davon befinden sich die grössten in der Stadt Kolo des Gouvernements Kalisch und 2 im Gouvernement Radom. Die grössten Fabriken sind die von J. Freudenreich (82 Arbeiter, 50,000 Rbl.), J. Teicherfeld (67 Arbeiter, 37,100 Rbl.) und M. Rauch in Kolo. Die Fabrik des Fürsten Druzki-Ljubetzki auf dem Gute Zmeljew, Kreis Opatow, Gouvernement Radom, ist durch das dort erzeugte und sehr beliebte braun glacirte Thongeschirr, das selbst in Russland stark gekauft wird, allgemein bekannt geworden. Eine grössere Ausdehnung, als der genannte Industriezweig, erfreut sich in Polen

die *Glasfabrikation*. Man zahlt 25 Glashütten und Glasfabriken mit über 800 Arbeitern und einer Jahresproduction im Werthe von 450,000 Rbl Davon liefern 14 Etablissements mit 161 Arbeitern zusammen eine Production von 126,023 Rbl., zählen demnach zu den sogenannten kleinen Fabriken. Die grösseren Fabriken vertheilen sich auf die Gouvernements Warschau, Kalisch, Kjelze,

Lomsha, Ljublin, Piotrkow, Ssedletz und Plotzk. Die bedeutendste, von Timirjasew jedoch nicht namentlich angeführte, Fabrik ist die der Gebrüder Gordlitschki in der Colonie Tschechi des Sjedletzer Gouvernements. Diese schon im Jahre 1822 gegründete Fabrik liefert alle Arten Tafel- und Hausgeschirre aus Glas und Crystall im Werthe von 106,000 Rbl. jährlich, ist mit einer grossen, mit Dampf betriebenen Schleiferei verbunden und beschäftigt 403 Arbeiter. Die nächst grösste Fabrik ist die von D. Trischtschinski im Dorfe Guta Rudjanskaja (Gouvernement Ljublin) mit 50 Arbeitern und 80,000 Rbl. Productionswerth. Die übrigen Fabriken sind kleineren Umfanges und liefern nur Fabrikate im Werthe von 10—25,000 Rbl. jährlich.

Zu den mit am Bedeutendsten entwickelten Industriezweigen Polens gehört der *Maschinenbau*. Ausser den Werkstätten, welche die Warschau-Wiener und Warschau-Terespoler Eisenbahn-Verwaltungen unterhalten und welche mit mehr Recht als andere derartige Etablissements den Namen „Fabriken“ verdienen, giebt es in Polen 36 Etablissements für Maschinenbau mit 1500 Arbeitern und einer Jahresproduction im Werthe von 1,300,000 Rbl, darunter allerdings wiederum 23 kleine mit 191 Arbeitern und einer Production im Werthe von 73,421 Rbl. Sehen wir von diesen kleinen Etablissements ab, so entfallen die meisten und grössten Fabriken (7) auf das Gouvernement, resp. auf die Stadt Warschau, 2 auf Kjelze, 1 auf Ljublin, 2 auf Piotrkow und 1 auf Plotzk. Die bedeutendsten Fabriken sind die beiden Fabriken von *Lilpop & Rau*, von denen die Maschinenbaufabrik im Jahre 1825, die Waggonbaufabrik (inzwischen abgebrannt, aber wohl wieder bereits aufgebaut) im Jahre 1869 errichtet wurde. Diese Fabriken arbeiten mit 10 Dampfmaschinen und 2 Dampfhammern und beschäftigen bei einer jährlichen Production im Werthe von 850,000 Rbl. — 600 Arbeiter. Es werden in diesen Etablissements nicht nur alle Arten landwirthschaftlicher und industrieller Maschinen hergestellt, sondern neuerdings auch Eisenbahnwaggons, welche sich durch gutes Material und solide Arbeit auszeichnen. Grössere Warschauer Etablissements sind noch die von Ostrowski & Co., W. Hegenscheit, K. Rudski und das von Woronzow-Weljaminow, welches letztere sich vorzugsweise auf die Anfertigung von Decimal- und anderen Waagen, nebenbei aber auch noch auf die von Telegraphenapparaten gelegt hat und eine Gesammtfabrikation im Werthe von 80,000 Rbl. erzielt. Die Fabriken in den polnischen Gouvernements selbst sind von geringerer Leistungsfähigkeit. Die grösste unter ihnen ist die von L. Kopelmann in Plonsk (Gouvernement Plotzk) mit einer jährlichen Production im Werthe von 82,000 Rbl. Das Rohmaterial beziehen diese Etablissements grösstentheils aus

den *polnischen Eisenfabriken*, deren Timirjasew 96 mit 3411 Arbeitern und einer Jahresproduction im Werthe von 2,029,765 Rbl. aufzählt.

Die polnische Eisenindustrie verfügt nicht über ein so treffliches Erzmaterial wie die russische, namentlich die uralsche; auch ist die Ausdehnung der einzelnen Werke und deren Productionskraft keineswegs eine sehr bedeutende. Abgesehen davon, dass die 40 grösseren Guss- und Schmiedeisenfabriken nur eine durchschnittliche Production im Werthe von 45,000 Rbl. aufzuweisen haben, befinden sich unter der Zahl von 96 Etablissements dieser Art noch 56 kleinere, deren jährliche Production einen durchschnittlichen Werth von 4150 Rbl. erreicht, indem diese sämmtlichen Fabriken nur eine Jahresproduction im Werthe von 233,856 Rbl. liefern. Die grösseren Eisenwerke befinden sich vorzugsweise in den Händen der höheren Aristokratie. In dem Verzeichnisse der Besitzer begegnen wir oft zu wiederholten Malen den Namen der Grafen Pototzki, Schaffgotsch, Henckel, Ssoltyk, Plater, Wielhorski, Malachowski, Lubenski u. A. Auch Warschauer Banquiers, wie Baron Frenkel, Herr von Kronenberg etc., so wie dortige Maschinenfabrikanten (Lilpop & Rau) werden als die Besitzer polnischer Hüttenwerke aufgeführt. Die meisten Eisenhüttenwerke und Eisenfabriken (32) befinden sich im Gouvernement Radom, vorzugsweise im Kreise Konsk (22), dann im Kreise Opatow (4) und im Kreise Opotschno (6). Ferner entfallen auf die Gouvernements: Piotrokew 10, Kjelze 2, Ljublin 1, Plotzk 1 und Ssuwalki 1 Hüttenwerk, resp. Eisenfabrik. Das grösste derartige Werk ist das des Baron Frenkel zu Irena, Kreis Janow, Gouvernement Ljublin, das nach Timirjasew 90 Arbeiter (? beschäftigen und eine Production im Werthe von 165,000 Rbl. [1] erzielen soll. Auf den Baron Frenkel'schen Werken, welche mit starker Dampfkraft arbeiten (184 Pferdekraft), stehen 2 Hochöfen im Betriebe. Die nächst bedeutendsten Werke sind die der Gebrüder Kotkowski (Bodsechow, Gouvernement Radom) — 251 Arbeiter, 118,900 Rbl. — des Grafen Ssoltyk zu Pawlow (Radom) — 61 Arbeiter, 91.200 Rbl. — des Grafen Henkel zu Gljanownja (Piotrkow), des Herrn A. Krüger zu Rshuzow (Radom) — 43 Arbeiter, 76,875 Rbl. — etc. Auch mehrere Kronswerke im Radomschen Gouvernement (Konsker Kreis) stehen mit Eisenfabriken in Verbindung. Erwähnenswerth ist noch die zwar weniger umfangreiche, aber in ihren Leistungen (Gusswaaren) hervorragende Fabrik von L. Kronenberg zu Bustek im Gouvernement Piotrkow, Kreis Bresing.

Zink wird in den Gouvernements Kjelze und Piotrkow gewonnen. Timirjasew führt 8 Etablissements mit 1,289 Arbeitern und einer Production im Werthe von 732,500 Rbl. auf. Davon entfallen je 4 auf jedes der genannten Gouvernements und zwar 3 Kronswerke zu

[1] Die Fabrik selbst giebt, allerdings mit Hinzurechnung eines Hüttenwerkes zu Ostrowoz (Gouvernement Radom), dessen Timirjasew gar nicht erwähnt, oder das er vielleicht unter die sogenannten kleinen Fabriken zählt, im Ausstellungskataloge von 1870 an, dass auf beiden Werken 650 Arbeiter beschäftigt wären und jährlich Fabrikate im Werthe von [illegible] Million Rubel producirt würden.

Slawkow (2) — Kjelze — und zu Bendin (Piotrkow). Von den Privatwerken befinden sich 4 in den Händen des Herrn G. Kramsta, und zwar 2 zu Bolesslaw und Dombrowka (766 Arbeiter, 271,900 Rbl. Productionswerth) im Gouvernement Kjelze, und zwei zu Ssosnowize und Sagrusche (233 Arbeiter, 220,900 Rbl. Productionswerthe) im Gouvernement Piotrkow. Hier befindet sich auch noch zu Milowitze das kleinere Privatzinkwerk von C. Kusznitzki (40 Arbeiter, 17,000 Rbl. Productionswerth). Ein grosser Theil des in Polen gewonnenen Zinks wird nach dem Auslande exportirt.

Obgleich noch einige Zweige der polnischen Industrie, z. B. die Bier- und Methbrauerei, die Tabaksfabrikation, die Handschuhfabrikation, die Schuhwerkfabrikation, die Confect- und Chokoladenfabrikation etc. erwähnenswerth sind, und schon einen höheren industriellen Standpunkt einnehmen, so fehlen doch bis zur Stunde über deren Betriebsverhältnisse zugängliche officielle Daten. Ich muss mich daher auf die allgemeine Erwähnung dieser Industriezweige beschränken. Bevor ich aber diese Skizze des polnischen Industrielebens schliesse, möchte ich noch auf einen interessanten Umstand aufmerksam machen, auf den überwiegenden Einfluss, welchen das deutsche Element in demselben gewonnen hat. Nicht der Pole, nicht der Russe, sondern nur der Deutsche kann bis jetzt als der Träger der polnischen Industrie angesehen werden. Von 382 grösseren Fabriken in den verschiedenen Industriebranchen befinden sich 286 im Besitze von Personen, welche deutsche Namen tragen, dagegen nur 72 Fabriken, deren Besitzer dem Namen nach als Nationalpolen zu bezeichnen sind. Die grössere Anzahl dieser letzteren erscheint als die Besitzer von Zuckerfabriken und Hüttenwerken, also von Etablissements, welche mehr oder weniger mit dem Grundbesitze zusammenhängen. Dass sich unter den Trägern deutscher Namen eine ziemlich grosse Anzahl Juden befinden, ist bei den polnischen Verhältnissen leicht erklärlich. Viele ehemalige Deutsche in Polen haben sich übrigens auch dermaassen acclimatisirt, dass sie eben nur noch durch ihren Namen den deutschen Ursprung verrathen.

In neuester Zeit ist in die polnischen Industrieverhältnisse wieder ein neuer Aufschwung gekommen. Nicht nur, dass eine grössere Anzahl von Privatetablissements eine bedeutende Erweiterung erhalten hat, so wendet sich auch die Association der Industrie immer mehr und mehr zu.

b) *Die Industrieverhältnisse des Grossfürstenthums Finnland.*

Obgleich die finnländische Industrie bisher grösstentheils nur das eigne Land mit ihren Erzeugnissen versorgte, so fanden doch auch schon dortige Fabrikate Absatz in Russland, und diesem Umstande ist es wohl zuzuschreiben, dass das Grossfürstenthum Finnland, namentlich in Russland, vielfach als ein Industriegebiet von Bedeutung angesehen wird. Zieht man aber einen Vergleich zwischen der Industrientwickelung Finnlands und der Russlands, so dürfte dieselbe sowohl was die Zahl der Fabriken, als was deren Leistungsfähigkeit anbelangt, nicht zu Gunsten des ersteren ausfallen. Auch in Finnland überwiegt die Zahl der kleineren Etablissements die der grösseren Fabriken, wenn auch nicht in einem so starken Verhältnisse wie im Zarthum Polen. Timirjasew zählt für ganz Finnland 175 Fabriken auf, welche 9,228 Arbeiter beschäftigen und eine jährliche Production im Werthe von 7,336,818 Rbl. liefern sollen. Unter diesen 175 Fabriken giebt es 106 kleine Etablissements mit 738 Arbeitern und einer Jahresproduction im Werthe von 335,673 Rbl. Das Verhältniss der grossen Fabriken zu den kleinen stellt sich daher wie 1 : 1,52, demnach schon bedeutend günstiger wie im Zarthum Polen. Auch ist die durchschnittliche Arbeiterzahl und die jährliche Production dieser kleinen Fabriken weit bedeutender, indem auf eine dieser kleiner Fabriken durchschnittlich beinahe 7 Arbeiter und eine Production im Werthe von 3166 Rbl. entfallen. Trotzdem ist aber die Gesammtzahl der finnländischen Industrieetablissements im Verhältniss zur Ausdehnung des Landes eine sehr geringe und weist nicht gerade auf eine grosse industrielle Entwickelung dieses Landes hin. In Wirklichkeit dürfte die Zahl der finnischen Fabriken die Ziffer von 125 übersteigen, da Timirjasew nicht nur einzelne Industriezweige, wie z. B. die Bierbrauerei, die Tabakfabrikation etc. ganz unberücksichtigt gelassen, sondern auch in einigen andern Industriezweigen mehrere Fabriken, darunter oft recht erhebliche, gar nicht aufgeführt hat.

Das Grossfürstenthum Finnland scheidet sich in 4 Industriegebiete. Das erste und bedeutendste mit einer jährlichen Production im Werthe von 2½ Mill. Rbl. umfasst des Gouvernement Abo-Björneborg, nimmt daher den südwestlichen, am Botnischen Meerbusen gelegenen Theil Finnlands ein. Die hier bestehenden Fabriken betreiben vorzugsweise die Manufacturbranche, die Zuckerraffinerie, Papierfabrikation und den Maschienenbau.

Das zweite Industrigebiet mit einer jährlichen Production im Werthe von 1 bis 2½ Mill. Rub. per Gouvernement dehnt sich über die Gouvernements Nyländ, Tawasthus und Wiborg aus, schliesst sich im Westen dem Gouvernement Abo-Björneborg an und nimmt den ganzen südlichen Theil Finnlands ein. Die Gewebeindustrie, Zuckerraffinerie, die Stearinlichtfabrikation und der Maschinenbau sind diejenigen Industriezweige, welche hier vorzugsweise durch grössere Fabriken betrieben werden. Das dritte Industriegebiet schliesst sich, das Gouvernement St. Michel überspringend, in der Richtung nach Norden den beiden erstgenannten Industriegebieten an und umfasst die Gouvernements Wasa und Kuopio, von denen jedes Industrieproducte im Werthe von 500 bis 700,000 Rbl. liefert. Mit Ausnahme einiger Webereien im Gouvernement Wasa, ist es in beiden Gouvernements hauptsächlich die Eisenproduction, welche hier zur Geltung gelangt. Das vierte Industriegebiet endlich nimmt den ganzen nördlichen Theil Finnlands und das Gouvernement St. Michel ein. Die einzelnen in diesem Gebiete liegenden Gouvernements erzeugen jährlich nur Industrieproducte (Eisen, Branntwein-, Holzfabrikate etc.) im Werthe von 100 bis 150,000 Rbl. Mit Ausnahme von St. Michel existiren in diesem Gebiete keine industriellen Etablissements von nur einigermaassen hervorragender Bedeutung.

Die Baumwollenspinnerei und Weberei. Mit derselben beschäftigen sich 4 grössere Fabriken und 1 kleinere, mit zusammen ca. 4,200 Arbeitern und einer Production im Werthe von 2,200,000 Rbl. Die grösste dieser Fabriken ist die von Finleison & Co. zu Tammerfors (Gouvernement Abo-Björneborg), welche allein 2500 Arbeiter beschäftigt und jährlich für 1 Mill. Rbl. Fabrikate liefert, darunter allerdings auch Wollstoffe. Diese bedeutende Fabrik, mit welcher eine Schule für 150 Kinder, 1 Krankenhaus, eine Speiseanstalt, ein Erziehungshaus und eine Sparkasse in Verbindung stehen, arbeitet mit 7 Turbinen und einem Wasserrade (zusammen von 820 Pferdekraft) auf 30,000 Spindeln und 800 mech. Webstühlen. Ihre Fabrikate stehen den besten russischen in keiner Weise nach. Die nächst bedeutendste Fabrik ist die der Forsaer Actiengesellschaft zu Forsa im Tammerlakschen Kirchspiele des Gouvernements Tawastehus. Sie vereinigt Spinnerei und Weberei (500 Webstühle), arbeitet mit Dampfkraft (170 Pferdekraft), beschäftigt 1212 Arbeiter und liefert Fabrikate im Werthe von 837,100 Rbl. Auch mit ihr stehen eine grosse Anzahl von Humanitätsanstalten (Schule für 500 Kinder, Krankenhaus, Arbeiterbibliothek etc.) in Verbindung, und die von dieser Fabrik gelieferten mannigfaltigen Baumwollenfabrikate zeichnen sich durch treffliche Qualität aus. Die drittgrösste Fabrik ist die Wasaer Actien-Gesellschaft zu Nikolaistadt (Gouvernement Wasa) mit 344 Arbeitern und einer Production im Werthe von 277,248 Rbl. Schliesslich ist noch die Fabrik von L. E. Stigzelius Nachfolger (82 Arbeiter und 68,500 Rbl. Productionswerth) in der Stadt Abo erwähnenswerth.

Die *Flachsspinnerei* und *Leinwandfabrikation* wird nur durch ein grösseres Etablissement, durch die Tammerforser Actiengesellschaft (735 Arbeiter, 632,000 Rbl. Productionswerth), im Messubjuser Kirchspiel (Gouvernement Tawastehus) vertreten. Von *Seilereien* giebt es, ausser der alten Aboschen Schiffswerfte, nur 3 kleine, sich mit der Taufabrikation beschäftigende Etablissements, welche zusammen 14 Arbeiter beschäftigen und für 4,500 Rbl. Fabrikate liefern.

Mit der *Wollspinnerei* und *Wollstofffabrikation* beschäftigen sich zwei grössere und drei kleinere Fabriken. Timirjasew führt an, dass der genannte Industriezweig 126 Arbeiter beschäftigt und Fabrikate im Werthe von 60,000 Rbl. liefert. Zu den grösseren Fabriken gehört die obenerwähnte Tammerforser Actiengesellschaft (81 Arbeiter, 41,360 Rbl.) und die Fabrik von Nardling in Raumo (Abo-Björneborg — 3 Arbeiter, 10,000 Rbl. Productionswerth). Was die *Tuchfabrikation* anbelangt, so bleiben die Timirjasew'schen Angaben, nach welchen es nur 5 kleine Etablissements mit 29 Arbeitern und einer jährlichen Production im Werthe von 7,572 Rub. in Finnland geben soll, weit hinter der Wirklichkeit zurück. Es existiren mindestens ausserdem noch zwei grössere Tuchfabriken: die Actiengesellschaft der Tammerforser Tuchfabrik in Tammerfors, mit 80 Arbeitern und einer Production im Werthe von 100,000 Rbl., und die Gesellschaft der Littoir-Tuchfabrik im Lundoer Kirchspiel des Gouvernements Abo, mit 105 Arbeitern und einer Production im Werthe von mindestens 125,000 bis 150,000 Rbl. Diese Fabrik arbeitet gleich der erstgenannten mit Dampfkraft und fabricirt jährlich 75,000 Arschinen Tuch, gehört demnach schon zu den grösseren Fabriken Russlands. Auch die Helsingforser Actiengesellschaft für Handarbeit beschäftigt sich mit der Wollspinnerei, Weberei und Teppichfabrication, doch fehlen nähere Angaben über ihren Betriebsumfang.

Die *Strumpfwirkerei* wird nur von zwei Etablissements betrieben, einem kleineren (21 Arbeiter, 6000 Rbl. Productionsw.) und einem grösseren von Berkstein & Co. in Abo, welches letztere 46 Arbeiter beschäftigt und Fabrikate im Werthe von 23,339 Rbl. jährlich liefert.

Für die *Färberei* führt Timirjasew nur acht kleine Etablissements mit 23 Arbeitern und einer Jahres-Production im Werthe von 9,097 Rbl. auf.

Hiermit sind die zur eigentlichen Manufacturbranche gehörenden Fabriken und Etablissements Finnlands erschöpft. Auffallend ist die grosse Anzahl Actiengesellschaften im Verhaltnisse zu den Privatfabriken. Derselben Erscheinung begegnen wir aber auch in anderen finnländischen Industriebranchen. Sie erklärt sich dadurch, dass in Finnland im Ganzen keine grossen Privatcapitalien für industrielle Unternehmungen disponibel sind, wie denn überhaupt Finnland nicht zu den reichen Ländern zählt. Da nun die Capitalskraft des Einzelnen nicht genügte, um grössere Industrieetablissements zu begründen, so hat man mit Recht die Association zu Hülfe gerufen und damit auch erreicht, was unter den dortigen Verhältnissen zu erreichen war. Die finnländischen Actiengesellschaften bewähren sich im Ganzen vortrefflich, und zeichnen sich meistentheils durch eine sparsame und gewissenhafte Verwaltung aus.

Die *Papierfabrikation* gehört zu den entwickeltsten und technisch vorgeschrittensten Industriezweigen des Grossfürstenthums. Finnland zählt 9 Papierfabriken mit 540 Arbeitern und einer jährlichen Production im Werthe von 517,000 Rbl. Die finnländischen Papiere sind in Russland sehr beliebt und im Allgemeinen von besserer Qualität wie die russischen. Die beiden grössten Fabriken sind die von J. Frenkell & Sohn in Tammerfors (Gouvernement Abo-Björneborg) und die der Terwakosser Actiengesellschaft im Dorfe Terwakoski (Gouvernement Tawastehus). Beide Fabriken liefern alle möglichen Sorten Post-, Schreib-, Druck-Papiere und Tapetenpapier; die erstere liefert mit 260 Arbeitern für 250,000 Rbl., die letztgenannte mit 200 Arbeitern für 240,000 Rbl. Fabrikate. Die übrigen Fabriken sind bedeutend kleiner und daher von weit geringerer Leistungsfähigkeit. Die grösste unter ihnen ist noch die Pappen- und Holzmassefabrik von Tunberg & Co. zu Kinderi bei Wiborg, doch liefert auch sie nur für 14,000 Rbl. jährlich. Andere Holzmassefabriken werden noch errichtet. *Tapetenfabriken* giebt es zwei mit 106 Arbeitern und einer Production im Werthe von 87,189 Rbl. Die grösste derselben, die von G. Riks, befindet sich in Helsingfors und liefert jährlich für über 80,000 Rbl. Tapeten.

Unter den *chemischen Fabriken*, deren Zahl Timirjasew auf 21 angiebt, befinden sich 20 kleine Etablissements und herrschen die Fabriken für chemische Zündhölzchen (Phosphorzündhölzchen) vor. Unter diesen letzteren ist besonders die Fabrik der Björneborger Actiengesellschaft (270 Arbeiter, 31,621 Rbl.) von Bedeutung, deren Fabrikate nicht nur nach Russland, sondern auch nach dem Auslande gehen.

Lederfabrikation: 22 Fabriken mit 80 Arbeitern und einer Production im Werthe von 70,196 Rbl. Hiervon sind 20 Etablissements von sehr untergeordneter Bedeutung. Die grösseren Fabriken sind nach Timirjasew die von A. Hardeberg in Ekenes (Abo-Björneborg) 10 Arbeiter, 15,876 Rbl. Productionswerth) und die von R. Swan in Kuopio: 5 Arbeiter, 10,000 Rbl. Productionswerth. Auf der letzten St. Petersburger Manufacturausstellung waren aber noch von finnländischen Lederfabriken vertreten die der Gebrüder Oström, Gouvernement Uleaborg, Jnsel Damisari, welche jährlich für 30,000 Rbl. produciren (18 Arbeiter), so wie die Fabriken von D. Helander in Wiborg und J. Salbom in Abo, deren eine jede Fabrikate im Werthe von 10,000 Rbl. liefert.

Licht- und Seifen-Fabrikation. 5 Fabriken, 138 Arbeiter, 392,975 Rbl. Productionswerth. Eine ziemlich bedeutende *Stearin- und Palmlichtfabrik* ist die der Chawiser Actiengesellschaft zu Wiborg mit 114 Arbeitern und einer Jahresproduction im Werthe von 392,975 Rbl. Die übrigen Fabriken sind, wie ersichtlich, von nur geringer Bedeutung.

Zuckerraffinerien giebt es nur zwei: die Handelsgesellschaft der Zuckerfabrik Tele zu Helsingfors (69 Arbeiter, 573,310 Rbl. Productionswerth) und die Handelsgesellschaft der Zuckerfabrik Aura in Abo (55 Arbeiter, 416,000 Rbl. Productionswerth). Beide Fabriken verarbeiten grossentheils ausländischen Rohzucker.

Branntweinbrennereien. Timirjasew führt deren nur 3 an mit 38 Arbeitern und einer Production im Werthe von 116,053 Rbl. Es giebt aber mindestens 6 mit 120 Arbeitern und einer Jahresproduction im Werthe von 276,000 Rbl. Die grösste Fabrik für Branntwein aus isländischem Moos und aus Beeren ist die von K. Lewin in der Stadt Borgo (Nyland)—20 Arbeiter, 75,000 Rbl. Productionswerth.—Dann folgen Ussow & Ssapetow in Wiborg (26 Arbeiter, 60,000 Rbl. Productionswerth), G. Granberg in Tammerfors (16 Arbeiter, 50,191 Rbl. Productionswerth). Auch eine Actiengesellschaft befindet sich unter den Branntweinbrennereien Finnlands, die der Biurilaer Branntweinsfabrik zu Salo und Biurila (Abo-Björneborg), doch zählt sie nicht gerade zu den grössten Fabriken (18 Arbeiter, 25,000 Rbl. Productionswerth). Ausserdem giebt es noch in Abo, Helsingfors, Wiborg, Torneo u. a. O. Destillationen, darunter mehrere, die Naliwka aus den Mamura- und den Moroschkabeeren erzeugen, andere wiederum (H. Oldenburg in Wiborg), deren Specialität die Erzeugung von schwedischem Punsch ist. Die grösste Destillation scheint die von Kowe in Abo mit einer Jahresproduction im Werthe von 25,000 Rbl. zu sein.

Glas- und Spiegelfabrikation. Die finnländische Glasfabrikation ist ziemlich entwickelt und das dortige Fabrikat erfreut sich namentlich in St. Petersburg eines guten Renommées. Die finnischen Theegläser und Lampencylinder sind sehr beliebt. Es existiren 15 Fabriken mit 283 Arbeitern und einer Jahresproduction im Werthe von 167,432 Rbl. Die grösste Fabrik (40 Arbeiter, 60,000 Rbl. Productionswerth) ist die Wiborger Glasfabrik zu Rokkola-Kaksis von D. Benardaki, welche grösstentheils Fensterglas (2000 Halbkisten) erzeugt. Für Tafelgeschirr, Lampengläser und dergleichen ist die grösste Fabrik die Nortscher Fabrik der Herren Heitmann & Jansen (60 Arbeiter, 40,000 Rbl. Productionswerth) im Gouvernement Tawastehus. Die übrigen Fabriken liegen in den Gouvernements Wasa, Wiburg und St. Michel. Eine nicht unbedeutende Spiegelfabrik ist die von J. Westling in Abo.

Als *Porzellan-* und zugleich Thonwaarenfabrik zeichnet sich die Helsingforser Fabrik von W. Ansten (40 Arbeiter, 21,750 Rbl. Productionswerth) vortheilhaft aus. Die von ihr fabricirten weissen Kachelöfen nach einer neuen Construction finden auch in Russland Käufer. Von *Fayencefabriken* ist die von E. Artemjew, Gut Suognemi (Gouvernement Wiborg) — 25 Arbeiter, 25,000 Rbl. Productionswerth — wegen ihres brauchbaren und guten Geschirres zu erwähnen. Ausser den genannten giebt es nach Timirjasew noch 8 kleinere Porzellan-, Fayence- und Thonwaarenfabriken mit 58 Arbeitern und einer Production im Werthe von 10,374 Rbl.

Derjenige Industriezweig, der Finnland vorzugsweise sein Renommée als Industriestaat geschaffen hat, ist der *Maschinenbau.* Mit Hinzurechnung der mechanischen Werkstätten der finnischen Eisenbahn-Gesellschaft (136 Arbeiter, 160,000 Rbl. Productionswerth) und der Gasgesellschaft (45 Arbeiter, 46,000 Rbl. Productionswerth), beide in Helsingfors, giebt es in Finnland 15 mehr oder weniger grosse mechanische Fabriken, welche heute ca. 2000 Arbeiter beschäftigen und eine Jahresproduction im Werthe von nahezu 1¼ Mill. Rbl. liefern. Diese Fabriken vertheilen sich auf die Gouvernements Nyland (vorzugsweise Helsingfors), Abo-Björneborg, Wiborg, Kuopio und Tawastehus. Die bedeutendsten Fabriken sind die von A. Björneberg & Co. in der Stadt Björneborg (303 Arbeiter, 184,123 Rbl. Productionswerth), die Fabrik von Wm. Crichton & Co. (300 Arbeiter, 150,000 Rbl. Productionswerth) in Abo, die von Osberg & Bade — Actiengesellschaft — (200 Arbeiter, 150,000 Rbl. Productionswerth) und die Chagneser Actiengesellschaft (200 Arbeiter

125,0000 Rbl. Pr.-W.), beide in Helsingfors — endlich die Wiborger Mechanische Werkstätte (Handelsgesellschaft) — (300 Arbeiter, 108,244 Rbl. Pr.-W.)—Für landwirthschaftliche Geräthschaften ist hervorzuheben die Fiskarsche Fabrik (Nyland) von v. Julin (300 Arbeiter, 24,862 Rbl. Pr.-W.), mit einer Messerschmiedewerkstätte verbunden. Für den Schiffsbau arbeiten die Chagneser Actiengesellschaft, die Wiborger Fabrik und die Fabrik von P. Wahl & Co. (Warkauser Fabrik) im Gouvernement Kuopio. Die finnländischen Maschinenbauarbeiten zeichnen sich durch Solidität und billige Preise vortheilhaft aus und verdienen in der That die allgemeinste Anerkennung. Unterstützt wird dieser Industriezweig durch das Vorhandensein guten und billigen Eisens in Finnland.

Es giebt daselbst 46 *Guss- und Schmiedeeisenfabriken*, welche grösstentheils in Verbindung mit Eisenwerken stehen, 1231 Arbeiter beschäftigen und eine Jahresproduction im Werthe von gegen 2 Mill. Rbl. liefern. Hiervon entfallen auf die Gouvernements Abo-Björneborg 2, Wasa 3, Wiborg 7, Kuopio 5, Nyland 8, St. Michel 2, Tawastehus 2 und Uleaborg ebenfalls 2. Die grössten Werke sind die von L. Arpe Nachfolger zu Wjarzilja und Mechke im Gouvernement Kuopio (178 Arbeiter, 380,000 Rbl. Productionswerth), von W. Ramsey (in Concurs-Verwaltung) zu Dal im Gouvernement Abo-Björneborg (115 Arbeiter, 190,000 Rbl. Pr.-W.), die Werke der Kurimo-Emmaer Actiengesellschaft (83 Arbeiter, 190,000 Rbl. Pr.-W.) zu Kurimus, Koski & Emma im Gouvernement Uleaborg und die Fiskarschen Werke von E. von Julin (71 Arbeiter, 130,000 Rbl. Pr.-W.) in Nyland. Zu den unbedeutenderen Werken dagegen gehören nach Timirjasew die seiner Zeit viel besprochenen des Herrn N. Putilow, die Katharinen-Sawode (91 Arbeiter, 60,000 Rbl Pr.-W.) und Ganakoski (11 Arbeiter, 10,000 Rbl. Pr.-W.) im Gouvernement St. Michel.

Uebrigens ist anzunehmen, dass die finnische Eisenindustrie noch sehr entwickelungsfähig ist, sobald ihr nur neue intellectuelle und Capitalskräfte zugeführt werden. Namentlich an letzteren scheint es zu gebrechen.

Als allgemeiner Schluss aus den vorstehenden Mittheilungen über die finnländische Industrie geht hervor, dass sich dieselbe den Bedürfnissen und Hülfsquellen des Landes angepasst hat, dass es nur wenige grosse, dafür aber zahlreiche mittelgrosse Fabriken giebt, wie solche den Verhältnissen Finnlands entsprechen. Das dortige Fabrikat ist im Allgemeinen solid und billig, und es bleibt nur zu wünschen, dass die finnländische Industrie ohne alle Ueberstürzung den eingeschlagenen Weg weiter verfolgen möchte. Finnland ist weit davon entfernt, ein Industriestaat zu sein, wohl aber ist es bestimmt, ein wichtiges und ergänzendes Glied im Gebiete des gesammten russischen Industrielebens zu bleiben.

Die städtischen Communalbanken Russlands und deren Geschäftsbetrieb im Jahre 1870.

Im Laufe der letzten Jahre hat das Bankwesen in Russland bekanntlich einen sehr bemerkenswerthen Aufschwung genommen; seit dem Jahre 1869 namentlich sind Creditinstitute der verschiedensten Art an fast allen nur einigermaassen bedeutenden Plätzen des Reiches entstanden; ja, die rasch auf einander gefolgten Gründungen haben bereits einen Rückschlag bei einem Theil des russischen Publicums eintreten lassen und die Befürchtung wachgerufen, als könnten die vielen neben einander operirenden Bankinstitute den Verkehr mit einer Gefahr bedrohen, welche dem Nutzen, den neuzugründende Banken dem Handel und dem Gewerbe bringen könnten, nicht die Waage hält. Es lässt sich auch gewiss nicht leugnen, dass in der Concurrenz vieler Banken eine nicht geringe Gefahr liegen kann; es liegt zu nah, dass bei sich immer mehr verstärkendem Angebot von Bankcredit letzterer schliesslich dem Theile des handeltreibenden Publicums zu Theil werden muss, der dessen nicht vollkommen würdig ist; dass Banken der Ueberspeculation und dem Schwindel Vorschub leisten und den Verkehr, statt ihn zu controliren und zu regeln, in unsichere Bahnen lenken können. Die Frage, in wie weit solche Befürchtungen sich durch die kurze Praxis unserer Creditinstitute rechtfertigen lassen könnten, wollen wir vor der Hand unbeantwortet lassen und wenden uns im Nachstehenden zur Untersuchung einer der originellsten Erscheinungen auf dem Gebiete des russischen Bankwesens: zu den *städtischen Gemeindebanken.*

Communalbanken existiren bei uns seit einer verhältnissmässig langen Zeit; die Gründung der ersten derselben — der Gemeindebank von Wologda — fand im Jahre 1788 statt, und seit der Zeit bis zum Jahre 1862 sind noch weitere zwanzig Banken in verschiedenen Städten des Reiches errichtet worden. Letzteren Zeitpunkt heben wir besonders hervor, da im Jahre 1862 (am 6. Februar) ein Normalstatut für die Gemeindebanken bestätigt wurde und dieselben, Dank der Leichtigkeit, mit der von nun an Communalbanken errichtet werden konnten, eine bei Weitem grössere Verbreitung als früher fanden. Früher mussten die Statuten jeder Communalbank auf legislativem Wege mit jedesmaliger Kaiserlicher Genehmigung bestätigt werden; seit 1862 ist die Erlaubniss zur Gründung einer Gemeindebank vom Finanzminister einzuholen, der sich über die Angelegenheit mit dem Minister des Innern zu verständigen hat. Diese Erleichterungen einerseits, andererseits auch wohl das Bedürfniss nach Creditinstituten, welche dem localen Handel und Gewerbe dienen könnten, haben die Zahl der Communalbanken im Laufe von 10 Jahren um das Zehnfache vergrössert: am Schluss des verflossenen Jahres gab es deren in Russland 215, die früher existirenden 20 Banken nicht mit einbegriffen; gegenwärtig bestehen fast in allen Gouvernements- und grösseren Kreisstädten Banken und es giebt Provinzen, die deren bis zehn besitzen.

Das Normalstatut von 1862 gestattet nicht die Einrichtung einer Bank mit einem Capital unter 10,000 Rubel. Dieses Minimum wird auch von den meisten Banken nicht überschritten; von den 135 bestehenden Gemeindebanken wurden 121 mit einem Grundcapital von 10,000 Rubel eröffnet; 45 besassen ein Capital von 10 bis 15,000 Rubel, 19 — eins von 15 bis 20,000; ein Capital von 20 bis 30,000 hatten nur 18 Banken, eins von 30 bis 50,000 Rbl. nur 21; sodann erwähnen wir noch vier Banken, die zwischen 50 und 100,000 Rbl. Capital besassen, 5 die mit 100,000 Rbl. und 2, die mit einem noch höheren Capital zu arbeiten begannen.

Die Gelder, die zur Anlage von Communalbanken benutzt werden, sind in den meisten Fällen Gemeindecapitalien; doch ist es auch recht häufig vorgekommen, dass Banken mit einem Capital gegründet wurden, welches von Privatpersonen zu diesem Zweck gestiftet war. Dergleichen Fälle stehen, wie gesagt, durchaus nicht vereinzelt da und liefern einen erfreulichen Beweis von dem Gemeinsinn, der in den Kreisen unserer städtischen Bevölkerung anzutreffen ist. Das Normalstatut gestattet, sobald das ganze Grundcapital von einer Privatperson gestiftet worden ist, dass der Name des Stifters in die Firma der Bank aufgenommen werde; dem Stifter steht gleichfalls das Recht zu inamovibler Director der Bank zu sein; schliesslich bleibt es auch ihm anheimgestellt den Modus der Vertheilung des Reingewinns zu bestimmen. Dieses geschieht jedoch ein für allemal bei Gründung der Bank; soll später eine Aenderung eintreten, so darf das nicht anders als auf Grund eines Gemeindebeschlusses geschehen, der von den Ministern der Finanzen und des Innern zu bestätigen ist. In der Regel bestimmen die Stifter den Erlös aus dem Bankbetrieb zu irgend einem milden oder gemeinnützigen Zwecke: Dotirung eines Kranken- oder Invalidenhauses, einer Schule u. s. w.; sogar religiöse Bedürfnisse erreichen hier mitunter ihre Befriedigung. So finden wir z. B. in den Bestimmungen, die die Verwerthung des Reingewinns der *Borowsk'schen* Bank (Gouvernement Kaluga) regeln, festgesetzt, dass ein Theil desselben alljährlich zur Herbeibringung eines wunderthuenden Muttergottesbildes aus einem benachbarten Kloster verwandt werden soll. Nicht selten liegt sogar der eigentliche Zweck der Bank in der milden Stiftung, die aus dem Erlös derselben erhalten werden soll und es hat sich schon ereignet, dass beim Finanzministerium um Erlaubniss zur Errichtung eines Krankenhauses in Verbindung mit einer Bank petitionirt worden ist. Diese Vereinigung von wohlthätigen und commerciellen Zwecken ist jedenfalls eine höchst originelle Erscheinung und wir glauben dieselbe mit Recht hervorheben zu müssen.

Ist das Capital Gemeindeeigenthum, so wird der Reingewinn folgendermaassen vertheilt: nach Abzug von 10 bis 20%, die zur Bildung eines Reservecapitals benutzt werden, wird ein Drittel für städtische Zwecke (Bauten, Verschönerungen u. s. w.) verwandt, ein anderes Drittel — für Schulen und Wohlthätigkeitsinstitute und der Rest zu dem Grundcapital geschlagen. — Auf diese Weise ist den Banken, die einen starken Geschäftsbetrieb haben und die somit auch einen bedeutenden Gewinn erzielen, die Möglichkeit gegeben, ihre Grundcapitale allmählich zu verstärken; dieses geschieht denn auch mitunter in einer ganz erstaunlichen Weise; so z. B. besassen die Banken von Orel und Skopin (Gouvernement Rjäsan), die 1863 mit je 10,000 Rbl. gegründet wurden, am 1. Januar 1871 Capitale von 141,000 und 270,000 Rbl.; die Charkower Bank, welche 1865 mit 15,000 Rbl. eröffnet wurde, hatte an demselben Zeitpunkte (1. Januar 1871) 250,000 Rbl. Capital. Wir haben hier freilich die allereclatantesten Fälle angeführt, dass jedoch Banken im Laufe von ein paar Jahren ihre Grundcapitalien verdreifacht oder verdoppelt haben, gehört zu den durchaus gewöhnlichen Erscheinungen.

Trotz dieser allmählichen, durch das Normalstatut geforderten, progressiven Verstärkung der Grundcapitalien, lässt sich jedoch nicht bestreiten, dass dieselben in der Regel in keinem Verhältnisse zu dem Geschäftsumsatze der Gemeindebanken stehen; diese sind bei vielen Banken verhältnissmässig so bedeutend, dass die kleinen Grund- und Reservecapitalien den Gläubigern der Banken kaum als Sicherheit gelten können. Die mangelnde Garantie hat das Normalstatut von 1862 durch eine sehr merkwürdige Bestimmung zu ersetzen gesucht, indem es der städtischen Gemeinde eine *solidarische Haftbarkeit* für die Verpflichtungen der Banken auferlegt. Man missverstehe uns nicht: nicht das indivise städtische Eigenthum ist es, durch welches den Gläubigern der Bank Sicherheit geboten wird, sondern das Privatvermögen aller Mitglieder der Commune; letztere müssen, — das Gesetz ist in dieser Hinsicht ganz categorisch, — mit ihrem Eigenthume einstehen, sobald bei Liquidation der Bank die Gläubiger nicht aus den Mitteln derselben befriedigt werden könnten. Auf welche Weise diese Bestimmung zu erfüllen ist, nach welchen Grundsätzen die Verluste unter die Mitglieder der Gemeinde zu vertheilen sind, ob es nur die Kaufleute oder Kleinbürger (мѣщане) sind — (denn nur diese bildeten, laut den Bestimmungen unseres früheren Stadtrechtes, die Gemeinde und von ihnen allein war der Gemeindebeschluss über die Uebernahme der Haftbarkeit unterzeichnet) — welche mit ihrem Vermögen einzustehen haben, oder ob diese Verpflichtung auf allen Einwohnern der Stadt lastet, das sind Fragen, auf die das Normalstatut keine Antwort ertheilt.

Der Gemeinde gehört das Recht der Ernennung des Directors der Bank, so wie die Wahl zweier Beisitzer; allmonatlich wird die Bank von dem Stadtrathe revidirt und um den jährlichen Rechenschaftsbericht zu prüfen, ernennt die Gemeindeversammlung eine Commission von 6 Mitgliedern; die Gemeinde hat ausserdem das Recht jederzeit, durch speciell dazu bevollmächtigte Bürger, eine Revision der Bank vorzunehmen. Den Rechenschaftsbericht ist die Bank verpflichtet dem Finanzminister einzusenden, dem jedoch kein Controlrecht der Geschäftsthätigkeit der Stadtbanken zusteht.

Es leuchtet jedoch ein, dass die so eben angeführten Revisions- und Controlbefugnisse in keiner Weise der eventuellen schweren Verpflichtung entsprechen, die von den Gemeinden eingegangen wird. Die Bestimmung, welche dieselben den Gemeinden auferlegt, kann wohl in keiner Weise gerechtfertigt werden: weder kann sie billig genannt, noch dürfte sie als zweckmässig befunden werden; die Garantie, die ein Bankinstitut seinen Gläubigern bietet, ausserhalb desselben zu verlegen, der Bank einen Rückhalt zu bieten, der nicht in ihren eigenen Mitteln besteht, das ist ein Grundsatz, der schwerlich einer eingehenden Widerlegung bedarf.

Die Gefährlichkeit, die damit verbunden ist, die Bank in ihrer Thätigkeit nicht streng durch ihre eigenen Mittel zu begrenzen, hat nicht ermangelt, in kurzer Zeit zu Tage zu treten; sehr viele von den Gemeindebanken begannen ihre Operationen in einer ganz unberechtigten Weise auszudehnen, namentlich stach oft die grosse Summe der acceptirten Depots in bedenklichster Weise gegen die Unbedeutendheit der Capitalien ab; so hatte, um ein recht grelles Beispiel zu wählen, die bereits genannte Skopiner Bank in einem ihrer Rechenschaftsberichte eine Summe von Depots aufgewiesen, die das Gründungs- und Reservecapital um 68 Mal überstieg.

Um diesem Missbrauch zu steuern, erliess die Regierung im Jahre 1870 ein Gesetz, wonach die Stadtbanken Depots (mit Ausnahme der auf alle Zeiten unkündbaren) nicht höher als im zehnfachen Betrage ihrer Grund- und Reservecapitalien aufzunehmen berechtigt sind; das Gesetz bestimmte ferner, dass die Banken, bei denen diese Proportion zur Zeit nicht existiren würde, verpflichtet seien, die Hälfte ihres Reingewinnes zum Grundcapital zu schlagen und solches so lange fortzusetzen, bis die geforderte Proportion hergestellt sei. Noch weiter als das Gesetz von 1870 geht ein neues Normalstatutproject, zu dessen Ausarbeitung schon vor geraumer Zeit geschritten worden ist; dasselbe beseitigt die solidarische Haftbarkeit der Gemeinde gänzlich und ordnet blos an, dass die Verbindlichkeiten der Bank durch den Communalbesitz gesichert werden sollen. Dass eine derartige Garantie eine mehr fictive als reale ist, scheint uns ziemlich einleuchtend. In den wenigsten Fällen ist Communaleigenthum — von gesetzlichen Bestimmungen abgesehen, der Natur der Sache nach veräusserungsfähig; sobald es nun dieser Eigenschaft ermangelt, steht es auch schlimm mit der Möglichkeit, es wirksam als Sicherheit einer Forderung dienen zu lassen.

Dass jedoch die projectirte Bestimmung einen Fortschritt gegen das frühere Gesetz enthält, stellen wir natürlich nicht in Abrede.

Gehen wir zu den Operationen der Communalbanken über, so tritt uns eine neue characteristische Eigenthümlichkeit derselben entgegen; trotz der Beschränktheit ihrer Mittel ist ihnen ein ausserordentlich weiter Kreis der Geschäftsthätigkeit eröffnet und die Möglichkeit gegeben, die Geschäfte einer Handelsbank, eines Lombards und eines Bodencreditinstituts zu betreiben. Betrachten wir nun im Folgenden eine jede einzelne Operation.

Was zu allererst die von den Banken entgegengenommenen *Depots* anbetrifft, so können solche, laut den Bestimmungen des Normalstatuts, von dreierlei Art sein: auf alle Zeiten unkündbare, Termineinlagen (von 3 bis 12 Jahren) und jederzeit kündbare Einlagen; bei Rückforderung der letzteren sind folgende nicht unbedeutende Kündigungsfristen festgestellt: eine Woche für eine Einlage unter 1000 Rbl.; ein Monat — für Depots zum Betrage von 3000 Rbl., zwei Monate — für Einlagen bis 50,00 Rbl — und endlich 3 Monate für bedeutendere Summen. Uebrigens ist es der Bankadministration gestattet, mit Zustimmung des Stadtrathes, diese Termine zu verkürzen.

Ausser den Depots werden von einigen Communalbanken auch Einlagen in laufender Rechnung angenommen, doch muss zur Betreibung dieser Operation die specielle Erlaubniss des Finanzministers eingeholt werden.

Folgende kleine Tabelle giebt über die Bewegung der Einlagen in den Jahren 1868 — 1870 Aufschluss.

	1868 (138 Banken)	1869 (161 Banken)	1870 (185 Banken)
Angenommene Depots			
1) auf alle Zeiten unkündbare . .	284,904	395,406	655,590
2) kündbare	9,519,988	13,537,798	17,595,788
3) Termineinlagen	5,351,267	7,574,896	9,961,952
Summa . . .	15,640,786	21,858,730	28,724,188
Zurückgezahlte Depots			
1) kündbare	4,128,745	7,056,576	11,167,636
2) Termineinlagen	709,509	1,417,823	3,119,100
Summa . . .	5,649,358	8,713,659	14,673,169

Im Jahre 1870 hatten 5 Banken [1] Einlagen in laufender Rechnung angenommen — im Ganzen für 5,326,495 Rbl.; zurückgezogen wurden im Laufe des Jahres 3,151,111 Rbl.

[1] Die von Saarapul (Gouvernement Wjatka), Kasan, Nowgorod, Skopin (Gouv. Rjäsan) und Charkow.

Man sieht, dass sich während der drei Jahre, die unsere Tabelle umfasst, die Operationen der Banken verhältnissmässig noch stärker ausgedehnt haben, als sich deren Zahl vergrössert hat. Das ist auch ganz verständlich; die neugegründeten Banken haben in den allermeisten Fällen das Misstrauen eines grossen Theiles der Bevölkerung zu überwinden, jenes Theiles der Einwohner (und so gar klein mag er in den Städten des Innern nicht sein), die mit dem Worte *Bank* kaum einen Begriff zu verbinden im Stande sind und die das ersparte Geld in der Truhe aufzubewahren pflegen. Sehr characteristisch ist folgende durchaus häufige Erscheinung: ein Bauer oder Kleinbürger erscheint in der Bank und deponirt 50 Rbl. — (die kleinste Rate, die als Einlage angenommen werden darf); dieses Depot fordert er dann so bald als möglich wieder zurück und erst nachdem er eingesehen hat, dass es mit dem Zurückzahlen seine Richtigkeit hat, entschliesst er sich der Bank grössere Summen anzuvertrauen.

Die bedeutendste von den Operationen, durch die die Communalbanken die ihnen zugewiesenen Depots nutzbar machen, ist der Wechseldiscont. Das Normalstatut ordnet an, dass nur Wechsel mit 2 Unterschriften und auf nicht längere Termine als 12 Monate zum Discont zugelassen werden dürfen; der Wechsel muss ferner an dem Orte, wo die Bank ihren Sitz hat, oder an einem, an dem sich ein Correspondent oder Agent derselben befindet, zahlbar sein. — Die Ziffer, welche den Berichten der Banken entnommen sind, geben uns über den Wechseldiscont ein höchst erfreuliches Bild; es scheint uns aber rathsam, auf diesem Gebiete sich keinen allzugrossen Illusionen hinzugeben. Es liegen freilich keine positiven Beweise vor, die uns bewegen könnten, an der Richtigkeit der Berichte zu zweifeln, aber namentlich beim Wechseldiscont erklären doch eigentlich die Zahlen das Allergeringste. Alles wird auf die Natur des Papiers ankommen, welches die Portefeuilles der Communalbanken füllt. Nun aber hört man nicht selten die Klage laut werden, dass diese oder jene Bank gänzlich in den Händen einer städtischen Partei oder Clique sich befindet, dass nur für gewisse Begünstigte eine Benutzung derselben möglich ist, dass es die Wechsel dieser Privilegirten sind, welche stets von Neuem prolongirt, das Portefeuille der Bank füllen. Wir wollen es nochmals wiederholen: dem eben Gesagten fehlt jede *positive* Begründung; wir meinen uns aber doch verpflichtet, es nicht zu verschweigen, da es bei Beurtheilung der nun folgenden Ziffern nicht gänzlich aus dem Auge verloren werden darf.

	1868 (138 Banken)	1869 (161 Banken)	1870 (185 Banken)
Discontirte Wechsel	34,450,322	53,428,048	74,383,226
Eingelöste Wechsel	—	43,215,691	62,442,534
Protestirte Wechsel	293,353	303,789	686,135
Davon eingezahlt oder gerichtlich eingetrieben	114,698	202,172	498,988

Der Rediscont ist ein von den Communalbanken sehr wenig betriebenes Geschäft. Während z. B. die gegenseitigen Creditvereine, deren Anzahl in Russland nicht unbedeutend ist, einen grossen Theil ihres Portefeuilles bei den Filialen der Staatsbank umsetzen, findet das nur bei wenigen Stadtbanken in einem geringen Maasse statt. Im Jahre 1870 sind blos von 18 Banken für den Betrag von 2,200,962 Rbl. Wechsel in den Filialen der Staatsbank rediscontirt worden; die Summe der im Laufe des Jahres eingelösten Wechsel betrug 1,646,028 Rbl.

Die oben bereits angedeutete Vielseitigkeit in dem Geschäftsbetrieb der Communalbanken tritt uns namentlich bei Betrachtung der Werthe entgegen, gegen die dieselben Vorschüsse ertheilen — Effecten, Werthsachen, Waaren und Immobilien.

Aus folgender Tabelle mag man ersehen, welche Ausdehnung eine jede von diesen Operationen erlangt hat:

Vorschüsse gegen:	1868 (138 Banken)	1869 (161 Banken)	1870 (185 Banken)
Effecten	9,580,599	12,258,731	14,957,145
Waaren	225,904	428,999	423,887
Werthsachen	243,519	334,852	425,516
Gebäude	} 3,936,612	} 5,141,547	2,921,734
Städtische Grundstücke			78,375
Ländliche Grundstücke			2,777,672

Man sieht, dass eigentlich nur die Darlehen gegen Effecten und Immobilien eine Summe von Bedeutung repräsentiren, während die gegen Waaren und Werthsachen einen kaum nennenswerthen Betrag erreichen.

Gegen die Belehnung von Immobilien durch die Communalbanken auf Fristen, die, nach den Bestimmungen des Normalstatuts, 12 Jahre erreichen dürfen, liessen sich begründete Einwände vorbringen und es bedarf keiner längeren Erörterungen, um zu beweisen, dass Creditinstitute, deren eigentliche Bestimmung es ist, den commerciellen und industriellen Localbetrieb zu fördern, und die ihr

Betriebscapital meistens in Form von jederzeit rückforderbaren Depots erhalten, dasselbe nicht in Vorschüssen gegen Liegenschaften immobilisiren sollten.

Es ist bereits oben von der Art der Vertheilung des Reingewinns der Banken die Rede gewesen; die darauf bezüglichen Ziffern mögen hier ihren Platz finden.

	1868 (138 Banken)	1869 (161 Banken)	1870 (185 Banken)
Milde Zwecke	339,279	410,841	429,856
Stadtcasse	223,642	344,882	395,950
Grundcapital	485,512	665,572	1,060,276
Reservecapital	203,930	281,473	280,802

Wir lassen noch zum Schluss eine ausführlichere Tabelle über die Operationen der Banken folgen, deren Gesammtumsatz im Jahre 1870 nicht geringer als 1 Million Rubel war, wobei die Ziffern in Tausenden von Rubeln angegeben sind.

Nummer	Städte, in denen sich Banken befinden	Geschäftsumsatz	Grund-capital (am 1. Januar 1871)	Reserve-capital (am 1. Januar 1871)	Depots: Eingegangen	Depots: Zurückgezogen	Discont Wechsel	Vorschüsse gegen: Werthpapiere	Vorschüsse gegen: Waaren	Vorschüsse gegen: Werthsachen	Vorschüsse gegen: Gebäude	Vorschüsse gegen: ländliche Grundstücke	Vertheil. d. Gewinnes: Milde Zwecke	Vertheil. d. Gewinnes: Städtische Casse	Vertheil. d. Gewinnes: Grundcapital	Vertheil. d. Gewinnes: Reservecapital
1	Sskopin (Gouv. Rjäsan)	28,341	270	72	2,877	1.635	5,628	375	—	—	4	459	27	27	130	20
2	Charkow	24,505	250	10	1,355	733	3,253	1,328	180	56	237	133	7	—	93	—
3	Ssaratow	11,752	180	24	1,239	881	2,915	1,423	—	8	78	39	18	18	18	4
4	Rybinsk (Gouv. Jarosslaw)	11,483	138	18	214	125	1,331	961	—	—	12	—	6	—	25	6
5	Kasan	8,93	440	84	629	363	3 282	110	—	6	38	—	16	—	51	7
6	Pensa	8,633	153	13	583	305	1.516	559	—	15	624	—	3	1	31	3
7	Orel	7,842	141	24	911	684	2 702	103	3	11	105	163	8	—	34	5
8	Woronesh	7,674	79	14	1 259	422	2 093	623	—	23	24	443	—	14	57	5
9	Tambow	6,773	160	10	880	475	2,408	115	—	1	77	205	2	—	42	—
10	Jelissawetgrad (G. Chersson)	6,222	106	53	579	453	1.764	716	—	35	7	—	—	23	3	3
11	Ssamara	5,543	69	26	630	254	1.657	10	—	—	68	151	—	33	16	5
12	Rjäsan	5,061	72	19	762	427	1 155	126	—	22	122	232	29	3	3	4
13	Jelez	4,518	69	15	743	492	1.448	103	3	11	105	163	16	—	20	4
14	Kaluga	4,391	324	16	513	293	1 009	640	20	1	4	74	32	—	28	3
15	Dorpat	4,274	32	2	219	193	254	297	4	—	—	35	—	—	2	2
16	Twer	4,140	60	4	423	203	1 100	141	—	1	14	—	7	1	12	2
17	Bjelgorod (Gouv. Kursk)	3,544	100	104	371	260	1,299	27	—	—	11	31	8	22	—	4
18	Nishnij-Nowgorod	3,430	162	17	283	204	1.152	239	—	4	1	—	7	—	28	3
19	Rostow an dem Don (Gouv. Jekaterinosslaw)	3,328	150	17	300	209	661	241	—	4	46	—	—	16	—	4
20	Gluchow (G. Tschernigow)	2,889	80	15	213	99	673	285	—	9	151	211	14	4	6	2
21	Kostroma	2,770	29	13	326	163	657	451	—	9	30	—	5	5	10	—
22	Wladikawkas (Terekscher Gebiet)	2,503	28	3	435	200	670	139	—	11	35	—	—	—	11	2
23	Jarosslaw	2,404	58	11	216	88	940	151	—	—	Angabe fehlt		8	2	6	5
24	Berdjansk (Gouv Taurien)	2,331	112	7	277	186	667	71	40	—	33	6	6	5	5	4
25	Sserpuchow (G. Moskau)	2,316	20	3	252	134	885	85	—	—	10	—	—	4	7	2
26	Stawropol	2,235	78	12	510	127	670	110	—	2	77	31	8	8	10	7
27	Nowgorod	2,198	41	9	273	122	359	255	3	16	29	4	2	—	2	1

28	Mtsensk (Gouv. Orel) . .	2,043	16	4	332	230	562	120	—	2	—	71	—		—	1
29	Orenburg	1.978	71	18	251	120	683	52	—		25	—	3	3	7	3
30	Jekaterinosslaw (Gouv. Orenburg)	1,965	43	14	194	59	406	366	—	—	6	—	4	4	4	4
31	Kursk	1 906	154	13	184	78	752	73	—	13	23	22	—	—	17	4
32	Wjatka	1,902	62	10	170	68	552	280	—	1	12	—	1	—	8	2
33	Balaschow (G. Ssaratow) .	1.873	26	3	165	75	725	58	—	—	2	4	2	2	2	2
34	Koslow (Gouv. Tambow) .	1,861	51	4	161	54	830	20	—	—	39	5	—	=	12	2
35	Kertsch-Jenikale . .	1,860	28	11	257	165	665	62	—	3	—	—	4	4	4	4
36	Ssimbirsk	1,833	39	14	217	147	615	85	—	—	26	—	3	3	10	4
37	Liwny (Gouvernement Orel)	1.809	20	4	189	151	730	21	—	—	6	—	4	—	4	0,9
38	Schuja (Gouv. Wladimir)	1,612	17	1	165	41	645	111	—	—	2	2	—	4	5	1
39	Krementschug (G. Poltawa)	1.566	60	14	223	157	372	149	—	—	22	4	4	6	—	3
40	Ssysran (Gouv. Ssimbirsk) .	1.466	59	14	191	149	474	25	—	1	—	—	4	4	4	3
41	Ssapojok (Gouv. Rjäsan)	1 423	17	2	205	61	621	21	—	—	9	1	—	—	5	1
42	Arsamass (G. Nishnij-Nowg.)	1,379	48	6	134	108	389	154	—	1	—	4	2	—	4	—
43	Nicolajew (Gouv. Chersson)	1,379	19	3	118	66	403	61	—	12	12	—	—	3	1	1
44	Wjischni-Wolotschek Gouvernement Twer) . .	1,371	54	—	421	186	374	36	—	1	25	—	6	—	4	—
45	Bolkhow (Gouv. Orel) . .	1,321	29	2	63	49	301	44	—	2	—	11	—	—	3	0.4
46	Tjumen (Gouv. Tobolsk)	1.319	26	3	179	64	517	60	—	—	9	—	2	—	1	0,9
47	Tscherepowetz (G. Nowgorod)	1,298	23	4	60	26	383	31	—	40	17	—	—	2	4	0 1
48	Jelabuga (Gouv. Wjatka) .	1,284	53	3	170	68	495	57	—	—	—	—	1	—	9	—
49	Kolomna (Gouv. Moskau) .	1,281	134	5	176	52	509	30	—	—		—	2	—	12	1
50	Krapiwna (Gouv. Tula) .	1.253	14	2	54	31	344	12	—	—	—	2	3	—	2	0 7
51	Bogorodsk (Gouv. Moskau)	1,224	44	7	182	75	534	1	—	—	—	—	—	7	3	2
52	Torjok (Gouv. Twer) . .	1.224	23	5	158	24	222	307	—	8	2	11	2	—	4	1
53	Lipezk (Gouv. Tambow) .	1,195	22	4	147	21	497	11	—	—	—	—	—	—	1	0,7
54	Uglitsch (Gouv. Jarosslaw) .	1,178	15	2	130	22	396	151		1	—	—	—	—	1	0,8
55	Kamuischin (G. Ssaratow) .	1,153	18	2	147	59	482	12	—	—	—	—	—	4	2	0,9
56	Jefremow (Gouv. Tula) .	1,133	16	4	137	59	419	60	—	—	—	7	—	4	2	1
57	Wjasniki (Gouv. Woronesh)	1,087	24	1	66	46	292	43	—	3	1	—	—	—	7	0.8
58	Kassimow (Gouv. Rjäsan) .	1,031	15	4	128	24	380	91	—	—	16	—	2	2	2	1
59	Starobjelsk (G. Charkow) .	1,009	17	4	124	36	423	29	—	—	13	4	—	1	5	1

Die russischen Slawophilen im vierten bis zum sechsten Jahrzehent dieses Jahrhunderts.

Nach

A. Pypin.

(Fortsetzung.)

In der Reihe Derjenigen, die es übernahmen, die Grundprincipien der Schule vorzutragen, gebührt einer der ersten Plätze, wenn nicht der erste Platz, dem älteren *Kirejewskij, Iwan.* Anfangs, in den Jugendjahren seiner Entwickelungszeit, als er noch den „Europäer" (1832) herausgab, war seine Anschauungsweise nichts weniger als slawophilisch. Er stritt für europäische Bildung, vertheidigte die Petrinische Reform, ganz im Sinne der späteren Gegner der Slawophilen. Doch waren die Keime des Romantismus schon damals in ihm vorhanden. Die Wandlung zum Slawophilen ging bei ihm, wie es scheint, unter dem Einfluss seines Bruders Peter vor sich. Dieser hatte von Haus aus Ansichten mit slawophilischer Färbung. Auch stand Iwan Kirejewskij unter dem Einflusse eines gewissen Philaret und der Mitglieder einer geistlichen Brüderschaft. Besonders beschäftigte er sich mit Philosophie und, da er ein philosophisches Werk vorbereitete, studirte er die Kirchenväter, derenwegen er noch in reifen Jahren das Grichische erlernte. Dabei kam er zu der Ueberzeugung, dass die philosophische Richtung, die Einer einschlägt, von dem Begriffe, den er von Haus aus von der Heiligen Dreieinigkeit habe, bedingt sei. Hierin gipfelten seine letzten Arbeiten. Uebrigens war zwischen ihnen und seinen früheren Ansichten vor dem Ende der zwanziger Jahre kein so principieller Unterschied, als man glauben möchte, denn schon damals suchte er sein Denken durch Gefühl und Glauben zu ergänzen, um zu einer universellen Anschauung zu gelangen.

Von Kirejewskij empfing die Schule das Gros der philosophisch-historischen Thesen. Besonders wichtig sind in dieser Beziehung seine Aufsätze: „Blick auf den gegenwärtigen Stand der Literatur" (1845), der als Einleitung zur slawophilischen Redaction des Moskwitjanin dienen sollte; ferner „Ueber den Character der europäischen Bildung und ihr Verhältniss zur Bildung Russlands" (1852), im letzten „Moskowskij Sbornik", und endlich „Von der Nothwendigkeit und Möglichkeit neuer philosophischer Principien" (1856), ein Leitartikel in der „Russkaja Bessjeda".

Sein Bruder, *Peter Kirejewskij* zeichnete sich, wie wir schon bemerkt, gleich von Anfang an, durch eigenthümliche Anschauungen aus, die er auch später seinem Bruder einimpfte. Zu seinen Studien hatte er die russische Geschichte und das Leben des russischen Volkes gewählt. Seine literarische Thätigkeit hat sich fast nur auf einen Aufsatz über die alte russische Geschichte beschränkt, welcher auf Veranlassung der Untersuchungen Pogodin's im „Moskwitjanin" für 1845 (No. 3, S. 11 bis 46) erschienen. In ihm soll nach dem Ausspruche von Iwan Kirejewskij „das deutlichste Bild der ursprünglichen Organisation des alten Russlands gegeben sein" (s. Iw. Kirejewskij's Werke, Bd. II, S. 263). Hier werden Parallelen zwischen der ältern Geschichte der slawischen Völker gezogen. Die darin vom Autor ausgesprochenen Ansichten finden sich wieder bei dem Bruder Iwan und wurden später besonders von K. Aksakow entwickelt. Eine Frucht des Studiums des Volksthums war eine zweite Sammlung von Volksliedern, welche P. Kirejewskij 1831 unternahm und die erst nach seinem Tode herausgegeben wurde.

Neben Iwan Kirejewskij's Namen steht in der Schule der von *Chomjakow*, von dem die Slawophilen überhaupt mit voller Bewunderung reden. Es war ein Mann von feinem, in Paradoxen sich gefallenden Verstande, mit glänzender Befähigung zur Dialectik, die zu Sophismen geneigt war, mit sehr vielseitigem, aber fast durchgängig dilettantenhaften Wissen. Seinem Geiste wurde von den Gegnern stets Anerkennung gezollt, doch Vielen waren einige Seiten seines literarischen Charakters nicht sympathisch. Chomjakow liebte den Streit mit Leuten aus dem gegenüberstehenden Lager und machte bei solchen Gelegenheiten seine umfassenden Kenntnisse und seine dialectische Gewandtheit, die er zuweilen missbrauchte, gern geltend. Er war der Encyclopädist der Schule, der vielseitigste ihrer Schriftsteller. Er war zugleich Theologe, Historiker, Ethnograph, Philolog, Aesthetiker, Landwirth und Anderes. Das Thema des Slawophilenthums wusste er in verschiedenen Richtungen zu variiren und war überhaupt einer seiner thätigsten und einflussreichsten Vertreter. Besonders wandte er sich theologischen Fragen zu, hauptsächlich ventilirte er die Frage vom kirchlichen Verhältniss zwischen Orient und Occident, wobei er sich bemühte, den theologischen Beweis von der Unzulänglichkeit der occidentalischen Kirche — der katholischen sowohl als protestantischen — zu führen und die Apologie der Lehren der griechischen Orthodoxie unternahm. In innern Fragen hat er das Verdienst um die Aufhellung der Frage über die Dorfgemeinde, welche beim Anfang der Bauernreform auf die Scene kam und in den Publicationen der Slawophilen verarbeitet wurde.

Herr *Ssamarin* begann seine literarische Laufbahn mit einer Abhandlung über die geistlichen Redner aus Peter's des Grossen Zeit. Sie erschien übrigens nur als Fragment aus einem umfassenden Werke, dessen Ausgabe durch äussere Umstände unterblieb. In dieser Abhandlung schlägt der Autor eine rein slawophilische Richtung ein. Nach ihrer Herausgabe betheiligte sich Herr Ssamarin verhältnissmässig wenig an Zeitschriften. Man schreibt ihm einige Aufsätze in den „Moskowskije Sborniki" zu, die gegen die Freunde des Westens gerichtet waren und zuweilen recht giftig die thatsächlich schwachen Seiten derselben blossstellten. Mehr Antheil nahm er an den später gegründeten Zeitschriften „Russkaja Besjeda" und „Denj" („Tag"). In den letzten Jahren hat er bekanntlich als Publicist Berühmtheit erlangt durch seine Schriften über die „Grenzmarken Russlands" (Окраины Россіи) und andere Publicationen. Erst in letzterer Zeit, ist es bei uns möglich geworden, practische Fragen des Slawophilenthums zu besprechen, wenn auch das Studium derselben schon früher, in den vierziger Jahren, begonnen hatte. Doch gehört diese neue Periode der Thätigkeit der Slawophilen nicht in das Bereich unserer gegenwärtigen Betrachtung.

Für die Bearbeitung der historischen Fragen des Slawophilenthums versprachen auch viel die Arbeiten *D. Walujew's*, der eine Abhandlung über die Rangordnungen des Adels („О мѣстничествѣ") veröffentlichte und den bekannten „Sbornik" herausgab. Er wies auf die Nothwendigkeit für uns hin, vom Westen sich frei zu machen und aus sich selbst die Grundlagen des ethischen und geistigen Lebens zu schaffen: um dazu zu gelangen, müssten wir uns dem Studium unserer Vergangenheit, des Volksstammes, dem wir angehören, so wie dem Studium der Nationen gleicher Confession zuwenden, — hier würden sich uns die besondern Eigenthümlichkeiten unserer Nationalität, überhaupt der geistige Inhalt der morgenländischen, greco-slawischen, orthodoxen Welt eröffnen, ein Inhalt, dessen Verbreitung eben die Zukunft unserer eigenen, urwüchsigen Bildung sei.

Ein anderer eifriger historischer Forscher, aber einer jüngeren Generation angehörig, war *Konstantin Akssakow*. Er beschäftigte sich gern mit dem Studium der alten Gemeindeverfassung, der alten Volksrepräsentation und schrieb der „St. Petersburger Periode" einen höchst verderblichen Einfluss zu. Er war eine feurige, enthusiastische, edle Natur, an der auch nichts Gemachtes war. Seine Begeisterung war hauptsächlich dem Volke zugewendet, auf dasselbe baute er alle seine Hoffnungen, verherrlichte es in metrischen Dithyramben (welche im „Tag" unter den Gedichten „aus einer früheren Periode" gedruckt wurden), und historischen Abhandlungen, in denen sein Augenmerk auch auf die Interessen der Volksmassen gerichtet war. In diesem Sinne bildeten seine Meinungen nicht selten ein nützliches Gegengewicht gegen die Ansichten der Historiker, welche den Staat und die Centralisation über Alles stellten und im Volke mit seinen instinctiven politischen Bewegungen nur ein antisociales Element erblickten. K. Akssakow's Arbeiten sind in ihrer Bedeutung für die alte russische Geschichte ihrer Zeit von Herrn Kostomarow gewürdigt worden. Doch auch ihn wie andere Slawophilen führte die Hingabe an die liebgewonnene Idee zum historischen Unverständniss. So sieht er in der „St. Petersburger Periode“ keine historische Nothwendigkeit, sondern schädliche Willkür und leugnet ihre nationale Bedeutung. Dagegen erhebt er die alten Reichstage, überschätzt ihre Bedeutung und benutzt sie als Grundstein zu einem besondern System staatlicher Einrichtung, welches, im Gegensatz zu dem politischen Formalismus des Occidents, der aus der Feindseligkeit und dem Misstrauen zwischen Macht und Volk entsprungen wäre, die sogenannten „Garantien“ verwarf und sich auf freiwillige Einigung gründete.

Die gedruckten Leistungen des Herrn *Iwan Akssakow* waren für die Zeit, welcher unsere Betrachtung gewidmet ist, nicht zahlreich. Es waren meist Poesien, die dem Erzeugen slawophilischer Ideale gewidmet waren und zum Theil Proben der Poesie im Volksstyl sein sollten. Sie bildeten mit den Gedichten und anderen schöngeistigen Leistungen von K. Akssakow, Chomjakow, Jasykow u. A. eine besondere Poesie des Slawophilenthums, in welcher weniger poetisches Schaffen, als tendentiöses Gefühl ist. Derselben Zeit gehören auch andere Arbeiten des Herrn Iw. Akssakow an, die nur zum Theil bekannt sind. So seine Studien über die Secten. zu welchen er durch einen officiellen Auftrag veranlasst wurde. Später erschien von ihm ein vortreffliches Werk über die russischen Jahrmärkte, welches von der Geographischen Gesellschaft herausgegeben wurde. Das Studium des Volkslebens im weitesten Sinne war Gegenstand seiner Beschäftigungen. In neuerer Zeit war er bekanntlich Herausgeber der Wochenschrift „Denj“ und der Zeitung „Moskwa“ und als solcher Hauptvertreter seiner Schule auf dem Gebiete der innern Politik der Gegenwart.

Gleich im Anfange fanden die Ideen der Slawophilen wenig Credit bei ihren Gegnern—eben so wenig Credit können sie auch jetzt haben. Denn auf dem Gebiete practischer Fragen, denen die neueste Thätigkeit der Slawophilen zugewendet ist, bewährten sie sich als dieselben wie in ihren Theorien. In den fünfziger Jahren kamen die Gegner ihnen mit Wohlwollen entgegen, suchten sie zu einer klareren Auseinandersetzung ihrer Ideen zu veranlassen und beabsichtigten eine Verständigung über die gemeinsamen Interessen. Wenn ihren Ansichten auch nicht beigestimmt wurde, so wurde doch ihr Streben nach Wahrheit und ihr Bemühen um das Gemeinwohl annerkannt. (Man vergleiche den „Zeitgenossen“ — Ssowremennik — für 1856, No. 2, S. 68 u. flg.). Man sprach das in der Zeit aus, wo man voll Erwartungen und Hoffnungen war, wo für beide Parteien erst die Möglichkeit zu einer ausgebreiteteren literarischen Thätigkeit gegeben war. Doch man kam davon zurück als man einsah, dass jene Schule auf dem Boden unabhängiger Forschung sich nicht behaupten könne — wie es auch das Wesen ihrer Idee nicht zuliess.

Das Slawophilenthum hat das Eigenthümliche — was bei socialpolitischen Ansichten unserer Zeit selten ist —, dass seine wesentliche Grundlage eine theologische war. Auf dieser Grundlage ruht die Abneigung gegen den Westen, die Begeisterung für das russische, vor-Petrinische Alterthum: — wir haben uns vom Westen abzuwenden, weil seine Bildung uns fremd und der *höchsten Wahrheit* baar ist; wir müssen zur alten Zeit zurück kehren, weil sie, wenn auch nicht immer mit Bewusstsein, von einer Lehre durchdrungen war, welche diese hochste Wahrheit in sich fasste.

Es ist nicht unsere Aufgabe, zu untersuchen, wie richtig die Slawophilen diese höchste Wahrheit darstellen, denn das ist eine ausschliesslich theologische Frage. Wir haben nur von der historischen und socialen Anwendung, die sie von dieser allgemeinen Idee machen, zu reden.

Kirejewskij kommt auf diesen Gegenstand häufig zu reden. So, zum Beispiel, behauptet er, dass der Westen selbst, nachdem er seine lateinisch-germanische Civilisation erschöpft, nach einer neuen, erweiterten Grundlage für seine Bildung suche, und dass er dieselbe namentlich in der Rechtgläubigkeit finden werde.

Es ist nicht lange her, ungefähr dreissig Jahre zurück (1852 wurde dies geschrieben), heisst es bei Kirejewskij, wo man fand, dass aller Unterschied zwischen europäischer und russischer Bildung nicht in der Qualität, sondern in dem Maasse beruhe; seit jener Zeit ist aber in der einen wie in der andern eine starke Veränderung vor sich gegangen. Die europäische Bildung hat ihre volle Entwickelung erlangt, ihre Eigenthümlichkeit hat sich deutlich herausgestellt, ihr Facit ist bestimmt worden, und als Resultat erwies sich „ein allgemeines Gefühl der Unzufriedenheit". Es blühten wohl die Wissenschaften, das Leben ordnete sich zwar äusserlich, ihm fehlte aber seine innere Bedeutung; die Analyse hat „alle Grundpfeiler", auf welchen die europäische Bildung von Anfang an ruhte, zerstört. Zugleich ist auch die Analyse zum Bewusstsein ihrer Beschränktheit und Einseitigkeit und zur Ueberzeugung gelangt, dass die höchsten Wissenschaften ausserhalb des Kreises ihres dialectischen Processes liegen. Dies Resultat, behauptet Kirejewskij, ist von den ersten Denkern des Westens ausgesprochen worden. Jetzt stehe dem Westen bevor, entweder sich gegen Alles, was über die sinnlichen Interessen gehe, gleichgültig zu verhalten, was aber nicht möglich und erniedrigend sei, — oder zu seinen ursprünglichen Ueberzeugungen zurück zu kehren; doch die seien von der Analyse zerstört. Um diese quälende Leere auszufüllen, habe der Westen versucht, dem Leben neue Grundlagen zu geben, habe Altes und Neues, Mögliches und Unmögliches mit einander gemischt. Kirejewskij findet viel Uebereinstimmung in dem gegenwärtigen Character der europäischen Civilisation mit jener Epoche der griechisch-römischen Bildung, wo sie, beim Widerspruch mit sich selbst angelangt, unwillkürlich gezwungen war, ein anderes, neues Princip, welches andere Stämme, denen bis dahin die welthistorische Bedeutung abging, bewahrt hatten, in sich aufzunehmen. Wie jede ihre Lebensfrage habe, so culminirten jetzt alle Fragen des europäischen Lebens, geistige, wissenschaftliche und sociale — in einer — in der grossen Frage vom Verhalten des Westens zu jener bisher unbemerkten Grundlage des Lebens, des Denkens und der Bildung, auf welcher die rechtgläubig-slowenische Welt ruhe.

Also nicht wir allein hätten den Weg zu betreten, den uns unser Alterthum gewiesen, auch fur Europa giebt es keine andere Möglichkeit, seine an den Grenzen ihrer Entwickelung angelangte Civilisation zu verjüngen. Das ist das uns bereits bekannte Thema aller Slawophilen, doch mit dem Unterschiede, dass einige von ihnen, wie Kirejewskij, dem Occident um seiner früheren Verdienste um uns willen wohlwollen, andere dagegen wegen seiner Feindschaft zum Orient mehr gegen ihn aufgebracht sind und ihn seinem Schicksal überlassen — mag er fertig werden wie er kann. Kirejewskij verkennt noch nicht die hohen geistigen Verdienste der occidentalischen Bildung, findet den Gedanken, das, womit sie uns genützt von sich zu werfen, sogar abgeschmackt, hält auch einen ferneren Verkehr für nothwendig — freilich unter der Bedingung der Treue dem rechtgläubig-slawischen Grundprincipe; Andere dagegen — weisen auch solche Reserven zurück und behaupten, unumwunden, der Westen faule, man müsse ihn fliehen, um nicht auch der Fäulniss zu verfallen, und dass die Ansteckung bereits bemerkbar sei.

Es fehlt Kirejewskij durchaus nicht an Verständniss für die moderne Bewegung der Geister in Europa. Er erkennt an, dass wenn auch die geistigen Strömungen im Westen mit weniger Lärm und Glanz als früher stattfänden, sie dafür doch an Tiefe und Allgemeinheit gewonnen hätten. Jetzt sei man bemüht, *den Menschen, wie er ist, und das Leben, wie es sein soll, zu erfassen:* eine wissenschaftliche Entdeckung beschäftige die Geister mehr als eine glänzende Kammerrede; die äussere Form der Gerechtigkeitspflege werde für weniger wichtig als die innere Entwickelung der Gerechtigkeit, und der lebendige Volksgeist für wesentlicher, als seine äusseren Gestaltungen erachtet. „Die westeuropäischen Schriftsteller, sagt Kirejewskij, „fangen an einzusehen, dass hinter der geräuschvollen Umdrehung der Räder der Gesellschaftsmaschine die unhörbare Bewegung einer moralischen Sprungfeder im Verborgenen wirke, von welcher Alles abhängt. Daher sind sie auch bei ihrer Gedankenarbeit bemüht, von den Erscheinungen zu ihrer Ursache überzugehen; von formellen äusseren Fragen wollen sie sich zu jenem Umfange der Gesellschaftsidee erheben, in welchem sowohl die ephemeren Tagesereignisse, als auch die ewigen Bedingungen des Lebens, die Politik wie die Philosophie, die Wissenschaft und das Handwerk und die Industrie, selbst die Religion und mit ihnen Allen zusammen auch die Volksliteratur zu einer unübersehbaren Aufgabe zusammenfliessen, welche in der *Vervollkommnung des Menschen und seiner Lebensverhältnisse* besteht."

So dachte Kirejewskij über die europäische Bildung und dennoch gelangte er zu dem Schlusse, dass sie den Kreislauf ihrer Entwickelung vollendet habe. Man fragt sich unwillkürlich: wie konnte in ihm ein solcher Gedanke aufkommen? Hingerissen von seiner religiösen Stimmung und alten philosophischen Reminiscenzen glaubte er, dass die Lösung der Frage von der occidentalischen Bildung in der Lage jener abstracten Philosophie zu suchen sei, auf welcher einst seine eigene Entwickelung ruhte. Mit Recht fand er diese abstracte Philosophie unzulänglich; so bemerkte er mit Recht an den neuesten Systemen ein Schwanken, eine Unsicherheit und ein vergebliches Haschen nach einem absoluten Princip. In diesem Schwanken sah er die letzten Versuche der „Vernunftidee", welche ihm das einzige Lebenselement des Westens däuchte; und in diesen Anstrengungen, das Absolute zu erfassen, erblickte er ein noch unbewusstes Streben — und zwar zum rechtgläubig-slawischen Princip. Das Ableben und das Fallenlassen der speculativen Philosophie Hegel's und Schelling's hielt er für ein Erlöschen der „Vernunftidee" selbst. Er merkte nicht, dass die Wissenschaften die von dieser Philosophie ihnen gezogenen Schranken durchbrochen hätten und auch keiner neuen Fesseln bedürften, um eine höhere Stufe der Entwickelung zu erreichen. Wie in Beziehung zur Wissenschaft des Westens bei Kirejewskij und seinen Gesinnungsgenossen ein Missverständniss obwaltete, eben so irrten sie in Betreff des moralischen und socialen Zustandes in Europa. Auf einige vereinzelte, zufällige, ausserdem nicht genügend dargethane Facta hinweisend, folgen sie dem Verfall der Sitten und bemerken nicht die allgemeine sociale Gährung, welche in jenen Jahren sich bereits bemerkbar machte und manche übereilte Versuche zur Lösung socialer Probleme zur Folge hatte, die aber immerhin von dem Streben nach Vervollkommnung der Lebensverhältnisse und nach Hebung der untern Classen Zeugniss ablegten. Diese Erscheinung an und für sich wäre hinreichend gewesen, um darzuthun, dass das Leben Europas nicht an Altersschwäche leide, im Gegentheil voll Energie sei.

Ausserdem verweilen die Slawophilen, besonders Kirejewskij und Chomjakow, gerne bei den religiösen Verhältnissen des Westens, namentlich Deutschlands, und weisen mit Vorliebe auf die Spaltung in der religiösen Idee, auf den Kampf der Parteien hin, von denen jede die richtige Formel des Christenthums gefunden zu haben glaube, und folgern aus dieser Erscheinung, dass auch in religiöser Beziehung der Westen in einer Lage sich befinde, aus welcher ein Ausgang nicht möglich sei, daher nach einem andern, früher „übersehenen" Principe suche, welches geeignet wäre, das verlorene ethisch-religiöse Gleichgewicht wieder herzustellen. Wie auf wissenschaftlichem so auch auf religiösem Gebiete sehen die Slawophilen Heil für Europa nur in der Umkehr.

Kirejewskij, welcher wohl als der besonnenste unter den Slawophilen gelten kann, hat zu wiederholten Malen den Gedanken ausgesprochen, dass, wenn auch für den Occident und für seine Anhänger bei uns die Umkehr zum orientalichen Princip nothwendig sei, dessen ungeachtet nicht nur der Westen, sondern auch der Osten das erwählte Gefäss, den von jenem angehäuften Vorrath an Bildung, nicht zurückzuweisen habe. Andere Slawophilen dagegen haben damals und später die Sache anders aufgefasst. Für sie war die westliche Civilisation nur ein Gegenstand der Feindschaft.

Wir geben hier Einiges aus Kirejewskij's Schrift „über die Nothwendigkeit und Möglichkeit neuer Principien für die Philosphie". Diese neuen Principien sind freilich — die des Orients. Er begreift, dass für das Bestehen der Philosophie freie Thätigkeit der Vernunft nothwendig sei, und bemüht sich zu beweisen, dass diese Freiheit bei jenen Principien vollkommen möglich sei, — nur müsse die Vernunft gläubig sein und der Denkprocess sich bis zur mitfühlenden Uebereinstimmung mit dem Glauben erheben. Das geschehe auf folgende Weise: „Das innere Bewusstsein, dass auf der Tiefe der Seele ein lebendiger allgemeiner Mittelpunkt für alle einzelnen Verstandeskräfte ruhe, welcher dem gewöhnlichen Zustande des menschlichen Geistes verborgen bleibt, für den Suchenden aber *erreichbar* und einzig und allein der Erfassung der höchsten Wahrheit würdig ist, — ein solches Bewusstsein veredelt die Denkweise des Menschen: indem es den Eigendünkel seiner Vernunft beschwichtigt, beschränkt es nicht die Freiheit ihrer natürlichen Gesetze; im Gegentheil, es befestigt ihre Selbstständigkeit und veranlasst sie freiwillig sich dem Glauben zu unterwerfen." Vorher hatte Kirejewskij eben darauf hingewiesen, dass unveränderliche Thesen mit deutlichen und unverrückbaren Grenzen die Grundlage der morgenländischen Philosophie bilden, dass diese Thesen „unantastbar" seien (s. Werke II, 307 u. flg.). Kirejewskij selbst fühlte, dass unter so bewandten Umständen der Vernunft nicht viel zu thun übrig bleibe: „zur Entwickelung dieses selbstständigen rechtgläubigen Denkens — sagt er — bedarf es nicht grosser Genialität. *Im Gegentheil*, Genialität, welche nothwendiger Weise, Originalität zur Voraussetzung haben müsste, würde der Fülle der Wahrheit nur Eintrag thun" (s. Werke II, S. 331). Dies Geständniss ist sonderbar, aber — folgerichtig.

Die Principien der morgenländischen Philosophie findet Kirejewskij bei den byzantinischen Schriftstellern, hauptsächlich nach der Trennung der Kirchen, und wundert sich, dass diese erhabene Philosophie, ungeachtet aller ihrer Vorzüge, „der Vernunft-Richtung des Westens so wenig zugänglich war, dass sie nicht nur niemals von den Denkern des Westens gewürdigt worden, sondern ihnen auch gänzlich unbekannt geblieben ist". (S. Werke II, S. 256). Freilich muss man noch mehr darüber erstaunt sein, dass Kirejewskij, indem er Solches aussprach, vergass, dass er diese morgenländischen Philosophen nur in Ausgaben lesen konnte, welche von abendländischen Gelehrten besorgt waren, denen wir überhaupt unsere Kenntnisse des byzantinischen Alterthums verdanken.

Nach dem eben Mitgetheilten ist es deutlich, dass der Streit über die philosophischen Richtungen ein rein dogmatischer war. Die

Frage von dem Verhältniss Russlands zu Europa und seiner Civilisation, von unserer nationalen Bedeutung, von unserer künftigen Rolle in der Menschheit — diese Rolle machte den Slawophilen immer viel Sorge — musste also in einer theologischen Abhandlung behandelt werden. Diese Aufgabe übernahm Chomjakow, dessen theologische Schriften unlängst im Auslande erschienen sind. Ihr Herausgeber, Herr Ssamarin, sieht das Verdienst des Autors dieser Schriften darin, dass er bemüht war und es ihm gelungen ist, die Idee der Kirche in ihrer logischen Definition zu deuten. (S. Chomjakow's Werke, Bd. II, S. XXVII.).

Die theologischen Abhandlungen Chomjakow's sind mit grosser dialectischer Kunst geschrieben und werden daher eine ehrenvolle Stellung in der dogmatischen Literatur einnehmen, die wir übrigens näher zu bestimmen nicht unternehmen. Diese Literatur hat, wie jede Specialität, ihre Fragen, ihre Existenzbedingungen und auf diesem Gebiete mögen die Argumente Chomjakow's in der That von solchem Gewichte sein, wie Herr Ssamarin sie schildert. Doch die Entscheidung der gestellten Frage hängt nicht allein von den Argumenten, die den Dogmen entlehnt werden, ab. Das von Chomjakow aufgebaute System mag sich durch strenge Logik auszeichnen, doch diese Logik bleibt eine reine Abstraction. Um dem System Ueberzeugungskraft zu verleihen, ist es nothwendig, dass es in der Geschichte und dem wirklichen Leben seine Stützen finde: ohne dieselben bleibt es für uns ein poetisches Ideal, eine logische Fiction. Das von Chomjakow entworfene System ist zugleich eine Institution — in dem Sinne, in welchem vor ihm Herr Ssamarin redet (S. XXVII — XXVIII). Letzterer selbst gesteht ein und führt den Beweis, dass die reale Institution dem logisch-idealen Baue Chomjakow's bei Weitem nicht entspreche. Woher kommt denn dieser Widerspruch, und ist der Bau daher nicht ein willkürlicher, fingirter? Dieser Widerspruch ist nicht zu umgehen. Der bestehende Character und die bestehende Auffassung einer Institution sind gewiss nicht die Angelegenheit der gegenwärtigen Generation allein, sind nicht blos die Folge seines grösseren oder geringeren Verständnisses, denn dieses Verständniss ist das Resultat einer ganzen, sehr alten Geschichte, deren Beginn sogar sehr schwer zu bestimmen. Selbst Chomjakow sah es ein, dass die „Institution" in eine sehr falsche Lage kommen könne (S 75); nicht weniger deutlich begreift es Herr Ssamarin im gegebenen Falle (S. VI bis VIII, XV bis XVI); — wie soll aber ein abstractes System von einer Institution geschieden werden, wenn diese eben den Gegenstand der idealen Verherrlichung bildet? Das Leben hat nicht mit einer logischen Formel oder der idealen Auffassung eines Princips, sondern mit einer der Gegenwart von der Vergangenheit überkommenen Realität zu schaffen und zu rechnen. Es kann die logische Formel und die ideale Vorstellung dem Grundcharacter der Institution entsprechen, wie er in der Zeit ihrer ursprünglichen Bildung, unter längst vergangenen historischen Bedingungen war, — doch zwischen jener Zeit und der Gegenwart liegt ein Jahrhunderte langer Weg der Entwickelung. Die Institution konnte ja nicht frei bleiben vom Einfluss der Geschichte: die Bedingungen, unter denen sie im Verlaufe der Geschichte bestand, mussten ja nothwendiger Weise auf sie Einfluss üben und sie umgestalten, denn es ist unmöglich, dass eine Erscheinung, welche in einer gewissen Zeitperiode, bestimmt von den Begriffen dieser Periode, ins Leben trat, auch später noch in demselben Sinne und in denselben Formen fortbestehen könne Man kann nicht anders, als Chomjakow's weit angelegte Pläne für eine reine, dem Leben fremde Abstraction oder für ein phantastisches Ideal halten.

Der Verfasser ist mit Herrn Ssamarin bereit, Chomjakow für eine geniale, bei uns kaum dagewesene Erscheinung völliger „Freiheit in religiösem Bewusstsein" zu halten. Man sollte glauben, dass seine Schule, wenn sie auch selbst noch nicht eine gleiche Erscheinung bietet, doch nach ihr strebe. Aus Berichten wissen wir in der That, dass Chomjakow zu seinem Gegenstande sich vollkommen unbefangen verhielt; seine persönliche Ueberzeugung war die freie Ueberzeugung eines gebildeten Menschen, der eine ihm entgegengesetzte Ansicht nicht fürchtete, sie sogar suchte, um seinem Bedürfniss nach Propaganda oder dialectischer Controverse zu genügen. Seine Schule aber hat nur zu deutlich bewiesen, dass ihr dieses freie Verhalten abgehe. Selbst in den Schriften Kirejewskij's und Chomjakow's lassen sich Ausdrücke nachweisen, welche von Unduldsamkeit zeigen; bei ihren Anhängern ist diese Unduldsamkeit Regel. Alle vorhandenen Bedingungen ignorirend, stellen sie ihre Forderungen in so exclusiver Weise, dass eine Auseinandersetzung der Fragen ganz unmöglich wird. Zuweilen, das kann man nicht läugnen, geben sie ihre Unzufriedenheit mit gewissen gegenwärtigen Eigenthümlichkeiten „der Institution" zu erkennen, — das hindert sie aber durchaus nicht an Insinuationen, die um so weniger zu billigen sind, als es der Literatur weder möglich war noch ist, über diese Fragen mit Aufrichtigkeit und Deutlichkeit zu reden, wenn sie einer kritischen, sogar skeptischen Richtung auch nicht fremd blieb. Die meist mässigen Aeusserungen dieser letzteren, zum Theil hervorgerufen durch das entgegengesetzte Extrem der Slawophilen oder ihrer Bundesgenossen, waren für dieselben hinreichend, um über die moderne Literatur den Stab zu brechen und ihr dadurch einen recht schlimmen Dienst zu erweisen. Indem sie Alles, was ihnen in der neueren Literatur nicht gefiel, zusammen warfen, verdammten sie es in Bausch und Bogen, ohne eine Ausnahme zu gestatten für die Ideen solcher Leute, welche ihnen in Liebe zur Warheit und Sorge um das allgemeine Wohl durchaus nicht nachstanden.

Die eben hier angedeuteten Thatsachen gehören freilich einer späteren Zeit an, sie sind aber bezeichnend für den Character der Schule — ihre Exclusivität, welche wohl durch die persönlichen Eigenschaften und die Bildung einiger ihrer Anhänger gemildert werden konnte, immerhin aber das Wesen ihrer Lehre ausmacht.

Chomjakow und Kirejewskij — Ersterer, wie es scheint, noch mehr als dieser — waren von der unermesslichen Vortrefflichkeit ihres theologischen Systems und seiner unerschütterlichen Bestimmtheit überzeugt und hielten es daher nicht für nöthig, gegen diejenigen Ansichten aufzutreten, welche innerhalb der russischen Gesellschaft und Literatur ihr System nicht anerkannten, indem sie (wie auch Herr Ssamarin, S. XXXVI—XXXVII) dieselben gleichsam als nicht existirend, als etwas von fremden Einflüssen Eingegebenes, Unbedachtes, Unreifes betrachteten. Ohne auf die kritischen Resultate der europäischen Forschung Acht zu geben, halten sie sich nur an die Kirchen des Westens, stellen dieselben blos und wollen sie bekehren. So hält Chomjakow sein System für einen abgeschlossenen Codex, an dem nicht gerüttelt werden dürfe, mit dem in der Hand er den Westen siegreich blossstellen zu können glaubt. Er spricht mitleidsvoll von des letzteren „moralischer Entkräftigung", von der „Furcht, welche über die religiösen Parteien des Occidents (Katholicismus und Protestantismus) gekommen sei", dass sie, „erschreckt über die ihnen drohende Gefahr, sich gegen den gemeinschaftlichen Feind — den Unglauben — mit einander verbinden wollen." In diesem Streben nach Annäherung sieht er ein sicheres Zeichen des Verfalls, der Ohnmacht und der Abwesenheit eines wahren Glaubens, und es fällt ihm gar nicht ein, darin einen Fortschritt gegen die Unduldsamkeit früherer Jahrhunderte zu finden.

Die wichtigsten theologischen Schriften Chomjakow's erschienen (in französischer Sprache) im Anfang der fünfziger Jahre. Einige der in ihnen dargelegten theologischen Principien wurden von ihm freilich auch in andern, nicht-theologischen Schriften mitgetheilt; endlich wurden seine allgemeinen Ansichten und Gedanken von ihm in jenen Unterhaltungen ausgesprochen, zu denen die Vertreter beider Richtungen in der Literatur zusammen kamen, und durch welche damals dem Mangel an freier Bewegung in der Presse abgeholfen wurde. Wie in allgemeinen Fragen, so differirten beide Richtungen sehr stark auch auf dem Gebiete theologischer Fragen. Anfangs schwebten sie gemeinschaftlich noch hoch in den Lüften, doch bald machte sich für die eine wie die andere die practische Wirklichkeit fühlbar. Man ging bald von Abstractionen zu lebendigen Interessen über und die Anschauungsweise in gesellschaftlichen Dingen klärte sich allmahlich. Die sogenannten „Sapadniki" erfassten die gesellschaftlichen Fragen mit ziemlich realem Verständniss. Bei ihrer Auffassung der Bildung wurde es ihnen bald klar, dass der halbgebildeten Gesellschaft auch viel von Dem abgehe, was zur gewöhnlichen Bildung gehöre; auch das Schwierige ihrer eigenen Lage blieb ihnen nicht verborgen, weil in den Sitten, in der geringen Zahl der Mitwirkenden, in der Theilnahmlosigkeit der vernachlässigten und ungebildeten Masse unüberwindliche Hindernisse ihrer Thätigkeit sich entgegen stellten. Zu derselben Zeit, wo den „Sapadniki" das Alles recht klar wurde, traten die Slawophilen mit ihrer Lehre hervor, deren unklarer, halbmystischer Inhalt, recht geeignet war, Das aufrecht zu erhalten, wogegen jene ankämpften, denn es wurde von diesen verherrlicht, was jene eben als wesentliches Hinderniss einer besseren Zukunft betrachteten. Gegen die europäische Bildung im Geiste der freien Idee stellten die Slawophilen ein theologisches Princip auf; statt des Anstrebens einer bessern Zukunft, wie sie von der europäischen Bildung verstanden wurde, empfahlen diese das Vergangene. Aus dem, anfänglich mit Mässigkeit geführten Streite wurde bald ein heftiger literarischer Kampf. Anfangs war, wie es nicht selten zu sein pflegt, auf beiden Seiten Recht und Unrecht. Die Slawophilen hatten in sofern Recht, als sie auf das Volk hinwiesen; bei ihren theologischen und archäologischen Studien vermeinten sie nach dem wahren Nerv des Volkslebens zu suchen, das Princip der Nationalität, welches so lange vergessen worden war, wieder herzustellen. In der That haben auch die Slawophilen in gewissem Grade dazu beigetragen, dass ein besseres Verhalten zum Volke als früher eintrat. Ihr Fehler bestand darin, dass sie dieser Theologie und Archäologie sich ausschliesslich hingaben. Wohl förderten sie das historische Verständniss des Volkslebens, vermochten aber nicht ein unbedingtes Princip für seine weitere Entwickelung zu schaffen. Indem sie Vergangenheit und Volk idealisirten, vertheidigten sie an beiden nicht selten, was gerechter Weise nicht zu vertheidigen war. Ihre Gegner konnten sie mit den angemalten Schilderungen des alten Lebens nicht überzeugen. Dieselben hatten die schlimmen Folges dieses Lebens noch vor Augen und konnten die phantastischen, exclusiven und selbstgenügsamen Theorien der Slawophilen nicht mit Ruhe ertragen, da sie das Uebel fühlten, welches mit diesen Theorien so nah verwandt war.

Es ist bereits angeführt worden, dass die Slawophilen von Haus aus das occidentalische oder romano-germanische Europa und das morgenländische oder rechtgläubig-slawische Europa als zwei verschiedene, einander entgegengesetzte Welten betrachteten. Diese Anschauung haben die Slawophilen bis auf unsere Tage bewahrt und in letzterer Zeit im Einzelnen ausgeführt und darauf eine ganze historische Theorie gegründet, nach welcher die Rechtgläubigkeit die allgemeine Religion der slawischen Welt ist, und wenn einige slawische Stämme sie im Laufe der Zeit aufgegeben, so müssten sie zum besseren Erfolg ihrer Regeneration zu derselben wieder zurückkehren. Diese Anschauung war Folge theils des erwähnten theologischen Princips, theils des westlichen Panslawismus. Anfangs (in den zwanziger und dreissiger Jahren) gefiel man sich bei uns in poetischen Ergüssen. Erst später fing man an, die slawische Welt wissenschaftlich kennen zu lernen. Als erste Probe ernsten Studiums bei uns nach dieser Seite hin kann *Walujew's* erwähnter „Sbornik für die historische und statistische Kenntniss von Russland und der ihm religions- und stammverwandten Stämme" betrachtet werden. Ueber Walujew's Persönlichkeit hat man sich in beiden Lagern mit viel warmer Theilnahme ausgesprochen. Wenn er sich auch zur Lehre des Slawophilenthums bekannte, so konnte er in seinem Innern doch nicht die Widersprüche gegen dessen Ausschreitungen niederdrücken: daher ist auch in dem Aufsatze, wo er seine allgemeinen Anschauungen ausspricht, ein Zwiespalt der Meinungen nicht zu verkennen.

In der Einleitung zum „Sbornik" spricht sich Walujew darüber aus, wie er die russische Wissenschaft, welche nicht nur unsere ganze Vergangenheit und Zukunft, sondern auch die Ereignisse der europäischen Welt zu beleuchten hätte, und ausserdem unsere Beziehungen zum Occident auffasse. Es sind allgemeine slawophilische Ideen, vorgetragen mit jugendlicher Begeisterung und daher vielleicht sehr characteristisch für die Schule selbst. Walujew findet, dass Peter's des Grossen Aufgabe im ersten Viertel des gegenwärtigen Jahrhunderts mit dem Ausbau des von ihm gegründeten Staatsgebäudes vollendet gewesen sei und dass gleichzeitig auch die Herrschaft Europas über unsere Civilisation endete oder hätte enden müssen. Wir hätten seitdem begonnen in uns selbst zurück zu kehren, und die neueren Ereignisse, äussere und innere, wiesen dem russischen Leben neue Pfade. Als solche Ereignisse betrachtet er: das Aufkommen, mit Russlands Unterstützung, neuer orthodoxer Staaten (Griechenland, Serbien, Donaufürstenthümer), die Vereinigung der Armenier der morgenländischen Kirche in einem Gebiete, den Wiederanschluss der Union, die Einrichtung orthodoxer Schulen im Orient, die Verkündigung des Evangeliums den Heiden in den entlegenen Theilen Russlands; in den innern Angelegenheiten: die Herausgabe des „Swod" und der vollständigen Gesetzsammlung, den friedlichen Vergleich der Privaten in Betreff des durcheinander gewürfelten Länderbesitzes, die Herausgabe der Quellen der russischen Geschichte, die allmähliche Einführung des Gebrauchs der russischen Sprache in den höheren Gesellschaftskreisen, welche dieselbe fast vergessen hatten, das Auftreten nationaler russischer Dichter, wie Puschkin und Gogol. Nur unsere Wissenschaft, besonders die historische, wäre dieser allgemeinen Bewegung noch nicht gefolgt. Ihre Aufgabe wäre es — die unter europäischen Einflüssen erzogenen Gesellschaftsclassen mit denen, welche von diesem Einflusse fast frei geblieben wären, sowie auch Russland mit den ihm religions- und stammverwandten Völkern bekannt zu machen, und dadurch ihm die Möglichkeit zur Selbsterkenntniss zu geben.

Dieser Zweck war zweifellos ein sehr schöner; doch zu der Zeit, wo diese Wissenschaft erst noch gesucht wurde, wenigstens erst eben begann, verurtheilt Walujew bereits das Leben und die Bildung des Abendlandes und erhebt das russische Leben und die russische Bildung, — freilich die der alten Zeit. Er giebt zu, dass wir dem Westen unsere äussere, materielle Bildung zu entlehnen hätten; wenn aber „unter Bildung nicht allein die materiellen Verbesserungen im Leben des Menschen zu verstehen seien, sondern jene gemeinschaftliche, geistige und ethische, Bewegung, welche die Völker zu brüderlicher Liebe einigen und in der Gesellschaft die reine Idee des Christenthums, soweit die Menschheit dazu die Möglichkeit giebt, verwirklichen soll, dann müsste es sehr fraglich bleiben, wer mit Recht mehr gebildet zu nennen sei — Russland im XV. und XVI. Jahrhundert oder das gleichzeitige katholische und protestantische Europa"?[1] Anfangs entschliesst er sich nicht zum Ausspruch eines „Urtheils über die lateinische Welt" — deren Früchte unsere Civilisation geniesst, — im weiteren Verlauf seiner Auseinandersetzung spricht er aber dieses Urtheil aus, indem er die europäische Bildung beschuldigt, nur nach äusserem Glanz und Flitter zu streben, welches Streben die Leere im Leben des grösseren Theils der Gebildeten ausfülle. Sogar zur besten Frucht der „lateinischen" Bildung, zur Wissenschaft, verhält er sich skeptisch, weil, wie er sich ausdrückt, auch die besten Geister in der Wissenschaft wie in der Kunst, in der Bildung, der sie dienen, nichts Anderes suchten als den *Comfort*, die Einschläferung des Gedankens und der Seelenkräfte durch die Beschränktheit dieses oder jenes Systems, dieser oder jener Routine, Befriedigung aller raffinirten Genüsse des gebildeten Daseins und seines moralischen Sybaritenthums. „Und war nicht", fragt er endlich, „eine solche Verwirklichung des allseitigen Comforts, welcher alle Bedürfnisse des Menschen befriedigen soll, die Grundaufgabe der ganzen westlichen Bildung und der ganzen occidentalischen Menschheit?"[2] Wohl werden dem Westen seine Verdienste um die Menschheit zugestanden, doch sei er nicht im Besitz der wahren Wahrheit. Mit seinen Versuchen und seinen Verirrungen habe er nicht weniger sich um die Menschheit verdient gemacht, als *andere* Völker und Länder um das Christenthum und die hohere künftige Einheit der ganzen Menschheit durch ihre passive und furchtsame Unthätigkeit, denn diese allein habe es ermöglicht, dass dem geistig noch unreifen Menschen seine geistige Bestimmung in Reinheit bewahrt bleibe. (Ebendas. S. 3.) Der Reichthum, den wir vom Occident geschenkt erhalten oder mit einem Verlust an unserm eigenen innern Leben erkauft hätten — vom Glanze des Westens bestochen, vergassen wir des Reichthums unsers eigenen Volkes —, sei nicht von Dauer, hafte an uns nur von Aussen, wäre nicht in unser Blut übergegangen, bliebe für uns etwas Fremdartiges und verspräche keine lebenden Früchte. Dem Westen könnten wir in seinen Angelegenheiten nicht helfen, weil unsere ganze Vergangenheit so wie Alles, was an uns Eigenes und Lebendiges wäre, uns von ihm scheide. Seinen Kreislauf habe er selbst zu vollenden, für uns aber sei es an der Zeit, unser geistiges und ethisches Leben auf den eigenen Grundlagen zu entwickeln, — sonst würden wir auf immer

[1] „Sbornik" 1845, S. 2 Anmerkung.
[2] Ebendaselbst S. 12.

der Mittelmässigkeit und geistigen Unmündigkeit und daher dem Hohne des Westens verfallen.

Man sieht deutlich, dass in diesen Auslassungen Walujew's sich die Ideen Kirejewskij's wiederholen. In diesen Ideen lagen die Keime zu allen Uebertreibungen und Ausschreitungen des Slawophilenthums. Ein damaliger Bundesgenosse derselben, die Zeitschrift „Moskwitjanin", hatte schon früher seinen Urtheilsspruch über die „Fäulniss" des Westens verkündet. Wohl gebrauchten die Slawophilen nicht so starke Ausdrücke wie der „Moskwitjanin" (z. B. in No. 1 des Jahrgangs 1841, S. 247), doch stimmten seine und ihre Theorien mit einander überein und sie verurtheilten den Westen ziemlich kategorisch. Eine ernste Widerlegung ihrer Ansichten war nicht möglich, denn um so hochmüthig, wie sie es thaten, vom Westen zu reden und seine Civilisation zu Grabe zu tragen, musste man die Geschichte dieser Civilisation nicht kennen oder vergessen haben, welche Opfer der Westen gebracht, welche Verfolgungen er erlitten, wie viel Scheiterhaufen in ihm gelodert, damit er sich die Kenntnisse erwerben konnte, die uns über den Zustand kindlicher Unwissenheit hinaus halfen. Wessen Auffassung der Geschichte nicht die der Slawophilen war, bei dem mussten ihre Ansichten einen sehr peinlichen Eindruck hervorrufen, um so mehr, als ein Theil der Gesellschaft diese Ansprüche in einer Weise ausbeuten konnte, wie sie es selbst kaum wünschten.

In ihrer Exclusivität in religiösen Dingen verlangen die Slawophilen auch, dass alle ausserhalb Russland lebenden slawischen Stämme, welche, ungeachtet ihres confessionellen Unterschieds, ihre nationalen Eigenthümlichkeiten bewahrt hatten, ihre ganze historische Vergangenheit als einen Irrthum betrachten sollen, für den keine Entschuldigung gelte. Dass ihre religiösen Traditionen für sie Werth haben könnten, dass sie am Ende gar nicht wünschen, dieselben aufzugeben, dass die Geschichte ihnen einen andern Ausgang aus ihrer Lage habe offen lassen können, dass der Katholicismus sich reformiren und den gerechten Forderungen der Zeit sich anpassen könnte, dass endlich die slawischen Katholiken und Hussiten glauben dürften, dass jetzt die Zeit einer mehr ruhigen Lösung religiösen Zwiespalts, die Zeit der Duldsamkeit in Religionssachen gekommen sei, und dass Völker verschiedener Confession sich mit einander wegen allgemeiner Interessen verbinden können, ohne von einander einen Wechsel der Confession zu verlangen — an dergleichen Möglichkeiten denken die Slawophilen nicht, sie fahren fort auf ihrem System zu beharren: die Frage der nationalen Einheit bleibt in ihren Augen der theologischen Frage untergeordnet, und diese fassen sie in ausschliesslich confessionellem Sinne auf.

Indessen verhielten sie sich zum gegenwärtigen Zustande der Institution kritisch und geriethen dadurch mit sich selbst in Zwiespalt: sie wünschten eine andere Grundlage für das Verhältniss von Kirche und Staat, wünschten Reformen in der kirchlichen Verwaltung, grössere Duldsamkeit zu den gemässigten Secten der Ketzer, einige

Freiheit für die Forschung und dergleichen. Da fragt es sich denn, was könnten sie wohl den westlichen Slawen bieten, bei denen sie ihre Propaganda wirken lassen wollen, wenn sie selbst unzufrieden sind? Doch sind das Ansprüche, welche die Slawophilen in der letzten Zeit erhoben haben, denn in den vierziger Jahren konnten sie über dergleichen Gegenstände sich nicht hinreichend aussprechen.

(Fortsetzung folgt.)

Die Mission des Fürsten Menschikow nach Konstantinopel.

Im Verlauf der Frage von den heiligen Stätten, die Frankreich im Jahre 1850 bei der ottomanischen Pforte angeregt hatte, wurde bekanntlich zu Anfang des Jahres 1853 Fürst Menschikow durch Kaiser Nicolaus als ausserordentlicher bevollmächtigter Minister nach Konstantinopel gesandt. Den ganzen Gang jener Verhandlungen in ihren vielfachen Peripetien zu verfolgen und darzulegen, würde den Umfang des vorliegenden Artikels über den Raum der „Russischen Revue“ anschwellen; es existiren ausserdem über den Gegenstand ausführliche Darstellungen und Sammlungen, wie z. B. Jasmund's Actenstücke zur orientalischen Frage. Wohl aber verlohnt es sich, namentlich wegen der zum Theil zum ersten Male daselbst publicirten Actenstücke, den wesentlichen Inhalt der Darstellung wiederzugeben, die Herr Bogdanowitsch in einem Artikel des „Europaischen Boten“ [1] von der Mission des Fürsten Menschikow gegeben hat.

Nur über den Moment, in welchem Fürst Menschikow in die Action eingriff, dürften einige Bemerkungen geboten sein. Die Heiligenstätten-Frage schien eine Zeit lang der Lösung nahe; die von Frankreich vertretenen Lateiner hatten eine Anerkennung der französischen Capitulationen und eine Entscheidung über den Besitzstand erlangt, die günstiger war, als die factisch bestehenden Besitzverhältnisse derselben. Dafür hatten aber die Griechen einen Firman erhalten, welcher den Besitz und die Rechte der Lateiner aufzählte und erklärte, dass sie keine weiteren Ansprüche hätten; fer-

[1] Вѣстникъ Европы 1873. Книга I: Переговоры Князя Меншикова въ Константинополѣ. — По подлиннымъ документамъ — *М. И. Богдановича.* („Europäischer Bote“, 1873. Band I.: Die Verhandlungen des Fürsten Menschikow in Konstantinopel. Nach Original-Dokumenten von M. I. Bogdanowitsch.

ner einen Vezieralbrief, welcher den Lateinern den Schlüssel zur grossen Thür der Kirche in Bethlehem vorenthalten sollte. Diese Entscheidung war durch einen Brief des Sultans dem Kaiser Nicolaus mitgetheilt worden. Aber nachträglich weigerten sich die Türken, den Firman öffentlich in Jerusalem zur Verlesung zu bringen und wollten ihn nur registriren. Der französische Gesandte behauptete sogar, eine dahin gehende Zusage von der Türkei erhalten zu haben. Diese Wortbrüchigkeit war ohne Zweifel eines der schwerwiegendsten Motive, welche für die weitere Politik des Kaisers Nicolaus ins Gewicht fielen. Es kam hinzu, dass es die Republik und das frischentstandene Napoleonische Kaiserreich waren, welche die Heiligenstätten-Frage zu einer Frage der Präponderanz Frankreichs im Orient zu gestalten gesucht hatten, dasselbe Kaiserreich, das sich gegen die Verträge von 1815 und damit auch gegen das ganze System politischer Anschauungen ausgesprochen hatte, auf dessen Boden Kaiser Nicolaus wesentlich noch stand. Auch sonst fehlte es nicht an Anlässen zur Gereiztheit in dieser Richtung. Natürlich war dann auch das Bestreben, der Eventualität einer französisch-türkischen Allianz durch eine solche mit Oesterreich und vielleicht England, jedenfalls durch eine Einigung über gewisse Eventualitäten mit der grossen Seemacht zu begegnen.

Den 5. Februar 1853 meldete der englische Gesandte in St. Petersburg, Sir Hamilton Seymour, dessen Depeschen zusammengenommen mit den Noten und Denkschriften des Kanzlers Nesselrode ein sehr wichtiges Material für die innerste Geschichte der orientalischen Verwicklung liefern, dass Fürst Menschikow Befehl erhalten habe, sich zur Abreise nach Konstantinopel bereit zu halten, wo die Geschäfte der russischen Gesandtschaft für einige Zeit von einem Geschäftsträger besorgt worden wären, dessen Rang ihm nicht das Gewicht verleihe, welches in Angelegenheiten von solcher Bedeutung, wie die jetzt schwebenden, nöthig sei.

Die Instructionen des Fürsten Menschikow wurden durch den Kanzler als „versöhnlicher Art" bezeichnet, wobei bemerkt wurde, „dass nothwendiger Weise die Verhaltungsbefehle etwas unbestimmt sein müssten, da einerseits sich schwer erkennen liesse, wie weit die den Griechen im letzten Jahre zugesicherten Rechte verletzt worden seien und andererseits davon nicht die Rede sein könne, zu versuchen, von den Lateinern irgend welche Privilegien, die sie allmählich in Jerusalem erlangt haben mochten, wieder abzugewinnen. Das Ziel also, nach dem gestrebt werden müsse, sei ein Aequivalent für jedes von den Griechen verlorene Privilegium.

Die Documente nun, welche dem Fürsten Menschikow aus St. Petersburg mitgegeben wurden, bestanden, wie Herr Bogdanowitsch mittheilt, in einem Briefe des Kaisers Nicolaus an den Sultan, in welchem der Abschluss einer Convention zwischen den beiden Staaten verlangt wurde, in dem Text der Convention selbst, in Instructionen und in einem Entwurf geheimer Stipulationen. Der Entwurf der Convention lautet nach Herrn Bogdanowitsch:

Art. 1. Getragen von dem Wunsche, Allem vorzubeugen und Alles für immer zu beseitigen, was Anlass geben könnte zu Streit, Missverständnissen oder Divergenzen in Betreff der Immunitäten, Rechte und Vorrechte, welche durch die ottomannischen Padischahs in ihrem Reiche dem rechtgläubigen griechisch-russischen Glauben, der in ganz Russland und ebenso von den Einwohnern der Moldau, der Wallachei, Serbiens und anderen christlichen Unterthanen der Türkei bekannt wird, verliehen und sichergestellt sind, haben die Kaiserlich Russische Regierung und die ottomanische Pforte auf Grundlage vorliegender Convention festgesetzt, dass die rechtgläubige christliche Confession den beständigen Schutz der Pforte geniessen wird und dass dem Kaiserlich russischen Gesandten wie früher das Recht zustehen soll, sich zu Gunsten der Kirchen in Konstantinopel und anderwärts und eben so für die Geistlichkeit zu verwenden und dass diese Bitten, als von einer benachbarten und aufrichtig befreundeten Macht kommend, berücksichtigt werden sollen.

Art. 2. Die Patriarchen von Konstantinopel, Antiochia, Alexandria und Jerusalem, ebenso wie die Metropoliten, Bischöfe und andern Geistlichen, die nach den Regeln und Institutionen der orientalischen Kirche und dem alten Brauche gemäss frei gewählt und geweiht worden sind, werden anerkannt und ihrem Range entsprechend geachtet werden, indem sie unbehindert die Pflichten der von ihnen verwalteten Aemter erfüllen und alle die Rechte und Vorrechte vollkommen geniessen, die ihnen verliehen und auf Grundlage derjenigen Berate bestätigt worden, welche sie in Uebereinstimmung mit den Institutionen der Pforte bei ihrer Ernennung erhalten haben.

Art. 3. Da der Patriarch von Konstantinopel und die übrigen freigewählten Patriarchen von dem Synod nach den kirchlichen Institutionen auf Lebenszeit ernannt und auf Grundlage einer von Alters her bestehenden Sitte von der Pforte ebenfalls durch Berate auf Lebenszeit bestätigt werden, so wird in dieser Beziehung nichts geändert werden und die Absetzung eines Patriarchen kann fortan nicht anders stattfinden, als in den Fällen, welche die den Patriarchen verliehenen Berate bezeichnen, wo es namentlich heisst: „So lange es sich nicht herausstellt, dass der Patriarch die Rajahs bedrückt oder ihre Glaubensinstitutionen verletzt, oder des Verrathes gegen seinen Herrscher schuldig ist, bleibt er lebenslänglich in seinem Amt.“

Art. 4. Da es schon anerkannt und durch historische Traditionen wie durch zahlreiche Documente bewiesen ist, dass die rechtgläubige griechische Kirche in Jerusalem und eben so der dortige Patriarch nebst den ihm untergeordneten Bischöfen seit der Zeit der Kalifen und während der Regierung sämmtlicher ottomanischer Herrscher immer in allen ihren Rechten und Freiheiten beschützt, anerkannt und bestätigt worden sind, so verpflichtet sich die Pforte der russischen Regierung gegenüber, diese Rechte und Freiheiten zu achten und aufrecht zu erhalten, sowohl in Jerusalem, wie anderwärts, ohne jegliche Beeinträchtigung der andern christlichen Gemeinden, Unterthanen oder Ausländer, die das Grab des Herrn und die andern heiligen Orte sowohl gemeinsam mit den Griechen, wie von ihnen getrennt besuchen.

Art. 5. Da Se. Majestät der gegenwärtig glücklich regierende Sultan es für nöthig und gerecht erachtet, durch einen neuen Firman und Hatihumayun vom (Datum der Publication) die Bestimmungen seiner ruhmreichen Vorfahren zu Gunsten der Patriarchalkirche in Jerusalem, unter Bezeichnung der Heiligthümer, welche der rechtgläubigen Confession auf Grundlage ihrer alten und derjenigen Rechte eingeräumt sind, welche die römisch-katholische Kirche von Alters her geniesst, — zu bestätigen und zu befestigen, verspricht die ottomanische Pforte und nimmt die Verpflichtung auf sich, dass der genannte Firman und Hatihumayun in derselben Form, wie sie der Kaiserlich russischen Regierung mitgetheilt wurden, buchstäblich erfüllt und fortan genau beobachtet werden sollen.

Art. 6. Russische Unterthanen, sowohl Laien als Geistliche, denen es auf Grundlage der Tractate freisteht, Jerusalem und die übrigen heiligen Orte zu besuchen, sollen den Schutz der localen Obrigkeit in gleichem Maasse geniessen, wie die durch die Regierung meistbegünstigten Nationen und da die Unterthanen der übrigen Staaten, Katholiken und Protestanten, ihre eigenen Diener und Institute der Kirche besitzen, so verpflichtet sich die Pforte, in dem Falle, dass Russland es wünschen sollte, in Jerusalem oder der Umgegend dieser Stadt einen passenden Platz zum Bau einer zum Gottesdienst für die russische Geistlichkeit bestimmten Kirche und eines Fremdenhauses für arme und kranke Pilger anzuweisen, wobei diese Institute der besonderen Aufsicht des russischen Generalconsuls in Syrien und Palästina anvertraut werden.

Dieser Convention war, wie gesagt, ein Entwurf besonderer geheimer Stipulationen (projet d'un acte séparé et secret) beigefügt, in welchem Kaiser Nicolaus sich verpflichtete, im Falle, dass die Erfüllung seiner Forderungen irgend welche Unzufriedenheit oder Feindseligkeit von Seiten einer europäischen Macht gegen die Türkei zur Folge hätte, dem Sultan bei der Vertheidigung seines Reiches mit der russischen Land- und Seemacht beizustehen.

Auch eine Instruction hatte Fürst Menschikow mitbekommen, welche sein Verhalten gegenüber den Vertretern der Grossmächte in Konstantinopel regeln sollte. Soweit diese Instruction von Herrn Bogdanowitsch mitgetheilt ist, lautet dieselbe, zunächst über die Beziehungen zu Frankreich handelnd:

„Das neue Kaiserreich und der neue Kaiser sind von unserem erhabenen Herrscher mit solchen Einschränkungen und unter solchen Bedingungen anerkannt worden, die am Besten geeignet sind, vor den Augen der Welt die Anschauungen und Absichten der russischen Regierung kund zu geben. Ein freundschaftliches, friedliches, höfliches, zugleich aber vorsichtiges und festes Auftreten ist nöthig; keine unnützen Herausforderungen, aber auch keine Concessionen. Louis Napoleon darf nicht verletzt werden, wo er mit Recht empfindlich ist (dans ses susceptibilités raisonnables); aber es soll ihm auch nichts hingehen und in den Ansprüchen seiner Politik wie in Betreff der legalen Erbberechtigung der Napoleoniden kein Zugeständniss gemacht werden. Dies ist das System, welches der Kaiser befolgt hat und dem er auch fortan zu folgen gewillt ist.

„Die Form selbst der Anerkennung des französischen Kaiserreichs ist von uns in diesem Sinne gewählt worden. Sie war eine Folge der Herausforderung, die Napoleon gleich beim ersten Schritte den Mächten hinwarf, welche das erste Kaiserreich und seine Ansprüche — sein democratisches Princip über das Princip der alten Monarchien zu erheben (d'élever son principe démocratique au dessus de celui des vieilles monarchies) gestürzt hatten. Indem unser erhabener Monarch in den diplomatischen Beziehungen zu Frankreich eine solche Form gewählt und den neuen Kaiser gezwungen hat, sich mit derselben zu begnügen, ist er nicht blos seiner inneren Ueberzeugung treu geblieben, sondern hat auch ein politisches Ziel im Auge gehabt — nämlich den Zauber der Furcht und der Macht zu brechen, welchen die neue französische Regierung auf schwache Staaten und unter diesen auf die Türkei ausübt . . . . Es wird uns schwer zu entscheiden, ob die gegenwärtige Handlungsweise Frankreichs in Konstantinopel einer vorbedachten Politik Napoleons oder nur seinem Repräsentanten zuzuschreiben ist . . . . Es ist kaum möglich, daran zu zweifeln, dass die Ansprüche der französischen Regierung gegenüber der Türkei die Folgen der Absicht Napoleon's sind, sich den Schutz der Katholiken im Orient ausschliesslich anzueignen, sowohl in der Absicht, dort seine Präponderanz auf unsere Kosten zu befestigen, als auch auf Grundlage eines Systems der Captivirung der französischen Geistlichkeit durch den neuen Kaiser als Haupt der katholischen Kirche. Es ist sogar zu befürchten, dass Louis Napoleon, welcher Unruhen braucht, um seine herrschsüchtigen Pläne um jeden Preis auszuführen und da er befürchtet, eine Coalition der Grossmächte gegen sich hervorzurufen, wenn irgend welche Differenzen in Belgien oder am Rhein entständen, es vorzieht, im Orient Unruhen zu stiften, indem er die Sachen zum Aeussersten treibt . . . . Wenn seine Absichten in der That irgend wie derartig sind, können wir von ihm keinerlei Nachgiebigkeit in Konstantinopel erwarten. Freilich hat er uns vor einigen Tagen angetragen, die Frage von den heiligen Orten durch private Uebereinkunft mit ihm auszutragen. Wir sehen aber keine practischen Mittel, zu einem solchen Resultate zu gelangen, so lange das Tuileriencabinet nicht aufhört, als Fundament seiner Ansprüche Verträge hinzustellen, deren Abschluss in das 16. Jahrhundert hinaufreicht, ohne dabei die späteren Ereignisse zu berücksichtigen, die Anfangs die früheren Verträge alterirt und dann deren buchstäbliche Erfüllung unmöglich gemacht haben. Uebrigens wird die

Abberufung des Herrn v. Lavalette aus Konstantinopel und seine Ersetzung durch einen andern Repräsentanten uns vielleicht die Mittel an die Hand geben, über die grössere oder geringere Aufrichtigkeit der uns von der französischen Regierung kundgegebenen friedlichen Absichten ein Urtheil zu fällen. Die Schritte des neuen Gesandten werden ein Hinweis auf die Stellung sein, die Sie einnehmen werden . . . .

„Was unsere politischen Beziehungen zur englischen Regierung betrifft, so sind sie gut; da sie aber noch neu sind, können sie nicht genau bestimmt werden. Das gegenwärtige grossbritannische Ministerium ist eben erst ins Amt getreten. Lord Russell ist anscheinend nur zeitweilig Minister des Aeussern, und daher hat sich unsere politische Lage in London noch nicht genau definirt. Nichtsdestoweniger kann ich Ihnen sagen, dass der persönliche Character und die frühere diplomatische Handlungsweise des Chefs des neuen Ministeriums, Lord Aberdeen's, als ein sicheres Unterpfand für seine Einsicht und Mässigung dienen. Die Restauration der Napoleoniden in Frankreich und die Erinnerungen an das erste Kaiserreich sind genügend, um die Uebereinstimmung der englischen Anschauungen mit den unsrigen zu verstärken. Ungeachtet der unbegründeten Eile, mit der die britische Regierung Napoleon III. anerkannt hat, ohne die drei übrigen Mächte abzuwarten und ohne sich mit denselben über die nothwendigen Einschränkungen zu einigen, vermochte sie sich doch nicht von diesen Mächten zu trennen; sie hat nothgedrungener Weise die Verhaltungsregeln aufgeopfert, welche sie dem ersten Kaiserreich gegenüber aufgestellt hatte; aber England hegt für Frankreich nicht diejenige Sympathie, welche, Dank der Aehnlichkeit der Regierungsformen, zwischen ihm und der constitutionellen Monarchie Louis Philippe's bestand. Es hat Napoleon gegenüber Befürchtungen, traut ihm nicht und beobachtet ihn, nachdem es sich mit uns zusammen entschlossen hat, ihm durch die Tractate des Jahres 1815 und die Respectirung des status quo zu binden. Wenn es sich im Orient nur um ein Uebergehen des Einflusses handelte, würde für England ohne Zweifel die Präponderanz des katholischen Frankreichs über das rechtgläubige Russland unwichtig sein. Nicht eben so gleichmüthig kann es aber zusehen, wie unter der Maske des religiösen Einflusses die französische Politik die Herrschaft über ihre eigene gewinnt . .

„Dies Alles hat uns bewogen, beim Amtsantritt des neuen englischen Ministeriums demselben mit vollständiger Offenherzigkeit unsere Anschauungen und den Zweck der Sendung des Fürsten Menschikow darzulegen, um England uber die Absichten unserer Regierung in Beziehung zur Pforte zu beruhigen, die wahrscheinlichen Pläne Louis Napoleon's klar zu machen und die britische Regierung zu ersuchen, in Paris und Konstantinopel mit Festigkeit aufzutreten, besonders in Paris, indem sie Napoleon jede Hoffnung auf eine Mitwirkung Englands benimmt, wenn es ihm einfallen sollte im Orient einen Krieg anzufachen. So weit wir nach den letzten

Nachrichten aus London urtheilen können, ist Lord Aberdeen eifrig bemüht, die Folgen der hochfahrenden und arroganten (дерзкихъ) Handlungsweise des französischen Gesandten abzuwenden. Er hegt das vollkommenste Vertrauen zu den gemässigten und conservativen Absichten unseres erhabensten Monarchen, die durch frühere Ereignisse so klar ins Licht gestellt sind; und wir haben das volle Recht zu hoffen, dass dem englischen Residenten in Konstantinopel von dem britischen Ministerium Instructionen in demselben Sinne werden mitgetheilt werden.

„Was die übrigen zwei europäischen Grossmächte betrifft, so ist Ihnen bekannt, dass wir in enger Allianz mit denselben sind und daher wäre es überflüssig Ihnen mitzutheilen, dass zwischen ihren Cabinetten und dem unsrigen eine vollständige Identität der Anschauungen und eine Solidarität der gegenseitigen Verpflichtungen in allen Hauptfragen der europäischen Politik vorhanden ist. Dies bezieht sich hauptsächlich auf Oesterreich, das nach seiner geographischen Lage im Vorzuge vor Preussen einen thätigen Einfluss auf die orientalischen Angelegenheiten ausüben kann. Natürlich kann Oesterreich als katholische Macht in dem über die heiligen Orte entstandenen Streit für die Rechte der Griechen gegen die Ansprüche der Katholiken nicht zu auffällig eintreten. Aber das Wiener Cabinet vermochte mit dem ihm eignen Scharfblick leicht zu erkennen, dass es sich für Frankreich in dieser Frage nicht so sehr um einen religiösen Zweifel, als um ein politisches Ziel handelte, und wir mussten zu dem Schluss gelangen, dass Oesterreich gerade als katholische Macht niemals das ausschliessliche Schutzrecht anerkennen wird, wie es Frankreich über alle Christen, die mit demselben eines Glaubens sind, sich anzueignen bestrebt ist. Deswegen haben wir uns ohne Schwanken mit eben solchen Erklärungen an Oesterreich gewandt, wie die nach London abgegebenen waren und haben Oesterreich ersucht, in demselben Sinne in Konstantinopel wie in Paris zu wirken. Wir müssen der österreichischen Regierung darin Gerechtigkeit widerfahren lassen, dass sie unseren Wünschen durch deren Erfüllung zuvorgekommen ist. In diesen Tagen eingelaufene und ganz spontane Kundgebungen von Seiten Oesterreichs überzeugen uns, dass das Wiener Cabinet die geheimen Pläne der französischen Regierung vollständig begriffen hat. Wir haben daher volles Recht zu hoffen, Ew. Durchlaucht werde in dem Bevollmächtigten des Wiener Hofes, der uns aufrichtig alliirt ist, eine vollständige Bereitwilligkeit zu gegenseitiger Unterstützung finden, welche aus dem Streben nach einem Ziel und aus dem Wunsche, dieselben Resultate zu erreichen, hervorgeht".

Den 28. Februar 1853 traf, wie Bogdanowitsch erzählt, Fürst Menschikow mit zahlreichem Gefolge an Bord des „Gromonossez" in Konstantinopel ein, wo ihn die Glieder der russischen Gesandtschaft und mehrere Griechen und andere Christen empfingen. Mit Umgehung des, Russland feindlich gesinnten Ministers des Auswärtigen, Fuad Effendi, bat der Fürst um eine „*private*" Zusammenkunft bei dem Grossvezier. Wahrscheinlich lag ein Missverständniss vor, als der Grossvezier den Botschafter denn doch *officiell* empfing. Fürst Menschikow hatte dies nicht vorausgesehen und begab sich im Frack und Paletot zu der Zusammenkunft. Den letzteren nahm er in einem langen ungeheizten Corridor nicht ab, indem er zunächst in eine Antichambre zu kommen dachte, wo er den Ueberzieher hätte ablegen können. Aber als sich am Ende des Corridors ein Vorhang von schwarzem Tuche öffnete, stand plötzlich der Vezier im Galaanzug vor ihm. Jetzt erst konnte Menschikow den Paletot abnehmen, warf ihn über den linken Arm, näherte sich dem Vezier und nahm auf dem ihm angebotenen Sopha Platz, indem er den Ueberzieher neben sich legte. Dies ist der wahre Verlauf der Paletotscene, die nur eine Viertelstunde dauerte.

Im Verlaufe der kurzen Unterhaltung erklärte jedoch Fürst Menschikow dem Vezier schon, dass er nicht im Stande sei, mit Fuad Effendi in Verhandlungen einzutreten, und als beim Abschied der Vezier, den Fürsten geleitend, diesem durch einen Dragoman das Zimmer Fuad Effendi's zeigen liess, in welchem dieser in Galauniform den Fürsten Menschikow erwartete, ging Letzterer, ohne den Minister des Auswärtigen bemerken zu wollen, an ihm vorüber. Dies entschied den Rücktritt Fuad Effendi's, an dessen Stelle Rifaat Pascha zum türkischen Minister des Auswärtigen ernannt wurde.

Den 8. März begab sich Fürst Menschikow zur Ueberreichung seiner Creditive in officieller Audienz zum Sultan. In der Anrede an den Padischah gab er bei dieser Gelegenheit im Allgemeinen Gefühle der freundschaftlichen Gesinnung kund und erklärte, dass er beauftragt sei, „sich mit der Befestigung des guten Einvernehmens und der freundschaftlichen Nachbarschaft der beiden Staaten zu beschäftigen". An diese Audienz schloss sich aber unmittelbar ein privater Empfang bei dem Sultan, wobei nur der Reis-Effendi und einige Dragomans zugegen waren, und während dessen der Fürst folgenden, vom 24. Januar (5. Februar) 1853 datirten Brief des Kaisers Nicolaus an den Sultan überreichte:

„Ich erfülle gegen Ew. Majestät die Pflicht eines Verbündeten und eines aufrichtigen Freundes, indem ich mich mit diesem Briefe an Sie wende und den Admiral Fürst Menschikow, meinen Generaladjutanten, als ausserordentlichen Botschafter zu Ihnen sende. Im Besitze meines vollständigen Vertrauens wird derselbe Ew. Majestät mündlich die Gefühle des Leidwesens und des Erstaunens kund geben, die ich bei Empfang der Nachricht von der Entscheidung empfunden habe, welche Sie letzthin in der Frage von den heiligen Orten in Palästina getroffen haben.

Alle meine Verpflichtungen und die Verträge mit der ottomanischen Pforte gewissenhaft erfüllend und stets bereit, ihr zu helfen, sowie das aufrichtige Bündniss, das Ew. Majestät von Ihrem Erlauchten Vater übernommen hat, mehr und mehr zu festigen, kann ich nicht glauben, dass, als Antwort auf meine Gefühle und Absichten, Abweichungen von den gegebenen Versprechungen und solche

Handlungen dienen können, die für mich als Freund beklagenswerth, als Verbündeten beleidigend sind und mir als Herrscher sehr schwere Pflichten auferlegen.

Aller Wahrscheinlichkeit nach haben unerfahrene oder nicht wohlgesinnte Minister Ew. Majestät die Dinge in einem falschen Lichte dargestellt, und zugleich die Folgen der Aufhebung oder Entstellung des Firmans verhehlt, der durch Ihren Hatti-Scherif bestätigt worden ist, Documente, die vor nicht langer Zeit durch das türkische Ministerium dem Repräsentanten Russlands in Konstantinopel mitgetheilt wurden.

Ich habe meinen Botschafter beauftragt, die Aufmerksamkeit Ew. Majestät auf diese Folgen zu lenken, die Sie abzuwenden noch die Möglichkeit haben; da ich meinerseits dieselben zu vermeiden wünsche, bitte ich Sie, seinen Worten Glauben zu schenken und mit der Weisheit Ew. Majestät den Gegenstand meines gegenwärtigen Schreibens und das Gewicht der Entscheidung in dieser Angelegenheit in Erwägung zu ziehen.

Ich bin, erhabener souveräner Freund, sehr weit von der Absicht entfernt, Ihre Regierung Streitigkeiten mit andern Mächten auszusetzen, oder Ihnen die Verletzung irgend einer Bedingung vorzuschlagen, welche auf einen bis jetzt in Kraft stehenden und für die Türkei obligatorischen Vertrag basirt ist.

Aber andererseits muss ich Ihnen in der vorliegenden Frage die Aufrechterhaltung der Rechte anrathen, die durch Jahrhunderte geheiligt, von allen Ihren ruhmreichen Vorgängern anerkannt und von Ihnen selbst bestätigt worden sind und die die rechtgläubige Kirche betreffen, zu deren Dogmen viele der unter Ihrer Herrschaft befindlichen Christen, gleichwie der weitaus grösste Theil meiner Unterthanen sich bekennen.

Wenn die Erhaltung dieser, mit Ihrem Willen und durch Ihre souveräne Gewalt verliehenen, Rechte und Documente zu irgend einer Verwicklung führen sollte, oder wenn in Folge dessen Ihre Besitzungen durch irgend eine Gefahr bedroht würden, würden derartige Ereignisse Ihre Allianz mit uns noch mehr kräftigen und zu einer Einigung führen, die den mit der Unabhängigkeit Ihrer Regierung und der inneren Ruhe Ihres Reiches unvereinbaren Forderungen und Ansprüchen ein Ende machen würde.

Ich erlaube mir zu hoffen, dass Ew. Majestät sich von der Richtigkeit dieser Bemerkungen und der Aufrichtigkeit meiner Worte überzeugen und mit Festigkeit die intriguanten und missgünstigen Einflüsterungen beseitigen wird, welche auf einen Riss der Freundschaft und der guten Nachbarschaft gerichtet sind, die bisher so ungestört zwischen uns bestanden haben."

Der Brief des Kaisers machte augenscheinlich einen grossen Eindruck auf den Sultan, und Fürst Menschikow benutzte den Moment, um hinzuzufügen: „L'Empereur dont les ministres malintentionnés ont cherché à dénaturer la politique par des insinuations perfides, verrait non seulement sans jalousie toutes les mesures qui tendraient à développer le bien-être de votre empire, mais éprouverait même une satisfaction réelle à voir V. M. augmenter ses forces de terre et de mer afin d'assurer l'indépendance de sa monarchie." (Brief des Fürsten Menschikow an Graf Nesselrode vom 25. Februar (9. März) 1853.)

Die englische Diplomatie, durch Hamilton Seymour über die Anschauungen des Kaisers Nicolaus in Betreff der Lage der Türkei in Kenntniss gesetzt, wurde durch Fuad Effendi's Sturz alarmirt; dem Obersten Rose entschlüpfte im Gespräche mit Herrn Oserow in Konstantinopel das sofort zurückgewiesene Wort, dass die Absichten der russischen Regierung England vorher hätten mitgetheilt und von demselben *gebilligt* werden müssen. Weiter suchte Oberst Rose Herrn Oserow auf den Weg einer Einigung mit der französischen Regierung zu lenken, wogegen bemerkt wurde, dass auch nach der Meinung Lord Russell's die Forderungen Frankreichs unacceptabel gewesen seien. Weiterem Andringen des englischen Geschäftsträgers setzte Herr Oserow die Erklärung entgegen, dass die Vertreter der mit der Türkei befreundeten Grossmächte wohl in dem gemeinsam nothwendigen Ziele Aller — der Erhaltung der Türkei — übereinstimmen könnten und müssten, dass aber die Action der einzelnen Gesandtschaften frei sei und eine Einmischung in die Russland besonders nahe gehenden Fragen nicht geduldet werden könne. Vergeblich suchte Oberst Rose endlich den Inhalt der dem Fürsten Menschikow gegebenen Instructionen zu erfahren und die Verhandlungen desselben bis zum Eintreffen des englischen Gesandten, Lord Stratford Redcliffe, aufgeschoben zu sehen.

Ebenso vergeblich suchte gleich darauf der französische Gesandte Benedetti den Fürsten Menschikow zu einer Verhandlung mit Frankreich zu bestimmen, indem er hervorhob, dass durch eine Zurücknahme der Frankreich gemachten Concessionen dieser Staat „dans une position inacceptable" gerathen würde. Fürst Menschikow erklärte, er sei nicht beauftragt, mit der französischen Gesandtschaft zu verhandeln und rechtfertigte die Rüstungen Russlands durch die Bewegung der Armee Omer Pascha's, die Anwesenheit fremder Revolutionäre bei dieser Armee, und den Versuch der Türken, sich Montenegros zu bemächtigen.

Den (10.) 22. März hatte Fürst Menschikow eine erste, der Heiligenstätten-Frage gewidmete Zusammenkunft mit Rifaat Pascha und hinterliess demselben eine Note, welcher der Entwurf einer definitiven Entscheidung dieser Frage durch die Pforte angeschlossen war. Dieser Entwurf enthielt folgende russische Forderungen:

1) Dass der Schlüssel zur Kirche von Bethlehem, den die Lateiner erhielten, ihnen keinen Besitzanspruch an den grossen Altar der Kirche verleihen, dass die Zeit und Ordnung des täglichen Gottes-

dienstes nicht geändert und dass die Aufsicht über den Haupteingang nach alter Sitte einem griechischen Geistlichen verbleiben solle.

2) Der neue silberne Stern in der Höhle solle als von dem Sultan errichtet gelten und den Katholiken kein neues Recht verleihen.

3) In Gethsemane sollen die Katholiken den Vorrang behalten und die Reihenfolge des Gottesdienstes so bleiben, wie der Patriarch von Jerusalem sie vorgeschrieben (4 Stunden lang nach Sonnenaufgang die Griechen und Armenier, und dann nach Wegräumung des griechischen gottesdienstlichen Zubehörs und unter Oeffnung der grossen Pforte 2—3 Stunden lang die Katholiken).

4) Die Gärten von Bethlehem sollen auf paritätischer Grundlage beiden Confessionen gehören.

5) Noch unbekannte Rechte, die etwa den Katholiken verliehen sind, werden aufgehoben.

6) Die Pforte vernichtet, ihrem Versprechen gemäss, die Harems an den Terrassen zum Grabe Christi.

7) Das Recht der Griechen, die grosse Kuppel zu erneuern, ist formell anzuerkennen, da der Hatti-Scherif vom September 1841 nie aufgehoben, sondern noch durch einen Hati-Humayun vom Jahre 1852 bestätigt worden ist. Die Aufsicht über den Neubau ist dem Patriarchen von Jerusalem zuzusprechen.

8) Die nach dem status quo den Griechen zukommenden Heiligthümer sind so genau zu bezeichnen, dass fernere Streitigkeiten mit andern Confessionen unmöglich werden.

Bei Ueberreichung dieses Documentes erklärte Fürst Menschikow dem türkischen Minister, dass die Erfahrung früherer Vorgänge die russische Regierung in die traurige Nothwendigkeit versetze, zur Aufrechterhaltung freundschaftlicher Beziehungen mit der Türkei bessere Garantien zu suchen, als Versprechungen, die so oft nicht gehalten, und Betheuerungen, die so oft nicht erfüllt worden wären. Damit überreichte er den oben mitgetheilten und ins Türkische übersetzten Conventionsentwurf.

Schon am folgenden Tage erfolgte eine mündliche Rückäusserung Rifaat Pascha's, welche dahin ging, dass die Frage von den heiligen Orten im Rathe erörtert, dessen Entscheidung dem Sultan zur Bestätigung vorgelegt und dem französischen Repräsentanten mitgetheilt werden würde. „Was aber die Convention betrifft", sagte der Minister zu dem russischen Dragoman Argyropulo, „so wird es uns kaum gelingen, die Hindernisse zu bewältigen, die uns nicht gestatten, dieselbe anzunehmen. Und dennoch bin ich gezwungen zu gestehen, dass Sie nach meiner Ueberzeugung im Recht sind. Unsere Einmischung und unsere Ränke in Sachen der griechischen Geistlichkeit, unsere Expedition gegen die Montenegriner u. A. m. sind nicht zu rechtfertigen, und die Ungeschicklichkeit Aali Pascha's, der die Kraft des französischen Vertrages anerkannte, hat uns zu der Forderung einer Convention Seitens der russischen Regierung gebracht. Die von Ihnen vorgeschlagenen Bedingungen schrecken mich nicht, sie enthalten nichts Ausserordentiches, aber in solcher Form vorgelegt, können sie von uns kaum acceptirt werden". Bericht des Fürsten Meuschikow an den Grafen Nesselrode vom 12. (26.) März 1853.—In der ,nächsten Verhandlung, die den 19. (31.) März stattfand, gab Rifaat Pascha in den meisten Punkten der Frage von den heiligen Stätten nach, nur wünschte die Türkei jeder der christlichen Confessionen 2 Tage wöchentlich zum Gottesdienst in Gethsemane anzuweisen und schlug vor, die grosse Kuppel auf Kosten des Sultans wieder herzustellen und als gemeinsames Eigenthum der ganzen Christenheit von Inschriften im Inneren frei zu halten. Fürst Menschikow vindicirte auf Grund des Firmans von 1841 die Kuppel den Griechen und hielt auch an der Beaufsichtigung des Baues durch den Patriarchen fest. (Brief des Fürsten Menschikow an Graf Nesselrode vom 24. März |5. April| 1853.)

Im Allgemeinen hatte Fürst Menschikow die Ueberzeugung gewonnen, dass die Türkei, abgesehen von einigen leicht auszugleichenden Details, in der Frage von den heiligen Orten zu den nothwendigen Concessionen bereit war und sich dazu herbeigelassen hätte, zur Vermeidung der Convention einen demüthigen Brief des Sultans und eine Entschuldigung nach St. Petersburg an den Kaiser Nicolaus zu richten. Inzwischen trafen aber die Gesandten der Westmächte, Lord Stratford Redcliffe und Herr de Lacour in Konstantinopel ein, durch deren Einfluss die Verhandlung dornenvoller wurde. Deswegen beschloss Fürst Menschikow, nur schrittweise vorzugehen und erst die Frage von den heiligen Orten zur Entscheidung zu bringen, dann sich um einen erklärenden Firman zu bemühen, der auch eine Stipulation in Betreff des Baues eines russischen Fremdenhauses in Jerusalem enthalten hätte und zum Schluss die Verhandlung auf die für die Zukunft zu gewährenden Garantien zu lenken. Er sah voraus, dass aus Furcht vor Frankreich ihm der Sened verweigert werden würde; in dem Falle wollte er die Convention urgiren, und erbat sich zugleich neue Instructionen aus St. Petersburg darüber, ob er allenfalls die diplomatischen Beziehungen mit der Türkei abbrechen, sich mit einer Note statt eines formellen Tractates begnügen und, falls der Bruch erfolge, für jede Verletzung des Friedens von Kutschuk Kainardschi mit der Forderung von Genugthuung durch Anwendung jedes Mittels drohen solle. Er verhehlte dabei nicht, dass der frühere Einfluss auf den Divan schwerlich ohne Drohung mit Gewalt (sans une crise de contrainte) erreicht werden könne. (Brief Menschikow's an Nesselrode vom 29. März (10. April) 1853.

Da das türkische Ministerium den französischen Gesandten in Betreff der Punkte aufgeklärt hatte, in denen Rifaat Pascha mit Fürst Menschikow übereingekommen war, versuchte Fürst Menschikow mit Herrn de Lacour eine Verhandlung anzubahnen, aber über den Pförtner der Kirche zu Bethlehem und über die Ordnung des Gottesdienstes in Gethsemane war eine Einigung nicht ganz zu erzielen. Dies war auch nicht mehr zu erwarten, nachdem die ganze Verwickelung schon grössere Dimensionen angenommen hatte und Herr de Lacour durch Drouin de l'Huys am 10. (22.) März mit Instructionen versehen worden war, welche kriegerische Verwicklungen und das Eingreifen der französischen Flotte in Aussicht nahmen. — Auch Oberst Rose hatte schon die englische Mittelmeerflotte requirirt, Admiral Dundas aber dieser Requisition nicht Folge geleistet.

In Fortsetzung seiner Verhandlungen mit Rifaat Pascha übergab Fürst Menschikow nun den 7. (19.) April eine Verbalnote, welche verlangte:

1) Einen explicativen Firman, über dessen Form man sich zu verständigen, in Betreff der Schlüssel der Bethlehemkirche und des silbernen Sterns auf dem Altar der heiligen Geburt in dem unterirdischen Theil desselben Sanctuariums; ferner den Besitz der Grotte von Gethsemane für die Griechen, mit Erlaubniss der Lateiner für die Ausübung ihres Gottesdienstes, so jedoch, dass den Orthodoxen (Griechen) die Präcedenz und die Priorität der Feier des Gottesdienstes in diesem Sanctuarium bleibt; endlich eine Regelung des gemeinsamen Besitzes der Gärten von Bethlehem für Griechen und Lateiner, alles auf den Grundlagen, welche zwischen Sr. Exc. Rifaat Paschah und dem Botschafter discutirt sind. — 2) Einen grossherrlichen Befehl für die sofortige Ausbesserung der Kuppel des heiligen Grabestempels durch die ottomanische Regierung mit Betheiligung des griechischen Patriarchen und ohne Einmischung des Delegaten irgend eines andern Cultus, so wie für die Aufrichtung einer Mauer vor den Harems, die auf das Sanctuar hinaussehen, und für die Demolirung der an die Kuppel stossenden Harems, wenn die Thunlichkeit nachgewiesen ist. Der Botschafter ist beauftragt, über diese Punkte eine formale Zusicherung und Notification zu erlangen. — 3) Einen Sened oder eine Convention für die Garantie des stricten status quo der Privilegien des katholischen, griechisch-russischen Cultus, der Kirche des Morgenlandes und der Heiligthümer, welche dieser Cultus sowohl ausschliesslich als in Participation mit den übrigen Riten in Jerusalem besitzt.

Inzwischen äusserte Lord Redcliffe in einem Gespräch mit Herrn Oserow, dass er sich über die günstige Wendung der Verhandlung mit Herrn de Lacour freue und seinerseits die Türken zum friedlichen Abschluss der Frage von den heiligen Stätten durch einen Firman gedrängt habe [1]. Der Firman, sage man, sei schon bereit. Als Herr Oserow einen Zweifel in Betreff des letzten Umstandes kund gab, war Lord Redcliffe fortgefahren: „Ich weiss, dass Sie eine gewichtigere Lösung (dénouement plus solennel), wünschen, das ist weder einsichtig noch gerecht. Bei der Sympathie der christlichen Unterthanen der Türkei gegen Sie wird Ihre Stellung immer

[1] Auch Graf Nesselrode meldete dem Marquis Castelbajac den 8. Mai die „guten Nachrichten" von der Verständigung zwischen Menschikow und Herrn de Lacour, wie das auch Seymour schon gethan hatte. Jasmund Act. 69.

Misstrauen einflössen" bei der Pforte wie im westlichen Europa; für die Verletzung von Tractaten würde Genugthuung gewährt werden, „aber wenn Ihr Bestreben dahin geht, neue Rechte zu erwerben, werden Sie auf starke Opposition stossen und eine Coalition gegen sich hervorrufen. Eine zu enge Freundschaft zwischen Ihnen und der Türkei wird, ich sage es offen, in Europa eben so viel Misstrauen erwecken, wie ein Bruch, der den Krieg im Gefolge hat."

Herr Oserow war durch den österreichischen Geschäftsträger Kletzl, den Redcliffe in Bezug auf die Anschauungen Oesterreichs sondirt und der ihm erklärt hatte, dass er seinen Instructionen gemäss die Türkei zur Nachgiebigkeit zu bewegen suchen werde, schon von der Denkweise der Westmächte in Kenntniss gesetzt und erwiderte: „Es ist gar nicht auffallend, dass die Zeitungen sich boshafte Urtheile über die angeblichen Eroberungsgelüste Russlands erlauben; wir haben aber nicht geglaubt, dasselbe Misstrauen bei dem Repräsentanten einer Macht zu finden, der so unleugbare Beweise der grossmüthigen Absichten unseres erhabenen Monarchen zur Verfügung stehen. Wo sind die Erinnerungen an unsern letzten Türkenkrieg? Welche übermässigen Vortheile haben wir aus dem Tractat von Adrianopel gezogen? Was haben uns unsere glänzenden Erfolge gebracht? Was haben wir durch die Sympathie der rechtgläubigen Völker gewonnen? Viel besser werden Sie thun, die Türkei zu ermahnen, den Bruch mit Russland zu vermeiden. Wenn die Sympathie der christlichen Unterthanen der Türkei, die so viel Befürchtungen hervorruft, zu uns in der That vorhanden ist, ist es nicht im höchsten Grade unverständig, dieselbe anzureizen und zu verstärken? Wird denn, während die fremde Einmischung in die Angelegenheiten der Türkei so offen auf der Hand liegt, unser Herrscher des Rechtes beraubt sein, seine Theilnahme in Sachen einer Religion, zu der er sich mit dem grössten Theil seiner Unterthanen bekennt, offen auszudrücken?" (Brief des Fürsten Menschikow vom 4. (16.) April). Lord Stratford aber fuhr fort, die Türkei in seinem Sinne zu berathen und „die türkischen Minister theilten ihm alle Einzelheiten in Betreff der Verhandlungen mit, während er, offen die Stelle eines Friedensstifters auf sich nehmend, heimlich dem Divan zur Opposition gegen die wichtigsten russischen Forderungen zuredete." (Brief des Fürsten Menschikow an den Grafen Nesselrode vom 14. (26.) April). Darüber trafen aus St. Petersburg die neuen erbetenen Instructionen ein, welche auf die ursprüngliche Instruction verwiesen, an der Hoffnung einer Genugthuung für den Wortbruch und die Missachtung in der Frage von den heiligen Stätten und eines Abschlusses der Convention, welche die Garantien für die Zukunft enthielt, in der Form festhielten, wie sie Fürst Menschikow zu acceptiren bevollmächtigt war, und im Falle einer Weigerung, der ersten Instruction gemäss, *den Ministern des Sultans eine dreitägige Frist zur Annahme der in der letzten Note an Rifaat Pascha enthaltenen Vorschläge* zu stellen, vorschrieben. Wenn in der Frist keine befriedigende Antwort erfolgte, sollte der Botschafter seine Sendung als beendigt erklären und Konstantinopel verlassen. (Brief des Grafen Nesselrode an den Fürsten Menschikow vom 31. März (11. April). Den 23. April (5. Mai) wurden dem Fürsten Menschikow durch Rifaat Pascha ein Explicativ-Firman zum Hatti-Scherif von 1852 und ein zweiter Firman über die Herstellung der Kuppel des heiligen Grabes zugestellt. Beide entsprachen im Wesentlichen den Forderungen des russischen Hofes[1]. Es blieb demnach noch die Frage von der Convention zu erledigen. Da keine Aussicht vorhanden war, dieselbe in ihrer ursprünglichen oben mitgetheilten Form acceptirt zu sehen, milderte Fürst Menschikow ihre Form etwas, gab ihr die Fassung eines von der Pforte zu erlassenden Seneds und begleitete den Entwurf mit einer Note, die er in den Reclamationen als den letzten Ausdruck des kaiserlichen Willens hinstellte[2]. Die Antwort Rifaat Paschas vom 28. April (10. Mai)[3] lehnte die Convention ab, als „in ihren verderblichen Folgen für die Grundprincipien der Unabhängigkeit der Türkei" schädlich und ihre Autorität untergrabend. Diese Antwort erfolgte unmittelbar nach einer Audienz Lord Redcliffe's bei dem Sultan, in welcher der englische Gesandte zur Opposition gegen die Forderungen Russlands aufgefordert und die Hülfe der englischen Flotte versprochen hatte. In einer Erwiderung vom 29. April (11. Mai) erklärte nun Fürst Menschikow, dass er die ablehnende Note Rifaat Pascha's nicht als eine der Würde seines Souverains angemessene Anwort annehmen könne und stellte, indem er die Folgen einer Ablehnung klar machte, den 2. (14.) Mai als letzten Termin für eine Antwort hin, widrigenfalls werde er den diplomatischen Bruch als vollzogen ansehen[4].

Am folgenden Tage schlug Rifaat Pascha dem Fürsten Menschikow eine Zusammenkunft auf Freitag den 1. (13.) Mai bei dem Grossvezier vor; der Fürst aber, der dem ottomanischen Cabinet nicht mehr traute, beschloss, den Sultan selbst um eine Audienz zu ersuchen, die ihm denn auch früher als erwartet, Freitag den 1. (13.) Mai, gewährt wurde. Es waren nur der erste Dragoman der russischen Gesandtschaft und ein Adjutant des Sultans, Ödgam Pascha, anwesend. Fürst Menschikow legte die Gründe der Unzufriedenheit Russlands mit der Pforte dar und betonte die Nothwendigkeit von Garantien für die Zukunft. Der Wille des Kaisers stehe in dieser Beziehung fest. Er strebe nicht nach Präponderanz, wolle nur einen Beweis des Vertrauens, habe niemals daran gedacht, sich zwischen den Sultan und seine Unterthanen einzuschieben und weder im Kriege noch im Frieden die so natürliche Sympathie der Religionsgenossen in der Türkei zu Hülfe zu suchen. Die Agenten Russlands haben Gehorsam gegen die Regierungsgewalt anempfohlen und gegenwärtig handle es sich nur um Gerechtigkeit zum Schutz der alten Rechte und Immunitäten der rechtgläubigen Kirche.

[1] cf. Jasmund Actenstücke No 65.
[2] Jasmund Actenstücke No. 66.
[3] Jasmund Actenstücke No. 67.
[4] Jasmund Actenstücke No. 68.

Der Sultan war sichtlich betroffen und sprach den aufrichtigen Wunsch aus, herzliche und feste Beziehungen mit seinem erhabenen Bundesgenossen wiederherzustellen, erklärte auch, dass er überzeugt sei von den uneigennützigen Absichten der russischen Regierung.

Fürst Menschikow lenkte nunmehr die Aufmerksamkeit des Padischah auf die ernste Wendung, welche die Verhandlungen genommen hatten, die zwischen den beiden Herrschern friedlich hätten ausgetragen werden können, jetzt aber den Character einer europäischen Frage trügen. Die Türkei sei, wie kleine Staaten, einem Areopag der Grossmächte untergeordnet und würde durch Protocolle regiert. Zum Schluss erbat sich Fürst Menschikow eine definitive Antwort, ohne die schweren Folgen einer weiteren Verzögerung zu verbergen. Der Sultan versprach eine Antwort binnen 2 oder 3 Tagen, da er in Folge des Abschiedes des Grossveziers seines Hauptrathgebers beraubt sei und nicht noch heute antworten könne.

An Bord des Dampfers zurückgekehrt, auf dem Fürst Menschikow jetzt weilte, theilte er Rifaat Pascha mit, dass er den Sultan selbst gesprochen habe und daher zur Zusammenkunft bei dem Grossvezier nicht erscheine.

Bald wurden in Bujukdere, wo der „Gromonossez" ankerte, die Personalveränderungen in den höchsten Aemtern bekannt, die eben vor sich gegangen, und am folgenden Tage 2. (14.) Mai verlangte Fürst Menschikow persönlich von dem neuen Minister des Aeussern Reschid Pascha eine deutliche und genaue Antwort auf seine Note. Den 3. (15.) wurde ihm eine Note Reschid Paschas zugestellt, in welcher nur ein neuer Aufschub von 5 bis 6 Tagen verlangt wurde [1]. Fürst Menschikow hatte das Recht, diese Bitte nicht zu berücksichtigen und mit der Gesandtschaft abzureisen, aber er hatte gehört, dass Reschid Pascha allerdings unter starker Opposition am Tage vorher im Divan auf eine Russland zu gewährende Genugthuung gedrungen und die der Pforte drohende Gefahr in hellem Lichte dargestellt hatte, und schob die Abreise auf, indem er der Pforte eine letzte Frist bis zum 6. (18.) Mai gewährte.

Den 5. (17.) fand auf Befehl des Sultans die Sitzung statt, welche die definitive Antwort auf das Ultimatum feststellte, nachdem Lord Redcliffe viele der türkischen Grosswürdenträger besucht und sie beredet hatte, eine in der englischen Gesandtschaft verfasste und dem früheren Grossvezier Mehmed Ali übergebene Antwort zu acceptiren. Mit grosser Majorität wurde diese Antwort angenommen und den 6. (18.) Mai theilte Reschid Pascha dem Fürsten Menschikow den Beschluss mit: dass der status quo in der Frage von den heiligen Stätten festgehalten werden, und ohne vorgängige Einigung mit Russland und Frankreich nicht angetastet werden solle, dass der Patriarch von Jerusalem einen Firman erhalten werde, der die

[1] Jasmund. Actenstücke No. 70.

Rechte der griechischen Confession sicher stelle und dass dem Fürsten Menschikow zum Abschluss der Verhandlungen eine Explicativnote zugestellt und ein Sened mit formeller Vertragskraft über den Bau einer Kirche und eines Fremdenhauses für die Russen in Jerusalem vorgeschlagen werden solle. Gleich darauf lief auch die officielle Antwort der Türkei ein [1], die mit der Mittheilung Reschid Paschas übereinstimmte.

Fürst Menschikow betrachtete seine Mission für beendigt, aber dem Wunsche Reschid Pascha's und der Bitte des österreichischen Residenten im Namen der vier Mächte nachgebend, entschloss er sich zu einer letzten Fristverlängerung und übergab den 8. (20.) Mai Reschid Pascha den Entwurf einer Note, welche die Forderungen Russlands in etwas veränderter und gemilderter Form vorstellten. Es waren in diesem Entwurf folgende Forderungen enthalten:

„1) Le culte Orthodoxe d'Orient, son Clergé, ses Eglises et ses possessions, ainsi que les établissements religieux, jouiront dans l'avenir sans aucune atteinte, sous l'égide de S. M. le Sultan, des priviléges et immunités qui leur sont assurés *ab antiquo*, ou qui leur ont été accordés à différentes reprises par la faveur Impériale, et dans un principe de grosse équité participèrent aux avantages accordés aux autres rites chrétiens, ainsi qu'aux Légations étrangères accréditées, près la Porte, par convention ou disposition particulière.

2) S. M. le Sultan ayant jugé nécessaire et équitable de corroborer et d'expliquer son Firman-Souverain revêtu du Hatti-Houmayoun le 15 de la Lune de Rébioul-Akhir 1268 (16 février 1852) par son Firman-Souverain du 26 Redjib 1269 (23 avril (5 mai) 1853), et d'ordonner en sus, par un autre Firman de même date, la réparation de la Coupole du temple de St. Sépulcre, ces deux firmans seront textuellement exécutés et fidélement observés dans l'avenir, pour maintenir à jamais le *status quo* actuel des Sanctuaires possédés par les Grecs, exclusivement ou en commun avec d'autres cultes.

Il est entendu que cette promesse s'étend également au maintien de tous les droits et immunités dont jouissent *ab antiquo* l'Eglise Orthodoxe et son Clergé, tant dans la ville de Jérusalem qu'en déhors, sans préjudice aucun pour les autres communautés chrétiennes.

3) Pour le cas où la Cour Impériale de Russie en ferait la demande, il sera assigné une localité convenable dans la ville de Jérusalem ou dans les environs, pour la construction d'une église consacrée à la célébration du service Divin par des ecclésiastiques russes et d'un hospice pour les pélerins indigens ou malades, lesquelles fondations seront sous la surveillance spéciale du Consulat-Général de Russie en Syrie et en Palestine."

Reschid Pascha, der keinen Schritt ohne Lord Redcliffe zu thun wagte, theilte demselben diesen Entwurf mit und wünschte ihn acceptirt zu sehen. Durch den Secretair Alison erhielt er aber von

[1] Jasmund No. 72.

Redcliffe die Antwort, dass auch dieser Entwurf die Kraft eines Tractates habe und in die Souveränität der Pforte eingreife.

Nach Empfang der abschlägigen Antwort von Seiten Reschid Pascha's verliess Fürst Menschikow den 9. (21.) Mai Konstantinopel. Seine Mission war beendet. Graf Nesselrode suchte den 19. (31.) Mai noch einmal vergeblich, die Türken zur Annahme der letzten Forderungen des Fürsten Menschikow zu bewegen unter Androhung militärischer Maassregeln im Weigerungsfalle. Die Pforte blieb bei ihrer Meinung und das Erscheinen der Flotte der Alliirten in der Besikabai war der westmächtliche Gegenzug gegen die angedrohten Zwangsmaassregeln.

W. A.

Kleine Mittheilungen.

Die Thätigkeit der Mineralogischen Gesellschaft zu St. Petersburg seit 1870). Unter den gelehrten Gesellschaften in Russland gehört die „Kaiserliche Mineralogische Gesellschaft" zu den ältesten. Ausser mehreren Broschüren und besonders erschienenen Werken hat sie eine lange Reihe periodischer Publicationen geliefert, die unter dem wechselnden Titel „Trudy" (Arbeiten), „Verhandlungen" und „Sapiski" (Schriften) bis auf die Gegenwart fortgeführt werden und in der mineralogischen und geologischen Literatur einen ehrenvollen Platz behaupten. Im Laufe des Jahres 1870 gab die Gesellschaft, nach Ausweis ihres Jahresberichtes, heraus: den, von ihrem Director, dem Akademiker Nicolaus Kokscharow redigirten 5. Theil der zweiten Serie der „Sapiski" welcher 12 verschiedene Abhandlungen geologischen, mineralogischen und paläontologischen Inhaltes enthält. Gleichzeitig erschien unter Redaction des jetzt verstorbenen ord. Professors Pusirewskij der 2. Band der „Materialien für die Geologie Russlands", mit eingehender Beschreibung der geognostischen Structur des West-Ufers des Ladoga See's, der S.- O.- und S.- W.- Theile des Gouvernements Moskau, so wie Beschreibungen des Ssmolenskischen und Kalugaschen Gouvernements. Am Schlusse des Jahres war der Druck des 6. Theiles der zweiten Serie der „Sapiski" nahezu beendet und der 3. Band der „Materialien für die Geologie Russlands", unter Redaction des Professors Barbot-de-Marny, für die Herausgabe vorbereitet. Von den Mitgliedern der Gesellschaft sind während des genannten

Jahres 39 wissenschaftliche Arbeiten eingereicht worden und zwar für Mineralogie 17, Geologie 13, Paläontologie 5, Chemie 3 und Bergbau 1.

Ausser dieser, ihrer inneren Thätigkeit ist die Kaiserliche Mineralogische Gesellschaft seit der 53 Jahre ihres Bestehens unausgesetzt bemüht gewesen, das Interesse für mineralogische Untersuchungen in immer weiteren Kreise wachzurufen und durch ihre Beziehungen zu den Universitäten und den anderen wissenschaftlichen Instituten des Reichs ihren Wirkungskreis auszudehnen. Sie stand 1870 in ununterbrochenem Verkehr mit 23 russischen und 38 ausländischen gelehrten Körperschaften und hofft ihre Verbindungen stetig zu erweitern, da in dem weitem Reiche die Neubildung noch mancher naturwissenschaftlicher Gesellschaften in Aussicht steht; sie zählte 47 Ehren- und 310 Wirkliche Mitglieder, so wie 9 Correspondenten.

Das vorstehend Mitgetheilte ist den Sitzungsprotocollen entlehnt, die in dem 7. Bande Serie (S. II) der Verhandlungen der Mineralogischen Gesellschaft, St. Petersburg, 1872. 8°. 421 SS. zum Abdruck gelangten. An Abhandlungen enthält dieser 7. Band ferner:

Paläontologische Notizen von Magister A. Dittmar (S. 1 bis 15); Nefedijewit, ein neues Mineral von Nertschinsk, von P. Pusyrewskij (S. 15 bis 25); über den Axinit vom Onega-See, von Dr. Albrecht Schrauf (S. 25 bis 40); im Jahre 1868 in den Gouvernements Kijew, Podolien und Wolhynien ausgeführte geologische Untersuchungen, von N. Barbot-de-Marny. (S. 40 bis 73); über die Zusammensetzung des Cancrinit, v. A. Kenngott. (S. 73 bis 82); über zwei neue Formen in den Krystallen des russischen Brookits, von S. K. H. Herzog Nicolai von Leuchtenberg. (S. 82 bis 85; über Weiss-Bleierz-Krystalle, vorzüglich aus russischen Fundorten, von N. Kokscharow, (S. 85 bis 177); im Jahre 1870 in dem Rjasanschen, so wie in einigen anderen Gouvernements ausgeführte geologische Untersuchungen, von N. Barbot-de-Marny, (S. 177 bis 225); über das Vorkommen des Granits an den Ufern des Don, von N. Barbot-de-Marny. (S. 225 bis 233); Notiz über die Geologie der Krim, von G. Romanowskij, (S. 233 bis 236); Notizen über das Gouvernement Ssimbirsk, von J. Sinzow, (S. 236 bis 275); ein merkwürdiges Exemplar gediegenen Kupfers von Bogoslowsk, aus der Mineralien-Sammlung S. K. H. des Herzogs Nicolai von Leuchtenberg, von N. Kokscharow (S. 275 bis 279); über die neue Gattung Lopatinia und einige andere Petrefacten aus den mesozoischen Schichten am unteren Jenissei, von Mag. Fr. Schmidt (S. 279 bis 290); Eichen-Urwald im Gouvernement Ljublin, von K. Jurkewitsch, (S. 290 bis 301); Wolfram-Krystalle im Vergleich zu den Krystallen des Columbits, von J. Jeremejew, (S. 301 bis 311); über Afterkrystalle des Malachits aus den Turjinschen Kupfergruben im Ural, von N. Kokscharow, (S. 311 bis 316); über einige Krystallformen des Berylls mit sehr complicirten krystallographischen Zeichen, von N. Kokscharow, (S. 316 bis 320); Wolinit, von J. Muschketow. (S. 320— 329).

(Die Thätigkeit der Naturforscher-Gesellschaft in Kasan). Die Leistungen dieser, bei der Universität zu Kasan seit 1869 bestehenden Gesellschaft liegen uns in dem ersten Bande ihrer Publicationen unter folgendem Titel vor: „Труды Общества Естествоиспытателей при Императорскомъ Казанскомъ Университетѣ. Томъ I. Изданный подъ редакціею Н. Ковалевскаго, Н. Леваковскаго, Н. Головкинскаго и М. Богданова. Отдѣлъ 1, 2.“ (Arbeiten der Naturforscher-Gesellschaft an der Kaiserlichen Universität zu Kasan. Band I. Herausgegeben von N. Kowalewski, N. Lewakowski, N. Golowkinski und M. Bogdanow, Abtheilung 1. 2. Kasan 1871, in 4°.

Die Gesellschaft betrachtet, wie es in dem Vorworte heisst, als eine ihrer Hauptaufgaben die Bearbeitung localer, naturwissenschaftlicher Fragen, zu deren Lösung der Antheil mehrerer Specialisten auf verschiedenen Gebieten der Naturwissenschaft nothwendig ist. Zugleich lässt die Gesellschaft es sich angelegen sein, die Mittel zur Ausführung derartiger, von ihr gestellter und geprüfter Aufgaben herzugeben. In dem ersten Bande ihrer „Arbeiten“ veröffentlichte sie nun um die Mitte des vorigen Jahres folgende Abhandlungen:

Abtheilung I. Die Vögel und Säugethiere in der Tschernosom-Zone des Wolgagebietes und des mittleren und unteren Wolgathales, von M. Bogdanow. — Abth. II: 1) Mesozoische Formationen des Obschtschij Syrt und einzelner angrenzenden Punkte von J. Ssinzow, 2) Zur Frage von der Verdrängung gewisser Pflanzen durch andere. Beziehung der Pflanzensaamen zur Feuchtigkeit, von N. Lewakowski. 3) Verzeichniss von Fischen der Gattung Teleostei in den Wolgamündungen, von W. Jakowlew. 4) Chaetospira Dutouriae, eine neue Form von Augenwimper-Infusorien, von W. Alenizin. Mit einer Tafel Abbildungen. — Weitaus die umfänglichste unter allen diesen Arbeiten ist die der ersten Abtheilung, die 226 Seiten umfasst. Nachdem Herr M. Bogdanow in einem Vorworte die Leistungen seiner Vorgänger auf diesem Gebiete, namentlich der verdienstlichen Thätigkeit von A. Eversmann erwähnt hat, giebt er zunächst eine Characteristik der landschaftlichen Physiognomie des rechten Wolgaufers, als der localen Bedingung für die biologischen Formen, die den Gegenstand seiner Darstellung bilden. Er liefert sodann im 2. 3. und 4. Capitel Materialien zu gesonderten, auf die Beobachtung der periodischen Erscheinungen im Thierleben sich beziehenden Biographien der Vögel im Wolga-Lande, so wie in 5. Abschnitte Materialien zu einer Geographie der dortigen Säugethiere, deren er 56 aufzählt, jedes nach seinem Verbreitungsgebiete besprechend. Abschnitt 6 handelt von der allgemeinen Vertheilung der Säugethiere und Vögel in den Hauptgebieten des Stromlandes, — nach des Verfassers eigenem Ausspruch die schwierigste Aufgabe, insofern es hier eben gilt, die einzelnen Facta zusammenzufassen und zu verallgemeinern. Die Gruppirung der Formen klar zu legen, ihre, je nach der besonderen Oertlichkeit modificirte locale Eigenthümlichkeit möglichst genau zu bestimmen und die zoologische Verbreitungssphäre zu umzeichnen, hat der Verfasser in dem genannten Abschnitte versucht, indem er zwei, von äusseren Ursachen bedingte Formen der Bewegung aufstellt: 1) periodisch sich wiederholende Uebersiedelung und 2) Ansiedelung in Folge von Zuwachs und Vermehrung. Da die moderne Naturforschung den Nachweis geführt, dass geologische Erscheinungen einen Hauptfactor bei dieser, für die Zoogeographie bedeutungsvollen Formenbewegung abgeben, so hat Verfasser hierin ein sicheres Kriterium zu finden geglaubt, um die Grenzen der zoologischen Verbreitungsgebiete auf seinem Beobachtungsfelde abzustecken und auf Grund dessen fünf Hauptgebiete angenommen: 1) das Aralo-Kaspische (Steppen u. Wasserbassin); 2) das Thon- u. Tschernosomhaltige mit Graswuchs; 3) das Tschernosom-Gebiet (Steppen, Wälder, Fichten bestandene Sandgegenden und Flussthäler); 4) die Thon- und Tschernosomhaltige Waldzone und 5) das Gebiet des Eismeeres (Tannen und Tundra), unter welche Abtheilungen er nun seine Fauna in tabellarischer Form rubricirt. Eine Analyse der Formgruppirung in den genannten Gebieten des Wolga-Landes nach den drei Categorien der Wald-, Steppen- und Sumpfwasser-Fauna, die den Inhalt des siebenten Abschnittes bildet, liefert folgendes Resultat: 1) Die thonhaltigen Grenzgebiete des Tschernosom weisen die ärmlichste Fauna auf, insbesondere das südliche Steppenland. Beide sind sie von Thierformen der Nachbargebiete bevölkert, besitzen aber auch nicht eine, ihnen ausschliesslich eigene Form, weder an Säugethieren, noch an Vögeln. Diese Armuth der Fauna in der thonhaltigen Steppe ist von der Armuth und Einförmigkeit des Pflanzenwuchses wesentlich bedingt. Die Verarmung der ehemals an silvänen Formen reichen Fauna der nördlichen, thonhaltigen Zone (Gouvernement Kasan) ist dagegen neueren Datums und eine Folge des daselbst sich ausbreitenden Ackerbaues.

2) Die Formen der aralo-kaspischen Fauna lassen sich in drei Gruppen vertheilen: a) die des kaspischen Uferlandes; b) der eigentlichen Steppe, und c) Ansiedler aus dem Gebiete des Tschernosom.

3) Die Fauna des Eismeer-Gebietes ergiebt folgende Gruppen: a) die des Uferlandes des nördlichen Oceans; b) der Tundra; c) der Waldregion und d) Ansiedler aus dem Tschernosom.

4) Die Thierformen der Tundra und der Waldregion sind dem Tschernosom-Gebiete durchaus fremd. Fast das Nämliche liesse sich von den typischen Formen der aralo-kaspischen Steppe behaupten.

5) Einzelne Arten der nördlichen, littoralen Fauna finden sich in mässiger Zahl entweder in der Waldzone, auf den Landseen vor, (wie H. glacialis, C. arcticus et septentrionalis, Lestris pomarinus u. d. m.), ohne indess die Grenze der Tanne zu überschreiten, oder sie sind auch über die Flussthäler jener Zone verbreitet (z. B. Tringa und andere); in dem Gebiete des Tschernosom pflegen diese Arten ebenfalls nicht zu nisten, ausgenommen S. cinerea und E. aureola, welche beide in dem Wolga-Thale sporadisch sich angesiedelt haben.

6) Dagegen sind die südlichen Thäler des Tschernosom-Gebietes,

insbesondere das Wolgathal bis zur Kama stark bevölkert von den littoralen (Sumpf-Wasser-) Typen der Kaspis.

7) Vergleicht man die Gruppen der Ansiedler aus dem Tschernosom-Gebiete in den aralo-kaspischen und erratischen Landschaften gegen einander, so gelangt man zu folgenden Ergebnissen, die der besseren Uebersicht wegen sich in eine parallele Anordnung bringen lassen.

Fauna des Tschernosom-Gebietes.

Wald-Fauna:

im aralo-kaspischen Gebiete	im erratischen Gebiete:
in geringer Anzahl in den Flussthälern (Wolga) und noch spärlicher (einzelne Raubthiere) in der eigentlichen Steppe.	fast alle in der Waldzone, einige jedoch selbst in den Tundren und in dem Littorale (der Wolf und andere).

Fauna der Flussthäler:

Die Mehrzahl längs den Flussthälern bis an die Ausmündung (ausgenommen Scolopax, Scolopax major und einige andere).	Alle ohne Ausnahme.

Fauna der Tschernosom-Steppen:

Ein grosser Theil der Vögel. Säugethiere fast keine.	Auch nicht ein typisches Steppenthier, mit Ausschluss jener, die überhaupt auf Feldern sich acclimatisiren.

8) Die littorale Fauna der Kaspis und des nördlichen Oceans bieten in vielfacher Hinsicht Analogien dar und sind an allgemeinen Formen reich. Erstere ist reichhaltiger an Sumpf-, letztere an Wasservögeln.

9) Dieselbe, auf den ersten Blick nicht wenig befremdliche Analogie zeigen die Faunen der Tundren und der aralo-kaspischen Steppe.

Seine Arbeit führt der Verfasser zum Abschluss mit dem achten Abschnitte. Nachdem er in den beiden vorhergehenden den gegenwärtigen Bestand der Fauna des Wolgalandes und der Nachbargebiete dargelegt und in allgemeinen Zügen die Formengruppirungen im Raume gezeichnet, geht er nun daran, die bisher gewonnenen Schlussfolgerungen einer Klärung und Prüfung zu unterwerfen, indem er den Versuch wagt, die Gruppirung der Formen oder vielmehr die Veränderungen der östlichen Fauna in der Zeit zu verfolgen. Bei der Unzulänglichkeit der Facta und dem Mangel an Vorarbeiten auf dem einschlägigen Gebiete ist sich der Verfasser der Schwierigkeit seiner Aufgabe wohl bewusst und geständig, dass er mit diesem Versuche, die Spuren des geschichtlichen Lebens der Wolga-Fauna darzulegen, selber am wenigsten zufrieden sei; der Zukunft stellt er es anheim, hier das Irrthümliche zu berichtigen, das Bruchstückartige zu ergänzen, das noch nicht Begründete festzustellen. Als Ausgangspunkt für spätere Forschungen weist er auf die jetzt schon ermittelten Centren ehemaliger Verbreitung von Arten, als auf den festen Stützpunkt hin, von welchem aus diese Wandlungen rationell und logisch zu verfolgen seien, und zwar unter steter Bezugnahme auf die Bedingungen der Arten, d. h. in einem Nachweis der Artenveränderung im Raume in statu quo. Dann dürfte endlich dieses Centrum der Artenverbreitung zu einem Ausgangspunkte auch für paläontogische Forschungen werden, die eine Erkenntniss der Artenveränderungen in der Zeit erstreben.

(Auszug aus den Sitzungsberichten der II. Abtheilung (Classe für Russische Sprache und Literatur) der Kaiserlichen Akademie der Wissenschaften, während der Monate October und November 1872). Im Anschluss an den in Heft 4 des ersten Jahrgangs unserer Zeitschrift gegebenen Auszug aus den Sitzungsberichten der in der Aufschrift erwähnten Classe der Akademie der Wissenschaften theilen wir das Folgende mit, welches wir dem zu Anfang dieses Jahres erschienenem II. Hefte der „Sapiski" der Akademie entlehnen.

Vom Akademiker *I. I. Ssresnewskij* wurde in der Classe verlesen seine Bemerkung über die Benennug des unter dem Namen „Ipatjewskij Spissok" bekannten Codex der Chronik Nestors, an welche er einen Excurs über die Nominalbildung knüpfte. Die kleine Abhandlung ist im erwähnten Hefte der „Sapiski" S. 328 — 333, unter dem Titel: „Одна изъ замѣтокъ объ образованіи словъ. Ипатьевскій = Ипатскій", d. i. „Eine Bemerkung über Wortbildung. Ipatjewskij = Ipatskij", gedruckt.

Dasselbe Mitglied lenkte die Aufmerksamkeit der Classe auf die im Laufe des Jahres esrschienenen Briefe *A. I. Turgenjew's* an sei- Bruder, wobei er seinen Aufsatz über diese bemerkenswerthe Briefsammlung und Auszüge aus derselben, die sich auf Shukowskij und andere Schriftsteller beziehen, verlas. Ausserdem ist von Herrn Akademiker Ssresnewskij über zwei neue wichtige Erscheinungen, die uns Denkmäler der altrussischen Literatur reproduciren, Bericht erstattet worden. Diese Bücher sind: Памятники Русской литературы XII и XIII вѣковъ, d. i. „Denkmäler der Russischen Literatur des XII. und XIII. Jahrhunderts", welche Herr *Jakowlew*, Docent in Dorpat, herausgegeben hat, und Номоканонъ при большомъ требникѣ, d. i. „Der Nomokanon bei der grossen Agende (Trebnik)" nebst dem bisher unbekannten griechischen Originaltext, mit Erläuterungen von *A. S. Pawlow* in Kasan herausgegeben. Die von Herrn Jakowlew herausgegebenen Denkmäler bringen den „Paterik Kijewo-Petscherskij" nach dem Codex Tolstoj vom J. 1549, mit Varianten aus andern Codices.

Endlich ist von demselben Mitgliede eine ausführliche Arbeit des Professors *K. I. Ssuchomlinow* „Ueber die Sprache und den Styl Shukowskij's" der Classe vorgelegt worden. Letztere beschloss die

Durchsicht und votirte ihren Dank dem Verfasser, ihrem correspondirenden Mitgliede, welcher, ausser Shukowskij's Sprache, auch die von Ablessimow und Gribojedow einer eingehenden Untersuchung unterworfen hat.

Auf Veranlassung eines in Moskau erschienenen Buches von *H. Sassjadko* „Ueber das Russische Alphabet", in welchem, zur Vervollkommnung der russischen Schrift, die Einführung mehrerer lateinischer Buchstaben an Stelle russischer vorgeschlagen wird, gab Herr Akademiker *J. K. Grot* eine Uebersicht der früheren ähnlichen Versuche und sein Gutachten über den des H. Sassjadko. Den Inhalt dieses Vortrages beabsichtigt Herr Grot in seine im Druck befindliche Abhandlung: „Die Streitfragen in der russischen Rechtschreibung seit Peter dem Grossen bis auf die jetzige Zeit" aufzunehmen. Dasselbe Mitglied berichtete über den unlängst erschienenen V. Band des in Moskau von *P. I. Bartenjew* herausgegebenen „Архивъ Князя Воронцова, d. i. „Archiv des Fürsten Woronzow". Der neue Band enthält die „Papiere des Grafen Alexander Romanowitsch Woronzow aus der Zeit Katharina's II. und des Kaisers Paul und enthält die werthvollsten Beiträge zur Geschichte des XVIII. Jahrhunderts, unter Anderm die Correspondenz des Grafen mit seiner Schwester, der Fürstin Daschkow.

Herr Akademiker *Grot* theilte der Classe mit, dass Herr Professor *Lagus* in Helsingfors ihm seine in schwedischer Sprache verfasste Biographie des im Jahre 1871 verstorbenen Professors *Gabr. Geitlin* zugesandt habe. Geitlin hatte in seiner Jugend die russische Sprache erlernt, zu welchem Zwecke er von der Regierung nach Moskau geschickt worden war. Später wurde er Lector der Russischen Sprache an der Helsingforsser Universität, dann Professor der morgenländischen Literaturen und zuletzt Professor der Theologie. Geitlin hat eine lateinisch abgefasste Abhandlung über die Verdienste Lomonossow's, eine schwedische Uebersetzung von Gretsch's Russischer Grammatik, ein Russisch-Schwedisches Wörterbuch und eine Persische Grammatik in lateinischer Sprache herausgegeben.

Literaturbericht.

Tableau général méthodique et alphabétique des matières contenues dans les Publications de l'Académie Impériale des sciences de St Pétersbourg depuis sa fondation. 1re Partie. Publications en langues étrangères. St. Pétersbourg 1872. XII + 488 SS. 8°.

Mit dieser Ausgabe kommt die hiesige Akademie der Wissenschaften einem in gelehrten Kreisen allgemein gefühlten Bedürfniss in entsprechendster Weise entgegen. Während ihres fast anderthalbhundertjährigen Bestehens (seit dem Jahre 1726) hat sie eine ausserordentlich grosse Anzahl von umfassenden und kleineren Abhandlungen, Berichten, Notizen und Protocollen in ihren seit dem J. 1728 erscheinenden periodischen Schriften und eine, wenn auch geringere, so doch immer sehr bedeutende Zahl von einzelnen, oft bändereichen Werken ihrer Mitglieder und auswärtiger, sowohl inländischer als ausländischer Gelehrten veröffentlicht. Nach diesen wie jenen hat der Einzelforscher wie der Bearbeiter der Geschichte der Wissenschaften im vorigen und gegenwärtigen Jahrhunderte nur all zu oft zugreifen, denn es giebt wohl nur äusserst wenige Gebiete des Wissens, etwa das Studium der Hieroglyphen und der assyrischen Keilinschriften, zu denen in den Ausgaben der St. Petersburger Akademie keine Beiträge sich fänden. Viele der einzelnen Disciplinen, wie z. B. Zoologie, Botanik, Mineralogie, Russische Geschichte, Orientalische Numismatik, Erd-, Sprachen- und Völkerkunde Russlands und Asiens sind in den Ausgaben dieser höchsten wissenschaftlichen Körperschaft des Russischen Reiches besonders reich vertreten. Ein Nachschlagebuch, in dem man nach den einzelnen Disciplinen, und in jeder alphabetisch nach den Verfassern, die von dieser Körperschaft veröffentlichten Werke und Abhandlungen geordnet findet, kann daher Jedem, der wissenschaftlich thätig ist, nur äusserst willkommen sein.

Die periodischen, seit Beginn ihrer Thätigkeit erschienenen, Schriften der Akademie sind: *Commentarii*, 1728—1751, *Novi Commentarii*, 1750—1776, *Acta*, 1777—1782, *Nova Acta*, 1787—1806, zusammen 61 Bände in 4°; ferner: *Mémoires* 1809—1830, 11 Bände in 4°, *Mémoires, VIe Série*, 1831—1859, 37 Bände in 4°, *Mémoires, VIIe Série*, 1859—1870 (jetzt noch erscheinend), 16 Bände in 4°; dann: *Bulletin scientifique*, 1836—1842, 10 Bände in 4°, *Bulletin de la Classe physico-mathématique*, 1842—1859, 17 Bände in 4°, *Bulletin de la Classe historico-philologique*, 1842—1859, 16 Bände in 4° und *Bulletin de l'Academie* 1859—1870 (jetzt noch erscheinend), 16 Bände in 4°.

Seit 1849 werden die in den Bulletins erschienenen Abhandlungen und Aufsätze, nach ihrem Inhalte zusammengestellt, in *sechs* Sammlungen wieder abgedruckt. Diese Sammlungen, welche, um den Specialisten die Anschaffung zu erleichtern, auch lieferungsweise (ein Band enthält 6 Lieferungen) im Buchhandel zu haben sind, führen die Titel: Mélanges mathématiques et astronomiques bis 1870, 4 Bände in 8°, Mélanges physiques et chemiques, bis 1872, 8 Bände in 8°, Mélanges biologiques, bis 1871, 7 Bde. in 8°, Mélanges russes, bis 1869, 4 Bände in 8°, Mélanges gréco-romains, bis 1872, 3 Bände in 8°, und Mélanges asiatiques, bis 1872, 6 Bände in 8°, im Ganzen also 32 Bände in 8°.

Ausserdem sind noch folgende periodische Ausgaben der Akademie zu erwähnen:

1. Bericht über die (jährliche) Zuerkennung der Demidow'schen Preise, seit 1831—1865 nur russisch, unter dem Titel: Присужденія учрежденныхъ П. Н. Демидовымъ наградъ, 29 Bände in 8°. In letzteren sind die Recensionen theils russisch, theils in ausländischen Sprachen abgefasst; 2. Beiträge zur Kenntniss des russischen Reiches und der angrenzenden Länder Asiens, bis 1868, 25 Bände in 8° (ausser dem XVI.); 3. Beiträge zur Pflanzenkunde des russischen Reiches, 11 Bände in 8°, 1844—1859. Auch der St. Petersburger Kalender (den die Akademie bis 1866 herausgab, und der seitdem im Verlage der Kaiserl. Hofbuchhandlung H. Schmitzdorff erscheint) ist hier zu erwähnen, ebenso wie die «Anmerkungen über die St. Petersburgschen Zeitungen», 14 Bände, 1729—1742, in 8° und das «Archiv für asiatische Literatur, Geschichte und Sprachenkunde. Verfasst von Julius von *Klaproth*», von welchem nur der erste Band erschien, 1810, in 4°. Als Sammelwerke sind auch zu betrachten die Reisewerke von Alex. von *Middendorff* «Reise in den äussersten Norden und Osten Sibiriens», in 4 Bänden (1848—1867) und von Leop. v. *Schrenk* (Reisen und Forschungen im Amur-Lande) in 2 Bänden (I. 1. 2; II. 1—3, 1858—1867), welche von den genannten Autoren in Verbindung mit mehreren anderen Gelehrten herausgegeben worden sind.

Die Anordnung der Materien im „Tableau général" ist folgende: voran stehen die exacten Wissenschaften (die mathematischen Fächer, Astronomie, Geodäsie, Nautik, Physik, Chemie), dann folgen Naturwissenschaften nebst Medicin und Agricultur, ferner die historisch-philologischen (Russische und Allgemeine Geschichte nebst Geographie, Ethnographie, Reisebeschreibung, Statistik, Alterthumskunde, Mythologie, Numismatik, Linguistik, Geschichte des Orients und was damit zusammenhängt, classische Philologie und

Archäologie), Politische Oeconomie und Finanzwissenschaft und endlich die Abtheilungen der Geschichte der Akademie selbst und der Bibliographie.

Den Schluss bilden 1) ein alphabetisches Namensverzeichniss zu dem „Tableau général", 2) drei Supplemente, und 3) ein alphabetisches Verzeichniss der Mitglieder der Akademie.

Die drei Supplemente geben: I. eine bibliographische Inhaltsangabe von *G. F. Müller's* „Sammlung Russischer Geschichte" 9 Bde., 1732 — 1764, in 8°.; II. eine eben solche Inhaltsangabe von „Russland unter Alexander dem Ersten". Eine historische Zeitschrift herausg. von *H. Storch*, 9 Bde., 1804 —1810, in 8°; III. ein chronologisches Verzeichniss der Präsidenten und Mitglieder der Akademie seit ihrer Gründung, mit Angabe ihrer Geburts- und Todesdaten, so wie der Daten, wann sie in die Akademie eintraten.

Ein zweiter Theil des hier angezeigten Buches wird den in russischer Sprache veröffentlichten Ausgaben der K. Akademie gewidmet sein. Als Ausnahme sind schon in dem gegenwärtigen Theile die kleine Anzahl von Abhandlungen und Notizen in russischer Sprache angeführt, welche in den „Mémoires" und in den „Bulletins" veröffentlicht worden sind.

А. Иностранцева. Геологическія изслѣдованія на сѣверѣ Россіи въ 1869 и 1870 гг.
A. Inostranzew Geologische Untersuchungen im Norden Russlands in den Jahren 1869 und 1870. (Ein der St. Petersburger Naturforscher-Gesellschaft vorgelegter Bericht.) St Petersburg 1872. 179 SS. 8°. Mit 2 Tafeln Abbildungen

Im 3. Heft des ersten Jahrgangs, bei Gelegenheit des Referats über die Thätigkeit der St. Petersburger Naturforscher Gesellschaft, geschah der in oben verzeichnetem Buche beschriebenen Untersuchungen Erwähnung. Wir begnügen uns hier mit einer kurzen Angabe des Inhalts des gegenwärtigen Berichtes, welcher ein besonderer Abdruck aus dem ebenfalls unlängst erschienenen III Bande der erwähnten Gesellschaft ist.

Der Bericht zerfällt in zwei Theile, einen allgemeinen, welcher den geologischen Character der bereisten Gegenden überhaupt schildert, und einen speciellen, welcher die einzelnen daselbst auftretenden Formationen bespricht.

Im ersten Theile werden geschildert: das Ostufer des Onega-Sees, besonders die Umgebungen von Wytegra und Andomsk, der Weg von Pudosh nach Kargopol nebst den Umgebungen des Ken-Osero, das Ufer des Onega-Busens von der Stadt Onega bis Ssuma, die Ssorozker Wolost und der Weg von dort zum Kloster Ssolowezsk, endlich die Ssolowezkischen Inseln.

Der specielle Theil behandelt die krystallinischen und metarmorphischen Steinarten, die devonischen und Steinkohlenformationen und endlich die post-tertiären Bildungen.

Ausführlicher als die andern von Herrn Inostranzew bereisten Gegenden sind von ihm untersucht: die Ufer des Onega-Flusses und einzelne seiner Zuflüsse, so wie die Oertlichkeiten zwischen dem genannten Fluss und dem Onega-See. Die Arbeiten des Verfassers ergänzen in mehreren Einzelnheiten die seiner Vorgänger Blasius, Murchison, Keyserling und Helmesen.

Revue Russischer Zeitschriften.

I. Der „Russische Bote" (Russkij Wjestnik—Русскій Вѣстникъ).— Herausgegeben von M. Katkow. Band CIII. (Erscheint jeden Monat). 1873. Januar. Inhalt:

I. Das neueste Erzeugniss des philosophischen Pessimismus in Deutschland. Von *Heinrich Struve* (S. 1—83). — II Ssadko Ein Gedicht. Vom Grafen *A. K. Tolstoi* (S. 84—93) — III „Die ganze Nacht durch dröhnt' es in der nahen Schlucht." Gedicht von *A. Fet* (S. 94). — IV. Aus den Memoiren eines Officiers vom Schwarzen Meere. Von *A. D. Ssatin* (S. 95—111. Erlebnisse aus der Belagerung von Ssewastopol). — V. Um die Welt in achtzig Tagen. Erzählung von *Jules Verne*. Schluss (S. 112—228). — Das comparative Studium des Volkslebens und der Volkspoesie. Von *Th. I. Busslajew* (Fortsetzung VIII—X: Die ethnographische Schule. Ihr Verhältniss zu philologischen Studien über das classische Alterthum. — Bachofen und sein „Mutterrecht". – Die Sagen in den Chroniken der slawischen Stämme. — Die sagenhafte Genealogie der ersten russischen Fürsten. — Die epischen Ueberlieferungen über die Fürstin Olga. S. 292—329). — VIII. Marina aus dem „Rothen Horn" Eine Erzählung aus der Gegenwart. Von *B. M. Markewitsch*. I—VII. (S. 330—408). — IX. „Unerbittlich hat das Schicksal". Ein Gedicht von *D. W. Awerkijew* (S. 409 bis 410). — X. Die Formen des Wassers in den Wolken und Flüssen, im Eise und in den Gletschern. Uebersetzt aus dem Englischen (J. Tyndall's The Form of Water, London 1872). I—XI. (S 411—434). — XI. Wassilij der Finstere und Schemjaka. Tragödie in 5 Aufzügen nebst Prolog. Von *D W. Awerkijew*. (S. 435—460: Prolog). — XII. Byzanz im X. Jahrhundert. Von *S. Ssolowjow* (S. 461 470). — XIII. Antwort auf die Kritik des Buches „Die russischen Staatseinnahmen". Von *W. Besobrasow* (S. 471—489). — Als Beilage: Bis zum bittern Ende. Roman von Miss Braddon. Uebersetzt aus dem Englischen. Cap. XXXI—XXXIV.

II. „Journal des Ministeriums der Volksaufklärung". (Shurnal Ministerstwa Narodnowa Proswjeschtschenija — Журналъ Министерства Народнаго Просвѣщенія). — Redigirt von J. Feoktistow. Viertes Jahrzehent. Band CLXV. (1. Heft). 1873. Januar. (Erscheint am Ende jedes Monats). Inhalt:

I Verordnungen der Regierung. (Abth. I. S. 1- 94). — II. Geschichtlicher Abriss der Thätigkeit des Vesuvs seit 1857 bis auf unsere Tage. Von *A. A. Inostranzew.* (Abth. II S. 1—30. Mit 1 Tafel Abbildungen) — III. Jasson Smogorshewskij, Uniaten-Erzbischof von Polozk, später Metropolitan der Uniaten. Von *M. Kojalowitsch.* (Abth II. S 31 - 39. Inhalt: Gründung des Polozker Uniaten-Erzbisthums nach der ersten Theilung Polens. — Smogorshewski'j Projecte in Betreff des Schulwesens in Weissrussland mit der Absicht von demselben die Jesuiten zu entfernen Sein Project das getheilte Polen durch die Union zu einigén. — Misserfolge). — IV. Die Gothische Eparchie in der Krim. Vom Archimanditen *Arsenius* (Abth. II. S. 60 - 86). — V. Ueber „Specimen historiae Rossorum. Pars prior. Auctore Bernhardo Reith. Charcoviae. 1811". Von *N. Lawrowskij.* (Abth. II. S, 87 105). — VI. Kritik und Bibliographie: Памятники дипломатическихъ сношеній древней Россіи съ державами иностранными. Томъ X. d. i. Denkmäler der diplomatischen Beziehungen des alten Russland mit fremdländischen Mächten. Herausgegeben von der Zweiten Abtheilung der Eigenen Kanzlei Sr. Majestät des Kaisers. Band X. St. Petersburg 1871. 8° maj. Angezeigt von *J. E.* (Abth. II S 106—145). — VII Die Elementarschule in Deutschland. Von *N Nowikow.* (Abth. III. S. 1—35). — VIII. Chronik der Gegenwart: Uebersicht der Thätigkeit des Ministeriums der Volksaufklärung während des Jahres 1872. (Abth. IV. S. 1—28). Nachrichten über die Thätigkeit und den Zustand unserer Lehranstalten. a) Universitäten, b) Niedere Schulen. S. 29—72. Brief aus Paris. Von L L—r. (S. 73—90). Nachrichten und Bemerkungen (S. 91—97). Ueber die von den Landschaften nach ihren Budget-Angaben für 1868 für die Volksbildung assignirten Summen. Von *I. P. Kornilow* Abth. V. S. 1—61).

III. „Der Europäische Bote" (Wjestnik Jewropy — Вѣстникъ Европы). Zeitschrift für Geschichte, Politik und Literatur. Herausgegeben und redigirt von *M. Stassjulewitsch.* Achter Jahrgang. Zweites Buch. Februar 1873. Inhalt:

I. Alexej Sslobodin Eine Familiengeschichte Von *P. Alminskij.* Vierter Theil (S. 481—569) — II. Die Traditionen der ursprünglichen Russischen Chronik. Von *N. Kostomarow.* 6—12. (S. 570—624). — III. Am Scheidewege. Roman von *N. Dmitrijewa.* Schluss des ersten Theiles. (S. 625 - 674). — IV. Beobachtungen des geschichtlichen Lebens der Völker. Von *N. Ssolowjow.* Zweiter Theil. Die Neue Welt I. Barbaren. (S 675—705. Der erste Theil erschien in den Jahrgängen 1868. 1869 und 1871) — V. Der internationale Congress in Betreff des Gefängnisswesens und die englischen Gefängnisse, von *M Annenkow.* (S. 706 798). — Chronik: VIII. Die Fabrikation des Schreibpapiers und ihr gegenwärtiger Zustand. Von *W.* (S. 799—819). — IX Rundschau im Inlande: Das Reichs-Budget für 1872 — Die Frage von den Ausgaben für das Erheben der Staatseinnahmen. — Die Belastung der Steuern zahlenden Classen — Die ökonomische Lage der Steuern zahlenden Menge.

· Die Bilanz des Budgets. — Der Bericht des Rechnungshofes für 1871. - Die ausseretatsmässigen Bewilligungen. — Extraordinäre Ressourcen. — Die Nothwendigkeit der Wiederherstellung des Geldwerthes. — Admiral Mordwinow's Meinung über das Sinken des Werthes von Papiergeld. (S. 821—843). — X Umschau im Auslande: Fürst Bismark und Graf Roon. – Die gegenwärtige Lage des Katholicismus und des Protestantismus. -- Pfarrer Coquerel. — Pfarrer Chantre. — Bischof Vauhan. — Erzbischof Manning. — Bischof Dupanloup. – Das Gesetz über das Conseil de l'Instruction Publique in Frankreich. — Die Siege Jules Simon's. — Der Tod Napoleon's III. (S. 844 863). - - XI. Correspondenz aus Berlin. *K.*: Die politische Krisis in Preussen (S. 864 - 888). — XII. Correspondenz aus Florenz, von *D. G.:* Die geographischen Studien in Italien (S. 889 – 897). - XIII. Russische Literatur: Katharina II nach ihren Briefen, auf Veranlassung des IX. und X Bandes des „Sbornik" der Russischen Historischen Gesellschaft. (S 898 909). – XIV. Neue Bücher: *А. фонъ Фрикенъ.* Римскія катакомбы и памятники первоначальнаго христіанскаго искусства d. i. *A. von Fricken*, Die römischen Katakomben und die Denkmäler der ersten christlichen Kunst Moskau, 1872. 189 SS. 8°. — *Д В. Григоровичъ.* Корабль „Ретвизанъ". Годъ въ Европѣ и на Европейскихъ моряхъ. Путевыя впечатлѣнія и воспоминанія, d. i. *D. W. Grigorowitsch.* Der Dampfer „Retwisan". Ein Jahr in Europa und in den europäischen Gewässern. Reiseeindrücke und Erinnerungen. St Petersburg 1873. (S. 910 – 915): — XV. Ausländische Literatur: Die literärische Thätigkeit zur Zeit der französischen Revolution, auf Veranlassung von *F. Lotheisen's* Literatur und Gesellschaft in Frankreich zur Zeit der Revolution, 1789 - 1794. Wien 1872 (S. 916 - 929). — XV. Neue Bücher: *V. Corneil*, Leçons élémentaires à l'usage des établissements d'enseignement secondaire Paris 1873. (S. 930—931). - XVII. Die neueste polnische Journalistik. Ein Brief an den Redacteur von *L. L.* in Warschau (S. 932 947). XVIII. Nekrolog: Dmitrij Iwanowitsch Katschenowskij. Von *J. B.* (S 948—952). — XIX. Nachrichten: 1. Die Gesellschaft zur Unterstützung hülfsbedürftiger Literäten und Gelehrten. — 2. Die Subscription zu einem Denkmal für Puschkin. (S. 953—956). — XX. Inhalts-Verzeichniss des I. Bandes (Januar- und Februar-Heft — S 957 – 958) — XXI. Bibliographisches Intelligenzblatt (auf dem Umschlage).

„Das alte Russland" (Russkaja Starina — Русская Старина). — Herausgegeben und redigirt von *M. J. Ssemewskij.* Vierter Jahrgang. Heft II Februar 1873. Inhalt:

I. Memoiren des Grafen *Th. P. Tolstoi.* Capitel VII—X. 1809—16. (S. 123 – 145). · II. Memoiren P. A. Karatygins. 1820 32. (S. 146 - 180). — III. Aus früheren Jahren, Erinnerungen von Frau *T. P. Passek.* Cap. V – VII. 1818—1823. (S. 181 —211). – IV. Die Kaiserin Elisabeth Alexejewna 1779—1826. Briefe an ihren Lehrer des Englischen Pitt und dessen Frau. (S. 212 227). Mitgetheilt von *N. F. von Kruse.* — V. *Wass. Nas. Karasin.* Ueber die Möglichkeit den electrischen Strom oberer Schichten der Atmosphäre den Bedürfnissen des Menschen dienstbar zu machen. (S. 228—235; W. N Karasin, geb. 1773, † 1842, war Derjenige, welcher die Gründung der Charkower Universität veranlasste). — VI. Die Expedition gegen Chiwa im J 1849. (S. 236 – 253. Es werden hier nach kurzer Einleitung mitgetheilt:

a) Das Sr. *Majestät* dem Kaiser *Nicolaus I.* unterbreitete Project der Expedition, b) Vorschrift des Kriegsministers Tschernyschew an den General-Gouverneur von Orenburg, General Perowskij, vom 27. Februar 1840 sub No. 113. in Betreff der Ausrüstung einer zweiten Expedition, c) Brief des General-Gouverneurs von Orenburg an den Chan von Chiwa. vom 5. August 1840, welcher aber, da die Gefangenen unterdessen vom Chan ausgeliefert wurden, nicht abgeschickt wurde). — VII. Fürst M. S. Woronzow. Seine Briefe an den Fürsten W. O. Bebutow. Fortsetzung (S. 254—261). — VIII. Blätter aus dem Notizenbuch der „Russkaja Starina" (S. 262—270). — IX. Gedichte von *N. Th. Schtscherbina.* (S. 271 276). — X. *M. D. Chomirow's* Project zu einer „Encyclopädie der russischen Vaterlandskunde". (S. 277-282). — XI. Nekrolog: Fürst M A. Obolenskij. 12. Januar 1872. (S. 283-286). — XII. Bibliographische Notizen. (S 287—289). — XII. Bekanntmachung von Seiten der Verwaltung des unter dem Schutze Seiner *Kaiserlichen* Hoheit des Grossfürsten-Thronfolgers bestehenden neugegründeten Russischen National-Museums. (S. 289-290). — XIII. Bibliographisches Intelligenz-Blat (auf dem Umschlage).

Beilage: Memoiren von *A. T. Bolotow* 1738 1795. Band IV und letzter Theil XXII und XXIII: Briefe No 227-232: Das Leben des russischen Adels im 18. Jahrhundert. — Das schwarze Jahr. — Reise nach Tula und Moskau — Adelswahlen. — Literatur. — N. W. Repnin. — Katharina II. in Tula. — Fürst Prosorowskij. u. A. — 1787.

V. „Russisches Archiv" (Russkij Archiw — Русскій Архивъ). —

Herausgegeben von *Peter Bartenjew.* 1873, No. 2. Inhalt:

I. Fürst Grigorij Grigorjewitsch Orlow. Eine ausführliche Biographie, von *A. P. Barssukow.* (S. 1-146) — II. Anecdote von Ssuworow, während seiner Anwesenheit in Astrachan, 1783. (S 146 149) — III. Erinnerungen an P. M. Ssadowskij (einen unlängst verstorbenen Mimen der Moskauer Bühne). Von *S. P. Ssolowjow.* (S 149—155). — IV. *P. M Ssadowskij's* Erzählung von der französischen Revolution des Jahres 1848. (S. 155-158). — V. Sechs Briefchen A. P. Jermolow's an P. M. Ssadowskij. (S. 158—159). — VI. Notiz über den Handel mit russischen Büchern unter den österreichischen Serben im Anfange dieses Jahrhunderts Von *Nil Popow.* (S. 159—163). — VII. Ein halbes Saeculum gewöhnlichen Lebens. Erinnerungen von *Iwan Alexandrowitsch Schestakow.* (S. 164—200). — VIII Eine Bemerkung über einen Artikel der russischen „St. Petersburger Zeitung" über den polnischen Katechismus (S. 200-203). — IX Anti-Cyprinus Erinnerungen an N. N Nowossilzew. Von *P. W. Kukolnik.* (S. 203-0200). — X. Antwort an H. Prshezlawskij. Von *M. Jusefowitsch.* (S. 0201—0218). — XI. Aus einem Briefe an den Herausgeber von *K. Kawelin.* (S. 0218—0219). — XII. Ueber den Grafen Miloradowitsch, von *Grig. Miloradowitsch.* (S. 0220—0221). — XIII. Eine Mittheilung von *N. Gerbel.* (S. 0222—0224). — XIV. Berichtigungen zum I. Heft des „Russischen Archivs". (S. 0224).

Russische Bibliographie.

Tschitscherin, B., Geschichte der politischen Wissenschaften. 2. Theil. Moskau. 396 S. (**Чичеринъ, Б.**, Исторія политическихъ ученій. Ч. 2. Новое время. Москва 8 д., 396 стр.)

Minajew, J., Abriss der Phonetik und Morphologie der Pâli-Sprache. 96 S. (**Минаевъ, И.**, Очеркъ фонетики и морфологіи языка Пâли. 96 стр.)

Maikow, A. N., Gedichte. 2. Theil. 3. Aufl. 316 S. (**Майковъ, А. Н.**, Стихотворенія. II. Изд. 3-е, 416 стр.)

Melnikow, N. und **Schendsikowsky, M.**, Die Papierfabrikation aus Stroh, Heu, Bast und andern Pflanzenstoffen. Mit Zeichnungen und Papierproben. 72 S. (**Мельниковъ, Н.** и **Шендзиковскій, М.**, Производство бумаги изъ соломы, сѣна, мочала и другихъ растит. матеріаловъ. Съ чертеж. и образц. бумаги. 72 стр.)

Tschajew. Die Bogatyri (Helden). Roman in drei Theilen aus den Zeiten des Kaisers Paul. 573 S. (**Чаевъ, Н.**, Богатыри. Роман въ 3 ч. изъ временъ Императора Павла. Москва, 1873. 573 стр.)

Baer, K. E., Peters des Grossen Verdienste um die Erweiterung der geographischen Kenntnisse. 290 S.

Rosenfeldt, K. F., Ueber Johann Gottfried Herder's pädagogische Wirksamkeit. Reval. 44 S.

Wagin, W., Geschichtliche Nachrichten über die Thätigkeit des Grafen Speranskij in Sibirien von 1819 1821. 2 Thle. 801 und 752 S. (**Вагинъ, В.**, Историческія свѣдѣнія о дѣятельности графа М. М. Сперанскаго въ Сибири съ 1819 по 1821 г. 2 т. 752 стр.)

Msseriantz, S. M., Die Pressgesetze. Ein Handbuch zum Nachschlagen für Autoren, Uebersetzer, Herausgeber etc. Moskau. 3. Aufl. 273 S. **Мсеріанцъ, З. М.**, Законы о печати. Настольная справочная книга для авторовъ, переводчиковъ, издателей и проч. Изд. 3-е. Москва, 1873. 273 стр.)

Pobjedonoszew, K., Civilrecht. I. Thl. Erbrecht. 2 Thle. 689 S. **Побѣдоносцевъ, К.**, Курсъ гражданскаго права. Ч. I. Вотчинныя права. Изд. 2-е, съ перем. и дополн. Спб. 1873. 689 стр.)

Ssaltykow, M. (Schtschedrin). Tagebuch eines Provinzbewohners in St. Petersburg. 387 S. (№ 2.) (**Салтыковъ, М.** (Щедринъ). Дневникъ провинціала въ Петербургѣ. Спб. 1873. 387 стр.)

Ssawwaitow, P., Reise des Nowgorodschen Erzbischofs Antonius nach Zargrad am Ende des XII. Jahrhunderts. 158 S. (**Савваитовъ, П.**, Путешествіе новгородскаго архіепископа Антонія въ Царьградъ въ концѣ XII столѣтія. 158 стр.)

Ogronowitsch, N., Neue Bestimmung der Arbeit und des Kapitals. Der höchste Werth beider. 4°. 33 S. (**Огроновичъ, Н.**, Новое опредѣленіе труда и капитала. Наибольшая цѣнность того и другаго и проч. 4 д. 33 стр.)

NEUERE KARTEN.

Karte von Mittelasien 1 : 8,400,000.

4 Blatt Verbessert im Jahre 1873. — 2 Rbl. — Dieselbe colorirt 3 Rubel.

Karte des Orenburgischen Gebiets

1 : 2,100,000. 2 Blatt. Verbessert im Jahre 1872. 1 Rbl. 50 Kop

Karte von Westsibirien.

1 : 2,100,000. 4 Blatt. Verbessert im Jahre 1872. 2 Rbl.

Karte der Verkehrswege und Telegraphenlinien im Europäischen Russland.

Verbessert 1872. 4 Blatt. 2 Rubel.

Neue Specialkarte des Europaeischen Russlands.

Diese neue vortreffliche Karte, im Maassstabe von 1 : 420,000 ist auf 144 Blätter berechnet, von denen bis jetzt 8 Blatt erschienen sind; dieselben umfassen die Gouvernements: St. Petersburg, Ostseeprovinzen, Pleskau, Kowno, Wilna, Witebsk, Grodno, Minsk, Mohilew, Ssmolensk, Wolhynien, Tschernigow, Kursk, Orel, Woronesh, Tambow, Pensa, Ssaratow, Kijew, Kamenez-Podolsk, Poltawa, Jekaterinosslaw, Cherson, das Taurische und Bessarabische Gebiet und das Land der Donischen Kosaken, und Theile der Gouvernements: Archangel, Olonez, Kaluga, Rjäsan, Ssimbirsk, Ssamara, Astrachan. Sie ist unstreitig eines der bedeutendsten Werke, welche seit langer Zeit auf kartographischem Gebiete erschienen sind, da sie sich, so weit irgend möglich, auf specielles neuestes Original-Material stützte, durch grosse Vollständigkeit und Genauigkeit sich auszeichnet und die glückliche Mitte hält zwischen den unzureichenden Generalkarten und topographischen Specialkarten. Preis pro Blatt 50 Kop., mit colorirten Grenzen 60 Kop.

(Diese fünf Karten sind herausgegeben vom Kaiserlichen Russischen Generalstab.)

Karte des Kaukasus

1869. 1 : 420,000. 22 Blatt. Tiflis 1869. 20 Rbl.

Strassenkarte des Kaukasus.

1 : 840,000. 6 Blatt. Tiflis 1870. 7 Rbl.

Karte des Bergwerk-Bezirks in Altai.

Vom Ingeneur-Obersten Meyer. 22 Blatt. 1868. 13 Rbl.

Neue Publication des Centralstatistischen Comités:

Statistisches Jahrbuch des Russischen Reiches.

Jahrgang 1872,

1. *Theil:* Bevölkerung des Russischen Reiches im Jahre 1867. Mit einer Uebersichtskarte der Bevölkerung des europäischen Russland. 1 Rubel.

2. „ Materialien zur Statistik der Flussschifffahrt. 1 Rubel.

3. „ Statistik der Kleingewerbe und der Handarbeit in Russland. 1 Rubel 28 Kop.

6. „ Materialien zur Statistik der Fabrik-Industrie in Russland im Jahre 1868. 1 Rubel.

7. „ Die Reichs-Einnahmen Russlands, ihre Classification, jetziger Bestand und ihre Bewegung. (1866—1872). Von Besobrasow. 1 Rubel.

8. „ Die Bewegung der Bevölkerung im Jahre 1867 1 Rubel.

9. „ Statistik der Russischen Banken (von H. Kaufmann). 1 Rubel.

Karte der wichtigsten Industriezweige im Europäischen Russland 1872. 1 : 2,520,000. 4 Blatt. 8 Rubel.

(Alle diese Karten und Bücher sind in Russischer Sprache erschienen und durch die Kaiserliche Hofbuchhandlung H. Schmitzdorff (Carl Röttger) zu beziehen

---

Russisch-Deutsches

Kriegs-Technisches

WÖRTERBUCH

von

Kusnezow,

Oberst der Kaiserlichen Russischen Artillerie.

Preis in St. Petersburg 5 Rubel. Bei Uebersendung wird das Postporto für 4 Pfund Gewicht berechnet. Bestellungen werden angenommen in St: Petersburg bei der Redaction des Artillerie-Journals, Fuhrstatskaja Strasse № 13.

Herausgegeber und verantwortlicher Redacteur Carl Röttger.

Дозволено цензурою. С-Петербургъ, 27-го февраля 1873 года.
Buchdruckerei von Röttger & Schneider, Newsky-Prospect No. 5.

Nachrichten über den Aufstand in der Ili-Provinz in den Jahren 1863—1866.

von

W. Radloff.

Der Aufsatz meines Freundes P. Lerch „Das russische Turkestan" in den beiden ersten Heften der „Russischen Revue", in dem auch ein Auszug aus dem Berichte des Lün-tsun-han über den Aufstand im Ili-Thale mitgetheilt wird, hat mich daran erinnert, dass ich während meiner Reise im Sommer 1868 verschiedene Nachrichten über diesen Aufstand, theils aus officiellen Actenstücken, theils bei den Schibö am Borogudsir gesammelt, die den Bericht des Lün-tsun-han in vieler Beziehung ergänzen. Ich hoffe es wird von einigem Interesse sein, Genaueres über diese Schreckenszeit zu erfahren.

Ich habe das Ili-Thal zweimal besucht. Zum ersten Male im Jahre 1862, als es noch in voller Blüthe stand und mir, dem Steppenreisenden, wie eine Oase des Gewerbefleisses erschien. Ich kann bis jetzt nicht den Eindruck vergessen, den die chinesischen Städte, besonders Kuldscha (Ili), damals auf mich machten. Das bunte Treiben einer unabsehbaren Volksmenge auf den Strassen dieser Stadt, die Läden, Gasthäuser, Ausrufer, selbst der Bettler auf den Strassen, erinnerten mich trotz des bizarren Wesens der Chinesen, trotz aller Eigenthümlichkeiten ihrer Kultur, so sehr an das Leben grosser Städte in Europa, dass ich mich ordentlich heimisch fühlte. Wie konnte das auch anders sein. Monate lang war ich in den Jurten der Kirgisen umhergestreift, wo die eintönige Steppennatur dem Einwohner und seinem Leben denselben Stempel der Eintönigkeit aufprägt. Der Eindruck, den das Leben im Ili-Thale auf mich machte, war so stark, dass ich bis jetzt noch mich der unbedeutendsten Ereignisse, die mir damals zugestossen, erinnere, und dass ich frei gestehen muss, dass der Aufenthalt in Kuldscha zu meinen angenehmsten Reiseerinnerungen gehört.

Sechs Jahre später, im Sommer 1868, hielt ich mich abermals im Ili-Thale auf. Leider war es mir nicht vergönnt bis Kuldscha vorzudringen, aber ich hatte doch Gelegenheit die früheren Ansiedelungen der Solonen zu besuchen. Was war aber aus dem blühenden Ili-Thale geworden? Die grauenhaften Metzeleien während des Dunganen-Aufstandes hatten die Bevölkerung decimirt. Von den blühenden Ansiedelungen westlich von Kuldscha waren nur Ruinen nachgeblieben. Die Fruchtgärten waren verdorrt, die Kanäle ausgetrocknet, und statt der wogenden Kornfelder, der halbgrünen Reisfelder und der frischgrünen Gartenanlagen war überall dürre graugelbe Steppe. Anstatt der sauberen Häuserreihen ragten eingestürzte Mauern und verbrannte Balken in die Luft. Ich werde nie vergessen, wie mein Begleiter, der Schibö Udsingga, als wir in Ak-kent die Trümmer seines Hauses besuchten, den Schauplatz seines früheren Glückes betrachtete, wie er mit Thränen im Auge mir erklärte, wo früher seine Stallungen, Speicher, Gärten, seine Mühle standen, wie er zuletzt sich umwandte und mir zurief: „Und Alles habe ich verloren, Weib und Kind, Geld und Gut, mein nacktes Leben habe ich nur gerettet! Nun, es war die Fügung des hohen Himmels".

Bis jetzt waren die Spuren der Metzeleien nicht verwischt: an vielen Stellen des Weges sah man Menschenknochen und bleiche Schädel am Boden liegen.

Und was hatten die Kämpfe, das Blutbad, die Vernichtung von Tausenden den Aufständischen genützt, was hatten sie erkämpft? — Eine Herrschaft, die viel schrecklicher war als der Druck der Mandschuren. Ein betriebsames, fleissiges, wenn auch nicht kriegerisches Volk hatten sie vernichtet, den Handel und Gewerbefleiss, den Reichthum ihres Landes zu Grunde gerichtet. Dann hatten sich die Aufrührer selbst, die Dunganen und Tarantschi bekämpft, und nun musste das kleine Völkchen der Tarantschi, das früher in Frieden den Ackerbau betrieben, Soldaten spielen, um all die ihnen unterthänigen Dunganen, Chinesen, Schibö und Kalmücken im Zaume zu halten. Dieses Herrschen kam ihnen viel höher zu stehen, als sie einst der Druck der Mandschuren gekostet. Hunderte von diesen Herren des Landes flohen jetzt nach Kaschgar, Taschkend und Russland, um ihrer Herrenschaft zu entgehen.

Zum Glück dieses reichen Landstrichs ist das Ili-Thal von den Russen besetzt, noch ehe es den rechtgläubigen Herrschern gelungen, das Land vollständig zu Grunde zu richten.

Da ich in meiner Schilderung des Ili-Thales[1] die geographischen und ethnographischen Verhältnisse des chinesischen Ili-Thales schon ausführlich darzulegen versucht habe, so will ich, bevor ich zu der Schilderung des Aufstandes im Ili-Thale übergehe, hier nur einige Ergänzungen in Betreff der Daurischen Militär-Colonisten vorausschicken, über welche ich im Jahre 1862 keine Gelegenheit hatte genauere Erkundigungen einzuziehen.

Die Daurischen Militär-Colonisten waren, wie dies schon in meiner früheren Arbeit erwähnt ist, in 16 Städten zu beiden Seiten des Ili-Flusses angesiedelt worden. Die Uebersiedelung geschah etwa vor 90 — 100 Jahren aus der eigentlichen Mandschurei, und ich traf drei verschiedene Völkerschaften tungusischer Zunge: die Schibö, Dachor-Solonen und Onkor-Solonen. Die Schibö sind eigentliche Mandschuren. Sie sprechen die mandschurische Schriftsprache so rein, dass man annehmen muss, dass die Gründer der Mandschuschriftsprache unbedingt zum Schiböstamme gehörten. Die Onkor-Solonen sprechen einen sehr abweichenden tungusischen Dialect, der dem Maniagir-Dialecte sehr nahe steht. Die Dachor-Solonen endlich sprechen einen stark mit tungusischen Wörtern versetzten mongolischen Dialect.

Während die Schibö-Colonisten sich sehr bald im Ili-Thale acclimatisirten und die Bevölkerung von Jahr zu Jahr im Steigen begriffen war, nahm die Zahl der Solonischen Ansiedler von Jahr zu Jahr ab, so dass die Regierung schon in den dreissiger Jahren eine grosse Anzahl von Colonisten der südlichen Schibö-Colonien zur Vervollständigung der zusammengeschrumpften Solonen-Banner auf dem rechten Ili-Ufer ansiedeln musste, so dass mehrere tausend Schibö-Ansiedler officiell als Solonen, d. h. zu den Solonischen Bannern gehörig, bezeichnet wurden.

Jede der beiden Colonien bestand, wie schon gesagt, aus 8 Bannern oder Städten, die zusammen eine Heeresabtheilung ausmachten. Jede dieser Abtheilungen wurde von einem Mejen Amban (Divisionsgeneral) commandirt, welcher seinen Sitz in dem chinesischen Kuldscha (Ili) hatte. Der Divisionsgeneral war gewöhnlich ein Mandschu, obgleich auch oft Schibö oder Solonen zu dieser Würde gelangten. Ueberhaupt rechneten sich die Schibö-Solonen durchaus als den Mandschu ebenbürtig, als herrschende Classe und ihre

[1] Das Ili-Thal und seine Bewohner, Petermann, Geogr. Mittheil. 1866.

Officiere sollen oft Mandschu-Abtheilungen befehligt haben. Jeder der Mejen Ambane hatte in Kuldscha einen Gerichtshof (jamun), der die Oberbehörde für die 8 ihm untergeordneten Ansiedelungen sowohl in Militär- wie auch in Civil-Angelegenheiten war. Die Verwaltung der Colonien waren folgende: Jede der Heeresabtheilungen wurde von einem Ucheri-da (Obersten) verwaltet, dem ein Ilchi-da (Oberstlieutenant) und ein Niru Dschangin (Major) als Gehülfen zur Seite standen. Je zwei Ansiedelungen befehligte ein Dschergi Dschangin (Kapitän) und jede einzelne Ansiedelung ein Fundu Boschko (Lieutenant). Alle Beamten ausser dem Mejen Amban waren Schibö oder Solonen.

Die Ansiedelungen der Solonen waren folgende: 1) Turgen, die westlichste, am Flusse Borogudsir gelegen, war mit einer Festungsmauer umzogen und bestand etwa aus 300 Häusern. Turgen wurde von Onkor-Solonen und Schibö bewohnt. Es gehörte zum rechten Heeresflügel und führte das mit Verbrämung versehene blaue Banner. 2) Samar (von den Kirgisen Dschar-kent, Ufer-Stadt genannt) bestand aus etwa 250 Häusern und wurde ebenfalls von Onkor-Solonen und Schibö bewohnt; es führte das verbrämte rothe Banner. 3) Tschischkan (kirgisisch Tischkan), lag ungefähr 10 Li östlicher und bestand aus etwa 300 Häusern; es wurde ebenfalls von Onkor-Solonen und Schibö bewohnt und führte das einfarbige rothe Banner. 4) Tschedschi (von den Kirgisen Ak-kent genannt) bestand aus 200 Häusern und wurde von Onkor-Solonen und Schibö bewohnt. Es führte das einfarbige gelbe Banner. Tschedschi lag etwa 15 Werst östlich von Tschischkan.

Etwa 60 Li östlich von Tschedschi beginnen die vier Ansiedelungen des linken Heeresflügels. 5) Chorgos, bewohnt von Dachor-Solonen, bestand aus etwa 300 Häusern; es führte das verbrämte gelbe Banner. 6) Fuseku, etwa 5 Li östlich von Chorgos gelegen, bestand aus 300 Häusern und wurde nur von Dachor-Solonen bewohnt. Es führte das einfarbige blaue Banner. 7) Ke, etwa 10 Li östlich von Fuseku, bestand aus 400 Häusern und wurde nur von Dachor-Solonen bewohnt. Es führte das einfarbige weisse Banner. 8) Alimtu, 7 Li von Ke, bestand etwa aus 300 Häusern, und wurde ebenfalls nur von Dachor-Solonen bewohnt. Es führte das verbrämte weisse Banner.

Die acht Ansiedelungen der Schibö südlich vom Ili wurden gewöhnlich nur nach der Zahl Udschun niru, Dschai niru (erste, zweite u. s. w. Escadron) genannt, und waren so vertheilt, dass 1, 3, 4 dicht bei einander südwestlich vom chinesischen Kuldscha lagen; 5, 6, 7, 8 lagen einige Werst weiter ab vom Ili, gerade gegenüber den beiden Kuldscha, und 2 nicht weit vom Ili, südwestlich vom tatarischen Kuldscha. Die bedeutendste Stadt dieser Ansiedelungen war die fünfte, wo der Ucheri-da und der Ilchi-da ihren Sitz hatten und wo ausserdem ein grosser Tempel war, in dem der Dalama und viele Priester wohnten. Dass die Militärcolonien sich hauptsächlich mit Ackerbau beschäftigten, habe ich in meiner früheren Schilderung schon gesagt, ich will hier nur noch erwähnen, dass die Solonen hauptsächlich Hirse bauten, während die Schibö Weizen säeten und sich mit Gartenbau beschäftigten. Die Schibö der südlichen Colonien hatten viel zu wenig Land und mietheten daher bedeutende Ackerplätze von den südlich wohnenden Tarantschi.

Sowohl die Solonische, wie auch die Schibö-Heeresabtheilung stellte jährlich 1300 Mann Soldaten; von diesen wurden 300 Mann nach dem Sechsstädte-Gebiet (Kaschgar) geschickt, während 1000 Mann Dienste im Ili-Thale zu versehen hatten. Dieser Dienst war für die Militär-Colonisten sehr leicht, da sie für den Dienst im Ili-Thale meist nur arbeitsunfähige Kinder und Greise ausschickten, die während des Dienstes viel bessere Bezahlung erhielten, als sie zu Hause hätten erarbeiten können. Daher kann es nicht Wunder nehmen, dass gerade die Militär-Colonisten sich durch ihre Wohlhabenheit auszeichneten.

Schon im Jahre 1862, als ich meine Abhandlung über „das Ili-Thal und seine Bewohner“ niederschrieb, erschienen mir die Zustände des Ili-Thales als für die Regierung des Landes höchst bedenkliche. Das bunte Völkergewirr, das man hier absichtlich zusammengewürfelt hatte, war während eines ganzen Jahrhunderts eine treffliche Stütze für die Pekinger Regierung gewesen, da sie auf solche Weise ohne grosse Ausgaben die entfernte Provinz im Zaume halten konnte. Dies konnte ohne Gefahr geschehen, so lange dem herrschenden Stamme, den Mandschuren, die alte Kraft inne wohnte und sie im Stande waren, die verschiedenen Völkerstämme von einander zu trennen und einzeln mit starker Hand zu beherrschen. Doch die Zeit der Kraft war bei den Mandschuren schon lange vorbei; schon seit mehreren Jahrzehnten hatte sie im Lande an Ansehen verloren. Die Mandschu-Soldaten waren durch chinesischen Einfluss verweichlicht, die Militär-Colonien beschaftigten sich mehr mit Ackerbau als mit dem Kriegsdienste, durch Härte und Ungerechtigkeit hatten die Beamten sich bei den verschiedenen Stämmen verhasst gemacht, und es bedurfte nur eines zündenden Funkens, um das alte verdorrte Gebäude in Brand zu stecken.

Was ich 1862 niederschrieb hat sich als richtig bewährt: „Wehe den Mandschu, wenn der Hass gegen sie ein Mal stärker wird, als der Hass der Stämme unter einander; wenn sich nur zwei unter ihnen verbinden, so ist die Macht der Mandschu hier im Westen für immer vernichtet".

Das einzige Volk, welches die Mandschuren in ihren westlichen Provinzen fürchteten, und gegen welches sie auch ihr künstliches Colonisations-System gerichtet hatten, waren die türkischen Stämme des östlichen Turkestan. Gegen diese hatten sie stets alle Vorsichtsmaassregeln gerichtet. So war es ihnen auch gelungen alle Aufstände im Sechsstädtegebiete und im Ili-Thale zu unterdrücken. Die türkischen Ackerbauer, die Tarantschi, waren so eingezwängt, dass sie in der That an keinen Aufstand denken konnten. Doch die Mandschuren hatten noch andere Feinde, die Chinesen und Dunganen. Aber diese Feinde hatten sie schon seit Jahrhunderten verachten gelernt, denn es war ja nicht gar zu lange her, dass das kleine Mandschuvolk das noch hunderten von Millionen zählende Volk der Chinesen sich ohne Mühe unterjocht hatte. Daher zeigten sie auch den Chinesen, zu denen sie auch die Dunganen rechneten, stets die grösste Verachtung. Erst in den letzten Jahrzehnten hatten die Dunganen im Ili-Thale bedeutend an Zahl zugenommen, so dass am Dan allein sich bis 60,000 Familien niedergelassen hatten. Die Chinesen und Dunganen waren viel zu feige, um ungeachtet ihrer Menge sich gegen die Mandschu zu erheben. Die Dunganen aber wurden trotz ihres laxen Muhamedanismus von ihren Molla's stets gegen die ungläubigen Herrscher aufgestachelt. Dennoch war es bis zum Jahre 1862 nie zu offenem Widerstande gekommen.

Da brach im Jahre 1862 der Aufstand der muhamedanischen Chinesen in der Provinz Schan-si aus und verbreitete sich bald über die Provinzen Kan-su, Li-tschuan und Jun-nan. Obgleich der Aufstand von der Regierung nicht unterdrückt werden konnte, so wurden die Insurgenten doch aus Kan-su verdrängt, fanden aber in Urumtschi, dass zum grössten Theil von Dunganen bewohnt war, Unterstützung. Urumtschi wurde von den Insurgenten eingenommen und hier bildete sich jetzt der Hauptsitz einer dunganischen Herrschaft.

Die Nachrichten von den Fortschritten der Insurgenten im Osten kamen schon Ende 1862 nach Kuldscha. Solche Nachrichten stachelten natürlich den so lange unterdrückten Hass der Dunganen an, und so sehen wir, dass in San-dau-cho-se am Neujahrstage 1863 eine grosse Menge Dunganen verschiedener Orte sich versammelt, um über eine Erhebung zu beschliessen. Den fanatischen Reden zweier Priester Lio-Achun und Fai-dau-ma-l gelingt es jedoch nicht, die Massen zur That zu erregen, und Alles geht friedlich auseinander. Erst nach einigen Tagen vermögen die Rädelsführer einige hundert Menschen zusammenzubringen, und so wagen sie einen Angriff auf die kleine Stadt Tardschi. Da aber die Mandschu vorbereitet waren, so wurden die Angreifer auseinander gejagt, und etwa 50 und die beiden Rädelsführer Fai-dau-ma-l und Lio-Achun gefangen genommen. Die Rädelsführer wurden in Kuldscha enthauptet und ihre Köpfe in Tardschi zur Warnung ausgesteckt.

Diese Maassregel schien sehr wirksam gewesen zu sein, denn nun herrschte während des ganzen Jahres Ruhe im Lande und erst im dritten Monat 1864 brachen Unruhen im chinesischen Chorgos aus, die zwar unterdrückt wurden, sich aber im 5. Monat bei der Nachricht der Erhebung in Kutscha und im 6. Monat bei der Nachricht vom Fall von Urumtschi von Neuem wiederholten. Während dieser Unruhen wurden Hunderte von Dunganen gefangen, die meisten derselben wurden hingerichtet und ihre Köpfe auf allen Wegen des Ili-Thales ausgesteckt.

Gleichzeitig wurde ein Heer gegen die nach Kur-kara-usu vorgedrungenen Insurgenten aus Urumtschi abgesandt und diese vollständig zurückgeschlagen.

Trotz dieser Triumphe war die Lage der Regierung im Ili-Thal schon damals eine sehr ernste. Der Aufstand in Urumtschi hatte die nähere Verbindung mit Peking abgeschnitten und durch Abbruch der Brücken und Besetzung der Bergpässe, wurden die Mandschu verhindert mit ihren Truppen dem Sechsstädtegebiete zu Hülfe zu eilen.

Die Aufregung unter den Dunganen im Ili-Thale wuchs von Tag zu Tag, und wenn in den ersten Monaten auch keine offenen Kämpfe vorkamen, so waren doch schon alle Schichten der Bevölkerung so erregt und die commerciellen Verhältnisse des Landes waren schon 1863 so zerrüttet, dass der Secretär, der den russischen Consul in

Kuldscha vertrat, es für nothwendig erachtete, die Tartarei mit den Kosaken zu verlassen. Der grösste Theil der russischen Kaufleute folgte dem Secretär.

Während die Unruhen bis jetzt meist in den kleineren Städten stattgefunden hatten, so entstanden im 8. Monat 1864 schon Zusammenläufe bei der Hauptstadt der Provinz, dem chinesischen Kuldscha. Da die Consularbeamten die russische Factorei verlassen hatten, so waren von der chinesischen Regierung zwei Officiere und vier Soldaten beauftragt worden, selbige zu bewachen; ausserdem befand sich in derselben der Kosak Bogdaschin, der aus Versehen bei der Factorei zurückgeblieben war. Als die Kämpfe im September in der Gegend der Factorei stattfanden, flohen die Wächter und Bogdaschin und letzterer begab sich zu den Taschkendern, die sich mit ihm aber nach Vertreibung der Dunganen jetzt in der Factorei niederliessen. Nun erst begann der Dsandsün ernstere Vorbereitungen zum Schutze Kuldscha's zu betreiben, er begann einzelne Truppen-Körper, wie die Schibö, nach Kuldscha zu beordern und legte allen Kaufleuten eine ausserordentliche Steuer auf. So forderte er von den in der russischen Factorei wohnenden Taschkendern 300 Pferde. In Folge dieser Zwangssteuer verliessen die Kaufleute die Factorei und flohen über die Grenze, mit ihnen der letzte russische Kosak Bogdaschin.

Während des ganzen neunten Monats finden täglich Scharmützel mit kleinen Dunganenbanden statt, die sich in grosser Anzahl um Kuldscha herumtreiben. Da sich aber jetzt grössere Truppenmassen bei Kuldscha zusammenziehen, so herrscht zu Anfang des zehnten Monats fast allgemeine Ruhe.

Als am 12. Tage des 10. Monats eine Solonische Heeresabtheilung von 600 Mann in Kuldscha eintraf, war das Regierungsheer schon über 8000 Mann stark und hatte bei der Festung ein Lager aufgeschlagen. Die Mandschu frohlockten schon und meinten, die Dunganen unterdrückt zu haben, da dieselben in den letzten Wochen sich dem chinesischen Kuldscha nicht genähert hatten. Da traf am 13. Tage die Schreckenskunde ein, dass die Dunganen sich gegen das tatarische Kuldscha gewendet, sich mit den Sarten der Tatarenstadt verbunden und die Beamten vertrieben hätten. Sogleich wurde von Kuldscha aus der Mejen Amban Siratu, der Befehlshaber der Tschagaer Kalmücken, dorthin abgesendet, konnte aber nichts ausrichten.

Von der Einnahme des tatarischen Kuldscha an muss der Beginn des eigentlichen Aufstandes gerechnet werden, denn, durch die Besetzung dieser Stadt hatten die Aufrührer einen Mittelpunkt für ihre Unternehmungen gewonnen. Der grösste Fehler, den die Mandschuren gemacht, war der, dass sie nicht augenblicklich alle ihre Heereskräfte gegen das tatarische Kuldscha schickten; es wäre ihnen damals ein Leichtes gewesen, das tatarische Kuldscha dem Boden gleich zu machen. Denn, wie gesagt, dem Dsandsün standen bis 8000 Mann zu Gebote und er hätte ausserdem aus Bajandai noch bedeutende Verstärkungen mitnehmen können.

Die Dunganen handelten viel energischer; schon am 15. Tage zogen sie in bedeutenden Haufen gegen die Festungen im chinesischen Gebiete aus.

Als wir am Morgen des 15. Tages erwachten, erzählte mir einer der Solonischen Soldaten, umschwärmten Dunganen-Haufen wie dichte Schwärme von Raben unsere Standquartiere. Etwa 600 Solonische Reiter und 2300 Fusssoldaten der Tschämpän und Chambing rückten gegen sie aus. Der Kampf währte nicht lange, und bald hatten wir sie in die Flucht geschlagen, nachdem sie bis 50 Todte verloren hatten. Der Dsandsün hatte dem Kampfe von der Höhe der Festungsmauer zugeschaut und war über den Erfolg unseres Kampfes so erfreut, dass er uns alle in die Festung rufen liess, uns mit Silber belohnte und für alle Solonen ein Gastmahl herrichten liess. So lebten wir 4—5 Tage in Freuden, — besser wäre es gewesen, wir hätten den geflohenen Feind verfolgt.

Am 22. und 23. zogen die Dunganen noch in grösseren Banden nach Kuldscha. An diesen beiden Tagen wurden hauptsächlich Tschämpän gegen sie ausgesendet, die, obgleich es ihnen gelang, den Feind zurückzutreiben, doch 29 Soldaten und einen Mejen Amban an Gefangenen verloren. Die Aufrührer liessen 300 Todte auf dem Kampfplatze zurück. Dreizehn gefangene Dunganen wurden am selbigen Tage hingerichtet.

Am 24. kamen die Dunganen noch in grösseren Massen herangezogen. Der Kampf war an diesem Tage viel erbitterter als früher und die Feinde wurden erst zerstreut und in die Flucht geschlagen, als aus den grossen Kanonen und aus den Wallbüchsen auf sie gefeuert wurde. Die Solonen und Schibö begannen eine ernstliche Verfolgung; der Solonische Ucherida und einige Mandschuren, die sich zu weit vorgewagt, wurden gefangen. Daher befahl der Dsandsün, der nur mit Zagen die Truppen sich von der Festung entfernen sah, die Verfolgung abzubrechen und ins Lager zurückzukehren.

Die Dunganen hatten an diesem Tage sehr viele Todte verloren, so dass sie sich bis hinter Bajandai zurückzogen. Der Dsandsün, über diesen Erfolg erfreut, belobte die Truppen und liess Silber und Esswaaren unter sie vertheilen. Zehn Tage dauerten die Festlichkeiten und während dieser Zeit bekümmerte sich Niemand um den Feind.

Da der Feind sich nicht wieder zeigte, so beschloss endlich der Dsandsün einen Angriff auf die Dunganen zu wagen. Zu diesem Zwecke liess er am 4. Tage des 11. Monats allen Heeresabtheilungen den Befehl zukommen, sich für den nächsten Morgen zum Kampfe bereit zu halten.

Wohl 10,000 Mann von den Truppen aller Stämme verliessen das Lager. Vor der Stadt besichtigte der Dsandsün die Truppen, blieb aber selbst in Kuldscha. In dem Orte Da-di-we-pu hatten sich die Dunganen verschanzt und erwarteten den Angriff der Truppen, hier konnte die Reiterei nicht wirken und so wurden nur die Fusstruppen der Chambing vorgeschickt. Doch diese wurden zurückgeschlagen, verloren 500 Mann an Todten und Gefangenen, und da ihr Führer, der Mejan Amban, in die Hände der Insurgenten fiel, so geriethen sie in Unordnung und flohen. Ihre Flucht brachte auch das übrige Heer in Unordnung, und die ganze Masse zog sich nach Kuldscha zurück. Die Dunganen müssen aber ihrerseits ebenfalls bedeutende Verluste erlitten haben, denn sie verfolgten die Regierungstruppen nicht und hielten sich noch später einige Wochen ruhig.

Am 26. Tage dieses Monats traf der Befehl aus Peking ein, der den Dsandsün Tschan absetzte und an seine Stelle den Chebei Amban von Tarbagatai Ming zum Dsandsün ernannte. In der That hatte sich der frühere Dsandsün so feige und thöricht benommen, dass es Wunder nimmt, dass man ihn so lange an seinem Platze liess. Der neue Dsandsün machte es jedoch nicht besser. Die einzige Rettung wäre gewesen, alle kleine Festungen, wie Tardschi, Bajandai, Süidüng u. s. w. aufzugeben und zu zerstören und alle Truppen zu versammeln. Der ganzen Macht wäre es ein Leichtes gewesen, den Feind vollständig zu vernichten. Anstatt dessen folgte Ming dem Vorbilde seines Vorgängers. Schon am folgenden Tage verfügte der neue Dsandsün einen Angriff auf die noch immer in Da-di-we-pu weilenden Dunganen. Er beorderte etwa 1500 Chambing und 1000 Schibö und Solonen zu diesem Angriff, während er das Gros des Heeres in Kuldscha zurückliess. Zuerst waren die Regierungstruppen im Vortheil, sie nahmen den Insurgenten mehrere Wallbüchsen ab und bemächtigten sich eines Theiles der Vorräthe derselben und mehrerer hundert Kameele. Später wendete sich aber das Glück. Die Fusstruppen wurden umringt und zum grössten Theil vernichtet. Die Schibö und Solonen erlitten keinen grossen Verlust, sondern retteten sich schnell durch die Flucht.

Nach diesem Siege gehen die Dunganen wieder zum Angriff über. Sie theilen ihre Truppen in zwei Abtheilungen und ziehen gegen die Festungen Kuldscha und Bajandai, die sie fast belagern.

Die Lage der Regierung hatte sich bedeutend verschlechtert. Die Dunganen verkündeten prahlend ihre Siege und gewannen dadurch an Ansehen bei den Kirgisen und Kara-Kirgisen, die nördlich und südlich vom Ili-Thale sich aufhielten. Einer der Hauptführer der Dunganen, Sultan Mahsamet Chan, forderte durch einen offenen Brief an alle Kirgisen dieselben zum heiligen Kampfe gegen die Ungläubigen auf, und selbst bei den Russland unterworfenen Kirgisen suchte man Bundesgenossen zu erhalten. Die Kirgisen, die als Bundesgenossen der Dunganen sich gute Beute versprechen, strömen sehr zahlreich herbei und durchschwärmen in wilden Haufen das Gebiet der Chinesen, so dass alle Wege gefährlich zu passiren sind. Dadurch machten sie natürlich die Verproviantirung Kuldscha's sehr schwierig. Zu derselben Zeit wurden die Kalmücken am Tekes von den auf russischem Gebiet wohnenden schwarzen Kirgisen des Stammes Bugu heftig bedrängt.

Bei Kuldscha finden jetzt täglich kleinere und grössere Scharmützel statt und es gelingt den Dunganen einen Theil der Vorrathsspeicher niederzubrennen; auch wird die russische Factorei geplündert. Diese Verhältnisse scheinen dem Dsandsün nicht wenig Furcht einzuflössen, und er wendet sich wiederholt an den russischen Gouverneur von Ssemipalatinsk mit der Bitte, ihm Hülfstruppen zu senden.

Drei volle Wochen dauerten die Kämpfe bei Kuldscha, ohne dass die zahlreichen Truppen sich zu einem grösseren Kampfe ermannt hätten. Endlich am 19. Tage des 12. Monats wird ein grosser Ausfall beschlossen, und es gelingt den Regierungstruppen, die Dunganen vollständig in die Flucht zu schlagen, und das ganze Gebiet um Kuldscha von ihnen zu säubern.

Damals, sagte mir der Solonische Ucherida Detschin, war der günstigste Moment für die Regierung, alle früheren Fehler wieder gut zu machen. Die Insurgenten waren geschlagen und wären bei einer energischen Verfolgung vollständig vernichtet worden. Ihre Verbündeten, die Kirgisen, hätten sich nur so lange zu ihnen gehalten, wie die Dunganen im Vortheile waren, und würden ebenso gerne Dunganen wie Chinesen geplündert haben. Alle unsere Vorstellungen beim Dsandsün halfen Nichts: er befahl den Rückzug, da er für Kuldscha fürchtete.

Die Mandschuren sollten nur allzubald die Früchte ihrer feigen Unthätigkeit ernten. Die Dunganen, aus Furcht vor der Rache der Mandschu, baten nun die tatarischen Ackerbauer (die bis dahin neutral geblieben waren) um Hülfe und machten ihnen solche Versprechungen, dass sie einwilligten und schon nach wenigen Tagen rückte ein Herrhaufen aus Tarantschi und Dunganen gegen Bajandai vor. Während die Insurgenten Kuldscha nur mit kleinen Streifcorps angreifen, verwenden sie alle ihre Kraft auf die Einnahme der Festung Bajandai, die sie vom siebenten Tage des ersten Monats (1865) an vollständig umzingeln und am 12. erstürmen. Die ganze Besatzung, etwa 8000 Mann mit dem Mejan Amban, fällt in ihre Hände und wird bis auf zwei Soldaten, die man mit abgeschnittenen Nasen nach Kuldscha schickt, niedergemetzelt. Die Häuser werden beraubt, die friedlichen Chinesen mit Weib und Kindern erdrosselt und die jungen Mädchen werden in die Knechtschaft geschleppt.

Erst nach der Einnahme von Bajandai fangen die Insurgenten an, feste Hoffnung auf einen für sie glücklichen Ausgang des Kampfes zu fassen. Wie wenig sie vor diesem Ereigniss auf Erfolg rechneten, beweist noch eine, wenige Wochen früher von Bajandai aus nach Urumtschi geschickte Gesandtschaft, die den Nurgundsch Achun, den Oberbefehlshaber in Urumtschi, um Hülfe bitten sollte. Diese Gesandtschaft, die von 25 Mann Soldaten unter dem Befehl des Jüs Baschi Wiesa Chodscha begleitet wurde, konnte in Urumtschi Nichts ausrichten und ging daher nach Kutscha, das damals der Mittelpunkt des Aufstandes im Sechsstädtegebiete war. Hier erhielten sie die Nachricht vom Falle Bajandai's. Darauf kehrte die Gesandtschaft zurück und zwar in Begleitung zweier Achune aus Kutscha, dem Dava Achun und dem Seid Achun. Es scheint, als ob damals ein Schutz- und Trutzbündniss zwischen den Aufständischen im Sechsstädtegebiete und dem Ili-Thale geschlossen wurde.

Das Heer, über das noch der Dsandsün in Kuldscha verfügte, bestand aus folgenden Truppen: Solonen 600, Schibö 1200, Mandschu 2000, Chambing 800, Tschagor 1000, Tschämpän 6000 und chinesische Miliz 2000 Mann, also 4800 Mann Reiterei und 8800 Fusssoldaten. Während diese Truppen zum grössten Theil sich in der

Festung befahden, hatten die Insurgenten sich dicht bei der Stadt Kuldscha festgesetzt und die letztere ganz ausgeplündert. Die Regierungstruppen waren im Norden von den Insurgenten fast umringt und lieferten mit diesen täglich Scharmützel, die ganz ohne Erfolg blieben. Von der Südseite war Kuldscha frei und so sucht der Dsandsün sich von dort aus zu verproviantiren und befiehlt starke Getreidevorräthe von den Schibö und Solonen mit Gewalt zusammenzubringen, welche Maassregel die beiden Völkerschaften nicht wenig erbittert.

Die fortschreitenden Erfolge der Insurgenten verschaffen ihnen immermehr Ansehen bei den Kirgisen, die überall durch umherziehende Mollas zu dem Religionskampfe aufgefordert werden. Nicht nur im Ili-Thale, sondern auch auf russischem Gebiet fangen die Kirgisen an sich zu regen. Der ganze Stamm der Adbaner (von der grossen Horde) geht auf chinesisches Gebiet über, ebenso bedeutende Aule der schwarzen Kirgisen. Letztere greifen die Kalmücken am Tekes an, die den russischen Posten am Issikul um Hülfe bitten.

Zu Anfang des Jahres war auch noch der Aufstand im Tarbagatai ausgebrochen, so dass das Ili-Thal jetzt ganz von dem übrigen Reiche abgeschnitten ist. Daher trifft am 28. März ein Brief des Dsandsün Ming in Ssemipalatinsk ein, in welchem er wie früher um Hülfe fleht und ausserdem bittet, ein Packet officielle Papiere an das Ministerium in Peking durch russisches Gebiet nach Kobdo zu senden. Während der Monate April und Mai trug sich nichts Erhebliches bei Kuldscha zu. Die Dunganen machen fast tägliche Angriffe, aber ohne jeglichen Erfolg; zu verschiedenen Malen müssen sie sich sogar mit grossem Verluste zurückziehen.

Da ihre Anstrengungen gegen Kuldscha durchaus ohne Erfolg bleiben, so verbreiten sie das Gerücht, dass bald Hülfe aus Kashgar eintreffen werde, und dass sie daher bis zu deren Ankunft keine ernstlichen Kämpfe unternehmen wollen.

Mitte Mai beginnen die Insurgenten diejenige Taktik, die ihnen allein Erfolg bringen konnte, d. h. sie wenden sich gegen die Militär-Colonien, um die in Kuldscha befindlichen Daurer zum Abfall vom Dsandsün zu zwingen.

Ein Theil der Dunganen löst sich in einzelne Streifcorps auf, zieht Kirgisen an sich und macht die Wege zwischen Kuldscha und dem Solonen-Gebiete uusicher. Dabei überfallen sie einzelstehende Gehöfte, plündern und morden. Auf den Aeckern werden an verschiedenen Orten Frauen und Kinder mit aufgeschlitzten Leibern gefunden.

Endlich zu Anfang des 5. Monats rafft der Dsandsün sich zu einem neuen Unternehmen auf und schickt eine bedeutende Heeresabtheilung zum Angriff des Dunganen-Lagers bei Da-di-we-pu. Der Kampf war sehr heftig und die Fusstruppen der Regierung verloren gegen 2000 Mann. Die Dunganen folgen dem fliehenden Feinde bis zu den Thoren von Kuldscha, werden aber mit Hülfe der Wallbüchsen zurückgeschlagen. Am folgenden und dritten Tage erneuert sich der Kampf vor Kuldscha; es gelingt aber den Regierungstruppen die Insurgenten vom Sary Bulak, wo sie sich festgesetzt, zu verdrängen, worauf sich die Insurgenten in ihr früheres Lager zurückziehen.

Seit dieser Zeit wurde die Festung Kuldscha weniger belästigt und nur zweimal im Laufe des Juni und Juli fanden unbedeutende Angriffe statt, die jedesmal mit Erfolg zurückgeschlagen werden. Während dieser Zeit schicken die Insurgenten eine Heeresabtheilung nach dem Gebiete der Solonen und greifen die Dörfer Ke und Alimtu an. Viele Solonen werden niedergemetzelt, andere fliehen nach Chorgos. Die Häuser werden zum grössten Theil ein Raub der Flammen. — Demselben Streifcorps gelingt es, einen grossen Transport von Mundvorrath von mehreren Hundert Wagen aufzufangen.

Ein anderes Streifcorps der Insurgenten zieht gegen Süiding aus und verheert die Umgegend dieser Stadt.

Ein drittes Corps geht östlich von Kuldscha über den Ili und überfällt den grossen Kalmückischen Buddha-Tempel. Es gelingt ihm, die Lama zu überrumpeln, von denen mehrere Hundert unter den schrecklichsten Qualen hingeschlachtet werden. Die Tempel werden gänzlich zerstört, die Pagoden zertrümmert und die werthvollsten Opfergefässe werden geraubt. Dem Chamba-Lama gelingt es in die Schibö-Colonien zu entkommen und von dort flieht er zu den Kalmücken.

Ein recht lebendiges Bild der Zustände in Kuldscha im Juli-Monat giebt uns der Bericht des Lieutenants Reinthal, der im Juli 1865 die Stadt Kuldscha im Auftrage der russischen Regierung besuchte. Ich werde daher hier einen Theil dieses Berichtes mittheilen.

„In diesem Jahre haben die Einwohner nur die ihnen unbedingt nothwendige Menge Getreide gesäet, ausserdem aber wurden noch viele Aecker im Auftrage der Regierung bearbeitet, was in früheren

Jahren nie geschehen. Die Ernte ist eine ausgezeichnete, aber unter den jetzigen Verhältnissen ist das Einernten mit den grössten Schwierigkeiten verknüpft, da nach zahlreichen Ueberfällen der Dunganen die Arbeiter jetzt unter dem Schutze von Militärposten ihre Feldarbeiten verrichten müssen.

„An Stelle der Tarantschi beschäftigten sich jetzt die Mandschu-Soldaten mit Feldarbeiten, und es ist durchaus kein Mangel an Arbeitskräften. Militärpiquets auf den Feldern haben wir auf unserm Wege nicht angetroffen, sondern nur Arbeiter, die, sobald sie unser gewahr wurden, sich eiligst versteckten. Die Militärposten auf den Feldern stehen nur dicht bei Chorgos und Kuldscha, da sie aber auch dort keinerlei Bewegung unternehmen, so finden die Dunganen doch stets Gelegenheit an vielen Stellen die Ackerbauer zu ermorden und das Getreide zu verbrennen.

„Zu der Festung Kuldscha führte man uns durch die Stadt Kuldscha um uns zu zeigen, wie sehr sie durch die Dunganen verwüstet ist. Die Strassen, welche wir passirten, befanden sich dicht bei der Festung, und waren nach Aussage der Chinesen die allerreichsten durch ihre Läden und Häuser. Jetzt waren es nur Reihen von Schutthaufen und Ruinen. Der grösste Theil der Stadt ist niedergebrannt, und zwar hat derjenige Theil der Stadt am meisten gelitten, der an die Festung grenzt.

„Die Festung ist in Form eines Quadrates gebaut, dessen Seiten etwa 700 Faden betragen. Die Mauern sind aus Lehm, gezähnt und mit Schiessscharten versehen. Die Dicke der Mauern beträgt etwa 4 Arschin, die Höhe 11 Arschin. An der Ostseite ist eine etwa 2½ Arschin lange Kanone aufgestellt, deren Kaliber 2½ Werschok beträgt. Diese ist nach Nordosten gerichtet. Gefertigt ist diese Kanone aus einer gusseisernen Röhre von ¾ Zoll Dicke und dann roh mit Kupfer umgossen. Die Kugelröhre ist rauh. Aus ihr schiesst man mit schlecht gegossenen eisernen Kugeln. Befestigt ist die Kanone auf einen gewöhnlichen zweirädrigen chinesischen Wagen. Die Enden der Scheeren des Wagens stossen an den Rand der Plattform, auf der dies Geschütz steht und sind mit Steinen bedeckt um dem Stoss beim Schusse zu widerstehen. Ausser dieser grossen Kanone sind noch zwei kleinere, der grossen ähnliche Geschütze von verschiedenem Kaliber vorhanden, und ferner giebt es noch bis dreissig eiserne Böller, die nicht länger als ¾ Arschin sind und ein Kaliber von 1 — 2 Zoll haben.

„Ausserdem finden sich noch eine Menge Wallbüchsen, sehr grosse

Gewehre, die auf Gabeln gestellt und mit Bleikugeln geladen werden. An vielen Stellen sind bei den Schiessscharten Steine aufgehäuft.

„Die Chinesen rechnen ihr Heer auf 4000 Mann und das der Dunganen auf 14000 Mann. (Die erste Ziffer ist wie wie wir schon wissen viel zu klein angegeben.) Die Reiterei der Chinesen ist mit Bogen und Piken bewaffnet (Gewehre haben sie sehr wenig), die Fusstruppen aber haben Gewehre, Piken und Säbel ohne Scheiden. Ausserdem kommt auf 100 Mann Reiterei ein Böller, den ein Knabe (seines geringen Gewichtes wegen) auf einem Reitpferde mit sich führt. Das Kaliber dieser Böller ist verschieden, von 1 Zoll bis zu 2$^1/_2$ Zoll, und ihre Länge ungefähr eine halbe Arschin. Ueberhaupt sind die Schiessgewehre der Chinesen in einem jämmerlichen Zustande. Ihr Pulver ist schwach und lässt nach dem Verbrennen einen weissen Nachsatz.

„Die Leibgarde des Dsandsün, die zu unserem Empfange in der Festung in eine Reihe aufgestellt war, hatte durchaus kein kriegerisches Ansehen. Die Soldaten sahen aus wie eine Linie sorglos lächelnder Knaben, die in ihren Händen Säbel, Piken oder Gewehre hielten. Ihre Kleidung war äusserst abgetragen. Ueberhaupt sind unter den chinesischen Soldaten keine Leute von mittleren Jahren zu sehen, entweder sind es blutjunge Menschen oder ganz alte Leute. Letztere werden hauptsächlich zum Wachtdienst auf der Mauer verwendet. Die Bewaffnung der Dunganen ist nach Angabe der Chinesen vollständig dieselbe mit Ausnahme der grossen Kanone, mit der sich die Chinesen prahlen. Munition scheint in Kuldscha sehr viel vorhanden zu sein, denn die Chinesen schiessen Tag und Nacht in die Luft um die Dunganen zu schrecken.

„Die Preise von Essvorräthen sind jetzt folgende. Ein Schwein kostet 10 bis 20 Rubel, ein Ferkel 2 bis 10 Rubel, ein mittelgrosses Schaf 3 bis 4 Rubel. Gemüse sind wie früher sehr billig, aber das Pud Weizenmehl kostet 2 Rubel und noch mehr. Die Preise aller Esswaaren sollen sich seit dem Frühjahr wenig geändert haben. Im Herbst wird der Preis wegen der Schwierigkeiten der Ernte gewiss bedeutend steigen.

„Schon seit langer Zeit schmeicheln sich die Chinesen mit der Hoffnung auf russische Hülfe, aber in der letzten Zeit hoffen sie noch ausserdem auf ein chinesisches Hülfsheer, das über Sibirien aus Peking eintreffen soll. Es ist schwer zu sagen, ob sie selbst in der That an die Ankunft des Heeres glauben, oder es uns nur glauben machen wollen. So bald man ihnen von diesem Heere spricht, so fügen sie hinzu, dass ihnen ausserdem russische Hülfe nöthig sei, wären es auch nur 2000 Mann oder gar noch weniger. Unsere Gegenwart (wir waren nur 15 Mann) verschaffte ihnen schon eine Zeitlang Ruhe, und dies sagten sie uns frei heraus. Während der 5 Tage unseres Aufenhaltes zeigten sich nicht einmal die Dunganen. Die Chinesen hatten dies bemerkt und baten uns, noch einige Zeit zu verweilen, da sie, wenn wir hier wären, freier athmeten. Kaum würden wir fort sein, so würden die Dunganen sie sogleich bedrängen. Sie bitten dringend ihnen den Consul zu schicken, und den Handel von Neuem zu eröffnen. Sie fügen aber allemal hinzu, dass die Kaufleute von Soldaten begleitet werden müssten Daraus kann man deutlich ersehen, dass sie nicht so sehr den Consul und die Kaufleute wünschen, wie die sie begleitenden Soldaten. Sie baten mich, die Gebäude zu besichtigen, die für den Consul und für die Faktorei bestimmt seien, und dabei zeigten sie mir ein grosses Gebäude, das als Kaserne und Stallung für die Soldaten-Abtheilung dienen könne.

„Es ist schwer zu entscheiden, auf welcher Seite der streitenden Parteien das moralische Uebergewicht ist, da die Handlungsweise beider ins Ungewisse verschwimmt. Es scheint, als ob die Dunganen die Chinesen ebenso fürchten, als die Chinesen die Dunganen. Wenn die Chinesen auch zugeben, dass die Pferde der Feinde in besserem Zustande seien, als ihre eigenen, so sind sie doch überzeugt, dass die Dunganen ihre grosse Kanone fürchten, denn so bald der erste Schuss aus ihr ertöne, ergriffen die Dunganen jedesmal die Flucht. Im äussersten Falle wollen die Chinesen sich in drei Puncten, in Turgen, Chorgos und Kuldscha festsetzen.

„Die beiden Städte Bajandai, Dschindinse, die ungefähr 40 Werst von Kuldscha entfernt sind, bilden den Hauptaufenthalt der Dunganen und ihrer Familien. Führer der Dunganen sind drei Personen Tschausak, Malo und Mawalki. Der Erstere soll sich durch seinen Reichthum und seine Grausamkeit auszeichnen, von den übrigen wusste man nichts zu sagen.

„Die Kampfweise der Dunganen lässt sich mit keiner Gattung von Kriegführung vergleichen. Sie ist etwas ganz Originelles, eine Art von Baranta (Kriegszüge der Kirgisen) nur mit dem Unterschiede, dass die Dunganen regelmässig mit Sonnenuntergang den Kampf abbrechen, sich zurückziehen und während der Nacht die Chinesen nie belästigen. Die Ueberfälle und das Anzüden des Getreides auf dem Felde haben die Chinesen so eingeschüchtert, dass sie sich fürchten nach Gras zu reiten. Während unseres Aufenthaltes wurde uns sehr wenig Gras für unsere Pferde geliefert, da die Chinesen sich fürchteten aufs Feld zu fahren, trotz des strengen Befehles des Galdai.

„Der Handel hat jetzt in Kuldscha fast ganz aufgehört, alle Läden waren leer, mit Ausnahme der Apotheken und Kleiderbuden. Thee ist gar nicht zu sehen. Ein 5 Pfund schweres Paket Ziegelthee kostet 10 Rubel. Als ich mit dem Galdai wegen des Theemangels sprach, erzählte er mir, sie hätten grosse Vorräthe, die er mir zeigen wollte, aber trotz meiner wiederholten Erinnerungen führte er dieses Anerbieten nicht aus".

So weit der Bericht des Lieutenant Reinthal.

Die Kalmücken vom Tekes hatten bis zu dieser Zeit den Man dschuren die geforderte Hülfe verweigert, da sie erzürnt waren, dass jene ihnen früher nicht Hülfe gesendet, als sie von den schwarzen Kirgisen der Geschlechter Bugu und Sary-Bagysch so heftig beunruhigt worden waren. Jetzt wurden sie, wie es scheint durch den geflohenen Chamba Sama, aus ihrer Gleichgultigkeit aufgestört. Zwei Monate nach der Zerstorung des grossen Tempels am Ili erscheinen sie in riesigen Schaaren, es heisst bis 20,000 Mann stark, im Ili-Thal. Am linken Ufer des Ili stiessen sie mit den Heerhaufen der Tarantschi und Dunganen zusammen. Es gab eine sehr blutige Schlacht und die Insurgenten wurden vollig geschlagen. In wilder Flucht flohen sie nach dem Ili zu und suchten sich auf die Fähren zu retten; bei dieser Gelegenheit soll der grösste Theil der Fliehenden ertrunken sein. Die Kalmücken setzten nun über den Ili und vermehrten das Heer des Dsandsün so bedeutend, dass die Insurgenten sich nicht nach Kuldscha wagten. Der Dsandsün, der sich nun sicher glaubte, hielt es fur das Nöthigste jetzt schnell die Festung zu verproviantiren. Das Getreide war reif auf den Feldern und war nur aus Furcht vor den Insurgenten nicht eingeerntet worden. Da jetzt Wei-gu-shin, wie die Mandshuren die Kalmücken, Kirgisen u. s. w. verächtlich nennen, hier waren, so hatten natürlich die Mandschu keine Lust mehr dies ihnen ehrenrührig erscheinende Geschäft auszufuhren und so beordert der Dsandsun die Kalmücken das Getreide zu schneiden und einzufuhren. Dazu zeigten aber die Kalmücken, die fast noch weniger Ackerbau treiben als die Kirgisen, gar keine Lust. Sie weigerten sich den Befehl zu erfüllen, und da man drohte, so setzten sie ohne Verzug über den Fluss und kehrten nach Hause zurück.

Nach Abzug der Kalmücken zeigten sich auch wieder die Dunganen vor Kuldscha und machen das Einbringen der Ernte zu einer vollständigen Unmöglichkeit. Ein Theil der Insurgenten geht nun über den Ili und beginnt am 20. Tage des 8. Monats einen Angriff auf die südlichen Schibö-Ansiedlungen. Kaum war die Nachricht von dem Angriffe nach Kuldscha gekommen, so weigern sich die Schibö länger in Kuldscha zu bleiben und der Dsandsün entlässt das ganze Schibö-Heer in die Heimath. Trotz der Rückkehr derselben währt der Kampf noch fort. Zwei der Schiböstädte, die zweite und achte, werden von den Insurgenten erobert, während die übrigen in Händen der Schibö bleiben.

„Die Lage von Kuldscha", schreibt Lieutenant Reinthal in einem zweiten Berichte, nachdem er abermals Kuldscha Anfangs September besucht hatte, „und seiner Umgebungen hat sich bedeutend verschlechtert, der Preis der Lebensmittel ist gestiegen, die Läden sind noch leerer geworden. Schwarzer Thee ist gar nicht mehr vorhanden, das Pud Heu kostet 40 Kopeken, das Pud Weizen 3 Rubel, ein Hammel 4 Rubel; Reis ist nicht mehr zu haben, Branntwein wird sehr wenig gebrannt, die Flasche kostet jetzt 1 Rubel 20 Kopeken. Getreide ist nicht mehr auf den Feldern, es ist theils vernichtet, theils unter specieller Aufsicht hoher Officiere eingeerntet.

„Das Heer im Lager bei Kuldscha ist in einem schrecklichen Zustande. Es besteht etwa aus 1000 Mann Reiter und 2000 Fusssoldaten. Von letzteren haben nicht mehr als 300 Mann Gewehre. Alle sehen schrecklich heruntergekommen aus. Der Dsandsün erschien sehr besorgt, eben so die höheren Officiere, mit denen ich zusammentraf. Besonders schwer trifft es sie, von einem solchen niederen Volke wie die Dunganen besiegt zu werden; wenn wir von den Russen besiegt würden, sagte mir einer, das wäre noch zu ertragen. Der Dsandsün bittet um schleunige Hülfe und ersucht, wenigstens die Russland unterworfenen Kirgisen von der Theilnahme am Aufstand abzuhalten."

Je mehr die Lage der Regierungstruppen sich verschlechterte, um so besser organisirt sich der Aufstand. Dunganen, Tarantschi und Kirgisen handeln jetzt nach einem ganz bestimmten Plane. Während die Dunganen hauptsächlich Kuldscha und Chorgos beunruhigen, wenden die Tarantschi sich gegen die Schibö und die Kirgisen greifen die Solonen-Ansiedlungen an, und es gelingt den letzteren, Mitte September die grossen solonischen Viehherden fortzutreiben und die Wege zwischen den solonischen Städten unsicher zu machen.

In Folge dessen verlässt die etwa 500 Mann starke solonische Reiterei Kuldscha, um ihre eigenen Familien vor den Kirgisen zu schützen.

Am 16. October fällt endlich die kleine Festung Tardschi und dadurch wird Kuldscha von allen nördlichen Städten abgeschnitten. Die Kirgisen unter den Sultanen Nur Ali, Bi Säurük und Dschetän beunruhigen den ganzen westlichen Theil des Landes, so dass der Dsandsün den bedrängten Solonen sogar die Flucht nach Russland gestattet. Vergebens schickt der Dsandsün zu den Kalmücken um sie nach Kuldscha zu rufen und er weiss keinen andern Rath mehr, als die russischen Grenzbeamten zu bitten, die Streitigkeiten mit den Insurgenten durch Schiedsgericht zu schlichten. Die russischen Beamten können natürlich diesem Verlangen ohne Erlaubniss ihrer Regierung nicht nachkommen. Die Noth steigt in Kuldscha nun zu einer solchen Höhe, dass der Dsandsün sich gezwungen sieht, zuletzt seine letzten Hülfstruppen, die Tschargor-Kalmücken, in ihre Heimath zu entlassen. Die Solonen befanden sich in einer eben so schrecklichen Lage wie die Stadt Kuldscha. Von allen Seiten wurden sie von Kirgisen umschwärmt, und die Dunganen und Tarantschi drohen sie zu vernichten, wenn sie Miene machen sollten, nach Russland auszuwandern. So bleibt ihnen zuletzt nichts mehr übrig, als mit den Dunganen Frieden zu schliessen und sich ihnen zu ergeben, wenn sie sie vor den Kirgisen schützen wollen. Ebenso ergaben sich die Schibö und der Arban dürben Sumul der Tschagor-Kalmücken, so dass nun nur noch die Städte Kuldscha, Chorgos, Dalosugung und Süidüng in den Händen der Mandschu sich befinden.

Jetzt wendeten die Insurgenten ihre Hauptkräfte gegen Kuldscha, das sie vollständig einschliessen, um es durch Hunger zur Uebergabe zu zwingen. Die Lage dieser Festung ist eine furchterliche. Die Getreidevorräthe sind vollständig verzehrt, die einzige Nahrung sind Pferde, Hunde und Katzen. Das Pud Salz kostet 6 Rubel. Der Hungertyphus ist in schrecklicher Weise ausgebrochen, so dass täglich 50 — 100 Menschen sterben. Die Todten liegen auf den Strassen umher und faulen, die hölzernen Möbel und die Dachbalken der Häuser werden als Brenn- und Heizmaterial verwendet. Ein russischer Kaufmann, der sich bis in die Nähe Kuldschas wagt, verkauft seine Schafe das Stück zu 14 Rubel Silber.

Endlich Mitte Januar begannen die Dunganen ihren Angriff auf die Festung. Sie unterminiren einen Theil der Mauer und sprengen ihn in die Luft, zerstören ein Stadtthor und dringen in die Festung. Es ist ein fürchterliches Gemetzel; Weiber, Kinder, Männer, Alles wird hingeschlachtet, da die Halbverhungerten sich kaum zu wehren vermögen. Der kleine Ueberrest des Mandschuheeres mit dem Dsandsün und einigen höheren Beamten flüchten sich in den Palast des Dsandsün und vertheidigen sich verzweifelt gegen die Insurgenten. Bei diesem Kampfe fällt der frühere Dsandsün in die Hände der Aufständischen. Da der jetzige Dsandsün sieht, dass er sich nicht länger halten kann, so lässt er das Gebäude unterminiren und sprengt sich selbst mit allen Beamten in die Luft. Die Insurgenten erbeuten bei der Einnahme des Palastes noch zwei Kasten mit 80,000 Unzen Silber.

Nach einigen Wochen der Ruhe wendeten sich die Dunganen gegen die kleineren nördlichen Festungen, von denen sie Süidüng und Dalosugung am Ende des dritten Monats einnehmen. Dann zogen sie nach Chorgos. Dorthin hatte sich ein grosser Theil der reichen Kaufleute zurückgezogen. Chorgos war verproviantirt und reichlich mit Munition versehen, so dass ein grosser Heerhaufen der Tarantschi und Dunganen mehrere Wochen vergeblich die Stadt bedrängte. Da den Einwohnern von Chorgos keine Hoffnung auf Sieg geblieben, so suchen sie mit den Insurgenten zu unterhandeln, und sie unterwerfen sich ihnen zuletzt, indem sie eine Contribution von 3000 Unzen Silber, 100,000 Cho Weizenmehl und einer grossen Menge Seidenzeug zahlen, wogegen die Insurgenten die Stadt zu verschonen versprachen. Nach Zahlung der Contribution theilen sich die Insurgentenbanden, die Tarantschi gehen nach dem tatarischen Kuldscha, während die Dunganen sich nach Norden wenden. Doch nach 5 Tagen kehren die Dunganen allein zurück und überfallen die Stadt, plündern und sengen und metzeln Garnison und Einwohner nieder.

Vor der Einnahme von Chorgos hatten noch Kämpfe mit den Solonen stattgefunden, dieselben beklagten sich nach ihrer Unterwerfung über stete Angriffe der Kirgisen und baten die Dunganen, sie zu schützen. Dies wurde versprochen und die Dunganen luden die oberen Beamten der Solonen zu einer Berathung ein. Als diese erschienen, wurden sie aber überfallen und niedergemetzelt. Jetzt beginnen die Solonen nach dem russischen Gebiet zu fliehen. Die Dunganen aber verfolgen die Fliehenden und überfallen in Gemeinschaft mit den Kirgisen alle noch unversehrten Städte von Turgen, Samar, Tschischkan und Tschedschi, zerstören und plündern sie und tödten einen grossen Theil der Einwohner.

Nach dieser Zeit brachen Zwistigkeiten zwischen den Dunganen und Tarantschi aus, die ersteren werden von den Tarantschi besiegt, die nun die Herren des Ili-Thals bis zur Einnahme durch die Russen blieben. Nur noch einen Kampf hatten sie mit den früheren Regierungstruppen zu bestehen gehabt, und zwar mit den Kalmücken, die jetzt zu spät ihre frühere Unthätigkeit bereuten und Ende August 1866 zum Ili-Thal herabzogen. Sie zwangen mehrere Schibö ihnen zu folgen und drangen in das Gebiet Tokus Tara vor, wurden hier aber von den Tarantschi geschlagen und zogen sich nach dem Issi-kul zurück, zum Theil ergaben sie sich den Tarantschi, zum Theil traten sie auf russisches Gebiet über.

So endigte der blutige Aufstand in Ili, das von nun an unbestritten im Besitz der Tarantschi blieb, die es von dem tatarischen Kuldscha aus beherschten. Alle Städte und Ansiedlungen westlich vom chinesischen Kuldscha blieben wüst darniederliegen, denn der kleinen Schaar der Tarantschi kam es schwer genug an, die widerstrebenden Elemente des östlichen Theiles zu beherrschen.

Die Ergebnisse des abgeschlossenen Reichsbudgets für das Jahr 1871.

Bearbeitet nach dem „Memorandum" der Reichscontrole zum Rechenschaftsbericht über die Vollziehung des Reichsbudgets für das Jahr 1870

von

Dr. A. v. Staël-Holstein.

Die dem Rechenschaftsberichte der Reichscontrole über die Durchführung des Budgets eines jeden Jahres beigefügte „Erläuterungsschrift" hat den Zweck, die Ergebnisse des Staatshaushaltes während des betreffenden Finanzjahres, wie sie sich als vollendete Thatsachen beim Abschlusse der Rechnungen herausstellen, mit den bezüglichen Annahmen des Voranschlages zu vergleichen und die Ursachen jener Abweichungen eingehend zu prüfen und darzulegen.

Die zuletzt gegen Ende des Jahres 1872 erschienene Erlauterungsschrift über die Resultate des Finanzjahres 1871, aus welcher wir, dem gegebenen Raume entsprechend, das Wesentlichste zusammenfassen, folgt der Eintheilung des Rechenschaftsberichtes der Reichscontrole und behandelt demgemäss:

1) Die Durchführung des Einnahmebudgets.

2) Die Durchführung des Ausgabebudgets.

3) Die Generalbilanz des abgeschlossenen Budgets für 1871.

Als unumgängliche Ergänzungen zu diesen Abschnitten enthalt der Rechenschaftsbericht ferner:

a. Einen Bericht über Bestand und Bewegung der Geldsummen in sämmtlichen Staatskassen.

b. Eine Uebersicht über die Rückstände und Guthaben der Reichsrentei.

c. Eine Uebersicht der Schulden der Reichsrentei.

d. Eine Uebersicht über Bestand und Bewegung der Summen der besonderen, für den Bau von Eisenbahnen bestimmten Fonds.

e. Eine Uebersicht über Bewegung der Summen der Reichslandssteuer und

f. Angaben über eingelaufene Loskaufszahlungen.

Um zuvörderst die in dem Voranschlage für 1871 vorausgesetzten Einnahmen und Ausgaben zu betrachten, waren dieselben in allgemeinen Ziffern folgende:[1]

An *Einnahmen* waren veranschlagt:

a. Ordentliche Einnahmen (eigentliche Einnahmen und durchgehende Einnahmeposten)	470,772,126	Rbl.
b. Besondere, zum Bau von Eisenbahnen angewiesene Reserven	10,347,581	„
c. Reste und abgeschlossene Etats früherer Jahre	3,500,000	„
Im Ganzen	484,619,707	Rbl.

An *Ausgaben* waren veranschlagt:

a. Ordentliche Ausgaben (eigentliche Ausgaben und durchgehende Ausgabeposten)	469,165,122	Rbl.
b. Besondere Ausgaben fur den Bau von Eisenbahnen	10,347,581	„
c. Ausgaben, welche im Laufe des Jahres 1871 eintreten konnten, und zwar zur Deckung von:		
1) unvorhergesehenen Erfordernissen des Jahres 1871	4,000,000	„
2) Erfordernissen früherer Jahre	3,500,000	„
endlich		
d. Für den Fall von Ausfällen in den Einnahmen	2,000,000	„
Im Ganzen	489,012,703	Rbl.

Auf diese Weise übertraf die Summe der im Budget für 1871 veranschlagten Ausgaben die Summe der veranschlagten Einnahahmen um 4,392,996 Rbl.

---

[1] In allen nachfolgenden Ziffern sind nur die Rubel angegeben, die Zahl der Kopeken dagegen, der grösseren Kürze und Uebersichtlichkeit halber, fortgelassen.

Dieser Mehrbetrag sollte mit freien Resten aus dem abgeschlossenen Budget von 1869 gedeckt werden.

Die Durchführung dieser im Voranschlage für 1871 gemachten Voraussetzungen stellt sich in Wirklichkeit folgendermaassen dar:

I. Ergebnisse des vollzogenen Einnahmebudgets für 1871. [1]

An ordentlichen Einnahmen (directen Einnahmen und durchlaufenden Einnahmeposten) waren, mit Ausschluss von 80,563 Rbl., welche den Werth des der Krone gehörigen Kupfers darstellen, und daher als keine eigentlichen Einnahmen zu betrachten sind, im Budget veranschlagt: 470,691,563 Rbl.

In Wirklichkeit liefen jedoch ein:

Während des Jahres 1871	495,307,663 Rbl.
Im Jahre 1872 (während der Toleranzperiode des Budgets für 1871)	12,097,613 „
und im Jahre 1870, für Rechnung des Budgets von 1871	782,300 „
Im Ganzen	508,187,576 „

d. h. um 37,496,013 Rbl. mehr als im Voranschlage angenommen worden war.

Der Mehrertrag vertheilt sich auf 24 der wichtigsten Zweige des Staatseinkommens, deren Erträge im Ganzen um 52,871,730 Rbl. die Voraussetzung des Budgets übertrafen, wogegen sich an den übrigen 13 Artikeln des Einnahmeetats ein Ausfall im Gesammtwerthe von 15,375,717 Rbl. erwies.

Die gegen die Erwartung bedeutenderen Mehreinnahmen wurden an folgenden Artikeln gemacht:

An der Getränkesteuer	um 24,905,594	Rbl.
„ Zolleinnahmen	„ 7,779,173	„
„ Zuschüssen an die Reichsrentei	„ 4,755,683	„
„ zufälligen Einnahmen	„ 1,960,410	„
„ Loskaufssummen von der Rekrutenpflicht	„ 1,185,060	„
„ Verkauf von Staatsimmobilien	„ 1,171,380	„

[1] Der nachstehende Abschnitt handelt bloss von den Ergebnissen der ordentlichen Einnahmen; die besonderen, zum Bau von Eisenbahnen angewiesenen Reserven werden wegen des Zusammenhanges mit den für deren Rechnung vollzogenen Ausgaben weiter unten in einem besonderen Abschnitte über „Die Umsätze der Eisenbahnfonds" betrachtet werden.

An Rückerstattung von Darlehen . . um	908,704	Rbl.
» Abgaben von den Bergwerken . »	874,144	»
» Stempelsteuer. . . . . »	866,198	»
» abgesonderten Pachtungen. . . . »	804,038	»
» Accise von der Rübenzucker-Fabrikation . . . . »	763,256	»
» Postgebühren . . . . »	725,759	»
» Kanzlei- und Eintragsgebühren . »	614,472	»
» Handelspatenten . . . . »	566,001	»

Ausfälle zeigten sich hauptsächlich:

An den Einnahmen von Eisenbahnen um	9,010,509	Rbl.
» Abgaben . . . . »	2,304,869[1]	»
Von Hütten und Fabriken der Bergindustrie . . . . »	1,826.637	»
Vom Münzwesen . . . . »	1,471,741	»
» Telegraphen . . . . »	313,641	»

Der grösste Theil der „*Zuschüsse an die Staatskasse aus fremden Quellen*“ wird durch die Erträge der „Reichslandschaftssteuer“ [2] (государственный земскій сборъ) gebildet, welche für 1871 auf 19,394.357 Rbl. veranschlagt waren, dagegen thatsächlich 25,370,762 Rbl. ergaben, d. h. gegen 85 % der in demselben Jahre eingekommenen „Zuschüsse“.

Von der letztgenannten Summe liefen jedoch eigentlich für Rechnung des Jahres 1871 blos 13,179,067 Rbl. ein, die übrigen 12,191,695 sind Rückstände aus früheren Etats, so dass sich im Jahre 1871 an der Reichslandschaftssteuer wiederum ein Rückstand von 6,215,290 Rbl. bildete.

An *zufälligen Einnahmen verschiedener Art* liefen im Jahre 1871 10,337,364 Rbl. ein, d. h. um 1,960,411 Rbl. oder 23 % mehr, als dem Voranschlage gemäss zu erwarten war, worauf unter anderem folgender Umstand Einfluss ausübte: zu den „zufälligen Einnahmen“ werden auch die Erträge der der Reichskasse gehörigen zinstragen-

[1] Grösstentheils von Grundzinszahlungen in Folge des Ueberganges der Reichsbauern zur Ablösung, und von der Procentsteuer in den westlichen Gouvernements in Folge von Ermässigung dieser Steuer, wovon weiter unten ausführlich die Rede ist.

[2] Dieses sind Steuern, welche in jedem Gouvernement durch die Landstände repartirt und für die Staatskasse erhoben werden, und hauptsächlich aus Kopfsteuern und Abgaben für Handelspatente bestehen

den Papiere gerechnet, welche im Jahre 1871 im Ganzen 2,150,484 Rbl. ergaben, d. h. um 1,376,510 Rbl. mehr als erwartet wurde, theils weil im Voranschlage die Zinsen der dem Staate gehörigen Actien der Kursk-Kijewer Eisenbahn nicht berechnet waren, theils endlich weil sich in den Kassen des Finanzministeriums eine bedeutende Menge von Billeten der Reichsrentei angehäuft hatte.

Die Erträge des *Verkaufs von Staatsimmobilien, Rekrutenscheinen etc.* beliefen sich im Jahre 1871 auf 2,6·3,912 Rbl., was um 1,171,381 Rbl. die Erwartung des Voranschlags und um 1,113,282 Rbl. die Einnahme des vorhergegangenen Jahres übertrifft.

Diese unverhältnissmässig starke Zunahme erklärt sich zum Theil dadurch, dass im Jahre 1871 bedeutend mehr Rekrutenscheine verkauft wurden, als im Voranschlage angenommen worden war. Die Hauptursache jedoch besteht darin, dass eine grosse Anzahl der Reichsbauern in den Gouvernements Wilna, Grodno, Kowno und Minsk, nach Bestätigung der revisorischen Akten und nach Erlangung zuverlässiger Daten bezüglich der ihnen als Eigenthum dargebotenen Ländereien bereits begannen, auf Grundlage des Ukases vom 16. Mai 1867, an Stelle der früheren Grundzinszahlungen, d. h. Zahlungen für die der Ablösung unterliegenden Ländereien, nunmehr Loskaufssummen zu entrichten.

Auf diese Weise erfolgte die Steigerung jener Einnahmen in bedeutendem Maasse auf Unkosten der erwarteten „Abgaben", wodurch sich auch theilweise, wie bereits bemerkt, der, bei Erhebung der Grundzinszahlungen entstandene, Ausfall erklärt.

Die *Loskaufssummen von der Rekrutenpflicht* liefen im Jahre 1871 im Betrage von 3,071,809 Rbl. ein, was die Veranschlagung im Budget (1,886,748 Rbl. um 1,185,061 Rbl. übertrifft.

Dieser Einnahmezweig zeigt in den letzten fünf Jahren eine sehr bedeutende Steigerung (von 1,168,551 Rbl. auf 3,071,808 Rbl.), welche besonders in den zwei letzten Jahren hervortritt, indem der Mehrertrag gegenüber dem Jahre 1867 beträgt: im Jahre 1870 95%, und 1871 162,4%.

Eine so bedeutende Vermehrung der Loskaufe von der Rekrutenpflicht erfolgte hauptsächlich durch die Beschränkung der Aufnahme von Freiwilligen in den Dienst während der Jahre 1870 und 1871, was ein besonders starkes Bedürfniss nach Ersatzquittungen hervorrief — und durch das erfolgreiche Eingehen der Geldzahlungen an Stelle der Leistung der Rekrutenpflicht in natura (im

Betrage von 2,000,000 Rbl.) im Königreich Polen während des Jahres 1871.

Die *Accise von der Rübenzucker-Fabrikation* trug im Jahre 1871 3,486,696 R. ein, um 763,256 R. mehr als im Budget erwartet wurde (2,723,440 Rbl.). Die Einnahme von der Rübenzucker-Fabrikation zeigt im Laufe der letzten fünf Jahre eine fast fortwährende Steigerung. Mit der technischen Vervollkommnung der Production erwiesen sich die für die Erhebung der Accise seit dem Jahre 1863 festgestellten Normen als unvergleichlich geringer wie die faktische Ausbeute von Sandzucker, und wenngleich diese Normen bis zum 1. August 1872 unverändert blieben, so stieg doch mit der, gemäss dem am 16. Juni 1867 Allerhöchst bestätigten Reichsrathsgutachten, erfolgten Erhöhung der Accise auf 70 Kop. vom Pud Sandzucker, die Einnahme in demselben Jahre schon bis auf 2,480,755 Rubel und erreichte im Jahre 1871 die Summe von 3,486,696 Rubel, d. h. bei Erhöhung der Accise um 40 % gegenüber dem Jahre 1869, stieg die Einnahme von diesem Artikel um $87\frac{3}{4}$ %, was auf die unzweifelhafte Verstärkung der Production selbst hinweist, namentlich in solchen Jahren, welche der Gewinnung der Runkelrüben günstig sind.

Die *Bergwerksabgaben* liefen im Betrage von 3,727,731 Rbl. ein, die Ziffer der budgetmässigen Veranschlagung (2,853,586 Rbl.) um 874,145 Rbl. übertreffend.

Zur Vergrösserung dieser Einnahmen trugen einzelne Umstände bei, welche die Verarbeitung des Goldsandes begünstigten, wie z. B. durch eine gute Korn- und Heuernte in Sibirien in diesem Jahre der Unterhalt der Arbeiter und Pferde wohlfeiler wurde, und vielen Inhabern von Goldwaschereien die Möglichkeit gegeben wurde, die Bearbeitung der Gruben in grösserem Maassstabe zu betreiben.

Die *Stempelsteuer* trug im Jahre 1871: 7,591,198 Rbl. ein, um 866,198 Rbl. oder 13 % mehr, als nach dem Budget erwartet wurde (6,725,000 Rbl.). Die Erträge dieser Steuer offenbarten jedoch im Laufe der letzten fünf Jahre ein bedeutendes Schwanken.

Dieses Schwanken erklärt sich einerseits dadurch, dass seit dem Ende des Jahres 1868, gemäss dem am 18. Juni 1868 Allerhöchst bestätigten Reichsrathsgutachten, der Preis für Wechsel und für andere Handelsdokumente bedeutend ermässigt wurde, und andererseits durch die mit dem beständigen Wachsen der Handelsbeziehungen zunehmende Nachfrage nach Stempelpapier.

Die *Kanzlei- und Eintragegebühren* betrugen im Jahre 1871 5,174,472 Rbl., um 614,472 Rbl. mehr als nach dem Budget zu erwarten stand (4,560,000 Rbl.) und 627,004 Rbl. mehr als der Ertrag des Jahres 1870 (4,547,468 Rbl.). Die Erträge der Kanzlei- und Eintragegebühren wuchsen während der letzten fünf Jahre in folgendem Verhältnisse: im Jahre 1867 ergaben sie 2,981,802 Rbl.

Im Jahre 1868 — 3,335,724 Rbl. (um 11 3/4% mehr)
» » 1869 — 3,813,691 » » 14 1/4% »
» » 1870 — 4,547,468 » » 19 1/4% »
» » 1871 — 5,174,472 » » 13 3/4% »

Diese, für die Reichsrentei so günstige Bewegung jener Einkünfte erklärt sich vor Allem durch die Einführung der neuen Gerichtsordnung laut welcher für Ausführung von Geschäften die Entrichtung der Kanzlei- und Eintragegebühren, die in den meisten Fällen mehr betragen, als der in den früheren Gesetzesbestimmungen vorgeschriebene Maassstab, erfordert wird; ferner durch Einführung des Notariatswesens, welches die Vollziehung von civilrechtlichen Akten überhaupt erleichtert und endlich durch Gründung einiger Hypothekenbanken, welche die Benutzung des Credits erleichternd, einerseits den Vermögensverkehr vermehrten, andererseits auf das Steigen des Bodenwerthes und mithin auf Erhöhung der Summe der Gebühren einwirkten.

Die *Posteinkünfte* liefen im Jahre 1871 im Betrage von 9,702,796 Rbl. ein, was um 725,759 Rbl. die veranschlagte Summe (8,977,037 Rbl.) übersteigt.

Diese Einnahmen wuchsen vor der Einführung des neuen Postreglements im Jahre 1872, dessen Einfluss auf die Beträge der Posteinkünfte erst in der Folge beurtheilt werden kann, durch das Zusammenwirken vieler allgemeiner und natürlicher Ursachen, wie die Entwickelung des Handels und der industriellen Unternehmungen, das Anwachsen der Bevölkerung, Vergrösserung der Zahl der Schriftkundigen unter dem Volke und andere ähnliche Umstände, welche das Bedürfniss nach schriftlichen Beziehungen vermehren.

Die *Handelspatente* ergaben im Jahre 1871 — 12,239,001 Rbl., um 566,001 Rbl. mehr als die veranschlagte Summe (11,673,000 Rubel.)

Die Erträge dieser Steuer erweisen in den letzten vier Jahren eine fortwährende Steigerung, welche in folgender Abstufung vor sich ging:

Im Jahre 1867 (im zweiten Jahre nach Einführung des jetzt geltenden Patentreglements lief sie ein im Betrage von 9,516,053 Rbl.;

im Jahre 1868 betrug sie 10,352,925 Rbl., d. h. um $8\frac{3}{4}$ % mehr als im Jahre 1867;

im Jahre 1869 betrug sie 11,687,116 Rbl., d. h. um 13 % mehr als im Jahre 1868;

im Jahre 1870 betrug sie 11,956,141 Rbl., d. h. um $2\frac{1}{3}$ % mehr als im Jahre 1869;

im Jahre 1871 betrug sie 12,239,001 Rbl., d. h. um $2\frac{1}{3}$ % mehr als im Jahre 1870.

Die Vermehrung dieser Einnahmen in den Jahren 1868 und 1869 erfolgte durch besondere Umstände, nämlich: vom Juli 1868 an wurde das im Reiche geltende Patentreglement auf das Königreich Polen ausgedehnt und im Jahre 1869 wurden zu dieser Steuer hinzugerechnet die Strafgelder für Ausübung von Handel und Gewerben ohne Einlösung eines Patentes. Später jedoch kann die Steigerung dieser Einnahme in den Jahren 1870 und 1871 dem naturlichen Einflusse der Entwickelung des Handels und der Industrie zugeschrieben werden, wenngleich bezüglich des Jahres 1871 das in diesem Jahre in Kraft tretende, am 23. März 1870 Allerhöchst bestätigte Reichsrathsgutachten nicht unbeachtet bleiben kann, da auf Grundlage desselben solche Zweige des Handels und der Gewerbe, welche früher von der Steuer befreit waren, nunmehr mit derselben belegt wurden.

Die *Einnahmen vom Salz* ergaben im Jahre 1871 — 12,686,633 Rbl., um 357,073 Rbl. mehr als veranschlagt worden war (12,329,560 Rubel).

Zur Vergrösserung dieser Einnahmen konnten ausser der natürlichen Zunahme des Bedürfnisses nach Salz, auch die Erleichterungen zu dessen Absatz mitwirken, welche sich den Händlern durch die Verbesserung der Communication darbieten.

Die *Forsteinkünfte* erreichten im Jahre 1871 — 8,643,791 Rbl. und übertrafen die im Budget veranschlagte Summe (8,340,711 Rbl.) um 303,080 Rbl.

Die fortwährende Steigerung dieser Einkünfte während der Periode 1867—1871 ist die directe Folge der Erweiterung des Eisenbahnnetzes und der Vermehrung der Fabriken, welche, beständig die

Nachfrage nach Heizmitteln verstärkend, dadurch auch die Holzpreise erhöhten.

Alle oben dargelegten Erörterungen und Nachweise bezogen sich auf diejenigen Einnahmezweige, welche im Jahre 1871 einen höheren Ertrag lieferten, als nach dem Voranschlage und nach dem Erfolge der letzten Jahre zu erwarten stand.

Was die Einkünfte anbetrifft, welche in geringern Summen einliefen als veranschlagt war, so lenken nach den Ziffern der Ausfälle, wie bereits oben erwähnt, folgende die Aufmerksamkeit auf sich: die Einnahmen von den Eisenbahnen, die Erhebung der Abgaben, die Einnahmen von den Hütten und Fabriken der Bergindustrie, vom Münzwesen und von den Telegraphen.

Die Einnahme von den *Eisenbahnen* ergab 14,035,526 Rbl., um 9,010,509 Rbl. weniger als die im Budget veranschlagte Summe (23,046,035 Rbl.) jedoch immerhin um 52,794 Rbl. mehr als die im Jahre 1870 eingelaufene (13,982,733 Rbl.).

Diese Einnahme verringerte sich überhaupt während der letzten fünf Jahre bedeutend, in Folge des allmähligen Ueberganges der Staatsbahnen an Privatgesellschaften. Vom 1. August 1871 an wurde die Moskau-Kursker Eisenbahn einer Privatgesellschaft übergeben, wodurch die Exploitation derselben statt der veranschlagten 9,000,000 Rbl. blos 4,169,792 Rbl. ergab.

Die für die Uebergabe der Eisenbahnen gebuhrenden Zahlungen, welche im Budget ebenfalls zu den Einnahmen der Eisenbahnen gerechnet werden, kommen zwar von den Gesellschaften nicht immer in vollem Betrage ein, in Folge ungenügender Rentabilität gewisser Eisenbahnlinien; da jedoch die Reichsrentei von allen Unkosten der Exploitation befreit ist, so repräsentiren jene Einnahmen nicht den Rohertrag, sondern bereits den Reinertrag.

An *Abgaben* (Kopfsteuern und Grundzins) wurden nach dem Budget 96,778,812 Rbl. erwartet, liefen jedoch wirklich 94,473,943 Rubel ein, d. i. um 2,304,869 Rubel weniger. Dieser Ausfall rührt übrigens nicht daher, dass die Steuerpflichtigen einen Theil der nach dem Etat festgesetzten Beträge schuldig bleiben, sondern vorzugsweise daher, dass bezuglich der Steuerpflichtigen der Gouvernements Wilna, Kowno, Grodno und Minsk die früheren Grundzinszahlungen (Оброкъ), wie bereits oben angeführt, durch Loskaufsanzahlungen ersetzt wurden, welche gemäss der Klasseneintheilung des Reichsbudgets, einen besonderen Einnahmezweig bilden, sowie auch daher, dass gemäss dem am 31. December 1870 Allerhöchst bestätigten Reichsrathsgutachten der Raumfuss der von den Grundbesitzern polnischer Nationalität im westlichen Gebiete erhobenen Abgabe ermässigt wurde: in den Gouvernements Wilna, Kowno, Grodno, Minsk, Witebsk und Mohilew um 50%, in Wolhynien und und Kijew um 15%.

Zieht man von der Ziffer des Ausfalls in den Abgaben (2,304,869 Rbl.) die Summe von 937,841 Rbl. ab, welche durch die Loskaufsanzahlungen an Stelle der Pachtzinszahlungen einliefen, so wie die Summe von 847,000 Rbl., um welche nach dem neuen Gesetze die von den Grundbesitzern polnischer Nationalität erhobene Abgabe verringert wurde, so beträgt der wirkliche Ausfall an Abgaben gegen die Erwartung des Budgets 520,000 Rbl., was ungefähr ½% der ganzen Summe der veranschlagten Abgaben ausmacht.

Die Reichscontrole hält es bei dieser Gelegenheit für angemessen zu bemerken, dass eine genauere Bestimmung über das erfolgreiche Eingehen der Abgaben nur aus der gleichzeitigen Betrachtung aller eingelaufenen directen Steuern, welche in die Steuerlisten eingetragen sind, möglich ist, und daher mit Hinsicht auf die Steuerzahler in engem Zusammenhange mit einander stehen.

Die allgemeinen Ergebnisse über diesen Gegenstand werden weiter unten, bei Erklärung der Angaben über die Rückstände, erörtert werden.

Die *Einnahmen vom Bergwesen* ergaben im Jahre 1871—3,253,026 Rbl., um 1,826,638 Rbl. weniger als die veranschlagte Summe (5,079,664 Rbl.) und um 170,825 Rbl. weniger als die Einnahme des Jahres 1870 (3,423,851 Rbl.).

Ausser dem Umstande, dass die Ausfälle in den Einnahmen dieser Categorie gegen die veranschlagte Summe eine gewöhnliche Erscheinung sind, die sich fast beständig von Jahr zu Jahr wiederholt und sich durch die von der Regierung selbst zugegebene Unvollkommenheit der Verwaltung des Staatsbergwesens erklärt, besteht eine der Ursachen dieses Ausfalls im Jahre 1871 darin, dass wegen einiger Bestellungen des Kriegsministeriums, die auf 644,000 Rbl. veranschlagt waren, die Rechnungen von dem Bergdepartement zwischen beiden Ressorts noch nicht zum Abschluss gebracht worden sind.

Der Ertrag vom *Münzwesen* betrug im Jahre 1871 die Summe von 4,059,899 Rbl., um 1,471,742 Rbl. weniger als veranschlagt war (5,531,641 Rbl.) und um 728,182 Rbl. mehr als der Ertrag des Jahres 1870 (4,788,079 Rbl.).

Der Ausfall in diesen Einnahmen erklärt sich dadurch, dass in Folge einer Umwandlung der Werkstätten des St. Petersburger Münzhofes, um denselben in einen der zeitgemässen technischen Vervollkommnungen in der Münzprägung entsprechenden Stand zu setzen, die Anfertigung von Münzen in bedeutendem Maasse eingeschränkt wurde, und dass in Folge von Einstellung der Thätigkeit des Katharinenburgschen Münzhofes die Anfertigung von Kupfermünzen sich auf die Summe von 534,207 Rbl. beschränkte, statt der im Budget angenommenen 1,750,000 Rbl.

Die *Einnahme von den Telegraphen* betrug im Jahre 1871 3,986,566 Rbl., um 313,642 Rbl. weniger, als im Budget veranschlagt war (4,300,208 Rbl.), jedoch verglichen mit den Einnahmen früherer Jahre mehr:

gegen	1870 (3,653,704 Rbl.)	um	332,862 Rbl.
„	1869 (3,326,726 „	„	659,840 „
„	1868 (2,826,670 „	„	1,159,867 „
„	1867 (2,452,172 „	„	1,534,393 „

Diese Ziffern beweisen, dass die Einnahme von den Telegraphen gleichzeitig mit Ausdehnung der Linien und der natürlichen Entwickelung des Bedürfnisses nach rascheren Beziehungen im Volke sich beständig im Anwachsen befindet, und wenn die Einnahme des Jahres 1871 nicht vollständig den veranschlagten Betrag erreichte, so kann hierzu sowohl die übertriebene Annahme bezüglich der Telegrapheneinkünfte im Budget für 1871 überhaupt, als auch zum Theil der Umstand als Erklärung dienen, dass die Telegraphenlinie am Amur, deren Eröffnung im Jahre 1871 erwartet wurde, im Laufe jenes Jahres noch nicht zur Vollendung gelangte.

Nachdem gezeigt worden, in welchem Grade sich die Voraussetzungen des Einnahmebudgets im Allgemeinen und von den wichtigsten Theilen desselben im Besonderen gerechtfertigt haben, und Ursachen entwickelt wurden, welche den meisten Einfluss auf den Mehr- oder Minderertrag der Staatseinkünfte gegen die Berechnung im Budget und gegen wirkliche Erträge vorhergehender Jahre ausübten, hält es der Reichscontroleur für angemessen, zur Vervollständigung der Angaben über die der Reichsrentei zur Verfügung gewesenen Mittel, in diesem Abschnitte der Erläuterungsschrift auch die Bewegung der Summen der Reichslandschaftssteuer, der Loskaufsoperation, der Rückstände, Guthaben und Schulden der Reichsrentei zu berühren.

a. *Bewegung der Summen der Landschaftssteuer.*

Die Erträge dieser Steuer werden für dreijährige Zeiträume veranschlagt und bilden einen besondern Fond, aus welchem die Summen theils unmittelbar vorausgabt, theils auf die allgemeinen Mittel der Staatskasse übertragen werden.

Dem Voranschlage für den dreijährigen Zeitraum seit 1869 gemäss sollten sich die Erträge jener Steuer im Jahre 1871 auf 19,958,954 Rbl. belaufen, in der That jedoch liefen ein: für Handelspatente 799,183 Rbl. und an Abgaben der steuerpflichtigen Klassen — 20,059,007 Rbl. — im Ganzen 20 858,190 Rbl.

Hierzu trat noch ein Rest aus dem vorhergegangenen Jahre und nach Vollziehung sämmtlicher Ausgaben verblieb in den Kassen des Steuerfonds zum 1. Januar 1872 ein Activstand von 17,797,657 Rbl. (um 5,446,786 Rbl. weniger als zum 1. Januar 1871).

b. *Die Loskaufszahlungen.*

Um in Kurzem das Wesen der Loskaufungsoperation darzustellen, schicken wir folgende kleine Erläuterung voraus:

Zur Unterstützung der Erwerbung von Landantheilen durch die Bauern giebt die Regierung letzteren, auf Grund der am 19. Februar 1861 bestätigten Vorschriften für den Loskauf, im festgesetztem Umfange Vorschüsse auf lange Fristen in Form von zinstragenden Papieren, welche durch sämmtlice Mittel der Reichskasse sicher gestellt sind. Solche Vorschüsse werden mit der Bedingung einer jährlichen Entrichtung von 6% der erhaltenen Summe während 49 Jahren den Bauern bewilligt. Den Empfängern der Vorschüsse bleibt das Recht vorbehalten das Schuldkapital, theilweise oder ganz, auch vor dem festgesetzten Termine (49 Jahre) zu tilgen; in letzterem Falle hören selbstverständlich die jährlichen Zahlungen auf, in ersterem vermindern sie sich vorschriftsmässig im Verhältniss zur abgezahlten Summe.

Auf diese Weise übernahm die Reichsrentei einerseits alle Zahlungen und Amortisationen der emittirten zinstragenden Papiere und die bei den ehemaligen Kreditinstitutionen contrahirten und an den, von Bauern erworbenen Landantheilen haftenden Schulden, anderntheils stehen ihr gewisse Resourcen zur Deckung jener, so wie anderer, aus der Leitung dieser Operation anwachsenden Unkosten zu. Bezüglich der Nachweise über die im Jahre 1871 eingelaufenen Loskaufungszahlungen bemerkt die Reichscontrole, dass sie es wegen der Complicirtheit der Operation nicht vermocht hat, eine genaue Zifferangabe der Rückstände an jenen Zahlungen festzustellen und sich darauf beschränken muss, die in der Rechnung der Kameralhöfe figurirenden Summen anzugeben.

Die Ziffern der bis zum Jahre 1872 gewährten Vorschüsse zum Zwecke des Loskaufes dagegen müssen als vollständig genau angenommen werden und repräsentirten am 1. Januar 1872, laut Rechnungen der Kameralhöfe, eine Gesammt-Summe von 586,199,636 Rubel.

Dem entsprechend, so wie mit Rücksicht auf die Rückstände aus früherer Zeit und aus dem Jahre 1871 selbst, waren im Ganzen die einzulaufenden Loskaufszahlungen nach den Rechnungen der Renteien für 1871 auf 55,670,372 Rbl. veranschlagt.

Von dieser Summe blieben zum Beginn des Jahres 1872 18,853,445 Rbl. rückständig, wovon 6,111,050 Rbl. von den Gutsbesitzern der westlichen Gouvernements geschuldet wurden. Dieser letztere Rückstand entstand auf folgende Weise: In Folge der Ukase von 1863 sollte jede Abhängigkeit der zeitweise verpflichteten Bauern von den Gutsherren im Laufe desselben Jahres aufgehoben werden. Die für die Ablösung gebührenden Zahlungen hatten die Bauern eventuell bis zur Bestätigung der Loskaufsacten direct in die Kreisrenteien zu entrichten, von wo sie in den vollen eingegangenen Beträgen den Gutsbesitzern übermittelt wurden. Nach Beendigung der Arbeiten der für diesen Zweck eingesetzten Revisionscommision, sowie nach Bestätigung der Loskaufsacte, sollte dann an Stelle der früheren bäuerlichen Zahlungen eine $5\frac{1}{2}$proc. fortlaufende Rente vom Werthe der abgelösten Ländereien geleistet werden. Durch die vorgenommene Revision erwies sich, dass die Bauern bisher in den meisten Fällen mehr gezahlt, und die Gutsherren mehr erhalten hatten, als der Werth der abgelösten Grundstücke betrug; daher wurde durch die Verordnung vom 11. April 1864 festgesetzt, dass jene Ueberschüsse den Bauern bei den nächsten Loskaufszahlungen und den Gutsbesitzern bei Entrichtung der Zahlungen anzurechnen seien, weshalb dieselben bis zum Rechnungsabschlusse als von den Gutsbesitzern geschuldete Rückstände betrachtet wurden.

Ausser den bereits in früheren Jahren für Rechnung des Etats des letzteren Jahres und den im Jahre 1871 eingelaufenen Loskaufszahlungen liefen auch Summen à Conto der Etats künftiger Jahre ein, sowie Kapitalabtragszahlungen vor dem Termin, von welchen letzteren sich die bedeutendsten in den Gouvernements Kijew, Wladimir und Jaroslaw erwiesen.

à Conto der eingelaufenen Summen wurden für Zahlung von Zinsen und Amortisation der emittirten zinstragenden Staatspapiere, für Arbeiten in der Loskaufsoperation, für Unterhalt der Hauptverwaltung der Loskaufsoperation, für Uebersendung von Summen, endlich für verschiedene andere Unkosten im Ganzen 28,624,747 Rbl. verausgabt.

Vergleicht man letztere Summe mit der Ziffer der sämmtlichen im Jahre 1871 eingelaufenen Loskaufszahlungen (36,103,915 Rbl.), so erweist sich ein Ueberschuss der Einnahmen über die Ausgaben im Betrage von 7,479,167 Rbl. Rechnet man hierzu die aus früherer Zeit zurückgebliebenen baaren Reste von 27,684,677 Rbl., so erweist sich am 1. Januar 1872 ein Activbestand der Loskaufsfonds im Betrage von 35,163,845 Rbl.

Dieser Activstand reicht jedoch nicht hin, um alle diejenigen Ausgaben zu decken, welche auf den Etat von 1871 fallen, aber durch verschiedene Umstände erst nach dem 1. Januar 1872 zu bestreiten sind. Diese betragen im Ganzen 37,109,728 Rbl., d. h. um ungefähr 1,950,000 Rbl. mehr. als der vorhandene Baarfonds.

c. *Rückstände und Guthaben der Reichsrentei.*

Die Rückstände und Guthaben betrugen am Jahresschlusse 1872 im Ganzen 326,533,183 Rbl., d. h. um 8,988,450 Rbl. mehr als am Schlusse des vorhergegangenen Jahres. Die bedeutendste Vermehrung des Guthabens der Staatskasse erfolgte durch Zahlungen an Eisenbahngesellschaften für die ihnen gewährte Zinsgarantie, wozu 1871 12,443,088 Rbl. verausgabt wurden. Ferner wuchsen die Guthaben der Staatskasse in den Rechnungen der ordinirenden Verwaltungsbehörden um mehr als 2 Millionen, namentlich durch rückständige Zahlungen für aus Kronsmagazinen geliefertes Material (zumeist Salz).

Dagegen verminderten sich die Rückstände und Guthaben in den Rechnungen der Renteien um nahezu 13 Millionen Rbl., hauptsächlich in Folge von Streichungen der rückständigen Summen aus dem Rechnungen bei verschiedenen Gelegenheiten, worunter die bedeutendsten an den Rekrutenquittungen (fast 5½ Millionen Rbl.) und an der Procentsteuer der polnischen Gutsbesitzer in den westlichen Provinzen (über 1½ Millionen Rbl.) erfolgten.

Ein bedeutender Theil der in den Rechnungen der Renteien verzeichneten Rückstände besteht in den etatmässigen Steuern (über $15^1/_3$% oder 21,623,792 Rbl.).

Die Rückstände in den Abgaben (Kopfsteuer und Grundzins) verminderten sich gegenüber früheren Jahren in 37 Gouvernements (mit Einschluss der Gouvernements des westlichen Gebietes, in denen mit Allerhöchster Genehmigung über $1^1/_2$ Million Rbl. rückständiger Summen erlassen wurden); in den übrigen 24 Gouvernements jedoch erwies sich eine Vermehrung der Rückstände. Die stärkste Rückstandsziffer findet sich im Gouvernement Tobolsk (2,117,843); hierauf folgen Mohilew, Ssmolensk, Nowgorod, Kowno; die geringsten Rückstände weisen die Gouvernements Tula, Jaroslaw, Kostroma, Charkow, Kursk auf.

Eine Vergleichung dieser Rückstände mit den rückständigen Loskaufszahlungen erweist eine auffallende Uebereinstimmung, indem sich die Maxima und Minima der Ziffern fast stets in denselben Gouvernements zeigen; so sind für beide die höchsten Ziffern in Ssmolensk, Mohilew und Nowgorod, dagegen die niedrigsten [1] in Taurien, Charkow und Tula. Für die erste Gruppe der Gouvernements übersteigt die in aufsteigender Reihenfolge gehende Summe der Rückstände um ein bedeutendes den halben Jahresanschlag der schuldigen Zahlungen (in Mohilew übersteigt sie den ganzen Jahresetat). In der zweiten Gruppe beträgt sie $2^1/_2$ — $7^1/_2$%.

Als Ursachen des mangelhaften Einlaufens der Rückstände müssen verschiedene Calamitäten angenommen werden, welche die betreffenden Gegenden heimsuchten, wie Epidemien, Viehseuchen, Misserntten u. a. m. In gewissen Fällen wird sogar Unterstützung der Verschuldeten seitens des Staates geleistet.

d. *Schulden der Reichsrentei.*

Am 1. Januar 1871 betrugen sämmtliche Schulden der Reichsrentei	1,855,876,927 Rbl.
Davon verzinsliche Schulden	1,194,755,064 »
Unverzinsliche Schuld (Reichscreditbillete ohne Metalldeckung)	566,086,395 »
Schulden des Königreichs Polen	95,035,468 »

[1] Hierbei sind Astrachan, Perm und Stawropol ausser Acht gelassen, für welche die Zahl der gegebenen Vorschüsse selbst eine höchst geringfügige ist.

Im Laufe des Jahres 1871 wurden getilgt:

1) Durch Terminzahlungen	12,379,158 Rbl.
2) Durch Rückkauf von Billeten vor dem Termin . .	2,927,260 »
Im Ganzen . . .	15,306,418 Rbl.

Wir lassen hier noch eine summarische Uebersicht der Bewegung der Staatsschuld während der fünfjährigen Periode von 1867—1871 folgen, wobei jedoch die Schulden des Königreichs Polen ausser Betracht gelassen sind, da dieselben, in Folge der Verschmelzung der Finanzverwaltungen des Reiches und Polens, auf die Reichskassen übertragen worden sind.

Am 1. Januar 1867 betrug die Staatsschuld 1,816,180,231 Rbl. (mit Einschluss der unverzinslichen Schuld in Reichsbankbilleten für die Summe von 568,467,029 Rbl.). Im Laufe der fünf Jahre kamen neue Schulden im Betrage von 16,000,000 Rbl. hinzu; hiervon war eine Million zur Entschädigung des Fürsten von Mingrelin für Verzichtleistung auf seine Souveränitätsrechte angewiesen und 15 Millionen stellten eine neue Emission (die dritte) der 5proz. Bankbillete dar, zum Zwecke der Einziehung von umlaufenden Creditbilleten. Dieses sind die einzigen Anleihen, welche in jenem Zeitraume ausgeführt wurden. Hingegen wurden, sowohl durch Zahlungen zum Termin, wie vor dem Termin getilgt:

Im Jahre	1867 —	15,794,155 Rbl.
»	1868 —	21,236,840 »
»	1869 —	16,697,227 »
»	1870 —	17,610,549 »
»	1871 —	12,288,320 »
	Summa	83,627,091 Rbl.

Hiernach betrug die Staatsschuld am 1. Januar 1872 — 1,748,553,140 Rbl. (davon 566,086,395 Rbl. unverzinslicher Schulden für Reichsbankbillete).

Auf solche Weise verminderte sich die Summe der Staatsschulden um 67,627,091 Rbl.

Hierbei muss zwar erwähnt werden, dass die im Jahre 1866 durch die 5proc. Englisch-Holländische Anleihe erhaltenen $38^1/_2$ Millionen bereits im Laufe der ersten drei Jahre des erwähnten fünfjährigen Zeitraumes fast vollständig verausgabt waren, was nicht ohne Einfluss auf jene Lage der Dinge bleiben konnte; dennoch weist aber die stattgefundene Verminderung der Staatsschulden auf eine günstige Finanzlage während der letzten Jahre hin.

II. Von der Durchführung des Ausgabe-Voranschlages.

Im Budget für 1871 waren folgende Ausgaben veranschlagt:

Ordentliche Ausgaben (eigentliche Ausgaben, so wie durchgehende Ausgabeposten)	469,165,122	Rbl.
Ausserdem kamen im Laufe des Finanzjahres 1871 durch ausseretatmässige Assignationen hinzu	41,449,079	»
Demnach sollten die Ausgaben des Budgets für 1871 im Ganzen betragen	510,614,201	»
Hiervon wurden im Laufe des Finanzjahres wirklich verausgabt	480,890,010	»
Und sollten im Laufe der beiden folgenden Finanzjahre gedeckt werden	18,844,623	»
Summa . . .	499,734,633	Rbl.

Hiernach verblieben beim Abschluss des Budgets für 1871 disponible Credite im Betrage von 10,879,567 Rbl.

A. *Assignation der ordentlichen Ausgaben.*

Von der Gesammtziffer der im Laufe des Finanzjahres 1871 eröffneten ausseretatmässigen Credite ist die Summe von 5,751,012 Rbl. auszuschliessen, welche keine eigentliche Ausgabe der Staatsverwaltung darstellt, sondern vorschussweise mit der Bedingung späterer Rückerstattung bewilligt wurde. Hiernach beläuft sich die Summe der ausseretatmässigen Credite, welche definitiv auf die Mittel der Reichsrentei fallen, auf 35,698,066 Rbl., was $7\frac{1}{2}$ % der ursprünglich im Budget veranschlagten Ziffer ausmacht.

Die Beträge der ausseretatmässigen Assignationen für die letzten fünf Jahre und deren Verhältniss zur Veranschlagung im Budget stellt sich folgendermaassen dar:

Im Jahre	1867 —	32,573,695	Rbl.	oder 8	%
» »	1868 —	30,019,591	»	» 7	%
» »	1869 —	37,181,880	»	» 8½	%
» »	1870 —	35,801,426	»	» 7¾	%
» »	1871 —	35,698,066	»	» 7½	%

Die Ziffer der ausseretatmässigen Anweisungen des Jahres 1871 ist also geringer, als die der beiden vorhergehenden Jahre, wenngleich sie die der Jahre 1867 und 1868 übersteigt.

Die bedeutendsten Ziffern der ausseretatmässigen Credite des Jahres 1871 wurden für folgende Ressorts eröffnet: Finanzministerium (Maximum 9,224,689 Rbl.), Ministerien der Wege-Verbindungen, des Krieges, Creditsystem, Ministerium des Kaiserlichen Hauses, des Innern und Civilverwaltung Transkaukasiens.

Von den ausseretatmässigen Crediten des *Finanzministeriums* (9,224,689 Rbl. oder 11% der veranschlagten Summe) bezieht sich der weitaus grösste Theil (über 7 Millionen Rbl.) auf Erfordernisse der gesammten Staatsverwaltung, wie zu Unterstützungen verschiedener Art an Untermilitärs, für ausserordentliche Bedürfnisse der Gouvernements und verschiedene andere Ausgaben. Der geringere Theil der Supplementskredite, welche für eigentliche Bedürfnisse des Finanzministeriums erforderlich waren (über 2 Millionen Rbl.), bezogen sich auf Belohnungen von Beamten, Unkosten bei Exploitationen im Staatsbergwesen u. a. m.

Von den ausseretatmässigen Crediten des Ministeriums der *Wege-Verbindungen* (8,055,176 Rbl. oder 29¾% der veranschlagten Summe) wurden nahezu 7 Millionen Rbl. für Zahlungen wegen verliehener Zinsgarantien an Eisenbahngesellschaften verwendet, über 1 Million Rbl. für Coupons und Amortisation der Obligationen der Nicolaibahn, und das Uebrige für verschiedene administrative Ausgaben.

Für das *Kriegsministerium* betrugen die ausseretatmässigen Credite 5,393,893 Rbl. oder 3½% der veranschlagten Summe, von denen das meiste für folgende Bedürfnisse verwendet wurde: 1,19 Millionen Rbl. für Truppenverpflegung, 0,61 Millionen Rbl. für Belohnungen und Unterstützungen, 0,51 Mill. Rbl. für Anfertigung von Metallpatronen, Waffen u. a. m.

Dem *Marineministerium* wurden 2,999,794 Rbl. durch ausseretatmässige Credite bewilligt (16½% von der veranschlagten

Summe), welche zum grössten Theil für Anfertigung von Schiffsmaterial und Vorräthen, für Marine-Artillerie, Arbeitslöhne, Neubauten und Remonte, weite See-Expeditionen, für sibirische Häfen (100,000 Rbl.) u. a. m. verwandt worden sind.

Die ausseretatmässigen Assignationen für das *Creditsystem* (2,379,403 Rbl.) waren fast ausschliesslich für Deckung der Cursdifferenz bei Zahlungen ins Ausland erforderlich.

Für das *Ministerium des Kaiserlichen Hauses* wurden an ausseretatmässigen Crediten 1,967,240 Rbl. erfordert, d. h. fast 22% von der im Budget veranschlagten Summe.

Für das *Ministerium des Innern* betrugen sie 1,753,157 Rbl. oder 4½% der veranschlagten Summe und wurden vorzugsweise verwendet: für aussergewöhnliche Ausgaben, für Unterhaltung von Gefängnissen, von Fabriken für Zwangsarbeiter und Hospitäler, für auf der Post abhanden gekommene Güter (130,000 Rbl.) u. a. m.

Für die *Civilverwaltung Transkaukasiens* wurden ausseretatmässige Credite im Betrage von 1,179,399 Rbl. oder 21% der veranschlagten Summe erfordert, davon die bedeutendsten für folgende Ausgaben: für die Reise Sr. Majestät des Kaisers im Kaukasus (700,000 Rbl.), fur Befreiung der früher unfreien Stände in Abchasien (260,050 Rbl.), für Wegeremonten, Unterhaltung von Arrestanten u. a. m.

Für das *Ministerium der Reichsdomänen* wurden über den Etat 938,940 Rbl. oder 10¼% der veranschlagten Summe bewilligt und meist zu Zahlungen bei den Expropriationen der Besitzer von Landgütern an den Küsten des Kaspischen Meeres bei Eröffnung des freien Fischfanges auf letzterem, ferner bei Entrichtung der Landschaftssteuern von Kronsgütern und Forsten u. a. m. verausgabt.

Für die übrigen Ministerien und Centralbehörden erstreckte sich die Gesammtsumme der ausseretatmässigen Assignation auf 1,806,376 Rubel.

Vergleicht man im Allgemeinen die ausseretatmässigen Credite des Jahres 1871 mit denen der beiden vorhergehenden Jahre, so zeigt sich an einigen Ausgaben ein Zunehmen, bei anderen ein Abnehmen gegen früher. Erstere sind hauptsächlich solche, die im Voranschlage nur annäherungsweise berechnet werden konnten, ferner Ausgaben für Neubauten und andere nach Bestätigung des Budgets erfolgte Operationen, endlich für Unterstützungen und Belohnungen an Beamte.

Die Verstärkung der Ausgaben der ersten Categorie erklärt sich vorzugsweise durch die fast allgemeine Erhöhung der Preise, weshalb die ausseretatmässigen Credite für diese Ausgaben als mehr oder weniger unvermeidlich betrachtet werden müssen; dagegen hätten die Ausgaben der letzten Categorie in der Mehrzahl der Fälle ohne besonderen Nachtheil für die Sache auf die Etats der nächsten Jahre verlegt, oder bei Berechnung des Voranschlags selbst vorausgesehen werden können.

Unter den Ausgabeposten, welche gegen frühere Jahre geringere ausseretatmässige Anweisungen erforderten, nehmen die erste Stelle die Unterstützungen an Privatpersonen bei Brandschäden, Missernten u. s. w., — ferner die Ausgaben für Staatsschuldentilgung ein, was einerseits von einer Hebung des Volkswohlstandes, andererseits von einer günstigeren Finanzlage zeugt, indem letztere Ausgaben durch ein bedeutendes Steigen des Curses des Creditrubels verringert wurden.

Immerhin erscheint die Gesammtsumme der im Jahre 1871 eröffneten ausseretatmässigen Credite (35,698,066 Rbl.) als unverhältnissmässig hoch, und wenngleich ein Theil derselben einestheils durch Reste aus dem budgetmässigen Etat für 1871 (10,879,568 Rbl.), anderentheils durch die für den Fall von ausseretatmässigen Assignationen im Voranschlage desselben Jahres angewiesene Summe (4 Millionen) gedeckt ist, so bleiben doch nach alledem ungefähr 21 Millionen nach, welche nur durch den ungewöhnlichen Ueberschuss der im Jahre 1871 über die veranschlagte Summe eingelaufenen Einnahmen bestritten werden können, ein Resultat, auf welches alljährlich zu bauen im höchsten Grade unvorsichtig wäre. Daher hat der Reichscontroleur in dem betreffenden Berichte besonders betonen zu müssen geglaubt, dass für die Zukunft ernstliche Schwierigkeiten nur durch möglichste Beschränkung der Bewilligung von Summen über den Etat zu vermeiden sein möchten.

B. *Durchführung der etatmässigen und ausseretatmässigen Assignation für die ordentlichen Ausgaben.*

Wie bereits im Vorhergehenden gezeigt, betrugen die thatsächlichen Ausgaben des Finanzjahres 1871 im Ganzen 499,734,633 Rbl., was die etatmässige Summe (469,165,122 Rbl.) um 30,569,511 Rbl. oder 6½% übertrifft. Die Zunahme der Staatsausgaben in den letzten vier Jahren stellt sich folgendermaassen dar:

Die Ausgaben des Jahres 1871 übertrafen die des Jahres

1870 (485,4 Millionen Rbl.)	um	14,2	Millionen Rbl.
1869 (468,7 » »	»	30,9	» »
1868 (441,2 » »	»	58,4	» »
1867 (424,9 » »	»	74,8	» »

Die Ausgaben des Jahres 1871 stellen also gegenüber denjenigen des Jahres 1867 eine Steigerung um mehr als $17\frac{1}{2}\%$ dar.

Die Ausgaben wuchsen:

Für das Kriegsministerium (von 127,284,116 Rbl. auf 159,257,317 Rbl.) um 31,973,199 Rbl.

Für das Finanzministerium (von 79,376,962 Rbl. auf 91,103,389 Rbl.) um 11,726,427 Rbl.

Für das Ministerium der Wegecommunicationen (von 24,411,666 Rbl. auf 34,026,195 Rbl.) um 9,614,529 Rbl.

Für das Ministerium des Innern (von 36,792,953 Rbl. auf 42,459,265 Rbl.) um 5,666,312 Rbl.

Für das Marineministerium (von 18,183,407 Rbl. auf 21,144,813 Rbl.) um 2,961,406 Rbl.

Für die Synode (von 6,784,590 Rbl. auf 9,222,707 Rbl.) um 2,438,117 Rbl.

Für das Ministerium der Reichsdomänen (von 7,255,857 Rbl. auf 9,638,481 Rbl.) um 2,382,624 Rbl.

Für das Ministerium der Volksaufklärung (von 8,655,625 Rbl. auf 10,810,110 Rbl.) um 2,154,485 Rbl.

Für das Reichscreditsystem (von 82,945,271 Rbl. auf 85,067,291 Rbl.) um 2,122,020 Rbl.

Für Transkaukasien (von 4,807,400 Rbl. auf 6,599,006 Rbl.) um 1,791,606 Rbl.

Für das Justizministerium (von 9,060,254 Rbl. auf 10,703,362 Rbl.) um 1,643,108 Rbl.

Eine Verminderung der Ausgaben des Jahres 1871 gegen die des Jahres 1867 zeigt sich nur für das Ministerium des Auswärtigen (von 2,755,719 Rbl. auf 2,473,268 Rbl.) um 282,451 Rbl. oder $10\frac{1}{4}\%$.

Für das *Kriegsministerium* stiegen die Ausgaben seit 1867 von 127,2 Mill. Rbl. auf 159,2 Mill. Rbl. und zeigen eine fortlaufende Steigerung, die nur im Jahre 1870 unterbrochen ist, welches eine unbedeutende Verminderung gegen 1869 zeigt.

Die Zunahme der Ausgaben speciell im Jahre 1871 gegenüber dem

Jahre 1870 (um 14 Millionen) wurde hauptsächlich durch folgende Umstände hervorgerufen:

Durch verstärktes Erforderniss von Metallpatronen, für deren Anfertigung im Jahre 1871 über 5 Millionen Rbl. mehr als im vorhergehenden Jahre verwandt wurden; Umänderungen in der Tulaschen Gewehrfabrik, welche 1½ Millionen beanspruchten; Uniformirungskosten für die Rekruten aus den Jahren 1871 und 1872, Rationenzulage für die Truppen und Baukosten.

Die Ausgaben des *Ministeriums der Reichsdomänen* befinden sich in ununterbrochener Zunahme seit 1867—1871 von 7,2 Millionen Rbl. auf 9,6 Millionen Rbl. und weisen die bedeutendste Steigerung im Jahre 1871 dar (gegen 1870 um 1,2 Millionen Rbl.), welche durch die erfolgte Entschädigung der Landeigenthümer am Kaspischen Meere für expropriirte Küstenstriche, sowie durch Umformungen der Forstverwaltung herbeigeführt wurde.

Für das Ministerium des Innern steigerten sich die Ausgaben während des genannten Zeitraumes in beständiger Reihenfolge von 36,7 Millionen Rbl. auf 42,4 Millionen Rbl, welche im Jahre 1871 unter anderem die Reform des Forstwesens in Sibirien, verstärkte Unterstützungen an die Städte, Begründung neuer Telegraphenstationen u. a. m. zu Ursachen hatte.

Die Ausgaben des *Marineministeriums* wuchsen von 18,1 Mill. Rbl. auf 21,1 Mill. Rbl. an, und wurden im letzten Jahre hauptsächlich für den Bau neuer Fahrzeuge erfordert (für 749,000 Rbl.).

Die beständige Zunahme der Ausgaben für das *Justizministerium* von 9 Millionen Rbl. auf 10,7 Millionen Rbl. erklärt sich im Allgemeinen durch die fortschreitende Einführung der Justizreform im Reiche, und für das Jahr 1871 insbesondere durch die Eröffnung der neuen Gerichtsinstitutionen im Kasanschen und Ssaratowschen Gerichtsbezirk.

Die Ausgaben des Ministeriums des *Kaiserlichen Hauses* verminderten sich unbedeutend im gedachten Zeitraume — von 10,95 Mill. Rbl. auf 10,90 Mill. Rbl.

Für das *Ministerium der Volksaufklärung* nahmen die Ausgaben beständig, wenngleich in geringem Verhältnisse, zu, von 8,6 Mill. Rbl. auf 10,8 Mill. Rbl., was speciell für 1871 die Einführung des neuen Etats in den Gymnasien und Progymnasien, sowie Verstärkung der Mittel der Kaiserlichen öffentlichen Bibliothek zur Ursache hat.

Die Ausgaben der *Synode* wuchsen beständig, und zwar von 6,7 Millionen Rbl. auf 9,2 Millionen Rbl.; die Zunahme des Jahres 1871 wurde durch die endgültige Verstärkung der Mittel zur Unterhaltung der geistlichen Lehranstalten, welche bereits seit 1866 in festgesetzter Gradation erfolgt, begründet.

Eine *Abnahme* der Ausgaben im Jahre 1871 gegen das vorhergegangene Jahr, zeigte sich, wie gesagt, in den Ministerien des Auswärtigen, dessen Ausgaben im Laufe der letzten fünf Jahre unbedeutend, jedoch beständig abnahmen, der Wegeverbindungen und in dem Ressort des Reichscreditsystems.

Die Ausgaben des Ministeriums der *Wegeverbindungen* verringerten sich 1871 gegen diejenigen des Jahres 1870 um 4,6 Millionen Rbl. in Folge des Ueberganges dreier Eisenbahnlinien vom Staate an Privatgesellschaften, wodurch die Kosten ihres Betriebes aufhörten. Die fur das Jahr 1871 gemachten Zahlungen an Eisenbahngesellschaften wegen verliehener Zinsgarantie belaufen sich, nach Abzug derjenigen Beträge, die für Rechnung früherer Jahresumsätze entrichtet wurden, auf 12,201,356 Rbl.

Die in den letzten drei Jahren sehr beträchtliche Erhöhung der Ausgaben für Garantiezahlungen an Eisenbahngesellschaften ist hauptsächlich eine directe Folge der vergrösserten Zahl von Eisenbahnen, denen die Zinsgarantie gewährt worden. Zieht man jedoch in Rechnung, dass ein grosser Theil der in Rede stehenden Bahnen erst seit Kurzem dem Betriebe übergeben ist, so erweist sich, dass einige der bereits zwei und mehrere Jahre in Thätigkeit befindlichen Linien eine nicht unbemerkbare Verminderung von Ausgaben zeigen, da die Reineinnahme derselben allmählig gewachsen ist, und dass einzelne sogar keinerlei Zuschüsse für Deckung von Zinsen und Amortisation ihrer Papiere mehr erfordern.

Im Reichscreditsystem verminderten sich die Ausgaben im Jahre 1871 (über 85 Mill. Rbl.) gegen 1870 (über 86 Mill. Rbl.) um nahezu 1 Mill. Rbl., worauf folgende Umstände von Einfluss waren: a) die Einlösung der Billete vor dem Termin geschah im Jahre 1871 für eine um 3,7 Mill. Rbl. geringere Summe wie im Jahre 1870; b) der Betrag der Terminzahlungen für einige noch nicht getilgte Anleihen verringerte sich um 0,7 Mill. Rbl.; c) die Unkosten wegen der Cursdifferenz verminderten sich um 0,6 Mill. Rbl. u. a. m. Hingegen nahmen die Ausgaben um 4,7 Mill. Rbl. zu, wegen bevorstehender Zahlungen für die consolidirten Obligationen, welche zum erstenmale in den Etat pro 1871 aufgenommen sind. Die Differenz zwischen Zu- und Abnahme der Ausgaben beträgt 0,97 Mill. Rbl. zu Gunsten der Abnahme.

Nach den im Laufe des Finanzjahres 1871 wirklich verausgabten Summen blieben, wie oben erwähnt, nach Schluss des Jahres noch Zahlungen für Rechnung des abgeschlossenen Etats im Betrage von 18,844,623 Rbl. auszuführen, und zwar:

a) Zahlungen für Staatsschulden 3,7 Mill. Rbl.

b) Baukosten 7,4 Mill. Rbl.

c) Laut Namensverzeichniss von Staatsgläubigern bei den Verwaltungsbehörden 7,7 Mill. Rbl.

Hiernach bildete sich, wie oben erwähnt, aus den Assignationen des Jahres 1871 ein Ueberschuss von 10,879,568 Rbl.

Eine Vergleichung der Ergebnisse von Ausgaben und Einnahmen in den letzten Jahren ergiebt Folgendes:

1. Im Laufe der Jahre 1867 — 1871 stiegen die Ausgaben von 424,9 Mill. Rbl. auf 499,7 Mill. Rbl., d. h. um 74,8 Mill. Rbl. oder um 18%.

2. Im Laufe der Jahre 1867 — 1871 stiegen die Einnahmen von 419,8 Mill. Rbl. auf 508,1 Mill. Rbl., d. h. um 88,3 Mill. Rbl. oder um 21 %.

3. Trotz der raschen Zunahme der Einnahmen im Vergleich zu der Steigerung der Ausgaben reichten in früheren Jahren die Einnahme Ergebnisse nicht hin, um die Erfordernisse der letzten Finanzjahre zu decken und *im Jahre* 1871 *übertraf zum ersten Male die Ziffer der eingelaufenen Einnahmen die der Ausgaben um* 8,452,944 *Rbl.*

So ist endlich, nach einer bisher ununterbrochenen Reihe für die Staatskasse drückender Deficits, durch die beschleunigte Entwickelung der reichen Hülfsquellen des Landes, nicht bloss das Gleichgewicht zwischen Staatseinnahmen und Ausgaben hergestellt, sondern sogar ein nicht unbedeutender Ueberschuss der Einnahmen über die Ausgaben erreicht worden.

Wenngleich ein Theil dieser Summen auf Deckung von Ausgaben früherer Zeit verwandt werden soll, so wird hierdurch die Bedeutung jenes Umstandes keineswegs abgeschwächt, sondern vielmehr noch erhöht, wenn hierbei die schwierigen Verhältnisse in Betracht gezogen werden, aus welchen die Staatskassen soeben hervortreten, und von welchen sie voraussichtlich für immer befreit sind, es müssten denn nicht vorherzusehende und aussergewöhnlich ungünstige Umstände eintreten.

C. *Anweisung von Summen und Deckung von Ausgaben für den Bau von Eisenbahnen und Hafenbauten, welche auf besondere ausserordentliche Ressourcen angewiesen sind.*

In den Rechenschaftsberichte für 1870 hatte die Reichscontrole auf die Schwierigkeiten hingewiesen, welche sich der genauen Feststellung der Umsätze im Eisenbahnfonds entgegenstellen, indem der grösste Theil der Ausgaben für den Eisenbahnbau unmittelbar aus der bezeichneten Quelle bestritten werde, ohne vorhergegangene Eröffnung von Crediten in der festgesetzten Form und ohne rechtzeitige Eintragung in die Rechnungen der Renteien. In Anbetracht dessen ist gegenwärtig mit Genehmigung des Reichsrathes eine Commission aus Gliedern des Finanzministeriums und der Reichscontrole zum Zwecke der Bildung eines besonderen Etats für Verzinsung der Umsätze im Eisenbahnfonds zusammengetreten.

Bis zur Erreichung jenes Zweckes muss die Reichscontrole noch bei dem früher beobachteten Verfahren zur Darlegung der genannten Umsätze verbleiben.

Eine eingehende Prüfung der Hülfsquellen, welche im Jahre 1871 zur Deckung der Ausgaben für den Eisenbahnbau dienten, so wie ihres Verhältnisses zum Reichsbudget desselben Jahres, führte zu nachstehenden Resultaten.

Vom Jahre 1870 verblieben baare Reste aus sämmtlichen zu verschiedenen Zeitpunkten in den Bestand des Eisenbahnfonds übergegangenen Ressourcen zum 1. Januar 1871 — 31,970,990 Rbl.

Im Jahre 1871 liefen ein:

A Für Werthpapiere, welche in dem Eisenbahnfond neu umgesetzt und im Jahre 1871 realisirt wurden:

1) Für die consolidirten Obligationen Russischer Eisenbahnen 2. Emission	71,422,063 Rbl.
2) Für die Obligationen der Rybinsk-Bologojer Eisenbahn	2,188,715 »

B. Für Papiere, welche vor 1871 realisirt wurden:

1) Nicht rechtzeitig eingelaufene Zahlungen für die Obligationen der Nicolaibahn 2. Emission nebst Strafgelder	2000 »

2) Vom Verkaufe der übrigen, früher der Krone gehörigen Obligationen der Nicolaibahn 2. Emission	808,913 Rbl.
3) Zinsen, welche auf alle diese Summen in den Contocorrenten ausländischer Banquiers angewachsen sind	539,133 „
Im Ganzen liefen bei ausländischen Banquiers im Jahre 1871 für Rechnung der Eisenbahnfonds . . .	74,960,824 Rbl.

ein, welche zusammen mit den Reste vom Jahre 1870 und in Folge der Curswendung im Jahre 1871 einen Betrag von 105,016,284 Rbl. darstellen.

Bei Beurtheilung sämmtlicher Mittel, welche der Regierung zum Zwecke der Ausbeutung des Eisenbahnnetzes im Reiche zur Verfügung standen, müssen ferner noch gewisse Summen mit in Betracht gezogen werden, welche zwar in die allgemeinen Mittel der Reichsrentei flossen, dagegen als Rückerstattung von Ausgaben einliefen, welche aus den Mitteln des Eisenbahnfonds bestritten worden waren; deshalb sind hier Summen zu diesen Fonds hinzuzurechnen. Dies sind zurückerstattete Vorschüsse, welche der Staat unter verschiedener Form an Eisenbahngesellschaften gemacht hatte, und betragen im Ganzen 3,413,964 Rbl. Rechnet man letztere Summe zu der oben genannten Ziffer des Eisenbahnfonds hinzu, und zieht darauf die Summe von 14,048,162 Rbl. ab, welche eine Schuld des Eisenbahnfonds an die allgemeinen Mittel der Reichsrentei darstellt, so stellt sich die Summe der, thatsächlich im Jahre 1871 zur Verfügung der Regierung gewesenen Mittel des Eisenbahnfonds auf 94,382,086 Rbl.

Die aus dieser Summe im Jahre 1871 bestrittenen Ausgaben beziehen sich auf folgende drei Categorien:

1) Realisirung und Umsatz von zum Eisenbahnfonds gehörigen Papieren.

2) Unterhaltung der Staatsbahnen und Einrichtung von Häfen.

3) Unterstützung von Privateisenbahngesellschaften.

I. *Ausgaben bei Realisirung und Umsatz des Eisenbahnfonds.*

Die Ausgaben dieser Categorie, welche im Jahre 1871 grösstentheils ausserhalb des Etats, unmittelbar aus den bei ausländischen Banquiers zur Verfügung stehenden Summen, vollzogen wurden, vertheilten sich auf folgenden Erfordernisse:

1) Zur Bezahlung von Zinsen für die consolidirten Obligationen russischer Eisenbahnen 1. Emission	1,260,000 Rbl.
2) Zur Zahlung der Stempelsteuer für Anfertigung und Uebersendung der Obligationen, Ueberweisung der Summen und andere Banquierspesen bei Realisirung von Papieren	496,436 »
3) Fur Zuschlag von Zinsen fur die Obligationen der Kursk-Kijewer Eisenbahn	954 »

Im Ganzen fur Realisirung und Umsatz des Eisenbahnfonds im Jahre 1871 verausgabt . . 1,757,390 Rbl.

II. *Ausgaben für den Bau von Staatseisenbahnen und Ausfuhrung von Hafenarbeiten* . 9,114,271 Rbl.

III. *Ausgaben für Unterstützung von Privatbahngesellschaften.*

Die verschiedenen Unterstützungen, die im Jahre 1871 an Privatgesellschaften aus dem Eisenbahnfonds erwiesen wurden, bestanden:

a) In Erwerbung von Actien und Obligationen der Eisenbahngesellschaften mit Entrichtung der dafür gebuhrenden Zahlungen nach dem verabredeten Curse . . .	44,459,909 Rbl.
b) Verleihung von Vorschüssen an die Gesellschaften zur Entwickelung und Verbesserung des Betriebes der Privatbahnen, sowie Bezahlung von Zinsen für die, durch die Regierung nicht garantirten, Papiere der Gesellschaft	3,513,615 »
c) Ankauf von Transportmaterial, Schienen und anderem, zum Zwecke der Beförderung der Production derartiger Artikel in Russland, sowie angefertigtem Zubehör für die Gesellschaften	4,137,497 »

Im Ganzen zur Unterstützung von Privatbahngesellschaften . . . . 52,111,021 Rbl.

Von dieser Summe, welche zwar thatsächlich auf Rechnung des Eisenbahnfonds vollzogen wurde, waren jedoch in dem Etat des Ministeriums der Wegecommunication bis zum 1. Januar 1872 blos 51,799,624 Rbl. angegeben. Rechnet man letztere Summe zu den beiden oben genannten Ausgabeposten (9,114,271 und 51,799,624 Rbl.) hinzu, so ergiebt sich, dass in den Rechnungen des Jahres 1871 Ausgaben im Betrage von 62,671,286 Rbl. verzeichnet standen, welche aus den für jenes Jahr angewiesenen Eisenbahnressourcen (94,382,086 Rbl.) bestritten wurden. Hiernach verblieben zum 1. Januar 1872 disponible Mittel des Eisenbahnfonds im Betrage von 31,710,800 Rbl.

Diese Summe stellt übrigens noch weitaus nicht alle Mittel der Regierung dar, welche zur Förderung fernerer Ausdehnung des Eisenbahnnetzes bestimmt sind.

Am 1. Januar 1872 verblieben im Portefeuille der Regierung zinstragende Papiere von Privateisenbahngesellschaften im Werthe von 1,125,000 Pfd. Sterl. und 150,276,294 Rbl.; ausserdem hatte die Staatscasse bei den Gesellschaften ein Guthaben von 36,782,928 Rubel.

Endlich contrahirte die Regierung im Jahre 1872, zur Deckung fernerer Ausgaben für den Eisenbahnbau, eine Anleihe in Form von Emission consolidirter Obligationen im Betrage von 15 Mill. Pfd. St.

III. Schlussbilanz des Budgets von 1871.

Um den Umfang der Mittel festzustellen, über welche die Staatscasse zur Bestreitung sämmtlicher Ausgaben verfügte, die im Laufe des Jahres 1871 bevorstanden, ist es unvermeidlich, ausser den Ausgaben und Einnahmen des Budgets für 1871 selbst, auch dasjenige Verhältniss zu prüfen, welches zwischen den, in jenem Jahre vollzogenen Ausgaben früherer Jahre und den, hierzu vorhandenen Resten aus den Einnahmen entsprechender Jahre besteht.

A. *Deckung nicht vollzogener Ausgaben früherer Etats im Jahre 1871.*

Die Summe der Ausgaben aus abgeschlossenen Etats, welche im Jahre 1871 zu bestreiten waren, belief sich auf 48,236,418 Rbl., zu deren Deckung baare Reste aus früheren Etats im Betrage von

34,574,773 Rbl. vorhanden waren. Im Jahre 1871 wurden für Deckung der Ausgaben aus früherer Zeit im Ganzen 35,442,611 Rbl. verwandt, so dass noch 14,198,814 Rbl. ungedeckt blieben. Indessen beliefen sich gegen Beginn des Jahres 1872 die für den in Rede stehenden Zweck verfügbaren Mittel des Finanzministeriums bloss auf 541,938 Rbl.; mithin fallen 13,656,876 Rbl. ausschliesslich auf Reste aus dem abgeschlossenen Etat von 1871.

Dieser erst im Jahre 1871 klar hervortretende Mangel an verfügbaren Mitteln des Finanzministeriums zur Deckung von Ausgaben früherer Zeit bestand thatsachlich bereits seit dem Jahre 1866, da zur Bestreitung der nicht vollzogenen Ausgaben dieses Etats eine bei Weitem nicht zureichende Summe angewiesen worden war.

Wenn jedoch, wie vorauszusetzen steht, fur künftige Jahre dem Finanzministerium zur Bestreitung von ungedeckt gebliebenen Ausgaben des abgeschlossenen Etats Mittel im vollen Betrage jener Erfordernisse assignirt sein werden, so kann ein solcher Mangel fernerhin nicht mehr eintreten.

B. *Bilanz des Budgets von* 1871.

Aus dem Rechenschaftsbericht über die Durchführung des Voranschlags von 1871 ist ersichtlich, dass für Rechnung desselben Einnahmen einliefen (eigentliche und durchgehende Einnahmeposten):

a) Im Jahre 1870	782,300 Rbl.
b) » » 1871	495,307,663 »
c) » » 1872 im Laufe der Toleranzperiode für das Budget von 1871	12,097,613 »
Im Ganzen	508,187,576 Rbl.

Fur Rechnung desselben Budgets wurden etatmässige und ausseretatmässige Ausgaben vollzogen:

a) Im Jahre 1870 vorschussweise für 1871	17,143,206 Rbl.
b) » » 1871	423,352,036 »
c) » » 1872 während der Toleranzperiode des Budgets für 1871 . . .	40,394,769 »
Im Ganzen	480,890,011 Rbl.

Ausserdem verblieben beim Abschlusse des Budgets ungedeckte Ausgaben, welche im Laufe der zwei folgenden Rechnungsperioden zu vollziehen waren, im Betrage von 18,844,623 Rbl.

Hieraus ergiebt sich, dass die Gesammtsumme der Ausgaben des Budgets für 1871, sowohl der vollzogenen, als der künftighin bevorstehenden (499,734,633 Rbl.) um 8,452,943 Rbl. geringer war als die Ziffer der für Rechnung jenes Budgets eingelaufenen Einnahmen.

Aus der Vergleichung der Einnahmeziffer des Budgets für 1871 (508,187,576 Rbl.) mit der Ziffer der bis zum Tage des Budgetabschlusses vollzogenen Ausgaben (480,890,010 Rbl.), erweist sich ein Ueberschuss der Einnahmen über die Ausgaben im Betrage von 27,297,566 Rbl., welche als Hülfsquelle zur Deckung der noch nicht vollzogenen Ausgaben des Budgets für 1871 dienen soll.

Auf diese Weise sind alle wirklich vollzogenen Ausgaben des abgeschlossenen Budgets für 1871 durch die ordentlichen Einnahmen desselben gedeckt, wobei ein Ueberschuss der letzteren nachbleibt. Zu den ordentlichen Einnahmen jedoch müssen zur genaueren Feststellung der Mittel, welche sich zur Verfügung des Finanzministeriums befanden, noch folgende ausserordentliche Hülfsquellen hinzugerechnet werden:

a) Reste aus dem abgeschlossenen Etat von 1869, entsprechend der Anweisung im Voranschlage	4,392,996 Rbl.
b) Disponible Reste aus dem Etat von 1870 . . .	5,375,034 »
Im Ganzen	9,768,030 Rbl.

Hiernach stellte die Durchführung des Voranschlages für 1871 in der Gesammtsumme folgende Resultate dar:

Für Rechnung dieses Budgets wurden Ausgaben vollzogen im Betrage von 480,890,010 Rbl.

Zu deren Deckung liefen ein:

a) Ordentliche Einnahmen	508,187,576 Rbl.
b) Ausserordentliche Einnahmen	9,768,029 »
Im Ganzen	517,955,605 Rbl.

d. h. um 37,065,595 Rbl. mehr als der Betrag der Ausgaben.

Nach Verwendung von 18,844,623 Rbl. aus dieser Summe (37,065,595 Rbl.) auf Deckung der noch nicht vollzogenen Ausgaben des Jahres 1871 und von 13,656,876 Rbl. auf Deckung von Ausgaben aus der Zeit von 1871, bildet sich ein vollständig disponibler Rest von 4,564,096 Rbl., welcher zur Befriedigung von Erfordernissen späterer Jahre dienen kann.

Die russischen Slawophilen im vierten bis zum sechsten Jahrzehent dieses Jahrhunderts.

Nach

A. Pypin.

(Schluss.)

Die geschichtliche Anschauungsweise der Slawophilen war eng verbunden mit ihrer theologischen Anschauung: die orthodox-slawische Welt, und insbesondere das russische Volk, bildet den wahren Ausdruck der christlichen Grundlagen der Gesellschaft und des Staates, die Welt des Westens dagegen repräsentirt ihre Entartung.

In diesem Sinne war die Frage von den Brüdern Kirejewskij und später von D. Walujew gestellt worden. Darauf wurde sie, auf Grundlage rechtsgeschichtlicher Combinationen von dem slawophilen Polemiker M. . . . S. . . . K. . . . im Streit mit Herrn Kawelin über die Rolle und Bedeutung der Persönlichkeit in der Geschichte der russischen Gesellschaft entwickelt, und zuletzt am Klarsten von *K. Akssakow* ausgesprochen.

Kirejewskij's geschichtliche Anschauung hier übergehend, wenden wir uns der des erwähnten Gegners von Kawelin zu. Er sprach sie aus in seinem im *Moskwitjanin* für 1847, Theil II, S. 135 — 147, abgedruckten Aufsatze „über die historischen und literarischen Ansichten des *Ssowremenik* (Zeitgenossen), auf Veranlassung von *Kawelin's* Aufsatz über das Rechtsleben im alten Russland".

Die wichtigsten Sätze des Streiters für das Slawophilenthum sind folgende.

Indem er die Ansichten Kawelin's von der Bedeutung des Geschlechts und der Schwäche des Gemeindewesens im altrussischen Leben zurückweist, findet er, dass auf der Gemeindeverfassung die ganze russische Geschichte ruhe, nicht allein die vergangene, sondern auch die gegenwärtige und zukünftige. „Nicht die Gemeindeverfassung, sondern die Stammverfassung ging dem Verfalle entgegen, und da in Ersterer Keime selbstbewussten Lebens vorhanden waren, so hat sie sich gerettet und eine andere Gestalt angenommen. Die Stammverfassung ging unter, die Gemeindeverfassung hat sich im Dorfe und in der Stadt erhalten, gelangte zum Ausdruck in den Volksversammlungen der Städte, später in den allgemeinen Landtagen. Geheiligt und gerechtfertigt von dem Princip geistiger Gemeinschaft, welches ihr die Kirche verlieh, entwickelte sich und erstarkte die altslawische Gemeindeverfassung beständig.

„Die Familie und das Geschlecht sind eine auf Blutsverwandschaft gegründete Gemeinschaft; die Stadt mit ihrem Weichbilde ist eine andere Art der Gemeinschaft, welche auf der provinciellen, später eparchialen Einheit beruht; endlich ist in der einheitlichen, ganz Russland umfassenden Staatsgemeinde, die letzte Form der Gemeinde, die landschaftliche und kirchliche Einheit gegeben. Alle diese Formen sind zwar unter sich verschieden, sind aber, nicht mehr als Formen, Momente der allmähligen Erweiterung eines und desselben Gemeindewesens, des allgemeinen Bedürfnisses nach einem gemeinschaftlichen Leben in Eintracht und Liebe — eines Bedürfnisses, dessen jedes Mitglied der Gesellschaft sich bewusst ist, als eines Grundgesetzes, welches für Alle verbindlich ist und seine Rechtfertigung in sich selbst, nicht in der persönlichen Willkür jedes Einzelnen trägt. Darin besteht das Wesen der Gemeindeverfassung: sie gründet sich nicht auf die Persönlichkeit und kann auch nicht auf sie gegründet werden (die entgegengesetzte Ansicht behauptete, dass das Gesellschaftsleben des alten Russlands ein schwaches gewesen, eben weil die Persönlichkeit nicht hinreichend entwickelt war); sie hat zu ihrer Voraussetzung — *den höchsten Act persönlicher Freiheit und Bewusstseins — die Selbstentäusserung.*

„In jedem Momente ihrer Entwickelung gelangt die Gemeindeverfassung in zwei Erscheinungen, die mit einander parallel gehen und einander unentbehrlich sind, zum Ausdruck: die Versammlung der Mitglieder des Geschlechts (z. B. die Fürstentage) und das Geschlechtsoberhaupt; die Versammlung der Stadtbewohner (Wjätsche) und der Fürst. Die Versammlung der Landschaften, oder die Duma, und der Zar.

„Die eine ist der Ausdruck des allgemeinen bindenden Princips, die andere der Persönlichkeit.

„Nehmen wir an, dass die gegenseitigen Beziehungen der Fürsten von der Stammverfassung bestimmt worden wären, so ist der Fürst in Beziehung zur Gemeinde dennoch nichts Anderes, als der Repräsentant, der Allen gleich nahe steht, der berufene Beschützer und Vertreter des Einzelnen vor der Gemeinde, denn woher kann ihn dieselbe nicht entbehren?

„In Bezug zu derselben war er mehr als ihr Kriegsherr, und in dem Vorzuge, welcher dem einen Fürsten vor dem andern gegeben wurde, sind nicht die Spuren etwa einer patriarchalen, vorwarägischen Vertretung durch Aelteste, sondern die eines höheren, christlichen Begriffes von dem Berufe der persönlichen Macht, von den moralischen Pflichten der freien Persönlichkeit zu suchen ..."

Der Verfasser der Streitschrift fragt, „welcher Volksstamm, der germanische oder der slawo-russische, nach dem Zeugniss der Geschichte, das Christenthum freiwilliger angenommen habe? welcher von ihnen von demselben mehr durchdrungen wäre und ihm mehr nationale Vorurtheile und unmoralische Gebräuche geopfert habe? Und vergleicht man das ganze russische Leben während der Kijewer Periode im XI. und XII. Jahrhundert mit dem gleichzeitigen Leben jedes beliebigen germanischen Stammes, auf welcher Seite erweist sich wiederum der Einfluss der neuen Lehre in mehr wahrnehmbarer Weise?" — Es versteht sich von selbst, dass die Antwort des Verfassers zu Gunsten des russischen Volkes lautet. Ueberhaupt erscheint ihm die Kijewer Periode der russischen Geschichte in einem viel helleren, anziehenderen Lichte, als die späteren Zeiten derselben, was denn auch völlig gerechtfertigt ist. Er gesteht dabei, dass in der Kijewer Periode jene beschränkte Exclusivität und rohe Unwissenheit, die in späteren Zeiten sich bemerkbar machen — K. Akssakow läugnet sie auch für spätere Zeiten, — fehlen, doch, beeilt er sich hinzuzufügen, „ist daraus kein Eintreten eines Rückschritts in der Geschichte zu folgern, denn andere Bedürfnisse machten sich später geltend, es mussten andere Ziele erreicht werden, und wenn das Leben auch gegen früher in einem engeren Bette floss, so floss es dafür mit grösserer Schnelligkeit nach einer Richtung hin; die Kijewer Periode bleibt aber immer der glänzende Prolog zu unserer Geschichte."

Die Schriftsteller, welche sich zur Theorie der Stammverfassung hinneigten, hatten in dem „Wjätsche" nur eine sehr unvollkommene Form gesellschaftlicher Gestaltung erblickt, da demselben irgend welche genaue Bestimmungen abgingen; die Slawophilen dagegen fanden, dass es eben die beste Gesellschaftsform wäre. Gegen die Ansicht Kawelin's, dass auf dem „Wjätsche" die Angelegenheiten nicht nach Stimmenmehrheit, nicht mit Einstimmigkeit entschieden wurden, sondern ziemlich unbestimmt, erwidert sein Kritiker:

„Die Entscheidungsweise nach Stimmenmehrheit verurtheilt die Gesellschaft zur Spaltung in Majorität und Minorität und bereitet die Auflösung des Gemeindewesens vor; das Wjätsche, der Ausdruck des Gemeindewesens, ist der Versöhnung der Gegensätze wegen nothwendig; sein Zweck ist — die Einheit zu erhalten und zu retten. Daher rührt der Schluss des Wjätsche in den Annalen mit dem Ausdruck „und Alle gingen in Liebe auseinander" ... Mit dem Vorurtheil des Verfassers (Herrn Kawelin's) zu Gunsten der formellen Regelmässigkeit und gegen die innere Einstimmigkeit und die lebendige Einheit, kann man weder die Gemeinde (община, Obschtschina), noch die russische Geschichte, überhaupt keine historische Aeusserung der Volksidee begreifen."

Nach M. . . . S. . . . K. . . .'s Theorie und Hypothesen machte die Entwickelung der Persönlichkeit gar nicht jene Stufen durch, welche sein Gegner in Uebereinstimmung mit den westeuropäischen Begriffe von der Persönlichkeit annahm. Nach ihm „kann die Entwickelung des germanischen Princips der Persönlichkeit" (wie sie nach den damaligen geschichtsphilosophischen und rechtsphilosophischen Begriffen bestand) an und für sich nicht zu dem vorausgesetzten Resultate, d. h. zur normalen Gestaltung der Gesellschaft führen; dieses Princip (die Idee vom Menschen, oder genauer — die *Volksidee*) erschien nicht als natürliche Frucht der Entwickelung der Persönlichkeit, sondern als die Widersacherin dieser Entwickelung, und trat ins Bewusstsein der Denker des westlichen Europa aus der Religionssphäre; die Welt des Westens stellt jetzt die Forderung einer organischen Versöhnung der Persönlichkeit mit der objectiven, allgemein gültigen Norm — die Forderung der Commune, und diese Forderung fällt mit unserer Wesenheit zusammen: was dort gefordert wird, *ist* bei uns, und hier liegen die Berührungspuncte unserer Geschichte mit der des Westens.

M . . . S . . . K . . . hat seine Theorie nur in flüchtigen Umrissen gekennzeichnet, doch aus diesen wenigen Strichen sieht man, dass er auf einem Boden mit Kirejewskij stand. In der Literatur hat er zuerst die Grundlehren des Slawophilenthums von dem historischen Gang des russischen Lebens und seiner inneren Bedeutung ausgesprochen. Die historischen Ansichten der Schule waren hauptsächlich die weitere Entwickelung des Systems von M . . . S . . . K . . .

Das Programm war somit gegeben, doch fehlten die historischen Nachweise. Als reine Hypothese ist der Gedanke zu betrachten, dass unser *Leben* die Lösung der socialen Frage biete, indem es die Versöhnung der Persönlichkeit mit der objectiven Norm ausdrücke, oder den normalen, alle Interessen einigenden Gesellschaftsbund repräsentire. Eine eben solche Hypothese war der Satz, dass das Gemeindewesen der Slawen nicht auf der Abwesenheit der Persönlichkeit beruhe, und dass das Christenthum ihm Bewusstsein und Freiheit verliehen. Die vermeintlichen Vorzüge der alten Wjätsche-Gemeinde, welche nicht allein wegen der Unbestimmtheit der Functionen dieser Gemeinde, sondern auch in Betreff des weiteren Schicksales derselben, da sie die historische Probe nicht bestanden hatte, wurden angezweifelt und bildeten später den Streitpunct beider Lager, wobei die Slawophilen die Beweise für ihre Ansicht noch bis jetzt nicht haben liefern können. Die Frage über die Gemeinde erhielt zur Bauern-Emancipation ein besonderes Interesse und die Bauerngemeinde, wie sie bestand, fand auch ausserhalb des Lagers der Slawophilen ihre warmen Vertheidiger, welche, wenn sie auch die Ansicht der Slawophilen über die Gemeinde theilten, dennoch mit deren historischer Theorie im Ganzen nicht einverstanden sein konnten. Es bleibt immerhin ein Verdienst der Slawophilen, auf die Bedeutung des Gemeindewesens im altrussischen Leben, eben so wie auf die gegenwärtige Dorfgemeinde hingewiesen zu haben, wenn man auch die Uebertreibungen, auf welche sie ihre ideale Theorie der russischen Geschichte aufgebaut haben, zurückweisen muss. Denn wo sind die Beweise für jene „Freiheit", für jenes „Bewusstsein", jene „Liebe", welche die Slawophilen in der altrussischen Gemeinde gefunden haben wollen? Und wenn letztere sich erhalten hat, so hat sie sich als eine jener Lebensformen, als einer jener Gebräuche erhalten, welche der staatlichen Entwickelung nicht im Wege waren und mit den Forderungen, welche die Zeit im Laufe der Geschichte stellte, nicht collidirten, wie z. B. mit der Entwickelung des Grossfürstenthums, den Zielen der moskowitischen Selbstherrschaft, der Reform Peter's des Grossen u. A. Und hat das Gemeindewesen in der russischen Geschichte jene Bedeutung gehabt, welche ihr die Slawophilen zuschreiben, wie kam es denn, dass das russische Leben bis zu jenem orientalischen Despotismus in der Administration und jener Armuth an geistiger Bildung, welche das moskowitische Russland characterisiren, herabsank?

Die historischen Beweise für die Theorie seiner Schule beizubringen, übernahm *K. Akssakow*. Slawophile war er nicht gleich geworden, doch gleichzeitig mit dem Erscheinen seiner Dissertation über Lomonossow (1846) ist er Theilnehmer an den „Moskowskije Sborniki", wo er an der damaligen Literatur die Kritik eines Slawophilen übte. Seine Liebe fürs Volk und Vaterland fand im Slawophilenthum die ihn am meisten ansprechende Form. Als Dichter wie als Kritiker, als Publicist wie als Historiker — immer bekannte er seine Liebe zum Volke.

K. Akssakow's Ansichten gründen sich zunächst auf den Satz, dass die Geschichte unseres Vaterlandes so sehr eigenthümlich sei, dass sie von der europäischen Geschichte vom aller ersten Anfang an sich unterscheide. Von Haus aus theilten sich die Wege, welche die russische und die westeuropäische Geschichte eingeschlagen hätten, und wären getrennt geblieben bis zu dem Zeitpunkte, wo Russland plötzlich eine ungeheure Wendung macht, den heimathlichen Weg verlässt und den des Westens betritt.

„Alle europäischen Staaten sind durch Eroberung gegründet. Ihr Ursprung ist die Feindseligkeit. Die Herrschaft trat feindlich und bewaffnet auf und hat sich *mit Gewalt* bei den unterworfenen Völkern befestigt. . . .

„Der russische Staat dagegen ist nicht durch Eroberung gegründet, sondern durch einen Act *freiwilliger Berufung* der Herrscher. Daher ist sein Anfang nicht die Feindseligkeit, sondern Friede und Eintracht. Die Herrschaft trat bei uns als eine erwünschte, als keine feindliche, sondern als eine schützende auf, und befestigte sich mit der Einwilligung des Volkes. . . .

„So ist denn die Grundlage des Staates im Westen die *Gewalt*, die *Sclaverei* und die *Feindseligkeit*, die des russischen — *freier Wille*, *Freiheit* und *Friede*. Hierin ligt der wichtige und entscheidende Unterschied zwischen Russland und dem westlichen Europa.

Dieser Unterschied bestimmt die Geschichte des einen und des andern.

„Die Wege sind entschieden getrennte, liegen so weit von einander, dass sie sich niemals kreuzen können, und die Völker, welche sie betreten haben, werden in ihren Anschauungen niemals sich einigen. Der Westen, indem er aus dem Zustande der Sclaverei in den des Aufruhrs überging, hält diesen für Freiheit, prahlt mit ihm, und sieht im alten Russland Sclaverei. Dieses aber bewahrt die von ihm anerkannte Herrschaft, bewahrt sie freiwillig, und sieht daher im Aufrührer den Sclaven, der sich vor dem neuen Götzen des Aufruhrs beugt, wie er sich vor dem alten Götzen der Gewalt gebeugt hat, denn ein Aufrührer kann nur ein Sclave sein, und der freie Mensch empört sich nicht.

„Doch diese Wege trennten sich noch mehr, als die wichtigste Frage, die es für die Menschheit giebt, die Religionsfrage, dazu kam. Das Heil kam über Russland: es nahm den rechten Glauben an. Der Westen schritt auf dem Wege des Katholicismus weiter. Man *fürchtet* sich, in solchen Dingen seine Ansicht auszusprechen: wenn wir uns nicht irren, möchten wir behaupten, dass nach Verdienst der Weg des wahren Glaubens—Russland, der des Irrthums—dem Westen zugewiesen wurde.

„Dem russischem Volke wurde es klar, dass die wahre Freiheit nur da sei, wo der Geist des Herrn weilt." (Gesammelte Werke K. Akssakow's, Th. I [bisher einziger], S. 7 — 9.)

Man sieht aus dem Angeführten, wie weit die Theorie ging. Schon Pogodin hat nachgewiesen, wie zweifelhaft die Freiwilligkeit war, mit der man den berufenen Warägern entgegen kam, als sie ihre Herrschaft zu erweitern begannen. Die „erwünschte", „schützende" Herrschaft breitete sich in einer Reihe von „Kämpfen", „Unterwerfungen" aus. Der Widerspruch wurde nicht widerlegt und K. Akssakow fuhr fort, die „freiwillige Berufung" zu idealisiren, sie zu einer grossartigen That des Volksgeistes zu erheben. Wohl kann man einen gewissen Unterschied in der Gründung des Staates bei uns und im Westen zugeben, doch dieser Unterschied rechtfertigte durchaus nicht den Schluss von dem völligen Gegensatze zwischen Westen und Osten. Diesen Gegensatz hat Keiner, wie Akssakow, in so grellen Contrasten geschildert; den unglücklichen Westen verurtheilt er zur Sclaverei, und die Freiheit gewährt er allein dem Osten. Diesen sonderbaren Missbrauch mit dem Worte „Freiheit" finden wir nicht selten in seinen Geschichtsbetrachtungen.

Die russische Vorzeit erscheint Akssakow in den glänzendsten Farben; noch als Heiden waren nach seiner Meinung die russischen Slawen bereits für die christliche Frömmigkeit reif und christlicher Tugenden fähig. Akssakow behauptet, dass das russische Volk von Alters her die Neigung äusserte, die Heilswahrheiten in sich aufzunehmen. In seinem Aufsatze „über das Heidenthum der alten Slawen" (S. 311 u. flg.) sucht er nachzuweisen, dass noch in der heidnischen Zeit die Slawen „in Erwartung des Christenthums" lebten. „Das Heidenthum des russischen Slawen, war *das lauterste Heidenthum*", heisst es bei Akssakow, „war, beim Glauben an ein höchstes Wesen, ein beständiges Heiligen des irdischen Lebens, ein beständiges Ahnen des allgemeinen höchsten Sinnes der Dinge und Ereignisse, folglich ein dunkler, unbestimmter Glaube, bereit zur Erleuchtung und harrend des Strahles der Wahrheit" . . . „Rührend ist es sich zu vergegenwärtigen, wie das russische Volk sich taufen liess. Es liess sich leicht und ohne Kampf taufen, wie ein Kind, und die christliche Lehre erleuchtete seine ganze kindliche Seele. In dieser waren keine heidnischen Erinnerungen, war keine verstockte, bestimmte Lüge" u. s. w.

Wir haben es hier wieder mit der reinen Theorie zu thun. Schon damals, als Akssakow dieses schrieb, hatte man aus den bereits in Angriff genommenen mythologischen Studien ersehen, dass die russische heidnische Mythologie dergleichen Eigenthümlichkeiten vor anderen heidnischen Mythologien durchaus nicht voraus habe, im Gegentheil viel des Gemeinschaftlichen mit der ganzen indo-europäischen Mythologie biete, besonders mit der germanischen und lithauischen, — dass der Hauptunterschied der russischen Mythologie von den andern eben darin bestehe, dass, als sie vom Christenthum berührt wurde, sie noch nicht alle Stadien durchgemacht, welche das Heidenthum anderer Volksstämme bereits hinter sich hatte. Daher — die Abwesenheit von Opferpriestern und eines ausgebildeten heidnischen Cultus. Andererseits war aber die Einführung des Christenthums keine so friedliche und ruhige, wie Akssakow sie schildert.

Wie arm an thatsächlichen Nachrichten über diesen Gegenstand unsere Annalen auch sind, so haben in ihnen Erinnerungen an den Widerstand des Heidenthums in verschiedenen Gegenden des alten Russlands sich dennoch erhalten. Endlich legt die Geschichte der Volkspoesie und der Volksüberlieferungen Zeugniss von vielen „heidnischen Reminiscencen" ab und sogar ein Schriftsteller des XIV. Jahrhunderts, also mehrere Jahrhunderte nach der „Erleuchtung", spricht mit Entrüstung von dem Doppelglauben des Volkes.

In einem andern Aufsatze über die Grundzüge der russischen Geschichte findet Akssakow die unterscheidende Eigenthümlichkeit des russischen Volkes und seiner Geschichte in der christlichen Einfalt und Demuth.

„Die russische Geschichte, sagt er, wenn man sie mit der des Westens vergleicht, unterscheidet sich durch eine Einfachheit, welche Den, der an theatralische Effecte gewöhnt ist, zur Verzweiflung bringen kann. Das russische Volk liebt es nicht, sich zu drapiren; in seiner Geschichte ist keine von jenen

Phrasen, keiner jener schönen Effecte, keine jener lebhaften Decorationen zu finden, mit denen die Geschichte des Westens überrascht und hinreisst; die Persönlichkeit spielt in der russischen Geschichte durchaus keine grosse Rolle; ein nothwendiges Attribut der Persönlichkeit ist der Stolz, aber der Stolz und seine ganze bezaubernde Schönheit — sind bei uns nicht zu finden. Es fehlen uns das Ritterthum mit seinen blutigen Heldenthaten, der unmenschliche Bekehrungseifer, die Kreuzzüge, überhaupt fehlt unserer Geschichte alle Eleganz dramatischer Leidenschaften.

„Ein ganz anderes Bild bietet die russische Geschichte. Das russische Volk hat sich eine andere irdische Aufgabe gestellt, die christliche Lehre bildet das feste Fundament seines Lebens. Daher auch diese Stille des Gebets und diese Demuth inmitten der Stürme und Unruhen, die über uns ergingen, daher das innere geistliche Glaubensleben. Nicht Mangel an Kraft und Muth erzeugten diese Erscheinung. Wenn Umstände es zwangen, seine Kräfte zu zeigen, dann äusserte das russische Volk dieselben in einem so hohen Grade, dass die stolzen und durch ihre Tapferkeit berühmten Völker, jene kühnen Kämpfer für die Menschheit, in den Staub hinsanken vor ihm, das, demuthsvoll im Augenblicke des Sieges, ihnen Schonung gewährte. Die Demuth, in ihrem wahren Sinne, ist eine viel grössere und höhere Geisteskraft, als aller stolze, furchtlose Muth. Von einer solchen Seite, von der Seite christlicher Demuth, muss man auf das russische Volk und seine Geschichte blicken" (S. 18).

Die Gegenwart erscheint Akssakow als der Lohn für diese Demuth: — „Und Gott hat das demuthsvolle Russland erhöht. Von seinen streitsüchtigen Nachbarn und Eindringlingen zum verzweifelten Kampfe genöthigt, hat es sie Alle, einen nach dem andern, niedergeworfen. . . . ."

Es bedarf kaum der Bemerkung, dass diese Ansprüche auf christlihe Tugend schwer in Einklang zu bringen sind mit den historischen Thatsachen. Es ist wohl kaum anzunehmen, dass die seit dem XV. Jahrhundert stattfindenden Eroberungen Ausflüsse der Demuth gewesen seien, und in dieser Beziehung scheint Akssakow nichts gegen die „St. Petersburger Periode", die ihm sonst doch so antipathisch ist, zu haben. Was die Abwesenheit eines Haschens nach Effect im altrussischen Leben anbetrifft, so war diess nur eine natürliche Folge der einfacheren, patriachalischen Lebensweise, die ihrer Zeit auch dem westlichen Europa nicht fremd gewesen ist. Andererseits war der „schöne Effect" im occidentalischen Leben nur der natürliche Gefährte der Civilisation, eine verfeinerte Lebensform, eine naturliche Art zu sein, die das Temperament gewisser Nationen, z. B. der beweglicheren Südländer mit sich brachte. Eben so wenig liegt ein Vorwurf in den lebhaften Farben der Tracht, wie auch keiner in dem „Comfort", den D. Walujew dem Occident nicht verzeihen kann.

Bei der Charakterisirung der inneren Beziehungen Russlands gelangt

K. Akssakow zu dem Satze von dem glucklichen Nebeneinandergehen von Landschaft und Staat.

„Das Volk beruft die Herrschaft freiwillig, beruft sie in der Person eines fürstlichen Monarchen, als dem besten Ausdrucke der Herrschaft, und ihre gegenseitigen Beziehungen sind die freundlichsten. Es ist ein Bündniss des Volkes mit der Macht, oder ein Bündniss des Landes mit dem Staate. Das Land berief den Staat zu seinem Schutze, zur Abwehr zunächst der äusseren Feinde, dann der inneren. Anfangs herrschte ein ganzes Geschlecht, mehrere Fürsten in mehreren Fürstenthümern, und in jedem der letzteren wiederholten sich dieselben Beziehungen von Land und Staat. Der Fürsten wurden viele, es entstanden unter ihnen Zwistigkeiten; man konnte unter ihnen wählen, daher wurden sie oft gewechselt.

„Endlich war die Zeit der fürstlichen Uneinigkeit vorüber. Der Grossfürst trat auf, dann der Zar von Moskau und aller Reussen, ein erblicher Autokrat. Das Verhältniss von Land und Staat, von Volk und Regierung, das frühere gegenseitige Vertrauen — waren die Grundlage ihrer Beziehungen. Wie der Fürst das „Wjatsche" zusammenrief, versammelte der Zar den Landtag, die Land-Duma. Das Volk verlangte nicht, dass der Monarch es um seine Meinung frage, der Monarch scheute sich nicht, nach der Meinung des Volkes zu fragen. Man fragte die aus allen Ständen Gewählten; diese sprachen: Solches ist unsere Meinung, übrigens geschehe was der Monarch will. Hier war keine persönliche Eigenliebe, nicht der Stolz der occidentalischen Freiheit, sondern auf beiden Seiten nur der aufrichtige Wunsch zu nützen.

„Während der ganzen Zeit der russischen Geschichte ist das Volk der Regierung, der Monarchie nicht untreu geworden. Kamen Unruhen vor, dann handelte es sich nur um die Frage nach der persönlichen Berechtigung des Monarchen, wer herrschen solle -- ob Boris, ob der falsche Demetrius, ob Schuiskij. Nie aber wurde im Volke eine Stimme laut: wir brauchen keine Monarchie, keinen Selbstherrscher, keinen Zaren. Im Gegentheil, im Jahre 1612, als das Volk, nachdem es seine Feinde bewältigt, ohne Herrscher blieb, berief es laut und einstimmig einen Zaren. . . .

„Ganz Russland stand unter zwei Mächten — unter der des Landes und der des Staates, zerfiel in zwei Theile — die Leute des Landes und die Diener des Thrones.

„Was verband denn diese beiden Theile? Es waren der Glaube und das Leben.

„Es fehlt aber die Garantie, wird man uns sagen; denn entweder konnte vom Volke oder von der Regierung die Treue gebrochen werden: man bedarf also der Garantie! — Es ist keine Garantie nöthig! Denn sie kann nur schaden. Wo sie nothwendig ist, da giebt es Unheil; möge lieber das Leben untergehen als durch ein Uebel bestehen. Alles beruht auf dem *Ideal*. Und was helfen alle Vereinbarungen, wenn die innere Kraft fehlt? Keine Vereinbarung wird die Leute zurückhalten, wenn sie nicht mehr anerkennen wollen. Alles beruht auf der moralischen Ueberzeugung. Diesen Schatz besitzt Russland, denn es glaubte immer an ihn und nahm daher nie seine Zuflucht zu Vereinbarungen". (S. 9 — 14).

Akssakow will also hier, indem er ein Bild des altrussischen Staats- und Gesellschaftslebens entwirft, uns zugleich ein Ideal vorführen.

Oft genug ist von den Slawophilen ihren Gegnern vorgeworfen worden, dass diese aus Europa Theorien herübernehmen, welche auf das russische Leben nicht anwendbar sind, und auf solchen Theorien die russische Geschichte aufbauen. Allein im vorliegendem Falle kann den Slawophilen der Vorwurf zurückgegeben werden. K. Akssakow's Auffassung der russischen Geschichte ist auch eine Theorie, zunächst vom Gefühl eingegeben und der Geschichte angepasst, ehe die Bearbeitung es gestattete, eine solche Auffassung geltend zu machen. Völlig willkürlich ist sie wohl nicht, doch können nur wenige Einzelnheiten aus ihr durch Thatsachen belegt werden. Die Veranlassung zur Construction dieser Theorie gab freilich das sehr lobenswerthe Mitgefühl für das Volk, und die Geschichte desselben wurde mit allen den idealen Eigenschaften, die er ihm in Wirklichkeit wünschte, ausgeschmückt. Die Darstellungsweise war aber der Methode der abendländischen Wissenschaft entlehnt, welche erst eben mit dem Aufbau einer Philosophie der Geschichte beschäftigt gewesen war und sich bemühte, die Geschichte der Völker durch abstracte ethisch-sociale Principien zu erklären, die besonderen idealen Aufgaben, welche die Vorsehung jedem der Völker in seinem geschichtlichen Dasein gestellt hatte, nachzuweisen. Während damals die Gegner der Slawophilen mehr bemüht waren, auf dem Boden der Thatsachen zu bleiben, warf Akssakow sich einem Idealismus in die Arme, der an die Romantik der zwanziger und dreissiger Jahre erinnerte. Das ganze Wesen seiner Theorie zeigt mehr von der Kraft des Gefühls, das ihn hingerissen, als von Tiefe des Verständnisses für Geschichte. Mit fertigem Enthusiasmus geht er an das Studium des Alterthums: ihm genügen einzelne Thatsachen, die sein erregtes Gefühl berühren, um sie zu einem historischen Princip zu erheben; er idealisirt sie.

Mit Recht weist er auf das Vorhandensein zweier Elemente im altrussischen Leben hin. Doch waren die gegenseitigen Beziehungen dieser beiden Elemente — des „Landes" und des „Staates" — nicht so cordial, wie Akssakow sie schildert, vielmehr ist die Geschichte dieser Beziehungen die Geschichte eines beständigen Kampfes, aber nicht freiwilliger Einigung. Die alte Gemeinde, das Wjätsche, der Landtag („Semskaja Duma" — земская дума), welche in Akssakow's Theorie so eng mit einander verbunden sind, waren es im Leben nicht. Der „Staat" entwickelte sich nicht parallel und gleichmässig mit dem „Lande", letzteres blieb zurück. Die Meinung seiner Repräsentanten verpflichtete den Machthaber nicht und konnte als nicht vorhanden betrachtet werden.

Mit Recht weist Akssakow auch auf die religiöse und sociale Einheit im altrussischen Leben, oder richtiger auf die Einförmigkeit in Begriffen und Sitten. Doch diese Einheit im Leben, welche sich über alle Schichten des Volkes erstreckte, konnte nur deshalb bestehen, weil das Leben selbst ein unmittelbares, ein patriarchalisches war. Die Weltanschauung, von welcher dieses Leben getragen wurde, war eine mythisch-religiöse, blieb unberührt von aller Kritik; die Bildung war so gering, dass die höheren Classen sich kaum von den unteren in dieser Hinsicht unterschieden, eben so verhielt es sich mit den Sitten. Daher verfiel Russland, weil der Gang seiner Geschichte es von der übrigen Welt getrennt hatte, einer nationalen und religiösen Exclusivität, die wiederum zum Widerstande gegen jede Neuerung führte und zur Erhaltung alter Sitten und Anschauungen beitrug. In solcher Exclusivität sind ganze Jahrhunderte verlebt worden.

In solchen Verhältnissen konnte ein Volk nicht bleiben, wenn seine politische Thätigkeit sich erweitern sollte. Stabilität und Verfall des Volksthums wären die Folgen gewesen. Waren Keime zur Entwickelung vorhanden, so mussten dieselben nothwendig zum Conflict mit der Ueberlieferung führen. Ein solcher Conflict wäre auch ohne die Petrinische Reform eingetreten. Schon im altrussischen Leben ist eine ganze Reihe von Spaltungen zu bemerken: verschiedene Ketzersecten, in denen, ungeachtet ihrer vielen Verirrungen, das Bemühen, die Tradition zu erweitern oder zu beseitigen, ihr eine breitere Unterlage zu geben, nicht zu verkennen ist. Eine höhere Stufe der Bildung, eine grössere Summe von Kenntnissen in Betreff der Natur, der Geschichte der Menschheit, mit einem Worte: die Bekanntschaft mit dem bereits damals von der europäischen Bildung Erworbenen, hätten die alte Tradition in Allem, wo sie dem neuen Inhalte des Wissens nicht entsprochen, unvermeidbar beschränkt und untergraben. Das wäre auch ohne die harten und gewaltsamen Mittel der Reform Peter's des Grossen geschehen. Die Slawophilen behaupten, dass auch vor Peter Russland „alles Gute" entlehnt habe, ohne seine Wesenheit zu opfern, — in der That wurde aber lange nicht Alles was Noth that, überhaupt nur Weniges angenommen, und nur aus diesem Grunde konnte das Alte ruhig bestehen, denn des entlehnten „Guten" war zu wenig, um letzteres zu berühren. Die traditionelle Anschauung des alten Russland hätte bei grösserer Bildung nicht Stand gehalten: die höheren Schichten der Gesellschaft, welche anfangs die einzigen Inhaber der damaligen Bildung waren, hätten in Folge dieses Umstandes — nicht wegen des Wesens der Bildung selbst, dem Volke sich entfremden müssen. Freilich war das bedauernswerth, doch bei dem schon bestehenden Unterschied der Stände in materieller und rechtlicher Hinsicht wäre das unvermeidlich gewesen.

Diese gegenseitige Entfremdung trat nun mit Peter ein. Das heisst aber nicht, dass sie verhängnissvoll und unausgleichbar wäre. Denn schon jetzt bessert sich die materielle und rechtliche Lage der unteren Stände; mit der socialen Gleichberechtigung eröffnet sich die Möglichkeit eines grösseren Erfolges der Bildung in der Masse des Volkes. Die Bemühungen der Besseren in der Gesellschaft der Gegenwart gehen eben dahin, die alte Einheit wieder herzustellen — nicht durch Austreibung und Aufgeben der westlichen Bildung, auch nicht durch eine Restauration des Alterthums und seiner Einheit, sondern durch Verbreitung der Bildung im Volke selbst.

Die Slawophilen klagen über den Verfall der alten Sitten und Gebräuche, über ihre gewaltsame Beseitigung durch Peter den Grossen. Alte Sitten und Gebräuche haben, je nachdem sie mit verschiedenen Seiten des Lebens verknüpft sind, einen verschiedenen Werth: einen höheren, wenn sie der Ausdruck gewisser politischer Rechte, einen geringeren, wenn sie nur zur äusseren Decoration des Lebens gehören. Man wird schwerlich behaupten wollen, dass die Reform Peter's viele alte Gebräuche der ersteren Art beseitigt habe. Ausserdem ist in dem gegebenem Falle zu berücksichtigen, dass auf das Schicksal alter Gebräuche auch das Wachsen des Staates in seinem Umfange von Einfluss ist. In den engen Grenzen des moskowitischen Lebens war die Beibehaltung jener alten Gebräuche in den höheren Klassen, angefangen vom Hofe, noch leicht; schwerer wurde sie im Staate Peter's des Grossen, welcher zu Europa in nähere Beziehungen trat, über Länder mit occidentalischer Civilisation sich auszudehnen anfing und eine Menge neuer Elemente in sich aufnahm, deren Assimilitation, sobald der Staat sie anstrebte, nicht ohne gewisses Nachgeben in mancher Hinsicht von seiner Seite sich vollziehen konnte. Gegen diese Erweiterungen des Staatsgebietes haben die Slawophilen, wie Andere, nichts einzuwenden.

Dass Akssakow sich zu den verschiedenen Erscheinungen des altrussischen Lebens sehr optimistisch verhält, ist bei der Weise, wie er auf die vorpetrinische Zeit blickt, vollkommen begreiflich. In den Sitten der alten Slawen sieht er nur Milde, das Heidenthum der russischen Slawen scheint ihm das lauterste. Seine Ansicht wird durch keines der Facta, die vom Gegentheil in vielen Fällen zeugen, erschüttert. Er bemüht sich auch zu beweisen, dass jene Principien der Vernunft und der Freiheit, welche die Gegner des Slawophilenthums für eine Errungenschaft und ein Verdienst der europäischen Bildung halten, der alten Volksanschauung bereits innewohnten, — er läugnet die nationale Exclusivitat im alten Russland. Einzelne Stellen aus Nestor's Chronik werden daher in tendenziöser Weise zu Gunsten seiner Ansicht ausgebeutet. Höchstens kann man zugeben, dass allein die Kijewsche Periode, mit welcher die folgenden wenig Aehnlichkeit bieten, einige Lichtpunkte aufzuweisen hat, auf die ein Slawophile mit Recht sich stützen darf.

Nach Akssakow's Ansicht war das alte Russland also ein idealer, echtchristlicher Staat, und wenn auch das Leben in ihm, wegen der allgemeinen menschlichen Schwäche, kein völlig glückliches war, folgte er doch dem Wege der Wahrheit, und wenn dieser nicht vollendet wurde, so lag die Schuld an der Reform. Wie schon bemerkt, war seine Ansicht über dieselbe anfangs eine ganz andere, als später. In seiner Dissertation betrachtet er sie als ein nothwendiges Moment in unserem Geschichtsleben, als die Verneinung der nationalen Exclusivität und die Wiederaufnahme allgemein menschlicher Entwickelung. Nun betrachtete er sie aber als einen Verrath der Macht am Volke, die ihm die Treue gebrochen. (S. 10, 15, 16 und 49).

Das Raisonnement Akssakow's über die Reform ist etwa folgendes. Der von Peter vollzogene Umschwung ist der wichtigste in der ganzen russischen Geschichte, denn er traf die Wurzeln des russischen Baumes. Aus einem, besonders durch den Glauben und sein inneres Leben, durch Demuth und Stille mächtigem Lande wollte Peter eine irdische, ruhmreiche Macht schaffen, folglich Russland von der natürlichen Quelle seines Lebens gewaltsam entfernen, es auf den Pfad des Westens, der ein gefährlicher Irrweg, stossen. Glücklicher Weise folgte nur die eine Hälfte des russischen Volkes diesem Stosse und verliess den Pfad der Demuth, und von ihr ist abhängig die andere Hälfte, welche dem angeborenen Glauben und der Heimath treu blieb. Wenn auch früher Entlehnungen Statt gefunden hätten, so dass, wie einige Historiker behaupten, Peter nur das fortgesetzt hätte, was früher begonnen wäre, so hätte derselbe doch mehr gethan, als fortsetzen. Er nahm Alles, nicht nur das Nützliche und allgemein Menschliche an, auch Einzelnes und Nationales, fremdes Leben, fremde Gebräuche, fremde Kleidung, mit einem Worte, er gefiel sich in sclavischer Nachahmung, wodurch die Reform zur Revolution wurde. Wo er von der „St. Petersburger Periode" (er theilt die russische Geschichte in die Kijewsche, wladimirsche, moskowitische und St. Petersburger Periode) spricht, charakterisirt A. dieselbe mit folgenden Worten: „Der Staat erlebt eine Umwandlung, bricht mit dem „Lande" und ordnet sich dasselbe unter, indem er eine neue Ordnung der Dinge beginnt. Er eilt, eine neue, *seine* eigene Residenz zu bauen, die nichts mit Russland gemein, keine russischen Erinnerungen hat. Indem er dem russischen Lande, dem Volke, die Treue bricht, bricht er dieselbe auch dem Volksthum, gestaltet sich nach dem Muster des Westens, wo das Staatsthum sich vorwiegend entwickelt hat, und führt die Nachäffung fremder Länder, dem Westen Europas, ein. Alles (?) russische wird verfolgt. Die dem Staate dienen treten auf seine Seite. Das Volk, eigentlich das gemeine Volk, bleibt dem Alten treu. Der Umschwung vollzieht sich gewaltsam. Die Verfeinerung, die Vortheile und Vorrechte der höheren Classen verführen auch das gemeine Volk, dem Einzelne sich wohl entfremden und ins feindliche Lager übergehen, das Volk im Ganzen bleibt aber dasselbe. Russland hat sich gespalten, hat zwei Hauptstädte. Auf einer Seite ist der Staat mit seiner ausländischen Hauptstadt St. Petersburg, auf der andern — das Land, das Volk mit seiner russischen Hauptstadt Moskau." Darauf werden die weiteren Beziehungen von Staat und

Land folgendermaassen gekennzeichnet. „Napoleon's Invasion in den russischen Staat und das russische Land. Der Staat, in Verwirrung, wendet sich um Hülfe an das Land und an Moskau. Moskau empfängt den Schlag, Moskau und das Land retten sich und den Staat. Dessenungeachtet bleiben die höheren Classen, welche dem Staate sich angeschlossen, in vollkommener, moralischer Knechtschaft unter dem Joch des Westens. Endlich beginnt der Kampf. Moskau beginnt und setzt fort das Werk der moralischen Befreiung. . . . Die russische Idee fängt an sich von der Knechtschaft zu befreien; ihre *ganze* (?) Thätigkeit ist in Moskau und geht von Moskau aus, — und es scheint nicht mehr fern das Ende der langen Prüfung, und mit ihm der Triumph und das Wiederaufleben des wahren Russlands und Moskaus. . . . Die Hauptsache, das Wesentliche ist — die moralische, geistige Freiheit. Sie ersteht". (S. 23, 41 — 43, 49 — 50).

In den angeführten Worten ist die slawophilische Auffassung der Reform stärker als irgendwo ausgesprochen. Die „St. Peterburger Periode" war der Gegenstand eines sehr lebhaften Streites zwischen den Slawophilen und ihren Gegnern. Letztere haben viele Widerlegungen jener sonderbaren historischen Ansichten zusammengebracht, doch muss man gestehen, dass auch sie ihrerseits nicht frei von Uebertreibungen waren: indem sie die Reform verherrlichten, vertheidigten sie das Staatsthum bis aufs Aeusserste. Daher ist es ein Verdienst der Slawophilen, das entgegengesetzte Extrem vertreten zu haben, denn dadurch zwangen sie die Gegner, ihrem Panegyricus auf die Reform ein wenig Einhalt zu thun und deren Vorzüge und Nachtheile näher ins Auge zu fassen. Dessenungeachtet ist Akssakow's Ansicht, in der bedingungslosen Form, wie er sie giebt, nicht stichhaltig. Wie in andern Fällen, baut er auch hier ein vollständiges System auf, das in den Thatsachen durchaus keine Berechtigung findet. Erstens ist der „Verrath" am Volksthum für die grosse Menge von Leuten, welche der Reform folgten, ein Ding der Unmöglichkeit. Wenn auch Peter und seine Anhänger viele Gebräuche und Sitten aufgaben, so war mit diesen Sitten und Gebräuchen das russische Volksthum lange nicht erschöpft. Viele seiner Maassregeln waren gewaltsam, und in Betreff vieler kann er kaum gerechtfertigt werden, doch war der Bruch mit dem Alterthum unvermeidlich bei der Lösung seiner Aufgabe. Diese bestand in der That in einer Umwälzung, einer Revolution, doch dieselbe war nach dem bisherigen Gang der Geschichte durchaus nothwendig, und dergleichen Umwälzungen sind überhaupt nicht Sache eines Einzelnen; und es darf hier noch der Umstand nicht aus dem Auge gelassen werden, dass die Umwälzung von dem Repräsentanten derjenigen Macht unternommen wurde, mit welcher das Land, nach Ansicht der Slawophilen, ein freies Uebereinkommen getroffen, der sie eine durch keine „Garantie" beschränkte Vollmacht verliehen hatte und die daher schon lange vordem „selbstherrschend" geworden war.

Wo ist denn die Berechtigung von Seiten der Geschichte zur Beschuldigung des „Verraths“?

Akssakow spricht ferner von der auf „Glauben“ und „Demuth“ gestützten Macht des vorpetrinischen Russlands und von dem Streben Peter's nach „irdischer“ Macht, als ob die Russen vor ihm neutestamentliche Israeliten und das moskowische Zarthum ein himmlisches Reich gewesen wären. Akssakow's Aufrichtigkeit und Ueberzeugung sind über allen Zweifel erhaben; bei ihm sind diese Worte der Ausfluss treuherziger Begeisterung, bei einem Andern hätte man sie als unausstehliches Pharisäerthum betrachten mögen. Das alte Russland war fromm, doch hatte seine Frömmigkeit viele Mängel und seine Macht war eine sehr bedingte. Peter erhöhte seine materiellen Kräfte zeitig, denn sonst hätte dem Lande ernste Gefahr von seiner europäischen Nachbarschaft gedroht. Auch kann man nicht geradezu behaupten, dass vor Peter „alles Gute“ von Europa entlehnt worden wäre, im Gegentheil, das Gute kam von dort sehr spärlich und auch sehr spät. So sind die Feuerwaffen sehr spät eingeführt worden, die ersten gedruckten Bücher erschienen bei uns erst hundert Jahre nachdem Gutenberg seine Erfindung gemacht hatte. Wenn es in demselben Schritte weiter gegangen wäre, so wäre es Russland kaum in einem Jahrhundert gelungen zu vollführen, was allein während der Regierungszeit Peter's geschah. Bei der raschen Entwickelung des westlichen Europas musste dieses langsame Fortschreiten sehr gefährlich sein.

Die gemässigten Slawophilen beurtheilten die Reform nicht so streng wie z. B. K. Akssakow; wenn sie auch nicht den gewaltsamen Bruch mit den Sitten und Gebräuchen, die Verlegung der Residenz billigten, so waren sie doch mit der von Peter dem Grossen gestifteten Macht zufrieden. Selbst K. Akssakow weist mit Zufriedenheit auf diese Macht Russlands hin, indem er sie als einen „Lohn für die bewiesene Demuth“ betrachtet. Einige der Slawophilen hielten diese Machtgrösse sogar für nothwendig, damit Russland das slawische Element in Europa rette.

Die Gegner der Slawophilen waren nicht allein von der Nothwendigkeit und Folgerichtigkeit der Reform überzeugt, sondern waren auch der Ansicht, dass das wahre russische Volksthum eben von demjenigen Theile des Landes repräsentirt sei, welcher die Reform annahm.

Seit den vierziger Jahren hat in beiden Lagern ein Umschwung stattgefunden. Man vertheidigt die Reform nicht mehr bedingungslos und verdammt sie auch nicht so ausnahmslos wie Akssakow es that. Das Studium der Reformperiode hat zu einer mehr nüchternen Betrachtung geführt. Historiker, welche sich dem Slawophilenthum zuneigen oder entschiedene Slawophilen sind, fangen an, bei vielen historischen Persönlichkeiten des XVIII. Jahrhunderts viele russische Tugenden zu finden, die in der früheren Charakteristik der „Petersburger Periode“ von Seiten der Slawophilen schon keinen Platz mehr finden konnten. Je mehr unsere Historiker mit den Begebenheiten aus Peter's Zeit und seiner Persönlichkeit vertraut werden, desto mehr entdecken sie in Peter selbst eine rein russische, hochbegabte, freie und oft unbezähmte Natur mit allen ihren Vorzügen und Mängeln. Man fängt auch an einzusehen, dass Peter durchaus kein entschiedener Feind russischer Gebräuche war, im Gegentheil, selbst seine Liebe für sie zuweilen bekannte, wie aus Neplujew's Memoiren zu ersehen. Auch die Ansichten von dem ganzen XVIII. Jahrhundert scheinen sich zu verändern. Die Sympathien für das XVI. und XVII. Jahrhundert, welche bei Akssakow und den Slawophilen überhaupt so stark sind, fangen an, wie es scheint, ganz zu verrauchen und die Schriftsteller des modernen Slawophilenthums scheinen die „gute alte Zeit" nicht mehr so weit, sondern im vorigen Jahrhundert, unter der „bescheidenen" Regierung Elisabeth's, unter der „weisen" und „ruhmvollen" Regierung Katharina's II. zu suchen. Mit einem Worte, das eingehende Studium der Geschichte, nachdem es einige Entgegnungen der Slawophilen gegen die früheren Meinungen berücksichtigt und modificirt hat, weist jedoch ihre Theorie zurück und gelangt zu einer neuen Anschauung, welche den früheren Anschauungen — nicht der Slawophilen, sondern ihrer Gegner näher zu kommen scheint.

Das Slawophilenthum betrachtet Akssakow als die Regeneration des echtrussischen Elements, als die Sühnung des zu Peter's Zeit geübten Verrathes, als den Anfang der neuen Herrschaft der „innern Wahrheit". Und diese Wiedergeburt geht von demselben Moskau aus, welches in der besten Zeit das staatliche und sittliche Centrum Russlands gewesen ist. War Moskau das Palladium des echtrussischen Elements gewesen, so müsste — das folgte ja theoretisch daraus — es jetzt auch die Stätte der Wiedergeburt sein. Unberücksichtigt blieb freilich, dass Moskau ebenso gut wie St. Petersburg Gegner des Slawophilenthums in seinen Mauern barg. Mit der Liebe zu Moskau ist natürlich die Abneigung gegen St. Petersburg verbunden. Letzteres, von dem übrigen Russland getrennt, ist die Frucht und die Stätte des Verraths.

Diese Vorliebe für Moskau verräth auch die schwache Seite des Slawophilenthums, welches dadurch zum moskowischen Particularismus wurde, der auf die allgemeinen Grundlagen des russischen Lebens ausgedehnt werden sollte. Zwischen beiden Städten besteht ein bedeutender Unterschied. In Moskau leben noch die alten Penaten, dorthin wendet sich das fromme Gemüth des russischen Volkes; das Leben und die Sitten sind dort ungebundener, man lässt sich dort mehr gehen als in dem administrativen und militärischen St. Petersburg. Zu gleicher Zeit ist Moskau aber Provinzialstadt geworden.

Bei der abstrakten Vorliebe der Slawophilen für das Alterthum, dessen Repräsentant in vieler Hinsicht Moskau geblieben ist, war es natürlich, dass in ihnen der Wunsch rege wurde, die Würde der alten Hauptstadt aufrecht zu erhalten.

Das Verlegen der Hauptstadt nach Nordwesten hatte seine historische Berechtigung, welche Akssakow nicht einzusehen vermag. War auch in Hinsicht des Klimas die Wahl keine glückliche und ausserdem die Lage der neuen Hauptstadt eine zu äusserliche, so bedurfte das neue Reich Peter's, im Hinblick auf die Mittel zur Vertheidigung des Staates und zur Volksbildung, jedenfalls der Lage in der Nähe des Westens, ferner, zur Entwickelung der bis dahin nicht existirenden Seemacht, der Lage am Meere. Endlich war die nationale Entwickelung in ein neues Stadium getreten, das nicht mehr dem der moskowitischen Periode glich, eben so wenig wie diese der Kijewschen geglichen hatte. Die neue grossartige Entwickelung des Staates brachte in sein Leben neue nationale Elemente, veranlasste den Process einer neuen politischen und nationalen Assimilation und als Resultat bildete sich ein neuer nationaler Typus, dem das moskowitische Gepräge aufzudrücken, sonderbar und sogar unmöglich gewesen wäre. Während der St. Petersburger Periode erwarb der Staat den südlichen Theil des heutigen Russlands, die südwestlichen und nordwestlichen russisch-polnischen Provinzen, die Ostseeprovinzen, Polen u. s. w., deren Aufnahme nicht ohne Einfluss auf den Staat bleiben konnte; der grösste Theil dieser neuen Elementen schloss sich viel natürlicher an St. Petersburg als an Moskau mit seinem früheren exclusiven Charakter.

In der Literaturperiode, von welcher hier die Rede ist, konnten sich die Folgen der moskowitischen Einseitigkeit in den Anschauungen und Bestrebungen der Slawophilen nicht kund thun. Später aber, als sich mehr Gelegenheit bot, die Theorie auf das wirkliche Leben anzuwenden, verfehlte diese Einseitigkeit nicht sich zu äussern.

Welches war nun das Programm, nach welchem die Slawophilen ihre Principien in Anwendung zu bringen dachten?

Kirejewskij's Ansicht geht dahin, dass wir, ohne die Resultate der westlichen Bildung zurückzuweisen, diese letztere dem wahren Principe unsers Lebens unterordnen müssen. „Wenn die europäische Bildung", sagt er, „in der That eine irrende ist, wenn sie dem Wesen der wahren Bildung widerspricht, so muss dieses Wesen, als ein wahres, solchen Widerspruch nicht bestehen lassen im Geiste des Menschen, im Gegentheil, ihn erfassen, würdigen, seine Grenzen ihm anweisen und hiermit ihn der eigenen Ueberlegenheit unterordnen, seinen wahren Sinn klar legen. Der vorausgesetzte Irrthum dieser Bildung schliesst durchaus nicht die Möglichkeit ihrer Unterordnung der Wahrheit aus." An einer andern Stelle sagt er: „Einer der Wege, die am ehesten zur Beseitigung des Schadens führen, den die fremdländische, dem Geiste der christlichen Aufklärung widersprechende Bildung angerichtet hat, wäre freilich der durch Entwickelung der Gesetze des selbstständigen Denkens den ganzen Inhalt der westlichen Bildung der Herrschaft der orthodoxen christlichen Ueberzeugung unter zu ordnen."

Von der russischen Literatur hatte Kirejewskij keine hohe Meinung. Die Erzeugnisse derselben, als Widerschein europäischer Erzeugnisse, könnten, meinte er, für andere Völker nur ein statistisches Interesse haben: nur als Ausweise über das Maass unserer Schülerfortschritte im Studium ihrer Muster könnten sie gelten. Für uns selbst hätten sie Interesse nur als Ergänzung, als Erläuterung, als Aneignung fremder Erscheinungen; doch auch in unsern Augen, bei der allgemein verbreiteten Kenntniss fremder Sprachen unter uns, ständen unsere Nachahmungen immer den Originalen nach. Eine Ausnahme lässt er nur für grosse Talente, wie Dershawin, Karamsin, Shukowskij, Puschkin, Gogol gelten. Solche Geister würden immer stark wirken, unabhängig von der erwähnten Richtung.

Diese geringe Meinung von der russischen Literatur war allgemein gehalten nicht ungerecht, denn in der That war die Literatur damals arm, was auch die Kritiker des entgegengesetzten Lagers eingestanden haben, z. B. Bielinskij in den „Phantasien über Literatur", 1834. Zum grössten Theil bestand die russische Literatur aus schülerhaften Nachbildungen, doch musste sie während einiger Generationen diese Schule durchmachen, um, wenigstens in den Hauptzügen, mit dem Inhalte der fremden Literaturen, welche ihr weit vorangeeilt waren, bekannt zu werden. Die Nothwendigkeit einer Schule unterliegt also keinem Zweifel; es fragt sich nur, welchen Erfolg diese Schule hatte, ob die Literatur Fortschritte machte? Ein Fortschreiten ist, bei unparteiischer Beurtheilung, nicht zu verkennen und am Ende traten Schriftsteller wie Puschkin und Gogol auf. Ausserdem offenbarte sich selbst während der Periode der eifrigsten Nachahmung ein rein russischer Inhalt, an dem allmählich die nationale Idee zur Reife gelangte, was die Slawophilen freilich nicht bemerkten, denn für reines Volksthum halten sie das von ihnen auf theoretischem Wege gefundene Volksthum.

Bei Schriftstellern, wie Kantemir, Lomonossow, Dershawin, von Visin, Oserow, Krylow, Grybojedow, Puschkin, Kolzow, Gogol, wird nur eigensinnige Befangenheit eine allmähliche Entwickelung socialer Begriffe und nationalen Bewusstseins — wenn auch nicht im Sinne der Slawophilen — nicht anerkennen wollen. Vor Gogol neigten sich übrigens die Slawophilen selbst.

Kirejewskij meinte also, dass um die wahre Bildung wiederherzustellen es nur der Unterordnung der europäischen Bildung den alten Principien unseres Lebens, dem griechisch-slawischen Geiste, bedürfe. Eine solche Aufgabe schien ihm sehr leicht, und seine Ansicht wurde auch von andern Anhängern seiner Schule getheilt.

K. Akssakow in seinen kritischen Aufsätzen im „Moskowskij Sbornik" für 1847, wirft unserer Bildung Ignoriren und Unverständniss des Volkes vor. Dieser Vorwurf trifft nur einen Theil der Repräsentanten unserer Bildung und nur gewisse Seiten derselben. Im Leben und der Literatur der „gebildeten" Gesellschaft waren seit Peter's Zeiten verschiedene Strömungen bemerkbar, welche nicht mit einander verwechselt werden dürfen. Schwerlich können als entfremdet dem Volke gelten Schriftsteller wie Lomonossow, Nowikow, Radischtschew. Auch in dem Kreise, welcher dem Volke den Rücken zugekehrt hatte, fanden sich Leute, die wie Schuwalow, Bezkij, Rumjanzow durch ihre Bestrebungen um nationale Interessen sich Verdienste erworben haben, wenn sie auch nicht frei waren von den Fehlern ihres Jahrhunderts, ihres Standes oder persönlichen Mängeln. In der mittleren, selbst in der höheren Classe der gebildeten Gesellschaft lebten die alten Sitten viel stärker fort als Akssakow annahm. Man kann sich davon überzeugen, wenn man die Memoiren aus dem XVIII. Jahrhundert liest.

Wie sehr Akssakow sich irrte, wenn er den St. Petersburger Literaten Unverständniss für das Volksthum vorwarf, hat er selbst an Turgenjew erfahren. Als dessen erste Erzeugnisse in gebundener Rede erschienen, stellte er ihn in die Reihe der „abgeschmackten Petersburger Schriftsteller". Während Akssakow diese Kritik schrieb erschienen „Chorj und Kalinitsch", die erste Erzählung aus den „Memoiren eines Jägers". Die „ausgezeichnete" Erzählung bemerkend, fügte er seinem erwähnten Urtheile folgende Bemerkung hinzu: „Hier sieht man, was es heisst den Boden und das Volk berühren, im Augenblicke gewinnt man Kraft! . . . er berührte das Volk, trat an dasselbe mit Theilnahme und Mitgefühl und lieferte eine schöne Erzählung! Das Talent, das im Schriftsteller schlummerte, in ihm verborgen blieb so lange er sich bemühte sich und andere von abstracten, folglich nicht dagewesenen Seelenzuständen zu überzeugen, dieses Talent hat sich plötzlich geäussert, und zwar so stark und schön, als er von andern Dingen zu reden anfing." Man fragt sich unwillkürlich, wie war denn eine solche Metamorphose möglich, wo kam denn dies „Mitgefühl" für das Volk beim „St. Petersburger Literaten", der von Akssakow's Kritik schon begraben war, her? Die ersten Erzeugnisse Turgenjew's mochten schwach sein, aber, soviel bekannt, war im Zeitraume zwischen ihrem und dem Erscheinen der erwähnten Erzählung in ihm keine Wandlung vor sich gegangen. Er blieb damals, wie auch später, bei denselben Ansichten, bei derselben Richtung, die Akssakow als leer, dem Volke entfremdet betrachtet hatte; wie konnte namentlich aus der Mitte dieser entfremdeten Richtung ein so schönes Mitgefühl für das Volk, ein Erzeugniss kommen, welches den slawophilischen Kritiker so begeisterte? Das „Herantreten an das Volk" konnte ihm nicht Talent verleihen, eben so wenig als vielen Andern, und unter ihnen vielen Schriftstellern und Dichtern aus dem Lager der Slawophilen, die nach dem Volke griffen. Man muss also folgern, dass Akssakow nicht ganz richtig die von ihm verurtheilte Richtung auffasste, dass hinter den einzelnen Mängeln der Schriftsteller dieser Richtung er deren eigentliche Anschauungen, ihr Verhalten zum Volke nicht wahrnahm u. s. w. Einem Kritiker aus der Mitte der Slawophilen kam es schwer an einzugestehen, dass auch ausserhalb dieser Schule, in der Richtung, welche der letzteren als unverbesserliches, schädliches Apostatenthum erschien, eine Möglichkeit für Verständniss und richtige Schilderung des Volkslebens bestehe.

Chomjakow's Ansichten über die Literatur stimmen wesentlich mit denen Kirejewskij's und Akssakow's überein. Das Thema ist bei ihm dasselbe: das Irrthümliche der herrschenden literarischen und gesellschaftlichen Ansichten, die Ohnmacht unserer dem Volke entfremdeten Civilisation, die Nothwendigkeit der Einheit mit dem Volke und dessen Anschauungen.

Im Allgemeinen beschuldigt Chomjakow unsere Bildung des Mangels an Nationalbewusstsein, ohne welches sie auch keine Kraft besitze. Die westliche Bildung, die zu uns herüberkam, hätte sich von dem Leben, dem sie entsprungen, losgerissen und hätte andererseits auch bei uns keine Wurzeln gefasst. Bildung und Gesellschaft hätten bei uns einen colonialen Charakter, wären leblose Waisen, in denen alle edleren Bedürfnisse der Seele einer egoistischen Selbstzufriedenheit und egoistischen Berechnung Platz machen. Unser Verhalten Europa gegenüber bestände in einer furchtsamen Anbetung und in unserer Gutmüthigkeit hielten wir jede Erscheinung des Westens für Civilisation. Wir fürchteten uns den Westen zu fragen, ob Alles was er rede Wahrheit und Alles was er thue schön sei?

In diesen und ähnlichen Raisonnements der Slawophilen ist überhaupt viel Uebertreibung. Zutreffend sind sie höchstens für jenen Theil der höheren Gesellschaft, welcher eine französische Bildung erhalten hatte und im Genusse grossen, fertigen Einkommens in der That sich vom Volke abwendete und französische Schneider anbetete. Doch gegenüber solchen Leuten sind Argumente jeder Art Verschwendung. In dem übrigen Theile der Gesellschaft war die Anbetung des Westens kaum so allgemein verbreitet wie Chomjakow vorgiebt, um so weniger, als die grosse Mehrheit der sogenannten Gesellschaft seit lange und bis jetzt aus Leuten bestand, die sich um Literatur nicht viel kümmerte. Dass aber Leuten, die sich um Literatur kümmerten, die wissenschaftliche wie die practische Bildung Achtung einflösste, war völlig naturgemäss, und auf diese Bildung mit Geringschätzung herabsehen, ziemte sich nicht für ein Volk, das mit ihr noch nicht thatsächlich gewetteifert hatte.

Den Slawophilen schien es, dass unsere Gesellschaft, „die schreibenden, wie nicht schreibenden Literaten", nur die von ihnen gepredigten volksthümlichen Grundlagen anzunehmen brauchte, um Alles zu erlangen: selbstständige Ideen, eine weltgeschichtliche Bedeutung und die Achtung des Auslandes. Dergleichen ist leicht ausgesprochen, aber geistige Selbstständigkeit ist nicht so bald erreicht. Um von der westlichen Civilisation unabhängig zu werden und dieselbe zu überflügeln, um sie unsern nationalen Elementen unterzuordnen, wie es Kirijewskij verlangte, — muss man erst die dazu gehörige Kraft erlangen, den Inhalt der abendländischen Civilisation sich aneignen und verarbeiten und von sich selbst aus auch Etwas beitragen. Kein patriotischer Enthusiasmus, auch der edelste nicht, kann geistiges Schaffen ersetzen. Die Stärke ihres Gefühls machte die Slawophilen glauben, dass es ein Leichtes sei, die westliche Bildung sich „unterzuordnen", – mit dem Gefühl löst man aber keine Fragen der Wissenschaft, und diese sind Fragen der Bildung.

Chomjakow ist der Ansicht, dass schon die Gegenwart (die vierziger Jahre) die Zeit unserer Selbstständigkeit sein müsse. Er bezeichnet sogar die wissenschaftlichen Aufgaben, die wir eher als andere Völker lösen könnten, übersieht dabei aber, dass die von ihm angedeuteten Fragen schon eine Lösung in der europäischen Wissenschaft gefunden haben.

Die nationale Idee und das nationale Leben können nach Chomjakow's Ansicht nur von denen ausgedrückt und zur Erscheinung gebracht werden, welche in dieser Idee und diesem Leben ganz aufgehen. Das wäre aber bei uns mit unserer Civilisation nicht der Fall. Daher verlangt Chomjakow die Einheit zweier Kräfte, welche die regelmässige und vernünftige Entwickelung der Gesellschaft ermöglichen: der Gesammtheit der Gesellschaft und ihrer der Vergangenheit angehörenden Lebenskraft und der Kraft der Vernunft der einzelnen Persönlichkeit, die für sich allein nichts schaffen könne, der allgemeinen Entwickelung aber stets beiwohne und dieselbe vor todter Einseitigkeit bewahre. Beide Kräfte wären nothwendig, doch müsse die zweite mit der ersten durch lebendigen und hingebenden Glauben verbunden sein — sonst erfolge Entzweiung und Kampf.

Eine naturgemässe Uebereinstimmung zwischen den traditionellen Sitten und der vernünftigen persönlichen Freiheit fand Chomjakow im älteren Russland. Die Lage der Dinge verändert sich mit dem Florentiner Concil und zum völligen Bruche kommt es mit der Reform Peter's. Peter tödtete die traditionellen Sitten und wir — verstehen sie nicht.

Der Bruch zwischen der Tradition und der vernünftigen Idee — als solchen betrachtete Chomjakow die Reform — vollzog sich nach seiner Ansicht in Folge „historischer Zufälligkeiten". Als eine Revolution — sahen wir — betrachtete sie Akssakow. In dem revolutionären Wesen der Reform lag für Akssakow, ebenso wie für Chomjakow, die Verurtheilung derselben. Wenn auch ein Umsturz, eine Revolution nicht als zeitige Entwickelung aufgefasst werden können, so sind sie deswegen noch keine Zufälligkeiten und kein Act der Willkür einer Person oder der Gesellschaft. Im Gange der Entwickelung hat ein Umsturz auch seinen Platz, aber nur als rascher, äusserster Entschluss, der durch das entgegengesetzte Extrem und den Stillstand der vorhergehenden Periode bedingt wird. Als gewaltsamer Umsturz konnte die Reform nicht ohne Excentricitäten vollzogen werden, doch die Veranlassung zu denselben lag in dem eigenthümlichen Wesen des moskowitischen Lebens. Uebrigens ist auch von den Slawophilen zugegeben worden, dass unter den vielen Anschuldigungen, welche gegen die Reform erhoben wurden, Manches nicht ihr, sondern ihren Folgen zur Last gelegt werden könne, — denn Manches blieb erfolglos: der von Peter veranlasste Fortschritt gerieth ins Stocken; die Thätigkeit der Epigonen war beschränkt, mittelmässig, und in dieser Verschleppung und Beschränktheit machte sich die Reaction der alten Denkfaulheit und der moskowitischen Stabilität bemerkbar.

In den letzten Jahrhunderten, besonders in den vierziger Jahren, hat bei uns ein eingehenderes Studium des Volksthums und des Alterthums begonnen. Dasselbe durfte als ein erfreuliches Zeichen dessen, dass man dem Volksthümlichen sich zuwende und an ihm Interesse nehme, betrachtet werden. Doch Chomjakow hat auch dafür kein Interesse. „Es ist wahr — sagt er, — dass seit einiger Zeit Viele um das Einsammeln und Veröffentlichen der Volksgebräuche sich bemühen. Künftigen Zeiten werden diese Sammlungen als ein interessanter *gedruckter Kirchhof getödteter Gebräuche* gelten. Augenscheinlich ist das eine gelehrte Laune, die durchaus nicht von Achtung zeugt. Freilich kann die Nichtbeachtung sich mit Unwissenheit entschuldigen; andererseits ist aber völlige Unkenntniss nicht ohne vollkommene Missachtung möglich" . . . (S. 166). Vom Standpunkte der Slawophilen war es wahrscheinlich eine unmittelbare Wiederherstellung des Gebrauches, eine sentimentale Unterordnung demselben, was wünschenswerth war, aber nicht diese ethnographische und historische Kritik. Chomjakow handelte auch in diesem Sinne: er wollte sogleich und unmittelbar, indem er die Gebräuche des Volkes beobachtete, mit demselben sich verschmelzen; er beobachtete, wie man sagt, streng die Fasten, legte den Kaftan und die Murmolka (Name für die alte Mütze) an. Es ist leicht einzusehen, dass Chomjakow mit diesen Mitteln wenig dem Volksthum half.

Die Slawophilen waren mit der Bildung der Gegenwart unzufrieden, bedauerten ihren Bruch mit den Elementen des Volksthums. Was wollten sie aber, womit dachten sie das ihnen missfällige Verhalten der Gesellschaft zum Volke zu bessern? Die von ihnen ausgehenden Andeutungen ihres Programms blieben allgemein und unbestimmt. Ihrer Theorie lag schon eine unausführbare Forderung zu Grunde, nämlich — eines schönen Morgens sich von der „vernünftigen" Bildung loszusagen und dieselbe einer dogmatischen Bedingung unterzuordnen. In der socialen Frage stellten sie eine eben so sonderbare Forderung. Wie es schien, sollte die Gesellschaft (oder der Staat?), welche dem Lande die Treue gebrochen, eines schönen Morgens zu den alten Grundlagen des Lebens zurückkehren und sich auf dem Principe der „Liebe" constituiren. Als die Slawophilen dieses Princip der „Liebe" in allem Ernste als Grundlage des Staates verkündeten, war Chomjakow sehr betrübt darüber, dass die Gegner dieser Idee nicht die gehörige Aufmerksamkeit schenkten, sondern sie etwas idyllisch und naiv-phantastisch fanden. Wie sollte man sich denn anders zu einer politischen Theorie der „Liebe", der „Freiheit in der Einheit" und der „Einheit in der Liebe" verhalten? Will man auch zugeben, dass ein solches Princip dem altrussischen Leben zu Grunde lag, so ist es doch schon längst vor anderen politischen Principien weniger zarter Art zurückgetreten und muss jetzt in die Sphäre der Pastoraldichtung verwiesen werden. Dabei ist zu bemerken, dass die Slawophilen ihr Liebesprincip sorgsam von jener Bewegung unserer Gesellschaft zu trennen suchten, die sich im Interesse der Volkszustände und zu Gunsten der Bauernemancipation, als einer klar erfassten Nothwendigkeit, aussprach. Dieses Interesse hielten die Slawophilen für nichts weiter, als eine fremdländische Mode, eben so wie sie das Studium des Volksthums als eine gelehrte Laune betrachteten. Freilich war es keine idyllische Liebe, auch kein mystisches Gefühl, sondern der Anfang eines realen Verständnisses für die socialen Rechtsbedürfnisse und für das, was dem Staate Noth that.

An wen war denn die Forderung der Liebe gestellt? Hauptsächlich, wie es scheint, an die Gesellschaft, die gebildeten Classen. Sollten dieselben ihre Sympathie für das Volk, wie Chomjakow, durch ihr „Aeusseres" und ihre „häuslichen Beziehungen" ausdrücken? Darauf konnte doch kein Gewicht gelegt werden, was nun den erwähnten Slawophilen aufs Aeusserste verdross, so dass die Ironie der Gegner sehr unwirsch von ihm beantwortet wurde. Diese, ebensowenig wie sie die philosophisch-religiösen Anschauungen der Slawophilen zu theilen geneigt waren, theilten auch ihre Ansichten über das gesellschaftliche Leben nicht. Sie begriffen, dass, um den socialen Bedürfnissen zu genügen, man von der Bildung sich nicht lossagen, sondern sie erweitern müsse, man kein ascetisches, fruchtloses Selbstnegiren sich auferlegen, sondern gegen die practisch existirenden Bedingungen des niedrigen und ohnmächtigen Zustandes des Volkes ankämpfen müsse. Eins der nächsten Ziele war für sie die Bauernemancipation, denn nur mit dem Bestehen gewisser socialer Rechte ist das nationale Bewusstsein möglich, welches die Slawophilen durch Predigen des Gefühls zu wecken glaubten. Die Perspective, welche die Slawophilen eröffneten — den Staat in altrussischen Formen — fanden ihre Gegner wenig anziehend, denn die altrussische Ordnung der Dinge war eben, nach deren Ansicht, derjenige Boden, auf dem die Rechtlosigkeit der Gesellschaft und des Volkes gewachsen war.

Diese von den Slawophilen gepriesene Ordnung der Dinge war in den Augen der Andern eher eine speciell moskowitische, wo erstens das russische Element nicht vollständig vertreten, und zweitens mit tatarischen und byzantinischen Elementen vermischt war. Chomjakow hatte leicht sagen: „. . . die universelle Entwickelung der Geschichte, nachdem sie die ungenügenden und einseitigen Principien, welche sie bisher leiteten, verurtheilt hat, *verlangt* von unserm Heiligen Russland, dass es jene vollständigeren und allseitigeren Principien, auf denen es erwachsen ist und auf die es sich stützt, zum Ausdrucke bringe" (S. 169) — aber welche traurige Ironie ergab sich aus diesen Worten!

Nachdem wir das Slawophilenthum der ersten Periode nach seinen allgemeinen Ideen betrachtet haben, dürfen wir ohne Bedenken aussprechen, dass es in der Entwickelung der russischen Gesellschaft sich ein grosses Verdienst erworben hat. Geboren unter den unläugbaren und nachhaltigen Einflüssen romantischer Bestrebungen, hat es — wesentlich auch bis jetzt — diesen romantisch-idealen, wenig anwendbaren Character bewahrt; die Beharrlichkeit, mit welcher dies Ideal verfolgt wurde, eben so wie das aufrichtige Vertrauen in dasselbe und endlich der heisse Kampf für dasselbe haben ihm eine Bedeutung in der Literatur und der Meinung der Gesellschaft gesichert. Dies Ideal war das Volk und darin lag die Kraft des Slawophilenthums. Wenn auch seine Auffassungen übertrieben waren, so mussten sie in den dreissiger und vierziger Jahren doch als Verdienst gelten. Es war von Seiten der Slawophilen gewissermaassen eine kühne That, auf das Volk als das einzige Kriterium des staatlichen und socialen Lebens, hinzuweisen, damals wo das Gesetz es noch nicht anerkannte, wo Alles was über den untersten Classen stand, dasselbe vernachlässigte, wo man es nur als rohe Arbeitskraft betrachtete. Die Slawophilen wiesen die Gesellschaft hin auf ihre Losgerissenheit vom Volke, auf die Nothwendigkeit der Wiedervereinigung, welche allein der Gesellschaft moralischen Halt zu verleihen und ihre Bildung fruchtbar zu machen vermochte; sie wiesen die historische Wissenschaft hin auf die von ihr bisher erst wenig berührte Aufgabe: — die inneren Grundlagen des Volkscharacters aufzudecken, welche allein im Stande sind wirkliches Licht über das historische Schicksal des Volkes und des Staates zu verbreiten.

Hierin liegt das grösste und der Anerkennung würdige Verdienst der Lehre der Slawophilen. Dieses Verdienst war aber nicht so universell, wie sie selbst und ihre Verehrer behaupten. Die Theilnahme für das Volksthum war — in verschiedenen Beziehungen — den Slawophilen nicht ausschliesslich eigen; sie war in der Literatur seit lange vorhanden und die Slawophilen haben sie durch ihr enthusiastisches Gefühl gesteigert, — waren aber durchaus nicht jene Reformatoren unseres inneren Lebens, für welche sie sich selbst hielten oder von Andern gehalten wurden. In der historischen und ethnographischen Wissenschaft waren sie nicht die einzigen Arbeiter, wenn sie auch nicht wenig zur Erklärung der nationalen Seite historischer Ereignisse beitrugen und die Exclusivität der Historiker, welche das Staatsthum vertraten, mässigten. Doch ihre historische Theorie in ihrer Gesammtheit, ward nicht anerkannt und wird es wohl auch nie, weder von der Wissenschaft, noch von der Meinung der Gesellschaft. In Hinsicht des Volkslebens, des nationalen Alterthums, der Volkspoesie haben sie auch viel mit Sichtung des Materials und Untersuchung einiger Specialfragen geleistet; indem sie aber auf ethnographische Thatsachen, und, zum Beispiel beim Studium der alten Volkspoesie, ihre Methode idealistischer Deutungen anzuwenden versuchten, fielen sie in Fehler, die von ihren Gegnern, denselben welche sie der Abhängigkeit von der „deutschen Wissenschaft" ziehen, gerügt werden mussten.

In der ästhetischen Literatur entwickelte sich die nationale Richtung auch unabhängig vom Slawophilenthum und hatte sich bereits vor dessen Auftreten geltend gemacht. Diese Richtung hatte nichts romantisches an sich, strebte nach realistischer Darstellung und gewann dadurch eine gesellschaftliche Bedeutung, wie z. B. in Gogol's „Revisor", „Erzählungen", „Todten Seelen". In ihnen war keine Spur von slawophilischer Tendenz, im Gegentheil, als Gogol sich den Slawophilen naherte, sagte er sich von seinen früheren Erzeugnissen los. Wir haben vordem angeführt, dass von Herrn Turgenjew, einem Schriftsteller, der den Slawophilen durchaus nicht nahe steht, K. Akssakow zur Begeisterung hingerissen wurde, nachdem er ihm bereits eine vernichtende Kritik gewidmet hatte. Die Tendenzen der Slawophilen haben dagegen keinen einzigen Schriftsteller hervorgebracht, welcher eine Bedeutung in der Literatur sich erworben hätte, es wäre denn T. S. Akssakow, dessen Erinnerungen aus dem Leben übrigens eine ganz specielle Bedeutung haben.

Die Tendenz der Slawophilen hatte als Bestrebung. in der Gesellschaft ein ethisches Bewusstsein zu wecken, freilich für die Menge einen nicht geringen Werth; sie war auch von Werth für die Literatur, für jenen Theil der Gesellschaft, in welchem eine Gährung der Begriffe bereits begonnen hatte, und zwar als Forderung grösserer Aufmerksamkeit für das Leben des Volkes, grösserer Achtung für die eigenen Anschauungen und die Wünsche des Volkes, auf welches man meist mit gewisser selbstzufriedener Herablassung zu blicken gewohnt war. Weiter aber gingen die Rollen und der Einfluss der Slawophilen nicht. Wohl hatten sie die Entfremdung der Gesellschaft dem Volke gegenüber erkannt, irrten aber in der Deutung der Ursachen dieser Entfremdung und in den Mitteln zu ihrer Beseitigung, denn unsere Bildung fehlte nicht in den Principien, sondern durch ihren geringen Umfang, sowohl dem Inhalte nach, als in Hinsicht der Verbreitung in der Gesellschaft. Diese Beschränktheit der Bildungsthätigkeit war nicht durch die Bildung selbst verschuldet, sondern Folge äusserer Umstände; Mangel an Schulen, Fernhalten von ihnen des Volkes, wenigstens der leibeigenen Bauern, eine übermässige, misstrauende Bevormundung der Schulen. Selbstständige Bildung war also nicht durch Zurückweisen dieser dürftigen Bildung, sondern durch grösstmögliche Verbreitung derselben in der Gesellschaft zu erreichen; „Occidentalisches" war in dieser Gesellschaft in so geringem Maasse vorhanden, dass es lächerlich war, ihm einen schlimmen Einfluss zuzuschreiben. Auch lag der eigentliche Grund ihrer Entfremdung von dem Volke damals nicht in der Kluft, welche die Bildung etwa schuf, sondern in der trostlosen Lage des Volkes und in der politischen Unreife der Gesellschaft selbst. Ueber alle diese Fragen haben die Slawophilen leider viele schiefe Ansichten verbreitet und ihr Irrthum wurde eben durch die Thatsache widerlegt, dass sobald als der Einfluss der Bildung auf die Gesellschaft in irgend wie nachtheiliger Weise sich geltend machte, in dieser Gesellschaft, welcher nach der Ansicht der Slawophilen das „Joch des Westens" den Untergang bereitete, tiefe Sympathien für das Volk keimten, und zwar in dem Lager der Literatur, in welchem sie die schlimmsten Feinde des „nationalen Elements" zu suchen gewohnt waren.

Das war die Lage der Slawophilen in der Literatur und in der gesellschaftlichen Meinung. Sie haben viel durch ihren anregenden Enthusiasmus gewirkt, haben aber, nach des Verfassers Ansicht, — auch nicht wenig zur Verwirrung der Ansichten der Gesellschaft beigetragen, theils in Folge der Unklarheit, an welcher ihre Lehre litt und an der sie im Ganzen auch noch jetzt leidet.

In der Literatur hat sich in letzter Zeit die Zahl der Anhänger des Slawophilenthums vermehrt. Früher hatten sie nur zeitweilige, zufällige Organe (die „Sborniki"), in den jüngsten Jahren gab es mehrere Publicationen mit mehr oder weniger ausgesprochener slawophilischer Richtung, wie die „Russkaja Beseda", „Denj", „Wremja", „die Epoche", „Sarja", „Beseda". Gegenwärtig erscheint keine dieser Zeitschriften.

Kleine Mittheilungen.

(Die Thätigkeit der Odessaer Gesellschaft für Geschichte und Alterthümer.) Die Unzulänglichkeit der bald nach der Befestigung der russischen Herrschaft an den Nordufern des Schwarzen Meeres von Seiten mehrerer Gelehrter, inländischer wie ausländischer, ausgegangenen Bestrebungen, dieses an historischer Ausbeute so viel versprechende Feld nach allen Seiten zu durchforschen, musste schliesslich zu der Ueberzeugung führen, dass jenes Ziel nur schrittweise und dann auch nur in dem Falle erreicht werden könne, wenn dabei mit vereinten Kräften, nach einem einheitlichen, wohl durchdachten Plane vorgegangen würde. So kam denn auf Betrieb mehrerer Freunde der Alterthumskunde, freilich etwas spät, die Gründung einer Gesellschaft für Geschichte und

Alterthümer in Odessa zu Stande, die unter den Auspicien des damaligen Statthalters von Neurussland, des verdienstvollen Grafen Woronzow, im Jahre 1839 in Wirksamkeit trat und am 14. November 1869 ihr dreissigjäriges Bestehen feierte. Zur Feier dieses Jahrestages ist von einem Mitgliede der Gesellschaft, F. Bruun, eine Schrift, gedruckt unter dem Titel „Das dreissigjährige Bestehen der Odessaer Gesellschaft für Geschichte und Alterthümer, ihre Memoiren und archäologischen Sammlungen", verfasst und in dem unlängst erschienenen VIII. Bd. der „Sapiski" der Gesellschaft, veröffentlicht worden — „Тридцатилѣтіе Одесскаго Общества Исторіи и Древностей, его записки и археологическія собранія," auch separat 24 SS. 4°.

Zweck der Gesellschaft war, die historischen und arhäologischen Forschungen über Neurussland und Bessarabien nach Möglichkeit zu fördern. Zu dem Ende sollte sie alle, in Südrussland aufgefundenen Alterthümer sammeln, beschreiben und schätzen; die auf die Geschichte jener Gegend bezüglichen Acten und Documente ans Licht ziehen, prüfen und erklären; die Angaben der Schriftsteller des Alterthums über die betreffenden Oertlichkeiten und Denkwürdigkeiten einer eingehenden Kritik unterwerfen, so wie deren gegenwärtig noch nachweisbare Spuren verfolgen; Material für die zukünftige Geschichtsschreibung des Landes schaffen; alle einschlägigen Werke des In- und Auslandes wissenschaftlich abschätzen, so wie endlich die Resultate ihrer eigenen Thätigkeit durch den Druck veröffentlichen. Für ihre, in Gross-Quart erscheinenden Memoiren (Записки) adoptirte die Gesellschaft folgende Dreitheilung jedes Bandes: die erste Abtheilung enthält Abhandlungen über Archäologie, Geschichte, Geographie und Statistik Neurusslands; die zweite: Sammlungen, Beschreibungen und Erklärungen sonstigen historischen Materiales, wie z. B. von Münzen, Urkunden, Denkmälern, Inschriften u. s. w., desgleichen auch bibliographische Notizen, so wie Reiseberichte von Vereinsmitgliedern; die dritte Abtheilung bringt Vermischtes, wie Jahresberichte, Nekrologe, Correspondenzen und verschiedene Nachrichten. Dieser Anordnung entsprechend waren bis 1869 sieben Bände Memoiren erschienen, deren vollständiges Inhaltsverzeichniss Herr Professor Bruun auf S. 8 bis 13 seiner Broschüre mittheilt. Die chronologische Folge der einzelnen Bände ist keine regelmässige gewesen; Band I war 1844 erschienen; ihm folgte 1848 die erste Abtheilung und 1850 die beiden anderen Abtheilungen von Band II; im Jahre 1852 wurde Band III publicirt, der mittlerweile eingetretene Krimkrieg verzögerte das Erscheinen der ersten Abtheilung des IV. Bandes bis 1858 (wärend der Blokade von Odessa waren die seltenen und transportablen Stücke des Museums vom Secretär der Gesellschaft zur Abfuhr verpackt, die nicht transportfähigen vergraben worden), worauf dann die zweite und dritte Abtheilung des Bandes IV erst 1860 folgten; nächstdem erschienen Band V 1865, Band VI 1867 und schliesslich Band VII 1868.

Ausser den Memoiren hat die Gesellschaft noch folgende Arbeiten ihrer Mitglieder besonders herausgegeben: 1) Die feierliche Sitzung der Gesellschaft am 4. Februar 1840; 2) Descriptio Musei publici Odessani, cura et labore N. Murzakewitsch, 1841; 3) Russische Münzen, die im Jahre 1839 im Gouvernement Rjasan aufgefunden wurden, beschrieben von Grigorjew, 1841; 4) in deutscher Sprache: Prospectus der der Odessaer Gesellschaft für Geschichte und Alterthümer gehörenden hebräischen Manuscripte, von Pinner, 1845; 5) Geschichte der Saporoger-Kosaken, vom Fürsten Myschezki, 1851; 6) Notice sur la Société Odessoise d'Histoire et d'Antiquités, etc., von Bruun, 1846; endlich 7) Kurzer Wegweiser durch das Museum der Gesellschaft, von Murzakewitsch, 1867.

Daneben gewährte die Gesellschaft ihren Mitgliedern Unterstützungen zu wissenschaftlichen Reisen innerhalb des Gebietes von Neurussland oder auch über dasselbe hinaus. So z.B. bereiste im Jahre 1841 Nadeshdin die, für die russische Gesellschaft so überaus interessanten slawischen Provinzen des österreichischen Kaiserthums, während gleichzeitig Murzakewitsch die im Alterthum berühmte Insel Phidonis besuchte. In den nächstfolgenden Jahren durchforschte der Correspondent der Gesellschaft, der Karaïte Firkowitsch, die Krim und den Kaukasus nach alten hebräischen Manuscripten, die später nebst anderen Alterthümern für die namhafte Summe von 100,000 Rubeln in den Besitz der Kaiserlichen Oeffentlichen Bibliothek zu St. Petersburg übergingen. Im Sommer 1861 beschäftigte sich Jurgewitsch in Ssudak, Theodosia und Balaklawa mit der Erforschung genuesischer Schriftdenkmäler; im folgenden Jahre unternahm Bruun eine Excursion in die Umgebungen des alten Olbia. Jurgewitsch gelang es 1863 in den Ruinen von Soldai eine grosse Anzahl bisher noch nicht bekannter genuesischer Inschriften zu entdecken, während Murzakewitsch in Akerman die Inschriften der alten Feste Moncastro aufdeckte und vor gänzlichem Verderben schützte, Tschirkow aber bei Olbia und anderen historisch wichtigen Punkten am unteren Laufe des Dnjepr topographische Studien trieb und bis in das folgende Jahr (1864) verfolgte. Im Auftrage der Gesellschaft richtete Murzakewitsch 1864 in Theodosia ein Museum für Alterthümer ein, dessen Bestand 1869 in einem „Führer durch's Museum“ bekannt gemacht wurde. Dasselbe Mitglied und derzeitiger Secretär der Gesellschaft wurde von ihr 1867 in den Flecken Reschetilowka zur Besichtigung der dortigen Archive entsandt, die in der That auch eine unerwartet reiche Ausbeute an bisher noch unbekannten, für die Geschichte von Neurussland sehr wichtigen Documenten lieferten. Dieselben werden jetzt in Odessa von einer besonders dazu ernannten Commission bearbeitet. 1869 finden wir den Secretär Murzakewitsch wieder in der Krim, diesesmal, um im Namen der Gesellschaft die ihr auf Allerhöchsten Befehl überlassene Parcelle (16 Dessjätinen) mit den Ruinen der Festung Soldai in Besitz zu nehmen. An diese Schenkung war die Verpflichtung geknüpft, für die Erhaltung dieser

Ruine, als „dem besten Denkmale genuesischer Architectur in der Krim" nach Möglichkeit Sorge zu tragen. Im Jahre 1870 wurde das Museum zu Theodosia unter Herrn Murzakewitsch's Leitung in den, von dem Akademiker Aiwasowsky errichteten Neubau übergeführt und von Neuem geordnet. Die Ergebnisse sämmtlicher oben genannten Excursionen sind von den betreffenden Herren Mitgliedern in den Memoiren der Gesellschaft publicirt worden.

Mit den ziemlich beschränkten Geldmitteln der Gesellschaft, welcher zu ihren privaten Einkünften gleich bei der Begründung von Seiten des Kaisers Nicolai I. ein jährlicher Zuschuss von 5000 Rbl. Bank-Assignationen gewährleistet wurde, ist in Anbetracht der namhaften, für Publicationen, Reisekosten u. s. w. verwendeten Ausgaben, doch auch für Completirung der Sammlungen und für die Vergrösserung der Bibliothek eben das Mögliche geleistet worden.

Am 14. November 1869 zählte die Bibliothek 1315 Werke in 2005 Bänden, inclusive Broschüren und Zeitschriften; 88 Handschriften verschiedenen Inhaltes; 170 Karten und Pläne; 188 Zeichnungen; 60 alte Urkunden und Documente. Zu derselben Zeit besass das Museum für Antiquitäten 80 Inschriften und über 1200 andere Gegenstände, als: Statuen und Statuetten, Grabdenkmäler, architektonische Ornamente, Vasen, Gefässe aus Glas, Thon und Kupfer, so wie Gegenstände aus edlen Metallen. Unter den Inschriften sind 60 griechischen Ursprungs; an lateinisch geschriebenen ist die Sammlung nicht reich, besitzt jedoch eine sehr werthvolle, die am linken Ufer des Dnjestr unterhalb Tiraspol vor ungefähr 30 Jahren aufgefunden worden ist, nämlich einen um das Jahr 201 vor Chr. von den Kaisern Septimius Severus und Cavacalla den Kaufleuten von Tiras ertheilten Freibrief. Dieser interessante Fund ist bereits mehrfach besprochen worden, sowohl im II. und III. Bande der Memoiren der Gesellschaft, als auch in verschiedenen archäologischen Zeitschriften des Auslandes. Das Münzcabinet enthielt am 14. November 1869 mit Einschluss der Dubletten 13,186 Münzen, unter denen: 100 goldene, 3639 silberne, 384 versilberte, 9163 kupferne und 15 aus Zinn; dazu noch 117 Medaillen.

(Die Thätigkeit der St. Petersburger Naturforscher-Gesellschaft). Im 3. Heft des 1. Jahrganges der „Russischen Revue" ist auf S. 293 u. ff. die Organisation, so wie die Thätigkeit der hiesigen Naturforscher-Gesellschaft eingehend besprochen und ein Referat über den Inhalt der ersten zwei Bände ihrer Publicationen gegeben worden. Anknüpfend daran möge hier die Anzeige von dem unlängst erschienenen 3. Bande der Arbeiten genannter Gesellschaft (Труды С.-Петербургскаго Общества Естествоиспытателей, herausgegeben von A. Beketow, St. Petersburg, 1872, 434 SS. nebst 5 Tafeln in 8°) folgen. Ausser den Sitzungsprotokollen finden wir in dem vorliegenden Bande den, von dem Secretär der Gesellschaft, Professor A. Faminzin abgefassten Jahresbericht, aus dem wir entnehmen, dass während des Jahres 1871 7 Excursionen ausgeführt worden sind, und zwar von den Herren Protopopow und Rehbinder in der Section für Mineralogie und Geologie; von Herrn Schmalhausen und Kurilin in der botanischen, und von Herrn Ssaikowsky, Partschinsky und Walujew in der zoologischen Section; ausserdem sind noch 2 Excursionen im Auftrage der zoologischen Section ausgeführt von dem Herrn Akademiker Owsjanikow und den Herren Strembitzky und Grimm.

Herr Protopopow hatte sich mit dem Character der Uferformation des Weissen Meeres von der Stadt Archangelsk bis an den Onega-Fluss, vorzugsweise aber mit der Frage von der Uferhebung des genannten Meeres beschäftigt und war hinsichtlich der letzteren durch eingehende Untersuchungen zu der Ueberzeugung gelangt, dass die Uferstrecke vom Onega bis an das Dorf Penham deutliche Merkmale einer Hebung aufweise, während die Küste von Archangelsk bis gegen den Onega hin keine derartigen Anzeichen biete.— Herr Rehbinder hat auf seiner gleichfalls im Auftrage der mineralogisch-geologischen Abtheilung unternommenen Reise in die Grenzprovinzen Finnlands und in das Gouvernement Olonez folgende Resultate gewonnen: 1) das Ostufer der unter dem Namen Ssaima bekannten Seen-Kette besteht aus Gestein des Laurentius-Systems, vornehmlich aus grauem Gneiss; 2) dasselbe Gestein zeigt sich auf dem Westufer jener Seen und erstreckt sich weit in das westliche Finnland hinein; 3) der von dem Uleaborgschen Gouvernement über Kuopio bis in die nördlichen Theile des Wiborgschen sich hinziehende Quarzit ist mit dem, an dem Flusse Ssula, beim Wasserfalle von Girwas zu Tage tretenden von gleichzeitiger Bildung; 4) die Gesteine des Laurentius-Systems sind unzweifelhaft älter als die Gesteine im Olonezschen. Ausser diesen streng wissenschaftlichen Resultaten deutet Herr Rehbinder auch auf jene Gesteine hin, die in wirthschaftlicher Beziehung bereits eine Bedeutung für die genannten Gegenden erlangt haben: der Talkschiefer, Sandstein und Dolomit, mit dem, ihm untergeordneten Thonschiefer; mit letzterem sind Lager von Eisenglanz unzertrennlich verbunden. Der erwähnte Talkschiefer ist so weich, dass er mit einem Messer bearbeitet werden kann, daher sich aus einem solchen Material denn auch verschiedentliche Gegenstände für den häuslichen Bedarf trefflich herstellen lassen. Wichtig ist auch die Fabrikation eines feuerfesten Thones daselbst, so wie das Vorkommen von Eisenglanz im Olonezer Bergrevier und im östlichen Finnland, dessen Lager jedoch noch einer genaueren Durchforschung entgegensehen.

Herr Schmalhausen hat den, ihm von der botanischen Section gewordenen Auftrag, die Flora im Kreise Neu-Ladoga zu durchforschen, mit vielem Fleisse und grosser Sorgfalt erfolgreich ausgeführt, zugleich auch noch eine ansehnliche Collection von Moosen mit heimgebracht, während Herr Kurilin im Jamburgischen Kreise eine gleiche Aufgabe verfolgte.

Die zoologische Section wünschte Fragen von praktischer Wichtigkeit gelöst zu sehen und entsandte zu dem Ende den Akademiker Owsjanikow, so wie den Herrn Strembizki an die Wolga, um die Lebensbedingungen des Sterletts zu erforschen und wo möglich die Verpflanzung dieses Fisches in die Gewässer des St. Petersburger Gouvernements zu bewerkstelligen. — Herr Grimm aber erhielt den Auftrag, im Nowgorodschen Gouvernement Untersuchungen über die Sibirische Pest anzustellen, die dort bekanntlich ganz besonders verheerend aufgetreten war. — Auch verdient hier eine, in der zweiten Lieferung des zweiten Bandes abgedruckte Arbeit von Woronin über den Rostpilz an der Sonnenblume (Purcinia Helianthi) Erwähnung, um so mehr, als eine strenge, wissenschaftliche Erforschung der Ursachen jener Krankheit wegen der durch dieselbe angerichteten Verheerung in landwirthschaftlichem Interesse durchaus geboten erschien. So viel über die Leistungen der Gesellschaft während des Jahres 1871.

Der vorliegende 3. Band der „Trudy“ giebt nun ausser den Rechenschaftsberichten der Herren Grimm, Woronin und Schmalhausen über ihre oben erwähnten, auf Kosten der Gesellschaft ausgeführten Excursionen, eine grössere Arbeit (S. 165 — 340) von A. Inostranzew, in welcher die Ergebnisse einer in den Jahren 1869 und 1870 ausgeführten geologischen Untersuchung in dem Norden des europäischen Russlands, speciell von dem Onega-See bis an das Weisse Meer, dahin präcisirt werden, dass auch hier, ähnlich wie in Skandinavien eine allmähliche aber stetige Hebung des Bodens sich nachweisen lasse. — A. Petrowski bespricht (S. 340 — 344) die Einwirkungen der Temperatur auf die Bildung der beweglichen und unbeweglichen Formen von Euglena viridis. — N. Wagner berichtet von einer neuen Gruppe Ringwürmer, die er am Golf von Neapel bei seinen Untersuchungen der Seewasser-Fauna entdeckt und Sagitella Kowalewskii benannt hat (S. 344 — 348). — Ladowskij liefert eine histologische Arbeit: „Zur Embryologie der terminalen Nerven“ (S. 348 — 371), in welcher er die Vater-Pacinischen Körperchen behandelt. — I. Portschinski verzeichnet die von ihm im Kreise Gdow, Gouvernement St. Petersburg, beobachteten Wirbelthiere (S. 371 — 402). — D. Karabanowitsch giebt eine Untersuchung über den Bau des Rückenmarkes beim Frosche (S. 402 — 421). — Den Schluss des Bandes bilden die beiden Arbeiten von Welikij: „Ueber die Nervenausläufer an den Haaren einiger Säugethiere“ (S. 421 — 425) und J. Schmalhausen: „Verzeichniss der im Sommer 1871 im Kreise von Neu-Ladoga gesammelten Lebermoose“ (S. 425 bis 434).

(Dmitrij Iwanowitsch Katschenowskij. — Nekrolog.) Zu den nicht sehr zahlreichen, auch im Westen bekannten russischen

Gelehrten auf dem Gebiete der Staatswissenschaften gehörte der kürzlich (am 21. December des vorigen Jahres) im Charkow verstorbene Professor des Völkerrechts Katschenowskij. Sowohl die „Charkower Gouvernementszeitung" als die russische „St. Petersburger Zeitung" haben dem Verstorbenen Nachrufe gewidmet. Einen ausführlichen Nekrolog verfasste für den Jahresbericht der Universität Charkow der Professor Stojanow. Wir entnehmen dem Februarheft der Zeitschrift des Ministeriums der Volksaufklärung die folgenden auf Grund jener Aufsätze zusammengefassten Angaben über das Leben und Wirken des in verhältnissmässig jungen Jahren vom Tode dahingerafften Gelehrten, welcher sowohl durch eine ausgezeichnete allgemeine Bildung eine nicht gewöhnliche Stellung innerhalb der russischen Gelehrtenwelt einnahm und dessen lebhaft unterhaltene Beziehungen zu mehreren Fachgenossen im Auslande ebensowohl für die Strebsamkeit des Verewigten als für die Bedeutung seiner Arbeiten Zeugniss ablegen.

Dmitrij Iwanowitsch Katschenowskij wurde am 8. December 1827 in Korotschew, einer Stadt im Gouvernement Orel, geboren. Schon als er die Gemeindeschule seiner Vaterstadt besuchte, versammelte er wohl häufig seine Schulgenossen, um ihnen etwas vorzulesen und das Gelesene mit Erläuterungen zu begleiten. Auf verschiedene Weise wusste er sich, von Wissensdurst getrieben, möglichst viele Bücher zum Studium zu verschaffen. Nach Beendigung des Gymnasialkursus trat er bereits in dem Alter von 15½ Jahren in die Universität ein, wo er alsbald durch seine Strebsamkeit, seine Fähigkeiten und Kenntnisse die Aufmerksamkeit der Professoren der juristischen Facultät auf sich lenkte. Nachdem er im Jahre 1847 die Universitätsstudien beendet hatte, war er bereits 1849 im Stande den Magistergrad zu erwerben, wobei er eine Dissertation „Ueber die Herrschaft auf den Meeren" vertheidigte. Der Druck dieser Arbeit unterblieb auf den Wunsch des Verfassers. Seit jener Zeit wirkte er dreiundzwanzig Jahre hindurch als Universitätslehrer, ein Arbeitsfeld, zu welchem er in ungewöhnlich hohem Grade befähigt war, und auf welchem er mit ausserordentlicher Hingebung wirkte. Seine Zuhörer rühmen die Lebendigkeit des Vortrages und die Vielseitigkeit des Wissens des Verstorbenen. Weil er sein Fach — das Völkerrecht — innig liebte, gelang es ihm stets, in der studirenden Jugend ein lebhaftes Interesse für dasselbe zu erwecken. Er betrieb seine Thätigkeit als Universitätslehrer nicht, wie dies leider bisweilen angetroffen wird, als ein mit einer gewissen Routine zu handhabendes Geschäft, sondern im wahren Sinne des Wortes als einen Beruf. Trat er als Examinator auf, so halfen die gewöhnlichen Kunstgriffe, das mechanische Auswendiglernen eines Collegienheftes, das leider so sehr oft in solchen Verhältnissen hinreicht, um die Prüfung zu bestehen, gar nichts. Er verlangte von seinen Schülern selbstständiges Arbeiten, mitthätiges Studium, wirkliches Interesse für den Gegenstand. Wer bei der Prüfung keine, dieser Anforderung entsprechenden Resultate aufweisen konnte, fiel durch. In solchen Dingen war Katschenowskij unerbittlich und durch keine Instanz zu einer Reduction seiner an die Studirenden gestellten Anforderung zu bereden. Dafür stand aber auch sein Haus jederzeit allen denjenigen Studirenden offen, welche irgendwie bei ihren Arbeiten seines Rathes bedurften. Mit grösster Sorgfalt pflegte er derartige Bedürfnisse seiner Schüler zu befriedigen, stundenlang konnte er im Privatgespräch mit ihnen erläutern, rathen, helfen, auch wenn es sich um die Anfangsgründe des Faches handelte. Dieser Zug zeugt von einer sittlichen Tiefe, von einem gründlichen Verständniss der Aufgabe des Universitätslehrers, wie sie leider, namentlich bei den Juristen, an unsern Universitäten nicht immer angetroffen zu werden pflegen.

Auch seine schriftstellerische Thätigkeit zeugt von bedeutender Arbeitskraft und hat seinen Namen in England, Frankreich und Deutschland bekannt gemacht. Den Doctorgrad erlangte er an der Moskauer Universität mit einer Promotionsschrift „Ueber das Kaperwesen und die Prisengerichte", welche eine in der Literatur über das Seerecht herrschende Lücke ausfüllte, in sehr anerkennender Weise von dem bekannten Publicisten Christian Friedrich Wurm recensirt und von dem Advokaten Pratt ins Englische übersetzt wurde. Sie wird seitdem in völkerrechtlichen Schriften vielfach citirt. — Eine eingehende Besprechung widmete Katschenowskij dem Buche A. Stanislawskij's „Ueber die Entstehung des positiven Rechts". Er übersetzte ferner die Schrift des belgischen Gelehrten Laurent über die Fortschritte der Völkerrechtswissenschaft in Deutschland und England, sowie die Abhandlung Macouley's über den spanischen Erbfolgekrieg in das Russische. Eine Abhandlung über das Völkerrecht bei den alten Griechen erschien in der russischen Zeitschrift „Die Propyläen". — Im Jahre 1859 schrieb er eine Abhandlung über die Geschichte der Staatswissenschaften in Europa, sowie eine Studie über den nordamerikanischen Staatsmann Daniel Webster, welche zugleich in französischer Sprache in Brüssel erschien. Im Jahre 1862 erschien in englischer Sprache in den Schriften der Londoner juristischen Gesellschaft Katschenowskij's Memoire über den dermaligen Stand der Wissenschaft des internatiolen Rechts und in russischer Sprache als selbstständiges Werkchen (in Charkow gedruckt), eine Schrift über den gegenwärtigen Stand der Staatswissenschaften im westlichen Europa und in Russland. Zwei Lieferungen freier Universitätsvorträge über das Völkerrecht erschienen noch bei seinen Lebzeiten und wurden von Pratt in die englische Sprache übersetzt. Die dritte Lieferung war druckbereit, als der Tod den Verfasser abrief. — Im letzten Jahre noch erschien in der „Revue de droit international" Katschenowskij's Anzeige von des bekannten französischen Staatsmannes und Akademikers Hippolyte Philibert Passy's Werk über die verschiedenen Regierungsformen. Als dieser berühmte französische Gelehrte von dem Tode Katschenowskij's erfuhr, schrieb er einen Collegen desselben: „Wer ein so hohes Alter erreicht wie ich [1], hat viele Schläge erfahren und gesehen, wie ringsumher Freunde und Genossen junger Jahre ins Grab sinken. Katschenowskij's Tod fügt eine neue Trauer hinzu; ich werde denselben stets unveränderlich beklagen. Nicht Ihr Land allein hat einen schmerzlichen Verlust erlitten, sondern die ganze wissenschaftliche Welt. Allein seine Arbeiten auf dem Gebiete des Völkerrechts sichern dem Verewigten eine ehrenvolle Stellung in der Sphäre seines Berufsfaches; aber man erwartete von ihm noch Grösseres in der Zukunft."

Von grossem Interesse ist der Umstand, dass Katschenowskij grosse Anlagen und eingehendes Verständniss hatte für die Kunst. Ausser seiner Liebe zur Musik, in welcher er besonders den Schöpfungen deutscher Meister Annerkennung zollte, hat er sehr fleissig dem Studium der bildenden Kunst obgelegen. Auf seinen wiederholten Reisen im Auslande studirte er mit Vorliebe die Denkmäler der Baukunst und der Malerei. Dass er den Gegenstand beherrschte, ist aus einem vor anderthalb Jahren in der russischen Zeitschrift „Der Europäische Bote" erschienenen Abhandlung „über die älteren Florentiner Maler" zu ersehen. Davon zeugt ferner eine unvollendete Monographie über Michel-Angelo, an welcher er noch in der letzten Zeit seines Lebens zu arbeiten pflegte, so oft dies nur bei dem Leiden, dessen Opfer er wurde, möglich war. Davon zeugen endlich zehn Bändchen handschriftlicher Reisetagebücher, welche überhaupt grosses Interesse darbieten sollen.

Katschenowskij hielt sich wiederholt im Auslande auf, zum erstenmale in den Jahren 1858 und 1859. Sehr lehrreich ist sein über diesen anderthalbjährigen Aufenthalt im Westen verfasster Bericht, welcher im Jahre 1860 im Drucke erschien. Während einer Reise in Italien im Sommer 1870 zog er sich eine Erkältung zu. Es entwickelte sich ein Lungenleiden, welches durch einen Aufenthalt im Bade Gleichenberg im vergangenen Sommer nicht gehoben, sich stets verschlimmerte und am 31. December 1872 seinem Leben ein Ende machte. —r.

Literaturbericht.

Журналъ Министерства Народнаго Просвѣщенія, T. CLIX — CLXIV. 1872. Journal des Ministeriums der Volksaufklärung für 1872 Band CLIX — CLXIV. 12 Hefte.

Diese officielle Zeitschrift, welche seit mehr als dreissig Jahren

[1] Passy ist 1793 geboren.

besteht, bringt ausser den Regierungsverordnungen im Ressort des Ministeriums der Volksaufklärung und Nachrichten über die höheren, mittleren und niederen Lehranstalten, stets eine Reihe von Specialabhandlungen fast aus allen Wissenszweigen, Recensionen über neue wissenschaftliche und pädagogische Bücher, so wie Aufsätze, die in nächster Beziehung zum Erziehungswesen überhaupt stehen.

Wir beabsichtigen in Nachstehendem die wichtigsten der im letzten Jahrgang des „Journals" veröffentlichten Aufsätze wissenschaftlichen Inhalts zu besprechen.

Wir beginnen mit den auf den Orient, seine Geschichte, Erdkunde und Literatur, bezüglichen Arbeiten.

Das April-Heft brachte (Abth. II.) unter dem Titel „Неизданное свидѣтельство Масуди о походѣ Русскихъ на Царьградъ" (Ein unedirtes Zeugniss des Maçudy über eine Expedition der Russen gegen Byzanz), einen Artikel von *A. Harkavy*, welcher die einer arabischen Hs. des *Kitâb* at-Tanbih (in der Pariser Bibliothèque nationale) entnommene Nachricht über einen Zug der Russen nach Byzanz, im X. Jahrhundert bespricht. Der Verfasser beschäftigte sich mit den orientalischen Nachrichten über Slawen und Russen bereits in seinem 1870 erschienenen Werke: „Сказанія мусульманскихъ писателей о Славянахъ и Руссахъ", und im Supplement dazu: „Дополненія къ сказаніямъ u. s. w. 1871". Die eigentliche Nachricht über die Russen-Expedition, von H. auf die Igor'schen Feldzüge gegen Byzanz (941 und 944) bezogen, ist in allgemeinen Ausdrücken gehalten. Von Interesse dürfte aber sein, erstens, der Versuch den Namen *Russ* zu deuten (als *roth* oder *Menge*), besonders im Munde eines Arabers, aus dem X. Jahrhundert n. Chr., zweitens, das Vorkommen des Namens des wichtigsten Russenstammes. Er lautet hier *Kudkanah*. Herr Harkawy meint, dass hinter diesem Namen, so wie auch hinter dem der *Ludanah* in einem andern Maçudischen Werke (Die goldenen Wiesen), welcher letztere Name die Orientalisten seit Frähn vielfach beschäftigte, der Name *Kujabanah* (die Kijewer) steckt. In diesem Punkte hat Herr Akademiker Dorn (im Bulletin der hiesigen Akademie) H. beigestimmt. In einem Postscriptum meldet H., dass die veränderte Fassung des arabischen Textes in der Hs. des British Museum eine andere Deutung zulasse, so dass von einer Expedition hier gar nicht die Rede sein dürfte.

Das August-Heft bringt aus der Feder desselben Verfassers einen andern Aufsatz (ursprünglich ein Vortrag in der russischen Philologischen Gesellschaft), dessen Ueberschrift lautet: О древнѣйшемъ, нынѣ существующемъ городѣ во всемъ мірѣ (Ueber die älteste, jetzt existirende Stadt der Welt), wo der Verfasser nachzuweisen sucht, dass die jetzige Festungsstadt *Samarra* oder *Samira*, am rechten Ufer des Tigris, unweit Bagdad, noch ehe die Semiten nach Chaldæa und Mesopotamien kamen, existirt, und schon vor 5000 Jahren unter dem Namen *Schumir* als Centrum eines vorsemitischen Reiches und einer gewissen Cultur bestanden habe.

Nach der Meinung H's., würden die verschiedenen Namen: *Samarra, Samira, Sur-man-raa* (bei den Arabern), *Sumère* (bei Ammianus Marcellinus), Σοῦμα (bei Ptolemäus und Zosimus, statt Σούμαρς) und *Schumir* (in den assyrischen Keilinschriften) eine und dieselbe Stadt bezeichnen. Zu den hier aufgezählten Gelehrten, welche die bezeichnete Stadt als vorislamitisch halten, ist noch Wüstenfeld (Zeitschrift der deutschen morgenl. Gesellschaft Bd. XVIII, 1864, pag. 427) hinzuzufügen. In seinem neuesten Werke: „Essai de commentaire des fragments cosmogoniques de Bérose (Paris, 1872, p. 43)" nimmt auch F. Lenormant die Identität von *Schumir* und Ammian's *Sumere* an, jedoch ohne den Zusammenhang mit den griechischen und arabischen Nachrichten zu erkennen.

Das September-Heft bringt drei, die orientalische Wissenschaft betreffende Artikel. Der erste von *W. Grigorjew* ist betitelt: „Объ арабскомъ путешественникѣ X. вѣка, Абу-Долефѣ, и странствованіи его по Средней Азіи" (Ueber den arabischen Reisenden des X. Jahrhunderts Abu-Dolef und seine Wanderungen in Central-Asien). Mit der ihm gewöhnlichen Belesenheit und kritischen Genauigkeit unterwirft Grigorjew den vermeinten Reisebericht Abu-Dolef's, der besonders seit den speciellen Arbeiten von F. Wüstenfeld [1] und Kurd von Schlözer einer gewissen Berühmheit in der orientalischen Literatur genoss, einer strengen Untersuchung, indem er die dort angegebene Marschroute Schritt für Schritt verfolgt und das über die verschiedenen Oertlichkeiten Berichtete mit dem anderweitig aus arabischen, chinesischen und indischen Quellen Bekannten vergleicht. Das Resultat der Untersuchung, welches ein für die Zuverlässigkeit des auf uns gekommenen Reiseberichtes Abu-Dolef's wenig günstiges ist, theilen wir hier in des Verfassers eignen Worten mit: „Was gehört also in dem angeführten Reiseberichte dem Abu-Dolef an? Kaum mehr als die ersten zwei Zeilen— über Hamdan und Chanqwa. Alles Uebrige ist den Erzählungen irgend welcher spanischen Araber und sonstigen uncitirten Quellen entnommen. Um mitzutheilen, dass die Hauptstadt Chinas Hamdan heisst und dass es dort noch ausserdem eine Handels- und Hafenstadt Chanqwa giebt — dazu brauchte wahrlich auch ein Araber des X. Jahrhunderts keine weitere Reise, als bis zu den Ufern des persischen Meerbusens zu machen[2], wo er in Siraf dies und noch viel mehr erfahren konnte. Aber schon in diesen zwei Zeilen ging es ohne grobe Lüge nicht ab — die Stadt Chanqwa soll 280 Werst

[1] Im 2. Bande der Zeitschrift für vergleichende Erdkunde. Wir ergreifen diese Gelegenheit, um einen Druckfehler in G's. Aufsatz zu verbessern. Der Reisebericht Abu-Dolef's befindet sich im Jacut'schen geographischen Worterbuche nicht II, 444 bis 548, wie es im Journ. des Min. p. 1, Anm.. heisst, sondern III. 445 — 458.

[2] Auch dies, glauben wir, war nicht nöthig: man könnte es leicht entweder aus einem arabisch geschriebenen geographischen Compendium, oder aus dem Munde eines Mekka-Pilger aus Mittel-Asien erfahren.

umfassen! was schon übrigens dem Autor des *Fihrist* (an-Nadim) aufgefallen ist . . . ."

„Bis irgend welche neue Nachrichten über diesen Gegenstand aufgefunden werden, bleibt uns nichts weiter übrig, als uns mit der Schlussfolgerung zufrieden zu geben, dass, in Hinsicht der Glaubwürdigkeit der in unserem Berichte enthaltenen Data, letzterer keineswegs denselben Werth beanspruchen darf, wie der Bericht eines Istachri, Maçudi, Biruni und anderer Araber, welche die in ihren Werken beschriebenen Länder selbst besucht haben."

Eine deutsche Uebersetzung dieses lehrreichen Aufsatzes wäre sehr zu wünschen.

Der Zweite Aufsatz: „О предполагаемомъ сродствѣ грузинскаго языка съ индоевропейскимъ и туранскими языками" (Ueber die vermuthete Verwandtschaft des Georgischen mit den indogermanischen und turanischen Sprachen), abermals ein Vortrag in der hiesigen Philologischen Gesellschaft, gehört *A. Zagareli* an. Von demselben Verfasser erschien früher eine lithographische Broschüre über die Morphologie der iberischen Gruppe der kaukasischen Sprachen. (Сравнительный обзоръ морфологіи иберійской группы кавказскихъ языковъ, 1872). In dem vorliegenden Aufsatz sucht der Verfasser, nachdem er die Entwickelung des Studiums des Georgischen in Europa kurz dargestellt, die Meinungen Bopp's vom indo-germanischen Ursprung und Max Müller's von der turanischen Herkunft dieser Sprache zu widerlegen. Obwohl Zagareli gern zugiebt, dass das Grusinische manches lexicalische Element mit dem Indo-Germanischen und manche grammaticalische Erscheinungen mit dem Turanischen gemein habe, so glaubt er dennoch an keine organische Verwandtschaft des Ersteren mit den beiden Sprachstämmen. Die Möglichkeit einer Fusion indo-germanischer und turanischer Elemente (wie z. B. im Huzwaresch Indo-Germanisches mit Semitischem, oder in den libyschen Sprachen Semitisches mit Afrikanischem vermengt sind) berührt hier Zagareli nicht. Als einzig berechtigt erklärt er die von Schleicher, Pott, F. Müller u. A. vertretene Ansicht, nach welcher die kaukasischen Sprachen eine vereinzelt stehende Sprachgruppe ausmachen.

„Nach unserer Meinung", resumirt Zagareli sich selbst, „hat das Georgische, ebensowenig wie die andern kaukasischen Idiome, keinen genetischen Zusammenhang mit den indo-germanischen Sprachen, kann aber auch zu den uralo-altaischen nicht gerechnet werden. Aehnlich dem Baskischen in Europa, ist die georgische Sprache wahrscheinlich Ueberrest einer einst sehr zahlreichen Sprachengruppe, die, noch vor der Ankunft der semitischen, arischen und uralo-altaischen Stämme auf dem Kaukasus und südlich von ihm, auf dem kaukasischen Isthmus ausgebreitet war."

Mag dieser oder jener Einwand Zagareli's gegen die Vergleichungen Bopp's und M. Müller's, genau genommen, nicht stichhaltig sein, so wird der Verfasser wohl im Ganzen Recht haben. Es ist aber auch wahrscheinlich, dass Bopp und Müller, nachdem man die kaukasischen Sprachen in Europa genauer kennen lernte, ihre frühere Meinung selbst aufgegeben hätten. Bei Letzterem wenigstens finden wir in seinen Vorlesungen über die Wissenschaft der Sprache nicht, dass er die erwähnten Idiome zum Turanischen rechne Es mag hier auch auf einem Vortrag Woolsey's über die Racen und Sprachen des Kaukasus, gehalten im October 1851 in der Versammlung der American Oriental society, verwiesen werden. In dem Berichte der Zeitschrift der deutschen morgenländischen Gesellschaft (Bd. VII, 1843, pag. 113) ist unter Anderem von Woolsey gesagt: „Er wies auf die Verschiedenheit der Sprachen bei den eigentlich kaukasischen Völkern hin. Während das Ossetische entschieden der indo-germanischen Familie angehört, leuchtet dies bei dem Georgischen, Laischen und Suanischen weniger ein, noch ferner stehen die Sprachen der Circassier, Abassen u. A."

Der dritte Artikel: „Объ отношеніяхъ китайскаго языка къ среднеазіатскимъ" (Ueber die Verhältnisse des Chinesischen zu den central-asiatischen Sprachen) ist aus der Feder des bekannten Sinologen *W. Wassiljew* geflossen. Wenn wir nicht irren, so ist dieser Aufsatz in einer Sitzung des zweiten russischen archäologischen Congresses (im December 1871) mitgetheilt worden. Indem der Verfasser die Analyse mehrerer mandschurischer, mongolischer und türkisch-tatarischer Wörter, welche eine chinesische Etymologie zulassen, vornimmt, sucht er die chinesische Abkunft dieser Sprachen oder ihre gegenseitige Verwandtschaft zu beweisen. Zugleich lässt er aber auch die Vermuthung fallen, dass das Chinesische mit den indo-europäischen Sprachen, besonders mit dem Sanskrit, was die Wurzeln anbetrifft, verwandt sei. Das ist jedenfalls neu. Referent gesteht, auf dem Gebiete des Chinesischen und Centralasiatischen Laie zu sein, begnügt sich desshalb nur manches weniger Specielle und von allgemein wissenschaftlichem Interesse zu excerpiren, und es würde ihn freuen, wenn dadurch die Aufmerksamkeit auswärtiger Gelehrten auf diese Arbeit gelenkt und eine Uebersetzung veranstaltet werden würde, wie schon ein früheres Werk desselben Gelehrten über den Buddhismus in verschiedene europäische Sprachen übertragen worden ist.

„Niemand wird es leugnen wollen", bemerkt Wassiljew, „dass von allen monosyllaben Sprachen das Chinesische das älteste Material liefere; und doch berücksichtigt die Sprachwissenschaft es nicht und schliesst es aus ihrem Kreise aus. Und was haben die Sinologen bis jetzt geleistet? Kamen sie denn auf die Idee, die alten Bücher zu analysisen und darin die Varianten verschiedener Idiome, welche verschiedene Schattirungen dem alten Schriftthume verliehen haben, nachzuweisen? Haben sie die noch jetzt existirenden chinesischen Mundarten bearbeitet? Haben sie auf die in ein und demselben Worte verborgen liegenden verschiedenen Wurzeln ihre Aufmerksamkeit gelenkt? Stellten sie über ein und dieselbe Wurzel, die in zwei verschiedenen Wörtern steckt (*hou* und *kjuan*—Hund; *tsjan* und *lan*—sehen), Beobachtungen an?"

Dies Alles ist für den Uneingeweihten insofern interessant, als man doch von einem Wissensfach, wie das Chinesische, das schon seit ein paar Jahrhunderten europäisch gelehrte Köpfe beschäftigt, abgesehen von den einheimischen Gelehrten, wahrlich doch mehr erwartet, allenfalls nicht voraussetzte, dass die Sache noch so im Argen liege.

„Wem fiel es ein", setzt Wassiljew fort, „die Wurzeln der chinesichen Sprache mit dem Sanskrit zu vergleichen? Und doch ist es möglich, und mir, soweit mir das Sanskrit bekannt ist, sogar wahrscheinlich, dass sie beide gemeinschaftliche Wurzeln haben. Denn mit derselben Methode, mit welcher ich in gegenwärtigem Aufsatze das Verhältniss des Chinesischen zu den central-asiatischen Sprachen auseinandersetzte, kann man (aus dem Chinesischen nämlich) die Erklärung der Flexionen, Suffixe, Präfixe und sogar der syntaxischen Abweichungen, wenigstens in den arischen Sprachen, finden". — Gewiss ist es sehr zu bedauern, dass der geehrte Verfasser es unterlassen hat, auf diesen äusserst wichtigen Gegenstand näher einzugehen, umsomehr, da der Hinweis auf die in diesem Artikel gebrauchte Methode die Sache wenig aufklärt, weil die Vergleichungen hier eben nicht nach einer gewissen Methode angestellt sind; es werden keine Regeln für den Lautwechsel, keine Normen für den Uebergang vom Monosyllabismus zur Agglutination u. s. w. aufgestellt. Uebrigens, gesteht Wassiljew weiter selbst, dass er auch für den Hauptgegenstand kein allseitig durchforschtes Ganzes hier liefere, denn die wissenschaftliche Behandlung der chinesischen Wurzeln erheische ein ganzes Leben. „Die Sprache und Literatur Chinas erfordern so viel mannigfaltige Mühe, dass es einem Menschen unmöglich ist, in Allem gleich sich hervorthun zu können, und doch, je mehr man lernt, desto mehr tauchen immer neue und wieder neue Fragen auf, die eine besondere Anziehungskraft besitzen und die anzufassen man Lust verspürt. Ich konnte mich daher nicht ganz der Philologie widmen, weil ich auch Historiker sein musste; ich bin kein Historiker, weil ich auch Geograph sein musste; ich bin kein Geograph, weil ich ja auch die Literatur kennen musste; ich bin kein Literär-Historiker, weil man auch die Religionen nicht umgehen kann; ich bin nicht Theologe, denn ich muss ja auch Alterthumsforscher sein . . . . ."

Dass man, um in die Werkstätte einer Sprache eindringen zu können, den Geist des Volkes selbst, seine Vergangenheit und Gegenwart in allen seinen Aeusserungen genau kennen lernen muss — ist eine Wahrheit, die heute wohl Niemand anfechten wird. Jedoch ist die Schwierigkeit, ja Unmöglichkeit für Einen, Alles zu beherrschen, nicht allein bei dem Sinologen, sondern ebenso bei dem Indianisten, Semitisten, Hellenisten u. s. w. vorhanden, so dass derselbe Stossseufzer sich der Brust eines jeden Specialisten oft genug entreisst.

Nach diesen und noch ähnlichen Betrachtungen folgt eine ganze Reihe etymologischer Erklärungen mit Hülfe von chinesischen, mandschurischen, mongolischen und tatarischen Wörtern, über deren Werth uns kein Urtheil zukommt. Dass ein grosser Theil davon übrigens eher auf Entlehnung aus dem Chinesichen, als auf Verwandtschaft mit demselben zurückzuführen sei — gesteht Wassiljew selbst. Wir können nicht umhin, auf einige allgemein interessante Erklärungen hinzuweisen.

Der Name *Tschingis-chan* ist aus dem chinesischen *Tjan-tsy* (тьянь-цы, vom Himmel geschenkt) corrumpirt; das russische богатырь (*Bogatyr* — Held, Heros), mongolisch *bahadur*, mandschuritch *baturu* ist aus dem chinesischen *ba* (Kraft, festhalten) mit mandschurischer Bildungssylbe entstanden; russisch меринъ (*Merin*, Wallach), mandsch. *morin*, vom chines. *ma* (Pferd) mit mandsch. Bildungssilbe. Vielleicht sei *Iran* und *Turan* vom mong. *uruna* und *dorona-tsuk* (уруна и дорона-цзукъ, Ost und West) abzuleiten (?). Dagegen werden die *Tschutsch* und *Matschutsch* der westlichen Einwohner (p. 141 Anm.) wohl die biblischen *Gog und Magog*, arabisch *Jadschudsch* und *Madschudsch* sein. Freilich kommt es darauf an, seit welcher Epoche diese Namen in Central-Asien vorkommen und ob an eine Entlehnung aus dem Arabischen oder Persischen zu denken möglich sei.

Auch für diesen, jedenfalls bemerkenswerthen Aufsatz möchten wir eine Uebersetzung in eine westeuropäische Sprache wünschen.

[A. H.]

(Fortsetzung folgt).

Геннера К. Ф. Военно-хирургическія наблюденія во время франко-германской войны) Спб. 1872 8°.

Heppner K. F. Beobachtungen eines Militär-Chirurgen während des französisch-deutschen Krieges im Jahre 1870, St. Petersburg + 254, SS. 8°.

Die Ueberfülle der dem Kriege 1870 — 1871 gewidmeten literärischen Thätigkeit ist an sich schon hinreichend, die Grösse jenes Zeitereignisses äusserlich zur Anschauung zu bringen. Abgesehen von der gewaltigen Fluth der rein militärisch fachwissenschaftlichen Literatur mit ihrem endlosen Gefolge von kriegsgeschichtlichen Erzählungen, giebt es noch eine ansehnliche Zahl von Schriften, die als Abzweigungen jener in ununterbrochener Folge über den Büchermarkt sich ergiesen. Unter den letzteren liefert die kriegsärztliche Literatur nicht das kleinste Contingent, und sie hat auch bei uns, aus den Federn russischer Chirurgen, Zufluss erhalten. Einen solchen Beitrag will auch das vorliegende Buch geben.

Wie der Verfasser, der in seiner Stellung als Adjunct-Professor der operativen Chirurgie und topographischen Anatomie an der Kaiserlichen Medico-Chirurgischen Akademie zu St. Petersburg hierselbst eines begründeten Ansehens geniesst und gleich nach Beginn der Feindseligkeiten auf Allerhöchsten Befehl nach dem Kriegsschauplatz beordert wurde, in einem Schlussworte bemerkt, hat er bei

Herausgabe dieses Werkes zunächst nur seine heimatlichen Fachgenossen im Auge gehabt, zu deren Kenntniss er die, auf weitem Arbeitsfelde eingesammelten Ergebnisse einer angestrengten wissenschaftlichen Thätigkeit zu bringen wünscht. Theilweise war das hier vorliegende Material schon vom Kriegsschauplatze her publicirt worden und entweder in extenso oder in Form von Referaten in unsere russischen fachwissenschaftlichen Zeitschriften, wie in den „Medizinischen Boten" (Медицинскій Вѣстникъ) resp. den „Boten der Gesellschaft für das Sanitätswesen des Heeres" u. s. w. übergegangen. Einer Aufforderung von Freunden folgend, entschloss sich Verfasser, die zerstreuten Mittheilungen zu sammeln und gesondert herauszugeben, indem er dem eigentlichen fachwissenschaftlichen Theile seines Buches als Einleitung eine kurze, aber sehr lebendig gehaltene Schilderung seiner Kreuz- und Querzüge und seiner persönlichen Erlebnisse im Felde voraufschickte. Dieselbe hat er überschrieben: „Vier Monate (August bis November) auf dem Kriegstheater" (S. 1 — 42); es folgen dann (bis S. 83) die schon erwähnten, unmittelbar auf dem Schauplatz seiner Thätigkeit abgefassten „Correspondenzen" und zwar: die Verwundeten in Berlin; kriegs-chirurgische Skizze von Saarbrücken; Metz und seine Umgebungen in kriegs-chirurgischer Beziehung; auf den Ruinen von Strassburg. Die zweite Hälfte des Buches füllen die „wissenschaftlichen Beobachtungen" in folgenden Abschnitten: über das Kranken-Zerstreuungs-Comité in der Preussischen Armee; über Privathülfe im Kriege; über die, während des Krieges von 1870 vornehmlich in Anwendung gebrachten Projectile des kleinen Gewehrs und die Natur der durch dieselben verursachten Wunden; über Schusswunden am Kopfe; dergleichen am Rumpfe; Verletzungen der grossen Arterien durch Projectile; Schusswunden an den Extremitäten. Die vier letztgenannten Abschnitte enthalten zugleich die, von dem Verfasser während seiner Thätigkeit in den Hospitälern von Saarbrücken gesammelten Notizen in Form von Verzeichnissen, systematisch gruppirt nach den Arten der Verwundungen, mit namentlicher Angabe eines jeden Patienten und dem Datum seiner Blessur, einer kurzen Beschreibung der letzteren, so wie ihres Verlaufes und Ausganges. Der frühere, von der Privathülfe im Kriege handelnde Abschnitt zieht auch die Genfer Convention in den Kreis der Besprechung, deren Stipulationen gegen die Bestimmungen des Kriegsrechts gehalten, dem Verfasser in einer gar heikelen Situation erscheinen. „Was soll uns", meint er, „ein Vertrag, der practisch unausführbar, diejenigen nur irre führt, die in kritischem Moment ihm vertrauen? . . . Wie steht es endlich gar mit der Frage bezüglich der Stellung organisirter Privat-Hülfeleistung in Bürgerkriegen. Würde wohl solch eine Gesellschaft eines beliebigen neutralen Staates das Recht haben, ärztliche Hülfe in das Lager derjenigen Partei zu entsenden, der von dem betreffenden Staate das Recht einer kriegführenden nicht zugestanden wird? Im Sinne des Staatsrechtes ist jeder Insurgent ein Verbrecher; vom Standpunkte der Humanität (zumal der christlichen) dagegen hat der Verbrecher ein gleiches Anrecht auf Hülfeleistung, vornehmlich ärztliche, wie jeder andere Mensch." Eine endgültige, befriedigende Lösung solcher und ähnlicher Fragen dürfte für die nächste Folgezeit wohl kaum erhofft und noch viel weniger auf deren stricte Ausführung in der Praxis gerechnet werden.

Revue Russischer Zeitschriften.

I. „Nachrichten der St. Wladimir-Universität" (Universsitetskija Iswestija — Университетскія Извѣстія). — Kijew. 1873. № 1. Januar (erscheint jeden Monat). Inhalt:

Abtheilung I. (S 1—44): Protocolle der Sitzungen des Universitäts-Conseils vom 10. und 17. November und 1. December 1872, ein Rechenschafts-Bericht über den Bestand der speciellen Summen der Universität am 1. Januar 1873 und Verzeichniss der Studirenden (931 an der Zahl) und Zuhörer (62) an der Universität.

Abtheilung II: 1. Materialien zur Physiologie der Verdauung und der Assimilation der Eiweissstoffe. — Doctor-Dissertation des Professors *W. Kistjakowskij*. (S. 1—20). 2. Vorlesungen aus der Geschichte der römischen Literatur, von *W. I. Modestow*. Erster Cursus. Von den Anfängen des römischen Schriftenthums bis zur Epoche des Augustus. Fortsetzung. (S. 381—418) — 3. Practische Anleitung zur Erlernung des Englischen, vom Lector *W. W. Daniel*. Fortsetzung. (S 133 - 164). — 4. *S. Cannizzaro*. Geschichtliche Uebersicht der Anwendung der atomistischen Lehre auf die Chemie und des Systems der Formeln für Verbindungen. Uebersetzt aus dem Italienischen von Professor *Alexejew*. (S. 1—24). — 5. *D. Ricardo*'s Werke. Uebersetzt unter der Redaction von *Sieber*, mit Anmerkungen. Die Elemente der politischen Oeconomie. (S. 1—16). — In den Beilagen finden sich: 1. Alphabetisches Verzeichniss der im Jahre 1871 für die Universitäts-Bibliothek erworbenen Bücher (S 49 bis 66). — 2. Lections-Catalog für das 2. Semester 1872/73 und 3. Meteorologische Beobachtungen im December 1872.

II. „Anzeiger für Rechtswissenschaft" (Juriditscheskij Wjestnik — Юридическій Вѣстникъ). Herausgegeben von der Moskauer Juridischen Gesellschaft, redigirt von *W. N. Leschkow* und *A. M. Falkowski*. Fünfter Jahrgang. 1873, Januar. Moskau. Erscheint monatlich. Inhalt:

I. Verhandlungen in der Juridischen Gesellschaft über die Frage: Kann auf Grund langjährigen Besitzes in gutem Glauben der Besitzschutz verliehen werden? (S. 4—43). — II. Die Hauptquelle und der allgemeine Bau des Rechts, von *W. N. Leschkow*,

(S. 44—55). — III. Die Ungültigkeit der Ehe und die Ehescheidung nach den Gesetzen im Zarthum Polen, von *M. P. Ssolowjow*. (S. 56—82). — Chronik der Gegenwart: IV. Ueber die deutschen Juristentage von *W. I. Kochnow*. (S. 1 bis 13). — V. Gerichtschronik. (S. 44—45). — VI. Entscheidungen des Cassationshofes des Senats. (S. 46—73). — VII. Einige Worte über die Advocatur bei uns in den Provinzen. (S. 74—77). — VIII. Verschiedene Nachrichten. (S. 78—86).

III. „Militärisches Magazin" (Wojennyj Sbornik — Военный Сборникъ). XVI. Jahrgang № 1. Januar 1873. (Erscheint jeden Monat) Inhalt: Abtheilung I.: Materialien zur Uebersicht der russischen Grenzgebiete in Asien vom militärischen Standpunkt. Der neunte Distrikt: Die turanische Gebirgsgegend, von Oberst *Wenjukow*. (S. 5—58). — Die Thätigkeit der Militärkommandes von Krassnowodsk und Mangyschlak im Jahre 1871 von *** (S. 58—88). — Auf Veranlassung einiger Aufsätze, welche sich auf die beiden letzten Feldzüge beziehen, von *M. Dragomanow*. Zweiter Artikel. (S. 89—106). — Die französische Cavallerie im Kriege 1870—71, von einem Cavalleristen. Erster Artikel. (S. 107—135). — Einige Worte in Bezug auf den Aufsatz „Ueber den Officierstrain in Kriegszeiten" („Militärisches Magazin" 1872. № 12). Von einem Anwohner des Weissen Meeres. (S. 137—142). — Eine Bemerkung über den Officierstrain in Kriegs- und Friedenszeiten, von *W. L.* (S. 143—150). — Die Organisation der Centralschule in Tschugujew, von *P. B.* (S. 151—164). — Zur Frage über die Einführung des Thees in unserer Armee, vom Arzt des Lithauischen Garderegiments *K. Strinberg I.* (S. 164—168). — Erinnerungen an den Feldzug in den Donaufürstenthümern 1853—1854, von *K. L. N.* (S. 169—191).

Beilage: Oeffentliche Vorlesungen über den deutsch-französischen Krieg 1870 bis 1871 von der Schlacht bei Sedan bis zur Capitulation von Paris, von *H. Leer*. Erste Vorlesung (S. 1—28).

Abtheilung II: *Bibliographie* von *T.*: *C. Abani*. Der Volkskrieg in Frankreich 1870—1871. Leipzig, Wien, Teschen, 1871. (S. 1—28). — Da Weissembourg a Metz. Lettere militari. Estratte dal „Corriere di Sardegna". Cagliari, 1872. (S. 28 bis 32). — Situazione militari della Svezia nel 1872. Per *Baratieri Oreste*. Roma 1872. (S. 32—33). — Eine Bemerkung über eine bibliographische Notiz in № 11 des „Milit. Magazins" für 1872. (S. 34—35). — *Russische Militär-Revue:* Die Officierscirkel im verflossenen Jahre (S. 37—49). — Urtheile des Haupt-Kriegsgerichts. (S. 49—64). — *Ausländische Militär-Revue:* Uebersicht der wichtigsten militärischen Reformen in den westeuropäischen Staaten während des Jahres 1872. (S. 65—102).

Russische Bibliographie.

Jahrbücher des physikalischen Central-Observatoriums. Herausgegeben vom Akademiker **Wild**. Jahrgang 1871. St. Petersburg. (Лѣтописи Главной Физической Обсерваторіи, издаваемыя Г. **Вильдомъ**, 1871 годъ. Спб.) 749 S.

Chrebtow, A. Der Thee in historisch-geographischer, botanischer und physiologischer Beziehung. 8°. St. Petersburg. (**Хребтовъ, А.** Чай въ историко-географическомъ, ботаническомъ и физіологическомъ отношеніяхъ. Спб. 8 д.) 63 S.

Kirpitschnikow, A. Versuch zum vergleichenden Studium des westeuropäischen und russischen Epos. Die Epen des lombardischen Cyclus. Moskau. 8°. (**Кирпичниковъ, А.** Опытъ сравнительнаго изученія западнаго и русскаго эпоса. Поэмы Ломбардскаго цикла. Москва 8 д.). 208 S.

Bericht an Seine Majestät den Kaiser über den Zustand des Unterrichtswesens im Jahre 1871, erstattet vom Minister der Volksaufklärung. 114 S. 8°. St. Petersburg.

Pomjälowsky, J. Epigraphische Studien. 1) Alte Zauberformeln. 2) Die römischen Columbarien. 8°. St. Petersburg. (**Помяловскій, И.** Эпиграфическіе этюды. 1) Древніе наговоры (tabulae defixionum) 2) Римскіе колумбаріи. Спб. 8 д.). 305 S.

Annenkow, M. N. Der internationale Congress für Gefängnisswesen und die englischen Gefängnisse. 8°. St. Petersburg. (**Анненковъ, М. Н.** Международный тюремный конгрессъ и англійскія тюрьмы. Спб. 8 д.) 62 S.

Nekrassow, N. Gedichte. 5. Band. 8°. St. Petersburg. (**Некрасовъ, Н.** Стихотворенія. Ч. V. Спб. 8 д.) 383 S.

Böttcher, Th. Beiträge zur pathologischen Anatomie des Gefässsystems. 90 S. 8°. Dorpat.

Smirnow, W. D. Kutschibey von Gömürdschina und andere osmanische Geschichtsschreiber des 17. Jahrhunderts über den Verfall der Türkei. 8°. St. Petersburg. (**Смирновъ, В. Д.** Кучибей Гёмюрджинскій и другіе османскіе писатели XVII вѣка, о причинахъ упадка Турціи. Спб. 8 д.) 274 S.

Genealogische Tabelle der Rurik-Dynastie und des gegenwärtig herrschenden Kaiserhauses Romanow. 1 Blatt. St. Petersburg. (Родословная таблица династіи Рюрика и нынѣ царствующаго Императорскаго дома Романовыхъ. Спб.)

Russisches genealogisches Handbuch. 8°. St. Petersburg. (Русская родословная книга. 8. д.). 378 S.

Martens, F. Ueber die Consuln u. die richterliche Gewalt der Consuln im Orient. 8°. St. Petersburg. (**Мартенсъ, Ф.** О консулахъ и консульской юрисдикціи на Востокѣ. Спб. 8 д.). 599 S.

Arbeiten, die, des Naturforschervereins der Universität zu Charkow. 1872. Band 6. 4°. Charkow. (Труды Общества Испытателей Природы при Императорскомъ Университетѣ. 4 д.). 269 S.

Herausgeber und verantwortlicher Redacteur Carl Röttger.

Дозволено цензурою. С-Петербургъ, 25-го марта 1873 года.

Buchdruckerei von Röttger & Schneider, Newsky-Prospect No. 5.

Ueber die geographische Lage von St. Petersburg.

Die wenigen Busen, mit denen das Länder verbindende und Leben erweckende Meer in den breiten und plumpen Körper des oestlichen Europas („Russlands“) mehr oder weniger tief eindringt, und die grossen schiffbaren Ströme, welche in die innersten Winkel dieser Busen ausmünden, haben zu verschiedenen Zeiten fremde Völker und ihre Cultur herbeigeführt, Handels-Verkehr und anderweitigen Austausch vermittelt und an ihren Küsten und Ufern grosse Städte, Marktplätze, Fürsten-Residenzen und Staaten-Centra ins Leben gerufen.

In die *beiden Haupt-Golfe, mit denen im Süden das Schwarze Meer vorgeht* (den von Odessa und den von Asow), und in ihre grossen Ströme Dnjepr und Don drangen schon in den ältesten Zeiten die Seefahrer und Colonisten Griechenlands ein und gründeten hier die Licht und Leben spendenden Handelsstädte Olbia, Tanais und andere. Im Mittelalter wurde für längere Zeit fast ganz Russland vom mittlern Dnjepr aus beherrscht. Dort erhob sich Kijew, die Haupt- und Residenzstadt der ersten weitgebietenden russischen Grossfürsten, die durch Vermittlung des grossen Stromes abermals griechische („Byzantinische“) Cultur und das Christenthum einführten. Auch erblühten bei der innersten Spitze jener Don- und Dnjepr-Busen im Mittelalter mehrere lebensvolle italiänische Pflanzorte und darnach in der Neuzeit die Handelsstädte Odessa, Taganrog etc.

Auch die *Nordspitze des Kaspischen Meeres* hat mit ihrer mächtigen weit verzweigten Wolga mannigfaltig, wenn auch nicht immer auf heilbringende Weise in das Leben Russlands eingegriffen. Von alten Zeiten her war hier ein Thor, ein Handels- und Wanderweg zur Verbindung mit productenreichen Gebieten Asiens. Orientalischer Handel, arabische, persische, indische Erzeugnisse wurden längs dieses Wasserweges weit nach Norden und Westen hinaufgetragen. Aber im Mündungsgebiete der Wolga erhob sich auch jenes den Russen schreckliche Ssarai, die Residenz asiatischer Despoten, das Lager der mongolischen Chane von der goldenen Horde, im 13. und 14. Jahrhundert die politische Hauptstadt der Russen, die von da aus zinspflichtig gemacht und gegängelt wurden. — Heutzutage pflegt dort an der Nordspitze des kaspischen Meeres und bei der Mündung der Wolga die blühende Handelsstadt Astrachan wieder einen friedlicheren Umgang mit Asien.

Auch das „*Weisse Meer*“, *der lange Salzwasser-Arm*, mit welchem vom äussersten Norden her der Polar-Ocean in den breiten so wenig gegliederten Leib Russlands hineingreift, hat den Bewohnern dieses Reichs zur Verbindung mit der Aussenwelt und als willkommener Aus- und Eingang gedient. In alten Zeiten segelten hier die Normannen herein und fachten den Handel von „Biarmien“ an, von dem uns die Sage viel Schönes berichtet. Im 16. Jahrhundert entdeckten abermals englische Seefahrer dieses russische Seethor, den innersten Zipfel des Weissen Meeres und veranlassten dort bei der Mündung der grossen Dwina die Pflanzung des Hafens von Archangel, der noch jetzt eins der bedeutendsten Emporien Russlands ist.

Wie die genannten Meere und Gewässer von Süden und Norden herbeifluthen, so greift die Ostsee mit den drei Armen, in welche sie sich in ihrer nordöstlichen Hälfte spaltet, von Westen her herein.

Zunächst mit dem Rigaschen Meerbusen und der von ihm auszweigenden Düna. Rings um diesen Busen herum haben deutsche Kaufleute und Ritter ihre für Russland so wichtigen Livländischen Colonien und in seinem innersten Winkel die seit 600 Jahren blühende See- und Handelsstadt Riga gestiftet.

Zweitens mit dem Bottnischen Meerbusen, der aber bei seinem nördlichen Ende von einem sehr unwirthbaren, nur schmalen und knappen Hinterlande umgeben ist, dazu auch von den grossen oceanischen Weltbahnen weit abliegt, bloss kurze und nicht schiffbare Flüsse aus dem Innern empfängt, desshalb auch nie sehr wichtig für Völkerverkehr und die am wenigsten historische Meerespartie Ost-Europas gewesen ist.

In der Mitte zwischen beiden genannten Meeresarmen brandet aber die Ostsee *mit dem Finnischen Meerbusen* in das Land hinein, indem sie daselbst zugleich die Newa, den Ausfluss eines grossen Süsswasser-Systems aufnimmt.

Dieser Finnische Busen hat eine besonders günstige geograpische Lage und Configuration, dazu äusserst förderliche, von der Natur angebahnte Verbindungen mit dem Innern des Festlandes und er ist daher zu allen Zeiten für das nordöstliche Europa von der grössten historischen Bedeutung gewesen. Er gab im Anfange des Mittelalters Veranlassung zur politischen Gestaltung Russlands. Die Wiege des Russischen Staates stand bei einem der Hauptzweige des Fluss-Gebiets der Newa, das man daher auch wohl das *Stammland des Russischen Reichs* genannt hat. Jahrhunderte lang blühte hier das grosse *Nowgorod*, die Vorgängerin St. Petersburgs, die lange Zeit den Verkehr der Russen mit dem Westen und seiner Cultur vermittelte. Und in der Neuzeit feierte Russland hier auch seine Wiedergeburt und erzeugte bei der Mündung der Newa seine prachtvolle moderne Metropole, seine grossartigste Handelsstadt, zugleich die Haupt-Residenz seiner Kaiser, welche die Rolle des alten Nowgorod wieder aufgenommen und unter günstigeren Verhältnissen fortgeführt hat.

Es ist demnach eine interessante geographische Frage, durch welche hydrographische und Terrain-Verhältnisse, durch welche hier zusammenlaufende Natur-Bahnen, Land- und Wasser-Communicationen, die in alten Zeiten der Stifter des Russischen Reichs, der Waräger Rurik entdeckte und die dann nachher Peter der Grosse, der Regenerator Russlands, der Rurik der Neuzeit, abermals erspähte und benutzte, das Alles eingeleitet und gefördert worden ist.

Ich will es versuchen, diese Frage zu beantworten und dabei zunächst mit kurzen Zügen *ein allgemeines Bild der Terrain-Gestaltung und Hydrographie* der nahen und fernen Umgegend des ins Auge gefassten Erdflecks entwerfen.

Der Finnische Meerbusen löst sich von dem Hauptkörper der Ostsee ein wenig im Norden von seiner mittleren Partie ab. Er bildet in seiner Abgränzung mit dem Festlande die Figur einer Fischreuse, mit welcher ihn auch die niederdeutschen und holländischen Schiffer verglichen haben, indem sie ihn mit dem bei ihnen noch jetzt sehr populären Namen „de Fuik" oder „de Fuk" (die Fischreuse) benennen. Wie ein Pfeil schiesst er in gerader Richtung in die grosse Ländermasse Russlands hinein. Er ist circa 50 Meilen lang, zwar nicht ohne mancherlei Schifffahrtshindernisse und Gefahren, aber doch auf beiden Seiten reich an guten Häfen, und trägt das Salzwasser und seine Einflüsse tiefer ins Festland hinein, als sein Nachbar und Rival im Süden, der kurze Rigasche Busen, dessen Einlässe überdies noch durch vorliegende Inseln und Riffe etwas verengt sind. Auch ist seine Schifffahrt durch Eisbildung weniger behindert, als die seiner beiden anderen mit ihm concurrirenden Nachbarn, des Bottnischen Busens und des Weissen Meeres, die ohnehin von den grossen Verkehrsstrassen des freien Oceans noch schwerer zu erreichen sind, als er.

Wie diesem nach von den grossen Meeren her eine verhältnissmässig gut geöffnete Bahn zu dem Ostende des Busens heranführt, so concentrirt sich bei diesem auch eines der wichtigsten und interessantesten russischen Süsswasser-Systeme, das mit seinen natürlichen Kanälen und Fäden weitreichende Verbindungen anspinnt und mit den meisten anderen grossen Flussadern Russlands, den nördlichen wie den südlichen, mehr oder weniger von Haus aus bequeme und jetzt durch Kunst verbesserte Berührungen und Verbindungen hat.

Der Ladoga-See, das grosse Centralbecken dieser Landwasser-Constellation, ist der Sammler mehrerer aus verschiedenen Richtungen Russlands herbeiströmender, schiffbarer Flüsse und Seeen, welche er dann, in der Newa concentrirt und in die innerste Partie jener grossen „Fischreuse“, in die östlichste Spitze oder Kammer des Finnischen Meerbusens, die sogenannte „Kesselbucht“ (oder die Bai von Kronstadt) hinausführt. Das von der Newa durchschnittene Land zwischen dem Meere und dem Ladoga-See bildet nur einen ziemlich schmalen Isthmus, der wie eine Brücke die beiden Festländer im Süden und Norden verbindet. — Die wichtigsten Adern des Newa-Systems sind folgende:

Von Nord-Westen kommt aus den grossen Felsenkammern Finnlands der *Woxen* herab, der Ausfluss des bunt gestalteten Saima-Sees und anderer Wasserbecken und macht die östliche Hälfte dieses Landes zu einer natürlichen Dependenz unseres Busens.

Aus Nord-Osten tritt der *Abfluss des grossen Onega-Sees,* der Swir, hinzu, der zwar mit einigen Strudeln seinem Becken entspringt, dennoch aber in so hohem Grade schiffbar ist, dass man in der Neuzeit an seinen Ufern sogar Ostindien-Fahrer hat bauen und auf ihm zum Meere transportiren können. Dieser Swir, sein See und der obere Zufluss des letzteren, die Wodla, erleichtern mehrfach, zum Theil durch Vermittlung und mit Beihülfe verschiedener Stücke des dazwischen tretenden Onega-Flusses, die Verbindung des Finnischen Meerbusens mit der Mündung der Dwina und mit dem Weissen Meere, auf welche sie in nordöstlicher Richtung hinzielen.

Einen wichtigen Nebenzweig dieses Verbindungsweges spinnt

auch die kleine *Wytegra* an, welche in die südöstliche Ecke des Onega-Sees ausmündet. Sie *nähert sich einem Zweige des Wolga-Systems, der Kowscha,* mit dem Bjelosero (Weissen See) und der Scheksna, welche letztere bei Rybinsk in die Hauptader der Wolga fällt. Zwischen der Wytegra und Kowscha, oder zwischen der Newa und Wolga sind nur ganz niedrige, leicht zu passirende Höhen oder Bodenschwellen.

Eben dieser Gegend des Newa-Gebiets *nähert sich auch abermals die Dwina* mit dem westlichen ihrer beiden grossen Quellenzweige, der Suchona, die durch den Kubinskoje-See dem Bjelosero und dem oben angedeuteten Wytegra-Kowscha-Trakte nahe tritt. Sie und die ihr aus Osten entgegenkommende Wytschogda, ihre Zwillingsschwester, die ebenso wie sie nordöstlich gerichtet ist, führen jene Communicationslinie von der Newa zum Ural und zu den Sibirischen Strömen (denen des Ob-Systems) fort.

Aus Süden fliesst *die wichtigste der mittleren Adern des Newa-Systems, der Wolchow,* herbei. Er ist der trotz seiner Strudel sehr schiffbare Abfluss des *Ilmen-Sees,* eines äusserst merkwürdigen Wasserbeckens, das seinerseits wieder von allen Seiten her Gewässer zu sich heranzieht und durch sie mancherlei Connexionen für die Newa anknüpft.

Zunächst mündet in den Ilmen-See aus Südosten die *Msta,* deren Quellengebiet nur durch sehr niedrige Höhen bei Wijschnij-Wolotschok von dem der Twerza geschieden ist. Im Frühling, bei der Schneeschmelze, vermischten sich hier die in entgegengesetzten Richtungen abfliessenden Gewässer der Art, dass man mit kleinen Böten und Barken von einem zum andern schiffen konnte. Zu allen Jahreszeiten ist daselbst bei der geringen Breite des Isthmus oder „Woloks" [1] der Transport hinüber und herüber nicht sehr schwierig gewesen. Die Twerza geht bei Twer in die Wolga, die von da an für grosse Fahrzeuge schiffbar und Hauptpulsader des russischen Lebens wird. *Alle* die *unter sich verknüpften Flussstücke: Newa,*

[1] „Wolok" heisst im Russischen ein trockenes Festlandstück zwischen zwei schiffbaren Flüssen, über welches Schiffe und Waaren aus einem derselben zu dem andern zu Lande transportirt, per Axe gefahren oder getragen werden müssen. Es ist dasselbe, was in Amerika die Franzosen und Engländer „Portage" nennen. Da zwischen den russischen Flüssen solche „Trageplätze" oder „Schiffs-Ziehеplätze" sehr häufig sind, und da wir im Deutschen kein allgemein adoptirtes und verständiges Wort dafür ausgeprägt haben, so darf ich mich in meiner Abhandlung wohl des kurzen russischen Ausspruchs „Wolok" bedienen.

Wolchow, Msta, Twerza, bilden einen, in sehr geradliniger Richtung fortlaufenden Wassertrakt, welcher auf den Herzpunkt Russlands, auf die Gegend von Moskau, auf die fruchtbarsten und producten-reichsten Striche des Reichs hinzielt, und sie mit der Newa durch eine Wasserfahrt verknüpft.

Noch eine andere Verbindung der Wolga mit dem Newa-System spinnt die *Pola* an, die ebenfalls aus Südosten kommend, wie die Msta, zum Ilmen-See geht und mit ihren Quellen den *Seliger-See* berührt, mit dem sie durch einen alten Wolok verbunden ist. Der Seliger-See ist eins der oberen Quellen-Becken der Wolga, dessen Ausfluss mit diesem grossen Strom durch einen schiffbaren Flussboden communicirt.

Endlich zieht sich aus Südosten zum Wolchow und zum Ladoga-See noch *der kleine aber durch seine Stellung wichtige Fluss Sjass* heran, der ganz in der Nähe des Wolchow in den See ausmündet und als ein Nebenzweig desselben aufgefasst werden kann. Seine südöstliche Richtung setzt sich in der Mologa fort, welche bei dem grossen, in alten Zeiten sehr berühmten und besuchten Markt- und Messplatze Mologa in die Wolga fällt. Die schiffbare Ader dieser Mologa kommt dem Sjass in einem wenig erhabenen Lande so nahe, dass Waaren- und Personentransport von einem Wasser zum andern von jeher leicht war. Da die Wolga von der Einmündung der Mologa an, eine lange Strecke weit bis zur Mündung der Kama direkt südöstlich in derselben Richtung mit der Mologa und dem Sjass geradlinig fortfliesst, so ist auch dieser Wassertrakt für das Newa-System sehr wichtig.

Diesem nach hat das Newa-System mit dem der Wolga vier wichtige Wasserverbindungen, nämlich:

1) durch den Trakt: Ladoga — Swir — Onega — Wytegra — Kowscha — Bjelosero — Scheksna.

2) durch die Kette Ladoga — Sjass — Mologa, die einen sehr geraden Wasserweg von dem Finnischen Meerbusen zu dem mittleren Hauptstück der Wolga vorstellt.

3) Durch die Linie: Ladoga — Wolchow — Msta — Twerza, welche die schiffbarste und von alten Zeiten her am meisten benutzte Wasserfahrt zwischen Wolga und Newa ist.

4) Durch die nicht ganz unwichtige Nebenverbindung Wolchow— Ilmen — Pola — Seliger-See.

Eine sehr merkwürdige Verkehrsströmung aus Süden zum Ilmen-See und zur Newabahn spinnt weiterhin *die Lowat* an. Dieser Nebenfluss des Ilmenbeckens fliesst sehr geradlinig in südnördlicher Richtung herbei. Seine von niedrigen Anhöhen umgebenen Quellen treten dem Hauptkörper der Düna ganz nahe, und es hat daher dort stets eine Verbindung zwischen der Düna und den Newagewässern stattgefunden. Von noch grösserer historischer Bedeutung aber ist es, dass die südnördliche Richtung der Wolchow—Ilmen—Lowat'linie nicht weit im Süden der quer durchgehenden Düna von dem grossen Dnjepr wieder aufgenommen und bis zum Schwarzen Meere fortgeführt wird. Dadurch entstand eine grosse weitreichende südnördlich gerichtete Wasserbahn, durch welche *der Finnische Meerbusen und das Newa-System auch mit dem Dnjepr und dem Schwarzen Meere* verbunden wurden.

Im Südwesten des Newagebiets finden ebenfalls einige nicht unwichtige Berührungen mit benachbarten Gewässern und Flussgebieten statt. Hier erstreckt sich der nahe *Peipus-See* von Süden nach Norden mit seinem obern Zuflusse, der Welikaja, — seinem westlichen Arme, dem Embach, welcher aus dem Innern von Livland kommt, und seinem untern Ausflusse, *der Narowa.* Trotz des 20 Fuss hohen Wasserfalles, der in der Nähe des Meeres dieses Wasser-System verschliesst, vermittelt dasselbe eine ziemlich lebhafte Binnenschifffahrt und seine politische- und Handelsgeschichte hat sich stets mit der des Newagebiets vermischt. Bei dieser Vermischung spielt auch die *Luga* eine nicht unwichtige Rolle, die unweit Nowgorods und des Ilmensees entspringt und von dort in nordwestlicher Richtung gerade auf die Mündung der Narowa bei Narwa zielt.

Auch die *Annäherung der gesammten Ostseeküsten Livlands und ihrer Seehäfen und Flüsse* ist stets für das Newagebiet historisch sehr bedeutungsvoll gewesen. Die Länder, Küsten und kleinen Flüsse im Norden des Finnischen Meerbusens und längs des Bottnischen Busens waren dies nicht in so hohem Grade.

Ueberschaut man das Ganze des Newa-Systems und seines Gebiets und will man dabei die Hauptstücke ins Auge fassen, so resultirt dabei folgendes:

Das Newa-System stellt einen eigenthümlichen Abschnitt von Russland dar. — Es ist von zusammenlaufenden Flüssen und von durch Wasseradern unter einander verbundenen Seeen zu einem physikalischen Ganzen geeinigt und von den benachbarten Flussgebieten der Dwina, der Wolga, des Peipussees durch niedrige Höhenketten oder flache Landrücken (die „Alaunischen Gebirge“,

„Waldai-Höhen" und die sogenannten „Uwally") rings umher geschieden. — Sein Terrain neigt sich von Norden, Osten und Süden her allgemach und mit nur leise angedeuteten Stufen dem Finnischen Meerbusen zu, der daher auch in seinem östlichen Zipfel alle jene Gewässer empfängt, und mit ihnen zusammen ein einiges grosses Wasser- und Schifffahrts-System bildet. — Durch seine zahlreichen schiffbaren Seeen contrastirt das Newagebiet mit denen der Wolga und des Dnjepr, die nur wenige kleine Seeen besitzen. — Mit dem benachbarten Finnland constrastirt es durch grössere Fülle weiter Ebenen und daher grössere Schiffbarkeit seiner Gewässer. Doch ragt die physikalische Beschaffenheit Finnlands, seine grosse Felsenplatte, noch weit ins Newagebiet hinein bis zu der westlichen Partie der Seeen von Ladoga und Onega hinan. — Die meisten Flussadern, aus denen das Newa-System zusammengesetzt ist, sind in mehr oder weniger hohem Grade schiffbar, zum Theil fast bis zu ihren Quellen hinauf. Sie setzen an verschiedenen Stellen ihres Laufs von einer höheren auf eine niedrigere Abstufung des Landes herab, und sind daher hie und da durch Stromschnellen oder Wirbel unterbrochen. Dieselben sind zwar der Schifffahrt, namentlich bei niedrigem Wasser hinderlich, doch sind sie nirgend so heftig, dass sie den Verkehr gänzlich hemmten. Namentlich bei der Thalfahrt und bei hohem Wasser werden sie ohne Schwierigkeit überwunden und selbst bei der Bergfahrt mit einiger Nachhülfe von Zug- und Schleppkräften, Menschen oder Thieren oder Dampf. — Obgleich das Newagebiet dem Gesagten zufolge im Ganzen durch Höhen und Bodenschwellen von den benachbarten Fluss-Systemen getrennt wird, so ist es doch, wie ich zeigte, an mehreren Punkten durch die Annäherung verschiedener schiffbarer Flussarme und durch Trageplätze oder Woloki auch wieder mit ihnen mehrfach verknüpft.

Die sämmtlichen Wasserfäden aus denen das Newa-System zusammengesetzt ist, zerfallen in zwei Hauptpartien oder Branchen, eine zum Nordosten gerichtet (Ladogasee, — Swir, — Onegasee — Dwina etc.) und eine zweite (Ladoga — Wolchow — Ilmen — Msta — Lowat' etc.), die sich dem Süden und den productenreichsten Centralpartien Russlands zuneigt und daher auch die historisch wichtigere der beiden geworden ist.

Wahrscheinlich benutzten schon die *finnischen Urbewohner* des Newa-Gebiets, die von den Russen sogenannten „Tschuden", bei ihren Fischfang- und Jagd-Expeditionen jene, ihr Land durchziehenden Flussadern als Führer und Wege in der sumpf- und waldreichen Wildniss, und wahrscheinlich hatten sie auch ihre Stationen, Versammlungsstätten und kleinen Marktorte an den Busen der Seeen, an den Mündungen und Gabelpunkten der Flüsse, bei den Stromschnellen und Katarakten, sowie an den Trag- und Passage-Plätzen von einem Flusse zum andern, d. h. in denselben Positionen, in denen noch heute die russischen Städte der Gegend stehen. Es wird dies unter Anderm dadurch erwiesen, dass wir bei den heutigen Städten gewöhnlich die meisten finnischen Antiquitäten und auch die sogenannten „Tschuden-Hügel", die finnischen Grab-Monumente, angehäuft finden. Auch in Amerika stehen ja die neuen Städte gewöhnlich auf den Grabstätten alter indianischer Fischer-, Jäger- und Schiffer-Dörfer. Bei halbwilden Völkern, wie die alten Finnen, die isolirt und in kleinen Stämmen aufgelöst leben, thun sich indess keine Hauptorte und keine grossen Verkehrscentra und weit herrschende Handelsplätze hervor und die schönsten von der Natur zur Ansammlung von Bevölkerung und zur Concentrirung von Macht dargebotenen Positionen werden daher von ihnen nicht angemessen benutzt.

Die Besieger der fischenden und jagenden Finnen waren *die schon etwas mehr entwickelten Slaven*, welche vermuthlich aus den südlicheren Wolga- und Dnjepr-Gegenden über die trennenden Höhenrücken und Bodenschwellen in das Newa-Gebiet hereinflutheten. Vermuthlich folgten die Slaven bei ihrem Vorrücken gegen Norden jenen sich die Hand reichenden Nebenflüssen der Wolga und der Newa, denen auch später alle aus Central-Russland in's Newa-Land einmarschirenden Heere und Eroberer gefolgt sind.

Von den *frühzeitig Städte bauenden und Handel treibenden Slaven rührt die Besetzung der vornehmsten Positionen des Newa-Systems* und die Gründung von Städten in diesen Positionen her. Die ältesten Nachrichten über sie zeigen uns schon slavische Märkte und Wohnsitze in Ladoga am Einflusse des Wolchow in den Ladoga-See, — in Nowgorod am Ausflusse des Wolchow aus dem Ilmen See, — in Cholm an der Lowat', — in Waldai bei dem berühmten Bergthor Wolok, — in Wytegra am Onega-See, — in Olonetz am Ladoga und an anderen durch ihre geographische Lage wichtigen Punkten.

Wie sich die Slaven aus dem Innern des Festlandes über das alte Heimathsland der Finnen ergossen, so *sind von jeher die Germanen Skandinaviens von der See her in dasselbe eingedrungen.* Sie waren schon zu der Römer Zeit grosse Seefahrer und reich an Schiffen. Der Finnische Meerbusen öffnet sich gegen die Mitte des Körpers der grossen skandinavischen Halbinsel gegen den Mälarn-See, an dessen Ufern die Hauptlebenspunkte Schwedens: Sigtuna, Upsala, Birka, Stockholm etc. erblühten. Von diesem schwedischen Lebens-Centrum aus bot der lange Finnische Busen, *dessen weit geöffneter Mund dem des Mälarn gerade gegenüberliegt*, einen äusserst einladenden und bequemen nach Osten weisenden Seeweg dar. Derselbe musste frühzeitig von den Skandinaviern entdeckt worden und sie mögen schon lange vor dem 9. Jahrhundert Handel treibend und Beute machend in ihn ein- und ausgeschifft sein, auch die Newa-Mündung längst aufgefunden und häufig besucht haben.

Aber erst um die genannte Zeit — gegen die Mitte des neunten Jahrhunderts — wird uns etwas Bestimmteres von See-Expeditionen in dieser Richtung gemeldet. Skandinavische Häuptlinge und abenteuernde Flottenanführer segelten, wie der älteste russische Chronist Nestor berichtet, durch den Finnischen Meerbusen und durch die Newa zum Ladoga und den anderen Seeen des Gebietes hinauf, setzten sich in den slavischen Orten, die sie dort vorfanden, namentlich in Aldeigaborg (oder „Aldoga" = „Ladoga") am Ausfluss des Wolchow in den Ladoga-See, — in Nowgorod am Ilmen-See, — in Bjelosersk am Weissen See und an anderen benachbarten Punkten fest.

Standen die Slaven schon etwas höher als die von ihnen unterdrückten Finnen, so waren die kriegerischen, tapferen, schifffahrtskundigen Skandinavier beiden politisch in bedeutendem Grade überlegen. Sie machten sich zu Herren und Gebietern derselben. Rurik, der geschickteste und glücklichste unter ihren Anführern, vom Stamm der „Russen", eines schwedischen oder skandinavischen Völkerzweiges, schlug an der schiffbarsten und wichtigsten Branche des Newa-Systems, auf einem Hügel am nördlichsten Ausflusse des Ilmen-Sees in der Mitte jener oben von mir genannten Flüsse, die von hier aus nach allen Gegenden hin ausstrahlten, in dem Orte Nowgorod seine Residenz auf, unterwarf und vereinigte die umwohnenden bisher zersplitterten und hauptlosen Slaven zu einem fest consolidirten Staatswesen oder Fürstenthum.

Er soll im Jahre 862 sein politisches Stiftungswerk gekrönt und zum Abschluss gebracht haben, und da hiermit der erste dauernde Staats-Organismus und Fürstenstamm in Russland auftrat, von welchem alle anderen russischen Fürstenthümer, Staaten und Regentenstämme ausgingen, so betrachtet man das genannte Jahr als *das*

Datum der Stiftung des Russischen Reichs und das Newa-Gebiet als die Wiege und das Stammland desselben. Dieses Reich und seine Verfassung wurde damals — wie Karamsin sich ausdrückt — *in Folge der geographischen Verhältnisse des Newa-Gebiets und des Finnischen Meerbusens „ganz germanisch"*.

Auf welche Weise und durch welche Expeditionen Rurik und seine „Waräger" (Kriegsgenossen) dieses erste alte von Nowgorod aus regierte russische Fürstenthum und sein Territorium zusammenfügten, darüber haben wir keine genauen Nachrichten. Wir sehen nur, dass es sehr bald eine grosse Ausdehnung erhielt und sich weit über die nördlichen Gegenden des jetzigen Russlands erstreckte. Die Gränzen haben natürlich während der langen Dauer seines Bestehens mehrfach gewechselt. Doch kann man im Allgemeinen sagen, einmal, dass es *das ganze Newa-Land mit allen Zweigen und Seeen seines Strom-Systems* bis an den Finnischen Meerbusen im Nordwesten und bis an den Waldai-Rücken im Süden umfasst hat, und dann, dass dies immer *sein Haupt- und Central-Körper* geblieben ist. Da aber die so äusserst geschickten skandinavischen See- und Flussschiffer durch Schifffahrtshindernisse nur wenig aufgehalten wurden, da sie mit grosser Kühnheit über Katarakten und Stromschnellen hinwegfuhren und auch ihre kleinen Schiffe über Woloki und Tragplätze mit Leichtigkeit hinüber transportirten, so hatten sie auch bald die den Newa-Zweigen benachbarten und nur durch Woloki von ihnen getrennten Flüsse entdeckt, beschifft und besetzt; namentlich die der Dwina im Nordosten, wo ihnen nur schwache und unkriegerische Stämme entgegenstanden. *Wir sehen daher in dieser nordöstlichen Richtung die Gränze des von Nowgorod hinauswachsenden Staats- und Verkehrs-Gebiets besonders weit ausgedehnt,* bis an die Küsten des Weissen Meeres und bis zum Ural und zu der Nachbarschaft Sibiriens, woselbst sie schon hundert Jahre nach Rurik um das Jahr 1000 angekommen sein sollen.

Etwas anders war dies im Süden. Hier hatte sich schon bald nach Rurik in Kijew am Dnjepr ein zweites skandinavisch-russisches oder warägisches Fürstenthum gebildet. Man konnte dasselbe bei seiner Entstehung zwar gewissermassen als eine Abzweigung oder ein Tochterland des ältern Newa-Russlands betrachten. Denn die ersten Stifter desselben, die Waräger Askold und Dir kamen ebenso wie Rurik über den Finnischen Meerbusen am Wolchow herauf, bei Nowgorod vorbei und wurden längs jenes, oben von mir genannten Fluss-Armes des Newa-Gebiets, der Lowat', auf einem ganz natürlichen Wege zum Dnjepr hinübergeführt. Auf demselben Wege marschirte auch von Nowgorod aus Rurik's Nachfolger, der Eroberer Oleg, zum Dnjepr. Doch schlug dieser, nachdem er die nördlichen Newa- und die südlichen Dnjepr-Gegenden durch eine Kette von Eroberungen verbunden hatte, an dem ihm so besonders gefallenden Kijew seinen Hauptsitz auf, von dem aus er und seine Nachfolger das Ganze beherrschten.

In Folge dessen wurde das ältere Nowgorod unter ihm dem neuen Kijewschen Gross-Fürstenthum annectirt und hatte unter Oleg nur den Rang der *Hauptstadt einer Provinz* dieses, ganz Russland umfassenden Reichs.

Bei den vielen Theilungen des grossen Reichs, welche unter Oleg's Nachfolgern zur Gewohnheit wurden, erschien Nowgorod zuweilen auch als die *Hauptstadt eines Theilfürstenthums*, und behauptete selbst, wenn es (wie unter Wladimir, unter Monomach etc.) mit dem ganzen von Kijew und seit 1157 von der Stadt Wladimir aus regierten Russischen Reiche wieder verbunden wurde, doch immer *eine mehr oder weniger unabhängige Stellung und auch eine selbstständige Verfassung*, die allmählig mehr und mehr republikanisch wurde.

Die wiederholten Theilungen und die eben so oft wiederholten Einfälle asiatischer Nomadenvölker, die fast immer nur das südliche Russland an der Wolga, am Don und Dnjepr trafen, schwächten den Zusammenhang Russlands. Es fiel in Trümmer und wurde zuletzt im Anfange des 13. Jahrhunderts von den Mongolen verschlungen, die um das ganze südliche Russland nordwärts bis zum Waldai-Rücken und bis zu den Quellen der oberen Wolga-Zuflüsse erst verwüsteten und dann unter dem, an die Stelle „Russlands" tretenden Namen „Kiptschak" von ihrem Lager Ssarai an der untern Wolga aus beherrschten.

Nur das von Nowgorod aus zusammengehaltene Newaland und die mit ihm durch Flussadern natürlich verbundenen nördlichen und nordöstlichen Gebiete blieben fast ganz frei von dieser Nomaden-Ueberschwemmung und Mongolen-Herrschaft. Nowgorod kam mit einem leichten Tribute und mit vorübergehenden Besuchen der berittenen Eroberer davon und hielt seine Unabhängigkeit und seine republikanische Verfassung wie gegen die Asiaten, so dann auch gegen die von Westen her zu derselben Zeit mächtig werdenden und in Russlands Körper eingreifenden Litauer aufrecht.

Es gab mithin eine Zeit (im 13. und 14. Jahrhundert), in welcher wieder, wie schon ein Mal unter Rurik, *fast die ganze russische Herr-*

lichkeit und Selbstständigkeit auf das Newagebiet beschränkt war und wo hier die reichste, grösste und bevölkertste Stadt ganz Russlands blühte.

Nowgorod verdankte dieses Glück — eben so wie seine frühzeitige Gestaltung zu einem festen Staatsorganismuss unter Rurik — *seiner günstigen geographischen Lage, seiner Wasserverbindung mit dem Finnischen Meerbusen und der Ostsee.* Es lag nordwärts abseits von den unheilvollen Verkehrsbahnen der Hunnen, Petschenegen, Polowzer, Mongolen und Tataren, wurde dagegen durch seine Seeen und Flüsse mit der Cultur der germanischen Welt in beständiger Berührung gehalten, und *durch Schifffahrt und Handel mit ihr bereichert und gekräftigt.*

Wie ehedem die warägischen Seehelden, so hatten nach ihnen auch die skandinavischen und die deutschen Kaufleute von Wisby, schon seit dem 12. Jahrhundert diese Wasserwege aufgefunden und wieder befahren und hatten in dem politischen Centralpunkte und Regierungssitze des nördlichen Russlands, in Nowgorod Handelsfactoreien und Comptoire etablirt, die am Ende, als der Bund der deutschen Hansestädte und ihr unternehmender Handelsgeist erstarkte, den Ort *zum wichtigsten Marktplatze des ganzen Nordostens machten.*

Die in West-Europa gesuchten Waaren, die feinen Pelze des Nordens, das geschätzte russische Leder, das in der katholischen Kirche so viel gebrauchte Wachs, das eben so nöthige Talg, der begehrte russische Hanf und Flachs und andere Producte des Ackerbaues, der Viehzucht und der Wälder, so wie auch manche an der Wolga heraufkommende Erzeugnisse des Orients strömten hier längs derselben Wege und Flüsse zusammen, an denen die alten Begründer Nowgorods ihren Staat aufgebaut hatten.

Dagegen wurden die den Russen so willkommenen deutschen Linnenwaaren und flamländischen Wollentücher, Gold-, Silber-, Kupfer- und Eisenwaaren verschiedener Art, Blei aus Spanien, Schwefel, Salz, gesalzene und getrocknete Fische und andere in Russland seltene Industrie- und Naturerzeugnisse des Westens — namentlich auch der in Russland ganz fehlende Wein und das deutsche Bier, — ebenso das in culturgeschichtlicher Hinsicht so bedeutungsvolle Pergament und später das Papier, so wie denn auch—und trotz der oft wiederholten Gebote, den Russen keine Waffen zu liefern, — Pulver und Schiessgewehre: — alle diese interessanten Waaren, sage ich, wurden durch die Ostsee, den Finnischen Meerbusen, die Newa und die Wolchow heraufgeschifft und in dem volkreichen Nowgorod theils consumirt, theils von da aus wieder in nahe und ferne Gegenden Russlands verschleppt.—

Nowgorod wurde auf diese Weise für die deutschen Hanseaten, wie sie sich selbst ausdrückten, „ein Hauptbrunnenquell ihrer Reichthümer." Aber es war auch für die Russen eine wichtige, — zur Zeit der Mongolenherrschaft fast die einzige — Quelle, aus der ihnen einige Cultur, manche Erfindungen und Künste des Westens zukamen. Deutsche Künstler gossen oder schmiedeten damals die berühmten schönen metallenen Pforten, mit denen die Sophienkirche in Nowgorod geschmückt wurde. Mit deutschen Architekten erbauten schon im 12. Jahrhundert der Grossfürst Andreij Jurjewitsch (1169 bis 1174) den Dom in der Stadt Wladimir und es waren auch wieder Deutsche, mit deren Hülfe der Erzbischof von Nowgorod 1433 sich ein steinernes, mit Malereien geziertes und mit einer Schlaguhr versehenes Haus einrichtete. — Auch die politische Verfassung der Republik Nowgorod festigte und conservirte sich wohl ohne Zweifel in dem langen Umgange mit den freien deutschen Handelsrepubliken, die ihr gewiss mehrfach zum Muster und zur Stütze dienten.

Dieser Nowgorodsche Verkehr Russlands mit der Ostsee und dem Westen zog sich durch Jahrhunderte und veranlasste unzählige Seereisen zur Newamündung, so wie auch schon ehedem zu Rurik's Zeit und vor ihm zahlreiche Schiffsexpeditionen zum innersten Winkel des Finnischen Busens zu der Kesselbucht ausgeführt worden waren. Sehr auffallend mag es nun erscheinen, dass bei allem diesem Verkehr über See mit dem Festlande in jenem *innersten Winkel kein vermittelnder Seehafen, kein Haupt-Newa-Mündungsort* sich emporarbeitete, dass ein St. Petersburg dort so lange auf sich warten liess und dass der grosse Markt- und Austauschplatz des ganzen Flusssystems Jahrhunderte lang so weit hinauf ins Innere des Landes am Ilmensee hinaufgeschoben wurde.

Für jene alten und ersten auf sehr kleinen Schiffen fahrenden Normannen liegt die Erklärung freilich auf der Hand. Die skandinavischen Waräger drangen auf ihren für die Beschiffung der Flüsse und des Meeres gleich gut geeigneten Fahrzeugen, mit denen sie, wie es die Umstände erforderten, eben so schnell ruderten als segelten, und die sie mit einer bewunderungswürdigen von dem Byzantiner Konstantin Porphyrogeneta beschriebenen Geschicklichkeit über Untiefen, durch Stromschnellen und sogar über Landisthmen hinweg transportirten, weit an den Flüssen hinauf. Sie bedurften daher am Meere kaum einer Station zum Wechsel der Transportfahrzeuge und zum Umladen. Gleichsam wie die Fische sehen wir sie zur Zeit der Blüthe ihrer Seeherrschaft in alle Ströme Europas ohne weitere Umstände ein- und ausschlüpfen, hoch ins Innere der Festländer hinaufdringen und dort alte Städte zerstören oder neue anlegen. An der Seine kamen sie bis Rouen und Paris, am Rhein bis Cöln und noch weiter hinauf. Am Dnjepr leiteten sie ihre Expeditionen den Fluss hinab und hinauf und übers Schwarze Meer sogar von dem tief im Innern liegenden Kijew aus bis Konstantinopel. Dabei entstand für sie an der Mündung der Seine kein Havre-de-Grace, am Rhein kein Rotterdam, am Dnjepr kein Olbia und Odessa. Ebenso und vermittelst derselben Schifferkünste waren sie auch durch die Newamündung, ohne sich bei ihr viel aufzuhalten, leicht bis Nowgorod hinaufgekommen und hatten dort ihren Markt und ihr Regiment zur Unterwerfung und Beherrschung des Innern organisirt.

Auf den ersten Blick etwas weniger verständlich scheint der Mangel eines Haupt-Newa-Mündungsplatzes für die deutsche oder hanseatische Zeit zu sein. Hanseatische Schifffahrt und Handel haben ja überall bei den Flussmündungen, zu denen sie gelangten, Hauptseehäfen und Mündungsplätze als Endstationen der Seefahrt und als Anfangspunkte des Land- und Flusstransports erzeugt, so Stettin bei der Oder, Danzig bei der Weichsel, Riga bei der Düna, Narwa bei der Narowa und viele andere Stapelplätze an anderen Flussthoren. Nur bei der Newamündung ist ein solcher hanseatischer Hauptflussmündungsplatz *vor* Peter dem Grossen nicht erschienen. Nur hier hat man sich Jahrhunderte lang ohne die Einrichtung eines tüchtigen centralen Seehafens auf allerlei Weise beholfen. Vermuthlich lässt sich diese Erscheinung aus verschiedenen der Newamündung eigenthümlichen Naturverhältnissen erklären.

Zuerst mag ich auf den Umstand hinweisen, dass dicht hinter dem Salzwasserende bei der Newamündung, hinter der in alten Zeiten sogenannten „Kotlin-Bucht“ (Kessel-Bucht, jetzt Kronstädter Meerbusen) sogleich wieder ein grosses stürmisches, fast meerartiges Wasserbecken (der Ladogasee) begann. Für Flussbarken ist die Befahrung dieses grossen Sees stets gefährlich und fast unthunlich gewesen. Dagegen konnten die auch zur hanseatischen Zeit noch nicht grossen Seeschiffe von geringerem Tiefgange durch die ziemlich tiefe und kurze Newastrecke, die den trennenden Isthmus durchschnitt, trotz der nicht sehr hinderlichen Strudel bei Pello, ohne grosse Schwierigkeit hineinkommen. Sie schlüpften daher gewöhnlich, ohne sich auf diesem Isthmus aufzuhalten, schnell vom Meere zum See hindurch und suchten erst bei der Wolchowmündung einen Hafen und die russischen Leichterschiffe (die sogenannten „Lodjen", Flussfahrzeuge), die ihnen hier, von Nowgorod her, entgegenkamen. Zuweilen segelten sie auch noch eine Strecke weit in der Wolchow bis zu seinen Stromschnellen hinauf und nahmen die Operation des Aus- und Einladens auf dem Flusse selbst oder an einer bequemen Uferstelle vor. — Ausnahmsweise sollen die russischen Lodjen oder Flussschiffe aber auch die Fahrt über den Ladogasee gewagt haben und den Seeschiffen bis ans Meer entgegengekommen sein. An solche Kanalconstructionen, wie es der von Peter dem Grossen angelegte Ladogakanal war, durch welchen er den See ganz unschädlich machte und die Flussschifffahrt und Binnenlandfracht ganz sicher bis ins Salzwasser brachte, konnte das Mittelalter noch nicht denken.

Gänzlich fehlte es übrigens auch im Mittelalter nicht an Hafenanstalten und Schiffsstationen in der Nähe der Newamündung. Die „Kessel-Insel" wurde mehrfach als Anker- und Stationsplatz benutzt und eben so diente als solcher unter Umständen die etwas entfernte „Birken-Insel" (Björkö) südlich von Wiborg. Die Schiffe legten in dem Schutze dieser Inseln vor, wenn der Newamund wegen Eisverstopfung oder wegen anderer eingetretenen Hindernisse nicht zugänglich war, und machten dort auch mit den vom Lande herbeikommenden Schiffen ihre Geschäfte ab.

Auch beim Austritt der Newa aus dem Ladoga-See gab es eine kleine Insel und einen alten Hafenort „Orechowetz" (Nussstädtchen) genannt, ebenso wie beim Einfluss des Wolchow, die uralte Stadt Aldeigaborg oder Ladoga. Am Wolchow selbst, nahe unterhalb seiner Stromschnellen, lag wieder der kleine Flusshafen „Gestevelt" (d. h. der Hafen der fremden Gäste). Hier kamen den Kauffahrteischiffen wieder Lootsen mit Lodjen (Leichter-Schiffen) entgegen, welche die Waaren umluden und durch die Stromschnellen nach Nowgorod hinaufbrachten. In jedem der genannten Orte mochten die Seeschiffe also — je nach Befund und Lage der Umstände bald in einem obern, bald in einem untern — bis zur Abmachung ihrer Geschäfte und bis zur Heimkehr vor Anker liegen bleiben. Man mochte sich mit einem Worte an der russischen Newa vor dem Aufbau St. Petersburgs in ähnlicher Weise behelfen, wie man sich unter

Andern noch in neuerer Zeit vor dem Aufbau Bremerhavens auf der deutschen Weser beholfen hat, wo auch, so zu sagen, der ganze untere Fluss als Hafen diente, indem die sehr kleinen Küsten-Seeschiffe mit ihren Waaren ganz bis nach Bremen hinaufgingen, während etwas grössere Fahrzeuge nur bis Vegesack kamen und noch grössere noch weiter unterhalb bei Elsfleth, Brake oder in einem andern kleinen Weserhafen anliefen oder auch wohl auf dem Flusse selbst ihre Waaren löschten und sie den Leichterschiffen übergaben, während die ganz grossen Kriegsschiffe sogar ausserhalb des Flusses auf der Rhede der Insel Helgoland und im Schutze dieser Insel vor Anker gehen mussten, um dort ihre Verhandlungen mit dem Festlande abzumachen

Bei einem derartigen Behelfe, an den man sich gewöhnt hatte, entbehrten also die damaligen Newa- und Nowgorod-Fahrer eine Hauptmündungsstadt an der Seeküste nicht sehr. Aber auch die stets unsicheren und wechselnden politischen Zustände, die Kriegsstürme, welche so lange Zeit den Newa-Mund umtobt haben, verhinderten das Aufkommen einer solchen.

Die Schweden und Russen führten häufige und lange Kriege, ja man kann fast sagen, einen fortgesetzten, nur zuweilen unterbrochenen blutigen Streit um den Besitz der Länder am Finnischen Meerbusen. Der Newa-Isthmus, der innerste Drehpunkt dieses Busens, bildete gewöhnlich das Schlachtfeld, auf welchem bald der russische Alexander Newskij, bald die schwedischen Birker und Thorkel Knutson siegten. Keine Partei vermochte die Position dauernd zu halten und bei ihr eine Stadt zu gesicherter Blüthe zu bringen. Die Schweden legten zwar um das Jahr 1300 bei der Newa-Mündung nahe bei der Stelle, auf der jetzt St. Petersburg steht, eine Stadt an, die sie „Landskrona“ (des Landes Krone) nannten. Es war ein für die Lage des Ortes beim Zusammenfluss aller Binnengewässer sehr bezeichnender, höchst passender und viel verheissender Name. Aber die Russen eroberten und zerstörten diese Landeskrone sehr bald wieder. Sie ihrerseits befestigten um das Jahr 1324 ebenfalls an der Newa, oberhalb St. Petersburg, ihr Städtchen Orechowetz. Aber die Schweden, die nach 15 Jahren abermals die Newa heraufkamen, eroberten und zerstörten die russische Befestigung wieder. Die beiden genannten kleinen Newa-Orte hatten dreihundert Jahre lang das Schicksal, wiederholt aus einer Hand in die andere zu gehen, bald zerstört, bald wieder aufgebaut zu werden, wobei sie denn auch zuweilen ihre Namen wechselten. So nannten die Schweden das russische Orechowetz, wenn sie es in der Hand hatten „Nöteborg“ (Nüsseburg), was übrigens nur eine Uebersetzung des Russischen war. So wurde „Landskrona“ nach einer Zerstörung und einem abermaligen Aufbau „Nyenschanz“ (die Newa-Schanze) oder „Schanz ter Nyen“ (die Schanze an der Newa) genannt [1].

Es ist begreiflich, sage ich, dass, so lange keine Macht entschieden die Oberhand behielt, auf dem Newaisthmus keine grosse Handelsstadt aufblühen konnte. Wohl aber vermochten die Hanseaten es für gewöhnlich, sich mitten durch die beiden streitenden Parteien in's Innere hindurchzuarbeiten. Sie waren damals bei den Schweden selbst einflussreich und diese mussten sie daher gewöhnlich unmolestirt passiren lassen. Sie waren eben so auch den Russen in Nowgorod lange Zeit unentbehrlich und sie wurden daher auch von diesen meistens nicht angefeindet. Sie mochten mithin oft sogar mitten in den stets tobenden schwedisch-russischen Kriegen ihren Handel fortsetzen und nach Nowgorod hinaufgelangen.

Waren aber die politischen oder die atmosphärischen Wetterzustände in der „Kesselbucht“ und bei der Newa gar zu schlimm, so benutzte der russische Handel dann eine Zeit lang, oder auch während ganzer mehr oder weniger langer ungünstiger Perioden als Stapelplätze die Häfen Finnlands, Esthlands und auch Livlands, welches letztere, wie ich sagte, die Binnengegend von Nowgorod in einem — freilich etwas weiten und entfernten — Halbkreise umgab. Namentlich kamen auch während des Winters, wenn zwischen dem Ilmensee und dem Meere alle Sümpfe und Seeen mit Eis überbrückt und alles Festland mit glatter Schneebahn bedeckt war, wenn die See- und Flussschifffahrt aufhörte, die sogenannten „Landfahrer“, d. h. die livländischen Kaufleute aus Dorpat, Pernau, Reval und Riga etc. nach Nowgorod, um den Austausch und Verkehr mit dem Westen Europa's fortzuführen.

Das ganze Mittelalter hindurch trieb Nowgorod diesen Handel mit den Hanseaten und bestand als Haupt-Stapelort des Newagebiets am Ilmen-See. Verschiedene Umstände, innere Parteiung, Bürgerzwiste und äussere Feinde führten seinen Zerfall und Untergang herbei. Auf denselben Wegen, auf denen es so viele willkommene Waaren aus den Wolgalanden bezogen hatte, *an der Twerza hinauf, über*

[1] S. Nachricht von der ehemaligen Stadt Nyenschanz in Müller's Sammlung russischer Geschichten. Band V. S. 572.

den Waldai-Rücken und längs der Msta Kerab marschirten im 15. und 16. Jahrhundert seine schlimmsten Feinde heran, die Truppen der Moskauschen Zaren, die nach Abwerfung der Mongolenherrschaft im innersten Kern von Russland erstarkt waren und darnach strebten, ein einiges Reich wie zur Zeit Wladimirs und Monomachs wieder herzustellen und alle verstreuten Gliedmassen des grossen Körpers von Neuem an sich zu ziehen. Sie, erst Iwan der Grosse am Ende des 15. Jahrhunderts und dann hundert Jahre später Iwan der Schreckliche, griffen die ihnen verhasste Republik an, und brachten sie endlich unter ihr Regiment, indem sie die fremden Kaufleute, deren Handel sie als die Quelle des Reichthums und der Widerstandskraft der Nowgoroder betrachteten, theils vertrieben, theils als Gefangene in's Innere ihres Reichs abführten. Gegen Ende des 16. Jahrhunderts unterdrückte und züchtigte Iwan der Schreckliche den letzten Aufstand der republikanischen Nowgoroder mit einem furchtbaren Blutbade und mit Zerstörung der Stadt, deren Leben und Handelsenergie seitdem so ziemlich geknickt war und blieb.

Obgleich Iwan auf die besagte Weise der Rolle, welche Nowgorod so lange als Vermittlerin des Nordostens mit dem Westen gespielt hatte, eine Ende machte, so erkannte doch auch er, dass Russland der West-Europäer nicht entbehren könne, dass es ohne die Fremden gegen die Fremden nichts auszurichten vermöge. Er strebte auf alle Weise westeuropäische Künstler, Handwerker, Militärs und Kaufleute in sein Land zu ziehen und unter ihm mehrte sich in Moskau die kleine Colonie von Ausländern, die sich daselbst zu bilden angefangen hatte. Auch verlangte er wieder nach dem Besitze eines Seehafens und Handelsplatzes mit dem Auslande. Er war in gewisser Hinsicht ein Vorläufer und Vorarbeiter Peter's d. Gr. Doch konnte er, da die Polen und Schweden ihm noch zu mächtig waren, an der Ostsee und am Finnischen Meerbusen noch nicht festen Fuss fassen. Zu seiner Zeit und auch noch einige Zeit nach ihm begnügten sich die Russen, indem sie bei ihren Handels-Bewegungen den Finnischen Meerbusen und die Newa auf einem weiten Umwege umgingen, mit einem hoch im Norden gelegenen Luftloche zum Westen. Die Engländer hatten, im Jahre 1553 das Nordkap umsegelnd, den Seeweg zur Mündung der Dwina wieder gefunden und dort war der Seeplatz Archangel aufgeblüht, in welchem nun dieselben Leute, die ehedem in Nowgorod verkehrt hatten, d. h. die Westeuropäer, nämlich die Engländer und mit ihnen die Holländer und dann auch die Hamburger und Bremer (die Hanseaten) dieselben Waaren holten und brachten, für die ehedem das Newa-Land (Nowgorod) der Hauptmarkt gewesen war.

Da Russland bald nach Iwan dem Schrecklichen (im Anfange des 17. Jahrhunderts) durch innere Unruhen für einige Zeit wieder zerrüttet und geschwächt wurde, Schweden aber um dieselbe Zeit unter Gustav Adolph sich auf den Gipfel seiner Macht erhob, so fielen in dem uralten und zwischen beiden Völkern stets fortgesetzten Kämpfe um den Besitz der den Finnischen Meerbusen umgebenden Länder diese den Schweden zu: ganz Finnland im Norden, Esthland im Süden und im Osten Ingermanland, Karelien, die Newa-Mündung und fast der ganze Strich um den Ladoga-See herum. Ja die Russen in Nowgorod wählten damals sogar einen schwedischen Prinzen, Carl Philipp, den Bruder Gustav Adolph's, zu ihrem Regenten, ungefähr in derselben Weise, wie ihre Vorfahren vor 800 Jahren den Normannen Rurik zu ihrem Fürsten erkoren hatten. Es schien fast, *als sollten für das gesammte Newa-Land in Folge seines geographischen Verhältnisses zu Skandinavien die alten varägischen Zeiten wiederkehren.*

Gustav Adolph glaubte dies selbst. Denn in einer Rede, die er bald nach dem Frieden von Stolbowa (i. J. 1617) und gleich nachdem er auf einer Reise die Mündung der Newa und ihre Nachbarschaft in Augenschein genommen hatte, vor den schwedischen Ständen hielt, sagte er: „eine der grössten Wohlthaten, die Gott den Schweden erzeigt, sei die, dass der Russe, mit dem die Schweden am „Finnischen Meerbusen stets in einem ungewissen Zustande und in „einer gefährlichen Lage gelebt hätten, nun auf ewig das Räubernest „fahren lassen müsse, von wo aus er Schweden so oft beunruhigt „habe. Nun kann dieser Feind", sagte Gustav, „ohne unsern Willen „nicht mit einem Boote in die Ostsee kommen. Die grossen Seeen „Ladoga und Peipus, breite Moräste und starke Festungen trennen „uns von ihm. *Russland ist von der Ostsee ausgeschlossen.*" — Bei der Newa-Mündung auf dem Bauplatze des jetzigen St. Petersburg wurde ein Stein errichtet mit den drei Kronen Schwedens und folgender Inschrift: „Hier hat der König von Schweden, Gustav „Adolph, die Grenze seines Reichs gesetzt. Möge sein Werk unter „Gottes Obhut von Dauer sein!" [1])

Die Kriege Gustav Adolph's mit den Russen und seine Siege über

---

[1] S über dies Alles E. G. Geiger. Geschichte Schwedens. Hamburg 1836. Band III. S. 36 sqq.

sie waren für das Handelsleben im Newa-Gebiet eben so ungünstig, wie es jene zerstörenden Einfälle der Moskauischen Zaren in dieses Gebiet aus Süden und der aufblühende Handel über Archangel im Norden gewesen waren. Zwar dachte der König von Schweden auf eine neue Belebuug des Verkehrs mit Russland vermittelst des Finnischen Meerbusens. *Er wollte, dass dieser Verkehr fortan über Reval gehen solle*, welche Stadt er auf mancherlei Weise förderte, und die auch als in vieler Hinsicht günstig gelegen, schon früher ein bedeutsamer Stützpunkt und eine viel benutzte Zwischenstation in dem Hanseatischen Handel mit Nowgorod gewesen war.

Gustav Adolph's Nachfolgerin Christine dagegen beabsichtigte im Jahre 1638 *das Reval gegenüber liegende Helsingfors* und die kleinen Inseln Sandve (Sandholm) zu einem grossen Hafen für den russischen Handel zu machen, dieselbe kleine Insel, auf der schon im Jahre 1557 der schwedische König Gustav I. etwas Aehnliches versucht hatte.

Ein Zeitlang hatten die Schweden auch schon in der Mitte des 16. Jahrhunderts *einen russischen Handel über Wiborg* gefördert, während um dieselbe Zeit die Lübecker versucht hatten, ihre alte Verbindung mit den Newaländern (mit Nowgorod) *über das Wiborg gegenüberliegende Narwa* wieder herzustellen.

Endlich hatten sich unter schwedischer Regierung auch *an der Newamündung selbst in jener, in alten Zeiten gebauten, oft zerstörten kleinen Festung Landskrona, die nun „Nyenschanz" (Newaburg) hiess, schwedische und deutsche Kaufleute angesammelt* und hier einen so lebhaften Handel mit Russland begonnen, dass die Zahl der daselbst am Ende des 17. Jahrhunderts einlaufenden Seeschiffe sich in manchen Jahren schon auf über 100 belaufen haben soll.

Alle jene Häfen, Stationen und Stapelplätze, die je nach den politischen Verhältnissen bald hie, bald da an den Küsten des Finnischen Busens Wurzel schlugen und sich einer vorübergehenden Handelsblüthe erfreuten, kann man *als Nachfolger Nowgorods und als Vorläufer St. Petersburgs* ansehen. Die Nützlichkeit und Nothwendigkeit einer vermittelnden Handelsmetropole am Finnischen Meerbusen wurde also stets gefühlt. Aber die Versuche, eine solche zu schaffen, konnten keinen grossen Erfolg haben, so lange nicht der ganze zu ihm naturgemäss gehörende Ländercomplex und auch das ganze zu ihm hinführende System von Wassercommunicationen unter eine planmässig und mit Nachdruck einwirkende Oberleitung gekommen war. Selbst die für Städtebau vortheilhaftesten geographischen

Positionen sind gleichsam nur rohe Edelsteine oder Naturanlagen, die der Mensch erst bearbeiten, denen er auf mancherlei Weise nachhelfen muss, indem er die zur Befestigung seiner Ansiedelung gebotenen Vortheile benutzt, die rauhen Naturwege, die zu ihr hinführen, bessert, die natürliche Schiffbarkeit der Flüsse, welche auf sie hinzielen, durch Kunst erhöht, und auch das, was die Natur zu einem System oder gleichsam zu einem Organismus zusammenfügen wollte, nicht durch politische Spaltungen, durch Kriegszustand, durch hinderliche Zollgränzen etc. stört und zerreisst, sondern vielmehr das ganze geographische Gebiet planmässig auch zu einem politischen und commerciellen Ganzen zusammenfasst.

Jener von den Russen in Nowgorod zum Herrscher erwählte schwedische Prinz Carl Philipp vermochte sich nicht zu behaupten. Gustav Adolph selbst gab die eine Zeitlang gehegte Idee, das ganze alte Fürstenthum Nowgorod mit Schweden zu vereinigen, wieder auf und begnügte sich im Jahre 1617 im Frieden von Stolbowa mit den oben von mir angegebenen Abtretungen. Unter seinen Nachfolgern hielt sich Schweden nicht sehr lange mehr auf der Höhe der Macht und des Ansehens, auf die er es gebracht hatte. Dagegen arbeitete sich Russland, nachdem es unter dem Hause Romanow seine innere Krankheit während der Demetrischen Unruhen überwunden hatte, wieder mächtig und siegreich aus dem Innern hervor und fing in der letzten Hälfte des 17. Jahrhunderts an, nach allen Seiten zu allen Meeren hin seine Gränzen auszudehnen.

Zu derselben Zeit schickte ihm der Himmel einen grossartigen, energischen und weitblickenden Geist zum Regenten, und dieser, Peter der Grosse, nahm die Ideen und Bestrebungen seiner Vorgänger, Iwan II. Wassiljewitsch, Boris Godunow und Alexej Michailowitsch, Russland durch Verbindung mit dem Auslande zu stärken, mit besseren Mitteln, grösserer Ausdauer und überlegenem Genie wieder auf. Der weit entlegene Hafen Archangel und das tief im Innern versteckte schwer erreichbare Moskau genügten ihm dazu nicht. Er strebte nach dem Besitze des Asowschen und Kaspischen Meeres. *Vor allen Dingen aber neigte er sich wieder zu der Ostsee, dem Newagebiete und dem Finnischen Meerbusen hin, indem er dabei einer uralten Tendenz Russlands und seiner Gewässer folgte.*

In dem grossen nordischen Kriege, den er im Anfange des 18. Jahrhunderts zum Zwecke der Rückerwerbung der Provinzen am Finnischen Meerbusen gegen Schweden hervorrief, bewegte sich Peter der Grosse *längs der beiden Hauptarme des Newa-Systems* heran. Bewaffnete Fahrzeuge baute er an der nordöstlichen Branche desselben und segelte mit ihnen über den Onegasee, auf dem Swir und dem Ladoga, den Schweden Seeschlachten liefernd, zur Newa herab. Landtruppen und schweres Geschütz zog er von Moskau her auf der südlichen Branche über Twer, den Waldairücken und Nowgorod längs des alten Wanderweges der Russen nach Ingermanland, zum Finnischen Meerbusen und zur Newa herbei.

Hier kam er, nachdem er, durch Unglücksfälle und Niederlagen gewitzigt, es gelernt hatte, die Schweden auch zu Lande zu schlagen, mit hinreichender Macht im Jahre 1702 an, erstürmte die alte Wächterin des Ladogasees, die von den Schweden besetzte Festung „Nötheburg", die er sogleich „Schlüsselburg" benannte, weil sie ihm den Zugang zum Meere, dem Ziele seines Trachtens, aufschloss.

Im folgenden Jahre 1703 betrat er dann den Newaisthmus selbst, eroberte die kleine schwedische Festung und Handelsstadt Nyenschanz (Newaburg), versetzte und sammelte ihre Bewohner wieder etwas unterhalb, ganz nahe dem Meere hinter Wall und Graben in einer Festung, die er dem heiligen Petrus widmete. Es geschah dies am 16. Mai 1703, daher dieses Datum als der Geburtstag der grossen Stadt betrachtet wird, die bald darnach aus dem an so fruchtbarer und günstiger Stelle ausgestreuten Samenkorn emporwuchs.

Sobald Peter diesen Punkt, den uralten Kampf- und Schlachtenwinkel der Schweden und Russen, gewonnen hatte, dachte er vor allen Dingen auf fernere Befestigung und militärische Sicherung desselben gegen die Schweden. Er zog sofort auch die vor der Mündung der Newa als Wächter liegende Kessel-Insel mit in den Plan seiner Befestigung und baute daselbst Kronstadt und Kronslott. Auch rüstete er See- und Kriegsschiffe aus, um seine junge Anlage auch auf dem Wasser vertheidigen zu können. Seine Nachfolger haben allmählig sowohl diese Flottenanfänge, als auch jene Landbefestigungen weiter entwickelt und zu ganz formidablen Bollwerken ihrer Residenzstadt gemacht, so dass diese jetzt eine der am besten gesicherten und unangreifbarsten Positionen Europas geworden ist.

Vollständig beherrscht man aber einen strategisch und commerciell wichtigen Punkt erst dann, wenn man auch seine ganze mit ihm zusammenhängende Umgebung bis zu einer gewissen Entfernung bewältigt hat. Nachdem er das innere Newagebiet und die zu der Mündung führenden Naturbahnen besetzt hatte, trachtete Peter der Grosse daher auch darnach, sich zum Meister der vom Meere herbeiführenden Wege und Zugänge zu machen. Er eroberte und annectirte *im Süden des Finnischen Meerbusens, alle die von Deutschen bevölkerten Einlässe, Städte, Häfen und Provinzen*, mit denen das alte Nowgorod so oft in Krieg und Frieden verkehrt hatte und eben so auch einen Theil der schwedischen Lande im Norden jenes Meerbusens, das sogenannte „Altfinnland" oder Karelien, den zum Newagebiete natürlich gehörenden Flussarm des Woxen- und Saimasees, was ihm im Jahre 1721 gelang.

Seine Nachfolger haben diese Eroberungen fortgesetzt und haben im Frieden von Frederikshamm im Jahre 1809 *die gesammte nördliche Umgebung des Finnischen Meerbusens*, die ganze Provinz Finnland dem Territorium ihres Reichs und der Verkehrsdomäne ihrer Hauptstadt hinzugefügt, so dass nun alle die schönen *See- und Küstenpropyläen St. Petersburgs*, alle Gewässer, Häfen und Zuflüsse des Finnischen Meerbusens, des Mündungsbeckens der Newa, in ihrer Gewalt sind. Sie haben sie mit verschiedenen Festungsanlagen gewappnet und auch die Alandsinseln, welche als äusserste Thorwächter in der Nähe des Ausgangs dieses Busens liegen, mit Flottenstationen und Befestigungen versehen, durch welche sie nun *das ganze Wasser- und Wegesystem der Newamündung* abgeschlossen und sich unterwürfig gemacht haben.

Auch die Arbeit der Planirung der Umgegend St. Petersburgs zur Erleichterung des Transports und der Zufuhr wurde schon von Peter dem Grossen begonnen. Er liess das sumpfige Terrain überall an den Ufern der Newaarme mit Beihülfe vieler tausend herbeigerufener Arbeiter erhöhen und festigen. *Mit dem Wegebau* ging er von der Newamündung in drei Hauptrichtungen vor, erstlich *nach Nordosten* in der Richtung auf die grossen Seeen und auf die Dwinamündung, zu welcher hin er die Wälder lichten liess. Dann *nach Südwesten* in der Richtung auf Narwa und zu den Ostseeprovinzen. Diesen bisher grundlosen Weg liess er ebnen, mit Balken belegen und mit Sand überschütten. Auf den Vorschlag eines in Moskau etablirten englischen Ingenieurs liess er auch *den russischen Haupt- und Centralweg von St. Petersburg über Nowgorod nach Moskau* „so gerade als möglich nach der Gesichtslinie abstecken, um dadurch den Reisenden und Waarenzügen Umwege zu ersparen." Im Jahre 1718 wurde dieser Weg von der neuen Residenz zur alten Hauptstadt des grossen Reichs mit grossen Kosten bequemer gemacht, auch überall mit besseren Brücken versehen.

Peter's des Grossen Nachfolger haben seinen embryonischen Wegebau-Anfang weiter ausgearbeitet, die ganze Nachbarschaft von St. Petersburg in allen Richtungen auch nach Finnland hinein chaussirt, fahrbar gemacht, neuerdings mit Eisenschienen belegt und endlich auch die grosse russische Centralchaussee von St. Petersburg über Nowgorod nach Moskau hergestellt, auf demselben Wege, auf welchem die Moskauschen Zaren vom russischen Herzlande zum Newagebiete vormarschirt waren und in derselben südöstlichen Richtung, in welcher jetzt als einer Fortsetzung der Axe des Finnischen Meerbusens *auf der grossen Nikolai-Eisenbahn* zahlreiche Dampfwagen laufen, Waaren und Personen ins Innere schleppend.

Endlich fasste auch schon Peter der Grosse jene alten vermittelnden Lebens- und Berührungspunkte der Newawasser-Adern mit Zweigen benachbarter Flüsse ins Auge, alle die alten Woloki und Trageplätze, welche als Thore, Passage und Uebergangsstellen seit frühesten Zeiten in Thätigkeit gewesen waren und das Newa-System rings umher umgaben *und plante ihre Ausputzung und Vervollständigung durch Schifffahrtskanäle.* Er untersuchte sie fast alle in eigener Person und liess auch während seines Lebens schon mehrere Kanalarbeiten ausführen. Gleich im ersten Jahre nach der Gründung der St. Petersburger Festung (1704) wurde der wichtigste und centralste Kanal, der von Wischnji-Wolotschok zwischen Newa und Wolga, zu bauen angefangen und darnach im Laufe des 18. Jahrhunderts beständig vervollkommnet und weiter ausgebildet. Auch an anderen Stellen wurden jene von der Natur angedeuteten Schleussen zwischen Wolga und Newa, so wie auch zwischen der Dwina und Newa weiter geöffnet und die Flusssysteme durch künstliche Wasserwege inniger verknüpft, so unter andern durch den Wytegra- und den Tichwinschen Kanal, die dann später vervollkommnet wurden.

Auch die stürmischen und für die gebrechlichen Flussbarken gefährlichen Seeen, die im Newagebiet hinderlich zwischen die Flüsse traten, wurden von Peter und seinen Nachfolgern an ihren Seiten mit Kanälen armirt und umgangen, der Ladogasee mit dem Ladogakanal, der zu verschiedenen Zeiten von Flussmündung zu Flussmündung fortgesetzt und rund um die Südküste des Sees herumgeführt wurde, — der Onegasee mit dem Onegakanal, einem dem Ladogakanal ähnlichen Kunststrassensystem im Süden dieses Sees. Auch der Ilmensee wurde durch einen Kanal umgangen und endlich versuchte man auch auf der alten Warägerstrasse vom Ilmen längs der Lowat südwärts zum Dnjepr und zum Schwarzen Meere mit Kanälen (mit dem Weliki-Lukischen und Beresinaschen Kanal) nachzuhelfen.

So wurde von Peter den Grossen und seinen Nachfolgern rings um das Newagebiet herum eine Klappe nach der andern geöffnet und gebessert und der Waaren- und Personenverkehr strömte alsdann allseitig immer reichlicher und mächtiger zu der Newamündung und ihrem Hafen St. Petersburg herab. Man kann sagen, dass fast alle Wege- und Kanalbauten, die in Russland im vorigen und in dem gegenwärtigen Jahrhundert unternommen und ausgeführt wurden, sich auf diese Stadt und ihr Stromgebiet bezogen und nur Ausbesserungen der zur Newa hinführenden Naturwege gewesen sind, *so dass dadurch St. Petersburg denn am Ende über die Hälfte des gesammten Export- und Importhandels Russlands an sich gezogen hat.*

Um dies vollständig zu bewirken, haben freilich sowohl Peter der Grosse als auch seine Nachfolger anfänglich noch mit manchen anderen politischen und finanziellen Massregeln nachgeholfen. Sie verstopften den Hafen von Archangel, zwangen die dortigen Kaufleute nach St. Petersburg überzusiedeln und verfuhren ähnlich gegen die Häfen von Reval, Riga etc., deren Handel sie zum Vortheile St. Petersburgs durch allerlei Verbote beschränkten. In der Neuzeit, als St. Petersburg feststand, konnten diese Verbote und Monopolien freilich wieder aufgehoben werden.

Die Waaren, welche St. Petersburg jetzt empfängt und giebt, sind wieder ungefähr dieselben, welche in seiner den alten Schifffahrtsverhältnissen gemäss weiter binnenwärts gelegenen Vorgängerin Nowgorod zusammenströmten. Nämlich von der einen, der Meeresseite, die Industrieerzeugnisse des Westens und von der andern, der Binnenlandseite, die rohen Erzeugnisse der Viehtriften, Wälder und Aecker Russlands.

Die Parallele zwischen Nowgorod und St. Petersburg, die ich im Vorstehenden mehr nur andeuten als im Detail ausführen kann, wirft ein helles Licht auf die geographische Stellung und historische Wichtigkeit des Newafluss-Systems und seines weiten Mundes, des Finnischen Meerbusens und zeugt am stärksten für die richtige Wahl Peter's des Grossen und für seinen strategischen und politischen Scharfblick.

Eine detaillirtere Analyse der Bevölkerung, der Handelsbewegung, des Waarenverkehrs und auch aller geistigen Bestrebungen und wissenschaftlichen Institute, so wie dann eine noch eingehendere Schilderung aller bei St. Petersburg aus Nähe und Ferne zusammenlaufenden Natur- und Kunstbahnen, würde freilich die Eigenthümlichkeit seiner geographischen Lage in noch helleres Licht stellen und zeigen, dass St. Petersburg wie allerdings fast alle Städte, so zu sagen, in allen seinen Bestandtheilen, Organen und Poren ein Product seiner Weltstellung ist. Doch glaube ich in dem Obigen *die wichtigsten Elemente dieser Weltstellung* angedeutet zu haben [1].

J. G. Kohl.

Ueber den jetzigen Zustand der Volksmedicin in Turkestan.

Auf der letzten St. Petersburger, sowie noch vollzähliger auf der Moskauer polytechnischen Ausstellung befand sich eine Sammlung pharmaceutischer Gegenstände, welche von Herrn Fedschenko aus Turkestan mitgebracht worden und welche die dort vorzugsweise angewendeten Heilmittel repräsentirt. Ueber diese Sammlung, die, wie zu erwarten, vom grösseren Publikum nicht genügend gewürdigt worden, möchte ich hier einige Mittheilungen machen, die vielleicht im Stande sind, nicht allein für sie, sondern überhaupt für die turkestanische Volksmedicin einiges Interesse auch in weiteren Kreisen zu erwecken.

Nachdem ich schon früher durch zwei Publicationen eines in Turkestan angestellten Kronsapothekers Palm — leider nicht viel mehr als Verzeichnisse sehr verstümmelter Namen — auf den Reichthum der dortigen Materia medica aufmerksam gemacht worden war, [2] benutzte ich die mir 1871 durch eine Reise meines Kollegen Petzholdt

[1] Im Anschluss an die vorliegende Arbeit gedenken wir in einem der nächsten Hefte einen Artikel zu bringen, der unter Benutzung neueren statistischen Materials auf einzelne Punkte des gegenwärtigen Aufsatzes ausführlicher zurückkommt. D. Red.

[2] St Petersburger pharmaceutische Ztschr. Jg. 9. p. 65 (1870) u. Archiv f. Pharmacie. Bd. 199 p 226 (1872).

gebotene Gelegenheit, um mir über den Zustand der turkestanischen Volksmedicin nähere Aufschlüsse zu verschaffen und einige der von Palm genannten Droguen in meine Hände zu bringen. Gleich diese erste Beschäftigung mit dem Gegenstande, deren Resultate ich in der St. Petersburger pharmaceutischen Zeitschrift publicirt habe,[1] verschaffte mir die Ueberzeugung, dass hier ein in culturhistorischer Beziehung sehr anziehendes Untersuchungsobject zu gewinnen sei, und ward für mich Veranlassung, während meiner Anwesenheit in Moskau gelegentlich der polytechnischen Ausstellung gerade der ersterwähnten Sammlung meine Aufmerksamkeit zuzuwenden. So habe ich denn — Dank der Liberalität der Herren Fedschenko und Krause, deren Bekanntschaft ich in Moskau gemacht — nach und nach über 250 verschiedene Heilmittel aus den centralasiatischen Gebieten in Händen gehabt, und mit Unterstützung meines früheren Kollegen Bunge fast alle, von denen bisher nur die in Turkestan gebräuchlichen Namen, nicht die wissenschaftliche Bezeichnung, die Abstammung etc. bekannt war, bestimmen können. Ich habe Ursache anzunehmen, dass ich solchergestalt die bei weitem grösste Mehrzahl aller in Turkestan benutzten einfachen Heilmittel kennen gelernt habe. Schon Petzholdt hatte auf meinen Wunsch hin sich mit einem turkestanischen Arzte Domla-Mohammedu in's Einvernehmen gesetzt, welcher ihm bei Auswahl der von mir gewünschten Mittel behülflich war und über dieselben persisch geschriebene Notizen, Excerpte aus einem in seinen Händen befindlichen, von ihm hoch verehrten medicinischen Manuscripte, anfertigte. Die Letzteren, welche sich auf den Fundort und die Wirkungsweise beziehen, habe ich dann später mit den kurzen Angaben vervollständigt, mit denen Fedschenko seine Aufzählung der Medicamente im Katalog der auf der Moskauer Ausstellung vorkommenden turkestanischen Abtheilung begleitet.[2] Es ist hier natürlich nicht der Ort, über alle die von mir untersuchten Heilmittel ausführlich zu berichten, letzteres habe ich bereits in einem Fachjournal[3] gethan, von dem es genügt, hier den Namen zu nennen. Nur über die Resultate meiner Arbeit, soweit diese allgemeineres Interesse erregen können, soll hier die Rede sein. Ich hoffe zeigen zu können, dass sich die Volksmedicin in Turkestan ziemlich genau auf dem Standpunkte erhalten hat, den sie zur Zeit ihrer Einführung durch

[1] B. 11. p. 420 u. 458 (1872).

[2] Каталогъ туркестанскаго отдѣла политехнической выставки p. 49.

[3] Neues Repertorium f. Pharmacie B. 22 p. 129 u. 194 (1873).

die Sendboten des Muhammedanismus inne gehabt haben muss, so dass sie sich, trotzdem fremde Einflüsse nicht unmöglich gewesen wären, doch von diesen sehr rein zu erhalten vermochte.

Zu diesem Zwecke wird es angezeigt sein, hier einige Notizen über die arabische Medicin, wie sie sich bei den Zeitgenossen Muhammeds und den ersten Anhängern seiner Lehre entwickelt hat, vorauszusenden. Es ist bekannt, mit welchem Eifer die Zeitgenossen und ersten Bekenner Muhammed's bemüht waren, sich wissenschaftliche Kenntnisse anzueignen. Was sich von der Wissenschaft der Griechen noch in Alexandria, in Kleinasien und Persien erhalten, was Nestorianer und Platoniker von derselben in Syrien und Arabien lehrten, wurde, man kann wohl sagen, mit bewunderungswürdiger Schnelligkeit aufgenommen und festgehalten. Besonders gilt dies von den Ueberresten naturwissenschaftlichen und medicinischen Wissens. Syrisch-christliche und jüdische Gelehrte mussten schon im siebenten Jahrhundert die damals wichtigsten griechischen Schriftsteller, den Aristoteles, den Dioskorides ins Arabische übertragen, auch der Plinius wurde zum Theil übersetzt und bald auch namentlich der Galen ausgenutzt. Wenn uns die Nachricht aufbewahrt worden, dass man nicht nur mit den aus Griechenland stammenden Früchten der Wissenschaft sich zufrieden gab, dass man bereits zu Anfang des siebenten Jahrhunderts und später auf Befehl Harun el Raschid's Sendboten nach Indien abfertigte, welche namentlich medicinische Kenntnisse zu sammeln beauftragt waren, dass man weiter schon zu Ende des achten Jahrhunderts eine persische und arabische Uebersetzung von zwei der wichtigsten medicinischen Werke der indischen Literatur, des Susrutas und Karakasanhitâ, besessen, so ist doch der Einfluss dieser letzteren niemals recht gross gewesen. Wer einmal die älteren Schriften der indischen Aerzte mit denen der Griechen, die Materia medica der einen und anderen verglichen hat, muss zugestehen, dass hier zwei ganz verschiedene Richtungen der Medicin vertreten sind, die, wenn sie einen gemeinsamen Anfang hatten, doch gewiss sehr früh auseinander gingen und die sich später sehr wenig beeinflusst haben. Bei den Arabern haben wir es mit einer Fortsetzung des griechischen Zweiges zu thun, der erst dann auf sie überging, als in Griechenland, Kleinasien, in Alexandria und in Rom bereits das Licht wahrer Wissenschaft durch das überwuchernde Unkraut des krassesten Aberglaubens fast erstickt war. Die arabische Medicin, wie sie sich in den Schriften des neunten bis zwölften Jahrhunderts, im Rhazes, Avicenna, Averrhoes, Serapion, Ebn Baithar etc.

uns darstellt, ist vorzugsweise ein mattes Spiegelbild der spätgriechischen. Alles dies geht vor Allem schon aus einem Vergleich der Materia medica, wie sie sich bei den erwähnten Autoren zusammengestellt findet, mit der in den Werken des Dioskorides und Galen vorkommenden hervor. Wenn in der Materia medica der Araber aus Indien oder China stammende Heilmittel vorkommen, so lässt sich fast von allen beweisen, oder doch mit einiger Bestimmtheit vermuthen, dass schon Dioskorides und Galen sie gekannt haben. Aber nicht immer wörtlich und zuverlässig waren die Uebersetzungen der griechischen Schriftsteller, welche der Araber benutzte, abgefasst und nicht immer stimmt, wenn — wie das fast überall geschieht — für ein Medicament oder dessen Mutterpflanze Beschreibungen der genannten griechischen Autoren citirt werden, diese mit den Angaben, welche wir in den uns erhaltenen Schriften jener Autoren lesen.

Es spricht sich in der Art, wie die alten Araber Medicin trieben, eine merkwürdige Hast aus. Nur möglichst schnell, möglichst viel zusammenzutragen, das schien die Aufgabe der damaligen Gelehrten zu sein. Die Quantität musste ersetzen, was an Qualität verloren wurde. Rhazes u. A. bekannten es ganz aufrichtig, dass die verschiedenen Meinungen der Alten sie nur verwirrten und dass sie sich deshalb lieber ausschliesslich an einen Autor, den Galen, den Dioskorides halten wollten. Und auch davon konnte nicht oder doch nur während kurzer Zeit die Rede sein, dass man die Lehren dieser Autoren fortzubilden, weiter zu entwickeln versuchte. Muhammed selbst hatte ja den Geist seiner Jünger in starre Fesseln gelegt, das eigene Denken und Forschen untersagt und für dieselben die schwersten Strafen des Himmels in Aussicht gestellt. Was half es da, dass schon in den ersten zwei Jahrhunderten zahlreiche gelehrte Schulen, welchen die Pflege der Wissenschaften zur Aufgabe gemacht war, gegründet wurden. Sie und ihre Angehörigen konnten nur immer und immer wieder das bekannte Dogma fortpflanzen, mit den Hülfsmitteln der Dialektik, an einzelnen Buchstaben des geschriebenen Wortes deuteln und die verschiedenen Deutungen registriren. Wer noch einmal wagte, einen eigenen Gedanken zu fassen, der trug ihn gewiss nicht als den seinen vor, sondern schob ihn einem älteren Autor unter. Speciell den Medicinern mag oft das Beispiel des Nadr vorgeschwebt haben, des Sohnes jenes berühmten Harit ben Kaldah, welcher zur Vervollständigung seiner Kenntnisse nach Indien gereist war und sich dann an der medicinischen Schule in Sanaa niederliess. Nadr wurde auf Befehl Muhammed's getödtet, weil er indische und persische Traditionen lehrte, welche der Prophet für ungläubige erklärte. Zum Theil erklären sich die geschilderten Zustände aus dem Charakter der ersten Muhammedbekenner. Gewiss aber sind sie zum grossen Theil auch hervorgerufen durch die Nebenzwecke, welche man bei Erwerbung wissenschaftlicher Kenntnisse im Auge hatte. Der Islamismus sollte mit allen verfügbaren Mitteln verbreitet, die ganze bewohnte Erde ihm unterworfen werden. Schwert und Feuer mussten hier als Mittel zum Zweck ebenso dienstbar gemacht werden, wie Wunder und Aberglaube, wie die Resultate der Wissenschaft, welche dem Ungebildeten nur zu oft den Eindruck des Staunenswerthen, Wunderbaren verursachen. Und welcher Theil der Wissenschaft liess sich wohl besser in dem Kampfe des Islamismus verwerthen, als die Arzneikunde? Wer sich als Arzt bei seinen Nebenmenschen einführt, der findet sicher leicht willkommenen Eintritt, das beweisen die reisenden Naturforscher aller Zeiten.

Die Geschichte lehrt uns, wie schnell sich von der Heimathsstätte aus die Lehre Muhammed's über einen grossen Theil Asien's, Afrika's und einen Theil Europa's verbreitet hat. Religion und Wissenschaften wurden gemeinschaftlich ausgestreut. Wohin man kam begann der Kampf, nicht nur um die irdische Herrschaft über den Grund und Boden, auch für den neuen Glauben und für das, was der Sarazene für Wissenschaft hielt. Wo der alte Glaube der unterjochten Völker vernichtet wurde, da hielt man es meist auch für überflüssig, Rücksicht auf die wissenschaftlichen Traditionen derselben zu nehmen. Schulen wurden errichtet, Gelehrte mit grossen Opfern an denselben angestellt, aber ihre Aufgabe war nicht, neue Wahrheiten aufzufinden, sondern das Ueberlieferte zu bewahren und lehrend den unterjochten Eingeborenen vorzutragen. Fast nirgends, wohin der Muselmann kam und wo er sich als Herrscher behaupten konnte, findet sich jetzt noch eine Spur der den Ureinwohnern des Landes gehörigen Volksmedicin und nur dort, wo ihnen ein zäher Widerstand Schritt für Schritt den Boden streitig machte, sah man sich veranlasst die bestehenden Gebräuche des Volkes etwas mehr zu berücksichtigen oder gar den einen oder andern derselben sich anzueignen. Wer die arabischen Schriften des Serapion und Ebn Baithar, d. h. die Schriften von Medicinern, welche eine Zeitlang in Spanien gelebt haben, kennt, weiss was ich hiemit sagen will. Er weiss in diesen Autoren den Beleg dafür zu finden, dass die medicinischen Kenntnisse der vorgefundenen Bevölkerung einen gewissen, wenn auch nur geringen Eindruck gemacht haben. Der Einfluss ist gerade in Spanien sogar grösser wie in Theilen Indiens und Chinas, wo man doch auch in ein altererbtes, relativ hoch entwickeltes Kulturleben eingriff. Wo es in Indien gelang sich festzusetzen, da führte man auch die Medicin ein; von dem was ein paar Meilen davon vor sich ging, nahm man keine Notiz. Ich habe schon vorhin behauptet, dass der Einfluss der indischen Medicin in der ersten Zeit auf diejenige der Araber höchst gering war und ich füge noch hinzu, dass er auch bis heute gering blieb.

In China endlich haben die eingeborenen Aerzte eher etwas von den eindringenden Fremdlingen aufgenommen, als auf diese vererbt. Darüber kann kein Zweifel sein, trotzdem der Chinese eiligst dem von fremden Völkern Entlehnten ein heimatliches Gewand anzieht und sich eifersüchtig den Anschein giebt, als wahre er nur sein aus grauester Vorzeit von den Ahnen ererbtes Eigenthum.

So ist es durch Jahrhunderte geblieben, an vielen Orten bis zum heutigen Tage, nirgends aber, soweit mir bekannt, so ausgesprochen wie in Turkestan und den zunächstgelegenen Theilen Centralasiens.

Wir besitzen eine Anzahl von Schilderungen der medicinischen Zustände, wie sie augenblicklich in der Türkei, in Aegypten, in Arabien, Mesopotamien, bei Tataren, Persern und Hindostanern beobachtet werden. Fast mit denselben Worten findet man in ihnen die Ausübung der Heilkunde dargestellt. Ueberall sind es vorzugsweise Geistliche, die sich mit der Krankenbehandlung abgeben, überall heilen sie nach, als Manuscript vorliegenden, Leitfaden, deren hohes Alter meistens besonders hervorgehoben wird und überall wird durch den berichtenden Augenzeugen das starre Festhalten an den überlieferten Lehren und die grosse Neigung, das Wunderbare mit zu Heilzwecken herbeizuziehen, angedeutet. Auch über die wichtigeren Medicamente, welche in den genannten Ländern angewendet werden, liegen uns theilweise sehr ausführliche Berichte von Forskal, Husson, Sam. Gottl. Gmelin, Goebel, Honigberger, Ainslie u. A. vor und auch bei diesen ist die Uebereinstimmung unter einander und mit der vor 900—1000 Jahren niedergeschriebenen Series medicaminum der alten arabischen Schriftsteller, ja noch weiter mit der vor 1700—1900 Jahren von Galen und Dioscorider gebrauchten, in die Augen fallend.

Es soll nicht geleugnet werden, dass hie und da in einem Lande einmal ein Mittel vorkommt, welches dort in nächster Nähe zugänglich und welches wir in anderen Gegenden nicht angewendet finden, welches auch nicht erwähnt wird in den Schriften der alten Autoren.

Sehen wir uns aber diese Medicamente etwas näher an, so bemerken wir bald, dass fast durchgängig statt ihrer ein anderes Mittel der alten Schrifsteller fehlt, ein Mittel, welches äusserlich ihnen ähnlich ist und von dem die gleiche Wirkung wie von ihnen behauptet wird. Sie sind nur ein in der Nähe zu erlangender Ersatz für etwas innerlich und äusserlich Aehnliches, das da schwer oder nur mit grossen Opfern erlangt werden kann. Das ist eine Regel, man möchte fast sagen ein Gesetz, im Laufe der Zeiten, bei den verschiedensten Völkern tausendfach bewährt, dass, wo ein bekanntes und erprobtes Heilmittel durch Verlegung von Wohnsitzen, durch veränderte Handelsbeziehungen, oder irgend andere Gründe schwer erreichbar wird, man an seine Stelle ein anderes leichter zugängliches setzt, bei dessen Auswahl zunächst äussere Uebereinstimmung leitet, über dessen endgiltige Annahme aber auch die inneren Qualitäten entscheiden. Vielleicht finde ich einmal Gelegenheit, auf diesen kulturhistorisch nicht uninteressanten Satz näher eingehen zu können.

Bekannt ist es, welchen grossen Einfluss die Entdeckung Amerikas auf die Ausbildung der europäischen Medicin ausgeübt hat. Schon das eine Factum, die Einführung der Chinarinden in die europäische Praxis bezeichnet einen Wendepunkt in der Geschichte der Medicin. Sehr bedeutend ist die Zahl der amerikanischen Heilmittel, welche man seitdem in Europa in Anwendung gezogen hat, klein aber die Zahl derer, welche in den uns Europäern am meisten zugänglichen muhammedanischen Ländern, der Türkei, Aegypten etc. Eingang gefunden. Nur die allerwichtigsten amerikanischen Sachen, ausser Chinarinde, besonders Brechwurzel, Jalapa und einige andere sind nach langem Widerstreben angenommen worden.

Dafür aber schreibt der muhammedanische Arzt dem von Alters her benutzten Heilmittel seines Arzneischatzes noch heute dieselben Wirkungen mit denselben Worten zu, wie jene Lehrmeister, welche vor 1000 oder 1700 Jahren gelebt haben. Wer einmal derartige Stellen einsehen konnte, glaubt Stellen aus dem Avicenna oder Serapion, oder gar aus dem Galen und Dioscorides zu lesen. Das ist am Ende nicht allzu wunderbar, falls das beschriebene Medicament die behaupteten Wirkungen in der That besitzt, es wird aber in hohem Grade auffällig, wenn, wie das so äusserst häufig sich zuträgt, diese Wirkungen ihm irrthümlich zugetheilt werden. Denn keine Wissenschaft fordert so sehr dazu auf, zu beobachten, zu prüfen, Erfahrungen zu sammeln, als die Medicin. Hier liegt eine despotische Knechtung eines der mächtigsten Triebe jeden Volkes und jeder Zeit vor: die von der Natur gebotenen Objecte mit dem Menschen in Beziehung zu bringen, ihren Nutzen für das Geschlecht zu erproben und das schlechtere durch besseres zu ersetzen. Ich bin mir, indem ich diese Behauptung niederschreibe, wohl der Erfahrung bewusst, dass sich der Mensch in Befolgung dieses Triebes häufig geirrt hat, ja dass für ihn gerade die objective Beurtheilung seiner Medicamente — ich erinnere nur an die Aphrodisiaca — häufig nicht geringe Schwierigkeit macht. Aber selbst wenn ich alle diese schwierigen Fälle ausschliesse, bleiben noch immer Beispiele genug, wo eine Kritik möglich, sogar leicht gewesen wäre. Vergessen wir nur eines nicht, dass bei den Muhammedanern eigentlich nirgends mehr jener ursprüngliche Zustand herrscht, wo Kranker und Arzt in einer Person vereinigt sind. Fast durchweg ist bei ihnen die Heilkunde in den Händen von priesterlichen Personen, die nicht selbst leiden und bei denen die Einflüsse der Subjectivität ausgeschlossen sein sollten. Was leisteten gegen diese Priester die altgriechischen Vorfahren des Hippokrates, die, wo sie eine glückliche Kur ausgeführt, die Beschreibung derselben auf Wachstafeln eingruben und an den Wänden ihrer berühmten Tempel zu Kös etc. zu fortwährendem Gedächtniss aufhingen. Welche gewaltige Unterstützung haben sie dadurch dem grossen Altvater der medicinischen Wissenschaft gewährt.

Die Uebereinstimmung, welche wir in Bezug auf das innere Wesen der in verschiedenen muhammedanischen Ländern ausgeübten Volksmedicin antreffen, bemerken wir auch in den äusserlichsten, mit der Ausübung derselben zusammenhängenden Nebendingen wieder. Ausser der Klasse der Mullahs, gewissermassen der Aristokratie unter den Aerzten — das Wort »Mullah« bedeutet ja nichts anderes als Gelehrter — gab es noch eine zweite Klasse niedriger stehender Heilkünstler, der Tabibe, wie schon im alten Griechenland und Rom neben den eigentlichen Aerzten die Gymnasiarchen etc. vorkamen, wie noch heute in England neben Doctoren die Chirurgeons. Der Verkauf der Medicamente geschieht auf den Bazaren der grösseren Städte in eigenen Arzneibuden, die meistens einem Tabib gehören, wie in England einem Chirurgeon. Nur in kleineren Ortschaften findet der Medicamentenverkauf in den Läden der Handelsleute statt. In den Arzneibuden geschieht die Aufbewahrung der Medicamente in Säcken, Beuteln, verschiedengestaltigen Gläsern und Kästen alles bunt durcheinander, untermischt mit Talismanen, durchaus nicht in anlockender Sauberkeit und Ordnung. Solche Zustände schildern uns die Reisebeschreibungen über die Türkei und über Aegypten, ebenso wie diejenigen aus Persien oder Hindostan.

Und in Turkestan? Ja, indem ich die medicinischen Verhältnisse der anderen unter das Joch des Islam gezwängten Länder schilderte, habe ich zugleich ein Bild der Zustände, welche in Turkestan und den anliegenden Ländern herrschen, gegeben. Die Leser der „Russischen Revue“ haben im ersten und zweiten Hefte des Jahrgangs I. derselben einen Aufsatz von der sehr competenten Hand Lerch's gelesen, welcher die politischen und socialen Zustände dieser Länder ausmalt. Sie haben aus ihm ersehen, wie selbst heute noch der Kampf der eingewanderten Semiten gegen das eingeborene arische Element nicht aufgehört hat und wie auch heute noch der Mullah den Wunderglauben des Volkes benutzt, um sich Einfluss und Ansehen zu erkämpfen. Wir dürfen wohl zufügen, dass auch heute noch die Medicin zu diesem Zweck ihm ein willkommenes Mittel darbietet, wie sie es schon vor 800 Jahren war, als man, namentlich im Hinblick auf ihre Bedeutung für die Unterjochung Centralasiens, nach dem Muster der berühmten Academie in Gondischapur resp. Bagdad eine wissenschaftliche Lehranstalt und Bibliothek in Buchara schuf.

Bis auf den heutigen Tag scheinen sich die Ueberbleibsel dieser Anstalten erhalten zu haben. Noch heute weist man denjenigen, welcher nach der Quelle der medicinischen Wissenschaften in jenen Gegenden fragt, nach Buchara. Und noch heute erhält man, wenn man nach dem Bezugsort der einzelnen Medicamente fragt, sehr häufig die Antwort Samarkand oder Buchara, selbst wo nachweislich die Mutterpflanze auch im eigentlichen Turkestan vorkommt.

Von 218 Droguen, über deren Bezugsquelle mir Mittheilungen zugänglich waren, sollen in Turkestan wildwachsend oder cultivirt 71 vorkommen, in Samarkand und Buchara zusammen 50; aus Chokand, Chiwa und Kabulistan wird je eine hergeleitet; als persischen Ursprungs werden 7, als indischen 62, als chinesischen 12 genannt. Aus Arabien und der asiatischen Türkei sollen 6, aus Aegypten 1, aus Europa 4 importirt sein. Diese letzteren sind indessen in Asien seit den Zeiten der alten Autoren bekannt und nur weil sie billiger und bequemer von den russischen Kaufleuten erlangt werden, kauft man sie *jetzt* von diesen. Auch sonst ist nicht bei allen die Gegend genau angegeben, in der sie gesammelt wurden, sondern bei manchen beziehen sich die gemachten Angaben auf den Ort, von wo sie bezogen wurden. Dadurch kommen z. B. eine Anzahl aus Persien, Arabien und Abyssinien stammender Waaren: Weihrauch, Myrrha etc. als indische vor. Auch auf den europäischen Droguenmärkten findet man Sorten „indischen" Weihrauchs, „indischer" Semesblätter etc., die aus Arabien oder Abyssinien von den anlaufenden Ostindienfahrern zuerst nach Indien und dann erst nach Europa gebracht wurden. Bei ihnen bedingt lediglich der Handelsweg das Epitheton. Auch andere falsche Angaben kommen hie und da vor, mitunter recht interessante. Ein Beispiel, wie sich im Laufe der Zeit Angaben über die Bezugsquelle einzelner angesehener Heilmittel geändert haben, möge uns das mit dem Namen „Sufa" belegte Kraut bieten. Dasselbe — eine Nepetaart, die bisher noch nicht botanisch beschrieben zu sein scheint — entspricht dem Isop unserer Bibel. In den alten arabischen Schriftstellern, die ihre Kenntniss dieser Pflanze Juden oder syrischen Christen verdanken, wird als Heimath derselben die heilige Stadt dieser, Jerusalem, angegeben. Der schon früher genannte persische Arzt, welcher Petzholdt beim Einkauf der Droguen unterstützte, nennt als solche sein heiliges Mekka; Fedtschenko erfuhr, dass sie aus Shehrisebs bezogen werde und letzteres wird wohl die richtige Abstammung andeuten.

Wie gering in dieser Gegend, bei der die Berührung mit den Chinesen, überhaupt mit mongolischen Stämmen, doch eine mannigfaltige war und ist, der Einfluss dieser letzteren geblieben, beweisen folgende Zahlen. Nur 12 Heilmittel von 226 werden als aus China stammend bezeichnet und von ihnen kannten die Griechen (Galen) mindestens schon 6, die arabischen Aerzte mindestens 7. Keiner der vorhandenen Namen zeigt auch Anklänge an das Chinesische oder Thibetanische, es sei denn, dass der chinesische Name dem indischen oder persischen Namen nachgebildet wäre. Das liegt nicht daran, dass überhaupt nicht die chinesische Medicin über die Grenzen Chinas und Japans hinausgegangen wäre. Bis in die Gegend von Sarepta haben die Kalmücken die medicinischen Kenntnisse der Chinesen (Thibetaner) gebracht, die sich bis auf den heutigen Tag fortwährend verwerthen. Bis zur Stunde hat man dort für Medicamente dieselben Namen, wie sie in Thibet gebraucht werden. Dass man in Centralasien einzelne chinesische Medicamente wohl zu schätzen und aus ihnen auch in merkantiler Beziehung Nutzen zu ziehen verstand, geht schon aus dem Umstand hervor, dass es Bucharen waren, welche fast 150 Jahre lang den russisch-chinesischen Rhabarberhandel vermittelten.

Ebenso gering wie derjenige Chinas blieb der Einfluss Indiens, trotzdem auch mit diesem Lande die Handelsverbindungen ziemlich bedeutend sind und früher noch umfangreicher gewesen sein müssen. Mit der Angabe aus Indien stammend, finden sich unter den untersuchten 226 Droguen 62. Aber wie schon gesagt, ist ein Theil derselben mit Unrecht so bezeichnet. Von diesen kannten die alten Griechen nachweislich bereits mindestens 46, die Zeitgenossen des Ebn Baithar noch mindestens weitere 8. Allerdings kommen in den turkestanischen Namen der Heilmittel häufiger Anklänge an in Indien gebräuchliche Benennungen, namentlich an solche des Sanscrit vor. Man darf indessen auch dies nicht als Beweis für einen directen indischen Einfluss verwerthen, weil nur dort sich jene finden, wo das Medicament auch bei den Persern sie führt. Die Namenähnlichkeit erklärt sich einfach aus der nahen Verwandtschaft der persischen Sprache mit dem Sanscrit und ist hier um so weniger auffällig, als überhaupt die Mehrzahl der Benennungen mit denen übereinstimmt, welche jetzt oder früher in Persien für denselben Gegenstand gebräuchlich. Namentlich sind auch alle Gruppenbezeichnungen: Bekh — Wurzel, Gul — Blüthe, Tochm — Same, Chabb — Frucht, desgleichen die adjectivischen Zusätze: sefid — weiss, surch — roth etc. der persischen Sprache angehörig.

Diese letztere ist überhaupt die Schriftsprache der turkestanischen Aerzte. Die medicinischen Werke sind in dieser Sprache und auch die Notizen Domla-Mohammed's, welche mir vorliegen, sind in derselben abgefasst.

Die Abhängigkeit der turkestanischen Volksmedicin von der altarabischen und griechischen beweisen folgende Zahlen. Von 226 Medicamenten, bei denen überhaupt genügende Notizen vorliegen, waren sicher mindestens 210 den Zeitgenossen des Ebn Baithar bekannt und sicher 172 dem Dioscorides oder Galen; oder es sind doch die jetzt gebräuchlichen nur als Substitute für ihnen ähnliche Mittel zu betrachten, welche in den Schriften der alten Autoren vorkommen. Die Differenzen zwischen den jetzt und ursprünglich benutzten Mitteln sind meistens sehr gering. Was will es z. B. sagen, wenn statt der alten Scillazwiebel (Piyaz-i-'unsul) diejenige eines Erythronium; statt des Stengels von Cuscuta Epithymium L. (Aftimum), diejenigen der Cuscut. Lehmanniana B.; statt der Lotosblüthen (Nemofar und Gul i Nilufar), die der Nymphaea alba; statt des alten Absynthium (Achsantin) die Blüthenspitzen der Artemisia filipendula v. leptocline; statt der Blüthen von Lavandula Stoechas (Istuchados), diejenigen der Prunella vulgaris; statt der sogenannten

Zimmetblüthen (Normuschk), die Ovarien einer andern Cinnamomumart; statt der Frucht der Juniperus phoenicea (Abschall), die der J. foetidissima; statt der Frucht der Cichorie (Tochm i Kosni), diejenige einer Vernoniaart; statt der alten Flohsamen, die der Plantago Isphagula (Isphagul); statt des Foenum graecum (Chulba) die Samen einer nahverwandten Trigonella angetroffen werden. Nur in einigen wenigen Fällen ist die Substitution eine gröbere, oder es hat sich vielmehr im Laufe der Zeit eine wirkliche Verwechselung häufig zweier altangewendeter Mittel ausgebildet. Zu diesem rechne ich z. B. das Vorkommen eines Valerianarhizoms statt des alten Asaron (Aasarun), der Mandragorawurzel statt der langen Aristolochia (Sirauwandi tawil) der Bryonia für die bittere Costuswurzel (Kusti taleh), der Knolle von Bongardia Rauwolfii C. A. Meyer statt der runden Aristolochia (Sirauwandi Mudergatsch) und der Schirlingsfrüchte statt derjenigen der Anispflanze — letzteres allerdings eine gefährliche aber durch äussere Aehnlichkeit erklärbare Verfälschung. Hätte ich nicht bei verschiedenen Lieferungen aus ganz verschiedenen Zeiten und Gegenden wenigstens der vier zuerst genannten Mittel stets dasselbe erhalten, so würde ich geradewegs an ein Versehen des Händlers glauben.

Mitunter sind übrigens diese Substitutionen gar nicht so neuen Datums. Der Name, unter welchem mir die Schirlingsfrüchte zukamen, ist Badian rusni, derselbe steht gewiss für Badian rumi d. h. wörtlich übersetzt römischen Fenchel und dieser wurde schon in alter Zeit wie noch heute in Europa im Gegensatz zum gewöhnlichen Fenchel (Arpa Badian in Persien und Centralasien) gebraucht. Schon beim Ebn Baithar bedeutet aber der Name Badian rumi wie noch heute in Persien den Anis. Auch die Substitution des Latus mit unserer weissen Teichrose kommt schon beim genannten Autor und namentlich beim Serapion vor, desgleichen diejenige einer Aconitknolle für eine Art Zedoaria (Dschadwar). Oft sind die alten Autoren selbst schon auf den Irrthum aufmerksam gemacht worden und haben denselben öffentlich anerkannt und trotzdem hat er sich bis auf den heutigen Tag erhalten. Ebn Baithar führt neben der Aconitknolle Dschadwar auch die durch sie verdrängte Zedoaria wieder ein und noch heute kommen sie nebeneinander und die erstere mit dem ihr nicht zukommenden Namen vor. Ebenso bemerkten schon die alten Autoren, dass mitunter anstatt des Lasursteines die viel leichter zugängliche Kupferlasur benutzt wurde. Ebn Baithar unterscheidet schon vom harten, ächten Lasurstein den weichen; aber auch heute noch findet man in den turkestanischen Arzneibuden neben der Lau djuwar, dem ächten Lapis Lazuli, die Kupferlasur, von der ich dahingestellt lasse, ob der mir vorliegende Name Lal djuar nicht nur desshalb anders geschrieben wurde, weil er von Personen gehört und ausgesprochen worden, die der persischen Sprache nicht mächtig waren.

Schon aus den erst mitgetheilten Daten ersicht man, dass einige der jetzt noch gebräuchlichen Namen an griechische oder lateinische Bezeichnung erinnern. Ich glaube unter 240 mindestens 19 solcher Namen nachweisen zu können. (Chorikun — Agarikon, Turbut — Turpethum, Chowantschuba — Anchousa, Kusti — Costus, Aasarun — Asaron, Momiron — Mamiras, Sandal — Santalon, Aftimum — Epithymon, Istuchados — Stoechas, Nemofar — Nenuphar, Karanful — Caryophyllon, Achsantin — Absynthium, Kibbur — Kapparis, Tatura — Datura, Farangium — Euphorbion, Murud — Myrrha, Mastaki — Mastix, Schiresch — Syras, Cholindschan — Galanga.

Allerdings will ich nicht behaupten, dass alle diese Worte ächt graecolateinisch sind. Ein Theil von ihnen ist gewiss aus anderen Sprachen ins Griechische hinübergenommen, einzelne sogar aus semitischen und dann wieder aus dem Griechischen ins Arabische etc. übergegangen. Der Name Schiresch — Syras scheint zu diesen zu gehören. Schon Sprengel hat in seiner Geschichte der Botanik bemerkt, dass dieses Syras wohl aus dem Punischen stammen und mit dem hebräischen Schoresch d. i. Wurzel verwandt sei.

Dieses Schiresch und das gleichfalls schon erwähnte Normuschk können hier auch noch als Beispiel von Substanzen genannt werden, die in den alten Autoren zwar genannt werden, über deren richtige Deutung man aber bisher in Zweifel gewesen. Die arabischen Aerzte wussten, dass das Schiresch eine Wurzel sei. Mehrere von ihnen hatten sie mit dem Asphodelus der Griechen zusammengeworfen, aber andere, z. B. Ebn Baithar behaupteten, dass sie dieser nur ähnlich, nicht mit ihr indentisch wären. Durch die Berichte aus Turkestan ist es nun ausser Zweifel, dass die Schiresch zwar von Verwandten der ächten Asphodillpflanze (Ammolirion und Eremurusarten), aber nicht von dieser selbst abstamme. Von Normuschk war nur bekannt, dass es eine sehr aromatische Blüthe oder nicht ausgewachsene Frucht bedeuten müsse, die aus Indien stamme. Schon der Name machte auf scharf aromatische Eigenschaften aufmerksam: Nar — Feuer, Muschk — eigentlich Hode, dann Moschus und endlich überhaupt Starkriechendes. Auch räth Ebn Sina, dass wenn sie fehle, man für sie ein Gemenge von Ingwer und Pistazienrinde gebrauchen möge. Das passt nun Alles auf die echten Zimmtblüthen. Noch bei anderen turkestanischen Mitteln sind ähnliche Conjecturen zulässig, die der Untersuchung der turkestanischen Materia medica nicht geringen Reiz verleihen. Doch verweise ich in Betreff ihrer auf meinen schon zu Eingang citirten Aufsatz.

Was die jetzt angenommenen Wirkungen der Heilmittel anbetrifft, so sind bisher meine Nachrichten für die meisten nur dürftig. Für manche ist nur die vorzüglichste Verwendung angegeben, für einige auch diese nicht. Wo aber bei einem schon bei Griechen oder arabischen Autoren bekannt gewesenen Mittel sich derartige Angaben finden — gewiss bei über drei Viertel aller mir vorliegenden —, da wird dieselbe Wirkung behauptet, wie früher von Avicenna, Serapion, Ebn Baithar, oder von den Lehrmeistern dieser, dem Dioscorides und Galen.

In einer Beziehung weicht das Arzneiwesen in Turkestan etwas ab von demjenigen anderer muhammedanischer Länder und zwar darin, dass sich in Turkestan die alte Tradition noch reiner erhalten hat, als in diesen. Es sind namentlich zwei Richtungen, in denen eine geringe Aenderung der alten Medicin sich z. B. in Morokko, Aegypten, der Türkei, in Arabien, Persien etc., in einem Lande mehr im andern weniger erkennen lässt. Einmal werden überhaupt nicht mehr so viel Kuren mit innerlichen Mitteln ausgeführt und dann hat man sich im Laufe der Zeit doch, wie ich schon eben bemerkte, nicht völlig abschliessen können gegen das Eindringen von modernen Medicamenten, namentlich solchen, welche aus der neuen Welt stammen. Der erstere Umstand erklärt sich leicht aus dem Wesen des Muhammedanismus. Wo so wie bei diesem der strengste Fatalismus und der ausgesprochenste Wunderglaube herrscht, da wird ein Volk um so weniger Gewicht auf Medicamente legen, je strenggläubiger es ist. Die glücklich verlaufende Kur wird in seiner Meinung nur desshalb diesen Verlauf gehabt haben, weil es im Buche der Vorsehung so vorgezeichnet war und auch ohne das genommene Mittel wäre dasselbe Resultat erlangt worden. Ja es musste sich, wie das nach Rohlfs z. B. in Morokko der Fall ist, sogar ein Misstrauen gegen innerlich zu nehmende Medicamente ausbilden, schon weil das Volk weiss, dass nur in gewissen Dosen die Heilmittel zuträglich sind und dass sie in grösseren meist Schaden verursachen.

Wo in Morokko ein innerlich genommenes Mittel nicht Linderung der Krankheit bringt, wo wohl gar eine Verschlimmerung des Uebels nach demselben eintritt, da hat es der Arzt schwer, sich vor den Folgen des Unmuthes und Misstrauens, vor dem Verdacht, ein Gift gereicht zu haben, zu schützen. Selbstverständlich wird er hier lieber auf den Gebrauch innerlicher Mittel verzichten und an ihrer Stelle den Wunderglauben des Volkes benutzend, Amulette und dergleichen zu Hülfe nehmen.

Von den in der alten Welt spät bekannt gewordenen Medicamenten sind es besonders die Sarsaparilla, die Brechwurzel, die Jalapa, die Chinarinde und das aus ihr bereitete Chinin, die in einzelnen Ländern allmählig angenommen sind. In Marokko findet man nach Rohlfs namentlich die drei ersteren in Gebrauch, in Aegypten und Arabien wurden sie schon vor 100 Jahren von Forskal angetroffen, auch in Persien und Hindostan verwerthet man sie. Und dass fast im ganzen Orient schon seit langer Zeit der aus Amerika stammende sogenannte spanische Pfeffer cultivirt wird, dass derselbe eines der wichtigsten Gewürze und Arzneimittel geworden, allerdings vielleicht, weil man ihm die schon bei den alten Autoren einem ganz andern Heilmittel, dem Capsicum oder Piperitum zugesprochenen Eigenschaften beigelegt hat, ist allbekannt.

Wenn wir nun auch in Centralasien gleichfalls eine grosse Vorliebe für Heilungen durch übernatürliche Mittel, durch Amulette, Reliquien und dergleichen finden, so beweisen doch die bereits mitgetheilten Zahlen, dass immer noch ein bedeutender Respect vor den altüberlieferten Medicamenten geblieben ist. Aber auch nur vor diesen lässt er sich constatiren. Von den obenerwähnten modernen Heilmitteln kommt, soweit ich erfahren konnte, nur der spanische Pfeffer und das China, letzteres als ein von den Russen erst in allerjüngster Zeit eingeführtes Medicament vor. Wenn in Fedtschenko's Katalog der turkestanischen Ausstellung auch der Name Sarsaparilla zu lesen ist, so bezeichnet derselbe doch nicht *die* Drogue, welche jetzt in Europa, in Nord-Afrika, Arabien, Persien, Indien unter diesem Namen vorkommt, sondern ein schon seit Jahrhunderten bekanntes chinesisches Heilmittel, die sogenannte Chinawurzel, die man früher irrthümlich von einer den Sarsaparillapflanzen verwandten Smilaxart abgeleitet hat. Für das Vorkommen der Brechwurzel und der Jalapa in Turkestan habe ich keine Anzeichen erlangen können.

Unter den von mir bearbeiteten Stoffen sind 3 thierischen, 20 mineralischen und 227 pflanzlichen Ursprungs. Ich glaube auf dieses Ueberwiegen der pflanzlichen Medicamente, namentlich vor den thierischen aufmerksam machen zu müssen. Es charakterisirt die Zeit des Verfalls bei der griechischen und römischen Medicin, dass in ihr die Vorliebe für thierische Heilmittel bedeutend zunimmt. Zur Zeit des Galen benutzte man deren bereits sehr viele und natürlich gleichen die alten arabischen Autoren auch hierin wieder ihren Lehrmeistern. Dass in Persien noch zu Ende des vorigen Jahrhunderts, ja noch heute manche dieser, oft höchst ekelhaften, Thierstoffe benutzt werden, geht aus den Schriften Sam. Gottl. Gmelins und Honigbergers hervor. Hier in Turkestan scheint die Neigung für Heilmittel aus dem Thierreiche nur sehr gering zu sein.

Endlich macht es fast den Eindruck, als zeige sich in Turkestan auch insofern eine Abweichung von dem anderwärts Gebräuchlichen, als mehr einfache Medicamente verordnet werden, wie zusammengesetzte. Fedtschenko spricht geradewegs die Behauptung aus, dass meistens nur einfache Medicamente gereicht würden. In Persien und anderen Orten ist das nicht der Fall. Gmelin hat uns eine grössere Anzahl von Recepten mitgetheilt, die zur Zeit seiner Reise in Persien verordnet wurden und die sich würdig jenen complicirt gemischten Latwergen etc. anreihen, wie sie schon zur Zeit der Alexandriner allmählig in Gebrauch kamen, wie wir sie zu hunderten bei Galen aufgezeichnet finden und wie sie namentlich das 5. Buch von Avicenna's Canon uns bewahrt hat. Ich glaube, dass wir die obige Behauptung Fedtschenko's doch mit einiger Vorsicht verwerthen müssen. Sieht man nämlich bei den einzelnen Heilmitteln sich die kurzen Angaben Fedtschenko's über Art der Darreichung etwas näher an, so liest man fast durchweg: „das Mittel wird in Abkochungen, Aufgüssen, Pulvern etc. *in Gemenge mit anderen Mitteln*" also nicht für sich verbraucht. Ich kann, bis ich über diesen Gegenstand weitere Erfahrungen gesammelt, nur annehmen, dass die Droguen von Mullah oder Tabib dem Patienten einzeln ausgehändigt werden mit dem Auftrage, er möge sich selbst die verordneten Präparate und Mischungen aus ihnen anfertigen. Der turkestanische Heilkünstler macht darin einfach zwei Concessionen. Die erste macht er dem Misstrauen des Publikums, welches, wo es sich seine Mischungen selbst anfertigt, bessere Controlle zu üben im Stande ist. Ihr Motiv ist dasselbe, welchem folgend im 15. bis 17. Jahrhundert auch in Italien und Deutschland Deputationen der Magistrate bei Anfertigung der Theriake etc. zugegen sein mussten. Die zweite Concession macht der Arzt seiner eigenen Bequemlichkeit oder Faulheit.

Schade, dass mir bisher Nachrichten über die häufiger vorkommenden zusammengesetzten Medicamente der Turkestaner nicht erreichbar waren.

Alle die zuletzt erwähnten Besonderheiten der turkestanischen Volksmedicin beziehen sich doch eigentlich nur auf Nebendinge. Die Hauptsache ist und bleibt vorläufig die schon zu Eingang dieses Aufsatzes erwähnte Uebereinstimmung mit den Traditionen der arabischen Autoren des 9. bis 13. Jahrhunderts und das Factum, dass diese Uebereinstimmung hier grösser, wie sonst irgend wo anders gefunden ist. Turkestan steht augenblicklich noch der arabischen Quelle näher, wie im 14. und 15. Jahrhundert Italien und Deutschland, als die an die Araber anknüpfende sogenannte salernitanische Schule in diesen Ländern die herrschende war.

Möchte der Gegenstand doch weitere Beachtung finden, in dieser Zeit, wo eben erst europäische Cultur in jene fernen Gegenden getragen wird. Man würde jetzt noch gewiss Gelegenheit finden, vielleicht die letzte, welche sich darbietet, um sich über manche bisher nicht verstandene Stelle der alten arabischen Autoren Licht zu verschaffen.

DRAGENDORFF.

Statistische Notizen über das Königreich Polen[1].

2. Das Gouvernement Kjelce.

In Folge der neuen administrativen Eintheilung des Königreichs Polen aus dem Jahre 1867 ist durch Abgrenzung vom Gouvernement Radom das gegenwärtige Gouvernement Kjelce entstanden, welches fast gänzlich die Grenzen der nach dem Jahre 1831 eingegangenen Wojewodschaft Krakau einnimmt. Es bildet den südwestlichen Theil des Königreichs, grenzt im Westen an das ebenfalls neu entstandene

[1] S. Russ. Revue I. S. 479—489.

Gouvernement Petrikau, im Süden an Galizien, im Osten und Norden an die Gouvernements Radom und Petrikau. Der Boden ist hügelig. Die das Gouvernement durchziehenden von Osten nach Westen laufenden Bergketten sind die äussersten Ausläufer der Karpathen. Ihre höchsten Punkte: die Lysa gora und Lyshica erheben sich bis zu 1958' über den Meeresspiegel, liegen jedoch ausserhalb der Grenzen des Gouvernements, im Radom'schen. Das Gouvernement Kjelce stellt einen der schönsten Theile des Königreichs Polen dar. Die monotone Ebene hört auf. Berge und Thäler wechseln in schneller Folge und der Reisende, dessen Auge ans Flachland gewöhnt, ist entzückt über die Schönheit und Mannigfaltigkeit der Landschaft. Sehenswerth auch für den ausländischen Touristen sind die an der Grenze des Gouvernements gelegenen Heiligen Kreuz-Berge, mit ihrem altehrwürdigen von Boleslaus Chrobry gegründeten Kloster, sowie das felsen- und höhlenreiche am Prondnik-Flusse gelegene Ojcow, die polnische Schweiz genannt. Das Land ist fruchtbar, besonders die östlichen an die Weizen-Gefilde von Ssandomir grenzenden Gegenden.

Dem Flächeninhalte nach ist das Gouvernement Kjelce eines der kleinsten des Königreichs, denn es umfasst nur 170 QM.; es zerfällt in 7 Kreise: Kjelce 32,7 QM., Jendrshewo 24,1 QM., Wloschowa 23,1 QM., Olkusch 23 QM., Miechow 22,8 QM., Pintschow 20,3 QM., Stobnica 26,9 QM.

Die Bevölkerung betrug im Jahre 1870 518,370 Seelen. Im Jahre 1871 wurden 11,590 Knaben und 11,575 Mädchen geboren (darunter 22,517 eheliche und 547 uneheliche Kinder), es starben 5,854 Männer, 6045 Frauen, zusammen 11,890 Personen. Der Zuwachs beträgt demnach 5,736 männliche und 5,580 weibliche Individuen, oder zusammen 11,266 Seelen, so dass am 1. Januar 1872 die Gesammt-Bevölkerung 529,370 (258,056 Männer und 271,580 Frauen) betrug. Im Jahre 1871 wurden 3,922 Ehen geschlossen und zwar 263 in den Städten und 3656 in den Landgemeinden. Der Nationalität nach besteht die Bevölkerung mit Ausschluss der Juden (51,661) und eines geringen Bruchtheils deutscher Kolonisten und Arbeiter aus Polen und bekennt sich zum römisch-katholischen Glauben. Die Zahl der hier angesiedelten Russen ist unbedeutend, das Militär natürlich nicht gerechnet, welches im Jahre 1872 5914 Köpfe betrug.

An Gewässern besitzt das Gouvernement als ein Berg- und Hügelland eine bedeutende Anzahl von Flüssen und Bächen, die in den Bergen entspringend nach dem Hauptflusse, der Weichsel abfallen. Zwar befindet sich hier auch das Quellengebiet eines andern Flusssystems, das der Warthe, aber dasselbe hat nur secundäre Bedeutung. Das Wassersystem der Weichsel ist vorwiegend. Zu ihm gehören die bedeutendsten Flüsse des Gouvernements: die Pilica, Nida, Nidshica, Shreniawa, Prschemscha, von denen der erste nach Nord-Osten, die anderen nach Süden fliessend in die Weichsel sich ergiessen. Schiffbar ist dieser letztere Fluss, welcher in einer Länge von 45 Werst die Grenze des Gouvernements gegen Galizien bildet, so wie die Nida in einer Länge von 90 Werst. Die Pilica wird erst schiffbar, nachdem sie die Grenzen des Gouvernements verlassen. Seen giebt es gar nicht; grössere Teiche wenige. Sümpfe von grösserer Ausdehnung, wegen der hohen, theilweise gebirgigen Lage des Landes ebenfalls keine; nur hier und da einiges Bruchland. Auf Grund einer mit Oesterreich vor mehreren Jahren abgeschlossenen Konvention, soll der Lauf der Weichsel auf der ganzen Strecke, auf der dieselbe die Grenze zwischen den zwei Staaten bildet, regulirt werden. Von der Durchführung derselben ist eine Belebung des Handels und Verkehrs zu erwarten, aber die Arbeiten am diesseitigen Ufer werden sehr langsam betrieben und ist eine Beendigung derselben vor Ablauf mehrerer Jahre nicht zu hoffen.

Das Klima ist gemässigt, dem Ackerbau günstig. Der Winter dauert nur 3—4 Monate. Alle Getreidesorten kommen zur Reife und alle Obstarten gedeihen, jedoch ist die Witterung im Westen, im Kreise Olkusch, rauher als in den östlichen Kreisen. Ueberhaupt scheint das Klima gegenwärtig rauher zu sein als in den früheren Jahrhunderten. Damals wurde, wie verschiedene Anzeichen beweisen, hier Weinbau in grösserem Maassstabe betrieben, was jetzt nicht mehr der Fall ist, obwohl auch gegenwärtig die Weintraube zur Reife gelangt. Auf einzelnen grösseren Gütern fängt man zwar wieder an, der Weinkultur grössere Aufmerksamkeit zu schenken, aber vorläufig lässt sich über den Erfolg dieser Bemühungen nichts Bestimmtes sagen. Man behauptet und wie es scheint nicht ohne Grund, dass die Lichtung der Wälder nach dem Norden zu einen ungünstigen Einfluss auf die klimatischen Verhältnisse nicht allein des Gouvernements Kjelce, sondern auch des ganzen Landes ausgeübt hat. Immerhin bildet das Gouvernement Kjelce den wärmsten und das Gouvernement Suwalki den kältesten Landstrich des Königreichs.

Der Boden ist nicht gleichmässig fruchtbar; die östlichen Kreise gehören zu den fruchtbarsten des Königreichs, die westlichen mehr zum Bergbau geeigneten sind weniger fruchtbar. Der Ackerbau wird namentlich von Seiten der grösseren Gutsbesitzer in mehr rationeller Weise betrieben, als in mehreren anderen Gouvernements. Er bildet die hauptsächlichste Beschäftigung der Bewohner, obwohl Bergbau und Industrie schon jetzt eine bedeutende Anzahl Arbeiter in Anspruch nehmen und in Kurzem wohl einen noch grösseren Einfluss auf die ökonomischen Verhältnisse des Landes ausüben werden. Man berechnet den kulturfähigen Boden im Gouvernement auf 809,896 Djessiatinen, davon sind Ackerland 432,322 Djessiatinen, 16,207 Djessiatinen sind unter Kolonisten vertheilt, 19,285 Djessiatinen zu Gärten verwendet, 62,761 Djassiatinen Wiesen, 74,339 Djessiatinen werden nicht kultivirt und 204,981 sind mit Wald bestanden. Das Verhältniss der Forsten zum Gesammt-Areal des Bodens wird in Folge der fortwährenden Waldverkäufe, die sowohl hier als im ganzen Lande stattfinden, immer ungünstiger.

Die Landwirthschaft wird hier, wie gesagt, in mehr rationeller

Weise betrieben, steht aber noch lange nicht auf der hohen Stufe der Vervollkommnung wie in Deutschland; immerhin macht sich unter dem Landvolke eine grössere Intelligenz in der Führung der Wirthschaften bemerkbar. Fast alle Dörfer haben Obst- und Gemüse-Gärten. In den an Galizien grenzenden Landstrichen wird die Gartenwirthschaft sogar in grösserem Style betrieben. Im Jahre 1871 wurden allein 900 Tschetwert Zwiebeln und 375 Tschetwert Gurken nach den galizischen Märkten ausgeführt. Auf den grösseren Gütern befinden sich fast ausnahmslos (mitunter schöne und ausgedehnte) Obst- und Gemüse-Gärten. Es sei hier erwähnt, dass das Gut Gjebultow im Kreise Miechow, dem Herrn von Bielski gehörend, die im Königreich Polen grösste Maulbeerpflanzung von über 11,000 Bäume aufzuweisen hat, dessen ungeachtet beschäftigt sich bis jetzt Niemand mit Seidenwürmerzucht. Dagegen betreiben die Landleute in einzelnen Gegenden z. B. in Sschtschno und Sagorsche die Bienenzucht in grösserem Umfange. Zuckerrüben-Plantationen existiren nur in der Nähe der beiden Zucker-Fabriken Kasimiersha Wielka und Rytwiany, in den Kreisen Pintschow und Stobnica. Das zu denselben verwendete Areal beträgt 450 Djessiatinen und werden gegen 70,000 Ctr. Zuckerrüben jährlich producirt. Der allgemeine Ertrag der Ernte an Getreide wird für 1871 auf 2,379,221 Tschetwert berechnet, war aber wegen ungünstiger Witterungsverhältnisse um 480,863 Tschetwert geringer als im Jahre 1870. Dem Mangel an Arbeitern bei der Landwirthschaft wird theilweise durch die Bergbewohner aus den Karpathen abgeholfen, welche namentlich zur Erntezeit in starken Abtheilungen Arbeit suchend sich über das Land verbreiten. Ausserdem beschäftigen sich die Landleute hier und da mit Manufacturen, so z. B. werden in der Gegend von Skalbmiersh Flechten zu Korbwagen verfertigt, in Wislica Bauern-Pelze, in Nawarshice und Niegoslawice Leinwand und Drillich.

Die Industrie, namentlich die Montan-Industrie, ist im Gouvernement Kjelce verhältnissmässig stark vertreten. Besonders der Kreis Olkusch ist erwiesenermaassen reich an Erzen. In früheren Jahrhunderten wurde hier mit gutem Erfolge auch auf edle Metalle gebaut. Nach den letzten schwedischen Kriegen gerieth jedoch der Bergbau in Verfall und konnte sich seitdem nicht mehr recht heben, aber jetzt sind in dieser Beziehung wieder bessere Aussichten vorhanden. Auf den Metall-Reichthum, der sich im Schoosse der Erde birgt, aufmerksam gemacht, fängt das deutsche Kapital an hier massenweise hinzuströmen. Im Laufe des verflossenen Jahres sind bereits viele Landgüter im Kreise Olkusch in deutschen Besitz übergegangen, und die Preise von Grund und Boden bedeutend gestiegen. Deutsche Unternehmer wollen hier den Bergbau in grossem Maasstabe betreiben, einheimische Kapitalisten werden ohne Zweifel ihrem Beispiel folgen, es ist demnach vorauszusehen, dass in nicht ferner Zukunft diese Gegenden eine ganz andere Physiognomie erhalten, dass sie mit dem preussischen Ober-Schlesien rivalisiren werden, mit dem sie eine und dieselbe geognostische Beschaffenheit haben.

Vorläufig bestehen im Gouvernement 830 verschiedener Art Fabriken, von denen wir die wichtigsten anführen wollen: Ein der Regierung gehörendes Eisen-Hüttenwerk, dessen Production einen Werth von 713 Rbl. im v. J. repräsentirte, 16 Privat-Eisen-Hütten mit einem Productionswerth von 80,351 Rbl., 4 Hochöfen mit einem Productionswerth von 45,206 Rbl., 2 Fabriken mechanischer Erzeugnisse mit einem Productionswerth von 14,391 Rbl., 3 der Regierung gehörende Zink - Walzwerke mit einem Productionswerth von 152,000 Rbl., 3 der Regierung gehörende Galmai-Bergwerke mit einem Productionswerth von 83,970 Rbl., 1 Privat-Galmai-Bergwerk mit einem Productionswerth von 76,030 Rbl., 1 Zuckerfabrik mit einem Productionswerth von 100,000 Rbl., 6 Tuchfabriken mit einem Productionswerth von 315,300 Rbl., 4 Papierfabriken mit einem Productionswerth von 141,968 Rbl., 3 Glashütten mit einem Productionswerth von 21,415 Rbl.; 106 Branntwein-Brennereien mit einem Productionswerth von 1,944,657 Rbl., 31 Bierbrauereien mit einem Productionswerth von 46,258 Rbl.; 6 Branntwein-Destillations-Fabriken mit einem Productionswerth von 62,974 Rbl.; 2 Fabriken landwirthschaftlicher Maschinen mit einem Productionswerth von 19,700 Rubel; 1 Fabrik von Eisenerzeugnissen, mit einem Productionswerth von 10,200 Rbl.; 8 Seifensiedereien mit einem Productionswerth von 18,300 Rbl.; 49 Ziegeleien mit einem Productionswerth von 34,437 Rbl.; 33 Gerbereien mit einem Productionswerth von 58,200 Rubel; 16 amerikanische Dampfmühlen mit einem Productionswerth von 597,290 Rbl.; 298 Wind- und Wassermühlen mit einem Productionswerth von 251,349 Rbl. Zusammen wird der Productionswerth aller 830 industriellen Etablissements im Jahre 1871 auf 4,254,406 Rbl. berechnet. Die Zahl der in denselben beschäftigten Arbeiter betrug 3,193. Im Vergleich mit dem vorhergehenden Jahre 1870 stellt sich der obige Productionswerth um 26,050 Rubel höher, was sowohl der vermehrten Production der Zuckerfabrik in Kasimiersha-Wielka als auch dem rationelleren Betrieb der im Kreise Kjelce gelegenen amerikanischen Mühle zugeschrieben wird. Die grössten und wichtigsten Etablissements befinden sich im Kreise Olkusch. Ihr Productionswerth übersteigt allein die Summe von 1,114,165 Rbl. Eine hervorragende Stellung nehmen hier die industriellen Etablissements in Pilica ein, die aus einer Tuchfabrik, Papiermühle und Getreidedampfmühle bestehen. Der Gründer derselben ist der im verflossenen Jahre verstorbene, um die Hebung der Industrie im Königreich Polen hochverdiente August Moes. Der Productionswerth der Pilica'er Fabriken betrug im Jahre 1871 über 140,000 Rbl. Den zweiten Platz in der Montan- und industriellen Production nimmt der Kreis Kjelce ein. Hier befinden sich auch die schönen Marmorbrüche von Chenciny, deren Exploitirung früher ebenfalls stark entwickelt, jetzt aus Mangel an Kapital fast brache liegt, obwohl die Güte des dortigen Marmors allgemein anerkannt ist. Auf der polytechnischen Ausstellung in Moskau wurde demselben die grosse silberne Medaille zuerkannt. Es sei hierbei bemerkt, dass die Regierung die Absicht zu haben scheint, alle in ihrem Besitze befindlichen Berg- und Hüttenwerke sowie Fabriken nach und nach zu veräussern. Einige derselben sind bereits in andere Hände übergegangen, andere sollen in Kurzem verkauft werden. Der Privat-Industrie eröffnet sich daher ein ergiebiges Feld.

In Bezug auf die Montan-Industrie verdienen ganz besondere Erwähnung die in neuester Zeit, namentlich seit dem Jahre 1871 neuerdings in Exploitation genommenen Schwefelkieswerke von Tscharkowa an der Nida im Kreise Pintschow. Zwar wurde schon im XVI. Jahrhundert, unter der Regierung von Sigismund August Schwefel hier entdeckt, aber die Exploitirung begann erst im Jahre 1798 und wurde mit verschiedenen Unterbrechungen bis 1843 geführt. Im genannten Jahre hörten die Arbeiten aus Mangel an entsprechenden Mitteln zum Betrieb ganz auf, so dass mit der Zeit fast alle Spuren des früheren bergmännischen Betriebes ganz verschwanden. Erst die gegenwärtigen Besitzer von Tscharkowa, die Herren von Puslowski begannen von Neuem den Betrieb, nachdem sie mit grossem Kosten-Aufwande die nöthigen Entwässerungsmaschinen beschafft. Man berechnet den Reingewinn an Schwefel auf 40 % und wird angenommen, dass die Etablissements jährlich 40,000 Pud Schwefel liefern werden. In den bis jetzt entdeckten Schwefelkiesadern besitzt das Bergwerk gegen 1 Mill. Pud rohen Materials. Im Laufe des Jahres 1872 wurden bereits drei Schachte gereinigt und mit dem 1. Dezember v. J. hat das Einschmelzen begonnen. Aus den Gouvernements des Kaiserreichs, aus Deutschland und Oesterreich langen zahlreiche Bestellungen auf Schwefel in Tscharkowa ein, so dass man diesem Etablissement die schönste Zukunft vorhersagen kann. Als Director desselben fungirt der frühere Director des westlichen Montan-Bezirks im Königreich Polen Herr Hempel.

Bei dem grossen Mineralreichthum der südlichen gebirgigen Theile des Königreichs ist es gewiss sehr zu bedauern, dass die Exploitation desselben noch immer nicht in dem Maassstabe betrieben wird, wie es das Interesse des Landes erfordern würde. An Kapitalien sollte es wohl nicht fehlen, da zu anderen Unternehmungen ohne Schwierigkeiten Geld zu finden ist. Zum Theil mag daran der Mangel an entsprechenden Bildungsanstalten im Bergfach schuld sein. Da im Königreich Polen keine Bergakademie besteht, sind die dem Bergwesen sich widmenden jungen Leute gezwungen, kostspielige Reisen nach dem Kaiserreich oder ins Ausland zu unternehmen. Diese Auslagen kann natürlich nur eine kleine Anzahl bestreiten, für die Mehrzahl dagegen bleiben die weit entfernten Bildungsanstalten unzugänglich und fehlt es daher an Fachmännern. Zwar bestand vor dem Jahre 1831 eine Bergakademie in Kjelce, dieselbe ist jedoch aufgehoben und durch keine andere entsprechende Lehranstalt ersetzt worden, obwohl dies das einfachste Mittel zur Hebung der Bergindustrie wäre.

An Städten zählte man im Gouvernement Kjelce bis vor mehreren Jahren 41, die in früheren Jahrhunderten zum grösseren Theil blühend und stark bevölkert waren, bildeten ja doch diese Gegenden die Wiege des ehemaligen Polens und genossen verhältnissmassig grösserer Ruhe und Wohlfahrt als andere Provinzen. In den späteren Zeiten des allgemeinen Verfalls gerieth auch das hiesige Städtewesen in Verfall, so dass die meisten der 41 Städte, trotz mitunter schöner historischer Erinnerungen schliesslich zu Kirchdörfern herabsanken. Der Titel der Stadt klang bei vielen nur als Parodie. Das vor mehreren Jahren im Königreich amtirende Einrichtungscomité entzog denn auch den meisten von ihnen den Titel Stadt und die damit verbundenen Vorrechte. Von 41 wurden nur 7 der städtische Rang belassen und zwar wurden als Städte beibehalten: Kjelce, Chenciny, Chmielnik, Pintschow, Dshialoschice, Miechow und Olkusch. Von Dorfgemeinden kommen ungefähr 20 auf jeden der sieben Kreise.

Die gegenwärtig bestehenden Städte haben seit der Reorganisation der Administration im Jahre 1867 viel gewonnen und sind in fortwährender Entwickelung begriffen. Kjelce, die Hauptstadt des Gouvernements, welche vorher kaum 6000 Einwohner zählte, hat deren jetzt gegen 11,000. Viele Verschönerungen wurden vorgenommen und ein ganz neuer Stadttheil ist in der Entstehung begriffen. In Kurzem wird Kjelce zu den schönsten Städten des Königreichs zählen. Die Stadt Miechow im Jahre 1863 niedergebrannt, ist vollständig wieder aufgebaut. Uebrigens muss bemerkt werden, dass hier wie im ganzen Lande die Juden den Haupttheil der städtischen Bevölkerung bilden. Eine Ausnahme bildet die Stadt Kjelce, die auf Grund alter Privilegien das Vorrecht genoss, die Ansiedelung von Juden in ihren Mauern nicht zu dulden. Seit der Emancipation haben sich dort zwar Juden niedergelassen, aber vorläufig noch in geringerer Anzahl.

In Bezug auf Communicationen besitzt das Gouvernement nur einige Chausseen, darunter die von Warschau nach Krakau über Kjelce laufende. Einen grossen Nachtheil für die ökonomische Entwickelung bildet der Mangel jeder Eisenbahnverbindung. Die Warschau-Wiener Bahn berührt das Gouvernement gar nicht. Die Hauptstadt Kjelce steht mit der nächsten Station (Petrikau) durch eine Chaussee in Verbindung, desgleichen die südlichen Kreise mit der Station Zawiercie. Die Errichtung einer Eisenbahnlinie durch das Gouvernement wäre daher von der grössten Wichtigkeit, und zwar einestheils in der Richtung von Petrikau auf Ssandomir, anderntheils auf Krakau.

An Gerichtsbehörden besitzt das Gouvernement ein Civiltribunal und ein Criminalgericht in Kjelce, zwei Polizeigerichte in (Kjelce und Chenciny) und neun Friedensgerichte (in Kjelce, Jendrshejow, Miechow, Schkalbmiersch, Proschowice, Olkusch, Chmielnik, Stobnica und Pilica).

Den Sanitatsdienst versorgten im Jahre 1871 32 Aerzte, von denen 19 frei practicirten. Apotheken existiren 21. Das Gouvernement hat 7 Spitäler, darunter ein Privatspital von 50 Betten in Kuroswenki (Eigenthum der Familie Popiel). Die Zahl der in diesen Spitälern verpflegten Kranken betrug im Jahre 1871 2,626, von denen 2,276 genasen, 179 starben. Im Allgemeinen ist der Gesundheitszustand der Bevölkerung ein günstiger. Bei gesunder Lage des Landes herrschen keine lokalen Epidemien, nur in den Niederungen an der Weichsel tritt der Weichselzopf auf.

An Lehranstalten bestehen im Gouvernement: ein VII klassiges männliches Gymnasium in Kjelce, ein IVklassiges männliches Progymnasium in Pintschow (an Stelle des im Jahre 1871 aufgehobenen VIIklassigen Gymnasiums), ein vor zwei Jahren errichtetes IVklassiges weibliches Progymnasium in Kjelce, ein IVklassiges Privatinstitut für Knaben in Kjelce, 271 Elementarschulen, 10 Sonntagsschulen fur Handwerker, 6 Privatlehranstalten, 4 evangelische Elementarschulen Zusammen bestanden im Gouvernement im Jahre 1871 294 verschiedene Unterrichtsanstalten, davon 10 in der Gouvernemets Hauptstadt Kjelce, 56 in den übrigen Städten und Marktflecken, 228 auf dem Lande. Es besuchten die Schulen in Kjelce 770 Schüler und Schülerinnen, in den anderen Städten und Marktflecken 3,440, die Dorfschulen 10,908. Dem Glaubensbekenntnisse nach gehörten 82 Schüler zum orthodoxen Glauben, 14,343 zum römisch-katholischen, 280 zum evangelischen und 413 zum mosaischen Glaubensbekenntnisse. Nach Ständen getheilt, gehörten 521 Schüler zum Adel oder waren Kinder von Beamten, 1,141 waren Kinder von Stadtbewohnern und 13,448 gehörten dem Bauernstande an. Im Vergleich mit dem vorhergehenden Jahre hat sich die Zahl der Schüler um 2010 vermindert, wahrscheinlich wegen zu grosser Entfernung der Schulen von den Wohnorten der sie besuchenden Schüler. Diesem Nachtheil hat die Schulbehörde durch Errichtung von sieben neuen Elementarschulen (gegen Ende des Jahres 1871) theilweise wenigstens abzuhelfen gesucht.

Im Gouvernement Kjelce und zwar im Kreise Stobnica, befinden sich zwei Mineral-Heilanstalten (Schwefel-Salzquellen) Busko und Solec, in der Entfernung von zwei Meilen eins vom anderen. Die Heilkraft beider ist erwiesen, die Mineralquellen von Busko namentlich haben sich als sehr wirksam bei Skrofeln, Rheumatismus, Artretismus und veralteten syphilitischen Leiden erwiesen. Dass bis jetzt diese Heilanstalten nicht zahlreicher besucht werden, liegt wohl hauptsächlich am Mangel für Kranke erforderlicher Bequemlichkeiten, schwierigen Communicationen und verhältnissmässiger Theuerung. Sollte in der Zukunft eine Bahn durch diese Gegenden geführt werden, wird auch die Fremden-Frequenz unbedingt steigen, denn ausser zu sanitären Zwecken eignen sich die genannten Badeorte zu einem angenehmen Sommeraufenthalte für vermögende Städter. Der weit zahlreichere Besuch des Bades Ciechocinek im Gouvernement Warschau, kann zum grössern Theil der Eisenbahnverbindung mit Warschau zugeschrieben werden. Busko besuchten im Jahre 1871 957 Personen zum Theil aus entlegenen Orten des Kaiserreichs und sogar aus Finnland. Solec nur 170 Personen. Die Mineralheilanstalt in Busko wurde im Jahre 1861 von der Regierung angekauft und erfuhr unter der jetzigen Administration vielfache Verbesserungen und Verschönerungen, trotzdem aber erscheint eine gründliche Reparatur der Badegebäude unumgänglich nöthig. Gegenwärtig soll die Regierung die Absicht hegen das Bad wieder zu verkaufen. Solec befindet sich im Privatbesitz der Familie Godefroy und ist in einem sehr vernachlässigten Zustande.

Noch ist hier der beiden in der Nähe der Stadt Dshialoschice gelegenen jüdischen Ackerbaukolonien Labendsh und Ksawerow zu erwähnen. Die erste von ihnen entstand im Jahre 1846, die zweite ein paar Jahre später. Anfänglich nur vom Wunsche geleitet, durch Anlage dieser Ackerbaukolonien vom Militärdienst sich zu befreien, gewannen die Gründer mit der Zeit Geschmack am Ackerbau und betreiben ihn jetzt mit Liebe und Fachkenntniss. Der blühende Zustand, in welchem diese Kolonien sich befinden, ist ein Beweis dafür, dass die jüdische Bevölkerung sehr wohl zum Ackerbau befähigt ist. Trotzdem haben die dortigen Juden von Handel und Industrie nicht ganz sich trennen können. Sie bearbeiten Steinbrüche und haben mehrere Fabriken, darunter eine Seifensiederei und Cichorienfabrik errichtet; die jährliche Production der ersteren repräsentirt einen Werth von 30,000 Rbl. Die Bevölkerung der Kolonie Labendsh beträgt 150, der Kolonie Ksawerow 86 Seelen.

---

3. Das Gouvernement Kalisch [1].

Dieses Gouvernement bildet den westlichsten Theil des Königreichs. Es besteht aus denselben Landestheilen, die schon früher zu dem nach 1831 mit dem Gouvernement Warschau vereinigten Gouvernement Kalisch gehörten und umfasst 195,5 QM. oder 9,556,2 QWerst. Gegen Westen an das Königreich Preussen resp. Grossherzogthum Posen sich anlehnend, grenzt es im Norden mit dem Gouvernement Warschau, im Osten und Süden mit dem neu gebildeten Gouvernement Petrikau. Das Gouvernement Kalisch ist ein vollständiges, nur hier und da von unbedeutenden Hügeln und Bodenerhebungen unterbrochenes Flachland. An Flüssen besitzt es nur zwei grössere: die Warthe mit den Nebenflüssen Widawka und Ner, sowie die Prosna, welche die Grenze gegen Preussen bildet und bei Pysdry in die Warthe fällt. Diese letztere im Kreise Olkusch entspringend ist von der Stadt Kolo ab schiffbar, aber ihr Bett noch nicht regulirt. Sumpf- und Bruchland findet sich, obwohl in nicht ausgedehnten Flächen, längs der Warthe und dem Ner.

[1] Nach dem „Dz. W."

In administrativer Beziehung zerfällt das Gouvernement Kalisch in acht Kreise nnd zwar Kalisch (24,3 QM.), Slupca (21,3 QM.), Konin (18,6 QM.), Kolo (22,7 QM.), Lendshica (22,3 QM.), Turek (24,5 QM.), Sieradz (26,4 QM.), Wielun (36,7 QM.). Der Kreis Wielun als der grösste ist auch am stärksten bevölkert; er zählt über 100,000 Einwohner und hat überhaupt ausser den Kreisen Petrikau und Lodz, die noch dichter bevölkert sind, die grösste Einwohnerzahl unter allen Kreisen des Königreichs Polen aufzuweisen.

Das Klima ist wie im ganzen übrigen südwestlichen und südlichen Königreich Polen gemässigt, der Landwirthschaft förderlich, nur soll die Ausrodung der Wälder ihm Abbruch gethan haben. Es soll jetzt rauher und die Witterung unbeständiger sein als früher. In der That einzelne Kreise des Gouvernements sind gegenwärtig beinahe ganz waldlos, wie z. B. die Kreise Slupca, Konin und Turek. Der Kreis Wielun hingegen hat noch schöne Forsten aufzuweisen.

Die Bevölkerung des Gouvernements Kalisch ist seit den letzten zehn Jahren in rascher Zunahme begriffen, wie dies auch in allen anderen Theilen des Königreichs der Fall ist. Im Jahre 1869 betrug sie 630,202 Seelen, im Dezember 1870 bereits 663,970 Seelen. Im Laufe des Jahres 1871 wurden geboren 15,087 Knaben, 14,796 Mädchen, zusammen 29,883 (28,988 eheliche, 885 uneheliche) Kinder. Es starben 7,764 Personen männlichen, 7,569 weiblichen Geschlechts oder zusammen 15,333 Personen. Der Ueberschuss der Geburten über die Todesfalle betrug 14,550 und die Bevölkerung zählte mit Ende des Jahres 1871 678,420 Seelen, ohne das Militär, dessen Stärke auf 5,506 Mann berechnet wird. Im Verhältniss zur Einwohnerzahl betrugen die Geburten 4,6 %, die Todesfalle 2,3 %; der Zuwachs der Bevölkerung repräsentirt demnach 2,3 %. Im Jahre 1871 wurden 4,536 Ehebündnisse geschlossen, von diesen entfallen auf die Städte 751, auf die Landgemeinden 3,785. Im Gouvernement Kalisch kommen auf die QM. 3,585 Einwohner oder 72 Einwohner auf die QWerst.

Nach dem Glaubensbekenntnisse getheilt, zählte die Bevölkerung im Jahre 1870 3,838 Griechisch-Orthodoxe, 2 Griechisch-Unirte, 533,563 Katholiken, 66,497 Evangelische, 65,125 Juden, 29 Mohamedaner, 8 Heiden. Nach den Ständen 3,361 Erb-Adelige, 896 persönlich adelige Personen, 273 Weltgeistliche, 224 Klostergeistliche, 7,272 Kaufleute, 78,076 Stadtbürger, 383,031 Bauern, 60,571 Kolonisten, 18,358 Ausländer, 101,252 Personen, die zu obigen Kategorien nicht gehören. Der Rest kommt aufs Militär und Militär-Beamte.

An Wohngebäuden besitzt das Gouvernement Kalisch 8000 gemauerte, 133,190 hölzerne. An Kirchen 4 russische und 157 andere Kirchen und Klöster, darunter 140 gemauerte. An Synagogen 27 massive, 29 hölzerne. Wirthschafts- und andere unbewohnbare Gebäude giebt es 3442 massive, 76,597 hölzerne.

Der Ackerbau bildet wie im ganzen Lande so auch hier die Hauptbeschäftigung der Bewohner. Derselbe befindet sich in verhältnissmässig sehr entwickeltem Zustande. Im Gouvernement Kalisch hat die Landwirthschaft die grössten Fortschritte gemacht (im Verhältniss zu anderen Gegenden des Landes) und zwar nicht allein unter den Besitzern grösserer Landgüter, sondern auch unter dem Landvolke. Auf den grösseren Landgütern sind fast durchgehends die neuesten agronomischen Verbesserungen eingeführt. Ueberall sind verbesserte landwirthschaftliche Maschinen im Gebrauch und die Düngung der Felder wird nach der neuesten Methode bewerkstelligt. Der Werth von Grund und Boden ist denn auch hier im Vergleich zu den meisten anderen Gouvernements des Königreichs ziemlich hoch, denn eine Hufe Landes kommt im Durchschnitt auf 4—6000 Rbl. zu stehen. Der Boden ist meistentheils sehr fruchtbar; der Absatz der Producte durch die Nähe der preussischen Grenze erleichtert, der Betrieb der Landwirthschaft daher lucrativ, obwohl der Mangel von Eisenbahnen einen nicht unbedeutenden Nachtheil darstellt. Zahlreiche Beobachtungen haben erwiesen, dass auch in den klimatisch am wenigsten günstigen Jahren die Erzeugnisse des Bodens zur Ernährung der Bevölkerung vollständig ausreichen. Im Jahre 1871 wurde folgendes Ernte-Resultat erzielt: Ausgesäet wurden an Winter-Getreide 268,259 Tschetwert, an Sommer-Getreide 222,509 Tschetwert, ausserdem 513,520 Tschetwert Kartoffeln ausgesteckt. Eingeerntet an Winter-Getreide 1,243,536 Tschetwert, an Sommer-Getreide 1,157,941 Tschetwert, an Kartoffeln 2,054,504 Tschetwert und zwar war dieses Ernte-Resultat sehr ungünstig, denn um 870,032 Tschetwert geringer als im Jahre 1870. Wenn wir nun von der Production des ungünstigen Jahres 1871, 500,000 Tschetwert Getreide und 500,000 Tschetwert Kartoffeln, als zur nächstjährigen Aussaat erforderlich, so wie zur Ernährung der Bevölkerung (683,000 Seelen sammt dem Militär) bis zur nächsten Ernte 1½ Tschetwert Getreide und 1⅓ Tschetwert Kartoffeln per Kopf abziehen, bleibt immerhin noch ein Ueberschuss von 875,000 Tschetwert Getreide und 475,000 Tschetwert Kartoffeln, welcher zur Ausfuhr oder anderweitiger Verarbeitung im Lande verwendet werden konnte. Der Misswachs im Jahre 1871 betraf hauptsächlich die Kartoffeln, von denen ein bedeutender Theil ausserdem der Fäulniss unterlag. Als unmittelbar Folge hiervon verringerte sich im Jahre 1871 die Zahl der Branntweinbrennereien von 210 im vorhergehenden Jahre 1870 auf 183 und die Zahl der Bierbrauereien von 69 im Jahre 1870 auf 45. Von den im Gouvernement existirenden Bier- und Branntwein-Schenken (2615) mussten 62 geschlossen werden. Diesen Umständen ist es ferner zuzuschreiben, dass die Einkünfte aus der Accise sich um 14,000 Rbl. und die Einkünfte der Patent-Steuer um 15,000 Rbl. verminderten.

Seit der Emancipation der Bauern im Jahre 1864 hat sich die materielle Lage derselben sehr verbessert, namentlich desjenigen Theils, welcher in Folge der Emancipation Eigenthum an Grund und Boden erworben. Dass dies nicht bei der gesammten ländlichen Bevölkerung der Fall sein konnte, ist natürlich und wird die Zahl der besitzlosen Landbevölkerung auf 120,000 Köpfe berechnet. Dieselbe findet ihren Unterhalt als Dienstboten und Tagelöhner bei Gutsbesitzern und Bauern-Wirthen, an Arbeitskräften ist daher hier kein so fühlbarer Mangel als in anderen Gouvernements. Die Tagelöhner resp. Knechte auf den grösseren Gütern erhalten ausser Wohnung und Lebensmitteln jährlich minimum 18 Rbl. in Geld. Eine Verdingung der Tagelöhner nur gegen Geldlohn ist weniger gebräuchlich.

Die Viehzucht ist im Gouvernement Kalisch nicht sehr entwickelt, hauptsächlich wohl aus Mangel an Weiden. Auf den grösseren Gütern sind zwar Pferde und Hornvieh veredelter Racen zu finden, aber der einheimische Pferde- und Vieh-Stand zeichnet sich durch keine besonderen Vorzüge aus und wird vom Landvolke nur in beschränkter, zur Bestellung der Felder unumgänglicher Anzahl gehalten. Was übrigens die einheimischen Pferde anbelangt, ist zu bemerken, dass im Kreise Konin sich noch zahlreiche schöne Ueberreste der alten polnischen Race erhalten haben. Hornvieh wird meistentheils aus dem südlichen Russland eingeführt. Die Zahl der Pferde wird auf 70,000, die des Hornviehs auf 175,000 Stück berechnet. Dagegen ist die Schaafzucht in einem sehr blühenden Zustande. Ordinärer Schaafe besitzt das Gouvernement 167,000 Stück, feiner wolliger, veredelter 467,000 Stück. Die Wolle wird entweder in den einheimischen Fabriken verarbeitet oder nach Deutschland ausgeführt. Einen andern lucrativen Theil der Viehzucht bildet die Production von Borstenvieh, welche gegen 130,000 Stück beträgt. Der weitab grösste Theil dieser Production wird zu verhältnissmässig hohen Preisen ebenfalls nach Deutschland verkauft.

Ein grosser Nachtheil, dem das Gouvernement Kalisch in ökonomischer Beziehung ausgesetzt ist, besteht im Mangel jeder Eisenbahn-Verbindung und dieser Mangel steht einer grösseren Entwicklung von Handel und Industrie hindernd im Wege. Seit mehreren Jahren schon ist von einer Schienen-Verbindung zwischen Lodz und Breslau die Rede, aber trotzdem die Bahn von Breslau bis zu unserer Grenze bereits fertig gestellt und im Betriebe ist, hat die Regierung bis jetzt die Concession zur Weiterführung derselben auf unserem Territorium nicht ertheilt. Das Gouvernement besitzt dafür mehrere gut erhaltene Chausseen, deren Länge zu Anfang des Jahres 1871 250 Werst 470 Klaftern betrug Im Laufe des Jahres wurden 24 Werst 244 Klaftern hinzugebaut, wofür der Staat im genannten Jahre 48,916 Rbl. 36½ Kop. verausgabt hat. Auf den chaussirten Wegen giebt es 758 Brücken, darunter 6 massive und 752 hölzerne. Das Uebersetzen der Flüsse an Punkten, an welchen keine Brücken sich befinden, vermitteln 11 Fähren. Ausser den oben angeführten Brücken, von denen 18 besondere Tarife besitzen, bestehen in der Stadt Kalisch 1 gemauerte, 1 eiserne, 7 hölzerne und 6 Brücken für Fussgänger.

An Justiz-Behörden besitzt das Gouvernement ein Civil-Tribunal in Kalisch, zwei Polizei-Gerichte: in Kalisch und Lendshica und acht Friedens-Gerichte: in Kalisch, Warta, Lendshica, Konin, Pysdry, Sieradz, Wielun und Schadek. Die Zahl der wegen Gesetz-Uebertretungen vor Gericht gestellten Personen betrug 1,116, von denen 716 (596 Männer und 120 Frauen) abgeurtheilt wurden. Es befanden sich im Laufe des Jahres 1871 in Untersuchungshaft in Kalisch 813 Personen, in Lendshica 149, im Kriminal-Gefängniss zu Sieradz 4771, im Detentions-Arreste 1,178 und im Polizei Arreste 4,771 Personen. In demselben Jahre wurden arretirt 61 Vagabonden, 171 passlose Inländer und 146 passlose Ausländer. Die Behörden entdeckten 23 Stück falsche Banknoten im Werthe von 576 Rbl.; die Fälscher konnten jedoch nicht ermittelt werden. Am Gefängniss zu Sieradz befindet sich ein Leinweber-Etablissement, in welchem Arrestanten Leingarne verarbeiten, die in anderen Gefängnissen des Königreichs zugerichtet werden.

In Bezug auf die Entwickelung der Industrie nimmt das Gouvernement Kalisch zwar keinen hervorragenden Platz ein, immerhin aber besitzt es bereits verschiedene Fabrik-Anlagen, die zu den schönsten Hoffnungen für die Zukunft zu berechtigen scheinen, wenn namentlich die nothwendigen Verkehrs-Erleichterungen eintreten. Unter den einzelnen Industrie-Zweigen beschäftigt die Weberei die grösste Anzahl Hände. Mit Herstellung von wollenen und baumwollenen Geweben befassen sich hauptsächlich die in ziemlich starker Anzahl in den Kreisen Sieradz, Lendshica und Turek, namentlich aber in den Städten Osorkow, Sdunska Wola und Turek angesiedelten deutschen Weber. Im Verhältniss jedoch zur Entwickelung der Woll- und Baumwoll-Fabriken, sowie der mit Dampfkraft betriebenen Spinnereien wird die Existenz der unabhängigen Spinner immer schwieriger. Sehr viele derselben sind genöthigt worden, die Production von wollenen und baumwollenen Geweben einzustellen und sich der Erzeugung von grober Leinwand zuzuwenden. Die Production dieser letzteren beträgt im Durchschnitt 650,000 Arschinen und beschäftigt gegen 17,000 Einwohner. Früher wurde an mehreren Orten längs der preussischen Grenze z. B. in Prashką, Boleslawice, Wierushow die Fabrikation von Schuhwerk in grösserem Umfange betrieben. Neuestens jedoch haben die Umstände, welche der Entwickelung dieses Industriezweiges in genannten Grenz-Orten günstig waren, einen radicalen Umschwung erlitten und das Schuhmacher-Handwerk ist dort in Verfall gerathen.

Unter den im Gouvernement Kalisch gelegenen Fabriken verdienen wegen anerkannter Güte ihrer Production besondere Erwähnung: 1) die seit vielen Jahren unter der Firma Fiedler in Opatowek (Kreis Kalisch) bestehende Tuch-Fabrik, welche seit 1870 mit neuen verbesserten Maschinen versehen worden, 2) die Schlössersche Woll-Spinnerei in Osorkow (Kreis Lendshica), deren jährliche Production im Durchschnitt den Werth von 180,000 Rbl. repräsentirt, und 3) die Fajans-Fabrik in Kolo, deren Erzeugnisse im ganzen Lande sich eines guten Rufes erfreuen. Ausserdem befinden sich im Kreise Wielun bei Prashka Eisen-Erz-Gruben.

In einem hauptsächlich Ackerbau treibendem Lande, müssen jedoch diejenigen Industriezweige die Hauptrolle spielen, die sich mit der Verarbeitung der rohen Erzeugnisse der Landwirthschaft als unter anderen Getreide, Kartoffeln und Zuckerrüben befassen. Unter diesen Fabriken nehmen Mühlen, Bier- und Branntweinbrennereien, sowie Zuckerfabriken einen hervorragenden Rang ein. Dampfmühlen gab es im Jahre 1870 im Gouvernement 11, deren Production einen Werth von 212,316 Rbl. repräsentirte. Branntweinbrennereien im Jahre 1871 138; ihre Production repräsentirte einen Werth von 1,634,601; Zuckerfabriken 5 mit einem Productionswerth von 276,060 Rbl.

An Fabriken und industriellen Etablissements existirten im Ganzen genommen im Jahre 1871, 737; die Zahl der in denselben beschäftigten Arbeiter betrug 6,311 und der Gesammtwerth ihrer Production 5,725,175 Rbl. Am zahlreichsten repräsentirt waren unter denselben Branntweinbrennereien in der Zahl von wie erwähnt 183, dann Ziegeleien 125, und Oehlmühlen 103. Was die Production dieser letzteren Industriezweige anbelangt, sind nur Daten aus dem Jahre 1870 vorhanden, in welchem der Productionswerth der Ziegeleien bei einer geringeren Anzahl derselben 194,130 Rbl. und der Werth der Oehlmühlenproduction 52,120 Rbl. repräsentirte. Fabriken von Wollerzeugnissen gab es 34 im Jahre 1871 und zwar 18 in Donbie, 13 in Osorkow, 1 in Blashki, 1 in Kalisch und 1 im Kreise Kalisch. Der Werth der von ihnen producirten Waaren wird auf 1,087,248 Rbl. berechnet. Fabriken von baumwollenen und halbbaumwollenen Erzeugnissen giebt es 34: in Kolo 2, in Osorkow 2, in Kalisch 1, in Turek 1 und in Sdunska Wola 26. Der Werth ihrer Production betrug 969,204 Rbl. Fabriken von Halbporzellan und Steingutgefässen existiren 3 in der Stadt Kolo; der Werth ihrer Production wird auf 105,000 Rbl. jährlich berechnet. 4 Glas- und Kristallhütten (zwei im Kreise Sieradz, zwei im Kreise Wielun) producirten für 26,494 Rbl., 8 Destillirgeschäfte für 330,250 Rbl. Im Vergleich mit dem vorhergehenden Jahre 1870 stellt sich im Jahre 1871 die Production der Wollfabriken um 300,000 Rbl. höher, dagegen die Production der Branntweinbrennereien und Zuckerfabriken um 500,000 Rbl. niedriger. Ausser den oben angeführten verdienen noch folgende Fabriken Erwähnung, in Bezug auf welche wir nur auf die Erhebungen aus dem Jahre 1870 angewiesen sind. Es bestanden im genannten Jahre im Gouvernement Kalisch unter anderen noch 47 Bierbrauereien mit einem Productionswerth von 111,359 Rbl., 4 Cichorienfabriken mit einem Productionswerth von 3,210 Rbl., 3 Dampfschneidemühlen mit einem Productionswerth von 20,280 Rbl., 3 Wagenfabriken mit einen Productionswerth von 4700 Rbl., eine Klavierfabrik mit einem Productionswerth von 5000 Rbl., 65 Gerbereien mit einem Productionswerth von 178,373 Rubel, 21 Seifensiedereien mit einem Productionswerth von 91,485 Rubel, 2 Zündhölzchenfabriken mit einem Productionswerth von 4065 Rbl., 14 Torfstiche mit einem Productionswerth von 41,700 Rbl. und 4 Theerhütten mit einem Productionswerth von 2,265 Rbl. Der Anbau des Tabaks ist im Gouvernement Kalisch nicht sehr verbreitet. In den Kreisen Kolo, Lendshica und Turek werden zu demselben nur 107 Morgen verwendet.

Der Handel ist vorwiegend in den Händen der Juden, die sich im Besitze des grösseren Theils des disponiblen Kapitals befinden; sie absorbiren fast den ganzen Getreidehandel, den Handel mit Spiritus, Wolle und Holz. Die Fabrikerzeugnisse werden dagegen in grösseren Partien aus erster Hand verkauft. Den Detailhandel vermitteln Jahrmärkte, deren im Gouvernement 260 abgehalten werden. Dieselben sind jedoch im Allgemeinen von keiner grossen Bedeutung, mit Ausnahme der in der Stadt Kalisch selbst sechsmal jährlich stattfindenden. Der Werth der auf diesen zum Verkauf ausgestellten Waaren wird auf mindestens 100,000 Rbl. berechnet. Für Erlaubnissscheine zum Betriebe von Handelsgeschäften und Gewerben wurden 82,772 Rbl. vereinnahmt.

Die Erträge aus verschiedenen Steuern und Abgaben waren im Jahre 1871 folgende: An städtischen Abgaben sind eingegangen 108,318 Rbl. 84 Kop., im Rückstande verblieben 2,178,019 Rbl. 24 Kop. An Transport-Abgaben sind eingegangen 15,755 Rbl. 86 Kop. An Assekurationsgebühren für Versicherung der Gebäude 678,070 Rbl. (Der Werth der in den Städten assekurirten Gebäude betrug 6,288,340 Rbl., auf dem Lande 23,632,020 Rbl.). An Vergütigung für erlittene Feuerschaden wurden 92,239 Rbl. 45 Kop. ausgezahlt. An Wegeabgaben sind eingegangen 92,239 Rbl. 96 Kop., an Quartiergeldern 53,022 Rbl. An Acciseabgaben: für Spiritus und Branntwein 1,308,908 Rbl. 52 Kop., für Bier und Meth 28,798 Rbl., für Zucker 71,303 Rbl., für Patente 86,000 Rbl. Zusammen aus diesen Einnahmequellen 1,495,019 Rbl. Ferner an Accise für Salz 240,437 Rubel. Bedeutende Summen verblieben noch im Rückstande.

Im Laufe des Jahres 1871 fanden im Gouvernement Kalisch 179 Feuersbrünste statt und zwar 13 in den Städten und 166 auf dem Lande. In 15 Fällen war Blitzschlag Ursache des Feuers, in 14 Fällen fehlerhafte Einrichtung von Oefen und Kaminen, in 41 Fällen Unvorsichtigkeit, in 24 Fällen Brandlegung und in 85 Fällen konnte die Ursache des Feuers nicht erruirt werden. Durch diese 179 Feuersbrünste wurden 324 Gebäude vernichtet und der hierdurch verursachte Schaden betrug 87,235 Rbl. 97 Kop. Da aber die betreffenden Gebäude zum grössten Theil assekurirt waren, so ist der Schaden ersetzt worden.

Ausser den Feuersbrünsten verursachten den grössten Schaden im Gouvernement Kalisch Ueberschwemmungen, welche das Austreten der Warthe und Prosna, am 21. und 22. Februar, sowie am 7. und 8. August 1871 veranlasste. Der hierdurch verursachte Schaden beträgt 84 384 Rbl.

Die sanitären Verhältnisse waren im Laufe des Jahres 1871 ziemlich günstig. Das Gouvernement wurde von keiner epidemischen Krankheit heimgesucht, zwar trat die Cholera im Kreise Konin auf, aber verschwand bald, Dank den von den Behörden angewendeten energischen Vorbeugungsmitteln. Im Ganzen erkrankten im genannten Kreise nur 51 Personen, von denen 22 starben. Für die Gesundheitspflege der Bewohner ist im Gouvernement Kalisch verhältnissmässig besser gesorgt als in den meisten anderen des Königreichs. Es existiren sechs städtische Spitale: in der Stadt Kalisch zwei, in Konin, Lendshica, Sieradz und Wielun je eins, 37 Asyle für Greise und Krüppel und drei Bewahranstalten für Kinder katholischen Glaubens. Im Gouvernement practiciren 59 Aerzte, 6 Thierärzte, 67 Chirurgen und 115 Hebammen, Apotheken giebt es 32. Die Kosten für den Unterhalt der Spitäler und mildthätigen Anstalten werden theilweise durch Procente von ihren eigenen Kapitalien, theilweise durch milde Gaben des Publikums bestritten. Drei Kreise, namentlich Turek, Kolo und Slupca besitzen keine Spitäler. Dagegen bestehen ausser den 6 oben-angeführten Spitäler an den Gefängnissen zu Kalisch, Lendshica und Sieradz. Im Laufe des Jahres 1871 wurden in allen Spitälern zusammen 2,577 Kranke, darunter 970 Syphiliskranke, verpflegt. Die Unterhaltungskosten der Spitäler betragen 31,186 Rbl. 88 Kop. In den Asylen waren untergebracht 80 Männer und 167 Frauen, für deren Unterhalt 4,681 Rbl. 48 Kop. verausgabt worden. In den Kinderbewahr-Anstalten befanden sich 88 Mädchen und 72 Knaben. Die Kosten belaufen sich auf 2,667 Rbl. 56 Kop.

An Unterrichts-Anstalten besitzt das Gouvernement 250 Schulen und zwar drei Mittelschulen: ein klassisches, männliches Gymnasium in der Stadt Kalisch, ein Gymnasium für Mädchen ebendaselbst und ein Schullehrerseminarium in Lendshica. Elementarschulen giebt es 215, darunter zwei orthodoxe Schulen, 180 katholische, 30 evangelische und 3 jüdische; 10 Sonntagsschulen für Handwerker und 22 Privat-Lehrinstitute. Alle diese Schulen wurden von 15.333 Schülern besucht (9,320 Knaben, 6,013 Mädchen). In den Mittelschulen befanden sich 468 Schüler, in den Elementarschulen 13,431, in den Sonntagsschulen für Handwerker 762, und schliesslich in den Privatinstituten 672. Nach dem Glaubensbekenntniss getheilt befanden sich unter der Schuljugend 97 Orthodoxe, 12,056 Bekenner des römisch-katholischen Glaubens, 2,341 Evangeliche, 1 Mahomedaner, 838 Juden. Nach den Ständen getheilt 706 Kinder von Adeligen und Beamten, 4 von Geistlichen, 6876 von Stadtbürgern, 7,748 von Bauern. Kinder von ausländischen Unterthanen waren unter der Schuljugend gar nicht vertreten, trotzdem die Zahl der Ausländer unter der Bevölkerung 18,358 Seelen beträgt.

Von den im Gouvernement gelegenen Städten verdient vor allen die Hauptstadt Kalisch speciell erwähnt zu werden. Sie ist eine der schönsten Städte im Königreich, besitzt bemerkenswerthe Kirchen und öffentliche Gebäude. In den letzten Jahren ist Vieles für Reinlichkeit und Verschönerung geschehen. Die Stadt vergrössert sich schnell. Kürzlich ist ein neuer Stadttheil angelegt worden und soll auch ein neues Rathhaus erbaut werden. Kalisch war die erste Stadt hier zu Land, welche vor sechs Jahren eine freiwillige Feuerwehr errichtete. Die Einwohnerzahl betrug im Jahre 1871 gegen 20,000 Seelen, darunter 1300 Bekenner des orthodoxen Glaubens, 8,800

Katholiken, 7,500 Juden, 2000 Evangelische etc. An Gebäuden besitzt die Stadt 1 orthodoxe Kirche, 6 Kirchen und Klöster, 1 Synagoge, 412 massive, 164 hölzerne Wohnhäuser, 220 massive und 392 hölzerne nicht bewohnbare Gebäude. (Diese Zahlen, so wie die Zahl der Bewohner hat im Laufe des Jahres 1872 mannigfache Veränderungen erlitten, über die noch keine zuverlässigen Daten vorhanden). Die Einkünfte der Stadt betrugen im Jahre 1871 89,369 Rbl., die Ausgaben 47,271, es verblieb demnach ein Ueberschuss von 42,097 Rbl. Ausserdem besitzt die Stadt ein Kapital von 224,742 Rbl., welches in der Bank von Polen deponirt ist. Unter den Kreisstädten zählt Lendshica gegen 7000 Einwohner, Sieradz 6,300, Wielun 6,572, Turek 6,306, Kolo 6430, Konin 6050, Slupca 2155. Die bestbevölkertste Stadt obwohl keine Kreisstadt ist Osorkow mit fast 10,000 Einwohnern, dann Sdunska Wola mit ungefähr 8000 Einwohnern.

Kleine Mittheilungen.

(Die neue Naturforscher-Gesellschaft am Ural). Die Naturforscher-Gesellschaften, die bisher in Russland gegründet wurden, lassen sich nach dem Umfange und nach den Objecten ihrer Thätigkeit in drei verschiedene Kategorien sondern: 1) Special-Gesellschaften, die sich mit einem bestimmten Zweige der Naturwissenschaften, sei es über das ganze Russische Reich hin oder innerhalb eines umgränzten Gebietes, beschäftigen: die Kaiserlich Mineralogische, die Russische Entomologische Gesellschaft, die Gesellschaften der Aerzte; 2) Gesellschaften für Naturwissenschaften im Allgemeinen, entweder zur Erforschung benachbarter Localitäten oder zur Untersuchung specieller Fragen von allgemein wissenschaftlichem Interesse, wohin z. B. sämmtliche an Universitäten gegründeten Gesellschaften nach Ausweis ihrer Statuten und Publicationen gezählt werden können; 3) Gesellschaften, die sich die naturwissenschaftliche Erforschung gewisser Landestheile, Gründung localer Museen und Förderung übersichtlicher Naturerkenntniss von bestimmten Gegenden zur Aufgabe stellen. Zu dieser letzteren Kategorie gehört auch die, am 1. December 1872 vom Minister des Innern bestätigte „Uralische Gesellschaft von Freunden der Naturforschung", deren erste Publication, mit russischem und französischem Titel und eben solchem Index (jedoch ausschliesslich russischem Texte) so eben in Jekaterinburg erschienen ist. Der Titel lautet: „Записки Уральскаго Общества любителей естествознанія Томъ I. Выпускъ 1. Съ 4 таблицами и 3 фотографическими снимками. — Bulletin de la Société Ouralienne d'amateurs des sciences naturelles. Tome I. cahier 1. Jekaterinburg 1873 in 8°. Es soll durch dieses Bulletin eine eingehende Kenntniss der Natur des Uralgebirges vermittelt und zu diesem Zwecke sollen sämmtliche, auf dieses Gebiet sich beziehende, naturwissenschaftliche Arbeiten älteren wie neueren Datums berücksichtigt werden. Mit Hinblick hierauf beabsichtigt das Comité der Gesellschaft, die Spalten des „Bulletin" vornehmlich den Arbeiten über folgende Gegenstände zu öffnen: 1) für Mineralogie: Erforschung der Minerale des Ural; Verzeichniss aller bis hiezu bekannt gewordenen Fundorte von Mineralien des Uralgebietes; 2) Für Geologie, Geognosie und Paläontologie: Beschreibungen specieller Localitäten, Gruben, neuentdeckter paläontologischer Ueberreste, u. s. w.; 3) Für Zoologie (in weiterem Sinne): Beschreibungen neuer Thiergattungen des Ural; Beobachtungen periodischer Erscheinungen im Thierleben; Untersuchungen über die geographische Vertheilung der Arten, wie über die Schädlichkeit oder den Nutzen bestimmter Thiere. 4) Für Botanik: Beschreibung der Flora, nach Localitäten gesondert; Beschreibung neuer Pflanzenarten des Ural; Beobachtungen der periodischen Erscheinungen im Pflanzenleben; Erörterungen über Pflanzengeographie; über officinelle Pflanzen und deren Anwendung in den verschiedenen Gegenden; über Acclimatisationsversuche. 5) Für physische Geographie und für Meteorologie: Beobachtungen über die Verbreitung von Gewittern, meteorischer Niederschläge; über Temperaturverhältnisse u. s. w.; oro-hydrographische Forschungen u. d. m. 6) Für Chemie: Wasser-, Boden-, Mineralanalyse u. s. w.; Untersuchungen pflanzlicher und anderer Stoffe, die der Bevölkerung zur Nahrung dienen oder zu Heilzwecken verwandt werden. 7) Für medico-topographische und medico-statistische Untersuchungen, (indess erst nach Begründung einer örtlichen medicinischen Gesellschaft.) 8) Schliesslich soll das Bulletin auch bibliographische Anzeigen bringen aus allen Zweigen der Naturforschung innerhalb des Uralgebietes und der angränzenden Länder, womöglich mit kritischer Erläuterung und Würdigung der besprochenen Schriften.

Alle Abhandlungen hingegen, die zu der Naturgeschichte des Urallandes in weniger directer Beziehung stehen, doch aber von allgemein wissenschaftlichem Interesse sind, wie z. B. über anthropologische, ethnographische, geographische Gegenstände, sollen die Specialgesellschaften zur Publication übermittelt werden, wobei die Gesellschaft die Herstellung der erforderlichen Anzahl von Separatabdrücken zur Vertheilung unter ihre Mitglieder auf eigene Kosten übernimmt. Auch ist aus dem eben angeführten Grunde das Comité bereit, mit auswärtigen Gelehrten, die das Uralgebiet betreffende Fragen behandeln, wegen der Bedingungen für Beschaffung von Separatabdrücken in Unterhandlung zu treten.

Zunächst ergeht in dem vorliegenden Hefte die Aufforderung an sämmtliche Mitglieder der Gesellschaft, über die periodischen Erscheinungen im Pflanzenleben Beobachtungen anzustellen und dieselben nach einem beigefügten, die verschiedenen Phasen des vegetabilischen Lebens, so wie die, sie bedingenden meteorologischen Verhältnisse andeutenden Schema registriren zu wollen. Denn in dem Ural ist der Einfluss der Bodenhöhe auf das Klima ein grösserer, als gemeinhin angenommen wird. Unter derselben Breite und in gleicher Höhe ist z. B. die Birke vollständig belaubt, an der östlichen Abdachung (um Jekaterinburg herum), während an der westlichen (in der Umgegend der Schaitarischen und Bilimbajewschen Gruben) kaum erst die Knospen sich zu entwickeln beginnen. Wünschenswerth wäre es, die Beobachtungen in erster Linie den Cultur- und Nutzpflanzen zuzuwenden. Für die Thätigkeit der Botaniker finden wir ausserdem auch noch ein Programm entworfen, dahin lautend: ein Herbarium der wild wachsenden Uralflora, desgleichen karpologische, xylologische und ähnliche Sammlungen herzustellen; die geographische Vertheilung der heimischen, wild wachsenden Pflanzen zu bestimmen, und in möglichster Vollständigkeit bibliographische Mittheilungen über die Flora des Uralgebietes zu bringen. Ferner ergeht die Aufforderung, Sammlungen zu Stande zu bringen von silvanen, officinellen und überhaupt von Culturpflanzen, die wirthschaftlich oder industriell von Bedeutung sind; auch statistische Angaben über deren Verbreitung, über den Ernteertrag, Ursachen von Missernte u. s. w. zu machen, so wie chemische und mikroskopische Analysen der zumeist cultivirten Bodenerzeugnisse anzustellen, zugleich mit Bemerkungen über die auf letztere schädlich oder günstig wirkenden Einflüsse.

Schliesslich möge hier noch eine kurze Angabe der, in dem vorliegenden ersten Hefte des Bulletins enthaltenen, meistentheils wenig umfänglichen Aufsätze gestattet sein und zwar nach ihrer, im Index gegebenen französischen Fassung. Sie nehmen zusammen 105 Seiten ein. *A. Dreedoff*, Analyse titrée des minerais de chrôme. — *I. r. Roudanoffsky*, Remarque sur les épidémies de lésions traumatiques. — *M. Melnikoff*, L'observatoire magnéto-météorologique d'Ekatherinbourg. — *O. Clerc*, Sur quelques plantes de l'Oural. — *P. Helm*, Excursion botanique de Bogoslowsk à Taguil. — *P. Helm*, Sur l'emploi de quelques plantes à Bogoslowsk. — *J. Rogoff*, Description géognosique des domaines de l'usine de Bilimbaï. — *O. Clerc*, Matériaux pour la flore de l'Oural. Article 1.: Sur l'herbier et le catalogue de la flore de Zlatoouste de Nesteroffski. Article 2: Sur le Rubus humulifolius [C. A. Mey]. — K . . . ., Des élévations granitiques vulg. nommées „tentes de pierre". Art. 1. — *O. Clerc*, Instruction sur la manière de faire et de conserver les collections botaniques.

(Kurze Zusammenstellung der Untersuchungen in der Turkmenen-Steppe, in der Richtung von Krassnowodsk nach Chiwa.) Unter dieser Ueberschrift bringt das 1. Heft des laufenden Jahrgangs der „Nachrichten der Kaiserl. Russ. Geographischen Gesellschaft" folgende Mittheilung, die wir nach ihrem Wortlaut wiedergeben:

Die Nachrichten über das ausgetrocknete Flussbett des Amu Darja, sowie über den physikalisch-geographischen Charakter der Turkmenen-Steppe zwischen dem südlichen Theil des Kaspischen Meeres und dem jetzigen Lauf des Amu-Darja bieten nicht nur in wissenschaftlicher, sondern auch in commerzieller Beziehung ein hohes Interesse. Die Möglichkeit einer directen Handelsstrasse aus Central-Asien zum Kaspischen Meere über die Turkmenen-Steppe beschäftigte schon längst unsere Staatsmänner und die zahlreichen Expeditionen, die zur Aufklärung dieser Frage unternommen worden sind, beweisen, welche Bedeutung man der Sache beilegt.

Auf diese Veranlassung hin theilen wir hier einen Auszug aus einem höchst interessanten, an den Secretair der Geographischen Gesellschaft gerichteten Briefe des Chefs der kriegs-topographischen Abtheilung des kaukasischen Militär-Bezirks, des Obersten J. J. Stebnizki, mit, der eine kurze Uebersicht über dasjenige enthält, was von den Untersuchungen über den Lauf des Amu-Darja bis jetzt bekannt ist und was noch in dieser Hinsicht zu thun übrig bleibt. „Vor der Einnahme von Krassnowodsk im Jahre 1869", schreibt Herr Stebnizki, „gab es über das trockene Bett des Amu-Darja nur sehr oberflächliche Nachrichten; aus den Aufsätzen von Murawjeff, Abbot, Vambéry und Anderen waren einige Punkte bekannt, wo die Reisenden den Fluss gesehen hatten, aber über den physikalischen Charakter desselben, über seine Bildung, seinen Fall und über seinen Lauf im Allgemeinen fehlte fast jede Kenntniss. Trotz der Mangelhaftigkeit bestimmter Thatsachen wurde indessen nicht wenig über diesen Gegenstand geschrieben, doch es ist klar, dass diese Literatur eine Lösung der Frage herbeizuführen nicht vermochte

Die Aufklärung über den früheren Lauf des Amu-Darja bietet ein hohes Interesse. Wie und wodurch ein so grosser Strom versiegen konnte und zwar auf einer Strecke von 700 Werst, das ist in unserer Zeit eine Hauptfrage der physikalischen Geographie nicht allein für Central-Asien, sondern auch im Allgemeinen für die ganze Erdoberfläche. Mit der Einnahme von Krassnowodsk (1869) trat diese Frage in ein neues Stadium und es war die Möglichkeit einer mehr oder minder systematischen Erforschung des Flussbettes vorhanden. Im Jahre 1870 nahm ich an der Expedition nach Kisil-Arwat Theil und hatte Gelegenheit, den untern Theil des ausgetrockneten Bettes vom Einfluss in den Balchinskischen Meerbusen auf einer Strecke von 100 Werst kennen zu lernen. Im Jahre 1871 wurde das Bett noch höher hinauf entdeckt und über den Theil bei Sari-Kamisch, wo es durch den Salzsee Betandali-hel geht (nicht weit von der Stelle, wo Murawjeff das Bett 1819 sah), berichtet. Bei der letzten Expedition,

(1872) gelang es uns, das Bett noch weiter aufwärts, auf eine Länge von 200 Werst, aufzufinden; unsere Thätigkeit erstreckte sich auf astronomische Ortsbestimmung, detaillirte Aufnahmen, barometrische Höhenbestimmung, Ortsbestimmungen mit dem Stampferschen Nivellirungsinstrument, und auf die sorgfältigste Untersuchung über die Bildung und den Charakter des Flussbettes in Verbindung mit der dasselbe umgebenden Oertlichkeit. Diesen Arbeiten müssen die geologischen und botanischen Untersuchungen meines Mitreisenden, des Naturforschers Dr. G. J. Sievers hinzugefügt werden. In dieser Weise ist das Bett bis zu unserm Zielpunkt, dem Brunnen Igda verfolgt worden. Von dieser Stelle aus wandten wir uns bei der letzten Recognoscirung nach Süden, zur Tekinskischen Befestigung Kisil-Arwat, gingen darauf quer über die Kurreudaskischen Berge bis zum Flusse Sumbar, (welcher nach seiner Vereinigung mit dem Flusse Tschandir in den Atrek fällt) und, nun dem Atrek folgend, gelangten wir bis zum Posten Tschekischlar, (am östlichen Ufer des Kaspischen Meeres).

Unsere Directionslinie war für die Kenntniss des ausgetrockneten Bettes höchst förderlich; bei der Untersuchung des Flussbettes erschien vieles in seiner Bildung unklar und unbegreiflich, (z. B. die grossen Salzablagerungen auf dem Grunde desselben, sehr salzhaltige Seen zuweilen dicht neben solchen die fast als Süsswasserseen zu bezeichnen sind etc., — was wohl alles nur zu erklären sein wird durch die Nachforschungen über die Bildung und die Bestandtheile des Bodens in den Höhlen und Schluchten der an das Bett grenzenden Kurreudaskischen Berge, und ebenso der des Flusses Atrek und seiner Nebenflüsse. Auf diese Weise war die Vergleichung des trockenen Bettes des Amu-Darja mit der Bildung des Bodens, wo sie klar zu Tage tritt, und mit dem jetzigen Fluss Atrek — ich wiederhole höchst günstig für unsere Thätigkeit; ohne Untersuchung der beiden letzten Oertlichkeiten würden viele der von uns wahrgenommenen Erscheinungen im trockenen Flussbette nur unklare und zweifelhafte (zufällige) Facta geblieben sein.

Im Allgemeinen bietet die Natur Turkmeniens keine grossartigen Erscheinungen und Conturen, die dasselbe charakterisiren, sondern sie besteht aus einer grossen Anzahl von Details, bei deren Beobachtung (besonders in Hinsicht auf das Flussbett) man in jeder Einzelnheit sehr aufmerksam sein muss, um sich vieles, was sich dem Auge bietet, erklären zu können.

Ueberhaupt kann man wohl sagen, dass uns der untere und mittlere Theil des trocknen Bettes des Amu Darja jetzt gut bekannt sind (und zwar eine Strecke von 300 Werst reichlich, vom Ausfluss bis zum Brunnen Igda). Nach den sichersten Nachrichten, die wir auf der letzten Recognoscirung sammelten, scheint es, als ob hinter dem Brunnen Igda (und zwar am Brunnen Kurtisch, 15 Werst von letzterem) das trockne Flussbett sich in zwei Arme theilt; der Hauptarm ostwärts gehend zur Stadt Tschardi (im nördlichen Theil der Bucharei), der andere nordwärts am Fusse des Kaflan-Kira gegen

Sara Kamysch, von wo aus dieser Arm sich, indem er nach Osten wendet, an der Stadt Kuna-Urgentcha vorbei, den unteren Theil des jetzigen Amu Darja erreicht (nördlich von Chiwa). Obgleich diese Nachrichten, da sie ganz ausführlich die Orte nennen, die das trockene Bett berührt, mir in Bezug auf die Richtung desselben nach Tschardshui hin ziemlich sicher scheinen, so konnte ich doch bei meiner Rückkehr nach Tiflis den in früheren Reisen von Barns, Abbot und Anderen darüber keine Bestätigung finden. Barns auf seiner Reise von Buchara nach Merwa und weiter nach Persien, kam über Tschardshui, wo er den Amu Darja überschritt, berichtet aber nichts über das trockene Bett bei dieser Stadt, man kann daher wohl annehmen, dass sich dasselbe nördlich von Tschardshui befindet und Barns es nicht hat sehen können. Abbot dagegen hätte auf seiner Reise 1840 von Herat nach Chiwa, auf dem Wege aus Merwa nach Norden, durchaus das trockene Flussbett sehen müssen, wenn es sich in der Richtung nach Tschardshui zu befindet, trotzdem erwähnt er nichts davon. Ist das Flussbett dort nicht vorhanden oder war es Unachtsamkeit von Abbot, wer kann es sagen; ich bin bis jetzt geneigt das letztere zu glauben.

Bei Gelegenheit der Mission des Generals Ignatjew nach Chiwa und Buchara (1859) wurde eine ziemlich genaue Aufnahme des jetzigen Amu Darja weit südlich von Tschardshui angefertigt, aber leider in der Nähe von Tschardshui ist auf eine ziemliche Entfernung nach Norden und Süden der Amu Darja nicht aufgenommen worden, weil der Weg der Mission nicht längs dem Strome führte. Um die neuesten Erforschungen über den untern und mittlern Theil des Amu Darja mit denen zu vereinigen die am obern Theile des Bettes d. h. des jetzigen Amu Darja gemacht worden sind, und somit das trockene Flussbett mit dem jetzt fliessenden Strom zu verbinden, ist zu untersuchen, was in dieser Beziehung bekannt ist. Abbot erwähnt in seiner Schrift den Theil des trockenen Flussbettes, den er im Laufe von wenigen Tagen gesehen hat — östlich von den Ruinen Alt Urgentsch, (reichlich 100 Werst vom jetzigen Amu) und hat auch diesen Theil auf seiner Karte bezeichnet.

Der Oberst Danilewsky, auf seiner Reise nach Chiwa 1842, erwähnt in seiner ziemlich umständlichen Beschreibung des Chiwaschen Chanats nur beiläufig, dass er in der Nähe der Stadt Chodscheila auf dem Wege von Chiwa nach Kungrad durch eine sandige und trockene Vertiefung gekommen sei, die alle Spuren getragen, dass sie früher Wasser enthalten habe [1]) — von der Beschaffenheit des Bettes aber und dessen Zusammenhang mit dem Amu ist nichts Bestimmtes gesagt, auch nichts in der kartographischen Aufnahme des Chiwaschen Chanats, die 1842 gemacht wurde, verzeichnet. Ebenso findet sich in der detaillirten Aufnahme, die von der Mission des Generals Ignatjew 1854 angefertigt wurde, nichts über den

[1] S. Schriften (Записки) der Kaiserl. Russischen Geographischen Gesellschaft. Buch V. 1851. S. 87. 88.

obern Theil vom Amu Darja. Somit ist es sehr schwer, aus diesen Daten, selbst wenn ich meine umfangreichen Beobachtungen hinzufüge, eine Verbindung zwischen dem aufgefundenen Theil des trockenen Flussbettes und dem jetzigen Amu-Darja zu finden.

Das ist mit kurzen Worten die Darstellung des Standpunktes, auf welchem sich jetzt die Frage wegen der Untersuchung des früheren Laufes des Amu-Darja befindet und ich meinerseits werde mir alle erdenkliche Mühe geben, dass die bevorstehende Expedition in dieser Hinsicht befriedigendere Resultate liefere."

Von Seiten der Geographischen Gesellschaft sind alle Maassregeln getroffen worden, dass die Anwesenheit unserer Truppen in Chiwa nicht ohne Nutzen für die Wissenschaft bleibe. Von einer besonderen Commission wurde eine Instruction ausgearbeitet, um Nachforschungen zu sammeln, mit Bezeichnung derjenigen Fragen in allen Zweigen der geographischen Wissenschaft, von denen es wünschenswerth ist, sie erklärt zu sehen. Diese Instruction ist in genügender Anzahl von Exemplaren an alle vier Detachements gesandt, nach Taschkent, Kasalinsk, Orenburg und Krassnowodsk, die sich alle vier in Chiwa vereinigen sollen. Auf Ersuchen des General-Gouverneurs von Orenburg wurden dem dortigen Detachement Instrumente übersandt, um magnetische Untersuchungen von den Offizieren des geodätischen Corps, Soliman und Owodow, anstellen zu lassen.

Der General-Gouverneur von Turkestan von Kauffmann, der unter seiner Leitung alle vier Detachements vereinigt, und dessen reges Interesse für alle Gebiete der Wissenschaft durch die Geschichte der Forschungen in Central-Asien schon längst bewiesen ist, hat seinerseits der Geographischen Gesellschaft seine volle Unterstützung versprochen. Auf diese Weise ist zu hoffen, dass die Expedition nach Chiwa wichtige Resultate für die Wissenschaft liefern werde und darunter auch die Aufklärung der Frage über das trockene Bett des Amu-Darja.

(**Die russische Montanindustrie im Jahre 1871.**) Nachstehende Data sind einer bei Gelegenheit der Wiener Ausstellung von Herrn Skalkowsky, im Auftrage des Finanzministeriums, veröffentlichten Schrift entnommen.

Seit 1830 hat die russische Mineralproduction einen Entwickelungsgang verfolgt, der in folgenden Ziffern ihren Ausdruck findet:

	1830 Pud	1840 Pud	1850 Pud	1860 Pud
Gold	382	457	1453	1491
Platina . . .	106	107	9	61
Silber . . .	1282	1279	1068	1070
Kupfer . . .	235,995	280,918	393,618	315,693

	1830 Pud	1840 Pud	1850 Pud	1860 Pud
Gusseisen . .	11,169,328	11,018,950	13,892,325	18,174,125
Eisen . . .	—	6,970,012	9,999,516	11,207,641
Salz	20,920,393	27,195,512	24,829,009	26,109,602
Steinkohlen .	—	500,000	3,000,000	8,000,000

Im Vergleich zu der letztangeführten Ziffer (1860) hat sich die *Goldproduction* um ein ganz Erhebliches vergrössert: im Jahre 1871 sind an 2400 Pud erhalten worden. Das stärkste Contingent liefern die sibirischen Bergwerke — 1997 Pud, der Ural nur 399 Pud und das russische Lapland 3 Pud. Gold gewaschen wurde im Ganzen an 900 Stellen. Der Ertrag der Regierungswäschereien belief sich auf 300 Pud, der der Privaten — auf 2099 Pud.

Platina ist nur im Permschen Gouvernement und zwar ausschliesslich von Privaten im Ganzen an 6 Stellen gewonnen worden. Der Jahresgewinn von 1871 betrug 125 Pud.

Silber ist wohl das einzige Metall, dessen Gewinnung gegen 1860 einen Rückschritt ergiebt; die 1871 an die Oberfläche beförderte Quantität beträgt 808 Pud, von denen nur 19 im Kaukasus, der Rest aber in Sibirien gewonnen wurde. Bis auf ein Pud und einige Pfunde ist der ganze Betrag von der Regierung gewonnen worden.

Kupfer liefert der Ural, der Altai, das sibirische Kirgisenland, der Kaukasus und Finnland. — Die Schmelzöfen der genannten Ortschaften haben folgende Quantitäten Kupfer geliefert: der Ural — 159,206 Pud, der Kaukasus — 38,000 Pud, der Altai — 37,656 Pud, das sibirische Kirgisenland — 23,950 Pud und Finnland — 1175 Pud. Die Production der Regierung betrug 51,799 Pud.

Zinn ist in Finnland im Betrage von 475 Pud gewonnen worden, *Kobalt* im Kaukasus — 649 Pud, *Zink* in Polen — 196,581 Pud. Die beiden erstgenannten Metalle sind ausschliesslich von Privatleuten gewonnen worden; in der Production des Zinkes ist der Antheil der Regierung und der Privaten ein fast gleicher.

Im Jahre 1871 besass das Russische Reich 155 Eisenhüttenwerke, von denen 17 im Besitz der Krone und die übrigen in den Händen von Privaten. Letztere vertheilen sich local in folgender Weise: Ural — 55, Umgegend von Moskau — 25, westliche und südliche Provinzen Russlands — 8, Sibirien — 2, Polen — 31, Finnland — 15 und Kaukasus — 1. Der Gesammtertrag der Eisenerze betrug 50,823,668 Pud, davon wurden gegossen 48,567,152 Pud und lieferten ein Gusseisenproduct von 22,004,518 Pud, von denen 18,854,634 Gusseisengänze und 3,149,884 Pud diverser gusseiserner Fabricate.

Die Eisen- und Stahlfabrication wurde in 216 Etablissements betrieben, von denen 20 im Betriebe der Regierung und der Rest in dem von Privaten sich befand. Producirt wurden im Ganzen 11,959,622 Pud Stangeneisen, 2,998,975 Pud Platten und 442,241 Pud geschmiedeten und gegossenen Stahles.

Ganz besondere Fortschritte im Vergleich mit den vorhergegangenen Decennien hat die Gewinnung der *Steinkohle* gemacht die von 8 Millionen Pud (1860) auf 50 Millionen Pud gestiegen ist. — Die Gewinnung dieses Brennstoffes vertheilt sich örtlich folgendermaassen:

	Steinkohle	Anthrazit	Bituminöse Lagerung u. Lignit
1. Moskauer Bassin[1] . .	8,677,000	—	—
2. Kijew-Jelissawetgrader Bassin	—	—	1,000,000
3. Donetzer Bassin . . .	6,270,000	14,190,000	—
4. Uralsches Bassin . .	832,000	—	—
5. Polnisches Bassin . .	12,202,000	—	402,000
6. Kusnetzksches Bassin (Gouvern. Tomsk) .	228,000	—	—
7. Bassin des Kirgisischen Steppenlandes	481,000	—	—
8. Bassin der Seeküste des östlichen Sibiriens .	295,000	—	—
9. Kaukasisches Bassin .	140,000	—	52,000
10. Turkestansches Bassin	75,000	—	—

Am ergiebigsten ist das Steinkohlenwerk von Tschulkowo im Rjäsanschen Gouvernement, welches einen Ertrag von 2,000,000 Pud gegeben hat (den Herren v. Struve, Lessing, Achenbach und Colley, gehörig).

Petroleum ist auf dem Kaukasus im Betrage von 1,375,000 Pud aus 697 Quellen gewonnen worden.

Der *Salzertrag* Russlands betrug 28,254,000 Pud, wovon 3,067,000 Pud Steinsalz und 11,654,000 Pud durch Evaporation und 13,532,000 aus Salzseen gewonnen.

Bei der Montanindustrie waren 1871 266,300 Arbeiter beschäftigt (gegen 263,383 im Jahre 1870). Der Brennmaterialienverbrauch der Hütten, Hochöfen und Metallfabriken war 2,216,000 Kubikfaden Holz, 102,423,000 Pud Kohlen.

Zum Schluss gedenken wir noch der Ein- und Ausfuhr der Metalle im Jahre 1872.

	IMPORT. Handel		EXPORT. Handel	
	mit Europa. Pud	mit Asien. Pud	mit Europa. Pud	mit Asien. Pud
Platina	—	—	124	—
Kupfer	437806	2640	992	9594
Blei	585986	7858	—	—
Zink	216573	945	84959	-
Gusseisen	2923305	—	14947	—

[1] Erst seit 1870 wirksam in Betrieb genommen.

	IMPORT. Handel mit Europa. Pud	IMPORT. Handel mit Asien. Pud	EXPORT. Handel mit Europa. Pud	EXPORT. Handel mit Asien. Pud
Eisen	13890817	5	262714	46084
Stahl	812355	4211	—	4853
Petroleum	1720420	8260	—	85475
Salz	11832324	852	5610	26906
Steinkohlen	75550746	5126	283561	358
	Rub.	Rub.	Rub.	Rub.
Metallfabricate	18277180	665800	443634	141471
Maschinen	20296060	23422	1900	850
Gold und Silber	7168355	252557	16336113	1339156

(Die Expedition nach Chiwa.) Der Chan von Chiwa hielt sich in seiner von einem breiten Steppen- und Wüstengürtel umgebenen Oase für so sicher und unangreifbar, dass er selbst dem mächtigen Russland gegenüber allen Bedingungen des Völkerrechts ungestraft Hohn sprechen, die Russland untergebenen Kirgisen zu Revolten aufreizen und die Auslieferung der russischen Gefangenen verweigern zu können glaubte. Aber die Stunde der Vergeltung hat geschlagen, und die mit grosser Umsicht vorbereitete Expedition russischer Truppen gegen den unruhigen Nachbar ist jetzt im vollen Gange. Das Scheitern des Unternehmens des Grafen Perowski im Jahre 1839 hat zur Vorsicht in der Wahl der Zeit gemahnt, und die jetzige Lage Russlands in Centralasien, die bessere Bekanntschaft mit den lokalen Verhältnissen und die seitdem eingetretenen Vervollkommnungen in allen, das Oekonomie- und Sanitätswesen der Armee betreffenden Dingen geben jetzt ganz andere Mittel an die Hand, die etwa auftauchenden Schwierigkeiten zu überwinden. Jedenfalls glauben wir, bei dem allgemeinen Interesse, welches diese Expedition erweckt, dem Gange derselben in allgemein gehaltenen Zügen folgen zu müssen, wobei wir uns fast ausschliesslich auf officielle Angaben stützen.

Zur Expedition gegen Chiwa sind Truppen der drei zunächst gelegenen Militärbezirke, des *Turkestanschen, Orenburgschen* und *Kaukasischen*, bestimmt. Das Turkestansche Corps rückt vom Osten, das Orenburgsche und das Kaukasische vom Westen zum Angriffe vor. Wenn diese drei Corps, die zusammen ungefähr 10,000 Mann zählen, innerhalb der Grenzen Chiwa's zusammengetroffen sein oder ihre Verbindung unter einander hergestellt haben werden, treten sie unter das Kommando des Oberbefehlshabers der Truppen im Turkestanschen Militärbezirk, Generaladjutanten *von Kauffmann I.*

Das *Turkestansche Corps* wird von dem Befehlshaber der Truppen im Ssyr-Darja-Gebiet, Generalmajor *Golowatschow* kommandirt, besteht aus 20 Kompagnien Infanterie (11 Schützen- und 9 Linienkompagnien), 1 Sappeurkompagnie, 7 Ssotnjen Kosaken, 2 Batterien Artillerie und 1 Raketenbatterie, im Ganzen aus ungefähr 4500 Mann mit 18 Geschützen (darunter 4 Berggeschütze). Das Corps, bei dem sich auch JJ. KK. HH. der Grossfürst Nikolai Konstantinowitsch und der Prinz Eugen Maximilianowitsch Romanowski, Herzog von Leuchtenberg befinden, rückt in zwei Kolonnen vor. Eine derselben, die Dshisaksche, ist aus den fünf Echelons, die in den ersten Tagen des März aus Taschkent ausgerückt sind, und den Detachements aus Ura-tjube und Chodschent gebildet worden und wird von dem Befehlshaber des Corps geführt, während die Kasalinskische, die gegen den 10. März aus Kasalinsk und dem Fort Perowski ausgerückt ist, bis zu ihrer Vereinigung mit der andern dem Befehl des Obersten Golow anvertraut ist. Beide Kolonnen sollten am 3. April am Bukangebirge (am Westrande der Steppe Kisil-kum) zusammenstossen, von wo sie bis zum Amu-Darja noch 225 Werst zurückzulegen haben. Es sind Nachrichten vorhanden, dass die Dshisaksche Kolonne am 24. März bei dem Brunnen Balta-Ssaldyr in der Steppe Kisil-kum eingetroffen ist.

Das Turkestansche Corps wird auch von der Aral-Flottille unterstützt werden. Dieselbe besteht aus 2 Dampfern und 2 Barken, die mit der Eröffnung der Schifffahrt gegen den 15. April aus Kasalinsk nach der Mündung des Amu-Darja abgehen sollten.

Das *Orenburger Corps* wird von dem Befehlshaber der Truppen im Gebiet Uralsk, Generallieutenant *Werewkin*, kommandirt und besteht aus 9 Kompagnien Infanterie, 9 Ssotnjen Kosaken, 1 Sapeurkommando, 6 Geschützen der reitenden Artillerie und 6 Raketengestellen, im Ganzen aus ungefähr 2,500 Mann. Das Corps führt aber noch 4½-pudige Mörser und 2 gezogene Kanonen mit, welche zur Armirung des Forts dienen sollen, welches man nebst einem Proviantdepot am Kap Urgu-murun bei der Mündung der Aibugirbucht anzulegen beabsichtigt. Die Truppen dieses Corps sind in der Zeit vom 13. bis 25 Februar aus Orenburg, Orsk und Uralsk ausgerückt, und es sind alle Vorsichtsmassregeln zur Schonung der Leute und Pferde, zum Schutze derselben gegen die Unbill des Wetters, zur ausreichenden Verpflegung von Menschen und Thieren und zur umfassendsten Krankenpflege getroffen worden. Am 18. März konzentrirten sich die verschiedenen Abtheilungen im Embaposten, von wo die Avantgarde am 26. und das Gros am 30. März ausgerückt ist. Nach den letzten Nachrichten haben diese Truppen zwar mit grossen Beschwerden, welche ihnen der tiefe Schnee und der Mangel an Grünfutter für die Kameele bereitet, zu kämpfen gehabt, aber ihr Gesundheitszustand ist trotzdem befriedigend. Am 4. April stand das Gros in der, 106 Werst vom Embaposten entfernten Gegend von Namas tau und die Avantgarde 40 Werst weiter, in Tsuschkakul. Der ganze Weg vom Embaposten bis zum Amu-Darja ist über 800 Werst weit, und die Marschroute des Corps geht über die Brunnen Aty-dshaksy und Assjutasty, durch die Sandwüste Issen-tsagyl nach dem Aralsee, längs dessen westlichem Ufer nach dem Aibugirschen Landungsplatze, der 65 Werst von der chiwesischen Stadt Kunja-Urgentsch entfernt ist. Zur Sicherstellung der Verbindungen und zur Zurückweisung der Banden, die im Rücken erscheinen sollten, sind kleine Beobachtungsdetachements aufgestellt.

Das *Kaukasische Corps*, welches gegen 3000 Mann zählt, hat sich bei dem Fort Nowo-Alexandrowskij auf der Halbinsel Mangyschlak konzentrirt, ist dann nach der weiter südlicher belegenen Kinderlinskischen Bucht übergesetzt worden und marschirt nun in östlicher Richtung nach Aibugir, wo es sich mit dem Orenburger vereinigen wird.

Ausserdem wird an dem Feldzuge gegen Chiwa auch noch das aus Krassnowodsk nach Tschakischljar hinübergeführte Detachement Theil nahmen, das seinen Marsch anfangs längs des Flusses Atrek genommen, dann aber sich nordostwärts gewandt hat.

Literaturbericht.

Die Vertheidigung von Ssewastopol, nach authentischen Quellen dargestellt unter Leitung des General-Adjutanten *Ed. v. Todleben*. St. Petersburg 1864 - 1872

Das grossartige Werk, welches diesen Titel führt, liegt nunmehr vollständig in seinen vier starken Bänden in gross 8°. mit allen dazu gehörigen Karten, Plänen und Zeichnungen im russischen Originaltexte und in deutscher und französischer Uebersetzung vor [1]. Der preussische Ingenieur-Generalmajor Lehmann, der einen Auszug aus den beiden ersten Bänden veröffentlicht hat, motivirt dieses Unternehmen in folgender Weise: „So fesselnd und lehrreich auch der Inhalt dieses durch Gründlichkeit und unparteiische Darstellung ausgezeichneten Werkes ist, so dürfte doch der hohe Preis, welchen die reiche und glänzende Ausstattung mit sich bringt, der Verbreitung ziemlich enge Grenzen setzen. Ein Versuch, das grosse Publikum in referirender Form mit dem Kern des Inhalts bekannt zu machen und in dieser Weise der Kenntniss des hohen kriegshistorischen Werthes des Werkes, so wie der Thaten der heldenmüthigen Vertheidiger Ssewastopols grössere Verbreitung zu verschaffen, wird daher der Rechtfertigung nicht bedurfen."

So urtheilt ein hoherer preussischer Offizier, der indessen nur die kriegswissenschaftliche Bedeutung des Werkes dabei im Auge

[1] Wie wir hören, ist der vierte Band der französischen Uebersetzung noch im Druck.

haben konnte; für den russischen Leser gestaltet sich die Sache aber ganz anders; denn für ihn hat die ganze Arbeit eine doppelte Bedeutung. Sie giebt zunächst das klare und vollständige Bild eines Festungskampfes, der einzig in seiner Art in der Kriegsgeschichte dasteht und eine reiche Fundgrube des Wissens geworden ist. Zum ersten Male wurde bei Ssewastopol in einem längeren Festungskriege die Wirkung derjenigen Zerstörungswerkzeuge erprobt, welche die Erfindungen der Neuzeit den Kämpfenden zur Verfügung stellten; zum ersten Male ist es bei Ssewastopol vorgekommen, dass der Vertheidiger eines grösseren Platzes seine Werke erst unter dem Feuer des Belagerers anlegen musste; zum ersten Male endlich hat sich ein durch so furchtbare und bis dahin noch nirgends aufgetretene Zerstörungskräfte angegriffener und so unvollkommen durch die Kunst zur Vertheidigung vorbereiteter Platz ausschliesslich durch die Tapferkeit und Ausdauer der Besatzung und das Genie des Leiters der Arbeiten volle elf Monate halten können.

Es ist einleuchtend, dass in der detaillirten Schilderung der Arbeiten der beiden Kämpfer ein unerschöpflicher Schatz neuer Ideen für den militärischen Forscher enthalten sein muss. Hierdurch erhält das Werk nicht nur in theoretischer Hinsicht, sondern auch in seiner praktischen Anwendbarkeit als Hülfsmittel zur Ausbildung der Ingenieure von Fach eine hohe Wichtigkeit.

Wir müssen dem Werke des Generals v. Todleben aber auch noch eine andere Bedeutung, und zwar eine nationale beilegen. Die Dedication desselben an Sr. Majestät den Kaiser beginnt mit den Worten: „Das russische Heer, das sich in allen Kriegen, wo es sich um die Ehre von Kaiser und Vaterland handelte, durch seine Thaten ruhmvoll ausgezeichnet, hatte bisher fast immer nur im freien Felde zu kämpfen gehabt. Da wollte es das Schicksal, dass es in Ssewastopol die Gelegenheit fand, in der Vertheidigung eines festen Platzes alle die trefflichen kriegerischen Eigenschaften, die ganze entsagungsvolle Hingebung, die es auszeichnen, mit noch grösserem Glanze an den Tag zu legen. Die tapfere Besatzung von Ssewastopol hat die Bewunderung der Welt auf sich gezogen, und selbst die Gegner haben den Heldenmuth unserer Armee Gerechtigkeit widerfahren lassen.“ Dieser ruhmvollen Leistung galt es ein Denkmal zu setzen, und das ist durch das Todleben'sche Werk geschehen. Jeder Russe wird, wenn er diese tief erschütternde Schilderung ungeheurer Arbeiten und Kämpfe liest, sein Herz höher schlagen fühlen und Vertrauen zur Kraft seines Volkes und zu dessen ferneren Geschicken gewinnen.

Beiden Gesichtspunkten musste bei der Darstellung Rechnung getragen werden. Um das Werk für den Fachmann so lehrreich als möglich zu machen, musste der Kampf Schritt für Schritt geschildert, die Noth, Sorge und Arbeit jedes Tages, ja jeder Stunde zur klarsten Anschauung gebracht, musste, so zu sagen, jeder Spatenstich an den Angriffs- und Vertheidigungsarbeiten, jedes Geschütz, das in

Batterie gestellt wurde, und jede Explosion im Minenkampfe genau verfolgt werden. So kommt allerdings vieles fachwissenschaftliche Detail hinein, welches dem Effect zwar einigen Abbruch thun mag, aber unumgänglich nothwendig war, um dem bei diesem Werke sich Raths Erholenden zu beweisen, dass Sachkenntniss und Ausdauer auch in der verzweifeltsten Lage Hülfsmittel zu finden vermögen, und um ihm anschaulich zu machen, auf welchem Wege diese Hülfsmittel in der Praxis zu beschaffen sind. Die studirende militärische Jugend muss es dem Verfasser durchaus danken, dass er sich der kolossalen Detailarbeit unterzogen hat, um ihr ein sicheres Mittel zur Erwerbung gediegenen Wissens und praktischen Vermögens an die Hand zu geben.

Der zweite Standpunkt, der nationale, verlangte eine schlichte, populäre Darstellung, durch welche das Werk auch dem Laien verständlich werden kann. Es sollte ja nicht einer Specialwaffe, ja nicht einmal ausschliesslich dem Kriegerstande ein Denkmal errichtet werden, sondern dem ganzen Volke, das seine Gesammtkraft aufgeboten hatte und aus dessen Schoosse die Vertheidiger Ssewastopols hervorgegangen waren. Auch hätte sich rhetorischer Prunk schlecht gepaart mit der grossartigen Einfachheit der für sich selbst sprechenden Thatsachen, und mit Recht sagt der Verfasser, dass „einem literarischen Monument der denkwürdigen Vertheidigung Ssewastopols kein festeres Fundament gegeben werden könne, als Wahrheit und Unparteilichkeit." Und in der That, trotz des Strebens nach Einfachheit im Ausdruck und nach ungeschminkter Wahrheit, die keinen Fehler bemäntelt, entrollt uns das Werk ein so grandioses Bild unerhörter Arbeit, gewaltiger Kämpfe und unbegrenzter Hingabe jedes Einzelnen an die dem Ganzen gestellte Aufgabe, dass auch der Laie, der beim Lesen eben nur den nationalen Gesichtspunkt festhält, seine vollständigste Befriedigung finden muss. Er wird die Ueberzeugung gewinnen, dass, wenn dieser Kampf aus ganz natürlichen Gründen auch ungünstig endigte, die entfaltete Kraft doch eine so immense war, dass sie unter günstigeren Umständen gewaltige Resultate zu erzielen im Stande sein wird.

So erkennt denn auch Se. Majestät der Kaiser in dem Allerhöchsten Befehl an die russischen Armeen vom 30. August 1855 bereitwillig an, dass es auch für Helden Unmögliches gebe, und schliesst dieses sicher nicht nur den Vertheidigern Ssewastopols, sondern dem ganzen russischen Volke theuere Dokument mit folgenden Worten: „Der Name Ssewastopols, das sich durch so viele Leiden unsterblichen Ruhm erkauft hat, und die Namen der Vertheidiger desselben werden in Gemeinschaft mit den Namen der Helden, die sich auf den Schlachtfeldern von Poltawa und Borodino Ruhm erworben, für ewige Zeiten im Angedenken und im Herzen aller Russen fortleben."

Es ist hier nicht der Ort, den Gang der geschilderten Ereignisse nur einigermaassen erschöpfend zu verfolgen; wir begnügen uns daher mit der ganz allgemeinen Angabe des Inhalts des Werkes.

Der erste Band bringt in der Einleitung einen Ueberblick der politischen Verhältnisse und die Verwickelungen, die aus den sich kreuzenden Ansprüchen auf die heiligen Stätten erwuchsen und für die Westmächte der Vorwand zum Kriege wurden. Der eigentliche Text (Kap. 1 — 13) beginnt mit einem politisch-militärischen Abriss der Situation Russlands vor dem Ausbruch des Krieges und einer Uebersicht seiner eigenen Land- und Seemacht und der der Verbündeten, geht dann zur Schilderung der geographischen, statistischen und militärischen Verhältnisse der Krim und Ssewastopols, zum Beginn des Kampfes in der Krim und der Belagerung Ssewastopols über und reicht bis zum 5. (17.) Oktober 1854.

Der zweite Band (Kap. 14 — 25) schildert die Ereignisse von 5. (17.) Oktober 1854, dem Tage des ersten verstärkten Bombardements, bis zum 9. (21.) Februar 1855, der dritte (Kap. 26 — 36) die bis zum 6. (18.) Juni.

Der vierte Band (Kap. 37 — 45) ist in so fern der interessanteste, als er die Katastrophe und die bis aufs Höchste gesteigerte Spannung der Kräfte zur Anschauung bringt. In dem sechsten verstärkten Bombardement, das am 24. August (6. September) begann, donnerten 806 Feuerschlünde stärksten Kalibers gegen die nur vermittelst der äussersten Todesverachtung und Selbstaufopferung der Besatzung einigermaassen noch in Vertheidigungszustand erhaltenen Werke, und von diesen antworteten 982 eben so mächtige Geschütze.

In den drei Tagen, welche dieses Höllenfeuer dauerte, gab der Angreifer 142,000, der Vertheidiger 55,000 Schüsse ab, verlor ersterer 823, letzterer 7,500 Mann. Dies war aber nur die Einleitung zu noch gewaltigerem Reigen; denn am 27. August (8. September) erfolgte endlich der Sturm. Von den 12 einzelnen Attaquen, in welche der Sturm auf die in Trümmern liegenden Werke zerfiel, wurden 11 siegreich zurückgeschlagen und nur die eine auf den Malachow-Hügel gelang. Da es aber unmöglich war, Ssewastopol noch länger zu halten, nachdem dieser dominirende Punkt in die Hände des Feindes gefallen war, befahl Fürst Gortschakow den Rückzug nach der Nordseite, der denn auch in der darauf folgenden Nacht ausgeführt wurde. Hiermit endigte in der Hauptsache das blutige Drama, da die späteren Kämpfe in der Krim nur noch eine ganz untergeordnete Bedeutung hatten.

Während der elfmonatlichen Belagerung hatte der Vertheidiger 1,027,000 und der Angreifer 1,356,000 Schüsse aus Geschütz abgegeben, ersterer 16,560,000 und letzterer 18,500,000 Gewehrpatronen verbraucht. Die Verluste an Menschen beziffern sich für Ssewastopol bei den Russen mit 102,669 und bei den Alliirten mit 54,000 Mann, wozu noch die ausserhalb Ssewastopols erlittenen Verluste für die Russen mit 26,000 und für die Alliirten mit 9,500 Mann zu berechnen sind.

Jedem dieser vier Bände sind noch viele Beilagen hinzugefügt, welche eine Menge wichtiger Detailangaben enthalten.

Ausserdem ist in einem besondern Bande der „Minenkrieg" dargestellt, der dem Ingenieur von Fach ein unschätzbares Material für seine Studien liefert.

Рукописное отдѣленіе Виленской Публичной Библіотеки. Выпускъ первый. I. Церковно-славянскія рукописи. — II. Русскіе пергаменты. Трудъ *Петра Гильтебрандта.* Изданіе Виленской Публичной Библіотеки. Вильно, 1871. in 4°.
Die Manuscripten-Abtheilung der Oeffentlichen Bibliothek in Wilna Erste Lieferung. I. Kirchen-slavische Handschriften II. Russische Pergament-Handschriften. Bearbeitet von *Peter Hiltebrandt.* Herausgegeben von der Oeffentlichen Bibliothek zu Wilna. Wilna, 1871. XIV + 230. in 4°.

Die Oeffentliche Bibliothek in Wilna ist im Jahre 1865 gegründet worden. Vordem bestand daselbst ein Museum für Alterthümer, das ausser archäologischen Gegenständen auch manches Archäographische enthielt, doch bildete Letzteres keine gesonderte Abtheilung. In dem Jahresbericht des Museums für 1865 waren 538 Handschriften und 2077 Documente, Akte und Autographen angeführt. Zum Theil (54 Urkunden im Ganzen) waren dieselben 1858 von der beim Museum bestehenden Wilnaschen archäologischen Commission unter der Redaction ihres gelehrten Secretairs M. A. Krupowitsch unter dem Titel: „Sammlung von Staats- und Privaturkunden, die sich auf die Geschichte Litthauens und seiner Dependenzen beziehen", (VII. 158 SS.) veröffentlicht worden.

Allein nach der Umgestaltung des Museums im Jahre 1865, bei welcher die bisher mit ihr verbundene Archäologische Commission aufgehoben wurde, trat in der Publication der reichhaltigen archäographischen Schätze Wilna's eine höchst unerfreuliche Störung ein. Indessen wurden doch die Nachforschungen nach weiterem handschriftlichen Material energisch fortgesetzt und damit zugleich der Grund gelegt zu der nunmehrigen Manuscripten-Abtheilung der Wilnaschen öffentlichen Bibliothek. Seine fernere Bereicherung, so wie seinen gegenwärtigen Bestand verdankt dieses Institut dem früheren Curator des Wilnaschen Lehrbezirkes, Geheimrath Kornilow.

Ausser den oben angedeuteten Schriftdenkmälern bestand bei dem Wilnaschen Museum — allerdings als todter Schatz — das Deretschinskische Archiv der Fürsten Sapieha. Dasselbe war auf Veranlassung eines Mitgliedes der Archäologischen Commission, des General-Adjutanten Nasimow, im Jahre 1858 aus dem Grodnoschen Domänenhofe hierher übergeführt worden. Neun Jahre lang dachte aber Niemand an eine Bearbeitung dieses Archivs, theils weil seine Massenhaftigkeit (es wog nahezu an 200 Pud) und Verworrenheit abschreckend wirkten, theils weil es an competenten Bearbeitern fehlte. Da lud 1867 I. P. Kornilow einige junge Leute, Liebhaber archäographischer Arbeiten, zu einer Durchsicht und vorläufigen Sichtung des Archivs ein, welche vom Januar bis in den Mai hinein dauerte. Es wurde eine beträchtliche Anzahl russischer Schriftstücke des XVI. Jahrhunderts, die allein einen ganzen Schrank füllten, zusammengestellt und ein gleich grosser Schrank mit dem Schriftwechsel polnischer, in Staatsdiensten befindlicher Magnaten gefüllt.

Kornilow that zur Vergrösserung dieser Sammlung noch einen weiteren Schritt, indem er sich an die Geistlichkeit und das Lehrpersonal des Wilnaschen Lehrbezirks mit der Bitte wandte, ihn beim Sammeln alter Schriftstücke nach Möglichkeit zu unterstützen. Förderlicher erwiesen sich noch speciell zu diesem Zweck von ihm ausgesandte Forscher. Unter diesen waren besonders glücklich N. I. Ssokolow 1865, und A. W. Ratschinskij, der 1866 und 1867 Excursionen unternahm. Ersterer entdeckte ein Bruchstück des Tusowschen Evangelienbuches aus dem XI. Jahrhundert, der Zweite die Annalen des Awraamek, die, auf 450 Blättern geschrieben, aus dem Jahre 6903 (1495) stammen. So waren auch Ratschinskij's Nachforschungen im folgenden Jahre (1867) von einem über Erwarten günstigen Erfolge gekrönt und für Bereicherung der archäographischen Sammlung mithin in verhältnissmässig kurzer Zeit viel geleistet worden.

Die Bearbeitung all' dieser, rasch sich ansammelnder handschriftlichen Schätze ist inzwischen so weit vorgeschritten, dass nunmehr das gesammte, bisher noch ungeordnete Material nach seinem Inhalte gesichtet, in folgende Gruppen oder Hauptabtheilungen hat geschieden werden können: I. Kirchen-slavische Handschriften: Evangelien, Apostelgeschichte und Episteln, Legenden der Martyrer, Trioden u. s. w.; II. Urkunden auf Pergament in russischer Sprache: königliche und grossfürstliche Urkunden, Privat-Urkunden u. s. w.; III. Russische Sammelwerke: Inventare, Cautelen, Auszüge u. dergl.; IV. Polnische Sammelwerke: Historisch-politisches, Literarisches, Juridisches; V. Polnisch-lateinische Pergamente: königliche Urkunden, Privat-Urkunden, Bullen u. s. w.; VI. Oeconomie: Inventare, Cautelen, Lustrationen, Steuerverzeichnisse, Tarife u. s. w. in polnischer Sprache; VII. Literatur und Bibliographie: Literaturerzeugnisse, Verzeichnisse und Kataloge alter Bibliotheken und Archive; VIII. Briefe: Schriftwechsel gekrönter Häupter, Staatsmänner und Beamteter; IX. Kirchenlateinisches: Ordensregeln, Cursorien, Tagebücher, Polemisches, Reden, Legenden u. s. w.

Das vorliegende Werk bildet nun die erste Lieferung der zu erwartenden vollständigen Publication des Manuscripten-Kataloges und behandelt die beiden ersten Abtheilungen der handschriftlichen Sammlung, nämlich 1) die kirchen-slawonischen Handschriften und 2) die russischen Pergamente. Dass der gelehrte Verfasser seine Aufgabe richtig verstanden, ergiebt sich aus der Art und Weise, wie er die Arbeit erfasst und ausgeführt hat. Die Forderung, die man an einen guten Manuscripten-Katalog stellen darf, besteht darin, dass alle Schriften einzeln aufgeführt und nach ihren wesentlichen, äusseren Kennzeichen in der Weise beschrieben werden, dass ihre allgemeineren Beziehungen oder ihre Identität mit gleich betitelten anderen Manuscripten oder gedruckten Texten auch ohne Autopsie mit einiger Sicherheit erkannt werden möge; eine blosse Titelanzeige genügt zur Erreichung dieses Zweckes nicht. Herr Hiltebrandt ist nun bei seiner Arbeit durchweg bestrebt gewesen, es auch dem Entfernteren zu ermöglichen, sich über die einzelnen, von ihm aufgeführten Schriftstücke ausreichend zu orientiren. Seine Beschreibungen sind mit Fleiss und anerkennenswerther Sorgfalt ausgeführt. Hinsichtlich des Aeusseren der Handschriften berücksichtigt er das Schreibmaterial, die Schreibgeräthschaften, Dinten, Farben und Maässbestimmungen; bezüglich der Schriftkunde macht er Angaben über Buchstabenconstructionen, Gestaltung der Schriftzüge, Columnen, Abbreviaturen, Initialen, Handschriftenmalereien, Formate, Einbände u. s. w. Nicht minder genau erweist er sich in der praktischen Handschriftenkunde beim Citiren von Ueberschriften, Schlussschriften, Datum, Schlussversen; bei der Beurtheilung des Alters, der Daten, der Ueberschriften und der Angaben der Verfasser und Titel; auch über die Schicksale der Handschriften in neuerer Zeit, über ihre Fundorte, ihre Wanderungen durch verschiedene Hände bis zu ihrer Incorporation in die gegenwärtige Sammlung giebt er genügende Auskunft.

Die Anordnung des Kataloges ist folgende: nach einer Einleitung von 14 Seiten bringt der Verfasser zunächst die in kirchen-slavischer Sprache abgefassten Handschriften geistlichen Inhalts (S. 1—66). Die älteste derselben, das Turowsche Evangelium — also benannt nach dem Fundorte, Gouvernement Minsk, Kreis Mozyrski — reicht bis in das XI. Jahrhundert zurück; eine andere, als Bruchstück erhaltene Handschrift gehört dem XIII., vier dem XIV., die Mehrzahl dem XV., XVI. und XVII., einzelne dem XVIII., ja sogar dem XIX. Jahrhunderte an; im Ganzen sind ihrer 82 Stücke. Die einzige Ausstellung, die Referent hier zu machen hätte, betrifft die eigenthümliche Aufeinanderfolge der einzelnen Manuscripte: dieselben sind nämlich weder inhaltlich, noch chronologisch gruppirt und das Princip ihrer Anordnung keineswegs ersichtlich. Anders verhält es sich mit der zweiten Abtheilung, den russischen Pergamenten, deren Anordnung beiden genannten Gesichtspunkten entspricht; denn inhaltlich bilden hier die königlichen und grossfürstlichen Urkunden eine geschlossene Gruppe, als erste Unterabtheilung (S. 67—88) in 37 Stücken, den Zeitraum von 1503 bis 1606 umfassend, unter sich chronologisch geordnet. Dasselbe gilt von den folgenden Unterabtheilungen, von denen die zweite, Privaturkunden enthaltende, 27 Stücke giebt, die sich auf die Jahre 1512—1804 beziehen, (S. 88—101); die dritte, „Auszüge" überschriebene, zählt 11 Handschriften von 1530—1614. (S. 101—106). Hieran schliesst sich eine Beilage mit 6 Proben, die aus verschiedenen Manuscripten geistlichen Inhalts gezogen sind (S. 107—126); auch ist durch Anfügung eines Personen- und Ortsregisters, so wie eines Glossars für das Verständniss, für die Uebersichtlichkeit und den bequemeren Gebrauch des Kataloges zur Genüge gesorgt worden.

Jahresbericht und Wegweiser der Odessaer Gesellschaft für Geschichte und Alterthumskunde.

In Kürze möge hier Erwähnung finden der uns soeben zugegangene, von der *Kaiserlichen Gesellschaft für Geschichte und Alterthümer zu Odessa* veröffentlichte Jahresbericht (Отчетъ) für den Zeitraum vom 14. November 1871 bis zum 14. November 1872. Odessa, 1873. 8°. (29 SS.), so wie der, von derselben Gesellschaft herausgegebene: „Kurzgefasste Wegweiser durch das Museum, 3te vervollständigte Ausgabe, Odessa, 1873. 8° (52 SS.) (Краткій Указатель Музея Императорскаго Одесскаго Общества Исторіи Древностей. Изданіе 3-ie, дополненное, Одесса, 1873). Der Wegweiser enthält zugleich ein Verzeichniss sämmtlicher Fundorte mit specieller Angabe der in jedem derselben aufgefundenen Gegenstände, soweit letztere in den Bestand des Museums gehören.

Труды третьяго съѣзда Русскихъ естествоиспытателей въ Кіевѣ, происходившаго съ 20 по 30 августа 1871 года. Кіевъ., 1873.

Die Arbeiten des dritten, vom 20. bis 30 August 1871 in Kiew abgehaltenen *Congresses russischer Naturforscher*. Kiew, 1873. in 4°.

Der starke Quartband zerfällt in verschiedene Abtheilungen, die unter Specialtiteln und besonderer Pagination die Arbeiten der einzelnen Sectionen der physiko-mathematischen Wissenschaften enthalten. Die von den Professoren *Rachmaninow* und *Avenarius* redigirte Abtheilung für Mathematik bringt einen Aufsatz von Professor *Jacob Kowalski* über die mechanische Wärmetheorie (S. 17—27), und einen zweiten von *A. Orlow* über die nach Monaten und Tageszeiten bestimmte Vertheilung der Erderschütterungen im südlichen Sibirien (S. 31—46). -- Die chemische, von Prof. *Alexejew* redigirte Section liefert gleichfalls zwei Arbeiten: über Ammiakverbindungen des Chrom, von *W. Dudrewitsch* (S. 17—21) und Bemerkungen über den Photometer, von *J. Tjutschew* (S. 25—30). — Die Abtheilung für Mineralogie, Geologie und Palaeontologie, redigirt von Professor *Pheophilaktow*, bringt drei Protokolle der von der betreffenden Section ausgeführten geologischen Excursionen (S. 9—22). — Die botanische Section, redigirt von Borschtschow liefert sechs Arbeiten: 1) Beobachtungen an Chroolepus Ag., von *Christoph Gobi*, mit 1 Tafel Abbildung (S. 19—32); 2) Bemerkung über Fusisporium sanguineum, von N. Ssorokin, mit 1 Tafel (S. 35—38); 3) einige Worte über den neuen Pilz Synchitrium urticae Sorok., von N. Ssorokin, mit 1 Tafel (S. 41—42); 4) über den neuen Pilz Walzia, von N. Ssorokin, mit 1 Tafel (S. 45—47); 5) Skizzen der Flora von Konotop, von W. A. Tichomirow, (S. 51—72), und 6) Entwickelungsgeschichte von Gymnoascus g. n. Reessi B—ky, von O. Baranetzki. mit 1 Tafel (S. 75—86). – Die von Prof. Garnitsch-Garnitzki redigirte, zur Behandlung agronomischer Fragen vereinte Abtheilung für Botanik und

Chemie liefert folgende Aufsätze: über die Phosphorverbindung im Eisen, in Kalk und Thonerde und deren Beziehung auf die Pflanzenwelt, von *I. O. Lewitzki*, (S. 9—26); über die Veränderung des phosphorsauren Kalkes im Boden und die Wirkung von Superphosphaten auf die Pflanzen, von *I. O. Lewitzki*, (S. 29—54); Untersuchungen des Einflusses, der durch die, vermittelst künstlicher Vermischung hergestellten Hauptbestandtheile des Bodens auf die physischen Eigenschaften und die Absorptionsfähigkeit des Humus ausgeübt wird, von *A. Ssabanejew*, (S. 57—64); Untersuchung der Veränderungen, denen die verschiedenen Bodenarten in ihren chemischen und physischen Eigenschaften beim Durchfrieren des Bodens unterworfen sind, von *A. Fadejew*, (S. 67—78); Materialien zur Theorie der Cultur des Flachses, von *A. Schischkin*, (S. 81 -107). — Die Arbeiten der zoologisch-anatomisch-physiologischen Section, von *Kowalewsky* und *Bobretzky* redigirt, sind folgende: Bau des Corpus striatum in der Medulla der Wirbelthiere, von dem Arzte *I. P. Lebedew*, mit 1 Tafel, (S. 43—64); Ergebnisse bezüglich des Einflusses, den die Substanz auf die physiologischen Functionen, wie auf die Organisation der Thiere ausübt, von *W. I. Schmankewitsch*, mit 2 Tafeln, (S. 67—117); vergleichende Uebersicht der ornithologischen Fauna von Mittel-Europa und dem süd-östlichen Sibirien, von *W. Tatschanowski*, (S. 121—172); Entwickelungsgeschichte des Brachionus urceolaris, von *W. Zalenski*, mit 1 Tafel, (S. 175—187); Entwickelungsgeschichte der Prosobranchien, von *W. Zalenski*, mit 3 Tafeln, (S. 191—219); zur Frage von der Entwickelung des Herzens und der Hauptarterienstämme bei den Weichthieren mit deutlicher Kopfbildung, von *M. Ganin*, (S. 223—230); über die Metamorphose des Miastor metralvas, von *W. Zalenski*, mit 2 Tafeln, (S. 233—348); über einen neuentdeckten Parasit in den Eiern des Sterlett, von *Ph. W. Owsjännikow*, mit 1 Tafel, (S. 351—358). — Die Abtheilung füs wissenschaftliche Medicin, redigirt von Prof. Peremeschko, veröffentlicht: Zur Frage von der Glykopen-Bildung in der Leber, von *P. Tatarinow*, (S. 17—19); zur Lehre von der Lamina cribrosa scleroticae, von Dr. *Wolfring*, (S. 23—30); eine neue Vorrichtung für feine Injectionen, von *N. S. Alferow*, mit 1 Tafel, (S. 33—36); Classification der Fruchtstellungen, Theilung der Geschlechter nach Perioden und Geschlechts-Mechanismus der zusammengeballten Frucht, von Prof. *I. Lasarewitsch*, mit 1 Tafel, (S. 39—53); die lymphatischen Gefässe der Niere, von D. F. Ryndowski, mit 2 Tafeln, (S. 57—67); eine complicirte Cyste, von *I. M. Kisselew*, mit 1 Tafel, (S. 71—76).

Извѣстія Императорскаго Русскаго Археологическаго Общества. Томъ VII, составленный изъ трудовъ Н. Авенаріуса, архимандрита Амфилохія, В. В. Григорьева, Ю. Б. Иверсена, А. А. Куника, В. И. Межова, Д. В. Полѣнова, Д. И. Прозоровскаго, И. И. Срезневскаго, Л. Э. Стефани и Г. Г. Шпигельберга. Съ 12-ю листами рисунковъ. Спб. 1872. 4°.

Nachrichten der Kaiserlichen Russischen Archäologischen Gesellschaft. Band VII, enthaltend Beiträge von N. Avenarius, Archimandr. Amphilochius, W. W. Grigorew, J. Iwersen, E. Kunik, W. J. Meshow, D. W. Poljenow, D. J. Prosorowskij, J. J. Ssresnewskij. L. Stephani und H. Spiegelberg. Mit 12 Tafeln Abbildungen. St. Petersburg, 1872. IV, XXXVI und 478 Spalten. 4°.

Der vorliegende, in 4 Lieferungen seit 1869 erschienene Band der Nachrichten unserer seit mehr als 25 Jahren bestehenden Archäologischen Gesellschaft zerfällt seinem Inhalte nach in 3 Abtheilungen: I. Untersuchungen und Materialien; II. Bibliographie („Die russische archäologische Literatur in den Jahren 1866—1868“, von *W. I. Meshow*) und III. Chronik der Gesellschaft (Protokolle für 1866—1871).

Aus der ersten Abtheilung dieses Bandes verdienen vor allen anderen Beiträgen Erwähnung: Herrn *D. I. Prosorowskij's* Catalog der Alterthümer des Museums der Gesellschaft (S. 7—87) mit 4 Tafeln Abbildungen; *A. N. Olenin's* Brief aus dem Jahre 1815 an *S. S. Uwarow* über die Knemiden bei den alten Griechen (S. 93—112) mit 4 Tafeln Abbildungen; Herrn *N. Avenarius'* Untersuchungen über die *Kuna* (S. 113—127) mit den Bemerkungen von *D. I. Prosorowskij* dazu (S. 128—161); Herrn *I. I. Sresnewskij's* Nachrichten über slavische Handschriften des „British Museum“ in London und der „Bodleyana“ in Oxford (S. 233—236); Herrn *D. I. Prosorowskij's* Untersuchungen über die alten russischen Längenmaasse (S. 258—274) und über das altrussische Gewicht im Vergleich mit dem römisch-byzantinischen und dem gegenwärtigen russischen Gewichte (S. 373—386), und endlich: Herrn Akademiker *L. Stephani's* „Boreas und die Boreaden“ mit 3 Tafeln Abbildungen.

In der Beschreibung der Alterthümer des Museums der Gesellschaft von *Prosorowskij* ist von besonderem Interesse das X. Capitel, welches der Beschreibung eines im Gouvernement Smolensk, im Jahre 1868, 9 Werst von der Gouvernementsstadt, im Dorfe Gnjesdow, unweit des Dnjeprufers, gemachten Silberfundes gewidmet ist. Es bestand dieser Fund aus 12 Münzen orientalischen Ursprungs (2 Sassaniden, von Chosrew I. und Chosrew II. aus den Jahren 532 und 595, 1 Chalifenmünze, geprägt in Wasith im Jahre 120=748, 1 indischen und 8 Samaniden), von denen die 4 zuerst aufgeführten mit Oesen zum Tragen versehen sind, vielen silbernen Schmucksachen, als Halsringen, Perlen und Medaillons, von Halsschnüren, Brustschildern mit erhabenen Thierfiguren, zwei schaalenförmigen Bronzeagraffen und einer zerbrochenen Schwertklinge. Der Charakter der kunstfertig gearbeiteten Schmuckgegenstände ist derselbe, welcher ähnliche Gegenstände aus dem sogenannten zweiten (skandinavischen) Eisenalter auszeichnet. Der Fund von Gnjesdow ist gewiss der reichste und merkwürdigste Silberfund mit arabischen Münzen, welcher bisher in Russland gemacht worden ist, und die Archäologische Gesellschaft hat sich ein besonderes Verdienst durch dessen Ankauf so wie durch die Uebergabe desselben an unser grosses öffentliches Museum, die Kaiserliche Eremitage, erworben. Die zu seiner Beschreibung gehörenden vier Steindrucktafeln sind übrigens nicht so ausgeführt, als dass nicht eine zweite Ausgabe dieses merkwürdigen Fundes wünschenswerth wäre, wobei denn derselbe in seinen Beziehungen zu anderen aus derselben geschichtlichen Periode stammenden Funden bei uns, in Scandinavien und in Deutschland zu beleuchten wäre.

Für die Geschichte der altrussischen Geldwerthe haben eine ganz besondere Bedeutung die Untersuchungen von *N. Avenarius* und *D. Prosorowskij* über die *Kuna*. Selbstverständlich kann Referent hier nicht auf eine ausführliche Auseinandersetzung der Frage über die Bedeutung der Kuna eingehen. Dieselbe ist in der russischen historischen Literatur vielfach erörtert worden. Ein Theil der Forscher des russischen Alterthums sah in der Kuna ein Lederstück (Marderfell), welches einen gedachten Werth repräsentirte, ein anderer hielt sie für wirkliche metallische Münze. Letztere Ansicht wurde zuerst vom Akademiker M. Pogodin begründet, nachdem sie bereits 1807 von Ph. Krug angedeutet worden war. Akademiker E. Kunik in seinen Untersuchungen über die russisch-byzantinischen Münzen Jaroslaw's I., welche das Bildniss des h. Georg tragen (О русско-византiйскихъ монетахъ Ярослава I. Владимiровича, съ изображенiемъ Св. Георгiя Побѣдоносца. St. Petersburg 1860. 4°) betrachtete Jaroslaws Silberling („Jaroslawle Ssrebro") als ein Denkmal des altrussischen Münzwesens, das durch keine anderen Werthe repräsentirt worden sein könne, als eben die Kuny. Herr N. Avenarius aus Warschau sandte im Jahre 1868 an die hiesige Archäologische Gesellschaft seine oben erwähnte Abhandlung („Einige Worte über die Kuna") ein, in welcher er zu beweisen sich bemühte, dass „Kuny" bei uns im Alterthum westeuropäische mittelalterliche Denare genannt wurden. Herr D. Prosorowskij, welcher durch seine kritischen Untersuchungen über die Münzen und das Gewicht in Russland bis zum Ende des achtzehnten Jahrhunderts (Монета и Вѣсъ въ Россiи до конца XVIII. столѣтiя. 1865, im XII. Bande der „Sapiski" der Kaiserlichen Archäologischen Gesellschaft und auch besonders) sich als einer der gründlichsten Kenner der russischen Numismatik documentirt hatte, ward durch Herrn Avenarius' Abhandlung veranlasst, die Frage von der „Kuna", im Zusammenhange mit den übrigen, im alten Russland geltenden Geldwerthen, einer neuen eingehenden Erörterung zu unterwerfen. Er ist zu der Ueberzeugung gelangt, dass die altrussische Kuna dem byzantinischen Milliaresium entspreche, dass 50 Kuny eine Griwna ausmachten und die ältesten russischen Münzen nachgeahmte Milliaresien, die unter dem Namen „Kuny" coursirten, gewesen wären. Eine Ergänzung zu seinen früheren Untersuchungen über das altrussische Gewicht bildet Herrn Prosorowskij's in dem gegenwärtigen Bande der „Iswestija" (S. 373—386) abgedruckter Aufsatz (nebst Tabelle) „Ueber das altrussische Gewicht im Zusammenhange mit dem römisch-byzantinischen und gegenwärtigen russischen Gewichte".

Die Abhandlung des Akademikers Stephani „Boreas und die Boreaden" führt uns in erschöpfender Weise die Vorstellungen der Alten über diese Mythengruppe mit Anziehung der Originalstellen vor und bespricht die Kunstwerke, welche diese Vorstellungen veranschaulichen, und besonders zwei in Olbia und auf der Halbinsel Taman gefundene, welche in neuen Zeichnungen der Abhandlung beigegeben sind.

Собраніе древнихъ памятниковъ искуства въ Павловскѣ, описаннымъ *Лудольфомъ Стефани.* Съ 2-мя рисунками. Спб. 1872. in 8°.

Die Sammlung antiker Kunstdenkmäler in Pawlowsk, beschrieben vom Akademiker *Ludolph Stephani.* Mit 2 (in Kupfer gestochenen) Tafeln. St. Petersburg 1872. 128 Seiten in 8°.

Dieser auf Verfügung der hiesigen Kaiserlichen Archäologischen Gesellschaft herausgegebene Catalog, welcher im vorigen Jahre auch in deutscher Sprache in den „Mémoires" der hiesigen Akademie erschienen ist, beschreibt 225 antike Kunstgegenstände (88 in Marmor, 30 in Bronze, 100 in Terracotta, 5 in Glas, 1 in Alabaster und 1 in Blei).

Die Sammlung von Pawlowsk, wenn sie auch in Hinsicht der Zahl ihrer Gegenstände mit anderen gleichartigen Sammlungen nicht wetteifern darf, bietet des Beachtenswerthen doch verhältnissmässig Vieles — Statuen in Marmor und Bronze, Aschenurnen —, und die Kenner der Kunstarchäologie werden dem gelehrten Bearbeiter des Catalogs es gewiss Dank wissen, dass er ihre Aufmerksamkeit auf diese Kunstschätze lenkt. Dieselben gehören fast ausschliesslich dem römischen Alterthume an und stammen zum grössten Theil und zwar die in Marmor gearbeiteten Gegenstände (Statuen, Büsten und Köpfe, Reliefe und Aschenurnen) aus der von Katharina II. für ein Museum im Schloss von Zarskoje-Selo angekauften Sammlung von *Lyde Browne* in Wimbledon, über welche zwei, 1768 und 1779 gedruckte Cataloge Ausweis geben. Nach Pawlowsk kamen sie unter der Regierung Kaiser Paul's. Andere Marmor-Antiken aus dem früheren Museum von Zarskoje-Selo sind 1850 in die Sammlungen der Kaiserlichen Eremitage hierselbst aufgenommen worden.

Auf den beigegebenen Tafeln sind abgebildet: ein Eros in Marmor mit beiden Händen eine Muschel haltend (No. 4 der Sammlung), das Relief auf dem Deckel einer Marmorurne, den Wettkampf zwischen Apollo und Marsyas darstellend (No. 45) und den oberen Theil einer Bronzestatue, einen Mann darstellend, welcher einen todten Knaben über die Schulter geworfen hat.

Труды Восточнаго Отдѣленія Императорскаго Русскаго Археологическаго Общества. Часть шестнадцатая. Спб. 1872. 8°.

Arbeiten („Trudy“) der Orientalischen Abtheilung der Kaiserlichen Archäologischen Gesellschaft. Sechszehnter Theil. St. Petersburg 1872. II und 477 SS. 8° mit 4 Tafeln.

Zwei der in diesem Bande enthaltenen Abhandlungen, die von *H. B. Grigorjew* über die asiatischen Saken (S. 91—244) und die von *A. Harkawy* über die ältesten Wohnsitze der Semiten, Indoeuropäer und Chamiten (S. 341—477) sind in der „Russischen Revue“ im ersten Jahrgange (S. 103—105 und S. 303—305) bereits nach den Separatabdrücken besprochen worden. Ausser diesen beiden Abhandlungen enthält der vorliegende Band der „Trudy“ zwei andere: 1) vom verstorbenen correspondirenden Mitgliede der Archäologischen Gesellschaft *A. A. Bobrownikow*: Die Urkunden der Wittwe des Darma-Bala und des Bajantu-Khan in Quadratschrift, mit Hinzufügung allgemeiner Bemerkungen über letztere und Vermuthungen über die Inschriften in der Mangut-Höhle. Mit Ergänzungen von *B. Grigorjew* (S. 1—90); 2) vom Professor *K. Patkanow*: Einige Worte über die Namen der altarmenischen Monate (S. 295—339).

Wir bemerken hier Einiges über Bobrownikow's für die Paläographie höchst wichtige Abhandlung. Quadratschrift — mongolisch *Dörbeldschin üsük* — wird eine Schriftart genannt, deren Erfindung einem gewissen Pahba-Lama — daher auch Pahba- oder Passba-Schrift — zugewiesen wird und die im Jahre 1269 nach Chr. durch einen Befehl des Kaisers Chubilai zu officiellem Gebrauche eingeführt wurde. Ihr zu Grunde liegt das tibetische Alphabet. Anfangs glaubten die europäischen Orientalisten nicht, dass sie bei den Mongolen in Gebrauch gewesen sei, bis 1837 Endlicher chinesische Münzen der Mongolen-Dynastie, welche Legenden in dieser Quadratschrift trugen, veröffentlichte. Fünf Jahre später wurden hier in St. Petersburg mehrere solcher Münzen aus der Sammlung des Barons Chaudoir von unserm Chinologen Leontjewskij veröffentlicht. Unterdessen hatte im Jahre 1839 Herr Conon von der Gabelentz eine authentische Urkunde in Quadratschrift nebst Uebersetzung veröffentlicht. Diese Urkunde rührte von einem Kaiser aus derselben Dynastie, und zwar von Bujantu-Khan her. Später, 1846 und 1856 wurden 2 Paise, (Metallplatten mit kaiserlichem Befehle), welche dieselbe Schrift trugen, veröffentlicht. Als in Paris, in der Asiatischen Gesellschaft, im Jahre 1859 Münzen oben erwähnter Gattung eingelaufen waren, wusste man dort noch nicht, dass deren Existenz, so wie die auf ihnen vertretene Schrift europäischen Gelehrten bekannt sei. 1861 erschien im Journal asiatique Herrn B. Grigorjew's Brief über die Quadratschrift und 1863 von Pauthier die Abhandlung „De l'alphabet de Pa-sse-pa“, wo aus neuen chinesischen Quellen der Gebrauch dieser Schrift in China bestätigt wurde. Gleichzeitig machte im Journal asiatique Wylie Mittheilungen über die Existenz von Inschriften-Quadratschrift aus der Zeit der mongolischen (Juan-) Dynastie. Die von Bobrownikow untersuchte Urkunde, welche der Wittwe des Darma-Bala und Mutter des Chaissan-Külük-Chan, der sie zur Kaiserin erhob, ist im Jahre 1830 in China in einem buddhistischen Kloster in Bao-din-fu, auf einem Stein eingehauen, gefunden worden. In China konnte sie damals Niemand lesen und Pater Abbakum entzifferte sie mit Hülfe der tibetischen Schrift und einer in chinesischen Archiven aufgefundenen chinesischen Uebersetzung. Er sandte einige Abdrücke von dieser Urkunde nach Russland. Bobrownikow erhielt einen solchen von dem gelehrten Buräten Dordschi-Bansarow, der sich durch seine Arbeiten über das mongolische Alterthum, die in den Ausgaben der hiesigen Akademie und Archäologischen Gesellschaft veröffentlicht worden sind, in der europäischen gelehrten Welt einen Namen gemacht und unter anderen Abhandlungen auch eine über eins der Paise mit Quadratschrift geliefert hat. Diese Urkunde gehört dem Jahre 1309 nach Chr. an, während die von Gabelentz veröffentlichte dem Jahre 1314 angehört. Sie haben beide gleiche Sprache, gleichen Inhalt und fast wörtlich übereinstimmende Ausdrucksweise. Beide verleihen einem und demselben buddhistischen Orden — den Senschint — Privilegien. Herr Bansarow giebt auf besonderen Blättern die Transscription des Wortlautes der Urkunde in russischen Lettern, eine Uebersetzung derselben in russischer Sprache und ein Facsimile. Ausserdem transscribirt er die von Gabelentz veröffentlichte Urkunde. In beiden Urkunden giebt er einen philologischen und historischen Commentar. Daran schliessen sich allgemeine Bemerkungen über die mongolische Quadratschrift und eine Besprechung der im II. Bande der „Sapisski" der Sibirischen Abtheilung der Kaiserlichen Geographischen Gesellschaft veröffentlichten Inschrift aus einer Höhle am Flüsschen Mangut (im südöstlichen Sibirien).

Herrn Professor *K. Patkanow's* Aufsatz über die Namen der armenischen Monate ist mit Hinsicht auf die Wichtigkeit, welche das Studium des armenischen Alterthums für die Erkenntniss des iranischen Alterthums überhaupt bietet, geschrieben. Ausser dem iranischen Hauptstock wollen einige Forscher in der armenischen Sprache fremdartige, nicht-arische Elemente gefunden haben. Auf eine Fusion der iranischen Armenier mit fremden Stämmen in alter Zeit weisen auch einige Ueberlieferungen bei Moses von Chorene — dem Vater der armenischen Geschichte — hin. Bei dieser Gelegenheit werden François Lenormant's Lettres Assyriologiques, in denen der zweite Brief der Ethnographie und Geschichte Armeniens gewidmet ist, besprochen. Herr Patkanow giebt einige neue Aufklärungen über die Namen einzelner armenischer Monate, doch sind auch ihm einige derselben noch räthselhaft geblieben.

P. L.

И. Минаевъ. Очеркъ фонетики и морфологіи языка Пâли. СПб. 1872. 8°.
I(wan) Minajew. Abriss der Phonetik und Morphologie der Pâli-Sprache. St. Petersburg, 1872. XLIV und 96 SS. in 8°.

Der Herr Verfasser, Professor extraordinarius für vergleichende Sprachforschung an der hiesigen Universität, ist einer der Wenigen, die sich das Studium des Pâli, dieses für die Geschichte des Buddhismus so wichtigen altindischen Dialectes, angelegen sein lassen. 1869 gab er Buddhagosha's Prâtimoksha in Text und russischer Uebersetzung nebst historisch-literarischer Einleitung heraus; 1871 veröffentlichte er im „Bulletin de l'Académie Imp. des sciences de St. Pétersbourg" T. XVII, S. 70 — 85 (= Mélanges Asiatiques T. VI. S. 577 — 599) zwei „Buddhistische Fragmente."

In der Einleitung zu vorliegendem Buche spricht Herr Minajew vom Verhältniss des indischen Alterthums zum iranischen, von der Stellung des Pâli im Kreise der altindischen Dialecte, von dem Verhältniss des Pâli der Inschriften zu dem der buddhistischen Literatur und von den historischen Bedingungen seiner Entwickelung.

Im morphologischen Theil seiner Arbeit, welche durchgängig auf einem eingehenden Studium von Handschriften gegründet ist, behandelt der Verfasser die Declination, Motion, Conjugation und Composition. Die Stammbildung ist unberücksichtigt geblieben.

И. Помяловскій. Эпиграфическіе этюды. 1) Древніе нагоьоры (tabulae defixionum). 2) Римскіе колумбаріи. Спб. 1873. 8°.
I(wan) Pomjalowskij. Epigraphische Studien. 1) Alte Beschwörungsformeln (tabulae defixionum). 2) Die römischen Columbarien. St. Petersburg, 1873. X und 305 SS. 8°. Mit 1 Tafel.

In diesem Buche wird uns der Anfang der vom Verfasser in Rom gemachten epigraphischen Studien geboten. In der ersten Abhandlung hat er alles ihm über die alten Beschwörungsformeln Bekannte zusammengestellt und die Zauberformeln im Vorübergehen berührt. Nachdem die erhaltenen epigraphischen Denkmäler (lateinische, oskische und griechische) einzeln betrachtet worden, werden sie mit den wichtigsten Zeugnissen über sie bei den alten Schriftstellern zusammengestellt und dann, auf Grund solcher Zusammenstellung, die Resultate uber Inhalt, äussere Fassung und Geschichte dieser Denkmäler gegeben. In der Abhandlung über die Columbarien werden nach der allgemeinen Einleitung, in welcher auf den Zusammenhang dieser Ruhestätten mit anderen ähnlichen Einrichtungen hingewiesen ist, die Data über die *collegia funeraticia* und die römischen Genossenschaften zum Zwecke der Bestattung mitgetheilt, deren Einrichtungen besprochen und zum Schluss eine ausführliche Beschreibung der Columbarien gegeben, wobei die von den Ausgrabungen gelieferten Thatsachen mit denen, welche die Inschriften liefern, zusammengestellt werden.

In der Vorrede spricht der Verfasser seinen aufrichtigen Dank dem Secretär des römischen Archäologischen Instituts, Herrn Dr. Wilhelm Henzen, für den ihm von dessen Seite zu Theil gewordenen wissenschaftlichen Beistand aus.

Геологическая карта России. Составлена въ 1845 году гг. *Мурчисономъ*, *Вернёлемъ* и графомъ *Кейзерлингомъ*. Исправилъ и дополнилъ въ февралѣ 1870 года *Гр. Гельмерсенъ* (Продается въ Географическомъ Магазинѣ Главнаго Штаба).

Geologische Karte Russlands. Zusammengestellt im Jahre 1845 von den HH. *Murchison*, *Verneuil* und Graf *Keyserling*. Verbessert und ergänzt im Februar 1870 von *Gregor v. Helmersen*. Mit Erläuterungen in *russischer* und *deutscher* Sprache. Verlag der Kaiserl. Hofbuchhandlung H. Schmitzdorff (C. Röttger) in St. Petersburg. Auch zu haben im Geographischen Magazin des Generalstabs.

Dies ist die zweite der vom Nestor unserer Geologen besorgten Ausgabe einer geologischen Karte Russlands, die zuerst im Jahre 1845 von Murchison, Verneuil und Grafen Keyserling entworfen wurde. Die erste Ausgabe Herrn von Helmersen's erschien 1865 und ist bereits seit längerer Zeit vergriffen. In der gegenwärtigen Ausgabe sind folgende wesentliche Veränderungen angebracht: die paläozoischen Formationen, vom Silurischen Systeme bis zum Permischen inclusive, sind nicht wie früher en bloc, sondern mit ihren hauptsächlichen Unterabtheilungen dargestellt. Benutzt dabei sind *C. Grewingk*'s Geologie von Liv- und Kurland (Dorpat 1861), *Schmidt*'s Geolog. Karte von Estland, *Meglitzky*'s und *Antipow*'s Untersuchungen am Ural, *Barbot de Marny*'s am Dnestr, *Bock*'s Beobachtungen über die Verbreitung der Silurischen wie Devonischen Sedimente in den Gouvernements St. Petersburg und Nowgorod. 2. Das Devonische System ist in seinen drei Etagen dargestellt und seine Grenzen nach den Untersuchungen der Herren *A. v. Dittmar* und Magister *Bock* angegeben. Ausserdem sind *Barbot de Marny*'s Beobachtungen auf seiner Reise an der Dwina bis Archangel, *Inostranzew*'s am Onegaflusse hinab bis an's Weisse Meer, da die früheren Angaben von Devonischen Schichten sich nicht bestätigt fanden, benutzt worden; das Devonische im mittleren Ural von Salikamsk bis an den oberen Lauf ist aus Möller's Karte vom westlichen Abhange des Ural entlehnt. 3. Die Verbreitung des Bergkalks im mittleren Ural ist ebenfalls der *Möller*'schen Karte entnommen. Die Bergkalkformation Centralrusslands, in den Gouvernements Nowgorod, Twer, Moskwa, Kaluga, Tula, Rjasan und Tambow ist nach den in den letzten Jahren von den Herrn *Dittmar*, *Alexejew*, *Jeremejew*, *Lahusen*, *Bock*, *Romanowskij* und *Kulibin* gemachten Untersuchungen in ihren Grenzen bestimmt worden. Hier mag auch auf das mächtige Tula-Kalugaer Kohlenbassin aufmerksam gemacht werden. 4. Auf Grund der Entdeckungen *Barbot de Marny's* ist die grosse rothe und bunte, bisher stumme Formation im Osten Russlands, als ein Glied der Trias dargestellt und von dem, an dem Rande des Beckens auftauchenden Zechstein, durch ein besonderes Farben- und Zahlenzeichen getrennt. Die Grenzen des Permischen Systems am Ural sind nach Möller's Karte aufgetragen. 5. Die Grenzen der Juraformation sind nur hie und da nach *Nöschel*, *Barbot de Marny*, *Trautschold*, *Dittmar* und *Romanowskij* verändert worden. Die Kreide hat an ein paar Stellen an Terrain gewonnen. 7. Die Tertiärformation des Südens hat auf der neuen Karte eine wesentlich andere Begrenzung und damit die südrussische Granitregion auch ein anderes Ansehen erhalten. Im Chersonschen Gouvernement sind die Grenzen der Tertiäretagen nach *Barbot's* geologischer Karte angegeben. Für die recenten Muschellager des hohen Nordens, an der Dwina und am Eismeere, im Osten des Urals, schlägt Herr von Helmersen den Namen „*Borealformation*“ vor. Im Russischen hat er sie „*Weissmeerformation*“—*Bjelomorskoje obrasowanje*— genannt. Sie entspricht, dem Alter nach, der obern oder neuen Kaspischen (No. 2).

Andere Einzelnheiten in den Verbesserungen, welche die neue geologische Karte von Russland bringt, hier anzuführen, erlaubt uns der Raum nicht.

Victor Hehn. Das Salz. Eine kulturhistorische Studie. Berlin 1873, 74 SS. 16°.

Obgleich dies Büchlein ausserhalb Russland verlegt ist, darf eine „russische“ Revue es doch nicht unerwähnt lassen, denn gedacht und geschrieben ist es hier, bei uns. Ausserdem behandelt diese kleine, aber inhaltreiche Schrift ein Thema von so allgemein menschlichem Interesse, dass wir es uns nicht versagen können, auf ihr Erscheinen unsere Leser aufmerksam zu machen. Dieselben werden in ihr einen willkommenen Nachtrag zu des Verfassers „Kulturpflanzen und Hausthiere in ihrem Uebergang aus Asien nach Griechenland und Italien, sowie in das übrige Europa“ finden. Es schliesst sich „Das Salz“ an jenes umfassende Werk durch seinen kulturhistorischen Stoff an und wir finden in ihm dieselbe Sach- und Quellehkenntniss, dieselbe Gründlichkeit und dieselbe Gediegenheit des Urtheils, mit welcher der Verfasser seine Leser zu fesseln und zu verwöhnen gewusst hat.

Die Vorgänger der europäischen Kultur, die Aegypter und Semiten, waren mit Salz wohl versorgt, die ersteren durch die Lagunen im Delta und durch die Salzwüste, die anderen durch Salzseen, wie das todte Meer, und die es umstarrenden Salzsäulen von der Zeit an, wo sie das Land betraten (S. 12). Die Indogermanen, als sie noch in ihrem Ursitz weidend umherzogen, wussten allen Anzeichen nach vom Salze nichts. Das europäische Wort Salz ist in dieser Bedeutung in ganz Asien unbekannt: es fehlt sowohl in der Sanskrit-Sprache, als bei sämmtlichen Zweigen der Iranier (S. 16—17). Aber als die Stunde des grossen Aufbruches geschlagen hatte, stiessen diejenigen Glieder des Muttervolkes, die nach der Abendsonne zogen, dort, wo in einer grossen Senkung der Rinde unseres Planeten der Aralsee und das Kaspische Meer von Steppen eingefasst liegen, auf reiche Salzsümpfe an den Ufern dieser Wasserbecken, auf trockene und halbtrockene Seen voll Kochsalz — Krystalle, auf Salzlachen mitten in der Wüste, Ueberreste des Meeres, das jenen Erdstrich einst weit und breit überdeckt hatte (S. 17).

Hier entstand der gesammteuropäische Name für das Salz, d. h. ein schon vorhandenes Wort setzte sich unter geringen lautlichen Modificationen als Bezeichnung desselben fest. Näher dem ursprünglichen Begriff blieb altirisch *sál* = Moor, angelsächsisch *sol* = Lache, lat. *sale* = das Meer u. a. (S. 20).

Die weitere Wanderung von der aralokaspischen Niederung denkt sich der Verfasser durch die südrussischen Steppen, wo gegen Nordwesten dichter Fichtenwald, an den Abhängen der Karpathen üppige undurchdringliche Laubwaldung begann. Hier, wo das Gebirge sich vorlagerte, trat eine Zweitheilung ein: am Schwarzen Meer, an der Niederdonau, wo das Weideland sich fortsetzte, drängten die Schaaren weiter, aus denen später Pelasger-Hellenen und Italer, Thraker und Illyrier wurden; weiter an das Baltische Meer verbreiteten sich die nachmaligen Kelten, die auch über den Kanal zu den brittischen Inseln übersetzten, die nachmaligen Germanen, die über Sund und Belt auch Skandinavien erreichten, endlich die Litthauer und Slaven, die letzten Nachzügler. Im Rücken der Fortgezogenen ergoss sich auf die freigewordenen unermesslichen Flächen der iranische Strom von den Massageten und Saken bis zu den Sarmaten und Scythen, indess südlich vom Kaspischen Meer nach Kleinasien zu ein anderer Arm dieser iranischen Fluth die compakte semitische Masse sprengte, ihre grössere Hälfte südlich liess und in einzelnen Ausläufern bis an die Propontis und das Aegaeische Meer gelangte. Auf europäischem Boden blieb das Wort Salz in der neuen Bedeutung allen Eingewanderten gemeinsam (S. 21—22). Nur der Litthauer hat ein abweichendes Wort für Salz: *druska*, welches so viel wie Krume bedeutet; damit zu vergeichen ist russisch *trusitj* (трусить = streuen) *trucha* (труха = Heusaat, die in der Krippe übrig bleibt).

Der Verfasser weist dann nach, wie zeitweise bei einzelnen Völkern auf dem europäischen Continente die Kenntniss des Salzes ganz verloren ging und wie als ein Nachhall solcher Zeiten die salzlosen Thieropfer den Göttern sich bis in die späteren Zeiten erhalten.

Wir müssen es uns hier versagen dem Verfasser in seiner Darlegung der Geschichte der Salzgewinnung bei Kelten, Germanen und Slaven zu folgen.

Öfversikt af den Finsk Ugriska sprakforskningens historia. Akademisk afhandling af *O. Donner*. Filos. doctor, univ. docent. Helsingfors, 1872. 8°.
Uebersicht der Geschichte der finnisch-ugrischen Sprachforschung. Akademische Abhandlung von *O. Donner*, Doctor der Philosophie und Docenten an der Universität Helsingfors. 1872. 109 SS. 8°.

Diese an ausführlichen literärischen Nachweisen reiche Schrift verdient auch ausser Finnland bekannt zu werden.

Das älteste bekannte in finnischer Sprache gedruckte Buch ist Michael Agricola's Abc-Buch (Abc kirja), Stockholm 1542. Finnische Uebersetzungen einzelner Theile der Heiligen Schrift erschienen schon seit 1548; 1642 wurde in Stockholm die erste vollständige Bibel in finnischer Sprache herausgegeben. Den ersten Versuch einer finnischen Sprachlehre lieferte *Eskil Petraeus*, welchen er 1649 in Abo unter dem Titel; „*Linguae Finnicae brevis institutio*" anonym herausgab. 1689 erschien in Stockholm von *M. Martinius* ein *Hodegus Finnicus*, welcher 136 SS. 8° umfasste und 1733 in Abo eine *Grammatica Finnica* von *Bartholdus G. Vhael* (109 SS. 8°). Die Literatur über die lappische Sprache beginnt erst mit dem XVII. Jahrhundert. 1619 erschien in Stockholm ein kleines Gesangbuch (*En liten sängebok*) in lappischer Sprache, zusammengestellt von *Nic. Andreae*, Pastor in Pitha, dem ein Abc-Buch folgte und 1648 von *Joh. I. Tornaeus* ein „Manuale lingua Lapponica conscriptum", in welchem die Psalmen Davids und Sprüche Salomonis enthalten waren.

S. 3—73 bespricht der Verfasser die Sprachlehren und Wörterbücher für die einzelnen finnischen Sprachen, zuerst der Ostsee-Finnen, dann der Lappen, der Permier (Syrjänen, eigentlichen Permier und Wotjaken), der Wolga-Finnen (Tscheremissen und Mordwinen) und der Ugrier (Magyaren, Wogulen und Ostjaken). Auch die Ausgaben von Texten (z. B. Evangelienübersetzungen) in einzelnen Sprachen werden berücksichtigt. S. 74—109 sind der vergleichenden Sprachforschung gewidmet, zuerst werden die unglücklichen Versuche, die finnisch-ugrischen Sprachen mit den semitischen zu vergleichen, besprochen, dann die Vergleiche mit dem Griechischen, dem Baskischen, Grönländischen und mit der Sprache der zweiten Keilschriftgattung, mit den slavischen, germanischen und keltischen Sprachen, die Vergleiche der finnisch-ugrischen Sprachen unter sich und endlich von der altaischen Sprachforschung gehandelt, welche die türkisch-tatarischen Sprachen und die mongolischen Dialecte in näheren Zusammenhang mit den finnisch-ugrischen Sprachen bringen will.

Bălik. Ein Lesebuch für Kinder (in tatarischer Sprache). Kasan. 1872. 232 SS. in 8°.

Die Tataren von Kasan haben eine ziemlich reiche gedruckte Literatur, wie man sich aus des Herrn Akademikers *B. Dorn* „Chronologischem Verzeichniss der seit dem Jahre 1801 bis 1866 in Kasan gedruckten arabischen, türkischen, tatarischen und persischen Werke" (siehe „Bulletin de l'Académie Imp. des sc. de St. Pétersbourg" Tome XI, S. 305—385=Mélanges Asiatiques Tome V, S. 533—649) überzeugen kann. Diese Literatur repräsentirt eine einseitige, von muhammedanischen Glaubensdogmen und Legenden, so wie etwas Poesie getragene Bildung, die dazu angethan ist in der tatarischen Jugend eher beschränkten Fanatismus als irgend welche Aufklärung zu hegen und gross zu ziehen. Soll ein besserer, edlerer Geist diese Bildung anwehen, dann müssen durch geschickt geleiteten äusseren Einfluss neue Bildungsstoffe ihr zugeführt werden. Nach dem oben erwähnten Verzeichnisse zu urtheilen, sind Geschichte und Geographie, selbst die muhammedanischer Länder, aus der bei den russischen Tataren coursirenden Literatur ausgeschlossen.

Obengenanntes Lesebuch in tatarischer Sprache, obgleich in arabischen Lettern gedruckt, liefert Lesestücke, deren Sprache frei ist von dem sonst in tatarischen Büchern üppig wuchernden arabischen Unkraut, durch welches der tatarische Bücherstil eben so entstellt wird wie etwa der deutsche Stil im Anfange des vorigen Jahrhunderts es durch französische Fremdwörter war. Die Lesestücke sind von geborenen Tataren, unter Aufsicht eines pädagogisch gebildeten Kenners der türkisch-tatarischen Sprachen, gelieferte Uebersetzungen aus dem Russischen. Im Anfange (S. 5—54) werden Fabeln und kleine Erzählungen gegeben; dann folgen (S. 55—141) Mittheilungen aus der Naturgeschichte der drei Reiche; (S. 142—173) aus der Kosmographie; (S. 174—187) aus der Geographie und (S. 188—229) aus der russischen Geschichte.

Das angezeigte Buch kann auch von angehenden Orientalisten zum Studium des Tatarischen benutzt werden.

В. Тизенгаузенъ. Монеты восточнаго халифата. Съ 4-мя табл. литогр. рисунковъ и 4-мя политипажами. Спб. 1873. 4°.

W(oldemar) Tiesenhausen. Die Münzen des morgenländischen Chalifats. Mit 4 lithographirten Tafeln und 4 in den Text gedruckten Holzschnitten. St. Petersburg 1873. IV+LIV+374 SS. in 4°.

Die Veranlassung zu diesem umfassenden Werke war eine von der Kaiserlichen Archaeologischen Gesellschaft im J. 1855 gestellte Preisaufgabe. 1860 wurde dasselbe beendigt und im J. 1861 mit dem von der Gesellschaft bestimmten Preise gekrönt. In der vorliegenden Monographie beabsichtigte der Verfasser, von dem eine andere von derselben Gesellschaft ebenfalls gekrönte Preisschrift über die Münzen der *Samaniden* im J. 1855 (in dem I. Bande der „Trudy" der orientalischen Abtheilung der Kais. Archäolog. Gesellschaft S. 1—237; daselbst, S. 238—265 auch Zusätze von Paul Ssaweljew) gedruckt worden ist, — eine möglichst vollständige, kritische Zusammenstellung sowohl des bisher über die Chalifen-Münzen Bekannten, als auch neuen, ihm zugänglichen Materials über denselben Gegenstand zu geben. Unedirten Stoff lieferte dem Verfasser der handschriftliche Nachlass des Begründers der muhammedanischen Numismatik, des berühmten *Chr. Fraehn*, die Sammlungen der Kaiserlichen Eremitage und des Asiatischen Museums der Akademie, die Privatsammlungen des Grafen *S. G. Stroganow*, des Fürsten *A. G. Gagarin*, der Herrn *J. Iversen* in St. Petersburg und *V. K. Ssaweljew* in Kasan, das Münzcabinet der Kais. Archaeologischen Gesellschaft und endlich vier, zum Theil sehr grosse Funde kufischer Münzen, welche in letzter Zeit in den Gouvernements *Wjatka* (bei *Glasow*, im J. 1867, mit anderthalb Tausend kufischen, grösstentheils Chalifen-Münzen), *Wladimir* (in *Murom*, im J. 1868 mit 11,000 Dirhemen, von denen 140 als Chalifen-Münzen aus d. Jahren 97—321 [=715 933] sich erwiesen), *Tschernigow* (im *Osterschen* Kreise, am See Warega, beim Dorfe Ssawin, 70 Werst von Tschernigow, mit Abbassiden-Dirhemen aus den Jahren 196—330 [=811—942] und anderen kufischen Münzen aus dem X. und XI. Jahrhundert), im Zarthum *Polen*, (im Gouvernement *Sedlezk*, im Ssokolowschen Kreise, im Dorfe Tschaple-Obrempolki, mit 470 kufischen Münzen, von denen 23 Omejaden-Dirheme aus den Jahren 95—131 [=713—749] und 368 Abbassiden-Dirheme aus den Jahren 132—257 [=749—871]). Die Münzen der grossen Funde von Glasow und Murom sind vom Verfasser einzeln bestimmt und die unedirten in Huber's numismatischer Zeitschrift, Bd. III in dem Aufsatze „Ueber zwei in Russland gemachte kufische Münzfunde“ (26 SS. 8°) beschrieben worden.

In dem ersten, dem einleitenden Theile giebt der Verfasser zuerst eine kurze historische Skizze des morgenländischen Chalifats (Seite I—VI), dann eine geschichtliche Uebersicht der Entwickelung des Münzwesens in demselben (S. VI—XXII), wobei die Zeugnisse der muslimischen Schriftsteller über das Münzwesen unter den Chalifen zusammengestellt, die Reform Abdul-Maleks (65—86=685—705), die vor dieser Reform im Chalifate coursirenden byzantinisch-arabischen, pehlevi-arabischen und lateinisch-arabischen Münzen besprochen werden, von dem Gewicht und Werthe der Chalifen-Münzen, von den weiteren Reformen im Münzwesen, von den verschiedenen Bemerkungen und Typen der Münzen und von den Personennamen so wie den frommen Sprüchen, die auf den Münzen vorkommen, gehandelt wird. An diese historische Uebersicht schliesst sich zunächst ein Verzeichniss der Städte, in welchen von den Chalifen und in ihrem Namen Münzen geprägt wurden, von umständlichen geographischen Erläuterungen begleitet (S. XXII—XXXII). Darauf folgt eine topographische Uebersicht der Funde mit Chalifen-Münzen in Russland, Deutschland, Schweden, Norwegen, Dänemark, den Niederlanden, England, der Schweiz, Italien und Ungarn (S. XXXII—XLII). Zum Schluss werden die wichtigsten Sammlungen von Chalifenmünzen erwähnt, so wie die Quellen, auf welche sich gegenwärtige Arbeit gründet, angeführt. (S. XLIV—LII) und endlich einige Nachträge zur Geschichte des Münzwesens unter den Chalifen gegeben. (S. LIII—LIV).

Zugleich sind vom Verfasser auch die Münzen der Omejaden in Spanien (des abendländischen Chalifats) bearbeitet worden, doch die Veröffentlichung dieses Theiles seiner Arbeit behält er sich für eine spätere Zeit vor.

Der specielle Theil seines gegenwärtigen Werkes liefert die Beschreibung von 2950 Münzen in chronologischer Reihenfolge mit genauester Angabe der Quellen, in denen die angeführten Münzen bisher beschrieben worden, so wie bei den unedirten mit Angabe ihres Aufbewahrungsortes. Die Nummern 1—2464 (S. 1—255) enthalten Beschreibungen von Münzen, welche bis zum Jahre 334 (=945) geprägt sind. Hierauf tritt unter den bisher bekannten Chalifenmünzen eine Lücke ein, welche bis zum Jahre 589 (=1192—1193) inclusive dauert, da von 11 Chalifen, die von 334 (=946) bis 575 (=1180) regierten, auf uns keine Münzen gekommen sind. Ihre Namen kommen zwar auf den Münzen verschiedener Dynastien vor, die auf den Trümmern des zerfallenden Chalifats erwuchsen und nur die geistliche, nicht die staatliche Oberhoheit der Chalifen anerkannten. Solche Münzen mussten natürlich aus der Zahl der Chalifen-Müuzen gestrichen werden. Die jüngsten beschriebenen Münzen sind vom Jahre 654 (= 1256 — 1257) (NNo. 2505 — 2506). Darauf folgen unbestimmte (Kupfer-)Münzen, die aus Mangel an positiven Daten, keinem gewissen Jahre zugeschrieben werden konnten. Es sind meist ältere Omejaden. Sie sind in den NNo. 2507 — 2669 beschrieben. In einem ersten Nachtrage sind unter NNo. 2670 — 2950 Münzen beschrieben, die dem Verfasser während des Drucks seiner Arbeit bekannt wurden. Ein zweiter Nachtrag giebt Ergänzungen zu den vorhergehenden Beschreibungen, namentlich aus der stets immer anwachsenden Literatur des Gegenstandes. Da der specielle Theil früher als die Einleitung gedruckt wurde, so sind einige Nachträge auch im ersten Theil, bei der Bibliographie der Quellen gegeben worden. S. 310—316 giebt der Verfasser das Gewicht von Omejaden- und Abbassiden-Dirhemen aus den Jahren 80 — 324 der Hidschret, meist nach Exemplaren aus dem von ihm untersuchten Funde von Glasow. Diese Tabelle ist in 3 Spalten gedruckt und giebt das Gewicht von gegen 600 Dirhemen. Auf sie folgen ein Index zu den Gold- und Kupfer-Münzen, welche ohne Angabe des Jahres geprägt sind (S. 317—318), ein Index der Münzhöfe (S. 319—341), ein alphabetisches Personennamen-Register (S. 342—353), ebenfalls alphabetische Register der auf den Münzen vorkommenden Titel, Sprüche u. Aehnl. (S. 353—362), ein Index zu den einzelnen Buchstaben, Zeichen, Figuren und Verzierungen auf den Münzen (S. 363—370) und endlich ein Index zu den in den Zeichnungen abgebildeten Münzen (371—372). S. 373—374 bringen ein Druckfehler-Verzeichniss.

Die Abbildungen geben Münzen aus den Sammlungen der Museen von Paris und Jena, der hiesigen Kaiserlichen Eremitage, des Asiatischen Museums, der Kaiserlichen Akademie der Wissenschaften, der Sammlung des Fürsten A. G. Gagarin und einiger anderer Privatsammlungen.

Aus der vorhergehenden Inhaltsangabe des angezeigten Werkes ist die Wichtigkeit desselben für die muhammedanische Numismatik leicht ersichtlich. Die Chalifen-Münzen bilden den Ausgangs- und für viele Jahrhunderte den Mittelpunkt der muhammedanischen Münzkunde. Letztere hat durch *Chr. M. Fraehn* bei uns in Russland ihre wissenschaftliche Begründung erhalten. Wohl hatte schon im vorigen Jahrhundert *Kehr* (auch hier in St. Petersburg), *Agnethler* (in Halle, in den fünfziger Jahren), *Aurivillius* (in Upsala), *Assemani* (in Italien), *Adler* (in Rom und in Kopenhagen), *Tychsen* (der Rostocker Lehrer Fraehn's) die wissenschaftliche Welt mit kufischen Münzen bekannt gemacht, die reichen bis dahin (1813 — 1818) unberührten Schätze an muhammedanischen Münzen aber, die Fraehn in Kasan und in St. Petersburg vorfand, und die er bei seiner Belesenheit in den Historikern der muhammedanischen Literatur fur die Wissenschaft fruchtbar zu machen wusste, eröffneten ungeahnte Quellen für die Geschichte des Orients. Wann auch das hier angezeigte Werk zum grossen Theil auf eine vertraute Bekanntschaft mit der einschlagenden numismatischen Literatur gegründet ist, so war die Ausführung desselben doch nur in einem Lande möglich, das, wie das unsere, so reich an Funden mit arabischen Münzen ist und wo reiche Sammlungen von ihnen in öffentlichen Museen dem Forscher in reichem Maasse Gelegenheit zur Autopsie bieten. Die Fundstätten kufischer Münzen sind die Meilenzeiger der Handelswege aus dem muhammedanischen Orient über Russland nach Europa. Ausser den Chalifen-Münzen sind es besonders die Münzen der in Chorasan und Transoxanien im IX. und X. Jahrhundert herrschenden Samaniden, welche in den oben angegebenen Ländern gefunden wurden. Die Länder des Ostens und des Nordens von Europa sind der Schauplatz dieser Handelsbeziehungen. Eine von Herrn von Tiesenhausen zusammengestellte Karte der Funde mit kufischen Münzen in Russland ist im III. Bande von Pogodin's altrussischer Geschichte (Древная Русская Исторія 1871) veröffentlicht.

P. L.

Revue Russischer Zeitschriften.

I. „Das alte Russland" (Russkaja Starina — Русская Старина). Herausgegeben und redigirt von M. J. Ssemewskij. Vierter Jahrgang. Heft III. März 1873. Inhalt:

I. Aus früheren Jahren, Erinnerungen von Frau *J. P. Passek.* Cap. VII XIV. 1820—1827 (S. 291 - 335). — II. Kaiserin Anna Ioannowna. Hofleben und Zeitvertreib 1736—1740. Von *S. N. Schulinskij* (S. 336—353). — III. Das Eishaus vom Jahre 1740; Beschreibung eines Augenzeugen, des Akademikers *G. W. Kraft* 1741. (S. 354—360). — IV. Der 14. December 1825. Erzählung des Chefs der Artillerie J. O. Ssuchosanet. Mitgetheilt von *A. J. Ssuchosanet.* (S. 361—370) — V. Versammlung der Mitglieder des „Bündnisses der Wohlfahrt." 1821. Briefe *Grabbe's* und *N. M. Orlow's* (S. 371—375). — VI. Die Rajewskij's: a) Brief des Baron *A. Rosen*; b) Bemerkungen *W. Rajewskij's* Mitgetheilt von *E. Jakuschkin.* (S. 376—379). — VII. M. J. Lermontow: 1) Erinnerungen und Bemerkungen von *M. Longinow* 1815—1841. 2) Wie der Familienname Lermontow zu schreiben ist. Bemerkung von *J. N. Lermontow.* 3) Gedichte und Fragmente von Lermontow in der deutschen Uebersetzung von Bodenstedt. Mitgetheilt von *G. Tschirikow.* 4) Sendschreiben Lermontows. Mitgetheilt von *N. F. Kudrjawzew* S. 380—403. — VIII. An die Krieger des moskauschen Landsturms. Gedicht von *N. F. Schtscherbina.* (S. 404 - 405). — IX. Ueber die Beziehungen der russischen Literatur zu Peter dem Grossen Vorlesung, gehalten den 9 Februar 1873 von Professor *O. F. Müller.* (S. 406—411). — X Das Moskausche historische Museum unter dem Namen Sr. Kaiserlichen Hoheit des Thronfolgers Cesarewitsch (S. 411—414). — XI. Blätter aus dem Notizenbuch der „*Russkaja Starina*": 1) Die Juschkoff's und Samarin's. Mitgetheilt vom Archimandriten *Leonid* (S. 415); 2) Bemerkungen und Verbesserungen (S. 416); 3) Ueber das Denkmal von *W. Karasin* (S 418). 4) Attestat eines Seminaristen, aus dem Album N. Schtscherbina's (S. 419. 5.) Erzählung des P. M. Ssadowskij über die französische Revolution im Jahre 1848. Mitgetheilt von *J. F. Gorbunow* (S. 421). — XII. Bibliographisches Intelligenzblatt (auf dem Umschlage). *Beilage:* Memoiren *A G. Bolotows* 1738—1795. Th. XXIII. Briefe. 235 - 240 (S. 257—352).

II. „Der Europäische Bote" (Westnik Jewropy - Вѣстникъ Европы). Zeitschrift für Geschichte, Politik und Literatur. Herausgegeben und redigirt von M. Stassjulewitsch Achter Jahrgang. Drittes Buch März 1873 Inhalt:

I. Die letzte Furche, Gedicht von *J. Jakunin.* (S. 5—6). — II Die Traditionen der ursprünglichen russischen Chronik. XIII—XVII. Schluss. Von *N. Kostomarow* (S. 7 60). — III. Alexej Sslobodin. Eine Familiengeschichte. Von *P. Alminskij.* Fünfter und achter Theil (S 61—117). — IV Die muhammedanische religiöse Bewegung in Indien. I - IX. Von *K—off* (S. 118 - 150). — V. Am Scheidewege. Roman von *N. Dmitrijewa.* Zweiter Theil. (S. 151—208). — VI. Meine Reise nach Buchara. I—III. Von *N. Petrowskij* (S. 209—248) — VII Kanut. Legende. Vom Grafen *A Tolstoi* (S. 449—256). — VIII Die praktische Philosophie des XIX.

Jahrhunderts. Les discours de M. le prince de Bismarck. IV - VI. Von *A. B.* (S. 257—315). — IX. Die Gefühle und ihre Aeusserungen. — The expression of the emotion in Man and Animals, by Ch Darwin. Von *J. Wagner* (S. 316—333). — X. Die Sternschnuppe. Gedicht Von *M. W—off* (S. 334—335) — XI. Chronik Die Grundlagen der Versicherung von Besitzthümern. Von *W. Rogosin* (S 336—356). — XII. Rundschau im Inlande: Die Winter-Session der St. Petersburger Landschafts-Versammlung.— Die Wege, das Medizinalwesen und die Lehrer-Schule — Höhere weibliche Lehrcurse in Moskau, eingerichtet von W. Guerier.—Die Entlassung des Moskauschen Stadthauptes und das Circulär des Ministeriums des Innern. — Der neue Etat des classischen Lyceums in Moskau. — Das System der Kriegsbezirke (военные округа) und seine Gegner. — General Fadejew in der „Moskauer Zeitung." — Ein Brief aus Moskau. (S. 357—380). — XIII. Rundschau im Auslande: Die Parteien in Spanien und die Republik (S. 381—401). — XIV. Correspondenz aus Paris. Frankreich nach dem Tode Napoleon's III (S. 402—418). — XV. Die neueste Literatur: P. J. Proudhon nach seinen Briefen. *P. J. Proudhon.* Sa vie et sa correspondance 1838 - 1848. Par Sainte-Veuve (S. 419—436). — XVI. Neue Bücher: Histoire du Second Empire, par *Taxil Delord.* T. III-me. — L'instruction du peuple, par *Emil de Laveleye* (S 437—444). — XVII. Nachrichten: 1) Jahresversammlung der Gesellschaft zur Unterstützung von Schriftstellern und Gelehrten am 2. Februar 1873: Rechnungsvorlage des Comité's und das Gutachten der Revisions-Commission. 2) General-Versammlung der Mitglieder der Gesellschaft zur Verbreitung der Bildung unter den Juden in Russland am 24. December 1872. (S. 445—456). — XVIII. Bibliographisches Intelligenzblatt (auf dem Umschlage).

III. „Militärisches Magazin" (Wojennyj Sbornik — Военный Сборникъ.) XVI. Jahrgang. No 2. Februar 1873. (Erscheint jeden Monat). Inhalt:

Abtheilung I: Materialien zur Uebersicht der russischen Grenzen in Asien. Der neunte District: der Thian-schan'sche. Vom Oberst *Wenjukow* (S. 193—233). — Eine Fahrt in's Hauptquartier des Feldmarschalls Grafen Dibitsch-Sabalkanskij im März 1831. Aus den Papieren des preussischen Generals der Infanterie Brandt. Erster Artikel. Von *T.* (S. 235—258). — Practische Beschäftigungen in der Taktik (mit Zeichnungen), von *A. Skugarewskij* (S 259—290). — Das schnellschiessende Gewehr als Cavalleriewaffe. Eine taktische Bemerkung, von *Bilderling* (S. 291—304). — Die französische Cavallerie im Kriege von 1870—1871. Von einem Cavalleristen. Schluss. (S. 305—334). — Der Bau von Pferde- und Dampf-Eisenbahnen in Moskau und seinen Umgebungen, von *M. Ch.* (S. 335—350). — Die demonstrativen Vorlesungen für Soldaten, von *A. Woronezkij* (S 351—366). Erinnerungen an den Feldzug in den Donaufürstenthümern in den Jahren 1853—1854. Von *K. L. N.* Schluss. (S. 367—418). — Memoiren eines alten Kosaken. Von *Apollon Schpakowskij* (S 419—432).

Beilage: Oeffentliche Vorlesungen über den deutsch-französischen Krieg 1870—1871 von der Schlacht von Sedan bis zur Capitulation von Paris, von *H. Leer.* Zweiter Artikel (S. 29 - 60).

Abtheilung II: *Bibliographie:* Die deutsche Gewehrfrage Bearbeitet von *W. Plönnies.* Von *** (S 103—112). — Frankreich und die Franzosen. Berlin 1872. Eine Beilage zum Militär-Wochenblatt. Von *T.* (S. 112—126). — Eine Berichtigung zu No 1 (S. 126). — *Russische Militär-Revue:* Allgemeine Uebersicht des Bestandes und der Thätigkeit aller Abtheilungen des Kriegs-Ministeriums im Jahre 1871. I: Der

Generalstab. Erster Artikel (S. 127—140). — Urtheile des Haupt-Kriegsgerichts. No 231—284 (S. 140—148). — *Ausländische Militär-Revue:* Frankreich. — Das Gesetz vom 27. Juli 1872 über die Completirung der Armee; die Bestimmungen über die Freiwilligen. — Der gegenwärtige Stand der Organisationsfrage in Frankreich. — Der gegenwärtige und beabsichtigte Bestand der französischen Armee. — Maassnahmen in Betreff der Unterweisung der Truppen und zur Förderung der militärischen Bildung der Officiere. — Beständige Lager. Von *N. Glinojeckij* (S. 149—163).

IV. Der „Russische Bote" (Russkij Wjestnik—Русскій Вѣстникъ). Herausgegeben von M. Katkow. Band CIV. (Erscheint jeden Monat). 1873. Februar. Inhalt:

I. Ueber die Wissenschaft und ihre Bedeutung im Staate. Von *M. S. Kutorha* (Seite 1—61). — II. Auf Umwegen. Eine Novelle. Von *W. G. Awssejenko* (S. 62—154). — III. Faust. Tragödie von Goethe. Uebersetzt von *J. N. Pawlow*. Fortsetzung. Theil I. Scene 2. (S 155—166. Der Anfang erschien 1867 in No 7). — IV. Skizze des Walfischfanges. Vom dänischen Kapitän *Hammer* (S. 167—199). — V. Marina aus dem „Rothen Horn". Eine Erzählung aus der Gegenwart. Schluss. Von *B. M. Markewitsch* (S. 200—274). — VI. Erinnerungen an Wladimir Iwanowitsch Dahl. Von *P. J. Melnikow* (S. 275—340). — VII. Die neue Magdalena. Roman von *W. Collins*. Aus dem Englischen übersetzt. Cap. XVI—XXI. (S. 340—393). — VIII. Die Formen des Wassers in den Wolken und Flüssen, im Eise und in den Gletschern. Aus dem Englischen von *John Tyndall*. Cap. XXXVI—LI. (S. 394—423). — IX. Gegen eine Bemerkung des Herrn Ilowaiski. Von *M. P. Pogodin* (S. 424—428). — Als Beilage: Bis zum bittern Ende. Roman von *Miss Braddon*. Aus dem Englischen übersetzt. Capitel XLI—XLIV.

Russische Bibliographie.

Tiesenhausen, W. Die Münzen des östlichen Chalifats. 4°. St. Petersburg. (**Тизенгаузенъ, В.** Монеты восточнаго халифата. Спб. 4 д.) 428 S.

Unsere Nachbarn in Mittel-Asien. Chiwa und Turkmenien. 4°. 1 Karte. St. Petersburg. (Наши сосѣди въ Средней Азіи. Хива и Туркменія. Спб. 4 д.) 138 S.

Romanowitsch-Slawatinsky. Das staatsmännische Wirken des Grafen M. M. Speransky. 8°. Kijew. (**Романовичъ-Славатинскій.** Государственная дѣятельность графа М. М. Сперанскаго. Кіевъ 8 д.) 38 S.

Die Arbeiten der ethnographisch-statistischen Expedition nach West-Russland. Südwestlicher Theil. Materialien und Untersuchungen gesammelt von P. P. Tschubinsky. Band III. Volkstagebuch herausgegeben unter Redaction von N. J. Kostomarow. 4°. St. Petersburg 1872. (Труды этнографическо-статистической экспедиціи въ Западно-Русскій Край. Юго-западный отдѣлъ. Матеріалы и изслѣдованія. Т. III. Народный дневникъ. Спб. 4 д.) 486 S.

Rittich, A. F. Die Ostseeprovinzen XV, XVI. XVII. 8°. 2 Karten und 4 Tabellen. St. Petersburg. (**Риттихъ, А. Ф.** Прибалтійскій Край XV, XVI, XVII. Спб. 8 д.) 69 S.

Bunge, N. Ch. Uebersicht der verschiedenen Zweige volkswirthschaftlichen Wirkens. 4. Lieferung. 8°. Kijew. (**Бунге, Н. Х.** Обозрѣніе разныхъ отраслей хозяйственной дѣятельности. Кіевъ 8 д.) 108 S.

Sammlung von Schriften über gerichtliche Medicin, gerichtliche Psychiatrie, medicinische Polizei, gesellschaftliche Hygiene, Epidemiologie, medicinische Geographie und Statistik. Band I. 8°. St. Petersburg. (Сборникъ сочиненій по судебной медицинѣ, судебной психіатріи, медицинской полиціи, общественной гигіенѣ, эпидеміологіи, медицинской географіи и медицинской статистикѣ. Т. I. Спб. 8 д.) 666 S.

Die Arbeiten der dritten Versammlung russischer Naturforscher in Kijew, vom 20—30 August 1871. 4°. 16 Bl. Abbildungen. Kijew. (Труды третьяго съѣзда русскихъ естествоиспытателей въ Кіевѣ, съ 20-го по 30-е августа 1871. Кіевъ 4 д.) 783 S.

Skalkowsky, K. Reiseerinnerungen aus Spanien, Egypten, Arabien und Indien. 1869 — 1872. 8°. 1 Karte. St. Petersburg. (**Скальковскій, К.** Путевыя впечатлѣнія въ Испаніи, Египтѣ, Аравіи и Индіи. 1869—1872. Спб. 8 д.) 323 S.

Annenkow, P. W. A. S. Puschkin. Materialien zu seiner Biographie und Beurtheilung seiner Werke. 2. Aufl. 8°. 5 Bog. Beilage. St. Petersburg. (**Анненковъ, П. В.** А. С. Пушкинъ. Матеріалы для его біографіи и оцѣнки произведеніи. Изд. 2-е. Спб. 8 д.) 475 S.

Sammlungen von Materialien über die Genossenschaften in Russland. Lieferung 1. 8°. St. Petersburg. (Сборникъ матеріаловъ объ артеляхъ въ Россіи. Спб. 8 д.) 248 S.

Herausgeber und verantwortlicher Redacteur Carl Röttger.

Дозволено цензурою. С-Петербургъ, 26-го апрѣля 1873 года.

Buchdruckerei von Röttger & Schneider. Newsky-Prospect No. 5.

Der auswärtige Handel Russlands

von

F. Matthäi.

I.

Der Umstand, dass Russland im Laufe der Zeiten im Stande war seine Production namentlich von Nahrungsmitteln und industriellen Rohstoffen derart zu steigern, dass die inländische Consumtion nur einen Theil der erwähnten Producte verbrauchte, andererseits aber der gesteigerte inländische Verbrauch von Artikeln, welche Russland nicht selbst erzeugt, von Artikeln, welche namentlich dem Gebiete der veredelnden Gewerbe angehören, waren Veranlassung, dass der auswärtige Handel Russlands an Ausdehnung und Bedeutung gewonnen hat. Dass bei einer Gesammtbevölkerungsziffer (ohne Finnland) von 80 Millionen Einwohnern der innere Handel Russlands noch weit bedeutendere Dimensionen annimmt, wie der auswärtige, bedarf wohl keines besondern Beweises und wird die Hinweisung genügen, dass im Durchschnitte des verflossenen Decenniums die Werthsumme des inländischen Handels die des auswärtigen um das fünf- bis sechsfache überragte. In den letzteren Jahren dürfte, trotz des steigenden inländischen Consums, dieses Verhältniss insofern zum Nachtheile des inländischen Handels in Etwas alterirt worden sein, als die Werthsumme des ausländischen Handels sich in verhältnissmässig wenig Jahren zu einer früher nie dagewesenen Höhe gesteigert hat.

Schnitzler[1] weist noch Russland für die sechsziger Jahre in Bezug auf den letztgenannten Handel, d. h. in Bezug auf seine Betheiligung an dem Welthandel die siebente Rangstufe an, indem er es hinter Grossbritannien, den deutschen Zollverein (incl. Hansestädte), Frankreich, die Vereinigten Staaten von Nordamerika, Belgien und die Niederlande stellt. Heute dagegen hat der auswärtige Handel Russlands den der beiden letztgenannten Staaten überflügelt, so dass es unter den grösseren Handelsstaaten der Welt nicht mehr den 7., sondern den 5. Platz einnimmt. Hält man aber das Verhältniss

---

[1] L'Empire des Tsars IV. 761 u. a.

der Bevölkerungsziffer zur Ausdehnung des ausländischen Handels fest, dann nimmt Russland allerdings noch nach wie vor die 14. Rangstufe ein, obgleich sich auch dieses Verhältniss heute weit günstiger stellt, wie vor 10 Jahren.

Die Bedeutung Russlands als *Agrikulturstaat* dürfte wohl schwerlich in schlagenderer Weise an den Tag treten, als durch die faktischen Ergebnisse seines auswärtigen Handels. Ein Land, welches eine Bevölkerung von über 81,7 Millionen Bewohner zu ernähren hat, das aber trotzdem im Stande ist, auch noch dem Auslande (vom asiatischen Handel abgesehen) für über 300 Millionen Rbl. (1871) Lebensmittel und andere landwirthschaftliche Producte, als Flachs, Hanf, Talg, Vieh, Wolle, Häute etc. abzugeben, ohne dadurch selbst im Geringsten Mangel zu leiden, muss in der That ganz ungewöhnliche Hülfsmittel besitzen und über Vorräthe von ausserordentlicher Bedeutung verfügen. Die Möglichkeit eines derartigen, in den Grenzen eines naturgemässen Entwickelungsganges bleibenden Exports, liefert wohl den unzweideutigsten Beweis, dass die Landwirthschaft mit ihren Nebengewerben noch jetzt und wohl auch für alle Zeiten die Grundbasis des wirthschaftlichen Lebens Russlands ist und bleiben wird, zugleich aber auch, dass die Befürchtung, die Aufhebung der Leibeigenschaft habe die Productionskraft Russlands, wenn auch nur vorübergehend, geschwächt, eine vollständig unbegründete ist. Gerade die Verhältnisse und der Entwickelungsgang des internationalen Handels Russlands liefern in dieser Beziehung schätzenswerthe Anhaltepunkte, die ich an passender Stelle berühren werde.

Gegenüber der Leistungsfähigkeit der Urproduction Russlands nehmen dessen veredelnde Gewerbe, namentlich seine Industrie eine keineswegs hervorragende Stellung ein, und die Verhältnisse des russischen Exports weisen zur Evidenz nach, dass, trotz der mit allen möglichen Opfern erkauften Entwickelung der russischen Industrie, Russland noch sehr weit entfernt ist, ein Industriestaat zu sein. Während im Jahre 1871 die oben angeführten Producte der russischen Land- und Forstwirthschaft sowie der Viehzucht 87% des gesammten Exporthandels Russlands ausmachten, entfallen auf den Export russischer Fabrikate nur 1,13%, ein Verhältniss wie es zwar kaum bezeichnender, aber auch zugleich nicht ungünstiger für die Concurrenzfähigkeit der russischen Industrie gedacht werden kann. Dagegen stellt diese letztere bedeutende Anforderungen an das ausländische Rohmaterial, Halbfabrikat und an andere im Lande selbst nicht zu beschaffende Hülfsstoffe. Es wurden hiervon im Jahre 1871 (mit Einschluss roher Baumwolle) für 160,404,000 Rbl. importirt, also dem Werthe nach 48% des gesammten Imports, Beweis genug, wie unselbstständig und abhängig vom Auslande die russische Industrie noch heute ist, trotz all' der Anstrengungen, die man seit dem Jahre 1822 gemacht hat und noch heute macht, der russischen Industrie zur Lebensfähigkeit und vollen Kraftentwickelung zu verhelfen.

Die Entwickelung des Handels kann als der Gradmesser der in einem Lande herrschenden Wohlstandsverhältnisse angesehen werden. Wenn auch die Landwirthschaft und Industrie zunächst berufen sind, für die Bedürfnisse des eigenen Landes zu arbeiten und diese zu decken, so würden sie dies doch nur theilweise im Stande sein. Das, was ein industriell nicht hoch entwickeltes Land selbst erzeugen kann, befriedigt gemeiniglich nur solche Bedürfnisse, welche zu den primitivsten und zu den unumgänglich nothwendigen gehören. In Russland ist dies noch mehr der Fall, wie in anderen Ländern, deren Industrie eine vorgerücktere und daher auch weit mehr befähigte ist, durch ihre Fabrikate weiter gehenden Forderungen zu entsprechen. Je mehr sich aber der Wohlstand eines Volkes entwickelt, desto rascher steigern sich seine Bedürfnisse, desto mehr richten sich die Wünsche auf Gegenstände, welche dem heimathlichen Boden nicht entsprossen sind, auf ausländische Genussmittel und Erzeugnisse der fremdländischen Industrie und Kunst. Diese letzteren kann nur der auswärtige Handel schaffen, und der vermehrte oder verminderte Import deratiger Handelswaaren kann demnach mit Recht als ein Gradmesser des vermehrten oder verminderten Volkswohlstandes angesehen werden. Das Gleiche wird hinsichtlich aller Artikel der Fall sein, welche die Industrie, sei es als Grundstoffe, sei es als Fabrikationshülfsmittel benutzt. Eine Zunahme des Imports derartiger Waaren liefert den Beweis der vermehrten industriellen Landesproduction und diese letztere wiederum ist die Folge des gesteigerten inländischen Bedarfs, der seinerseits wieder durch ein Wachsthum des Wohlstands hervorgerufen wird. Auch diesen Gesichtspunkt werde ich daher bei den weiteren Erörterungen fest halten, sobald sich mir Veranlassung hierzu bietet. Er wird dadurch ein besonderes Interesse gewähren, dass er uns den vielfach bestrittenen Einfluss vor Augen führt, den die Aufhebung der Leibeigenschaft auch auf das allgemeine Wachsthum der Wohlstandsverhältnisse des Landes geübt hat.

Der russische Handel wird, wie auch der Handel eines jeden andern Staates, in wesentlicher Weise durch die Gesetzgebung des Landes, namentlich aber durch die Zollgesetzgebung beeinflusst. Ich werde daher nicht umhin können auch diese Frage zu berühren, ich werde mich aber in Bezug auf sie nur auf den Nachweis des faktischen Einflusses der verschiedenen Tarifreformen auf den auswärtigen Handel Russlands und auf die Gestaltung der Zolleinnahmen beschränken.

Eine wesentliche Aenderung haben die Verhältnisse des russischen Handels durch den Ausbau des Eisenbahnnetzes gewonnen, welches Russland mit seinen Nachbarländern in eine directe, bequeme und schnelle Landverbindung bringt. In früheren Jahren war der internationale Handel Russlands über die Landgrenze ein sehr geringer, indem die meisten Ex- und Importwaaren auf dem Wasserwege aus- und eingeführt wurden; heute hat sich dieses Verhältniss trotz des gesteigerten Seetransports wesentlich geändert, indem der Landverkehr in den letzten Jahren, im Vergleich zum Seeverkehr, eine ganz unverhältnissmässige Steigerung erfahren hat. Es wird von Interesse sein, auch diese Thatsache festzuhalten, da uns der bisherige Entwickelungsgang gestattet, einen Blick auf die voraussichtlich zukünftige Gestaltung des russischen Handels zu werfen. Leider werden wir noch nicht im Stande sein, heute schon ein vollständiges Bild des Einflusses zu gewinnen, welchen der Ausbau der russischen Eisenbahnen auf die Entwickelung des auswärtigen Handels geübt hat, da mehrere wichtige Bahnen, wie z. B. die directe Verbindung zwischen Wien und Odessa noch nicht dem Verkehr vollständig übergeben worden sind. Nach Vollendung dieser Bahnen werden die ausländischen Handelsbeziehungen Russlands einen neuen und unerwarteten Aufschwung nehmen, wie solches die letzten Jahre in so eklatanter Weise dargelegt haben.

Der Umstand, dass das Grossfürstenthum Finnland durch Zollschranken von Russland getrennt ist, begünstigt keineswegs den Handel dieses letzteren. Finnland hat seine eigene Zollgesetzgebung und erfreut sich eines weit liberaleren Tarifs wie Russland. Die Grenzlinie zwischen Polen und Russland, sowie die Orenburgschen Grenzlinien sind schon in früheren Jahren zum Vortheil des russischen Handels gefallen.

Die geographische Lage Russlands ist ebenfalls für seinen auswärtigen Handel in keiner Weise günstig. Russland ist von den Centralpunkten des Welthandels (dem Westen Europas, dem Süden

Asiens und der Handelssphäre Amerikas) entfernter wie die übrigen Kulturländer, welche als Handelsstaaten in Betracht kommen, und wenn sich auch in Bezug auf den Süden Asiens die Lage Russlands durch die Eröffnung des Suezkanals einigermaassen gebessert hat, so kommt diese Besserung doch direct nur dem Süden Russlands zu Gute. Schon Tengoborski weist auf diesen Uebelstand und auf die weite Entfernung Russlands von den Weltmärkten hin, sowie auch auf die kurze Dauer der Schifffahrt auf dem Weissen Meere und in der Ostsee. Letzteres wirkte in früheren Jahren störender wie gegenwärtig, wo die Eisenbahnen einen Ersatz für die durch das Zufrieren der Meere geschlossene Schifffahrt bieten. Auch der Umstand, dass der Hauptheil der per Schiff verfrachteten Exportwaaren: Getreide, Wolle, Flachs etc. sehr voluminös ist, während im Gegentheil die Importwaaren aus weniger voluminösen Fabrikaten etc. bestehen, welche selbst ohne grosse Gefahr den Eisenbahntransport vertragen können, wirkt störend auf den Seehandel, indem er die Ursache ist, dass eine grosse Anzahl von Schiffen mit Ballast in die russischen Häfen einlaufen müssen, um hier ihre Ladung an russischen Exportartikeln aufzunehmen, wodurch die Transportkosten dieser letzteren wesentlich vertheuert werden. Durch die Vergrösserung der nationalen russischen Handelsflotte, die, wie wir sehen werden, einen ziemlich untergeordneten Rang einnimmt, würde sich dieser Uebelstand mehr oder weniger beseitigen lassen.

Rechnen wir zu diesen für den auswärtigen Handel Russlands keineswegs günstigen Verhältnissen noch die grossen Entfernungen, welche die Waaren im Lande selbst zurückzulegen haben, bevor sie in ihrem Bestimmungsort eintreffen, Entfernungen, die erst in neuerer Zeit in Folge des Ausbaues von Eisenbahnen theilweise verkürzt worden sind, berücksichtigen wir den nachtheiligen Einfluss, den unter allen Umständen der im Interesse der Industrie aufgestellte Schutzzolltarif auf den auswärtigen Handel Russlands ausüben muss, so wird man mit Recht seine Verwunderung darüber äussern können, dass dieser letztere, trotz aller, seiner Entwickelung entgegenstehender Hindernisse solche Dimensionen angenommen hat, wie es wirklich geschehen. Dass mehrere dieser Hindernisse sich gänzlich, andere wiederum wenigstens theilweise beseitigen lassen dürften, steht wohl ebenfalls ausser Zweifel, und eben aus diesem Grunde und in Berücksichtigung der bisher erzielten Erfolge erscheint die Ansicht gerechtfertigt, dass Russland als Handelsstaat eine weit grössere Bedeutung hat, wie als Industriestaat und dass es daher keineswegs im Interesse der wirthschaftlichen Entwickelung Russlands liegt, die Industrie zum Nachtheil des Handels vorzugsweise zu begünstigen. Während unter den Kulturstaaten der Welt, Russland im letzten Decennium als Handelsstaat um mehrere Stufen vorgerückt, ja sogar alte Kulturstaaten übersprungen hat, ist es im Vergleich zu den übrigen Ländern als Industriestaat, trotz aller Schutzmaassregeln auf der gleichen Entwickelungsstufe stehen geblieben. Die russische Industrie hat grosse Fortschritte gemacht und hat ihre Production ansehnlich gesteigert; bei der ausländischen Industrie war dies aber Alles in einem noch weit stärkeren Verhältnisse der Fall, ohne dass es nöthig gewesen wäre, dieselbe mit besonderen Schutzmaassregeln zu umgeben. Ja man entzog ihr zum Theil sogar den ihr bisher gewährten Schutz und trotzdem, ja vielleicht eben deshalb, gelangte sie zu einer so raschen innern Erstarkung, dass sie nicht nur zu neuer und jetzt voller Blüthe gelangte, sondern auch einen sehr günstigen Einfluss auf die Entwickelung des auswärtigen Handels ausübte. — Von der russischen Industrie lässt sich dies nicht in gleichem Maasse sagen, wogegen die raschen Fortschritte des Handels unbezweifelt dastehen. Russland arbeitet sich daher aus sich selbst und durch die Macht der Verhältnisse immer mehr und mehr zum Handelsstaate heraus und man darf wohl annehmen, dass diese Erkenntniss nicht ohne Einfluss auf die russische Handelsgesetzgebung, die noch mancher Reformen bedürftig ist, bleiben werde.

In Vorstehendem habe ich die Hauptgesichtspunkte geschildert, welche ich bei meinen späteren Erörterungen im Auge zu behalten gedenke. Ich werde nicht nur die gegenwärtige Lage des auswärtigen Handels Russlands im Allgemeinen erörtern, sondern namentlich auch seine Beziehungen zu den einzelnen Ländern und die im Laufe der Zeit eingetretenen Wandelungen dieser Beziehungen.

Geschichtliches.

Wenn wir von den Verbindungen russischer Kaufleute mit Asien und dem Orient, welche sich bereits in den frühesten Jahren der russischen Geschichte Geltung verschafften, absehen, auch die, wenn auch bedeutungsvolle, doch vorübergehende Stellung Nowgorods als Vorort und östliches Emporium des hanseatischen Bundes, als ohne

Einfluss auf die gegenwärtige Gestaltung des auswärtigen Handels Russlands unberücksichtigt lassen, so kann doch das Jahr 1553 nicht mit Stillschweigen übergangen werden. Am 24. August des genannten Jahres lief ein verschlagenes englisches Schiff in die Mündung der Dwina ein, an derselben Stelle, auf welcher später die Handelsstadt Archangel errichtet wurde. Von dieser Zeit an datiren die Handelsbeziehungen Englands mit Russland, die im Laufe der Zeit so grosse Dimensionen angenommen haben und die nur ganz vorübergehende Unterbrechungen (Continentalsperre — Krimkrieg —) erfahren haben. Nachdem der Handel Englands mit Russland einen stabileren Charakter und eine grössere Ausdehnung angenommen hatte, erweiterte sich auch der mit Holland, Dänemark, Norwegen und den deutschen Seestädten. Die Engländer setzten ihr Tuch, ihren Zucker und andere Artikel ihres Handels und ihrer Industrie nach Russland ab, während sie in Moskau Pelzwerk, Rabarber, Rohseide, Pottasche, Theer, Flachs und Hanf einkauften und auf diese Weise einen internationalen Handel eröffneten, der beiden Staaten bisher nicht erreichte Vortheile bot. Handelsverträge zwischen beiden Ländern wurden abgeschlossen (u. A. der von 1588), in welchen Russland England das Privilegium der begünstigsten Nation einräumte. Erst der Zar Alexej Michailowitsch beseitigte im Jahre 1648 jedes Monopol, indem er allen übrigen Staaten gleiche Rechte einräumte, und sein Augenmerk hauptsächlich darauf richtete, den innern Handel Russlands zu entwickeln. Dieser Regent erliess auch einige Jahre später (1654) das erste Tarifreglement.

Nach seinem Tode, d. h. nach der Thronbesteigung seines Sohnes, Peter's des Grossen, beginnt für den internationalen Handel, so wie für das ganze wirthschaftliche und politische Leben Russlands eine neue Entwickelungsperiode (1703—1793). Schnitzler (l'Empire des Tsars, Bd. IV.) bezeichnet als Anfangspunkt dieser Periode die Gründung St. Petersburgs und die Oeffnung der Newa und als Endpunkt derselben die Gründung Odessas und die Betheiligung Russlands an dem Handel im Schwarzen Meere.

Die Absicht Peter's des Grossen Russland durch Vermittelung des Baltischen Meeres in directe Verbindung mit dem Westen Europas, speciell mit England und Holland zu setzen, konnte er allerdings in kaum wirksamerer Weise als durch die Gründung St. Petersburgs unterstützen, das er zum Range nicht nur der ersten Haupt- und Residenzstadt, sondern auch der ersten Handelsstadt Russlands emporzuheben beabsichtigte. Gleichzeitig wurde durch die Gründung Kronstadts ein

Marineetablissement geschaffen, geeignet der neuen Hauptstadt von der Seeseite aus einen genügenden Schutz zu bieten. Peter dem Grossen war die verhältnissmässig, wenigstens im Vergleiche zu Russland, hochgesteigerte Kulturentwickelung der westlichen Länder Europas nicht entgangen, und indem er sich bestrebte, sein Land einer gleichen Entwickelung entgegenzuführen, erblickte er mit Recht in einem lebhaften gegenseitigen Handel das Mittel die Beziehungen zu dem Westen Europas zu beleben und seine Absichten zu fördern. Wie sehr der damalige Regent Russlands bestrebt war, gleich von Haus aus St. Petersburg den Charakter einer grossen Handelsstadt zu geben, und dasselbe zu einem Handelsemporium des Nordens zu machen, geht aus den Maassregeln hervor, die er zu diesem Behufe ergriff. So ordnete der Zar an, dass die ersten und grössten Kaufleute von Archangel nach St. Petersburg übersiedeln sollten, so gebot er den Kaufleuten aus dem Innern Russlands ihre zum Verkaufe kommenden Handelswaaren nirgends anders hinzuschicken, wie nach St. Petersburg; nur für Riga und Archangel waren Ausnahmen gestattet. In St. Petersburg wurde ein Handelscollegium gegründet, dem die Aufgabe zufiel, die Kultur des Flachses und des Hanfes, später sogar die des Getreides zu überwachen. Die Branntweinbrennerei wurde von Peter dem Grossen besonders begünstigt, wie er denn überhaupt in der Entwickelung der landwirthschaftlich-technischen Gewerbe einen mächtigen Hebel gesteigerter Landeskultur erblickte. Indem Peter alle Anstrengungen zur Errichtung einer Kriegsmarine und zur Schaffung einer nationalen Handelsflotte machte, erkannte er die hohe Wichtigkeit der russischen Waldungen für diesen Zweck und er liess daher Verordnungen zum Schutze der Wälder und zum Behufe einer besseren Bewirthschaftung derselben ausarbeiten. Der Ausbildung des Handels mit dem Auslande widmete Peter der Grosse seine ganz besondere Sorgfalt; er arbeitete selbst Reglements aus, welche diesem Handel zu Gute kamen, unterstützte letzteren durch verschiedenartige Prämien, errichtete im Auslande Consulate, und in derselben Weise wie er St. Petersburg mit dem Auslande in Verbindung brachte, strebte er auch darnach, die Verbindung seiner neuen Hauptstadt mit dem Innern von Russland und namentlich dem innerrussischen Flusssystem herzustellen. Es wurden Kanäle gebaut und Schiffe gekauft, um von St. Petersburg aus bis zur Wolga vorzudringen und von hier aus russische Waaren nach diesen neuen Exporthäfen zu schaffen. Schon im Jahre 1703 lief das erste Handelsschiff in die Newa ein. Obgleich Peter der Grosse die von seinem

Vater beseitigten Monopole wieder theilweise hergestellt hatte, so hob er sie doch im Jahre 1719 von Neuem auf und proklamirte eine Art von Handelsfreiheit, wenn auch mit der sehr wesentlichen Beschränkung, dass Artikel, welche im Lande selbst erzeugt wurden, bei ihrer Einfuhr aus dem Auslande mit einem höheren Zoll belegt werden. Im Jahre 1730 hatte sich die Zolleinnahme bereits auf 200,000 Rbl. gesteigert. Auch nach Asien hin richtete Peter der Grosse seine Blicke, begünstigte namentlich die Schifffahrt auf dem Kaspischen Meere und schob russische Kolonien bis zum Asow'schen Meere vor.

Durch den im Jahre 1725 erfolgten Tod Peter's des Grossen wurden die von diesem eingeleiteten Arbeiten unterbrochen, theilweise auf unbestimmte Zeiten vertagt. Namentlich in handelspolitischer Beziehung trat ein sehr schwankendes System ein, unter welchem sowohl der auswärtige wie der innere Handel litt. Bald wurden neue Monopole eingeführt, bald wiederum beseitigt. Dennoch zeichnete sich auch diese Periode (1725—1762) durch einzelne für den Handel Russlands wichtige Momente und Ereignisse aus. Unter der Regierung Peter's II. erschien im Jahre 1729 eine neue Wechselordnung, welche für die damalige Zeit sehr detaillirt ausgearbeitet war und welche den Zweck hatte, die gegenseitigen Beziehungen des innern Handels zu regeln. Im Jahre 1741 wurde zum ersten Male russisches Getreide auf den ausländischen Getreidemärkten notirt, obgleich die Ausfuhr desselben erst unter Peter III. legal gestattet wurde. Endlich wurden unter der Kaiserin Elisabeth im Jahre 1754 die inländischen Zolllinien, welche den innern Handel ungemein beengten, gänzlich beseitigt, und einige Jahre später in St. Petersburg die erste Leihbank gegründet.

Katharina II. nahm sich wiederum mit dem ihr eigenthümlichen Eifer und mit grösserer Energie, als ihre Vorgänger, der Industrie und des Handels an und lenkte letzteren in die Bahn des Fortschrittes. Am 11. August 1762 erschien ein Ukas, welcher die Beziehungen des auswärtigen Handels regelte und demselben eine sehr freie Grundlage gewährte. Die Principien des Freihandels waren, wenn auch mit einigen Einschränkungen, zur Geltung gelangt, und die durch dieses Reglement festgestellten Eingangszölle können als höchst moderirte bezeichnet werden. Leider aber liess sich die Kaiserin Katharina II. nur zu rasch bewegen, von diesem liberalen Systeme abzugehen, und schon die Tarife aus den Jahren 1767 und 1782 zeigen eine nicht unbedeutende Erhöhung des Eingangszolles bei einer grossen Anzahl von Posten. Die Zolleinnahmen hatten in Russland bereits angefangen eine Rolle zu spielen, und da Katharina II. bemüht war, die Hülfsquellen des Staates nach allen Richtungen hin zu erweitern, so mochte sie wohl auch, den damaligen Ansichten huldigend, in der Erhöhung der Eingangszölle ein geeignetes Mittel zur Erreichung dieses Zweckes erblicken. Und doch hatte der auswärtige Handel Russlands erst angefangen, sich einigermaassen zu entwickeln und greifbare Resultate zu liefern. Nach Baron v. Reden (Kulturstatistik des Russ. Reiches) wurden im europäisch-russischen Handel im Jahre 1775 für 25 Mill. Rub. Waaren eingeführt, für etwas über 32 Mill. Rub. ausgeführt, so dass die Gesammtsumme des europäischen Handels sich nur mit 57 Mill. Rub. beziffern lässt. Hiervon entfallen auf den St. Petersburger Handel beim Import 7 Mill., beim Export 8,2 Mill. Rub. Schnitzler giebt fur dieselbe Zeit die Zollrevenüen mit 4—5 Mill. Francs (1—1¾ Mill. Rbl.) an.[1] Trotz der an den Tag getretenen Neigung der Kaiserin Katharina II., den von ihr inaugurirten freien Handelsverkehr zu beschränken, zeichnet sich doch ihre Regierung durch Maassregeln aus, welche auf der andern Seite die Entwickelung nicht nur des innern, sondern auch des auswärtigen Handels sehr fördern mussten. Sie errichtete neue Creditinstitute und schloss Handelsverträge mit fremden Mächten ab.[2] Im Jahre 1787 erwarb Russland seine amerikanischen Besitzungen, die es erst wieder 1867 an die Vereinigten Staaten Nord-Amerikas abtrat. Die Gründung der russisch-amerikanischen Handelsgesellschaft, welche die Regierung in ihren besondern Schutz nahm, fällt bereits in die kurze Regierungszeit Kaiser Paul's, ins Jahr 1799.

Der zwischen Russland und der Pforte 1768 ausgebrochene und durch den Frieden von Kainardshi (21. Juli 1774) beendete Krieg verschaffte Russland ausser dem Districte von Asow und dem Landstriche zwischen dem Bug und dem Dnjepr die freie Schifffahrt auf allen türkischen Meeren und durch die Dardanellen, wodurch der auswärtige Handel Russlands zu neuem Aufschwung gelangte. Als Entrepôt für das Schwarze Meer gründete darauf Kaiserin Katharina im Jahre 1778 die Stadt Chersson und regelte den dortigen Handel durch einen Specialtarif. Aber erst nach dem Frieden von Jassy, durch welchen neue Gebiete am Schwarzen Meere in Russland ein-

[1] v. Reden giebt den Zollertrag für das Jahr 1775 mit 1,170,000 Rbl. an.

[2] 7182 mit Frankreich u. Dänemark; 1784 mit Persien; 1785 mit Oesterreich; 1787 mit Neapel u. Portugal; 1792 mit der Pforte u. 1793 mit England.

verleibt wurden, gewann letzteres Küstengebiete von grösserer Bedeutung. Die Gründung Odessas (1793) schaffte dem Handel des Schwarzen Meeres einen wichtigen Centralpunkt und der Handel, der bisher von Chersson ausgegangen war, wendete sich jetzt nach Odessa.

Nachdem Russland durch seine südlichen Eroberungen in den Besitz der Mündungen aller seiner grossen Flüsse gelangt war, trat auch für Russlands Handel eine neue Entwickelungsperiode ein. Russland konnte mit seinen Producten in weniger beschränkter Weise, wie bisher, auf dem Weltmarkte erscheinen. Seine Production auf landwirthschaftlichem, wie auch selbst theilweise auf industriellem Gebiete hatte sich in einer Weise gesteigert, dass ein Abfluss dieser Producte über die Grenzen Russlands hinaus erwünscht war. Zu den Ländern, mit welchen Russland im lebhaftesten und immer steigendem Verkehr stand, zählte namentlich England. Während im Jahre 1750 der englische Import nach Russland 100,000 Pfd. St., der Export aus Russland nach England 584,000 Pfd. St. betrug, war schon im Jahre 1802 ersterer auf 1,281,500 Pfd. St., letzterer auf 2,182,000 Pfd. St. gestiegen, so dass sich die gesammte Handelsbewegung zwischen den beiden genannten Ländern auf 3,463,000 Pfd. St. oder 86,600,000 Francs berechnet, während dieselbe im Jahre 1820 bereits (nach Schnitzler) auf 154 Mill. Francs gestiegen war. Der Export von Hanf betrug im Jahre 1802 bereits 3 Mill. Pud, der von Flachs 1,200,000 Pud und der von Werg 450,000 Pud. Auch Branntwein wurde in dem genannten Jahre in einem weit stärkeren Verhältnisse exportirt, wie in den späteren Jahren (367,500 Wedro). Ein- und ausgelaufen waren in dem genannten Jahre in sämmtlichen russischen Häfen 3675 Schiffe, darunter 269 russische, 971 englische, 441 schwedische, 406 türkische, 402 preussische, 363 dänische etc. Von diesen Schiffen waren in den Häfen von Kronstadt und St. Petersburg 8—900 Fahrzeuge eingelaufen. Während im Norden Russlands St. Petersburg von Jahr zu Jahr an Bedeutung gewann, entwickelte sich im Süden Odessa immer mehr zu einer Handelsstadt ersten Ranges. Besonders die Zeit der gegen den englischen Handel gerichteten Continentalsperre belebte den Handel im Schwarzen Meere. Die in den Jahren 1816 und 1817 im Westen Europas eingetretenen Missernten begünstigten den Export von russischem Getreide, das schon damals vorzugsweise seinen Weg über Odessa nahm. Es wurden in den genannten Jahren allein an Weizen über 5 Mill. Tschetwert exportirt, ein bis dahin noch nie dagewesener Export, obgleich sich derselbe bald bis auf 12 Mill. Tschetwert steigern sollte.

Baron v. Reden entwirft in seinem Werke: „Russlands Kraftelemente und Einflussmittel" nachstehendes Bild über die Entwickelung des auswärtigen (europäischen) Handels Russlands in der ersten Hälfte des laufenden Jahrhunderts:

Durchschnitt der Jahre, von	Durchschnitt des Waaren-Einfuhrwerthes in Rbl. S.	Durchschnitt des Waaren-Ausfuhrwerthes in Rbl. S.	Zollbetrag in Rbl. S.
1802—5	40,709,250	49,101,000	—
1819—22	46,182,760	53,869,140	11,430,000
1823—26	47,614,700	52,415,370	14,950,000
1827—32	54,008,730	65,706,170	19,230,000
1833—36	63,630,501	66,104,111	23,434,424
1837—41	73,832,100	85,203,315	26,160,725
1842—46	79,853,979	88,032,258	30,380,679
1848—50	92,263,876	91,697,981	31,369,956
(mit Polen, seit Aufhebung der polnischen Zolllinie)			
1851	103,737,612	97,394,457	30,529,928
1852	100,864,052	114,773,829	31,102,789

Bevölkerung und Verkehr haben daher nach folgenden *Verhältnisszahlen* zugenommen:

Von	Bevölkerung	Einfuhr	Ausfuhr
1795—1805	19,6	45	52
1805—1825	16,4	12	9
1825—1830	5,0	13	20
1830—1840	15,0	27	24
1840—1850	9,5	9,21	12,85

Obgleich Einfuhr sowohl wie Ausfuhr in der ersten Hälfte unseres Jahrhunderts eine sehr erhebliche Steigerung aufzuweisen haben, so stellt sich dieses Verhältniss hinsichtlich der einzelnen Handelsartikel, namentlich der Ausfuhrartikel, keineswegs gleich. Eine auffallende Zunahme der Ausfuhr hatten erfahren Talg, Flachs, Leinsaat, Pottasche und Wolle, eine beinahe eben solche Abnahme dagegen Hanf, Eisen, Kupfer, Rohleder, bearbeitetes Leder und Leinwand.

In die ersten Jahre unseres Jahrhunderts fällt auch die Entwickelung der Handelsbeziehungen zwischen Russland und Amerika, obgleich dieselben niemals, selbst bis in die Gegenwart, einen auffallenden Aufschwung genommen haben.

Weit bedeutender dagegen entwickelte sich der Handel zwischen Russland und Asien. Kaiser Alexander I. zeigte vom Beginne seiner Regierung an ein grosses Interesse für die Entwickelung des russischen Handels und dokumentirte dasselbe schon dadurch, dass er im Jahre 1802 unter dem Grafen Nicolaus Rumjanzow ein eigenes Handelsministerium errichtete. In handelspolitischer Beziehung machten sich grosse Schwankungen bemerkbar. Bald strebte man nach einer Erleichterung des internationalen Handelsverkehrs, bald wiederum belastete man denselben durch Erhöhung der Eingangszölle. Als Veranlassung dieser wiederholten Schwankungen kann der Handel mit England angesehen werden. Ohne dass sich der Export dorthin steigerte, war dies in auffallender Weise mit dem Import aus England der Fall, ein Import, der vorzugsweise der Befriedigung des Luxus zu dienen hatte. Die Baumwollenmanufaktur hatte in den westlichen Ländern Europas mit einer kaum geahnten Schnelligkeit Eingang gefunden und auch Russland wurde mit den Fabrikaten dieses Industriezweiges förmlich überschwemmt. Während hierdurch der Import sehr bedeutend gesteigert wurde, entstand für den russischen Exporthandel dadurch eine bedeutende und gefährliche Concurrenz, dass die gleichen Exportwaaren, welche Russland zur Verfügung standen, von überseeischen Ländern auf den europäischen Markt geworfen wurden. Die Folge dieser Wahrnehmungen war der Erlass des Manifestes von 29. Dezember 1810, dem ein Tarif nachfolgte, welcher die Einfuhr vieler Artikel durch hohe Eingangszölle erschwerte. Das Manifest war hauptsächlich gegen den in Russland immer mehr Boden gewinnenden Luxus gerichtet. Nach der Wiederherstellung des Friedens (1816) hatten sich die Ansichten insofern geändert, als man sich wiederum geneigt zeigte den Verkehr zu erleichtern. Der Zolltarif vom 31. März 1816 verfolgte den ausgesprochenen Zweck: „nach Wiederherstellung des freien politischen und Handelsverkehrs zwischen den europäischen Mächten zum allgemeinen Besten einige Veränderungen in dem System des verbotenen Handels eintreten zu lassen." Dieses ist allerdings (obgleich in beschränkter Weise) dadurch geschehen, dass die Einfuhr verschiedener, bis dahin verbotener ausländischer Waaren gegen hohe Eingangsabgaben gestattet wurde, während von anderen Artikeln wiederum diese Abgaben herabgesetzt wurden.

Dieser Tarif war aus dem Wunsche hervorgegangen, die bis dahin geübten, nicht einmal gehörig systematisirten Absperrungs-Maassregeln allmählig zu ermässigen, und später, wenn möglich, ganz zu beseitigen. „Die damaligen Lenker der öffentlichen Angelegenheiten Russlands", sagt v. Reden an anderm Orte, „waren durch die Erfahrungen der letzten Jahre zu der Ueberzeugung gelangt, dass das Interesse ihres Landes ein «inniges, einträchtiges Verkehrs-Verhältniss mit den deutschen Nachbarn» dringend erfordere. Sie hatten aber auch eingesehen, dass ein solches Verhältniss bei fast gänzlich verschlossenen Grenzen nicht entstehen, oder nicht von Dauer sein könne." Dazu kommen besondere Rücksichten, welche man dem mit dem Russischen Reiche vereinigten Königreiche Polen wegen der Handelsverbindungen desselben mit den polnischen Provinzen Oesterreichs und Preussens widmete.

Eine aus russischen, polnischen, oesterreichischen und preussischen Mitgliedern zusammengesetzte Commission arbeitete (in Folge der Verträge von 1815) den Entwurf zu einem neuen Zolltarif, die Ein- und Ausfuhr der Waaren betreffend, für das Königreich Polen und die mit Russland vereinigten westlichen Gouvernements, so wie auch für die Oesterreich und Preussen unterworfenen ehemals polnischen Provinzen aus. Das Ergebniss aller dieser Verhandlungen war der neue Zolltarif, welcher durch Verordnung vom 20. November 1819 am 1. Januar 1820 in Kraft trat. Die Bestimmungen dieses Tarifs ergeben, mit dem von 1816 verglichen, abermals einen sehr bedeutenden Fortschritt zur freieren Handelsbewegung. Die Zahl der verbotenen Gegenstände war bei der Einfuhr auf 5, bei der Ausfuhr auf 3 herabgegangen; die Zahl der zollfreien auf bezüglich 61 und 66 herangewachsen. Der bei weitem grösste Theil der Einfuhrzölle hatte Ermässigungen erfahren, zum Theil erhebliche.

Der Tarif von 1819 blieb aber nur 2½ Jahre in Kraft und seine Stelle nahm der Tarif vom 12. März 1822 ein. Der erstere kann als das letzte Aufflackern einer freieren handelspolitischen Richtung angesehen werden. Ein neuer und entscheidender Wendepunkt trat ein und fand im Zolltarif von 1822 einen nicht miss zu verstehenden Ausdruck. Man war nicht nur zum Schutszoll, sondern sogar zum Prohibitivsystem zurückgekehrt, denn der neue Zolltarif enthielt bei der Einfuhr 301 und bei der Ausfuhr 22 verbotene Gegenstände, zollfreie Gegenstände bei der Einfuhr 135 und bei der Ausfuhr 839.

Die Zollsätze selbst waren bei diesem Tarif ungemein hoch gespannt. Wir haben es also hier mit einem vollständigen Systemwechsel zu thun, der um so beachtenswerther ist, als die Schwankungen, welche sich in der russischen Handelspolitik bisher bemerkbar gemacht hatten, plötzlich aufhörten, so dass das im Jahre 1822 acceptirte System, mit verhältnissmässig für die Praxis nur geringen Abänderungen (man ist nach und nach aus dem Prohibitiv- zum Schutzzollsystem übergegangen) noch heute ihre Geltung behalten haben. Als der Urheber dieses entscheidenden Systemwechsels kann wohl der spätere Finanzminister Graf Kankrin angesehen werden, der es sich zur besondern Aufgabe gestellt hatte, die einheimische Industrie mit allen ihm zu Gebote stehenden Mitteln einer neuen Entwickelung entgegen zu führen. Der Zolltarif von 1822 verfolgte in nicht zu verkennender Weise diesen Zweck, denn nicht die Interessen des Handels waren es, welchen dieser Tarif Rechnung trug, sondern nur die der Industrie. Es wurden daher viele ausländische Fabrikate in die Liste der verbotenen Einfuhrartikel gestellt (Uhren, Broncen, Gewebe, Porzellan, Glaswaaren etc.), andere wiederum mit einem so hohen Eingangszoll belegt, dass die russische Industrie nur geringe Anstrengungen zu machen hatte, um die Concurrenz derartiger Fabrikate im Inlande zu besiegen.

Dieser Tarif blieb bis zum Jahre 1831 in voller Wirksamkeit, in welchem Jahre ein neuer Ukas erschien, welcher die Zahl der für die Einfuhr verbotenen Artikel reducirte, dafür aber die Eingangszölle für andere Artikel sogar noch erhöhte. Ein späterer Ukas vom 18. Dezember 1836 verminderte zwar die Zahl der für die Einfuhr verbotenen Artikel auf 203 und vermehrte die zollfreien Gegenstände auf 148, befreite auch 23 Artikel von dem 12½ procentigen Ergänzungszolle und setzte einige Einfuhrabgaben herab, erhöhte aber dagegen auch wiederum den Tarif für viele Artikel, so dass man im Allgemeinen behaupten darf, dass durch diesen Tarif keine erhebliche Abweichung von dem strengen Absperrungssysteme herbeigeführt wurde. In einem gleichzeitigen (halbamtlichen) Artikel der „Nordischen Biene" ist auch ausdrücklich erklärt, dass der neue Tarif nicht als eine Systemänderung zu betrachten sei. Ausserdem bietet der genannte Artikel noch dadurch ein besonderes Interesse, dass er das Geständniss ablegt, dass „ungeachtet 14jährigen Monopols, ausser den kaiserlichen, nur sehr wenige Fabriken hinsichtlich der *Qualität* ihrer Waaren Fortschritte gemacht haben und dass die wenigen fortgeschrittenen gerade *solche* sind, welche eine fremde Concurrenz dazu zwang (z. B. die Tuchfabriken)".

Auch in den folgenden Jahren fanden einzelne unbedeutende Tarifänderungen statt. Eine umfassendere Tarifumgestaltung erfolgte am 28. November 1841. Man hat die Vorschriften derselben gewöhnlich als eine System*milderung* betrachtet. Eine Milderung fand aber nur hinsichtlich solcher Waaren statt, „deren Einfuhr der eigenen Industrie nicht nachtheilig werden könne.“ Diese Worte zeigen deutlich, dass daher das *System* durch den neuen Tarif nicht alterirt worden ist. Auch konstatirte die Folgezeit, dass aus der eingetretenen Tarifänderung der Handel selbst keinen Nutzen zog.

Nach dem Rücktritte des Grafen Kankrin wurden neue Modificationen des Tarifs durch die Ukase vom 19. Juni 1846 und 25. October 1850 angeordnet. Der letztere ist besonders dadurch von nachhaltiger Wichtigkeit, dass er die Zwischenzolllinie zwischen dem Königreich Polen und dem Russischen Kaisserreich für alle Zeiten aufhob und einen neuen „allgemeinen Tarif für den europäischen Handel“ aufstellte, welcher mit dem 1. Januar 1851 in Kraft trat. Es heisst in dem Eingange dieses Ukas: „In Unserer fortwährenden Fürsorge um die Hebung des Handels und der Industrie erachten Wir für gut, zur grösseren Erleichterung der auswärtigen und der inneren Handelsverbindungen *zwischen* unseren getreuen Unterthanen des Kaiserthums *Russland* und Königreichs *Polen*, einen *gemeinsamen* Zolltarif für das Kaiserthum und Königreich anzuordnen, und gleichzeitig die zwischen ihnen bestehenden *inneren Zolllinien aufzuheben.*“ Artikel 2 lautet demnach: „Die innere Zolllinie zwischen Russland und Polen ist aufgehoben und die Zolladministration Russlands wird in Polen eingeführt.“ Der gleichzeitig erlassene neue Zolltarif kann allerdings als eine erheblichere System*milderung* angesehen werden, indem er für viele Einfuhrartikel eine Zollermässigung eintreten liess. Baron Reden findet (a. a. O.) diese Zollermässigung zwar weder durchgreifend, noch auch hinreichend zur Bewirkung erheblicher Erweiterung des Verkehrs, muss aber nichtsdestoweniger eingestehen, dass sie „als eine bemerkenswerthe Wendung von der „Prohibition“ zum „strengen Schutzsystem“ bezeichnet werden muss.[1]

Odessa, das als wichtiges Handels-Emporium des Schwarzen Meeres und, um dessen commerzielle Bedeutung noch zu steigern, zum Freihafen erklärt worden war, hatte sich im Laufe der Zeiten in commerzieller Beziehung bereits so entwickelt, dass man ohne Furcht,

[1] v. Reden (a. a. O.) giebt folgende Beispiele von der Steigerung der russischen Eingangszölle in dem Zeitraum von 1822 bis 1850, durch Vergleichung der wichtigsten Sätze der Tarife von 1816/19 gegen 1850 u. Angabe der geschehenen Erhöhung in Procenten: Rohzuckerzoll erhöht um 407%, Kaffee 207, Baumwolle 31, Twist (weiss) 160, Indigo 132, Seide (rohe) 325, Wolle (rohe) 280, Wollgarn 763, Wein 140, Tabak (roh) 500, Blei 308, Salz 162, Zink 374, Flachs- und Hanfgarn 131, Baumwollewaaren (soweit nicht verboten) 121, Seidenwaaren (desgl.) 157, Wollgewebe (desgl.) 375% Steigerung.

seine Bedeutung zu beeinträchtigen, zur Beseitigung dieser Ausnahmestellung schreiten konnte. Im Jahre 1857 wurde daher auch Odessa als „Freihafen" aufgehoben und der dortige Handel den Bestimmungen des allgemeinen Tarifs unterzogen. In den Jahren 1863 und 1864 traten neue Tarifänderungen ein, welche jedoch keineswegs das zur Geltung gelangte Schutzsystem alterirten, wenn auch wiederum einzelne Milderungen eintraten. Grössere Hoffnungen dagegen setzte man auf den vom gegenwärtigen Finanzminister von Reutern in Anregung gebrachten neuen Tarif vom Jahre 1868, der mit dem 1. Januar 1869 in Kraft trat. Bei seinem Entwurfe beschritt man einen neuen Weg, indem man eine Commission von hervorragenden Kaufleuten und Industriellen zusammenberief, der jeder einzelne Tarifposten zur Begutachtung vorgelegt wurde. Dass es sich bei diesem Tarif von Haus aus um eine Reduction der Eingangszölle handelte, unterliegt wohl keinem Zweifel, ebenso wenig aber auch, dass diese Reduction in Wirklichkeit doch nur eine geringfügige sein werde. Diese letztere Voraussicht basirte auf der Zusammensetzung der Commission, in welcher das industrielle Element vorherrschte. Die Vertreter einer durch den Schutzzoll grossgezogenen Industrie haben selbstverständlich kein Interesse, einen Tarif zu reduciren, der ihnen in seiner früheren Gestalt so grosse Vortheile geboten hatte und dem sie den Aufschwung und die Blüthe ihrer Unternehmungen dankten. Freilich behielt sich das Ministerium noch die endgiltige Feststellung der einzelnen Tarifsätze vor, und viele derselben erschienen in einer andern Höhe, wie solche die Commission vorgeschlagen; im Allgemeinen aber waren die einzelnen Abänderungen, die sich auf 70 Einfuhrposten erstreckten, nicht darnach angethan, die Hoffnungen derer zu befriedigen, welche auf eine Aenderung des Systems der Zollgesetzgebung und auf eine Einlenkung in das Fahrwasser der Verkehrsfreiheit gehofft hatten. Auch der neueste Zolltarif kann als ein Beweis gelten, dass Russland im Interesse seiner Industrie das Schutzzollsystem noch aufrecht erhält und wohl auch für die nächste Zukunft nicht an eine Beseitigung desselben denkt, so gern man auch in maassgebenden Kreisen andererseits dem Handel alle ihm wünschenswerthen Erleichterungen verschaffen möchte. Auch bei dem jetzigen Schutzsystem entwickelt sich der Handel, wie ich nachweisen werde, in stark steigender Progression, so dass es beinahe den Anschein gewinnt, als ob die in Geltung stehende Handels- oder besser gesagt Zollpolitik der Entwickelung des auswärtigen Handels nicht hindernd entgegenstände. Leider lässt sich der Beweis darüber nicht antreten, wie sich derselbe Handel gestaltet haben würde, wenn eine liberale Zollgesetzgebung das ihrige dazu beigetragen hätte, diesen Handel zu fördern. Es lässt sich eben nur auf das Beispiel und auf die commerziellen Verhältnisse derjenigen Staaten hinweisen, welche die Verkehrsfreiheit zum handelspolitischen Prinzip erhoben haben. Im Vergleich zu diesen Staaten erscheint allerdings die Entwickelung des russischen Handels in einem ungünstigeren Verhältniss. Nichtsdestoweniger muss man aber anerkennen, dass, wie sich die Verhältnisse in Russland in Folge der 1822 inaugurirten Handelspolitik nun einmal gestaltet haben, ein Umlenken aus dieser Richtung eine ebenso schwierige als verantwortungsreiche Aufgabe ist, und dass die öffentliche Meinung in Russland sich noch keineswegs in so unzweideutiger Weise geäussert hat, dass die Regierung dieselbe zum Stützpunkte einer weittragenden Prinzipienänderung nehmen könnte.

Von besonderem Interesse ist der Tarif von 1868 dadurch geworden, dass er den allergrössten Theil der Differenzialzölle beseitigte. Die früheren Tarife enthielten niedrigere Zölle für die Land- wie für die Seeeinfuhr. Diese sind mit Ausnahme der Zuckereinfuhr gänzlich beseitigt. Ausserdem ist den griechischen Weinen eine Zollvergünstigung zugestanden worden, wie denn überhaupt die Weine, welche über die Landgrenze eingeführt werden, im Vergleiche zu den auf dem Wasserweg eingeführten einen um 8 % niedrigeren Zoll zu tragen haben. Die Beseitigung der Differenzialzölle erscheint prinzipiell und theoretisch ganz gerechtfertigt und stimmt vollständig mit den Grundsätzen der modernen Volkswirthschaftslehre überein. Eine andere Frage ist es freilich, ob es nicht im Interesse der russischen Eisenbahnen liegen würde und dadurch auch im Interesse der Regierung, welche dem grössten Theil dieser Bahnen ihre Garantie gewährt hat, durch die Zollgesetzgebung auf die Beförderung des Landverkehrs hinzuarbeiten? Da eine Erörterung dieser Frage nicht in den Rahmen dieser Arbeit gehört, erwähne ich dieselbe nur vorübergehend, indem ich darauf hinweise, dass dieselbe bereits in der russischen Presse („Börse") angeregt worden ist.

Verfolgt man die Geschichte des russischen Zolltarifs, so müssen die häufigen Abänderungen auffallen, welche derselbe im Laufe dieses Jahrhunderts erfahren hat. Sehen wir von den früheren Tarifen, welche ein anderes System repräsentirten, ab, und greifen wir auf den von 1822 zurück, der gewissermaassen als Fundamentaltarif angesehen werden konnte, so fand doch bereits schon im Jahre 1831 eine

Abänderung desselben statt. Weitere Abänderungen erfolgten in den Jahren 1836, 1841, 1846, 1850, 1863, 1864 und 1868. Diese häufigen Abänderungen waren keineswegs darnach angethan, günstig auf die Productionsverhältnisse Russlands einzuwirken. Der Tarif sollte die Industrie schützen und that dies auch in hohem Grade; die Industriellen konnten sich aber nicht ungetrübt dieses Schutzes erfreuen, weil sie nach den bisherigen Erfahrungen immer auf eine Revision oder eine Abänderung des Tarifs zu ihrem Nachtheile gefasst sein mussten. Dass trotz dieses variabeln Zustandes der russischen Zollgesetzgebung die russische Industrie jene Entwickelung genommen hat, die faktisch eingetreten ist, berechtigt zu der begründeten Hoffnung, dass sie in dieser Entwickelung beharren werde, selbst dann, wenn ein Tarif faktisch ins Leben treten sollte, der, einer freieren Handelsbewegung Rechnung tragend, die Industrie nach und nach und mehr und mehr seiner schützenden Beeinflussung entzieht. Die Stabilität der Zollgesetzgebung ist für die Industrie weit wichtiger als ein hoher Schutz selbst. Dasselbe gilt vom Handel. Er kann sich zwar rascher wie die Industrie den veränderten Verhältnissen anschmiegen, immer wird ihm aber die Stabilität der Zollgesetzgebung einen mächtigen Halt bieten. Jedenfalls zeigen aber die mit dem Tarif vom Jahre 1822 nach und nach vorgenommenen Veränderungen, dass die russische Regierung ernstlich bestrebt ist, auch den Interessen des Handels gerecht zu werden, und letzterer kann daher mit Beruhigung in die Zukunft blicken, die seine Stellung nicht verschlimmern, sondern im Gegentheil wesentlich bessern wird und muss.

Ueber die faktische Bewegung des internationalen Handels Russlands geben die nachstehenden Tabellen, zusammengestellt von Th. G. v. Thoerner in dessen „Nachweis über den auswärtigen Handelsverkehr des Russischen Reiches" im St. Petersburger Kalender vom Jahre 1868[1] und von C. Baeckmann (für das Quintennium von 1866—70) in demselben Kalender vom Jahre 1872[2] eine vollkommen genügende Uebersicht, welche den Entwickelungsgang, den der auswärtige Handel Russlands in der letzten Hälfte unseres Jahrhunderts genommen hat, darlegt. Sämmtliche hier angeführte Tabellen sind selbstverständlich nach amtlichen Quellen entworfen worden.

[1] S. den Abdruck in: «Statistische und andere wissensch. Mittheilungen aus Russland.» I. Jahrgang. St. Petersburg, 1868. H. Schmitzdorff.

[2] S. den Abdruck in: «Statistische und andere wissensch. Mittheilungen aus Russland.» V. Jahrgang. St. Petersburg, 1872. H. Schmitzdorff.

Handelsverkehr mit Europa.

(nach Th. G. v. Thoerner.)

	Waaren			Edelmetalle		
	Gesammter Umsatzwerth	Darunter Ausfuhr	Darunter Einfuhr	Gesammter Umsatzw.	Darunter Ausfuhr	Darunter Einfuhr
	Rubel	Rubel	Rubel	Rubel	Rubel	Rubel
1848	155,237.887	78,540.211	76,697,676	14.774.829	8,875,880	5,898,949
1849	167,533,750	85,667,998	81,865,652	7,666,734	2,281,190	5,385,544
1850	162,828,324	85.445,298	77.383,026	9,887,544	2,188,945	7,698,599
1851	171.127,290	84,073,603	87,053,687	19,922,832	13,584,058	6,348,774
1852	183,169,132	100,050,760	83,118,372	16,342,253	3.820,999	12,521.254
Im Durchschnitt für 5 Jahre	168,000,000	87,000,000	81,000,000	14,000,000	6,000,000	8,000,000
1856	251,767,319	146,771,894	104,995,425	17,076,000	967,046	16,108,954
1857	285,195,551	153,419,973	131.775.578	26.503,623	17,924.848	8,578,775
1858	264,662,256	136,487.057	128,175,199	32,460.481	26,028,464	6,432,017
1859	285,582,877	149,395,963	136,186,914	26,562,666	23,765,484	2,797,182
1860	301,077,045	165.183.796	135.893.249	13,611.030	6.545,915	7,065,115
Im Durchschnitt für 5 Jahre	278,000,000	150,000,000	128,000,000	23,000,000	15 000,000	8,000,000
1861	302,610,599	159,860,299	142,750.300	18,719.704	11.751,962	6,967,742
1862	285,203,200	159,970,037	125,233,163	37,044,417	32,205,689	4,838,728
1863	262,421,360	134,724,092	127,697,268	64,011.601	59,921,378	4.990,223
1864	309,077.620	164,902,865	144,174,755	26,986,589	21.938,307	5.048,282
1865	323,067.534	184.427.947	138,639.587	21,945,268	18,924.335	3,020,938
Im Durchschnitt für 5 Jahre	296,000,000 Gegen die ersten 5 Jahre Fortschritt 76 pCt.	161,000,000 Gegen die ersten 5 Jahre Fortschritt 85 pCt.	135,000,000 Gegen die ersten 5 Jahre Fortschritt 67 pCt.			
(nach C. Baeckmann.)						
1866	373,013,789	194,838,184	178.175.605	28,199,335	25,826,753	2,312,581
1867	440.397.794	207,606,686	232,791,108	45,359,371	12,130,714	33,228,643
1868	449,421,853	209,529,778	239,892,075	42,255,839	3,420,556	38.835,280
1869	566,470.007	247,094,725	319.375,282	16,449,637	14,139,387	2,310,257
1870	651,982,618	342.852.658	309,129,960	35,165,137	22,881.716	2,283,422
Im Durchschnitt für 5 Jahre	496,000,000 Gegen das Quintennium 1856—1860 Fortschritt 78 pCt. Gegen das Quintennium 1848—1852 Fortschritt 195 pCt.	240.000,000 Gegen das Quintennium 1856—1860 Fortschritt 60 pCt Gegen das Quintennium 1848—1852 Fortschritt 175 pCt.	256,000,000 Gegen das Quintennium 1856—1860 Fortschritt 100 pCt. Gegen das Quintennium 1848—1852 Fortschritt 217 pCt.	33,000,000	15,000,000	18,000,000
1871	712.945.970	360,367,284	352,578,686	23,504,468	16,336,113	7.168.355

Handelsverkehr mit Asien.

v. Thoerner giebt in seinen Tabellen nur die Handelsbewegung über die asiatische Grenze für die Jahre 1861—1865 an. Um daher Anhaltepunkte zu gewinnen, müssen wir auf frühere Daten zurückgreifen. Nach v. Reden betrug für die Jahre 1848—1850 der durchschnittliche Gesammtbetrag des asiatischen Handels 30,715,257 Rbl., und zwar Ausfuhr 10,483,479 Rbl., Einfuhr 20,281,758 Rbl.

	Gesammtbetrag	Ausfuhr	Einfuhr
1851	30,003,779.	13.320,854.	16,683,925.
1852	32,468,749.	14,723,069.	17,745,680.

Nach dem Jahrbuche des Finanz-Ministeriums von 1869 erreichte der Handel mit Asien für die Jahre 1857—1860 folgende Dimensionen:

	Waaren			Edelmetalle		
	Gesammter Umsatzwerth	Darunter Ausfuhr	Darunter Einfuhr	Gesammter Umsatzw.	Darunter Ausfuhr	Darunter Einfuhr
	Rubel	Rubel	Rubel	Rubel	Rubel	Rubel
1857	31.292.797	11,945,598	19,347,199	5,942,180	5.745,228	196,952
1858	32,534,124	11,909,571	20,624 553	4,902,599	4,769,137	133 462
1859	34,399,063	12,994,777	21,404,286	4,944.182	4,893,009	51,163
1860	34,473,353	13,351,694	21,121,659	3.412,123	3,329,629	82,494
(nach Th. G. v. Thoerner.)						
1861	35,597,462	13.456,122	22.139,340	5.209.545	4,038.391	171,154
1862	38,183 549	13,308,854	24,874,695	7,259,944	7,092,279	177,665
1863	37,695.006	13,700,566	23 994,440	11 428,447	11,220,128	208,319
1864	43,157,467	15.538,181	27.619,286	8,407,052	8,249.667	157.385
1865	41,253.227	17,924,308	23,328,919	5,619,184	5,207,988	411,196
(nach C. Baeckmann.)						
1866	46,573,541	21,858,803	24,714,738	3,499,713	2,891,364	608,349
1867	53,074,384	24,639,543	28,434,837	2,615,316	2,278,700	336,616
1868	25,408,172[1]	7,934,376[1]	17,863,776[1]	2,804.320	2,363,094	441,226
1869	25,798,152[1]	7,934,376	17,863,776	1,838,624	1,523,917	314,707
1870	28,889,245[2]	8,379,234[2]	20,510,011[2]	1,412,735	1,002,148	410,587

In wie weit der internationale Handel Russlands im Laufe der Zeit durch die Zollabgaben auf die Vermehrung der Staatseinkünfte gewirkt hat, geht aus folgender Zusammenstellung hervor:

Die Zolleinnahmen, deren Höhe für das Jahr 1851 v. Reden, wie

[1] Weder die Ausfuhr noch die Einfuhr nach u. aus Buchara, Chiwa u. Taschkent, sowie nach u. aus den Kirghisen-Steppen sind hier aufgenommen. Die Ausfuhr nach diesen Ländern betrug 1867: 16,634,396 Rbl., die Einfuhr aus denselben 12,634.396 Rbl.

[2] Ebenfalls ohne Ausfuhr u. Einfuhr nach u. von Buchara, Taschkent u. Kirghisen Steppe.

oben angeführt, mit 30,529,928 Rbl. angiebt, betrugen zusammen vom europäischen und asiatischen Handel

im Jahre	1856	29,607,621	Rbl.	im Jahre	1864	32,520,254	Rbl.
„	1857	35,798,581	„	„	1865	30,451,949	„
„	1858	33,659,312	„	„	1866	33,528,642	„
„	1859	34,238,187	„	„	1867	39,643,404	„
„	1860	35,209,816	„	„	1868	38,964,771	„
„	1861	34,329,394	„	„	1869	41,824,757	„
„	1862	34,725,642	„	„	1870	43,544,067	„
„	1863	36,343,786	„	„	1871	49,279,359	„

Aus dieser Zusammenstellung ist ersichtlich, dass vom Jahre 1850 bis zum Jahre 1868 die Zolleinnahmen ausserordentlich schwankten, bald auf-, bald absteigend. Erst der Zolltarif vom Jahre 1868 mit seiner Beseitigung der Differenzialzölle und den, wenn auch noch immer geringfügigen Zollreductionen und anderen dem Handel gewährten Erleichterungen, brachte ein nachhaltiges Steigen zu Wege. In den drei letzten Jahren stiegen die Zolleinnahmen gegenüber dem Jahre 1868, in welchem noch der alte Zolltarif Geltung hatte, um 10,454,602 Rbl. oder 27 %.

Diese hier angeführten Daten dürften zunächst genügen, um ein allgemeines Bild der Entwickelung des internationalen Handels in der letzten Hälfte des laufenden Jahrhunderts bis auf die neueste Zeit zu geben. Dass sich der auswärtige Handel Russlands im letzten Decennium, namentlich aber seit dem Jahre 1866 in stark zunehmender Progression gesteigert hat, kann als ein unumstössliches Factum angesehen werden.

Um Anhaltepunkte in Betreff der Frage zu gewinnen, in welchem Verhältnisse sich der auswärtige Handel Russlands im Vergleich zu dem auswärtigen Handel anderer Staaten gesteigert hat, lasse ich nachstehende Angaben folgen. Diejenigen, welche sich auf die früheren Jahre beziehen, entnehme ich unter Beifügung der daselbst angeführten Quellen, dem mehrgenannten Werke von Schnitzler: „L'empire des Tsars", die auf das jedesmalige letzte Jahr bezüglichen den „Statistischen Tafeln aller Länder der Erde von Otto Hübner, 21. Auflage 1872", ohne jedoch behaupten zu können, ob sich die Angaben dieser Tafeln auf das Jahr 1871 oder 1870 beziehen. Wahrscheinlicher ist letzteres.

1. *Grossbritannien:*

		Import	Export	Total
		in Francs.		
Nach M. Ch. Vogel[1]	1 86	5,263,272,000	4,113,034,000	9,376,306,000
"	1866	7,375,000,000	5,950,000,000	13,555,000,000
Nach Otto Hübner	1870	7,575,000,000	6,097,500,000	13,672,500,000

Zunahme gegen 1866 0,8 %, gegen 1860 45 %.

2. *Deutschland* (Zollverein) ohne Hamburg und Bremen:

Nach Otto Hübner	1867	1,628,000,000	1,431,900,000	3,059,900,000
do.	1870	2,165,000,000	1,912,500,000	4,077,500,000

Zunahme 30 %.

3. *Frankreich:*

Nach M. Ch. Vogel	1862	2,590,200,000	2,813,100,000	5,403,300,000
	1866	2,793,500,000	3,180,600,000	5,974,100,000
Nach Otto Hübner	1870	3,155,625,000	2,972,250,000	6,127,875,000

Zunahme gegen 1866 2,5 %, gegen 1862 11 %.

4. *Vereinigte Staaten von Nord-Amerika;*

	1864—1865	1,647,170,000	1,531,535,000	3,355,655,000
Nach Otto Hübner	1869—1870	3,075,000,000	2,801,250,000	5,876,250,000

Zunahme 75 %.

5. *Oesterreich-Ungarn:*

Nach Otto Hübner	1868	573,130,000	812,150,000	1,385,280,000
do.	1870	1,147,500,000	1,173,355,000	2,321,050,000

Zunahme 67 %.

6. *Russland* (nach den oben angeführten Tabellen):

Zunahme im Jahre 1870

gegen	1868	um	45 %
"	1866	"	74 "
"	1864	"	110 "
"	1862	"	128 "
"	1860	"	116 "

Aus dieser Zusammenstellung geht hervor, dass der auswärtige Handel Russlands im Vergleiche zu dem auswärtigen Handel aller übrigen Staaten die rapidesten Fortschritte gemacht hat. Nur Oesterreich-Ungarn weist gegenüber dem Jahre 1868 grössere Fortschritte auf, vorausgesetzt, dass die dem Werke von Schnitzler ent-

[1] Du commerce et des progrès de la puissance commerciale.

nommene Hübner'sche Angabe der Handelsverhältnisse Oesterreichs pro 1868 ganz correct ist.

Diese rasche Steigerung des auswärtigen Handels Russlands erklärt sich zwar einerseits durch den allgemeinen Aufschwung aller Erwerbsverhältnisse und demnach auch des Handels in der ganzen civilisirten Welt, hauptsächlich aber durch die Reformen Russlands seit dem Regierungsantritte des Kaisers Alexanders II. Die Aufhebung der Leibeigenschaft und die Durchführung der Justizreform, welche Russland zu einem Rechtsstaate machten, die Arbeitskräfte und die Zahl der selbstständigen, producirenden Existenzen vermehrten, haben nicht minder zur Steigerung des Handelsverkehrs beigetragen, wenn auch in einer weniger directen Weise, wie der Ausbau des russischen Eisenbahnnetzes und das Entstehen einer grossen Anzahl von Creditinstituten aller Art, welche sich nicht blos auf die Hauptstädte des Landes beschränkten, sondern die auch in vielen Gouvernements-, ja selbst in Kreisstädten ihren Sitz und ihre Wirksamkeit fanden. Die gleichzeitige Ausdehnung des Telegraphennetzes und die Erleichterungen, welche im Laufe des verflossenen Decenniums dem Publikum im telegraphischen Verkehre gewährt wurden, so wie auch mancherlei Reformen im Postwesen, namentlich herbeigeführt durch internationale Verträge, konnten ebenfalls nicht verfehlen, sowohl auf den innern, wie den auswärtigen Handel einen fördernden Einfluss zu üben. Russland war dem Auslande gegenüber zurückgeblieben und zwar sehr bedeutend zurückgeblieben; jetzt macht es Anstrengungen, und zwar mit grossem Erfolge, die Distance zu kürzen, die es vom Auslande trennt. Unter diesen Verhältnissen kann es um so weniger auffallen, dass der auswärtige Handel Russlands in so raschem Wachsthum begriffen ist, als gegenwärtig in Russland die Hülfsquellen, welche in anderen Ländern schon seit Jahren dem Handel zur Verfügung standen, erst zur Geltung gelangen und ihr Einfluss daher auch ein um so grösserer sein muss, je weniger entwickelt die Verhaltnisse fruher waren. Russland hat grosse Kultur- und Entwickelungsperioden, wie z. B. die des Chausseeverkehrs, welche auf die Ausbildung des Handels von so grossem Einfluss war, geradezu übersprungen. Es befindet sich jetzt hinsichtlich seiner Verkehrsverhältnisse auf, wenn auch nicht ganz, doch nahezu gleichem Niveau mit dem Auslande, was bisher in keiner Zeitperiode der Fall war. Da nun die Verkehrsverhältnisse in erster Linie dem Handel zu dienen haben, so ist es auch erklärlich, dass es gerade dieser ist, der den rapidesten Aufschwung genommen hat.

Wenn auch nicht so bedeutende, wie der europäische, doch immer sehr beachtenswerthe Fortschritte hat der *asiatische Handel Russlands* gemacht. Dass die Angaben über denselben für die Jahre 1868—1870 eine so bedeutende Reduction aufweisen, darf nicht irre machen, und findet diese angebliche Abnahme ihren Erklärungsgrund darin, dass im Jahre 1868 die orenburgische und westsibirische Zolllinie aufgehoben wurden, mithin der Handel nach und aus Buchara, Taschkent und den Kirghisen-Steppen zu dem innern Handel Russlands geschlagen wurde. Der Gesammtumsatz des Handels nach den letztgenannten asiatischen Ländern betrug im Jahre 1847: 29,268,792 Rbl., und dürfte sich nach den bisherigen Erfahrungen bis zum Jahre 1870 noch sehr ansehnlich gesteigert haben. Berücksichtigt man diesen Umstand, so ergiebt sich als Gesammtumsatzwerth des russisch-asiatischen Handels für das Jahr 1870 der Betrag von über 58 Millionen Rbl. Demnach hätte dieser Handel im Vergleich zum Jahre 1857 an Ausdehnung gewonnen um 85%.

Die Ursache dieser ansehnlichen Steigerung ist in der inzwischen erfolgten Besitznahme des Turkestanschen Gebietes durch Russland zu erblicken und der Entwickelungsgang, welchen der russisch-asiatische Handel in den letzten Jahren genommen hat, liefert wohl den besten Beweis, dass es Russland bei seinem Vordringen in Centralasien in erster Linie darum zu thun war, zunächst seinen Handel zu schützen, ein Beweggrund, hinter welchem alle anderen, Russland von verschiedenen Seiten angedichteten politischen Absichten zurücktreten müssen. Russland bildet, durch seine geographische Lage, das natürliche Verbindungsglied zwischen Europa und Asien. Es würde seine, ihm so zu sagen von der Vorsehung zugewiesene Kulturaufgabe verkennen, wollte es nicht alle Anstrengungen machen, durch seinen Einfluss und durch seine Macht in der Richtung nach Centralasien zu dem europäischen Handel neue Verbindungswege zu eröffnen und für die Zukunft zu erhalten. Welche Bedeutung die kaukasischen Bahnen als kürzester Ueberlandweg aus dem Westen Europas nach dem Süden Asiens haben, wurde im Januarhefte der „Russischen Revue" in schlagender Weise nachgewiesen. Der Besitz Turkestans verschafft Russland, und durch dieses auch Europa Gelegenheit, sich einen zweiten Ueberlandweg nach dem Centrum und dem Norden des nicht russischen Asiens zu sichern. Wenn dieser Weg auch zunächst nur direct dem russischen Handel zu Gute kommt, so fördert er doch auch wenigstens indirect den europäischen Handel im Allgemeinen, nicht nur weil an und für sich schon der russische Handel ein Glied dieses letzteren ist, sondern weil auch die russische Industrie, deren Fabrikate vorzugsweise zunächst für die Ausfuhr nach Asien bestimmt sind, wie wir gesehen haben, sehr bedeutende Anforderungen an den auswärtigen Handel Russlands zur Beschaffung der ihr nothwendigen Hülfsstoffe stellt. Haben sich die Handelsbeziehungen zwischen Russland und Asien erst consolidirt, hat das russische Fabrikat in letzterem erst Boden gewonnen, dann wird auf dem gleichen Wege durch Vermittelung des russisch-asiatischen Handels auch das ausländische Fabrikat, die ausländische Handelswaare Eingang finden und Russland wird seine Mission als Verbindungsglied zwischen Asien und Europa in glänzender Weise erfüllen.

Ein Kleiderreformproject
vor
Peter dem Grossen.

Peter der Grosse hatte während der ersten Jahre seiner Regierung sich im Grunde sehr wenig mit Politik beschäftigt, die Führung der Staatsgeschäfte Anderen überlassen und hierauf sich ausschliesslich den Aufgaben der auswärtigen Politik zugewandt. Es war insbesondere die orientalische Frage, welche ihn beschäftigte, welche seine Reise ins Ausland veranlasste. Er weilte anderthalb Jahre im Westen, nicht um dort zu lernen, wie man mit Weisheit den Staat regiere, nicht um die Gesetzgebung und die Institutionen fremder Länder zu studiren. Es galt ihm den Schiffsbau zu erlernen, eine grössere Flotte zu bauen und dadurch in den Stand gesetzt zu werden zu einem ernsteren Kampfe mit der Türkei. Aber auch ohne die Absicht, die Sitten und Gebräuche anderer Nationen zu beobachten hinausreisend, war Peter doch so lange Zeit hindurch den Eindrücken ausgesetzt, den eine allseitig entwickelte Kultur, wie er dieselbe namentlich in Holland und in England zu betrachten Gelegenheit hatte, auch auf minder Empfängliche als er ausüben musste und diesen Eindrücken verdankt man jene Reihe von Maassregeln, welche in dem äusseren Wesen, im Kostüm und Habitus der Russen eine gründliche Aenderung bezweckte und im Volke die grösste Aufregung hervorrief.

Im Orient giebt es keine Moden. Ungleich schwerer als der Westländer, trennt sich der Orientale von der Art seiner Tracht. Er ist auch darin, wie in allem Andern, konservativ. Ebenso hatte in Russland die Kleidung, welche man dem Orient entliehen hatte, sehr lange Zeit hindurch Art und Form früherer Zeit beibehalten. Die Kleidung war weder schön, noch zweckmässig, noch hygienisch entsprechend, aber man hielt daran fest und wollte von keiner Aenderung wissen.

Und in diesem Punkte war das Volk nicht konservativer als die frühere Regierung, die hohe Geistlichkeit, die Würdenträger. Als einst in den letzten Jahren der Regierung des Zaren Alexej ein Bojar in polnischer Tracht auf die Jagd ritt, hatte es sich ereignet, dass diese Kleidung nachher auf Befehl des Patriarchen verbrannt wurde. Es gab Fälle, in denen einzelne Vertreter der höheren Kreise so kühn waren, deutsche Kleidung zu tragen, aber die Regierung nahm ein solches Beginnen sehr übel auf. Am 6. August 1675 erschien ein Ukas an alle Hofbeamten, sie sollten bei Strafe der Ungnade und der Degradation sich nicht erdreisten, ausländische Sitten anzunehmen, die Haare nach ausländischer Sitte zu scheeren, ausländische Kleidung, Mützen oder Hüte zu tragen oder ihrem Gesinde das Tragen solcher Gegenstände zu gestatten.[1]

Einige Jahrzehnte zuvor hatte sich der umgekehrte Fall ereignet. Es hatten die zahlreich in Moskau lebenden Ausländer zum Theil russische Kleidung zu tragen begonnen. Aber auch dies war verboten worden, weil es sich ereignet hatte, dass bei einer Procession die Ausländer, welche als Ketzer des Segens der russischen Kirche unmündig erschienen, doch dieses Segens theilhaftig geworden waren, da der das Volk segnende Patriarch die in russischem Kostüm anwesenden Lutheraner oder Katholiken nicht von den Rechtgläubigen zu unterscheiden vermocht hatte. Weil nun die Ausländer nicht wie die Russen sich gegen den Patriarchen verneigten, merkte der Kirchenfürst den Unterschied und erliess einen Befehl an alle Ausländer, die russische Kleidung sofort abzulegen, was, wie ein Zeitgenosse berichtet, wegen Mangels an Stoffen und Schneidern grosse Schwierigkeiten darbot.[2]

---

[1] Vollst. Gesetzsammlung I. № 607.

[2] Olearius, dritte Ausg. 183.

Man weiss, wie namentlich die Geistlichkeit gegen das Bartscheeren auftrat. Der Patriarch Hadrian hatte noch kurz vor gewaltsamer Einführung des Bartscheerens durch Peter eine gewaltige Encyclika zu Gunsten des Bartes erlassen, in welcher u. A. bemerkt wird, dass Männer ohne Bart mit dem Schnurrbart allein nicht wie Menschen, sondern wie Kater und Hunde aussehen u. d. m. [1] In seinem Testament hatte der Vorgänger Hadrians, der Patriarch Joachim, gegen die Einführung ausländischer Sitten und Trachten den entschiedensten Protest eingelegt. [2] Aber noch mehr: selbst ein Mann wie der ausgezeichnete Politiker und Diplomat Ordyn-Naschtschokin, welcher die Bedeutung ausländischer Sitte zu würdigen wusste, seinen Sohn von gebildeten Polen unterrichten liess und keinesfalls zu den nationalen Fanatikern zählte, sagte wohl gelegentlich: „Was kümmern uns die Sitten der Ausländer, unsere Kleidung ist nicht nach ihrem Sinn und Geschmack, ihre Kleidung nicht nach dem unsern."

Als Peter mit seinen Reformen in Bezug auf Bart und Kleidung auftrat, war in den höheren Kreisen der Moskauer Gesellschaft von irgend welcher Opposition keine Rede. Der Patriarch Hadrian, welcher soeben noch gegen das Bartscheeren geeifert hatte, verstummte. Die Grossen bequemten sich meist ohne Murren zu Allem, was der Herrscher von ihnen verlangte. Viele mochten auch wohl die Zweckmässigkeit einer solchen Reform erkennen und Peters Ansichten theilen. Die Hochzeit eines Hofbeamten im Jahre 1701 wurde auf Befehl Peters im alten russischen Kostüm gefeiert, um, wie ein Augenzeuge berichtet, die Lächerlichkeit und Tollheit der früheren Mode zu zeigen. Die Bojaren hatten übermässig hohe Mützen, die Frauen 12 Ellen lange Aermel und 5 Zoll hohe Absätze u. s. w. [3] Bei Hofe gewöhnte man sich rasch an die europäische Kleidung, wie die zahlreichen Bildnisse der Zeitgenossen Peters zeigen, in denen Männer wie Golowin, Apraxin, Menschikow u. A. in derselben Kleidung, in derselben Perrücke erscheinen, die wir auf den Bildnissen etwa Eugens von Savoyen, französischer Marschälle oder anderer westeuropäischer Zeitgenossen erblicken.

Ganz anders murrte man in den unteren Schichten des Volkes. Unzählige wurden gefänglich eingezogen, und strenge bestraft, weil sie sich Aeusserungen des Unmuths gegen den reformirenden Zaren

---

[1] Eine Handschrift der Akademie der Wiss. b. Ustrjalow, Peter d. Gr. III. 193.
[2] Ustrjalow, Peter d. Grosse II. 116.
[3] Perry, d. jetzige Staat von Moskau, deutsche Uebers. S. 383.

erlaubt hatten. Ein Bürger der Stadt Dmitrow hatte, während er die neue Kleidung anzog, gesagt: „Wer diese Kleidung eingeführt hat, sollte gehängt werden,“ [1] Schon vor Peter hatten die Sectirer in ihren Schriften behauptet: „Gott habe ausdrücklich die Einführung ausländischer Kleidungen verboten, ihm sei diese Kleidung im höchsten Grade widerwärtig.“ Eine solche Reform galt also als eine Ketzerei, als ein Abfall von der rechtgläubigen Kirche. [2] Jetzt murrte das Volk über den Patriarchen Hadrian, der zu so schlimmen Reformen schweige, Alles über sich ergehen lasse, nicht protestire, nur, um seine Stelle zu behalten. Allgemein hielt man es für wahrscheinlich, dass das Bartscheeren und die neue Kleidung nur der Anfang zu noch schlimmerer Ketzerei sei, dass namentlich die Beobachtung der Fasten bei Hofe und im Heere unterbleiben werde. Es wurde das Gerücht verbreitet, Peter sei gar nicht zarischer Abkunft, sondern ein untergeschobenes Kind, der Sohn einer Deutschen. Als Beweis wurde die Einführung der deutschen Kleidung betrachtet: ein wirklicher Russe hätte so etwas nie unternommen. Die abgeschmacktesten Märchen wurden erzählt und geglaubt, u. A. eine Legende: der Zar Peter sei im Auslande umgebracht worden und die Ausländer hätten einen Andern geschickt, der sich für den echten Zaren ausgebe, während der wirkliche Peter in eine Tonne gesteckt und ins Meer hinausgestossen worden sei. Personen der Umgebung Peters, wie etwa Menschikow, wurden als im Bunde mit dem Teufel stehend betrachtet, weil sie Perrücken trugen; der Zar selbst ist wiederholt als ein Antichrist bezeichnet worden. Bei Gelegenheit des Aufstandes in Astrachan erzählte man dem Volke, dass die ausländischen Militärs und höheren Beamten Götzendienst trieben und ihre Götzenbilder stets mit sich führten. Die Regierung erfuhr davon und stellte Nachforschungen darüber an, wie ein solches Gerücht habe entstehen können. Man erfuhr, dass die Perrückenstöcke, deren sich die Ausländer und russischen Beamten zur Schonung ihrer Haartracht bedienten, für Götzenbilder waren angesehen worden. [3]

Die russische Kleidung, welche wir auf den Abbildungen der Werke ausländischer Reisenden, wie Meyerberg's oder Olearius u. A. zu betrachten Gelegenheit haben, bedurfte einer Reform. Sie hatte etwas Weibisches. Nicht selten geschah es, dass Männer die Kleider

---

[1] Solowjew, Gesch. Russlds., Bd. XV, S. 137.

[2] Schtschapow, der Roskol, S. 100 ff.

[3] Solowjew a. a. O. an verschiedenen Stellen des XV. Bandes.

ihrer Frauen für sich ummachen liessen. Auch waren die alten Anzüge meist recht kostspielig und luxuriös, mit einem unnöthigen Aufwande von Stoffen verbunden. — Als König Wilhelm III. in England den Zaren Peter fragte, was ihm denn in London am meisten gefallen habe, soll dieser geantwortet haben: „dass die reichsten Leute in schlichten, aber reinlichen Kleidern einhergehen"[1]. Peter selbst trug gern holländische oder französische Schifferkleidung. Diese gestattete ihm die freie Bewegung, deren seine Arbeiten beim Schiffsbau und dergleichen bedurften. In den langen Gewändern, mit herabhängenden Aermeln der russischen Vornehmen konnte man freilich keine Masten erklettern, nicht mit der Zimmermannsaxt hantiren, überhaupt nicht eine intensive Thätigkeit entwickeln. Sehr hübsch bemerkt Solowjew[2], dass die Art der Kleidung der Art des Volkes entspreche. Der bequeme, indolente Asiate erscheint eigentlich fortwährend im Schlafrock. Wollte der Russe sich in einen Europäer verwandeln, arbeiten, produciren, vorwärts streben in westeuropäischer Weise, so musste er seine, die Thätigkeit behindernde, orientalische Kleidung aufgeben. Es handelte sich nicht um eine Nationalitätenfrage, sondern um die Entscheidung, zu welcher Race, zu welchem Welttheile Russland fortan gehören sollte und wollte. Die Kleiderreform war eine geschichtliche Nothwendigkeit, nicht das Ergebniss der zufälligen Laune eines absoluten Herrschers[3].

Nicht Peter allein vertrat die Idee von der Nothwendigkeit einer Kleiderreform. Wir beabsichtigen in dem Folgenden auf die Ansichten eines Mannes hinzuweisen, der sich einige Jahrzehnte nur der reformirenden Thätigkeit Peters wegen in Russland aufhielt, dessen Ideen in vieler Beziehung mit denjenigen des genialen Zaren übereinstimmten, dessen Entwürfe aber nicht verwirklicht wurden, weil sie, nur von einem in der Verbannung lebenden Schriftsteller herrührten und nicht in die maassgebenden Kreise der Regierungsge-

---

[1] S. Posselt, Lefort II, 478. Dass übrigens London in dieser Hinsicht selbst dem Continent vorausgeeilt gewesen zu sein scheint, ist aus dem Umstande zu ersehen, dass auch der Genfer Jacob Lefort, der Bruder des Freundes des Zaren, in London sich über die einfachen und sauberen Kleider der Londoner lobend äusserte.

[2] Solowjew, XV, 136.

[3] Als die japanesische Gesandtschaft im Jahre 1863 sich in St. Petersburg aufhielt, fiel sie durch ihr Nationalkostüm auf. Die Gesandten dieses Jahres (1873) erschienen in europäischer Kleidung.

gewalt zu dringen vermochten. Diese Ansichten gewähren einen interessanten Beitrag zur Culturgeschichte jener Zeit.

Jurij Krishanitsch, ein Serbe, geboren 1617, kam, nachdem er einen Theil seiner Jugend in Italien verbracht hatte, nach verschiedenen Reisen im Jahre 1659 nach Moskau, wo er, als katholischer Geistlicher, die Unionsbestrebungen vertreten zu haben scheint. Vielleicht in Folge solcher Agitation gerieth er in einigen Conflict mit den bestehenden Gewalten und wurde im Jahre 1660 nach Tobolsk internirt, wo er bis zum Jahre 1676 blieb. Seine ferneren Schicksale sind nicht bekannt. Er war, wie wir aus seinen Schriften ersehen, durch vielseitige Bildung ausgezeichnet und behandelte in seinen, die durchgreifendsten Reformen bezweckenden Elaboraten, Fragen der heterogensten Art, das Staatswesen, die Volkswirthschaft, die Technik, die Religion und Moral u. s. w. betreffend [1].

Wir weisen nur auf diejenigen Stellen seiner Schriften hin, in denen die Kleiderreformfrage berührt wird. Krishanitsch ist als Slave voll Wärme für Russland. Er hofft durch Russlands Macht und Entwickelung auf eine Regeneration des in Europa herabgekommenen West- und Südslaventhums. In gewissem Sinne, als Nichtrusse, als Katholik, als Vertreter westeuropäischer Bildung ist er Ausländer, daher gilt bei manchen Historikern sein oft scharf tadelndes Urtheil über Russland und die Russen als parteiisch und ungerecht; in anderer Beziehung, als Panslavist ist er mit seinen Ansichten über Russland, mit seinen an Russlands Emporkommen geknüpften Hoffnungen den Ausländern, welche im siebzehnten Jahrhundert über Russland schrieben, entgegengesetzt.

In seiner umfassenden Schrift „Gespräche über den Staat" widmet er der Frage von den Kleidungen und dem äusseren Wesen der Menschen zwei Abschnitte [2]. Seiner in vielen Fällen üblichen Methode gemäss geht er auch in diesen Abschnitten von ganz allgemeinen Sätzen aus, erwähnt der Zustände verschiedener Völker, die er unter einander vergleicht, citirt verschiedene betreffende Beispiele aus der Geschichte und kommt dann auf Russland zu reden, wo er die bestehenden Verhältnisse einer strengen Kritik unterzieht und sodann Reformvorschläge macht. Er sagt:

---

[1] Die Schriften Krishanitsch's erschienen von Bessonow herausgegeben in den Jahren 1859 und 1860 u. d. T. „d. Russ. Staat um die Mitte des 17. Jahrhunderts" und „Ueber die Vorsehung."

[2] Русское государство въ половинѣ XVII вѣка. I. 124—143.

„Ein schönes Aussehen ist das Zeichen eines scharfen und tüchtigen Geistes: ein grobes Aussehen zeugt von Stumpfheit. Das günstigste Zeugniss für geistige Entwickelung ist mannigfaltige Schönheit. Es giebt Völker, die schön sind, aber nicht weise: bei diesen haben Alle denselben Gesichtsausdruck, dieselben Züge, und sehen wie Söhne eines Vaters aus: so die Armenier, die Grusier und die Tscherkessen [1]. Aber diese Völker sind nicht sehr gebildet und entwickelt.—Einige Völker haben besondere Vorzüge des Körpers: die Griechen haben grosse, runde, glänzende Augen, die Spanier weisse Haut, schwarzes Haar, langen Schnurrbart. Ebenso haben die Franzosen, Deutschen und Italiener ihre besonderen Vorzüge. — Andere Völker sind als hässlich bekannt. Die Tataren haben kleine, tiefliegende Augen, die Kalmücken haben platte Nasen, die Mohren [2] sind kohlschwarz und haben aufgeworfene Lippen; die Indianer haben eine dunkle Haut, platte Gesichtszüge und sind bartlos; die Samojeden sind klein, haben breite Gesichter, kleine Augen, kurze Beine, keinen Bart. Die Araber sind zwar dunkelfarbig, aber nicht hässlich: auch in geistiger Entwickelung nehmen sie eine Mittelstellung ein."

„Unser Volk", sagt Krishanitsch weiter, indem er nicht so sehr die Russen allein, als die Slaven überhaupt meint, „ist weder als besonders schön, noch als besonders hässlich bekannt. Wir sind nicht so hässlich wie die Zigeuner, Tataren, Samojeden, Aethiopier, Indianer, Sibirier und nicht so schön, wie die Griechen, Italiener, Spanier, Franzosen und Deutschen. Die Nachkommen Japhets übertreffen uns an Schönheit, wir dagegen übertreffen die Nachkommen Chams. Wir sind stark von Körper, haben hellblaue Augen, niemand der Unseren hat sehr starkes oder ganz schwarzes oder ganz rothes Haar, sondern aschfarbenes. Daher sind grosse Bärte, eben ihrer Seltenheit wegen, sehr geschätzt. Die Spanier und Italiener schätzen die Bärte nicht hoch, sondern rasiren dieselben: jeder Bauer bei diesen Völkern könnte leicht einen schönen Bart haben, wenn er denselben pflegen wollte. Die Deutschen haben die verschiedensten Bärte: dichte und dünne, lange und kurze, schwarze und rothe: sie pflegen sie nach Gefallen, stutzen sie oder nicht, rasiren sich oder nicht. So müssten es auch unsere Leute machen, namentlich die Soldaten".

---

[1] „Черкасы" heisst sonst im 17. Jahrhundert „Kleinrussen", doch passt die eigentlich russische Bedeutung der Wörter, die unser Autor braucht, nicht immer auf seine Sprache, die ein Gemisch ist von Russisch, Serbisch, Polnisch u. dgl.

[2] „Мавры" heisst sonst „Mauren", aber hier sind offenbar Mohren gemeint.

So liberal dachten die echten Russen in Betreff des Bartes nicht, wie wir bereits bemerkten. Gerade in Bezug auf Haare und Bart war man sehr conservativ in Russland. Das Vorurtheil herrschte. Ueber Haar und Bart macht Krishanitsch an einer andern Stelle und zwar in dem Abschnitt über das Heerwesen folgende treffende Bemerkungen.[1]

„Eine sehr wichtige Ursache der Feigheit bei den Truppen ist die hässliche und unanständige Haar- und Barttracht und die schlechte Kleidung. Eine gute Kleidung flösst dem Kämpfenden selbst Muth ein und imponirt dem Gegner. Selbst ein Pferd, wenn es hübsch aufgeschirrt ist, bäumt und springt vor Freude, ebenso ist ein schön geschmückter Krieger mit geordnetem Bart und Haar muthiger und hat ein höheres Selbstgefühl. Die russische Kleidung aber ist nicht schön und gestattet keine Würde und keine Freiheit und keine ungehinderte rasche Bewegung, sondern macht den Eindruck der Sklaverei, der Gedrücktheit und der Muthlosigkeit. Unsere Krieger stecken in so knappen und engen Röcken, als seien sie darin festgenäht: ihre Köpfe sind kahl; ihre ungepflegten Bärte geben ihnen eher das Ansehen von Waldmenschen als von tapferen Kriegern."

„Ein Baum im Winter und der Blätter beraubt erscheint elend, hässlich, jämmerlich, verächtlich, während er im Sommer stattlich, schön, üppig aussieht. Ebenso erscheint ein Mann mit nicht allzu langem oder weibischem, aber reichlichem und anständig geordnetem Haarwuchs und in einem Kleide von angemessenem Schnitte zu Pferde sehr stattlich und kann sich, wenn er zu Fusse ist, viel besser bewegen: er ist nicht bloss schöner, sondern er kann auch eher dem Frost und Regen und Unwetter und der Sonnengluth trotzen und ist in Folge dessen tapferer und dem Feinde gegenüber schrecklicher. Die Italiener und Spanier leben in viel heisseren Gegenden als wir und es fällt ihnen nicht ein, ihr Haupthaar zu scheeren, weil sie auf Schönheit und Stattlichkeit viel halten. Wir aber leben in kalten Gegenden, sind von Natur nicht schön und hätten es um so nöthiger das Haupthaar zu erhalten, um die Hässlichkeit unserer Gesichter zu mildern, um die Ohren vor dem Erfrieren zu schützen, um die Tapferkeit unserer Krieger zu erhöhen. Aber wir ziehen es vor, den Barbaren nachzuahmen, den Türken und Tataren, statt dem Beispiel der Europäer zu folgen. Und zwar nicht in allen Stücken folgen wir dem Beispiel der Barbaren, sondern machen es noch schlimmer wie sie.

[1] S. 94.

Sie bedecken ihre kahlen, hässlichen Häupter mit kleinen und grossen Turbanen, die sie nie abnehmen; wir aber lassen unsere kahlen Häupter unbedeckt gleich Kürbissen erscheinen. Ein geschorener Kopf ist ein Zeichen der Sklaverei; den Kriegsgefangenen und Galeerensklaven wird das Haupthaar geschoren. Der Schopf am Hinterhaupte bei den Tataren und der Schopf am Vorderhaupte der Polen ist um nichts besser als völlige Kahlheit. Auch wenn die Russen das Haar ungeordnet wachsen lassen, dass es die Stirn bedeckt, gewährt dies einen widerwärtigen Anblick und macht den Eindruck, als sehe man einen Waldmenschen. Die verwilderten Bärte lassen die Soldaten älter erscheinen, als sie wirklich sind und daher ist der Schrecken, den sie dem Feinde einflössen, geringer."

Krishanitsch war nicht der einzige Ausländer, auf den die Sitte des Hauptharscheerens einen unangenehmen Eindruck machte. Auch Olearius hatte eine ganz ähnliche Bemerkung gemacht, indem er in seiner Reisebeschreibung (S. 179) berichtet: „Das Haar auf dem Kopfe tragen nur ihre Popen lang und über den Schultern herunter hängend, die anderen aber alle kurz abgeschnitten. Die grossen Herren lassen es gar mit dem Scheermesser abnehmen, halten es für einen Zierrath. Aber solcher Meinung ist Ambrosius nicht, wenn er spricht: Ex arboribus licit, quae humani sit gratia capitis, aestimare tolle arbori comam, tota arbor ingrata est. Vielleicht aus dem Ovidio:

Turpe pecus mutilum, turpis sine gramine campus,
Et sine fronde frutex et sine crine caput.

So ferne aber einer sich an Se. Majestät versündiget hat, oder weiss, dass er in Ungnaden ist, lässet er das Haar lang und wild wachsen, so lange solche Ungnade währet u. s. w."

Krishanitsch lässt nun eine ganze Reihe von Völkern in Betreff der Haar- und Barttracht die Revue passiren. Er lobt die Art der Moldauer sich das Stirnhaar zu rasiren, mit dem Hinterhaupthaar den ganzen Kopf und die Hälfte der Ohren zu bedecken, ebenso scheint ihm die Coiffure der Venetianer recht angemessen zu sein, welche das Hinterhaupthaar mit der Scheere stutzen und rings herum einen Kranz von längerem Haar stehen lassen. Auch lobt er die Spanier, welche das Hinterhaupthaar kurz scheeren. Das Haar zu lang wachsen zu lassen oder gar an der Seite einen Zopf zu flechten, wie die Deutschen bisweilen thun, scheint ihm nicht nachahmungswerth. Man müsse, meint er, in allen Dingen Maass halten.

Von der Barttracht sagt er Folgendes: „Die Böhmen und Ungarn tragen einen rund zugeschnittenen, mit Scheere und Rasirmesser behandelten Bart. Bei einigen Völkern pflegen die jüngeren Leute, denen kein üppiger Bart wachsen will, den Bart mit der Scheere zu beschneiden; sie tragen dann Stoppeln und Schnurrbart. Die Deutschen thun sehr gut, wenn bei ihnen Jeder den Bart trägt, wie er will und wie es ihm gut steht. Die fein zugespitzten Ziegenbärte, die man hier und da in Europa sieht, können wir nicht loben. Die Türken scheeren sich den Bart, so lange sie unverheirathet sind und halten es für unzulässig, als Ehemänner den Bart zu stutzen oder zu scheeren. Soldaten sind nicht verpflichtet, diesem Gebrauche zu folgen, sondern beschneiden den Bart mit einer Scheere, nicht mit einem Rasirmesser, wo das Kinn so glatt wird wie bei Frauenzimmern."

Sehr liberal und im Sinne Peter's sagt Krishanitsch: „Wenn Jemand fragt, ob es denn nicht für die Christen unziemlich erscheine, Musik zu machen, den Bart zu scheeren oder langes Haar zu tragen, so muss man darauf antworten, dass solches Alles den Juden verboten gewesen sein mag, während es den Christen gestattet ist." — Aber im Ganzen ist er doch, nicht aus religiösen, sondern aus Schönheitsgründen für ein Stehenlassen des Bartes, indem er bemerkt: „Allerdings waren die Römer tapfer und hatten trotzdem die Sitte, sich Haar und Bart und Schnurrbart glatt abzurasiren, aber die Römer hatten so schöne Helme mit allerlei Thiergestalten darauf, mit Schlangen, Wölfen und Bären und ihre Kleider hatten einen solchen Schnitt, dass sie den Feinden imponirten. Uns ist es rathsamer Haar und Bart zu pflegen, als für die Kleidung viel Geld auszugeben."

„Eine gute Kleidung aber ist eine solche, welche gegen Regen, Frost, Nässe und Sonne schützt und den Menschen an seinen Bewegungen nicht behindert, welche lange hält und nicht theuer zu stehen kommt." [1]

„Die Spanier haben ein Volksspiel: man ringt und wetteifert da um allerlei Preise. Unter den letzteren ist ein solcher, der demjenigen zu Theil wird, welcher am schönsten und zugleich am wohlfeilsten gekleidet ist. Es kommt also dabei nicht auf Geld, sondern auf Geist und Geschmack an." [2]

Krishanitsch findet nun zu seinem grossen Leidwesen, dass alle diese Bedingungen einer guten Kleidung bei den Russen und sonstigen Slaven sich nicht finden. Er erinnert daran, dass der Kaiser Porphyrogennetos die Serben als Sklaven bezeichnet hatte, weil sie

[1] S. 97.
[2] S. 130.

schlechte Fussbekleidung trugen: ungegerbtes Leder mit Stricken an die Füsse gebunden. Aehnlich verächtlich findet Krishanitsch die Bastschuhe der Russen und ist entrüstet darüber, dass die Russen ihr Leder den Ausländern verkaufen und selbst baarfuss gehen. Die Beinkleider seien viel zu lang und zu eng und reissen leicht an den Knieen. Ebenso seien die Röcke lang wie Säcke uud dabei viel zu knapp, was den Männern ein ganz weibisches Aussehen gebe. In den Kleidern fehle es, weil sie so knapp seien, an Taschen, so dass die Russen ihre Messer, Briefschaften u. dgl. in den Stiefelschäften, ihre Schnupftücher in den Mützen und ihr Geld im Munde verwahren müssten, welche letztere Sitte Krishanowitsch unsäglich widerlich findet. [1] Sehr lächerlich findet er die Sitte in Russland Mützen und Pelze mit Fell zu füttern, so dass die theueren Zobel u. dgl., die doch zum Schmucke vorhanden seien, nicht einmal sichtbar würden. Ebenso tadelt er die Sitte, die Hemden mit Goldstickerei und Perlen zu benähen, da man sie unter dem Rocke nicht sehe. Er meint, die Russen trügen nur darum so grelle bunte Farben, weil sonst ihre Kleidungsstücke von so hässlichem Schnitte seien, dass ihr Anblick nur noch etwa durch die Buntheit erträglich würde. Ganz anders, bemerkt er, machten es die Deutschen, welche meist graues Tuch trügen. Aber auch die Deutschen, fügt er hinzu, vertauschen in Russland, sobald sie russische Kleidung anlegen, die dunkeln Stoffe mit bunten, weil man in russischer Kleidung und grauem Stoffe durchaus wie ein Bauer gekleidet erscheine.

„Anderswo", fährt er fort, „tragen nur die Frauen Perlen; in Russland dagegen prunken beide Geschlechter mit solchem Tand." Von der Frauenkleidung sagt er: „Die Aermel an den Kleidern sind von sehr kostbarem Stoffe, sehr eng und sehr lang, was sehr dumm ist. Die Hände sind nicht frei und die Aermel reissen leicht, weil sie zu knapp sind. Auch hängt man sich wohl vorn am Leibe allerlei silberne Troddeln an, was einem Pferde eher wohl anstehen würde, als einem Frauenzimmer. Die Kopfbekleidungen mit vier Hörnern sind entsetzlich widerwärtig. Einige tragen den Gürtel unterhalb des Bauches, andere gar keinen. Beides ist ganz unschicklich."

Sehr hübsch führt Krishanitsch die psychische Bedeutung einer weiten, bequemen Kleidung aus, wenn er sagt:

[1] Olearius 220: „die Russen seynd gewohnt, dass, wenn sie in Besichtigung oder Abmessung der Wahren begriffen, sie die Copecken offt bei 50 Stück in's Mund nehmen, reden und handeln immerfort, dass man's ihnen nicht anmerken kann, machen, also zu reden, ihr Mund zur Taschen."

„Die Geistlichen sowohl im Orient als im Occident tragen weite Gewänder, offenbar, weil diese dem Menschen eine gewisse Stattlichkeit und Würde verleihen. Eine zu knappe Kleidung lässt den Menschen als unbedeutend und unansehnlich erscheinen, deckt die Blösse nicht genügend und lässt manche Körpermängel, allzu grosse Magerkeit oder übermässige Dicke oder schlecht geformte Glieder hervortreten. Kommt ein Mensch in knapper Kleidung in die Gesellschaft solcher, welche bequeme, weite Gewänder anhaben, so wird er Furcht und Verlegenheit empfinden, als habe er etwas gestohlen, weil er fühlt, dass seine Blösse nicht hinreichend gedeckt ist, und dass er gleichsam nackt unter Bekleideten erscheint. So mag es dem Ungarn zu Muthe sein, wenn er unter Deutschen auftritt. Kommt aber ein Italiener, ein Deutscher, ein Spanier in eine Gesellschaft von Ungarn oder Slaven, so tritt er sicher und würdig auf, wie ein Löwe und bewegt sich leicht und frei und stolz. Dabei kosten noch die weiten Kleider der letzteren weniger als die knappen der Ungarn: man braucht zu den ersteren weder kostbare Farben noch allerlei Zierrathen. Die russischen Aermel sind so eng, passen die Hände so ein, dass man darin nur mit der grössten Anstrengung das Gesicht waschen kann; man kann in den knappen Beinkleidern schlecht reiten, nicht bequem gehen, auch nicht sich frei hinsetzen; auf dem Pferde erscheint man wie ein an den Sattel gebundenes und daran starrendes Stück Holz. — Solche Kleider sind auch nicht dauerhaft. Sehr oft sieht man bei den Russen, Kroaten und Ungarn einen neuen Rock mit zerrissenen Aermeln, die eben in Folge der Knappheit an den Ellenbogen platzen. Bei den Italienern halten die Aermel so lange vor, wie der ganze Rock. Ausserdem herrscht da die gute Sitte, die Aermel, aus anderem Stoffe als der Rock gemacht, anzunähen. Auch eine Theilung der Beinkleider in Oberbeinkleid und Kamaschen ist sehr zweckmässig: man kann drei Paar der letzteren vertragen, ehe man ein neues Beinkleid braucht."

In Russland herrschte um jene Zeit ein gewaltiger Kleiderluxus. Petrejus erwähnt u. A.[1] der Hemden mit Kragen von Atlas, Sammet und mit Perlenstickerei versehen, Olearius berichtet von kostbaren Röcken von „Tammasch, Atlass und Güldenstücken" von goldenen mit Perlen gestickten Litzen und Quasten, von „Posamenten und Schnüren und Borten" u. s. w. Bei manchen Kleidungs-

[1] Petrejus 593.

[2] Olearius 182.

stücken bestand, ähnlich wie bei dem „Pluderhosenteufel", der damals im Westen sein Wesen trieb, der Ehrgeiz, darin möglichst viel Stoff zu verbrauchen. Man erzählt von einem Bojaren, welcher einen Gürtel von über 5 Ellen Länge und einer halben Elle Breite getragen habe [1]. Wie sehr die Geistlichkeit mit reichen Gewandern prunkte, zeigt das Beispiel des Patriarchen Nikon, welcher eine neue Kopfbedekung von weisser Seide mit Perlenstickerei, welche Cherubine darstellte, erfand, statt der Stiefel eine Art von Sandalen trug und u. A. einmal in einem Gewande von rother und einen Ueberwurf von grüner Farbe gesehen wurde. Die sehr reiche Garderobe der Zaren kann man sehr genau aus dem im Jahre 1844 herausgegebenen Werke: „die Ausgänge russischer Zaren" kennen lernen, in welchem alle die verschiedenen Kleidungsstücke, welche die Zaren im siebzehnten Jahrhundert Tag für Tag in der Kirche, bei Audienzen, bei Hoffesten u. dgl. m. angehabt haben, protokollarisch verzeichnet sind. Von den kostbaren Stoffen und schillernden Farben der Kleidungsstücke der Zaren, mancher Magnaten und Geistlichen gewinnt man den vollständigsten Eindruck, wenn man das Werk des Akademikers Solnzew „Russische Alterthümer" durchblättert, dessen prachtvolle Ausstattung ihres Gleichen sucht. Wie kostspielig die Garderobe der Vornehmen war, kann man aus dem Umstande ermessen, dass Nikon in seiner Eigenschaft als Metropolit von Nowgorod einen Pelz besass, der den Werth von 10000 Pfund Roggen repräsentirte; zu einer Kleidung kaufte er Seidenstoff, welcher ebensoviel kostete wie 16000 Pfund Roggen, zwei Zobelmützen des Kirchenfürsten kosteten mehr als das doppelte dieser Summe. Im Verlaufe von sieben Monaten gab Nikon für seine Kleider so viel Geld aus, als 500 Tschetwert Roggen (= 150,000 Pfund) damals zu kosten pflegten [2].

Ein solcher Kleiderprunk war nun bis in die untersten Klassen der Bevölkerung in Russland verbreitet. Man kaufte viele ausländische theuere Waaren, um sich damit zu schmücken, und Krishanitsch ist im höchsten Maasse unzufrieden mit der Einfuhr solcher Luxusgegenstände, Zierrathen und Schmucksachen. Es sei thöricht, meint er, dass in Russland Jeder Seide und bunte theuere Stoffe tragen

[1] Kostomarow, das häusliche Leben der Grossrussen 64. 71.

[2] Das in der Zeitschrift der Moskauer Gesellschaft für Geschichte und Alterthümer Russlands 1851 herausgegebene Ausgabebuch Nikons, über welches wir eine besondere Monographie veröffentlichen.

wolle, während doch das Land diese Waaren nicht hervorbringe [1]. Auch klagt er darüber, dass die betrügerischen griechischen Kaufleute viel russisches Gold für buntes Glas, das sie als Edelsteine verkaufen, aus dem Lande bringen [2]. Er schlägt vor, eine Kleiderordnung zu erlassen und meint, man müsste den unteren Ständen das Tragen von Seide, Perlen, kostbaren Farben streng untersagen [3].

Petrejus sagt von den Russen: [4] So lange sie in den Häusern seyn, und daheime bleiben, haben sie die geringsten, zerrissenen und schlimmsten Kleider an, so sie haben. Wann sie aber wollen aussgehen, und spaciren ihre Befreundten besuchen, oder sonsten in die Kirche, auff den Markt oder Schloss, ziehen sie die besten und schönsten Kleider an, so sie haben, und wann sie nach Hause kommen, ... nehmen sie die alten Lumpen wieder u. s. w. und halten diesen Gebrauch alle, so wol hohes und niedriges Standes personen, Männer und Weiber, Alte und Junge. Wer nicht selber so gute und köstliche Kleider hat, als er gerne haben wolte, sonderlich wann grosse Festtage vorhanden seyn, oder er will etwan zu Gaste gehen und sich für seinen Freunden und Verwandten etwas gros und stattlich sehen lassen, und erzeigen: Borget er von andern, oder giebt Geld zur stewer, so viel tage als er haben wil, und zu Ehren gebrauchen. Dann sie achtens nicht, wenn sie gleich sollten verhüngern, essen trocken Brod, und trinken Wasser nur allein, dass sie sich unter dem Volk können prächtig, stoltz und hoffertig erzeigen, denn sie von Natur zum Ehrgeiz und vermessenheit mehr, als zur Demut, Sanftmut, und andern tugenden geneigt seyn."

Von einer Luxuspolizei oder einer Gesetzgebung in luxuspolizeilicher Absicht in Russland bis zum siebzehnten Jahrhundert ist uns nicht viel bekannt, dagegen war im Westen schon im Mittelalter ein Bestreben der Regierungen wahrnehmbar, den Consum der Unterthanen auch in Beziehung auf die Kleidung gewissen Beschränkungen zu unterwerfen. Wir erinnern hier nur etwa an die Kleiderordnung Philipp des Vierten von Frankreich und an die preussische Kleiderordnung. — In England und Frankreich waren gegen das Ende des zwölften Jahrhunderts Scharlach und Hermelin verboten. Im spätern Mittelalter pflegten die Ritter Gold, die Knappen nur Silber tragen zu dürfen, jene Damast, diese

[1] I. 154.
[2] II. 155.
[3] I. 89.
[4] Musskowitische Chronika. S. 613 und 614.

Atlas oder Taffet; oder es war auch, wenn die Knappen Damast gebrauchten, den Rittern allein der Sammt vorbehalten. Das englische Verbot, während der Regierung der Königin Maria, irgendwelche Seide am Hute, an der Mütze, Hose u. s. w. zu tragen, wurde in der Absicht erlassen, die einheimische Wollfabrikation zu fördern. Ebenso war Sully aus mercantilischen Gründen für Luxusverbote, um nicht das Land durch Ankauf fremder Kostbarkeiten verarmen zu lassen. Auch Heinrich IV. kleidete sich des Beispiels wegen sehr einfach und spottete über diejenigen, welche wie er sagte: „portaient leurs moulins et leur bois de haute-futaie sur le dos“ [1].

Ganz in derselben Weise, wie im Westen Luxusordnungen sehr streng nach dem Unterschiede der Stände abgestuft zu sein pflegten, oder wie noch Montesquieu die Ansicht aussprach, in Monarchieen sei der Luxus nothwendig, um den Unterschied der Stände aufrecht zu erhalten, so will auch Krishanitsch den Gebrauch von Luxuswaaren den unteren Ständen nicht gestattet wissen. Er lobt die Kleiderordnung der Venetianer, wo vorgeschrieben wurde, wie viel die Kleidung kosten dürfe und wo den geringeren Ständen das Tragen der Seide, Perlen, Gold u. dgl. m. verboten sei. Indessen, meint er, im Gegensatze zu der oben erwähnten Ansicht Montesquieu's und im Widerspruche mit dem Geist und der Absicht seiner sonstigen Ausführungen, es sei in Monarchieen nicht nöthig darüber Gesetze zu erlassen. Zwei Seiten weiter sagt er ausdrücklich: „Es wäre gut den gemeinen Leuten das Tragen von Seide, Scharlachtuch und Goldstickereien zu verbieten, damit die Vornehmen und Geringeren von einander unterschieden werden können. Es ist ganz unangemessen, wenn ein kleiner Schreiber ebenso gekleidet ist, wie ein grosser Bojar.

Wie Peter der Grosse überrascht und angenehm berührt war von der Einfachheit der Kleidung der reichen Londoner, so bemerkt auch Krishanitsch: „Im Westen ist die Kleidung vernünftiger; man hat dort keine Knöpfe von Gold oder Edelsteinen [2], nicht kostbare lange Stickereien oder Troddeln und Schnüre an den Knöpfen, nicht Perlenstickereien. Man trägt schwarzes und grünes Tuch. Bunte Stoffe werden nur zur Ausschmückung der Kirchen, für Frauenkleider und andere Zwecke gebraucht, nie aber für Männerklei-

---

[1] Roscher, Grundzüge d. Russ. Oek. I. 457 ff.

[2] Es gab Ausnahmen, z. B. Buckinghem.

dungen. Der Aufwand, welchen ein Bojar bei uns macht, um sich ein Jahr hindurch zu kleiden, würde genügen, um in Spanien, Italien oder Deutschland drei Fürsten ein Jahr lang mit Kleidern zu versorgen. Dort kleiden sich selbst die Könige einfach, und zwar geschieht dies nicht aus mönchischer Askese, sondern weil die Männerkleidungen in diesen Ländern keiner bunten Farben, keiner Perlen und Edelsteine u. s. w. bedürfen. Wer dort etwa zu einer Hochzeit oder im Kriege sich bunt kleidet, gilt als lächerlich und leichtfertig. . . Die Deutschen haben Alles, und was sie nicht haben bringen sie aus Indien, wir haben nichts und verstehen nichts uns selbst zu verschaffen, sondern müssen Alles von den Deutschen kaufen und sind bereit, die Augen aus dem Kopf hinzugeben für alle diese unnützen Dinge, wie Seide, Farbstoffe, Gold, Perlen u. s. w., und wollen dazu nicht einmal von den Deutschen lernen wie man sich praktisch kleide."

„Ob ein Kleidungsstück zweckmässig ist, hängt vom Zuschnitt desselben ab. Die Deutschen halten strenge Winter ohne Pelze aus, wir dagegen, wenn wir nicht vom Scheitel bis zur Sohle in Pelze eingehüllt sind, leiden von der Kälte. Auch die Deutschen müssen, sobald sie unsere Kleidung annehmen, sich der Pelze bedienen, dies kommt von dem ganz unzweckmässigen Zuschnitt unserer Kleider. Die Deutschen, Italiener, Spanier leben in wärmeren Klimaten als wir, sind aber durch ihre Kleidung weit besser gegen das Wetter geschützt als wir, die wir eines solchen Schutzes viel mehr bedürfen. Unser Land ist eines der kältesten, regnerischsten von allen, und doch ist unsere Kleidung so unzweckmässig, dass, wenn Jemand sich vorgesetzt hätte, eine recht theuere, unzweckmässige, undauerhafte Kleidung zu erfinden, er nichts so Schlechtes hätte aussinnen können, als was wir haben. Das Alles sehen die Ausländer und halten uns für ganz unvernünftige Leute; sie verachten uns deshalb. Mir wollte vor Unmuth das Herz brechen, als ich in einer Stadt des Auslandes [1] die russischen Gesandten mit Perlen und allerlei Schmuck zur Audienz fahren sah; sie steckten in so engen Kleidern, dass sie gar nicht im Mindesten mit Würde auftreten und von allen Leuten nicht so sehr mit Staunen als mit Bedauern betrachtet wurden."

Nicht wie die japanesischen Gesandten in diesem Jahre in europäischer, sondern in einheimischer Tracht pflegten die russischen Gesandten im siebzehnten Jahrhunderte im Auslande zu erscheinen. Selbst Franz Lefort, welcher an der Spitze der Gesandtschaft stand,

[1] Wahrscheinlich in Wien.

die 1697 und 1698 einen Theil Europas bereiste, und an welcher Peter der Grosse als „Freiwilliger" Theil nahm, erschien bei feierlichen Gelegenheiten in russischem Kostüm, obgleich er sonst nicht in russischer Tracht ging und auch sein in Holland gemaltes Bildniss ihn in westeuropäischer Kleidung erscheinen lässt. Er mochte sich allerdings in der letzteren stattlicher ausnehmen, als im langen, knappen Kaftan, wie denn auch die Zaren selbst in ihrem altrussischen Kostüm während des siebzehnten Jahrhunderts nicht sehr gut aussahen. Krishanitsch bemerkt in dieser Beziehung:

„Wer nicht glauben will, wie hässlich unsere Kleidung anderen Völkern erscheinen müsse, der betrachte nur die Portraits ausländischer Könige, besonders, wenn sie zu Pferde abgenommen sind, und er wird den Abstand zwischen der ausländischen und russischen Kleidung erkennen."

Und freilich, wenn wir etwa die Bildnisse Michail's, Alexei's, Feodor's, wie sie in den Werken von Olearius, Kollins, Meyerberg u. A. zu sehen sind, mit dem in London von Kneller gemalten Portrait Peter's des Grossen vergleichen, so erscheint der letztere ohne der schwerfälligen Mütze in europäischem Stahlharnisch und Hermelinmantel bildschön neben den unbeholfenen, schwerfälligen, von Gold, Edelsteinen und Perlen strotzenden Figuren der früheren Zaren. Unser Verfasser kommt daher zu folgendem Schlusse:

„In der That: entweder wir müssen die widerwärtige Kleidung gegen eine andere vertauschen, oder wir dürfen nie und nimmermehr Gesandte nach Europa schicken, ohne dass ihnen auf Kronkosten andere Kleidung gegeben werde, wenn anders wir wollen, dass die anderen Völker uns nicht verachten."

Ueber die Durchführung einer Kleiderreform äussert sich Krishanitsch wie folgt:

„Aus Allem dem Gesagtem folgt, dass die Kleiderfrage der Beachtung und Sorge des Fürsten werth sei, und dass er darauf sinnen müsse, eine bessere, zweckmässigere Kleidung einzuführen. Sonst kann es leicht geschehen, dass etwa eine Erfindung, die von unbedeutenden Leuten, Schneidern oder jungen Gecken herrührt, mit der Zeit Mode wird, so dass die Vornehmen und sogar die Fürsten auch derselben folgen. So soll es aber nicht sein, sondern es müssen die von den Höheren aufgestellten Regeln von den Niederen befolgt werden."

Er erzählt nun eine Geschichte von einem bulgarischen Fürsten, welcher alljährlich seinen Bojaren zwei Festmahle gab, eins im

Sommer und eins im Winter: er erschien dabei in einer Kleidung, welche durchaus nicht aus ausländischen Stoffen, sondern von einheimischer Wolle oder Leinwand oder einheimischem Leder gut und zweckmässig gearbeitet war. Damit habe der Fürst seinen Unterthanen die Lehre geben wollen, dass man einheimische Stoffe nicht verachten dürfe. An hohen Festtagen und bei Audienzen hätten die bulgarischen Bojaren schöne Kleider getragen, aber keine Perlen und kein Gold. Auch erwähnt er der Erzählung Sueton's, Augustus habe keine anderen Kleider getragen, als solche, die von seiner Gemahlin, seinen Schwestern, Tochtern und Mägden angefertigt gewesen seien, wie er denn überhaupt in seiner Kleidung weise Sparsamkeit beobachtet habe. — Wie sehr das Beispiel des Fürsten starken Einfluss übe, zeigt er ferner an Alexander dem Grossen, der aus einer Mischung von persischer und makedonischer Sitte eine neue Kleidung erfand, erstens um die neuerworbenen Unterthanen sich günstig zu stimmen, und zweitens, um zu zeigen. dass nicht die Unterthanen dem Könige ein Beispiel geben sollen, sondern umgekehrt der König den Unterthanen. Er sei ein Philosoph gewesen und habe den Unterthanen eine gute, zweckmässige Kleidung verschaffen wollen.

Krishanitsch schlägt nun vor, die Einführung neuer Kleider zuerst beim Militar zu versuchen. Es sei dies meint er nichts Neues, da ja ohnehin die Leibwächter der Fürsten eine besondere Uniform zu haben pflegten, wie denn die Janitscharen bei den Türken sich durch besondere Kopfbekleidung auszeichneten und in den Staaten Europas die Leibwächter der Fürsten Kleider haben, welche nicht so sehr durch die Farbe als durch den Schnitt sich von den Kleidungen der anderen Leute unterscheiden. So etwas verleiht dem Fürsten Ansehen; auch komme eine solche Uniform billiger zu stehen. So lange keine bestimmte Kleidung für die Gardisten vorgeschrieben sei, suche jeder derselben sich auf besonders kostspielige Weise zu schmücken.

Es war damit im Grunde dasselbe ausgesprochen, was Peter und dessen Nachfolger in Ausfuhrung brachten. Die Uniformirung des Heeres in europäischer Weise, welche bereits unter Peter begann, hat mehr als alle anderen Maassregeln dazu beigetragen, in Russland die westeuropäische Kleidung zu verbreiten. Wollte man mit Europa auf gleicher Stufe stehen, so musste man einen Kampf wagen gegen europäische Heere. Dazu aber war erforderlich, dass man das russische Militär nach europäischem Muster ummodelte. Mit den unförmlichen Kleidungen und schlechten Waffen der früheren Strelyz, der Kosaken und Baschkiren konnte man nicht viel ausrichten. So erschien zu allererst das russische Heer nicht mehr in asiatischer Kleidung, sondern in europäischer. Es war der grosse Gegensatz, auf welchen wir in der Einleitung unserer Abhandlung hinwiesen, der Gegensatz, welchen Krishanitsch an die Spitze seiner Betrachtungen über die Kleidungen stellt, wenn er sagt: „Alle verschiedenen Trachten können in zwei Arten getheilt werden: in orientalische, etwa wie bei den Persern, Griechen, Slaven, Türken, Tataren, Ungarn und in europäische, wie bei den Deutschen, Franzosen und andern Völkern.

Es war der Grundgedanke der Kleiderreform Peter's des Grossen, das Orientalische gegen das Europäische zu vertauschen, er ging dabei von demselben Gesichtspunkte aus, den Krishanitsch, als echter Reformer, mit bewunderungswürdiger Klarheit feststellt, wenn er in seiner Abhandlung über die Kleidung bemerkt: „Wenn Jemand sagt, man solle das alte Herkommen nicht verletzen, so entgegnen wir: Irrthümer, auch wenn sie noch so alt sind, muss man ablegen.

A. Brückner.

Khiva oder Khârezm.

Seine historischen und geographischen Verhältnisse

von

P. Lerch.

Auf den Münzen, welche der gegenwärtige Khan von Khiva prägt, ist noch der uralte Name des Landes zu lesen, welches im Süden des Aral-See's, umgeben von unwirthlichen Wüsten, seine Fruchtbarkeit den Wässern des grossen, auf dem Knotenpunkt des hochasiatischen Gebirgssystems entspringenden Stromes dankt. „Gepräge von *Khvârezm*,“[1] „Gepräge der Stätte des Glaubens Khvârezm“, „Gepräge der Herrschaft Khvârezm's“ — lauten die Inschriften auf dem Revers dieser Münzen.

Im Anfange der vierziger Jahre nannte sich *Allah-quli*, welcher 1825 die Herrschaft in Khiva angetreten hatte, auf dem Avers seiner Münzen „*Khvârezm-schâh* d. i. Schâh von *Khvârezm* oder *Khârizm*, eben so wie einst die mächtigen Fürsten des Landes, welche sechs Jahrhunderte früher, ehe ihre Macht von dem weltstürmenden Dschingiskhan vernichtet wurde, vom Kaspischen Meere bis zum Indus und von den Ufern des Sir (Jaxartes) bis zum Meere von Oman herrschten. Den Namen *Khârizm* oder *Khvârezm* oder *Khovarezm* führt das untere Flussgebiet des Oxus seit den ältesten historischen Zeiten. In den ehrwürdigen Religionsschriften der Parsen, dem Zendavesta, lautet dieser Name *Khvâirizem*, in den persischen Keilinschriften der Achemeniden — *Uvârazmis* oder *Uvârazmija*, oder richtiger *Wârazmis* oder *Wârazmija*, mit englischem *w* im Anlaute, wo die ursprüngliche gutturale Aspirata sich zum Spiritus lenis verflüchtigt hat.

Man hat verschieden diesen Namen gedeutet, in keinem Falle aber, wie es uns scheint, befriedigend. Den ältesten Versuch einer Erklärung des Namens des Landes, von dem hier die Rede ist, finden wir

[1] *Kh* bezeichnet bei mir in orientalischen Wörtern die tiefe gutturale Aspirate, *z* die weiche Spirans, französisches *z*; ebenso ist *v* nach französischer Aussprache, *w* aber nach englischer Aussprache zu lesen; *zh* ist wie französisches *j* (russ. ж) auszusprechen.

angeführt bei dem durch seine geographischen Wörterbücher bekannten Reisenden und arabischen Schriftsteller *Jâqût* (geb. 1179 † 1229), welcher von Geburt ein Grieche war. Ueber die Veranlassung der Benennung *Khvarizm*, heisst es in Jâqût's grossem geographischem Wörterbuch (Môadschem-el-boldân), wird Folgendes erzählt: Einer der älteren Könige war gegen vierhundert Männer seines Reiches aufgebracht und befahl, sie zur Strafe in eine Gegend zu bringen, welche ohne alle Cultur und hundert Farsakh (Parasangen) von den cultivirten Ländern entfernt wäre. Es fand sich dieser Art kein anderer Ort als *Kâth*, welcher (am östlichen, d. h. rechten Ufer des Dscheitum) einer der Städte Khvarizms ist. Man brachte sie dorthin und überliess sie ihrem Schicksal. Nach einiger Zeit erinnerte sich ihrer der König und sandte Leute aus, die ihm Nachricht von Jenen bringen sollten. Man ging hin und fand, dass sie sich Zelte aus Schilf gebaut hatten, Fische fingen und sich von ihnen nährten, auch viel Holz um sich hatten. Als man sie fragte, wie es ihnen ergehe, antworteten sie, auf die Fische zeigend, hier ist unser Fleisch und da ist Holz, und wir braten jenes mit diesem und auf diese Weise nähren wir uns. Man hinterbrachte das dem König. Deshalb nennt man diese Gegend *Khvârizm*, denn in der khvarizmischen Sprache heisst Fleisch *khvar* und Holz *rizm*, woraus *Khvarizm* entstanden ist, indem bei der Aussprache ein *r* ausgefallen ist. Diese Leute wurden nun dort gelassen und man schickte ihnen zum Anbau des Landes Weizen und Gerste und vierhundert türkische Sklavinnen zu Frauen. Daher ist die dortige Bevölkerung in ihren Gesichtszügen den Türken ähnlich und ihr Naturell weist Anlagen der Türken auf. Sie besitzen Kraft und Stärke und sind befähigt, Entbehrungen mit Geduld zu ertragen. Sie bauten Häuser und Burgen, mehrten sich und verbreiteten sich in den Niederungen, gründeten Dörfer und Städte, und es kamen viele aus den benachbarten Städten Khorasans und liessen sich bei ihnen nieder. So ist denn ein schönes cultivirtes Land geworden.

Die von Jâqût gegebene Etymologie hat nur den Schein der Richtigkeit für sich — denn *khour* heisst unter Andern im Iranischen auch „essen": es wäre der Präsensstamm dieses Zeitworts und in Compositionen könnte es so viel wie „Speise" bedeuten. Um im zweiten Theil der Zusammensetzung das iranische — denn die Sprache der Khvarezmier war iranischen Ursprungs — Wort für „Holz" zu finden, braucht man nicht zum Ausfall eines r die Zuflucht zu nehmen. Im Zend heisst „Holz" (eigentlich das „Brennbare") aiçma (geschrieben aêçma) und in einem neueren iranischen (kurdischen)

Dialecte *eizimi*, in einem andern *hæzing*. Man könnte also wohl in dem zweiten Theil von Khoarizm an „Holz" denken. Doch eine Zusammensetzung von „Speise" und „Holz" giebt keinen Sinn. Wir haben es also hier mit einer etymologischen Spielerei zu thun, die wahrscheinlich von den Eingeborenen des Landes herrührt, da sie Kenntniss der Landessprache verräth. Nicht glücklicher als die von Jâqût angeführte Etymologie des Landesnamens, von dem hier die Rede, ist die jüngste, welche Herrn Vambéry angehört. Er liest *Chahrezm* und theilt *Chah-rezm*, was er mit „kampfwillig" oder „kriegerisch" übersetzt. Wenn auch *Châh* das Praesensthema von „wollen" im Irânischen ist, und *rezm* „Kampf" bedeutet, so wird doch kein Iranier ein solches Compositum bilden, er würde jedenfalls *rezm* — Kampf voranstellen, und könnte nur *rezm-châh* bilden, wie er *rezm-juz* gebildet hat, was im Neupersischen „Kampf suchend", „kampflustig" bedeutet. Vorsichtiger, wenn auch nicht glücklicher, in ihren Deutungen des Namens von *Khoarizm* waren Gelehrte, die eine Einsicht in die Geschichte der iranischen Sprachen haben. Der berühmte *Burnouf* erklärte versuchsweise den Namen als „Futterland", indem er in dem ersten Theil des Compositums ein Thema des Verbums „essen", im zweiten — das Nominalthema *zem* „Erde", welches in allen iranischen Sprachen vertreten ist, erblickte. Doch auch diese Etymologie ist nicht stichhaltig, denn das *Khvairizem* des Zendavesta war eben so gut Futterland wie *Sughda* (Sogdiana, das heutige Zerefschan-Thal) und *Bakhdis* (Bactrien, Balph), die ebenfalls in jener alten Schrift erwähnt werden. Professor Fr. Spiegel, Bezug nehmend auf das neupersische *Khvar* „schlecht", erklärt den Namen *Khvairizem* als „schlechtes Land". Wenn auch *khvar* gegenwärtig im Neupersischen die Bedeutung „schlecht", „gering", „winzig" hat, so war diese Bedeutung keineswegs die ursprüngliche im Altiranischen (im Zend wird das Thema *khvairi*, im Altpersischen aber *wara* gelautet haben), da in einer der neuiranischen Sprachen *khoar* eine andere, und zwar concrete Bedeutung, die dem Worte früher als die von „schlecht" eigen war, noch erhalten hat: es bedeutet im Kurdischen „niedrig", „unten". Es ist augenscheinlich, dass die neupersische Bedeutung „schlecht" aus der von „niedrig" sich entwickelt hat, wie überhaupt abstracte Bedeutungen aus concreten sich entwickeln. Unserer Ueberzeugung nach bedeutet also *Khârizm* das „niedrige Land", das „Land der Niederung" — eine für das untere Stromgebiet des Oxus sehr geeignete Bezeichnung, welche zu nahe lag, als dass man nicht schon im Alterthum, als die ersten irânischen Ansiedelungen hier gestiftet wurden, nach ihr gegriffen haben sollte.

Der *Amu-Fluss* (*Amu-darja*), der *Oxus* der Schriftsteller des klassischen Alterthums, der *Dscheihun* (oder *Gihon*) der Araber durchströmt ein Ländergebiet von 17 Längen- und 7 Breitengraden, welches von dem hoffentlich nicht mehr lange räthselhaften *Pamir* bis zur aralo-kaspischen Niederung sich erstreckt. Seine Quellen hat er auf diesem das „Dach der Welt" — bûm-i-dunyâ — genannten Hochlande in der Nähe der Quellen des Indus. Sein nördlichster Quellfluss ist der *Surch-âb* („rothes Wasser") oder *Quyzyl-su* (türkische Uebersetzung von Surch-âb), dessen Ursprung Fedtschenko am *Alai*, dem nördlichen Theile des Pamir-Hochlandes sah. Anfangs (um den 39° n. Br. und westlich vom 74° östlicher Länge von Greenwich) durchströmt er, von vielen Zuflüssen gespeist, in südwestlicher Richtung die Landschaft *Karategin* wo er an den Mauern von *Garm* und *Seripul* rasch vorbeischiesst. Sein Thal ist hier fleissig angebaut. Dann durchströmt er das Khanat *Kulâb* und vereinigt sich mit dem *Pændsch*, der Hauptquelle des Amu, deren Beginn der Engländer Wood im J. 1857 37° 2' n. Breite und 90° 22' oestl. Länge von Ferro sah. Hier liegt auf einer Höhe von 15,600' der See *Sary-kul*, aus dem eine der Quellen des Pændsch fliesst, eine andere Quelle desselben ist im Thal Serhad Wakhan und entströmt einem südlich vom Sary-qul liegenden See, dem *Barkat-Jasin*. Dieser liegt nach *Yule*[1] auf dem kleinen Pamir (*Pamiri-khurd*), während der Sary-kul auf dem grossen Pamir (*Pamir-i-kelan*) liegen soll. Das Thal Serhad Wakhan soll ziemlich stark bevölkert und viehreich sein. Es diente im XVI. Jahrhunderte zum Durchgang bei kriegerischen Unternehmungen von Ost-Turkestan in das Flussgebiet des Amù, und durch dasselbe zog wohl im XIII. Jahrhundert Marco Polo, und sechs Jahrhunderte früher der fromme buddhistische Pilger Hiuen-Thsang, als er aus Indien in seine Heimath China zurückkehrte.

Ungefähr fünfzehn Meilen unterhalb der Vereinigung seiner beiden Hauptquellflüsse durchströmt der Pændsch in der Landschaft *Wakhan* (bei Marco Polo — *Vocan*) ein Thal von einigen hundert Faden Breite, das von Einwohnern irânischen Ursprungs, aber türkischer Zunge bewohnt wird. Nachdem er Wakhan und das zu ihm gehörige *Isch-kaschm*, dessen Marco Polo ebenfalls erwähnt (*cité de Casem*) verlassen, nimmt der Pændsch eine nordwestliche Richtung und fliesst

[1] A Journey to the source of the river Oxus, by *John Wood*. With an Essay on the geography of the palley of the Oxus by *H. Yule*. London 1873.

im Süden der Landschaft *Schignân*, welche einst durch ihre Rubinengruben berühmt war, dann durch die unbekannten Landschaften von *Roschan* und *Dervaz*.

Der dritte grosse Quellfluss des Amu ist der *Kokschà*, gebildet von den Flüssen *Dscherm* und *Vardozh*, welche von dem an den Pamir im Westen sich anschliessenden *Hindukusch* herabkommen. Der erstere soll aus einem Alpensee fliessen. Nachdem beide Flüsse sich zum Kokscha vereinigt, nimmt derselbe noch andere Gebirgsflüsse auf. Das Flussgebiet dieses Kokscha bildet die Landschaft *Badakhschan*. Der vierte Quellfluss des Amu ist der *Aq-Serai* oder der Fluss von *Kunduz*, der seinen Ursprung in den Umgebungen von *Bamian* hat, welches auf der grossen Strasse von Indien über Kabulistan zum mittleren Stromgebiet des Amu, in dem westlichen Theile des Hindukusch, liegt.

Westlich vom Aq-Serai fliessen vom Kôh-i-Babà zum Amu, in der Richtung von Süd nach Nord, aber ohne sein linkes Ufer zu erreichen, die Flüsse von *Khulm* und *Balkh*. Letzterer führt den Namen *Dehas* und ist der *Bactrus* oder *Zariaspes* der klassischen Schriftsteller. Von Norden, von den Gebirgen, welche im Süden von Samarkand vom Pamir nach Westen sich ziehen, strömen auch mehrere Flüsse dem Amu zu; ob sie alle sein rechtes Ufer erreichen, ist uns nicht bekannt. Unterhalb des Meridians von Balkh nimmt der Amu eine nordwestliche Richtung an. Bei Khadscha-Sala, 2 Karawanenmärsche in nordwestlicher Richtung von Balkh, wo Burnes im Jahre 1832 auf dem Wege von dieser Stadt nach Bukhara über den Strom setzte, bestand er am 17. Juni n. St., also einen Monat nach seinem höchsten Wasserstande, aus drei durch Sandbänke getrennten Armen, deren Breite 295,113 und 415 Yards betrug. Die Tiefe dieser Arme war verschieden: an der tiefsten Stelle maass man nicht mehr als 20 Fuss, dafür aber häufig auch nur 6 Fuss. Am 17. August, einen vollen Monat nach dem höchten Wasserstande des Amu, war seine Breite bei Tschardschui geringer als die bei Khodscha-Sala, dafür war aber die mittlere Tiefe hier bedeutender. Nach Burnes soll der Amu mit einer Schnelligkeit von 6000 Yards in einer Stunde fliessen. Von Balkh geht die Strasse nach *Schehri-sebz*, dem alten *Kisch*, dem Geburtsorte Timur's, über Termez (*Termedh*), welches auf dem rechten Ufer des Amu liegt. Diesen Weg zog im Jahre 1404 *Clavigo*, der Gesandte Heinrich's des Dritten von Castilien an den Hof Timur's in Samarkand. Vom Meridian von Balkh bis *Usti*, welches ich im Jahre 1858 auf der Reise von Khiva nach Bukhara berührte, sind die Ufer des Amu wenig bekannt. Usti liegt auf dem rechten Ufer, westlich vom Meridian der Stadt *Qara-qul*, einen Karawanenmarsch von diesem entfernt und ungefähr 6 geographische Meilen unterhalb Tschârdschu'i, welches auf dem linken Ufer liegt. Ungefähr in der Mitte zwischen den Meridianen von Tschârdschu'i und Balkh ist ein anderer Uebergangspunkt über den Amu, bei *Kerki*, wo Vambéry im Jahre 1863 auf seiner Rückreise aus Samarkand, über Karshi kommend, übersetzte, um über *Andkhoi* und *Maimane* nach Herat zu ziehen. .

Unterhalb Usti, auf der rechten Seite, und unterhalb Tschârdschu'i, auf der linken, sind die Ufer des Amu kaum noch bebaut. Die Karawanen, welche aus Khiva nach Bukhara gehen, ziehen auf dem rechten Ufer, nachdem sie noch auf chiwesischem Gebiete, bei Khangâ über den Fluss gesetzt. Unmittelbar am Ufer wäre Cultur noch möglich; auf einer geringen Entfernung vom Ufer beginnt aber auf beiden Seiten die Wüste, welche ungefähr auf einer Strecke von 300 Werst den Fluss begleitet [1] Im September Monat sind viele Inseln und Sandbänke auf dieser Strecke des Stromes sichtbar.

Die Oase von Khârezm beginnt ungefähr mit dem 41° n. Breite. Auf dem rechten Ufer bleibt sie sehr schmal, während sie auf dem linken Ufer von *Pitnak* (oder Fitnek) an, sich zu 5 bis 8 geographischen Meilen erweitert. Bedeutende Kanäle aus dem Amu gewinnen der Wüste den Boden für die Cultur ab, indem ihre Rinnsale mit dem des Flusses spitze Winkel bilden. Bei der Wichtigkeit, welche diese Wasserleitungen für die Bewohner von Khârezm haben, werden wir ihre Richtungen und Verzweigungen hier näher betrachten, um unseren Lesern ein anschauliches Bild von dem khârezimschen Culturlande zu ermöglichen.

Auf der Strecke zwischen *Pitnak* und *Neu-Urgendsch* zweigen sich aus dem Amu, der hier in nordwestlicher Richtung fliesst, folgende Kanäle ab: der von *Pitnak*, der *Pahwan-ata* (sonst auch der Kanal des Chan's genannt), der *Kazawat* und der *Schahabâd* (verkürzt *Schâwat*). Die Stadt *Pitnak* liegt am Amu. Der Hauptkanal, welcher ihre Gärten und Felder bewässert, zieht sich im Osten von ihr, anfangs in südlicher Richtung, die er dann in eine westliche und zuletzt in eine

[1] Auf der neuen russischen Karte vom Kapitän des Topographen-Corps *Ljussilin*, welche die Umgebungen des Kaspischen Meeres, Khiwa, Bukhara, den westlichen Theil des Generalgouvernements Turkestan und die Steppengebiete nördlich und nordöstlich vom Aral-See darstellt, sind die Namen einiger Oertlichkeiten auf dem rechten Ufer des Amu zwischen den angesiedelten Gebieten von Khiwa und Bukhara unrichtig angegeben. Es ist freilich nicht die Schuld des Verfassers der Karte, welcher die Namen schon corrumpirt in dem von ihm benutzten Material vorfand.

west-nordwestliche verändert, bis er einen kleinen See erreicht, welcher ungefähr zwei geographische Meilen von Pitnaek entfernt ist. Ausser diesem Kanal bewässern Pitnaek noch drei Kanäle, welche sich mit dem Hauptkanal auf der Hälfte seines Laufes vereinigen. Von Pitnaek führt eine Strasse in westlicher Richtung über *Hezarasp*, *Ischan* nach *Khiva*. Die Entfernung soll zehn bis elf Meilen betragen.

Der *Palwan-ata* nimmt seinen Anfang etwa zwölf Werst unterhalb Pitnaek. Aus ihm sind auf seiner ganzen Strecke bis Khiwa, von seinem linken Ufer aus, mehr als zwanzig Arme in südwestlicher Richtung zur Strasse von Khiwa nach Pitnaek geleitet. Seine Länge beträgt achtzig bis neunzig Werst. Er fliesst anfangs in westlicher, dann in süd-südwestlicher Richtung und hat sein Ende einige Werst hinter Khiwa, wo die mit rothem Sande bedeckte Wüste beginnt. In der zweiten Hälfte seines Laufes sind auch von seinem rechten Ufer mehrere Arme abgelenkt. Er hat eine Breite von zwölf und später von sechs Faden. Der von ihm und dem in seiner Nähe fliessenden Kanal von *Kazawat* bewässerte Theil des Landes bietet auf einer Fläche von etwa dreissig Quadratmeilen einen fast ununterbrochenen Garten. Ich erinnere mich noch mit Vergnügen des wohlthätigen Eindruckes, den wir am 18. (30.) Juli 1858 auf dem Palwan-ata von den Böten aus genossen, welche uns am Abend desselben Tages nach *Gœndümgan* einer in der Nähe der Mauern von Khiwa gelegenen Villegiatur des Khans, brachten. Mächtige, Schatten spendende Rüstern und schlanke Pappeln ragten über die Lehmmauern der Gärten hinaus, Maulbeerbäume, Oleaster und Weiden fassten die Wasserstrasse ein, an deren Rande sich Menschen in weissen Hemden drängten, um uns köstliche Trauben und duftende Melonen anzubieten. Ueberall sah man die Anstrengungen und Früchte menschlichen Fleisses, und die hiesige Bevölkerung schien eines bessern Looses würdig als das, welches die Geschichte ihr bereitet. Auf der Süd- und Westseite so wie auf der westlichen Hälfte der Nordseite umgiebt diesen Theil die Wüste, deren rothe Zungen den Culturboden belecken. Auch im Innern des angebauten Landstriches hat die Wüste sich einige Ruheplätze geschaffen. Ausserdem sieht man hier und dort kleine, muldenförmige, gewöhnlich mit Schilf bewachsene Seen, in denen der Ueberschuss des Wassers aus den Kanälen sich zu sammeln scheint.

Der Kanal von *Kazawat* ist zehn bis zwölf Werst unterhalb des Palwan-ata aus dem Amu abgeleitet; in westlicher Richtung strömend, nähert er sich auf halbem Wege, bei der Stadt *Khanqà* bis auf zwei

Werst dem letzteren. Sein Ende reicht über das des Palwan-ata hinaus und seine Länge beträgt ungefähr dreizehn geographische Meilen. An seinem Ende, fast am Rande der Wüste liegt das Städtchen, nach dem er benannt ist, östlich von diesem ein anderes, welches den Namen *Kosch-qupyr* trägt. Nördlich von diesem liegt in der Wüste eine kleine Oase an einem kleinen See, *A'ir* genannt.

Vier geographische Meilen unterhalb des Kanals von Kazavat zweigt sich der von *Schahabad* ab. Er fliesst anfangs in west-südwestlicher Richtung, bis er nach einem Laufe von ungefähr einer Meile die Stadt Neu-Urgendsch, welche nach Khiwa der bedeutendste Handelsmarkt des Landes ist, erreicht. Seine eben angegebene Richtung mit einigen Biegungen fortsetzend, nimmt er zwölf Werst unterhalb Neu-Urgendsch eine nordwestliche Richtung an, die er in gerader Linie ungefähr zwei Meilen lang einhält, dann aber seinen Lauf in west-nordwestlicher Richtung über das Städtchen *Schahabad* hinaus, welches mit Kazawat unter demselben Meridian liegt, bis *Tasch-hauz* fortsetzt und zuletzt eine westliche Richtung annimmt. Seine Länge beträgt etwa achtzehn geographische Meilen. An seinem Ende liegt die Ortschaft *Il-aly*. Ueber Kazawat, (oder auch Kosch-qupry) Schahabad, Tasch-hauz, Il-aly führt eine Landstrasse nach Alt-Urgendsch. Auf diesem Wege liegt auch das Städtchen *Ambar*, welches *J. Abbott*, der im Winter 1839—1840 diese Strasse zog, in seiner Reise-Beschreibung erwähnt. Der Kanal von Schahabad folgt dem untern Saume des Culturstreifens, welcher von Neu-Urgendsch bis Il-aly sich hinzieht; den oberen Saum desselben bestimmt der Kanal *Jarmysch*, welcher zehn Werst unterhalb des Schahabad an einer Stelle, wo im Jahre 1842 der Amu zwei grosse Inseln bildend sich in drei Arme theilte, aus demselben abgeleitet ist. An einem linken Arme des Jarmysch, unter dem Meridian von Khiwa, liegt der kleine Ort *Kat*, der den Namen der alten Hauptstadt von Khârezm führt. Durch eine, zwei bis vier Werst breite langgestreckte Zunge der Wüste ist der durch die Kanäle von Schahabad und Jarmysch bewässerte Culturstrich von den nächstliegenden getrennt. Hier folgen auf einander die Kanäle *Qylydsch-Niaz-bai*, *Qaragöz* und *Boz-su*. Der erste von ihnen ist zehn Werst unterhalb des Schahabad aus dem Amu abgeleitet, der zweite dreissig Werst niedriger als der erste, und der dritte fünf und zwanzig Werst unterhalb des zweiten. An einem der vom rechten Ufer des Qylydsch-Niaz-bai sich abzweigenden Kanäle liegt *Gürlen*, ungefähr zehn Werst vom Flusse entfernt, nordwestlich von Gürlen — die Ortschaften *Qylydsch-Niaz-bai* und *Buldumsaz*.

Am Qaragöz liegt in einer Entfernung von ungefähr zwanzig Werst die kleine Stadt *Qytai*. Der *Boz-su* mündet in den See *Por-su*, nach welchem eine kleine Ortschaft in der Nähe benannt ist. Fünf Werst vom Flusse entfernt liegt am Boz-su die Ortschaft *Mangyt*. Von letzterem Orte bis *Qyptschaq*, das am linken Ufer des Amu, fünfzehn Werst unterhalb Mangyt, liegt, sind nur ziemlich kurze und schmale Kanäle aus dem Amu abgeleitet. Obgleich die drei vordem erwähnten Kanäle eine Länge von vierzig und mehr Werst haben, ist das Land an ihnen doch bedeutend weniger als am Kazawat und Palwan-ata angebaut und auf der zweiten Hälfte ihres Laufes leben schon nomadisirende Turkmenen. Unterhalb Qyptschaq hat der Amu eine west-nord-westliche Richtung. Auf seinem rechten Ufer läuft ihm parallel, von Gürlen an, ein Höhenzug, welcher bis Mangyt die höchste Erhebung hat und bis zu diesem Orte *Scheich-Dscheli* (oder richtiger, wie Abulghâzi schreibt — *Scheich-Dschelil*) heisst.' Auf demselben rechten Ufer, wo der Scheich-Dscheli endigt, ist ein ziemlich grosser See von einer halben Quadratmeile Fläche, welcher *Khodscha-köl* heisst und unter diesem Namen schon beim Historiker Abulghâzi vorkömmt. Dreissig Werst unterhalb der kleinen Stadt Qyptschaq liegt, eben so wie diese, auf dem linken Ufer die Festung, welche auf unseren Karten *Bend* (so viel wie „Damm") genannt wird. Hier zweigt sich der „Laudân" genannte Arm des Amu ab, welcher in den südöstlichen Winkel des „Aiburgir" genannten und mit Schilf bewachsenen Busens des Aral-Sees fällt. Als wir 1858 den Amu von *Qungrad* aus hinauffuhren, soll die Schleuse bei der erwähnten Festung geschlossen gewesen sein, um die Turkmenen, die um Alt-Urgendsch leben und damals mit der Regierung in Khiva auf feindlichem Fusse standen, des Wassers zu berauben.

Hier beginnt also das Delta des Amu. Bei Khodscheili zweigt sich am rechten Ufer in nördlicher Richtung der zweite Arm des Amú — der *Kuwan-Dscharma* — ab. Auf der Karte von *Ljussilin* (s. oben S. 450 in der Anmerkung) heisst er *Kasarma* und fliesst in nordöstlicher Richtung zum See *Tampyne-ajase*, während, nach dem Memoire von *A. Butakow* über das Delta des Amu [1], er eine nördliche

[1] The Delta and Mouths of the Amu-Daria, or Oxus. By Admiral A Boutakoff, of the Russian Navy. Translated from the Russian, and communicated by *John Mitchell*, Esq. H. B. M Vice-Consul at St. Petersburg; s *Journal of the Royal Geographical Society* Vol XXXVII. (London). S. 152—162, mit 1 Karte. Russisch ist dies Memoire in der Turkestanischen Zeitung (Туркестанскія Вѣдомости) für das J. 1872, № 32, S.

Richtung einhält, die in der zweiten Hälfte seines Laufes (welche *Yangy-su*, oder nach kirgisischer Aussprache *Dschangy-su* heisst) sich nach Osten neigt. In den Jahren 1848 und 1849 schickte dieser Arm eine solche Masse Wasser in den Aral-See, dass Butakow's Leute noch bei der Insel *Jermolow* süsses Wasser vom Bord ihrer Boote schöpfen konnten. Im Jahre 1859 aber war im ganzen Busen *Tuschtsche-bas*, in den sich der Arm ergiesst, das Wasser salzig. In dem letzt erwähnten Jahre fuhr Butakow den *Jangy-su* und seinen Anfang, den *Kuvan-Dscharma* oder *Kök* (der Blaue) bis zum See *Tampyne-ajatsche* hinauf; dieser ist von einem andern See, dem *Dau-kara*, durch eine schmale Landzunge, die bei hohem Wasserstande überschwemmt wird, getrennt, hat aber, mittelst eines Durchbruches in derselben von zwanzig Faden Breite, eine beständige Verbindung mit ihm. Die Breite des *Jangy-su* giebt Butakow zu 40 bis 70 Faden an, seine Tiefe zu 5, 7 und 8 Fuss. Die Ufer bestehen meist aus Sandhügeln, auf denen Saxaul (die Qazaq sprechen *soksó'ul* aus) und *Dschidda* (Oleaster, Elæagnus angustifolia L.) wachsen. Auch wurden Getreide- und Melonenfelder angetroffen. Vierunddreissig Werst oberhalb der Mündung geht quer durch das Bette eine Erhöhung aus Sandstein, auf welcher die Tiefe des Wassers 1½, 2 und 2½ Fuss ist. Dieser Steinboden des Bettes setzt sich noch zwölf Werst den Fluss hinauf fort. Die Tiefe des Wassers war verschieden: 7, 8 und 9 Fuss, aber auch nur 3, 2½ und 2 Fuss.

Hinter dem See Tampyne-ajatsche liegt auf einem Berge — *Tschutscka-bas* — eine kleine Festung, welche von der Regierung in Khiva erbaut ist, um die hier und um den See Dau-kara wohnenden Qazaq und Qara-qalpak in Zaum zu halten.

Nachdem er den Laudân und den Kök oder Kuvan-Dscharma entsendet, fliesst der Amu in nordwestlicher Richtung weiter, doch wird sein Wassergehalt immer geringer, da rechts mehrere kleine Arme und zuletzt der grosse *Qara-baili*, 65 Werst unterhalb Khod-

---

128 – 129 gedruckt. Die in diesem Memoire mitgetheilten Thatsachen sind ebenfalls in einem im II. Theile des „Turkestanischen Jahrbuchs" (Матеріалы для Статистики Туркестанскаго Края Ежегодникъ, d. i. Materialien zur Statistik des Turkestanischen Gebiets. Ein Jahrbuch Herausg. vom Turkestanischen Statistischen Comité und redigirt von *N. A. Majew*. Lief II St. Petersburg VIII + 573 SS. in 8° mit einem photographirten Bildniss des Khans von Khoand Seid Muhammed Khudojâr-Khan) S. 28—38 abgedruckten Aufsatze „Das Delta des Amû-Darjâ" aufgenommen und durch von meinem Reisegefährten im J. 1858, dem Lieutenant *Moskaiski*, und Anderen gesammelte Aussagen einiger im Delta des Amû lebenden Kirgisen vermehrt.

scheili, sich abzweigen. Diese Arme ergiessen sich in Niederungen, wo sie schilfbedeckte Seen bilden, aus denen das Wasser in *ein* grosses Bette, den *Ulqun-Darja*, wieder zusammenfliesst. Dieser ist der wichtigste unter den Mündungsarmen des Amu.

Ohne von Seen unterbrochen zu werden, ergiesst sich in den Aral-See nur der *Taldyq*, welcher unterhalb der Stadt *Qungrad* beginnt. In den Jahren 1848 und 1849 war die Strömung in ihm eine sehr rasche. An der Barre betrug die Tiefe 3 Fuss, im Jahre 1858 aber nur 1½ und sogar 1¼ Fuss. Auch waren in diesen vierzehn Jahren die Anschwemmungen um zwei Werst vorgerückt. An den Ufern des Taldyq giebt es viele ausgezeichnete Wiesen und viele Getreide- und Melonenfelder.

Oestlich von dem eben beschriebenen Arme ergiesst sich in den Aral-See der erwähnte *Ulqun-Darja*, welcher zehn Werst oberhalb seiner Mündung bei *Tenke-qum*, sich in zwei Arme theilt, von denen der westliche *Kitschkein-Darja* („kleiner Fluss") genannt wird. Er bildet sich aus einem See—*Erteng-köl*—und fliesst anfangs in einem vier Faden tiefen und fünfzehn Faden breiten Bette, das sich unter rechtem Winkel links und rechts theilt. Der linke Arm fliesst in einem engem Bette — *Kölden* — zum Taldyq, in den er sich unterhalb Qungrad ergiesst; der rechte Arm geht unter den Namen *Ulqun-Darja* zum Aralsee. 1858 konnte Butakow auf dem Dampfer „Perowskij" (40 Pferdekraft und 140 Tonnen) den Kölden gegen Qungrad hinabfahren, 1859 aber betrug seine Tiefe bei hohem Wasserstande nur noch 2½ Fuss. Einen Theil seines früheren Wassergehaltes gab er dem *Ulqun-Darja* ab. Dieser, je mehr er sich dem Meere nähert, empfängt immer mehr neue Nahrung aus den benachbarten Seen, so dass, als Butakow ihn 1858 befuhr, er drei Werst unterhalb seines Anfangs eine Breite von etwa 80 Faden und eine Tiefe von 4, 5 und 6 Fuss hatte, dreissig Werst weiter aber seine Breite bereits 120 — 150 Faden und die Tiefe schon 3, 4 und 5 Faden betrug. Die Ufer des Ulqun-Darja, besonders das linke, sind mit Gärten und Feldern bedeckt und tragen viele Lehmhäuser, in denen *Qara-qalpaq*, *Uezbek* und *Sart* wohnen. Zum Schutz gegen Ueberschwemmungen bei hohem Wasserstande ist längs dem niedrigen Ufer ein Damm aufgeworfen, welcher auch die Möglichkeit giebt, die Bewässerung des Culturlandes zu regeln. Siebzig Werst von der Mündung des Ulqun-Darja in den Aral-See hat er rechts einen Abfluss im *Qazaq-Darja*, welcher sich mit einem zum Aral gehenden Abfluss der Schilfseen vereinigt. Ausser den erwähnten

Mündungsarmen giebt es noch mehrere andere, welche alle sehr flache Betten haben, von denen viele ganz mit Schilf bewachsen sind.

Das am Meisten cultivirte Land im Amu-Delta liegt zwischen dem mit Schilf bewachsenen Aibugir-Busen des Aral-See's und dem Taldyq. Im Norden dieses Landstriches leben Qaraqalpaqen, die auch weiter nach Osten und Süden das Delta bewohnen. Sie treiben Viehzucht und Feldwirthschaft und sind ackerbautreibende Nomaden, eben so wie die um Qungrad und südlich von ihm lebenden Qazaq. Selbst in Qungrad lebt man meist in Zelten und im Jahre 1858 waren die Lehmmauern der Stadt, welche wenig Häuser, einen kleinen Bazar, einen Karawanserai und ein grösseres von hohen Mauern umgebenes Haus, mit mehreren Höfen und einem Garten, wo der Beg des Khans wohnt, hat, zum grössten Theil in Ruinen. Die Kanäle, welche zur Bewässerung des an den Aïbugir stossenden Landes dienen, sind theils aus ihm, theils aus dem Taldyq abgeleitet. Das Land oberhalb des Laudân's ist meist mit Schilf bewachsen: wahrscheinlich wird es bei hohem Wasserstande des Flusses überschwemmt. Auch werden auf den Karten von Basiner [1] und Danilewskij [2], eben so wie auf Butakow's Karte oberhalb und nördlich vom Laudân und südlich von Qungrad, in dem erwähnten Schilfwalde zwei Abflüsse aus dem an dieser Stadt vorbeifliessenden Arme des Amu in den Aibugir angegeben.

Am Qara-baili ist 14½ Werst unterhalb seines Anfanges am linken Ufer eine kleine Festung, *Neu-Nukus* genannt, angelegt. Wir fanden um dieselbe eine recht belebte Ansiedelung. An der Vorderseite hat die Festungsmauer eine Länge von 200 Faden und eine Höhe von etwa 20 Fuss. Die Ruinen von Alt-Nukuz liegen 5 Werst niedriger auf dem rechten Ufer des Qara-baili. Einer andern

[1] Th. Fr. *Basiner*, welcher Botaniker war, machte im J. 1842, die Reise nach Khiwa mit einer Gesandtschaft, an deren Spitze der Obrist-Lieutenant *Gregor Danilewskij* stand. Seine Reisebeschreibung erschien in den bei der hiesigen Akademie der Wissenschaften von K. E. v. Baer und Gr. v. Helmersen herausgegebenen „Beiträgen zur Kenntniss des Russischen Reiches und der angrenzenden Länder Asiens", XV. Bändchen (Naturwissenschaftliche Reise durch die Kirgisensteppe nach Chiwa. Von *Th. Fr. Jul. Basiner*. Mit 1 Karte, einem Plan der Stadt Khiva und 4 Tafeln St. Petersburg, 1848. XV + 379 SS. 8°).

[2] Von Danilewskij erschien eine Beschreibung des Khanats Khiva in dem V. Bande der alten Memoiren („Sapiski") der Kais. Russ. Geographischen Gesellschaft. Die unter seiner Anleitung verfertigte Karte von Khiva habe ich in einer handschriftlichen Copie benutzt.

kleinen Festung — *Tschimbai* — erwähnt Butakow noch östlich vom Ulqun-Darja, zum Aral-See zu.

Nach Basiner hatte der Laudân im Jahre 1842 bei seinem Ursprunge eine Breite von 350 bis 420 Fuss und floss in gerader Linie von Ost nach West. Auf Danilewskij's Karte bildet er anfangs drei Arme oder zwei langgestreckte Inseln (von 10 und 18 Werst). Nordwestlich vom See Por-su schickt er auf Danilewskij's Karte den Abfluss Sarqra'uq nach Südwesten ab, welcher aber, ehe er Alt-Urgendsch erreicht, eine westliche Richtung und bei den Ruinen dieser Stadt eine südliche Richtung annimmt. Um Alt-Urgendsch und weiter zum Südwinkel des Aiburgir, auf einer Strecke von 60 Werst, ist das Land theilweise angebaut und scheint von Kanälen bewässert zu sein, die von Norden, wahrscheinlich aus dem Laudân kommen.

In dieser Gegend leben Turkmenen vom Stamme der Jamschid. Abbott erwähnt hier Jomud-Turkmenen. Ich habe diese Gegend nicht besucht, da wir im Jahre 1858 vom Ust-urt aus im nördlichen Theile des Aibugir über denselben zu Bote setzten und unseren Weg nach Qungrad nahmen, von wo wir den Amu bis Neu-Urgendsch hinauffuhren. Der Aibugir ist ganz mit Schilf bewachsen. An der Stelle, wo wir über ihn fuhren, ist das Schilf ausgeschnitten. Die kleinen Böte, in denen wir übersetzten, werden mit Stangen vom Spiegel aus fortgestossen. Das Wasser ist im Aibugir nur in der Mitte auf einer schmalen Stelle, etwa 300 Fuss breit, die auch von Schilf frei ist, fliessend. Das Wasser fliesst hier dem Aral-See zu. Doch soll am Ende des Aibugir der Boden so seicht sein, dass Kamele hinübergehen können.

Die Verzweigungen des Wassers des Amu in seinem Delta sind seit Jahrhunderten Veränderungen unterworfen. Zu diesen Veränderungen gehört auch die Bildung des Armes, welcher eine Zeit, im XV. und XVI. Jahrhundert, in der Richtung zum Kapischen Meere floss, indem er das am westlichen Ufer des Aral-Sees sich hinziehende Plateau des Usturt im Süden umbog. Die Geschichte des untern Laufes des Amu und seiner Mündungen hat bekanntlich viele Gelehrte beschäftigt. Die neueste Schrift, welche die historischen, auf diese Frage bezüglichen Nachrichten mit den Aussagen moderner Augenzeugen kritisch zusammen zu stellen versucht, hat Herrn Professor *Robert Lenz* zum Verfasser [1]. Bekanntlich hat

[1] S. Unsere Kenntnisse über den früheren Lauf des Amu-Daria Mit 2 Karten, 52 SS. in 4° in den Mémoires de l'Académie Impériale des sciences de St. Pétersbourg. VII Série. Tome XVI, № 3. 1870.

Al. v. Humboldt im zweiten Bande seiner *Asie Centrale*, der Geschichte des Oxus im Zusammenhange mit der des Aral-See's eine eingehende Untersuchung gewidmet. 1845 erschien *Carl Zimmermann's* „Denkschrift über den untern Lauf des Oxus zum Karabugas-Haff des Kapischen Meeres" u. s. w. (Berlin VII + 184 SS. 4. Mit 3 Karten).

Andere kleinere Aufsätze [1] haben früher und später dieselbe Frage behandelt. Wenn zur endlichen Lösung derselben einerseits genauere physikalische und geodätische Untersuchungen des ganzen untern Stromgebiets des Amu und des ganzen Bettes seines Armes, der früher in das Kaspische Meer geflossen sein soll, noch nothwendig sind, so ist andererseits eine genügende Kritik der historischen Nachrichten über den untern Lauf des Oxus noch lange nicht hinreichend geübt worden, denn diese Nachrichten sind bei der Lösung der Frage von eben solchem Gewicht, wie jene Untersuchungen. Hauptsächlich sind es die Nachrichten der altarabischen Geographen und die Abalghâzis über den Amu, welche bis auf die letzte Zeit (1870), wo Herr Lenz seine oben angeführte Abhandlung schrieb, aus nicht ganz lauteren Quellen flossen. Von den arabischen Geographen sind es hauptsächlich zwei, deren Nachrichten über den Dscheihun oder Dschihun — wie bei den Arabern der Oxus heisst — zu berücksichtigen sind: es sind *Istakhri* und *Ibn Hauqal*, welche etwas über die Mitte des X. Jahrhunderts lebten. Beide haben grosse Reisen gemacht und ihre Bücher, welche der Beschreibung der Länder und Wege gewidmet sind, enthalten Daten, die entweder aus eigener Anschauung oder aus den Berichten

[1] Z. B. „Ueber den alten Lauf des Oxus" im „Ausland" 1844. № 51. S. 201 (nach Karelin in Erman's Archiv für die wissenschaftliche Kunde von Russland 1843): *Zeune:* Haben die Alten den Aralsee genannt? in den Annalen der Erdkunde. (Dritte Reihe, Bd. III. 1837. S. 187; *A. Joubert* Mémoire sur l'ancien cours de l'Oxus im Nouveau Journal asiatique. T. XII (1833) S. 481; *Mahlmann* Ueber die Gestalt des Aralsees und die Gabeltheilung des Oxus, in den Verhandlungen der Gesellschaft für Erdkunde. Neue Folge. Bd. II. (1845), S. 129: *Pausner* Haben die Flüsse Amu und Syr vor Zeiten ihren Abfluss in's Kaspische Meer gehabt? in den Annalen für Erdkunde Dritte Reihe, Bd. III (1837), S. 179; *M. Iwanin* Ueber das alte Bett des Amu-Darja im Turkestanischen Jahrbuch, Lief. II. S. 13—23; auch die Verfasser von Reisebeschreibungen nach Khiva, haben die Frage: ob der Amu sich einst in's Kaspische Meer. Zuletzt finden wir in dem am Ende des vorigen Jahres erschienenen XVI. Bändchen der „Beiträge zur Kenntniss des Russischen Reiches" in der inhaltreichen Schrift K. E. von Baer's „Peter's des Grossen Verdienste um die Erweiterung der geographischen Kenntnisse" auf S. 269—273: „Ein Wort über die ehemalige Ausmündung des Oxus in das Kaspische Meer".

anderer Reisenden geschöpft sind. Die traditionelle Geographie, das heisst die geographischen Kenntnisse, welche sonst den Arabern von den Griechen überkommen sind, blieben Jenen gänzlich unbekannt. Dieser Umstand ist ein sehr wichtiger in Betreff der Oxus-Frage. Wären dem Istakhri und dem Ibn Hauqal die nothdürftigen und unsicheren Kenntnisse der Griechen vom Oxus bekannt gewesen oder von ihnen berücksichtigt worden, dann hätten dieselben nur zur Trübung ihrer eigenen Kenntniss vom Laufe des Flusses beitragen können. Ibn Hauqals Buch ist in Bezug auf die Länder jenseits des Oxus etwas ausführlicher als das Istakhri's. Letzterer hat dem seinigen den verkürzten Text des *Abu-Zaid al-Balkhi*, welchen dieser zu einer Sammlung von Karten einzelner Länder schrieb, zu Grunde gelegt. Ibn-Hauqal benutzte und vervollständigte den Text Istakhri's. Beider arabische Texte sind erst seit 1870 in einer kritischen Ausgabe erschienen [1]. Die frühere Ausgabe von Istakhri's Werk war das Facsimile einer Handschrift, die nur einen Auszug enthielt. Nach diesem Auszuge war auch eine deutsche Uebersetzung von Mordtmann erschienen.

Die genaue Kenntniss des untern Laufes des Dscheihun, so wie des Landes an seinen Ufern, ferner der Kanäle, die dasselbe bewässern und endlich der Wege in und zu diesem Lande, welche wir bei Istakhri und Ibn Hauqal finden, lässt uns gar nicht daran zweifeln, dass, wenn zu ihrer Zeit ein Arm des Amu in's Kaspische Meer sich ergossen hätte, dieser Umstand ihnen nicht hätte unbekannt bleiben können.

Die Beschreibung von *Khovarizm* findet sich bei beiden genannten Autoren in ihrem letzten, Mawer-an-nahr („dem Lande jenseits des Flusses" Dscheihun—Transoxanien) gewidmeten Abschnitte.

Nachdem die Grenzen von Mawer-an-nahr angegeben, die Natur und die Bewohner des Landes in ihren Hauptzügen geschildert worden sind, wird zur Beschreibung des Laufes des Dscheihun übergegangen. Mit der Beschreibung seines untern Laufes ist die von Khovarizm verknüpft, obgleich der unterhalb des Flusses gelegene Theil desselben, nach Istakhri's Meinung zu Khorasan, welches in dem vorhergehenden Kapitel beschrieben worden, gezogen werden müsste.

Khovarism ist, nach Istakhri und Ibn Hauqal, von allen Seiten von

[1] S. Bibliotheca Geographicorum Arabicorum, in Leyden herausgegeben von *M. J. de Goeje*. Erster und zweiter Theil, 1870—1873.

Wüsten umgeben. Im Westen und Norden stösst es an das Gebiet der *Ghuzzen*, im Süden und Osten grenzt es an *Khorasan* und das eigentliche Transoxanien. Unter Ghuzzen sind türkische Stämme zu verstehen—die *Uzen* der russischen Chroniken. Es liegt am Endlaufe des Dscheihun; zu dessen beiden Seiten und hinter ihm giebt es an diesem Flusse bis zu der Stelle, wo er sich in den See von Khovarizm (Aral-See) ergiesst, kein bebautes Land. Seine Hauptstadt ist auf der nördlichen Seite des Dscheihun (d. h. am rechten Ufer) und auf der südlichen Seite (d. h. am linken Ufer) giebt es eine grosse Stadt welche *el-Dschordschanija* heisst und die grösste Stadt von Khovarizm nach der Hauptstadt ist. Sie handelt mit den Ghuzzen und von ihr gehen Karawanen nach Dschordschân (das alte Hyrkanien), in das Land der Khazaren und nach Khorasan. Ausser der Hauptstadt giebt es folgende Städte in Khovarizm: *Derghân*, *Hazarasp*, *Khiva*, *Khoschmithan*, *Arda-Khoschmithan*, *Saferdiz*, *Nuswar*, *Kerderan Khavasch*, *Kurder*, das Dorf *Berategin*, *Medhminje*, *Mezdihkan* und *el-Dschordjanije*.

Wir haben hier zu bemerken, dass diese Ortsnamen, ausgenommen den Namen des Dorfes Berategin, welcher türkisch klingt, iranischen Ursprungs sind. In Khoschmithân entspricht der zweite Theil des Namens — *mithan* dem zendischen *maêthana* Wohnung; in *Saferdiz* ist das *diz* das bekannte iranische Wort für Befestigung. Einige dieser Namen bestehen noch jetzt, so Hazarasp, Khiva, andere kommen beim Historiker Abulghâzi, welcher im XVII. Jahrhundert lebte, noch vor, so *Gerden-khast*, welches dem *Kerderan-Khavasch* bei Istakhri und Ibn Hauqal entspricht, ferner *Mezdihkan*, für welches in den Handschriften der beiden arabischen Werke *Merdadscheqan* steht, was aber auf falscher Punctuation beruht. Endlich ist *el-Dschordschanije* die arabische Form für *Gurgandsch*: die Araber schreiben auch *Korkandsch*.

Die Hauptstadt wurde genannt das khovarizmische *Kath*. Letzteres Wort ist ein Nomen genericum, welches so viel wie Wohnort bezeichnet und ohne Vocaldehnung am Ende vieler Ortsnamen Transoxaniens vorkommt, z. B. Akhsiketh. Der arabische Geograph *Moqaddesi*, welcher in der zweiten Hälfte des X. Jahrhunderts schrieb, nennt Kâth die Hauptstadt des Hayathalischen oder transoxanischen Khovarizm, *Dschordschanija* die des Khorasanischen oder cisoxanischen. Sitten und Sprache sollen in dem einen und dem andern ganz verschieden gewesen sein. — Unter Hayathal verstehen die arabischen Autoren dasselbe Volk, welches die Byzantiner Ephtaliten, die Chinesen Da-Juethi, d. h. Grosse Juethi, nannten. Sie waren, nachdem sie im Anfang des II. Jahrhundert vor Chr. Geb. in der Nachbarschaft der Hunnen als Nomaden gelebt, in Folge von Ueberfällen der Letzteren in der Mitte desselben Jahrhunderts nach Westen gewandert, drängten die Saken (bei den Chinesen *Se*, *Sai* oder *Su*) aus den Ili-Gegenden zum Jaxartes (Sir-Darja). Als später, ebenfalls von den Hunnen gedrängt, ihnen die Usun folgten, nahmen sie die Wohnsitze der Saken ein, welche an den Oxus zogen, wo aber die Juethi auch bald als Herrscher auftreten. Daher heisst bei den Arabern, namentlich bei dem erwähnten Moqaddesi, Transoxiana das Land der Hayathal oder Haithal. Im VI. Jahrhundert nach Chr. Geb. erfahren die Byzantiner, dass die Ephtaliten von den Türken besiegt sind. Wie bisher die Ersteren mit den in Iran herrschenden Sassaniden gekämpft, kämpfen jetzt die Letzteren mit ihnen. Aus dieser Zeit stammt der Bericht des Byzantiners Zemarchos über seine Reise nach Sogdiana und zum Herrscher der Türken Dizabul, welcher, als Zemarch seine Rückreise antrat, einen Kriegszug gegen die Perser unternahm. Diesem in den aus des Byzantiners Menander Geschichtswerke erhaltenen Fragmenten auf uns gekommenen Berichte verdanken wir die erste Kunde vom Aral-See. Auf diesen Umstand werden wir noch zurückkommen, wenden uns jetzt aber wieder der Beschreibung von Khoarizm bei Istakhri und Ibn-Hauqal zu.

Als östlicher Grenzpunkt von Khoarizm galt im X. Jahrhundert *Taheria* am linken Ufer des Dscheichun. Von hier an begann der cultivirte Landstrich, welcher anfangs nur am linken Ufer sich hinzog und bis Hazarasp ziemlich schmal war. Auf dem rechten Ufer dagegen gab es kein angebautes Land vor *Gharamkhoschna*. Von hier an gab es bis Kâth an beiden Seiten des Stromes angebautes Land. Bei Kâth betrug die Breite desselben fast eine ganze Tagereise Weges, d. h. sieben bis acht Farsakh (50 bis 60 Werst), verengte sich aber bei Gurgandsh auf zwei Farsakh. Unterhalb der letztgenannten Stadt gingen die ununterbrochenen Ansiedelungen bis *Keit* (oder *Geit*, oder *Dscheit*), welches fünf Farsakh von dem am Fusse des Berges *Dschagragir* oder *Dschafragir* (bei Istakhri und Ibn Hauqal) oder *Siahkôh* (bei Ibn-Dasta, erstes Viertel des X. Jahrhunderts) gelegenen Dorfe *Kudschag* entfernt war. Hier begann die Wüste.

Der hier erwähnte Berg, welcher am (westlichen) Ufer des See's sich hinzieht, wird das Plateau *Ust-urt* sein, als dessen südliches

Ende der von Vambéry erwähnte *Qaflan-qyr* (Kaflankir) zu betrachten ist. *Qyr* oder *gyr* wird in den türkischen Sprachen eine Hochebene, eine Steppe genannt. Abulghâzi, welcher mit der Topographie von Khârezm und seinen Umgegenden genau bekannt ist, erwähnt eines *Qyr* einigemal, ebenso einzelner Punkte desselben: *Qaran-qyry*, *Bejat-qyry*, die nach dem Zusammenhange des Textes alle am Südende des Ust-urt zu suchen sind.

Der Dscheihun ergoss sich nach unsern arabischen Geographen in den See von Khvarizm (Aral-See) beim Orte *Khalidschan*, wo Fischer lebten. Feste Ansiedelungen gab es hier nicht. Andere Mündungen des Dscheihun kennen Istakhri und Ibn Hauqal nicht. Der ihnen bekannte Arm, welcher bei Dschordschanija vorbeifloss, wird also der heutige Laudân gewesen sein. In der Nähe des Berges Dschafragir war der See mit Schilf bewachsen, wie der heutige Aibugir-Busen.

Ehe wir zur Mittheilung dessen, was Istakhri und Ibn Hauqal über die Kanalisation von Khvarizm sagen, übergehen, ist hier noch zu bemerken, dass die beiden Geographen einer Stromschnelle des Dscheihun erwähnen, welche zwischen Taheria und Gharamkoschna sich befand. Sie soll dadurch entstehen, dass vom Ufer ein Berg (Felsen?) in's Bette des Flusses sich hineinzieht und dasselbe auf ein Drittel verengt. Am Ausgange dieser Verengung hätten sich Sandbänke gebildet. Ein neuerer Berichterstatter, aus dem ersten Viertel dieses Jahrhunderts, bestätigt diese Mittheilung. In den aus den Aufzeichnungen des General-Major's Gens geschöpften «Nachrichten über Chiwa, Buchara, Chokand» u. s. w., welche Gr. v. Helmersen im zweiten Bändchen der «Beiträge zur Kenntniss des Russischen Reiches» u. s. w. herausgegeben hat und die, was das Khanat Khiva betrifft, meist auf den Aussagen von *Kowyrsin* beruhen, finden wir folgende Bemerkungen: «150 Werst oberhalb *Pätniäk* sind in dem Amu-Darja felsige Stromschnellen, durch welche Böte bei niedrigem Wasserstande nur mit Mühe hindurchkommen.» Kowyrsin, ein Bürger aus Astrachan, war auf dem Kaspischen Meere beim Fischfange in die Gefangenschaft der Turkmenen gerathen. Sie verkauften ihn nach Khiva, wo er anfangs das Loos aller Sklaven theilte. Durch seine Gewandtheit gelangte er aber bald zu einer ehrenvollen Anstellung, die es ihm zur Pflicht machte, den Steuereinnehmer mehrere Jahre hindurch auf den Reisen zu begleiten, die dieser zur Eintreibung der Abgaben unternahm. Auf diesen Reisen erwarb sich Kowyrsin eine sehr genaue Kenntniss des Raubstaates. Ob er selbst bei den Stromschnellen gewesen. ist mir nicht bekannt; doch ist es möglich, dass er mit seinem Vorgesetzten auch ausserhalb des bebauten Landstriches, zu den Wanderhirten oberhalb Pitnäk, eine Reise gemacht hat. Im Archiv des hiesigen Generalstabes soll eine Schrift deponirt sein, welche nach den Aussagen von Kowyrsin abgefasst ist. In derselben soll auch dieser Stromschnellen Erwähnung geschehen. Auch Moqaddesi erwähnt einer Flussenge im Dscheihun, zwischen Bukhara und Khvarizm.

Auf dem rechten Ufer des Flusses war aus ihm, sechs Farsakh hinter Gharamkhoschna und zwölf Farsakh vor der Hauptstadt, ein Kanal, *Gaukhoare* genannt, abgeleitet, an welchem bis zur Letzteren Ansiedelungen lagen. Seine Breite betrug fünf Ellen und seine Tiefe die doppelte Höhe eines Mannes. Er trug Böte. Nachdem er fünf Farsakh geflossen, zweigte sich aus ihm der Kanal *Kerik* ab, an welchem auch einige Ansiedelungen lagen. Auf dem linken Ufer gab es mehrere Kanäle. Zuerst den von *Hazarasp*, welcher unterhalb Amol seinen Anfang hatte; er soll um die Hälfte kürzer als der Gaukhoare gewesen sein. Auf ihm fuhren auch Böte. Ungefähr zwei Farsakh unterhalb Hazarasp war der Kanal von *Kerderan-Khavasch* abgeleitet, welcher grösser als der von Hazarasp war. Auf dem nächsten Kanal gingen die Böte bis *Khiva*, nach welcher Stadt er auch benannt war. Darauf kam der Kanal *Medra* oder *Mudra*, welcher zwei Mal länger als der Gaukhoare war. Auf ihm kam man zu Boote bis Medra. Zwischen ihm und dem Kanal von Khiva betrug die Entfernung eine Meile. Wahrscheinlich ist hier der Abstand ihrer Anfänge von einander längs dem Flusse gemeint. Dieselbe Entfernung wird zwischen dem Kanal Medra und dem *Wedqk* angegeben. Auf dem Letzteren fuhr man bis Dschordschanija. Zwischen seinem Anfange und der Hauptstadt betrug die Entfernung ungefähr zwei Farsakh. Unterhalb der Hauptstadt, in der Provinz von Dschordschanija floss der Kanal *Bujeh* oder *Buh*, dessen Wasser mit denen des Kanals *Wedak* unmittelbar unterhalb des Dorfes *Enderestan* sich vereinigten; der Letztere war grösser als der Erstere. Auf ihnen gingen Böte bis Dschordschanija, wo sie auf einen Pfeilschuss Entfernung stehen blieben, denn hier war ein Damm. Von der Vereinigung beider Kanäle bis Dschordschanija war eine Station Weges. Bei Kâth soll die Breite des Flusses — es ist wohl dies Breite seines Bettes gemeint — ungefähr zwei Farsakh betragen haben. Vier Farsakh unterhalb der Hauptstadt waren, auch auf dem rechten Ufer, an vier Stellen Kanäle aus dem Flusse abgeleitet, welche sich zu einem Kanal vereinigten, der bei Kurder vorbeifloss. Es wurde behauptet, dass hier ein Arm des Dscheihun gewesen sei und dass wenn im Flusse das Wasser steige, es auch in diesem Kanal steige. Gegenüber *Keit*, in der Wüste, eine Farsakh nördlich von ihm lag die Stadt *Medhminija*, welche vier Farsakh vom Dscheihun entfernt war. Der erwähnte Kanal floss zwischen *Keit* und *Medhminija*. Hinter der Letzteren gab es am Ufer keine Ansiedelungen. Zwischen dem Dscheihun und Kurder war der Gau *Mezdihkan*, welcher vom Flusse zwei Farsakh entfernt und gegenüber Dschordschanija gelegen war. Zwischen Kurder und der Hauptstadt floss bei jedem Dorfe ein Kanal aus dem Dscheihun.

Die Beschreibung von Khoarizm bei Istakhri und Ibn Hauqal wird noch vervollständigt durch die Angaben der Entfernungen zwischen einzelnen Ortschaften. Zwischen der Hauptstadt und Khiva war eine Station, ebensoviel von letztgenanntem Orte bis Hazarasp. Von Kâth bis Dschordschanija waren drei Stationen, und von da bis Arda-Khoschmîthân eine Station; ebensoviel von Arda-Koschmîthân bis Nuzvâr und von diesem bis Dschordschanija. Zwischen Hazarasp und Kerderân-Khavasch waren drei Farsakh und von da bis Khiva fünf Farsakh, von hier bis Saferdiz fünf Farsakh und dann bis zur Hauptstadt drei Farsakh. Von dieser bis Derdschâsch hatte man zwei Posten, von Derdschâsch bis Kurder eine Post und von Kurder bis zum Dorfe Berategin zwei Tagereisen. Dieses und Medhminija waren beide benachbart, nur dass Letzteres näher zum Dscheihun war, von dem es vier Farsakh entfernt war. Zwischen Mezdihkân und dem Flusse betrug, wie schon erwähnt, die Entfernung zwei Farsakh. Mezdihkân lag gegenüber Dschordschanija, welches vom Flusse eine Farsakh entfernt war.

Istakhri und Ibn Hauqal, wie der Leser sich hat überzeugen können, waren also über die topographischen Verhältnisse Khoarizm's sehr genau unterrichtet, wenigstens genauer als andere Berichterstatter über dasselbe, bis auf Abulghâzi, welcher sieben Jahrhunderte nach ihnen nach vielen Abenteuern daselbst herrschte. Wir haben daher auf das Zeugniss der beiden genannten Geographen in Betreff der Mündung des Dscheihun ein besonderes Gewicht zu legen.

Vergleichen wir die Nachrichten der beiden von uns angeführten Geographen über den untern Lauf des Dscheihun mit unserer eigenen Kenntniss der gegenwärtigen Verhältnisse des Amu innerhalb des Khanats Khiva, so ergiebt sich vor Allem, das während neun Jahrhunderte eine Verrückung des Flussbettes nach rechts stattgefunden haben muss. Die Hauptstütze für eine solche Annahme bietet die gegenwärtige Lage von *Kat*, welches an einem dem Kanale Jarmysch nach links entströmenden Arme liegt. Dieses Städtchen Kæt (vergl. Basiner's Reise S. 153) hat unzweifelhaft seinen Namen von dem alten Kâth geerbt, welches nach el-Birûni, der sein Geburtsland, dessen Geschichte er auch geschrieben, gewiss genau kannte, in der ersten Hälfte des XI. Jahrhunderts bereits auf das linke Ufer des Dscheihun verlegt worden war. Auf der rechten Seite des Kanals Jarmysch, fast unmittelbar hinter demselben, zieht sich parallel mit ihm von Südost nach Nordwest ein Streifen wüsten Landes, auf dessen rechter Seite der Kanal Kilitsch-Nijaz-Bai in pararelleler Richtung fliesst. Die Spuren eines der alten Bette des Amu-Darja, welche auf einer im Jahre 1831, auf Grund der Aussagen von Russen, die in Khiva gewesen, zusammengestellten und von Herrn R. Lenz seiner obenangeführten Schrift beigelegten Karte angegeben sind, ziehen sich zwischen Kæt und dem nördlich von ihm an einem Arme des Kilitsch-Nijaz-Bai gelegenen Städtchen Gürlen. Hier also floss wahrscheinlich der Dscheihun im X. und XI. Jahrhundert. Das alte Kâth muss südlich von Gürlen auf dem rechten Ufer des erwähnten alten Flussbettes gelegen haben. Gegenwärtig fliesst der Amu ungefähr zwanzig Werst von Kæt. Oberhalb Gürlen nähert sich sein gegenwärtiges Bette dem erwähnten alten, und ich nehme daher an, dass der Fluss, wie er bei dem alten Kâth am rechten Ufer nagte, solches auch oberhalb desselben that. Als wir 1858 von Qungrâd bis Neu-Urgendsch den Amu hinauffuhren, konnte ich das zerstörende Wirken des Flusses gegen sein rechtes Ufer an einigen Stellen bemerken. Leider landeten wir selten am rechten Ufer. Die Veränderung des Flussbettes, d. h. seine Ablenkung nach rechts, wird also in *dem* Theile des Laufes des Amu stattgefunden haben, in welchem sich gegenwärtig die Kanäle Schawat, Jarmysch und Kilitsch-Nijaz-Bai abzweigen. In den Jahren 1372 und dem folgenden unternahm Timur einige Feldzüge gegen Khoarezm; gleich in dem ersten wurde das befestigte *Kât* belagert und eingenommen. Timur, von Samarkand kommend, gelangte an den Dscheihun, noch ehe er Kât erreichte, an einem Orte, welcher *Se-paje* (die drei Stufen? wahrscheinlich eine Stelle des Flusses, wo drei Inseln den Uebergang erleichterten) genannt wird. Auf dem weiteren Marsche von Kât gegen die Hauptstadt von Khoarezm, Urgendsch, wird ein Kanal von Gürlen erwähnt. Also zu Timur's Zeit floss der Amu östlich von Kât und Gürlen, wie auch jetzt. Ibn Batuta, welcher Urgendsch drei Jahrzehnte vor Timur's erwähntem Zuge besuchte, berührte auf seiner Reise von dort nach Bukhara auch Kât. Sein Reisebericht ist an dieser Stelle sehr dürftig. Wir erfahren nicht, wo er über den Fluss setzte.

Auch in der Gegend von Urgendsch wurde schon in früher Zeit der zerstörenden Einwirkung des Dscheihun auf das rechte Ufer erwähnt. Zur Zeit der ersten Einfälle der Araber in Khoarezm wird die Stadt *Fil* von ihnen eingenommen. Dieselbe, wie Jâqût aus el-Birûni's Geschichte von Khoarezm anführt, wurde später *el-Mansura* genannt und lag am rechten Ufer. Als das Wasser den grössten Theil des Erdbodens wegführte, gingen die Einwohner auf das gegenüberliegende Ufer und erbauten *Gurgandsch*, welches nach dem arabischem Geographen *Dimeschqi*, (schrieb im Anfang des XIV. Jahrhunderts) Anfangs ein Dorf war und später als Stadt, wie schon angeführt, von den Arabern el-Dschordschânija genannt wurde.

Dass der Amu vor dem zehnten Jahrhunderte einen Arm in's Kaspische Meer gesandt habe, ist gar nicht wahrscheinlich, denn alle positiven Nachrichten, die wir bis zu dieser Zeit über seinen Lauf haben, schweigen von einem solchen Arme. Wie Jstakhri, Ibn Hauqal, Moqaddesi, ebenso wissen Edrisi und Dimeschqi nichts von einem ins Kaspische Meer fallenden Arme des Dscheihun. Auch Reisende, welche die Gegend zwischen den Niederungen der Wolga und des Amu bereisten, wissen nichts von einem solchen Arme. Jâqût, welcher Ahmed Ibn Fadhlan's Bericht über eine von diesem in den Jahren 921 — 922 unternommene Reise von Bagdad über Khoarezm zum Itil (der Wolga) in's Land der Khazaren und Bulgaren vielfach benutzt hat, hätte gewiss nicht unterlassen, in seinem geographischen Wörterbuche von einem ins Kaspische Meer mündenden Arme des Dscheihun zu reden, wenn eines solchen in dem Reiseberichte erwähnt worden wäre. Ibn Batuta, welcher vier Jahrhunderte nach Ibn Fadhlan's Reise, aus der Hauptstadt der Goldenen Horde, Sarai an der Achtuba, in der Nähe der Wolga, über Saraitschik an der Mündung des Ural, nach Dschordschanija reiste, legte den Weg von Saraitschik bis Dschordschanija in dreissig Tagen zurück. Er reiste in einem Wagen, vor den Kameele gespannt waren. Halt wurde nur auf zwei Stunden täglich gemacht: einmal des Morgens um zehn, das andere Mal bei Sonnenuntergang. Wasser, sagt er, fand sich in dieser Wüste nur an bestimmten Orten, alle zwei oder drei Tage, entweder Regenwasser oder Brunnenwasser. Ibn Batuta scheint ungefähr denselben Weg eingeschlagen zu haben, den vier Jahrhunderte nach ihm der unglückliche Fürst Bekewitsch-

Tscherkasskij auf seinem Zuge von Gurjew, in dessen Nähe die Ruinen des alten Saraitschik sind, ins Khanat Khiva mit seinen Truppen zog; die Rasttage abgerechnet, brauchte dieser fast ebenso viel Zeit wie Ibn Batuta, um das cultivirte Land zu erreichen. Letzterer hätte auch gewiss des in das Kaspische Meer mündenden Armes erwähnt, wenn ein solcher zu seiner Zeit vorhanden gewesen wäre.

Herr Professor Lenz hat unter den Zeugen für eine Mundung des Amu ins Kaspische Meer auch Hamdullah Mustaufi Qwazwini, den Verfasser einer in persischer Sprache geschriebenen Geographie von Irân (Persien) angeführt. Dieser rewähnt in derselben auch des Dscheihun's und des Aral-See's, den er, wie die arabischen Geographen, See (kleines Meer) von Khoarezm nennt. Hamdullah Qazwini ist aber, wo er nicht von seinem Wohnorte und dessen Umgebungen redet, als Compilator zu betrachten, wie auch das lange Verzeichniss der von ihm benutzten Schriften, welches er giebt, schon andeutet. Wie kritiklos er in seiner Compilation verfahrt, ist ohne viel Mühe aus dem, was er über den Dscheihun sagt, zu ersehen. Seit Istakhri's und Ibn Hauqal's Zeit war bekannt, dass der Dscheihun beim Orte Khalidschân, wo Fischer wohnten, in den Aral-See mündete. Qazwini kennt auch Khalidschân als einen Aufenthaltsort von Fischern, versetzt ihn aber an das Kaspische Meer! Was er von dem Wasserfalle erzählt, den der Fluss, nachdem er Khoarezm verlassen, bilden solle, ist wohl auf die Fabel, die bei Strabo zu lesen ist, zurück zu führen. Dieser führt folgenden Bericht, der ihm selbst unwahrscheinlich schien, an: «Am Meere (es ist hier vom Hyrkanischen Meere, wie der südliche Theil des Kaspischen Meeres bei den Alten hiess, die Rede), liegen einige unterhöhlte Küstenwände, zwischen welchen und dem Meere sich unten ein niedriger Strand findet. Die von den höheren Abhängen herabkommenden Flüsse strömen nun mit solcher Gewalt vorwärts, dass sie, an den Küstenwänden angelangt, ihr Wasser in's Meer hinausschleudern, den Strand aber unbenetzt lassen, so dass diesen selbst Heere, vom Stromfall überwölbt, passiren können» u. s. w. (Vgl. auch Polybius 10, 45.)

Noch unkritischer als Hamdullah Qazwini ist der Verfasser der türkischen Geographie, welcher den Ersteren excerpirt hat. Auf einer seiner Karten, auf welcher Khoarezm dargestellt ist, macht er aus den zwei Flüssen Amu und Sir sechs Flüsse!

Die Nachrichten der klassischen Autoren über die Mündungen des Oxus und Jaxartes sind ebenfalls mit Reserve aufzunehmen, weil sie den Aral-See nicht kannten. Dieser Unkenntniss wegen waren sie genöthigt, beide Flüsse in das Kaspische Meer münden zu lassen. Wie Herr v. Baer bereits bemerkt hat, liegt uns kein einziger Reisebericht von Griechen und Römern vor, der die Gegenden des unteren Laufes eines dieser Flüsse beschriebe. Uebrigens sind die Araber nicht die Ersten, denen der Aral-See bekannt war. Schon im VI. Jahrhundert, um das Jahr 569, ging an seinem westlichen Ufer der Gesandte des byzantinischen Kaisers Justin II., Zemarchos, als er von seiner Reise zu Dizabul, dem Khakan der Türken, zurückkehrte. Von Talas, an dem das heutige Aulie-ata liegt, ging er ins Land der Choalitoi, wo ihn seine vorausgesandten Gefährten erwarteten. Nachdem er in der choalitischen Hauptstadt verweilt hatte, ging er über den Fluss, den Menander, sein Berichterstatter, O'ich nennt; darauf zog er durch befestigte Städte, bis er zu einem grossen und breiten See gelangte. Hier verweilte er drei Tage, schickte einen Boten auf einem kürzeren, jedoch ganz wüsten Wege in die Heimath, ging selbst aber während zwölf Tage am Ufer des erwähnten See's. Auf beschwerlichem Wege gelangte er an die Ufer des Flusses Ich, dann des Da'ich und südlich durch verschiedene Sümpfe an den Fluss, den Menander Attil nennt. Dieser Fluss ist unzweifelhaft der Itil — die Wolga, wie der Da'ich der Jaik oder Ural ist. Der vorhergenannte Fluss wird die jetzige Emba gewesen sein. Zemarchos zog also denselben Weg, den acht Jahrhunderte später Ibn Batuta, nur in entgegengesetzter Richtung, ging. Dass der O'ich, über den er, nachdem er die Hauptstadt der Choalitoi verlassen, hinübersetzte, kein anderer Fluss als der heutige Amu gewesen, geht auch aus dem Namen, den er in dem Reiseberichte führt, hervor. O'ich steht hier für Veh, wie der Oxus bei den Armeniern zur Zeit der Sassaniden hiess, deren Dynastie damals, als Zemarch reiste, in Persien herrschte. Auch die Chinesen nennen den Oxus mit einem, dem Veh ähnlichen Namen: Oueih. Der Veh entspricht dem Ochus der Alten, während der Name Oxus auf Wakhsch, wie noch lange einer der Quellflüsse des Amu und bei el-Birûni der Letztere selbst hiess, zurückzuführen ist. Ochus und Oxus sind meiner Ansicht nach zwei verschiedene Namen für einen und denselben Fluss, von denen der eine für den oberen Lauf, der andere für den unteren gebräuchlich war. Daher sind die Bemühungen, den Ochus zu localisiren, so unglücklich ausgefallen. Für den Iranisten sind auch die Etymologien beider Namen ganz deutlich. Unter Choalitoi bei Menander hat man aber Choarezmier sich zu denken. Die Endung —toi ist griechischer Zusatz; bleibt also Choali-

für Khoari-, ohne-zem, welches, wie ich im Anfange dieses Artikels erklärt habe, Land bedeutet. Die Choalitoi sind die Chwalissi der russischen Chroniken.

Humboldt und Klaproth hatten in dem in Zemarch's Reiseberichte erwähnten grossen See den Aral-See erkannt. Sie liessen aber an seinem nördlichen Ufer den byzantinischen Gesandten ziehen und erklärten den O'ich für den Jaxartes. Von Talas kommend, brauchte aber Zemarch gar nicht über den heutigen Sir zu setzen, um an das Nordufer des Aral-See's zu gelangen. Eine andere, auch von Herrn Prof. Lenz angenommene Erklärung der Marschroute lässt ihn von Talas an den See Balkasch gehen und dann über den Irtisch, der der O'ich sein soll, setzen. Bei diesem Erklärungsversuche ist aber der Umstand aus dem Auge gelassen, dass in dem Reiseberichte bei Menander erst der O'ich und dann der grosse See erwähnt wird. In meiner Ansicht stimme ich mit dem in der historischen Geographie sehr bewanderten neuesten Herausgeber der Reisen Marco Polo's überein. Ich hatte mir dieselbe gebildet, ehe mir noch Capitain *Yule*'s ausgezeichnetes Werk »Cathay and the way thither» (London. 1865, 2 Bände, 8°) bekannt war, da die Ausgaben der Hakluyt Society auf dem Continent sehr selten sind.

Auch befinde ich mich im Widerspruche mit dem hochverehrten Präsidenten der Londoner Geographischen Gesellschaft Henry Rawlinson, wenn er ein periodisches Verschwinden des Aral-See's und ein wiederholtes Abfliessen des Oxus in das Kaspische Meer annimmt. Die von dem verstorbenen Murchison und vom Capitain Yule vorgebrachten Gegengründe (in den Proceedings der Londoner Geographischen Gesellschaft für 1866—1867, vol. XI. S. 203—216) halte ich für vollkommen stichhaltig.

Es bleibt mir jetzt noch übrig, die Nachrichten, die sich in Abulghâzi's Geschichtswerke über den Amu finden, zusammen zu stellen. Da ich keine Abhandlung über die Geschichte dieses Flusses zu schreiben beabsichtige, werde ich mich nur auf die wichtigsten seiner Mittheilungen beschränken.

Die Hauptstelle bei Abulghâzi ist die, welche S. 207 der neuen Ausgabe (Histoire des Mongols et des Tatares par Aboul-Ghâzi Béhadour Khan. Publiée, traduite et annotée par le Baron Desmaisons. T. I. Texte. St.-Pétersbourg, 1871.) sich findet und auf die Mitte der ersten Hälfte des XVI. Jahrhunderts sich bezieht. Es heisst dort: »Zu jener Zeit, wenn man von Urgendsch zu den Abul-Khan-Bergen (dem heute Balkhan genannten Gebirge) sich begab, ging man von

Zeltlager (A'ul) zu Zeltlager, weil der Amu-Strom, nachdem er an den Mauern von Urgendsch vorübergekommen, zum Fusse des östlichen Abhanges der Abul-Khan-Berge floss, worauf er Anfangs eine südwestliche, später eine westliche Richtung nahm und endlich, bei Ogurdscha (der Insel, welche in der Breite von Lenkoran gegenüber der Khivenser Bai liegt) angekommen, sich in's Meer von Mazanderân ergoss. Auf beiden Seiten des Amu-Stromes gab es bis Ogurdscha in ununterbrochener Reihe Felder, Weingärten und Baumpflanzungen. Im Sommer zogen sich die Einwohner auf die höher gelegenen Orte zurück, indem sie während der Zeit der Mücken und Stechfliegen ihre Heerden um eine oder zwei Tagereisen (vom Flusse entfernt) zu den Brunnen trieben; wenn die Zeit der Mücken vorüber war, näherten sie sich wieder dem Flusse. Die ganze Ufergegend war gut bebaut und bevölkert. Von Pischgâh[1] bis Qary-Kitschit lebte an beiden Seiten des Stromes der Stamm Adaqly Khizir, von Qary-Kitschit jedoch bis westlich von den Abul-Khan-Bergen der Stamm Ali; von hier aber bis zur Mündung lebten die Tivedschi (Kameelzüchter). Leider bricht Abulghâzi hier die Beschreibung der uns so viel Interesse bietenden Gegend mit den Worten ab: «wollen wir uns nicht weiter von unserm Gegenstande ablenken lassen», und fährt in seiner Geschichtserzählung fort.

Also in der ersten Hälfte des XVI. Jahrhunderts floss der Amu in's Kaspische Meer. Dieser Arm, wie Abulghâzi's Beschreibung deutlich angiebt, wurde fleissig zum Anbau der Ufer benutzt. Seit Timur's Feldzügen nach Khoarezm und seiner dort beim fünften Feldzuge angerichteten Verwüstung waren hundert und fünfzig bis hundert und sechszig Jahre verflossen. Seit jener Zeit mag der von Abulghâzi beschriebene Arm, welcher in das Kaspische Meer mündete, sich gebildet haben, denn nach der erwähnten Verwüstung war auch eine bedeutende Anzahl von Einwohnern auf Timur's Befehl aus dem Lande weggeführt worden. Die aus dem Flusse abgeleiteten Kanäle verbrauchten jetzt gewiss nicht so viel Wasser wie früher. Der bei Urgendsch vorbeifliessende untere Theil des Stromes wurde wasserreicher und der Ueberschuss des Wassers fand einen Weg in südwestlicher Richtung, indem er das im Westen des Aral-See's sich erhebende Plateau von Süden umging. Die von Abulghâzi angegebene Richtung des Amu zum Kaspischen Meere fällt mit dem in den

[1] Dieser Ort lag südlich vom Flusse, eine starke Tagereise von Urgendsch entfernt. An ihm gab es Brunnen.

letzten Jahren von der Ostküste des Kaspischen Meeres aus untersuchten alten Bette (dem Us-boi) so ziemlich zusammen.

Weiter (S. 291 des Textes) berichtet Abulghâzi, dass dreissig Jahre vor seiner Geburt, welche in den Monat Juli des Jahres 1605 (Rebi' I. des Jahres 1014 der Hidschret) fiel, der Amu oberhalb Khâst-Minaresi (des Thurmes von Khâst), vom Orte, welchen man Qara Uighur Tuqai nennt, sich einen Weg bahnte, und von diesem Orte die Richtung zur Festung Tûk nehmend, in den Aral-See (welcher hier «Meer des Sir» genannt wird) mündete. Die Folge davon war, wie Abulghâzi hinzufügt, dass die Umgegenden von Urgendsch wüste wurden. Dessen ungeachtet blieben die Râyat (die Landbauer) hier wohnen. Der Khan und das Heer zogen im Frühjahr an die Ufer des Flusses, wo man an den Stellen sich aufhielt, welche die geeignetsten zum Ackerbau waren, und nach der Erndte kehrte man nach Urgendsch zurück. Tûk lag, nach anderen Angaben Abulghâzi's, nördlich von Kât und nordöstlich von Urgendsch, einige Stunden von ihm entfernt. Aus dem letzten Umstande ist zu schliessen, dass die Mündung des Amu, von welcher Abulghâzi hier redet, im Aibugir gewesen sein muss. Von anderen Mündungen des Amu in den Aral-See ist bei Abulghâzi keine Rede. Nur ein Mal (S. 316) erwähnt er, dass ein Jahr nach dem Tode Isfendiar-Khans († 1643) die Gegend, wo der Amu in den See mündet, den Namen Aral (Flussinsel) erhielt. Dieser Name bestand für das Land an den östlichen Mündungen des Amu noch im vorigen Jahrhundert.

Also während zweier Jahrhunderte mag der Amu in's Kaspische Meer geflossen sein, vom Ende des XIV. Jahrhunderts bis 1575. Siebenzehn Jahre früher besuchte der Engländer Jenkinson, von Astrachan über das Kaspische Meer kommend, Urgendsch. In seinem Reiseberichte spricht er auch von dem Laufe des Oxus zum Kaspischen Meere. Er kam in Urgendsch den 16. December 1558 an, nachdem er die Stadt Vezir am 14. verlassen hatte. Diesen Ort nennt er Sellizure, was wohl «schehr Vezir», d. i. die Stadt Vezir heissen soll. Dass er eben Vezir meint, schliesse ich aus seiner Angabe, dass daselbst ein Fürst, den er *Azimcan* nennt, residirte. Dieser Letztere kann nur der Hadschim-Khan (zusammengezogen aus Hadschi-Muhammed Khan) des Abulghâzi sein, welcher nach dem genannten Historiker im Jahre 965 der Flucht Khan geworden war. Das eben genannte muhammedanische Jahr begann den 24. October 1557. Nach Abulghâzi hatte er als Apanage Vezir erhalten, während Ali-Sultan Urgendsch, Kât und Hezarasp erhielt. Diesen Ali-Sultan fand Jenkinson in der That in Urgendsch. Ich führe diese Thatsachen an, weil Zweifel darüber ausgesprochen worden sind, ob Jenkinson die Reise nach Urgendsch gemacht habe. Diese Details sind wohl geeignet solche Zweifel zu beschwichtigen. Bei Gelegenheit seiner Anwesenheit in Vezir, welches nach Abulghâzi südlich vom Qir an dem zum Kaspischen Meere fliessenden Arme des Amu, also westlich von Urgendsch lag, bemerkt Jenkinson: «Die Residenz des Khans liegt auf einem hohen Berge. Im Süden des Schlosses ist flaches Land, das sehr fruchtbar ist und worauf viele gute Früchte wachsen, unter andern «Dynie» (Melonen) und «Carbuse» (die Wassermelone, bei uns in Russland «Arbuz» genannt.) Er erwähnt auch des Holcus Sorghum («Jegur», was Tschugara heissen soll). Dann fährt er fort: «Alles Wasser, dessen sie sich im Lande bedienen, ist in Kanälen aus dem Oxus geleitet; daher kommt es, dass er sich nicht mehr ins Kaspische Meer ergiesst, und das Land läuft Gefahr, einstmals zur Wüste zu werden, denn diese Leute werden noch mit ihren Kanälen den Lauf des Flusses ruiniren.»

Zu Jenkinson's Zeit erreichte der Amu das Kaspische Meer also nicht, denn nach seinem Zeugnisse wurde das Wasser des Flusses auf den, an seinen Ufern gelegenen Feldern und Gärten verbraucht. Abgesehen von der Quantität des Wassers, welches der Boden einsog, war durch die zahlreichen Kanäle, die aus diesem Arme hier auf der langen Strecke abgeleitet gewesen sein müssen, die Verdunstungsfläche des Wassers noch bedeutend vergrössert. An der Stelle selbst, wo das Bette des Amu das Kaspische Meer erreichte, scheint Jenkinson nicht gewesen zu sein, denn von der Khivenser Bai wäre er nicht in drei Tagen in Vezir (Sellisure) angekommen. Der Golf, von dem er redet, muss also der Qara-bogaz gewesen sein. Er verliess ihn den 7. October, gewiss Morgens, und langte in Sellisure am 9. (wahrscheinlich Abends) an[1]. Angenommen, die Stelle, wo er an genanntem Golf war, wäre der nordöstliche Winkel desselben gewesen—denn hier hat man sich die geringste Entfernung zwischen dem Qara-bogaz und Vezir zu denken—auch dann hat er dennoch in 3 Tagen (am 7., 8. und 9.) wenigstens 270 Werst (38—39 deutsche Meilen) zurückgelegt, was bei einer Kameelreise wohl möglich war, wenn aber Pferde dabei gewesen sind, nur mit grosser Mühe hat ausgeführt werden können. Von der Khivenser Bai wäre die Entfernung noch bedeutend grös-

[1] Ich entlehne die Daten aus der holländischen Uebersetzung bei *Witsen* Noord en Oost Tatarye. Amsterdam, 1785. 3te Ausgabe fol. S. 398.

ser gewesen. Auffallend bleibt, dass Jenkinson von Vezir bis Urgendsch eben so viel Tage (vom 14. bis zum 16. October) nöthig hatte, als er vom Golf bis Vezir brauchte, da Abulghâzi (S. 219) die Entfernung zwischen den beiden Städten zu 6 Agatsch oder Farsakh, was höchstens nur 50 Werst betragen mag, angiebt.

Ich habe mich bei der Frage über den untern Lauf des Amu vielleicht für manchen Leser zu lange aufgehalten. Ausser dem wissenschaftlichen Interesse, welches diese Frage bietet, war ich bei meinen vorhergehenden Auseinandersetzungen noch geleitet von der Rücksicht auf die in letzterer Zeit, namentlich bei uns, wiederholt geäusserten Hoffnungen auf eine, mittelst des Amu herzustellende Verbindung des Aral-Sees mit dem Kaspischen Meere. Eine solche Hoffnung halte ich nicht für berechtigt; es müssten denn die Naturkräfte, welche sich in der Geschichte dieses Flusses bisher geltend gemacht haben, gelähmt werden. Angenommen, es gelänge durch irgend welche Vorrichtungen,—welche übrigens enorme Kosten verursachen würden—, bei Bend das alte zum Kaspischen Meere gerichtete Bette vom Laudân aus wieder mit Wasser in hinreichender Menge zu füllen; werden aber, erlaube ich mir zu fragen, solche Vorrichtungen in dem lockeren Boden der khoarezmischen Niederung längere Zeit bestehen können, wird dann der Fluss, bei seinem beständigen Andringen gegen das rechte Ufer, oberhalb Bend, rechts vom Scheich-Dscheli-Gebirge, nicht neue Bahnen für sich suchen? Wird man auch Vorkehrungen treffen wollen, dass, nachdem das alte Bette wieder ausgefüllt, sich nicht Dasselbe wiederhole, was 30 Jahre vor Abulghâzi's Geburt geschah (s. oben S. 471)? Man wird doch nicht das ganze Bette in steinerne Ufer fassen wollen? Die genaue Kenntniss der Bodenverhältnisse Khoarizm's und des ihn umgebenden Wüstengebiets, welche uns die gegen den Khan von Khiva unternommene Expedition in Aussicht stellt, wird zum nicht geringen Theile zur weiteren Aufklärung der Oxus-Frage beitragen. Das durch die erwähnte Expedition im Publikum für die khoarizmische Niederung erweckte Interesse veranlasst mich, den geneigten Leser zu ersuchen, jetzt noch einige Blicke auf die Vergangenheit dieses Landes werfen zu wollen.

Aus der Zeit der Achæmeniden-Könige Persiens kennen wir von Khoarizm nicht viel mehr als den Namen des Landes (s. oben S. 445). Herodot (III, 93) theilt uns mit, dass die Chorasmier mit den Parthern, Sogdiern und Ariern den sechszehnten District des Perserreiches bildeten, welcher dem Könige dreihundert Talente Tribut zahlte. Bei der Beschreibung des Heeres des Xerxes (VII, 66) giebt derselbe Geschichtsschreiber an, dass die Chorasmier und Parther von *einem* Feldherrn geführt wurden, dass dieselben mit den Sogdern, Gandariern und Dadiken dieselbe Rüstung wie die Baktrier trugen. Letztere zogen zu Felde mit einer der medischen ganz ähnlichen Kopfbedeckung (Tiaren, d. i. Hüte, welche vorwärts herabfielen), mit Bogen von Rohr, nach Landessitte, und kurzen Lanzen (VII, 64). Weiter erfahren wir nichts von den Chorasmiern, bis zur Zeit des Untergangs des Achæmeniden-Reiches, als Alexander über den Oxus gezogen war, wo sich ihm in Sogdiana ein König der Chorasmier vorstellte. Nach Strabo gehörten die Letzteren zu dem Volke der Massageten und Saken, unter welchen wir uns iranische Stämme zu denken haben. Wie jetzt war auch damals die Oase von Khoarizm von Nomadenvölkern umgeben und die Herrscher des Landes gehörten wohl diesen an. Im zweiten Jahrhundert vor Christi Geburt, wie wir aus chinesischen Quellen erfahren, kam aus dem Innern Asiens ein zahlreiches Volk, die oben (S. 461) erwähnten Da-Yuethi oder Grossen Yuethi, ein Theil der dort zurückgebliebenen Massageten, an den untern Lauf des Oxus und besiegte die Daher, welche südlich vom Oxus bis nach Khorasan lebten. Zu diesen Da-Yuethi werden auch die bei den Byzantinern (Priscus) im V. Jahrhundert erwähnten Hunni Cidaritae, mit welchen der Sassanide Firûz (Perozes) Krieg führte, zu zählen sein. Diese Cidariten treten vier Jahrhunderte später, als die Araber die transoxanischen Länder sich unterwarfen, in Khoarizm unter dem Namen Kerder und Kurder (bei Ibn-al-Akhir und Jâqût) wieder auf. Ihre Sprache soll sich von der der Khoarizmier und der Türken unterschieden haben. Oben (s. S. 460), bei der Beschreibung von Khoarizm nach Istakhri und Ibn Hauqal, haben wir der Städte Kurder und Kerderân-Khvast (bei Abulghâzi Gerden Khâst) erwähnt, welche ihre Namen gewiss von dem bei den Byzantinern Cedariten genannten Volke haben. Der Name Kerder ist auch auf einen, seit dem vorigen Jahrhunderte Russland unterworfenen Stamm der Qazaq übergegangen. Die türkischen Stämme haben sich bei ihrem Vordringen nach Westen gewiss die fremden Stämme, welche sich ihnen unterwerfen mussten, assimilirt. Noch jetzt findet man unter Qazaq und Qirgiz zahlreiche Genossenschaften, die in ihrem Aeussern einen von dem allgemein türkischen abweichenden Typus bieten. Als im VI. Jahrhundert (vgl. oben S. 468) die Länder am Oxus dem Khakan der Turken unterworfen waren, war der König der Choalitoi, in denen ich Khoarizmier erkenne, auch von ihm abhangig, wie deutlich aus dem Berichte Menanders über die Rückreise des Zemarchos hervorgeht, denn dieser nahm einen choalitischen Gesandten nach Byzanz nur mit Erlaubniss des türkischen Gewalthabers mit.

Ich habe schon früher (S. 466) des khoarizmischen Historikers el-Birûni erwähnt, dessen Werk über die Geschichte von Khoarizm für uns aber bis jetzt noch verloren ist. Es wäre für die Wissenschaft von ganz ausserordentlichem Werthe, wenn dieses Werk, aus dem wir nur ganz unbedeutende Auszüge kennen, jetzt wieder aufgefunden werden sollte. El-Birûni, mit seinem vollen Namen Abu-Reihân Muhammed der Birûnier, der Khoarizmier, war aus dem Grenzlande von Khoarizm gebürtig. Von seinen zahlreichen Schriften (24 werden genannt) sind nur wenige für uns jetzt zugänglich; doch auch von diesen wurde bisher nur seine Geschichte von Indiën, wo er einige Zeit gelebt, ausgebeutet. Indess wird die Veröffentlichung des Erhaltenen hoffentlich in einiger Zeit beginnen, da Herr Professor Dr. Sachau in Wien diese Arbeit unternommen hat. Meister Abu Reihân — so wird el-Birûni von denen, welche ihn als Gewährsmann anführen, genannt — ist eine zu merkwürdige Erscheinung in der Kulturgeschichte des Orients, als dass hier, wo von seinem Vaterlande die Rede ist, seiner Lebensumstände und seiner Schriften nicht erwähnt werden sollte. Er war geboren im Jahre 360 der Flucht (970—971 nach Chr. Geburt). El-Birûni war sehr befreundet mit dem damaligen Khoarezm-schâh und wurde von demselben einer Gesandtschaft an den Hof von Ghazni attachirt. Mit ihm ging auch der berühmte, aus dem untern Stromgebiete des Jaxartes gebürtige Philosoph *al-Farâbi*, dem vor einigen Jahren Herr Dr. Steinschneider eine höchst werthvolle Abhandlung, die von der hiesigen Akademie der Wissenschaften veröffentlicht wurde, gewidmet hat. In Ghazni trat el-Birûni in die Dienste des Mahmud-ben-Subuktegin und begleitete dessen Sohn Mas'ûd nach Indien. Er starb 430 (1038 — 39), nachdem er, wie es scheint, die letzten Jahre seines Lebens in seinem Vaterlande zugebracht hatte. Der Kreis seiner wissenschaftlichen Thätigkeit war ein sehr ausgebreiteter. Hauptsächlich war er Mathematiker und Astronom, dann Logiker, Naturforscher und Arzt. Als Logiker erhielt er den Beinamen «der Exacte» (el-Mahaqqiq) wegen der strengen Folgerichtigkeit seiner Deductionen. Dass er ein sehr klarer Kopf war, habe ich aus der Lectüre seiner populären Astronomie, die er in persischer Sprache für eine khoarezmische Dame (Reihana, die Tochter des Khoarezmiers Hassan), auf ihren Wunsch verfasst hat, mich überzeugen können. Ich verdanke die Mittheilung der einzigen bisher bekannten Handschrift dieses werthvollen Werkes der freundlichen Güte des Herrn Directors der Pariser Schule für lebende asiatische Sprachen und Ersten Secrétaire-Interprète der französischen Regierung *Ch. Schefer*, der in der Welt der europäischen Orientalisten wegen der ausserordentlichen Liberalität, mit welcher er über seine während eines vieljährigen Aufenthalts in der Türkei, Aegypten und Syrien gesammelten handschriftlichen Schätze verfügt, rühmlichst bekannt ist. Um seine Schülerin in das Studium der Astronomie einzuführen, beginnt el-Birûni mit den Elementen der Geometrie und geht dann zur Arithmetik über, wonach er erst die Sternkunde darlegt. Dabei versäumt er es nicht, das Nothwendigste aus der mathematischen und physischen Erdkunde so wie über die Zeitrechnung und das Kalenderwesen bei verschiedenen Völkern mitzutheilen. Ich bin überzeugt, auch unsere heutigen Damen würden bei Meister Abu-Reihân mit gutem Erfolge Geometrie und Arithmetik treiben können und eben solchen Gefallen wie seine schöne Schülerin — wahrscheinlich war sie schön, denn noch heute haben die Augen der Khârezmierinen einen gefährlichen Glanz — an einem Studium der Astronomie finden, welches über die Kenntniss der Sternbilder hinausführt. Zahlreiche Zeichnungen veranschaulichen das Vorgetragene. Für mich haben freilich besonderes Interesse jene Mittheilungen über die Zeitrechnung und das Kalenderwesen, da sie auch die Kalender der alten Sogdier und Khoarezmier berühren. Das Kalenderwesen verschiedener Völker des Alterthums wurde von el-Birûni auch zum Gegenstande einer besondern Schrift gemacht, deren Uebersetzung und Herausgabe wir von Herrn Sachau erwarten. Ausserdem ist noch sein *Canon Masudicus*, ein astronomisch-geographisches Werk, das von dem arabischen Geographen *Abulfeda* (lebte im XIV. Jahrhunderte) und unserm Zeitgenossen, dem Orientalisten *Sprenger* benutzt worden ist, zum Theil erhalten. Er hat es seinem Gönner, dem Sultan Mas'ûd gewidmet. Die meisten seiner Werke schreibt el-Birûni arabisch. Persisch hat er, wie es scheint, nur die erwähnte populäre Astronomie geschrieben, von der er, nach der Aehnlickeit des Inhalts zu schliessen, auch eine arabische Ausgabe besorgt hat, die in der Bodlejana handschriftlich sich vorfindet.

El-Birûni kannte die Sprache seines Landes und daher ist es besonders zu bedauern, dass die von ihm verfasste Geschichte von Khoarezm uns nur aus den dürftigen Fragmenten, die sich bei Baihaki, dem Geschichtsschreiber der Fürsten von Ghazni, erhalten haben, bekannt ist. Diese Sprache war ein besonderes iranisches Idiom, wie mehrfache

Zeugnisse beweisen, und hat sich bis in's XI. Jahrhundert nach Chr. Geb. noch als Schriftsprache erhalten. Was in seiner Schrift über das Kalenderwesen der alten Völker und in seiner populären Astronomie über die Zeitrechnuug und die Feste der Sogdier und Khoarezmier mitgetheilt wird, lässt annehmen, dass ihm die alte Geschichte der transoxanischen Länder genau bekannt gewesen sein muss. Von desto grösserem Werthe für die Kulturgeschichte ist das, was Abu-Reihân uns über den Kalender und die Feste der Khoarezmier mittheilt. Ihre Kultur war gewiss nicht jünger als die altbaktrische, oder derselben entwachsen. Ihre Aera soll 980 Jahre vor der Seleucidischen angefangen haben, also 1304 vor Chr. Geb. In einem Lande, wo der Ackerbau früh sich entwickelt hat, musste auch geistige Bildung früh gedeihen. Ausser religiösen Festtagen gab es bei den alten Khoarezmiern auch nationale Festtage.

Die Araber scheinen bei ihrer Herrschaft über Khoarizm in die innere Verwaltung des Landes nicht tief eingegriffen zu haben: es behielt, wie der erwähnte Ab'ul-Fadhl Baihaki († 470 = 1077) bemerkt, seine besonderen Fürsten unter den Omejaden und Abbasiden und es gehörte nicht zur khorasanischen Provinz wie Khotlan, Tschaganian am obern Laufe des Oxus. Als das Haus Subuktegîn Khoarezm in der ersten Hälfte des XI. Jahrhunderts eroberte, hatte dort das Haus der Mamûnier geherrscht, nachdem es in der zweiten Hälfte des X. Jahrhunderts das Fürstenhaus, welches bis dahin in Kâth regiert hatte, gestürzt hatte. Die Macht der Samaniden in Bukhara, die ihren Einfluss auch auf das untere Stromgebiet des Oxus theilweise geltend zu machen gewusst, neigte sich zu ihrem Ende. Die Ghuzzen im Norden (am untern Yaxartes) und die Fürsten von Ghazna im Süden hatten das Haus Saman's zu schwächen gewusst. Unterdessen war die Macht der Seldschuken, welche aus dem untern Flussgebiete des Sir stammten, emporgewachsen und dieselben hatten, wie der vortreffliche Degnigues sich ausdrückt, den Hohenpriester der Muselmänner, d. i. den Khalifen, zu ihrem Sklaven gemacht. Vor dieser Macht beugte sich auch die der Fürsten von Ghazna und in den sechsziger Jahren des XI. Jahrhunderts sehen wir schon den Sohn Alp-Azslans, Malek-schâh, als Statthalter in Khoarizm. Am Ende desselben Jahrhunderts erhielt unter dem Sultan Barkiarok der Sohn eines türkischen Sklaven, Quthb ed-dîn Muhammed, die Statthalterschaft daselbst mit dem Titel eines Khârezm-schâh. Er wusste sich die Anhänglichkeit der Einwohner des Landes zu gewinnen und, wie manche orientalische Herrscher, welche nach Macht streben, versammelte er viele Gelehrte an seinem Hofe, die er durch Freigebigkeit an sich zog. DieKhârezm-schâhe wurden den Seldschuken-Sultanen bald gefährlich und zuletzt die Erben ihrer Macht, welche sie erst mit dem Einfall Dschingizkhan's einbüssten. Wie schon erwähnt, kam Khârezm an die Dschudschiden, die ihre Residenz in Sarai am untern Wolga-Gebiet hatten. Unter den Münzen dieser Dynastie sind viele, die als in Khârezm geprägt bezeichnet sind. Wahrscheinlich war Urgendsch, das alte Dschordschanija, die Münzstadt.

Ich habe mich auf kurze Andeutungen über die Schicksale des khoarizmischen Landes beschränkt, um den Leser nicht mit der Erzählung der blutigen Kriegsbegebenheiten, an welche diese Schicksale geknüpft sind, zu ermüden. Ich habe früher dreier Reisenden erwähnt, die zu verschiedenen Zeiten Khârezm besucht und uns Berichte über ihre Besuche in diesem Lande hinterlassen haben. Ich hoffe, dass die Mittheilung der Eindrücke, welche diese Reisenden dort empfingen, dem Leser mehr Interesse bieten werden als die Berichte der muhammedanischen Geschichtsschreiber, die meist nur von Schlachten und Hinrichtungen zu erzählen wissen.

Ahmed Ibn Fadhlan (s. oben S. 466) kam auf seiner Reise aus Baghdâd über Bukhara zur Wolga nach Khoarizm. Er besuchte zuerst Kâth, dann Dschordschanija. „Von Bukhara", sagt er, wie Jâqût anführt „reisten wir nach Khoarizm und dann nach Dschordschanija hinunter." Gewiss ist hier unter Khoarizm die Hauptstadt Kâth zu verstehen. „Zwischen diesen beiden Orten, fährt er fort, sind zu Wasser 50 Farsahk." Also zwischen Kâth und Dschordschanija—was aber unmöglich richtig sein kann es müsste denn der Dscheihun damals sehr viel Krümmungen gemacht haben? Von der Sprache und den Sitten der Khoarizmier ist Ibn-Fadhlan nicht sehr erbaut: Erstere vergleicht er mit dem Quacken der Frösche und die Einwohner zählt er zu den rohesten Völkern. Er wird wohl wegen seiner Unkenntniss der Landessprache Manches zu leiden gehabt haben: ich habe oft bemerkt, dass Leute, die ein Land besuchen, dessen Volkssprache sie nicht kennen, zu einem sehr ungünstigen Urtheile über dasselbe geneigt sind. Dazu reiste er im Winter, denn den Dscheihun fand er gefroren. Das Eis auf dem Flusse soll für Pferde, Maulesel und Lastwagen während dreier Monate betretbar sein.„Wir haben", berichtet Ibn Fadhlan weiter, „eine Stadt gesehen, von der wir nicht anders glaubten, als dass das Thor von Eis sei, und wenn der Schnee fallt, ist er immer von heftigem Winde begleitet. Will Jemand einem Andern einen Gefallen oder eine Wohlthat erweisen, so sagt er, komm mit mir, wir wollen zusammen plaudern, bei mir ist ein hübsches Feuer." Dabei bemerkt Ibn Fadhlan, dass das Holz in Khoarizm sehr billig sei, ein Wagen voll, welcher dreitausend Pfund wiegt, kostete nur zwei Dirhem. Jâqût bemerkt dazu, für Ibn Fadhlan's Zeit möge das seine Richtigkeit gehabt haben, als er aber dort gewesen, hätten hundert Kilo drei Dinare gekostet. Diese beiden Zeugnisse aus verschiedener Zeit — drei Jahrhunderte liegen zwischen der Reise Ibn-Fadhlans und der Reise Jâqûts nach Khoarizm — sind bemerkenswerth. Sie zeigen von dem frühern und ziemlich rasch geschwundenen Holzreichthum des Landes. Auch aus dem elften Jahrhunderte nach Chr. Geb. wird berichtet, dass ein Theil der von den eingefallenen Feinden geschlagenen Khoarizmier Schutz in den *Wäldern* gesucht habe. Eben so giebt es Andeutungen, dass im mittlern Laufe des Dscheihun, um Bukhara herum, das Holz vor dem elften Jahrhunderte nicht so selten war, wie jetzt.

Günstiger, als Ibn Fadhlan, urtheilt Jâqût über Khoarizm. Ungeachtet der ausserordentlichen Kälte, die im Winter dort herrsche, — bemerkt er, — sei es ein liebliches Land. Ein schöneres, besseres habe er nicht gesehen. Ein solches Urtheil will viel sagen bei einem Manne, der selbst aus Griechenland stammte, seine Jugend im fruchtbaren Mesopotamien zugebracht und grosse Reisen gemacht hatte. Ungeachtet des steinigen (?) und trockenen Bodens sei Khoarizm reichlich bewässert und ohne Unterbrechung bestellt. Die Dorfschaften, aus einzeln stehenden Häusern bestehend, lägen nahe bei einander: selten erblicke man in den weiten Gefilden eine unangebaute Stelle. Dazu komme die grosse Menge von Bäumen, besonders der Maulbeerbaum und die Weide. In dieser lieblichen Landschaft wäre der Verkehr ein so belebter, dass kein Unterschied wahrzunehmen sei, ob man durch Felder oder grosse Marktplätze gehe, dabei wären aber die Bewohner an ein eingeschränktes Leben gewöhnt und hätten geringe Bedürfnisse. — In den meisten Gegenden von Khoarizm waren zu Jâqût's Zeit Städte mit Marktplätzen, wo alle Bedürfnisse der Wirthschaft und des Unterhalts zu haben waren, selten soll ein Dorf ohne Marktplatz gewesen sein. Ungeachtet dieses lebhaften Verkehrs soll allgemeine Sicherheit und vollkommenes Vertrauen im Lande geherrscht haben.

Von den Einwohnern sagt Jâqût, sie seien gelehrt, gebildet, reich, das Leben unter ihnen behaglich und der Unterhalt sei dort nicht schwer zu erwerben. Jâqût urtheilte über die Bildung der Khoarizmier gewiss richtig. Die geistige Thätigkeit, welche zu el-Birûni's Zeit jenseits und diesseits des Oxus in voller Entwickelung war, konnte nicht plötzlich erloschen sein.

Das von den Arabern gestiftete Khalifen-Reich hatte den Gesichtskreis der unterworfenen, grösstentheils iranischen Bevölkerung bedeutend erweitert. Der Islam gab diesem aus verschiedenen nationalen Elementen zusammengesetzten Reiche die Einheit und die öffentliche Sprache; die Träger des Islam's aber, die ungebildeten Beduinen, konnten nicht die Kulturträger in diesem Reiche werden. Die Bildung ging von den unterworfenen Völkern aus, bei denen sie schon im Alterthum Wurzel gefasst hatte und wo sie später noch von der griechischen Philosophie befruchtet wurde. In der Poesie feierte das alte Iran, in Firdusi's grossartiger epischen Schöpfung (dem Schâh-nâmé) seine Regeneration. Im Osten, wo das iranische Element unvermischter fortlebte als im Westen, bildeten sich auch die Centren geistigen Lebens, nachdem die Khalifen von Baghdâd zu ohnmächtigen Hohenpriestern herabgesunken waren. Auch am Hofe von Baghdâd, waren es zur Zeit seiner Blüthe zum grössten Theile Männer fremder Nationalität (Perser, Juden, Griechen) gewesen, die als Aerzte und Staatsbeamte Einfluss besassen. So sehen wir denn in den Ländern der Fürsten, die mit dem Verfall des Khalifats Selbstständigkeit erlangen, die Koryphäen der Dichtkunst und Wissenschaft leben: einen Firdusi in Ghazna, einen Avicenna, (Ibn-Sina [1], aus Wafkend bei Bukhara gebürtig), einen al-Farâbi, einen Birûni in den Ländern des Oxus und Jaxartes.

[1] Sein Vater stammte aus Balkh, dem alten Baktra, und kam als gewandter Geschäftsmann nach Bukhara, wo er vom Samaniden Nuh, dem Sohne Mansurs, zum Steuereintreiber in einer bukharischen Stadt ernannt wurde und eine Eingeborene heirathete. Der junge Ibn-Sina wandte sich anfangs der Rechtswissenschaft zu, erlernte die Rechenkunst bei einem Kohlhändler und ging dann unter der Anleitung eines aus dem Westen Eingewanderten, den der Vater in's Haus nahm, dem Studium der griechischen Philosophie nach. Ibn-Sina überholte bald seinen Lehrer und studirte mit Hülfe eines Commentars die Logik für sich selbst weiter, las den Euklides und den Almagest des Ptolemaeus. Dann wandte er sich mit Eifer der Physik und Metaphysik zu, studirte unter Anleitung eines christlichen Arztes Medicin, worüber er die schwersten Bücher las. Er war damals erst 16 Jahre alt. Mit dem achtzehnten Jahre übernahm er die Geschäfte seines Vaters, nachdem er schon als Leibarzt des Emirs von Bukhara fungirt hatte. 22 Jahre alt kam er nach Gorgandsch zum Sultan Ali-Ben-Mamun, wo er auch den el-Birûni kennen lernte, und darauf nach Khorasan ging, einige Zeit in Rei und dann in Hamadan, Ispahan lebte. Er starb im Jahre 1037 nach Chr. Geb. Das berühmteste unter seinen zahlreichen Werken – es werden mehr als hundert aufgezählt – ist der „Canon der Medicin", von dem schon 1491 eine hebräische Uebersetzung in Rom gedruckt wurde. 1593 erschien da-

Jâqût besuchte Khoarizm kurz vor dem Einfall der Mongolen. Er verliess das Land, ehe sie noch in dasselbe eindrangen. Etwas mehr als ein Jahrhundert später besucht das von den Söhnen Dschingizkhan's stark mitgenommene Gurgandsch der aus Tanger gebürtige Ibn-Batuta (vergl. oben S. 465).

Er nennt diese Stadt Khoarezm und hält sie für die grösste und schönste Stadt der Türken: die Strassen wären breit, die Gebäude zahlreich, die Märkte schön und die Bevölkerung eine sehr grosse. In der Mitte der Stadt wäre es ihm unmöglich gewesen, zu Pferde durchzukommen. In Urgendsch wohnte der Emir des Khans Uzbek, der Sohn seiner Tante von mütterlicher Seite, Qutlu-demir. Daselbst gab es auch ein Krankenhaus, an welchem ein syrischer Arzt angestellt war. Besonders rühmt Ibn-Batuta die Einwohner: er fand sie grossmüthig und zuvorkommend gegen Fremde, wie er sie sonst nirgend gefunden. Es wurde von der Geistlichkeit streng darauf gesehen, dass alle Leute in der Moschee sich zum Gebete versammelten: wer nicht erschien, wurde vom Imam mit einer Geissel, die zu diesem Gebrauch in jeder Moschee hing, gezüchtigt; ausserdem musste der Schuldige eine Geldbusse von fünf Denaren zum Besten der Moschee oder zum Unterhalt der Armen erlegen. Diese Sitte soll seit langer Zeit in Gebrauch gewesen sein.

Auch Ibn-Batuta spricht davon, dass im Winter, während 5 Monate, der Dscheihun mit Eis bedeckt sei. Im Sommer ginge man zu Wasser bis Termedh (s. oben S. 449), von wo man Weizen und Gerste bringe: die Reise von dort, den Fluss hinab bis Urgendsch, dauere zehn Tage.

In Betreff der Rechtspflege in Urgendsch berichtet Ibn-Batuta Folgendes: jeden Tag erscheint der Kadhi im Audienzsaale des Emirs und setzt sich mit den Rechtsgelehrten und seinen Schriftführern an einem besonders dazu bestimmten Platze nieder. Einer der türkischen Grossen setzt sich mit acht Stammesältesten von seinem Volke nieder, die in Privatsachen ihr Urtheil fällen, während der Kadhi religiöse Rechtsfragen entscheidet. Die Urtheile sollen gerecht gewesen sein.

Ausser einem Geldgeschenk, schickte der Statthalter dem Reisenden aus Tanger Reis, Mehl, Schaafe, Butter, Gewürz und mehrere

---

selbst die arabische Ausgabe. Ausgaben der lateinischen Uebersetzung giebt es gegen dreissig. Mit el-Birûni hatte er gelehrte Controversen. Die meisten seiner Werke sind medicinischen, andere physikalischen, chemischen und metaphysischen Inhalts.

Ladungen Holz, und die Frau desselben, welche eine Schwester des Kadhi war, liess ihm in dem Gebäude einer ihrer Stiftungen ein Fest geben, zu welchem die Rechtsgelehrten und die Aeltesten der Stadt eingeladen wurden. Als Ibn-Batuta das Fest verliess, sah er beim Ausgange eine Frau in schmutzigen Kleidern, verschleiert und von zahlreichen Frauen begleitet. Sie bot ihm den Gruss, er erwiederte ihn und ging darauf seines Weges. Später erfuhr Ibn-Batuta, dass es die Gastgeberin, die Frau des Emirs, gewesen.

Die Melonen von Khoarezm werden von unserm Reisenden sehr gerühmt: ausgenommen die von Bukhara, überträfen sie alle Melonen der Welt. Ich kann in das Lob einstimmen und fand sogar, dass die khoarezmischen Melonen die von Bukhara an Wohlgeschmack, Zuckergehalt und Aroma übertreffen. Doch muss ich bemerken, dass ich in Khiva Melonen im Juli und August, in Bukhara im September und Oktober ass. Hier und dort sind die Arten dieser Frucht sehr zahlreich. Timur, als er in Khoarezm Krieg führte, liess sich Melonen aus Termeth bringen. Als er ein Mal eine Sendung davon erhalten hatte, war er so ritterlich, einige Melonen seinem von ihm belagerten Feinde in kostbaren Gefässen zu schicken. Diese Courtoisie wurde aber nicht gewürdigt. Eine khoarezmische Melonenart mit grüner Haut und gelbem festen Fleisch wurde, in Scheiben geschnitten, an der Sonne getrocknet und, in Körben verpackt, wie trockene Feigen, weit bis nach Indien und China versendet. Keine getrocknete Frucht soll diese getrockneten Melonen an Wohlgeschmack übertroffen haben.

Von Urgendsch ging Ibn-Batuta im Anfang des Winters nach Kâth, von dort nach Bukhara und dann nach Indien. Einige Jahrzehnte nach seinem Aufenthalte in Khoarezm, fanden die Kriegszüge Timurs dorthin statt. Im Frühjahre 1372 unternahm er den ersten Feldzug. Die Gewalt hatte ein gewisser Husein Sôfi, der Sohn Jaughadoi's aus dem Stamme Qongrad, an sich gerissen und herrschte in Kâth und Khiva. Timur, der damals noch im Namen des Hauses Dschagatais, eines Sohnes Dschingiz-khans, regierte — auf den Münzen wurde noch im Jahre 795 der Flucht = 1392 nach Chr. Geb. über Timur's Namen (Timur Gurekân) der des Dschagataiden Khan Mahmud gesetzt —, erhob auf Khoarezm Ansprüche im Namen dieses Hauses. Durch eine Gesandtschaft verlangte er die Unterwerfung Husein Sofi's. Dieser gab die stolze Antwort, dass er das Land mit dem Schwerte erobert habe, man möge, wenn man wolle, es ihm auch mit dem Schwerte abnehmen. Darauf schickte Timur seinen Mufti an Husein Sôfi, doch dieser liess den hohen Geistlichen ins Gefängniss werfen. Gewiss machte die isolirte Lage Khoarezms ihn sicher und übermüthig, wie so viele spätere Herrscher des Landes bis auf den gegenwärtigen. Timur, als er von der Einsperrung seines Mufti gehört hatte, zog rasch seine Truppen bei Samarkand zusammen und ging über Bukhara gen Kâth, wo ein Gouverneur Husein Sôfi's befehligte. Die Stadt wurde nach kurzer Belagerung mit Sturm genommen und Timur zog gegen Khoarezm, d. i. Urgendsch. Seine Truppen verwüsteten das Land nach allen Richtungen. Aus Urgendsch schickte Husein einen Boten Timur entgegen und liess durch denselben seine Reue ausdrücken; aber durch einen persönlichen Feind Timur's, Kei Khosru Khotlâni (aus Khotel), der sich ihm zu verbinden versprach, verführt, liess er sich abermals zum Widerstande verleiten. Am Qa'un-Kanal, zwei Farsakh vor Urgendsch, kam es zur Schlacht. Das Heer Husein's wurde bis zur Stadt zurückgeworfen, besetzte dieselbe und wurde von Timurs Truppen dort belagert. Husein starb bald aus Verzweiflung und sein Bruder Jusuf Sôfi wurde sein Nachfolger. Mit diesem schloss Timur Frieden und verlangte für seinen Sohn Dschehangir, die schöne Tochter Aq-Sofi's, eines Bruders von Husein und Jusuf, zur Gemahlin. Ihre Mutter war eine Tochter des Khans der Goldenen Orda, Uzbek. Doch auch Jusuf, nachdem Timur mit seinen Truppen abgezogen war, dachte nicht mehr an den Friedensschluss und Timur musste 1373 einen zweiten Feldzug gegen Khoarezm unternehmen. Kaum hatte er die Wüste durchzogen, so schickte Jusuf Boten und liess um Verzeihung bitten. Timur gewährte ihm dieselbe und im nächsten Jahre kam die Braut Dschehangir's in Samarkand an.

Im Jahre 1376 sah Timur sich von Neuem zu einem Feldzuge gegen Khoarezm veranlasst. Bei Se-paje ging er über den Dscheihun. Bei Kâth vorübergekommen, erhielt er die Nachricht, dass Samarkand, seine Residenzstadt, von Feinden aus dem Lande der Dschete bedroht sei. Er eilte daher zurück. Während Timur, nachdem er zwei Feldzüge gegen die Dschete unternommen hatte, im Norden gegen den Herrscher von Qyptschaq (der Goldenen Orda) Urus-khan beschäftigt war, schickte Jusuf-Sôfi ins Gebiet von Bukhara ein Heer, welches dort plünderte. Timur fertigte an ihn einen Gesandten ab, welcher aber wieder ins Gefängniss geworfen wurde. Darauf liess er ihm einen Brief schreiben, in welchem er ihm Vorstellungen über sein Verfahren machte; doch auch der Ueberbringer des Briefes wurde in Fesseln gelegt und noch dazu eine Räubertruppe gegen Bukhara geschickt, um den dortigen Turkmenen ihre Kameele zu rauben. Im Frühjahr 1379 unternahm Timur den vierten Feldzug gegen Khoarezm. Ueber den Fluss wurde bei Eski-Oegüz gesetzt und die Hauptstadt Jusuf-Sôfi's umzingelt, während einzelne Abtheilungen des Heeres das Land plünderten. Als Timur Jusuf's Vorschlag zu einem Zweikampfe mit ihm annahm, blieb Jener hinter seinen Mauern. Ein Ausfall von Seiten der Belagerten wurde von Timur's Truppen zurückgeschlagen. Drei Monate und 16 Tage dauerte die Belagerung, als Jusuf-Sôfi von Reue über den Leichtsinn, mit dem er sein Glück verscherzt, gequält, starb. Bald darauf wurde die Stadt genommen, obgleich die Belagerten sich tapfer vertheidigten. Die Sieger richteten ein furchtbares Gemetzel an und nahmen eine allgemeine Plünderung vor. Viele grosse Gebäude wurden dabei zerstört. Die Angesehensten der Gelehrten und die geschicktesten Handwerker wurden mit ihren Familien nach Kesch übergesiedelt, an dessen Verschönerung nun eifrig gegangen wurde.

Im Jahre 1388 unternahm der kriegslustige Timur den fünften Feldzug gegen Khoarezm. Als er dem Lande sich näherte, erfuhr er, dass seine Feinde Soliman-Sofi und Ilighmisch-Oeghlan mit ihren Familien die Flucht ergriffen und zu Toqtamysch-khan, dem Herrscher von Qyptschaq, gegangen waren. Er schickte ihnen seinen Sohn Mirânschâh und andere Befehlshaber nach, die, wie aus Scheref-eddin's Bericht zu ersehen, sie auf dem Ust-Urt-Plateau eingeholt haben müssen und ihnen grossen Schaden zufügten. Timur blieb einige Zeit in Urgendsch und liess es dann zerstören und wo es gestanden, Gerste säen. Drei Jahre darauf, als er aus Qyptschaq zurück kehrte, liess er Khoarezm wieder anbauen und die Städte Kât und Khivaq (das jetzige Khiva) mit Mauern umgeben. Das südliche Khoarezm wurde von Timur als zum Ulus der Nachkommen Dschagatai's gehörend betrachtet.

(Schluss folgt).

Literaturbericht.

О консулахъ и консульской юрисдикціи на Востокѣ. *Ф. Мартенса.* Спб. 1873.

Das Consulatwesen und die consularische Jurisdiction im Orient. Von *F. Martens*, Professor des Völkerrechts an der Kaiserlichen Universität zu St. Petersburg St. Petersburg, 1873. VIII + 599 SS. in 8°.

Der Verfasser des vorliegenden Werkes hat sich die Aufgabe gestellt, die historische Entwickelung des Consulatwesens im Orient möglichst allseitig zu erforschen, den gegenwärtigen Stand der richterlichen Funktionen in den Consulaten der europäischen Hauptstaaten darzulegen und überhaupt die Gesammtheit der Rechte und Verpflichtungen zu bestimmen, die von sämmtlichen Regierungen den Consuln zuertheilt worden sind. Das Werk sollte nicht ein praktisches Handbuch für Consuln sein, es lag vielmehr in der Absicht des Autors, eine wissenschaftliche Bearbeitung des Consularrechts, mit Hinblick auf die Entstehung und Entwickelung der Consulate, auf die Bedeutung der Consuln im internationalen Verkehr und deren Charakter und Funktionen, als Agenten der Regierungen zu liefern.

Demgemäss hat der Verfasser in einer, 51 Seiten umfassenden Einleitung seine Ideen über internationale Verwaltung, als deren Organe die Consuln erscheinen, zugleich aber auch die Entwickelungsgesetze der administrativen Thätigkeit von Staaten und Consuln dargelegt. Nur auf diesem Wege glaubte er die Frage, die gegenwärtig alle europäischen Staaten beschäftigt, da sie den Lebensnerv der politischen und mercantilen Beziehungen mit dem Orient betrifft, befriedigend lösen zu können. Den ersten Gegenstand der Untersuchung bildet der Begriff von internationaler Gemeinschaft, aus welchem sich das Wesen internationaler Verwaltung logisch ergiebt. Verf. versucht darzulegen, dass von einer völkerrechtlichen *Gemeinschaft* nur die Rede sein könne bei Völkern von wesentlich gleicher Culturstufe und Weltanschauung, während internationale *Beziehungen* auch zwischen höchstcivilisirten und barbarischen, resp. halbcivilisirten Völkern möglich seien. Glieder der völkerrechtlichen Gemeinschaft sind die christlichen und civilisirten Völker, welche gleiche Rechte und Pflichten haben, und mehr oder weniger durch gemeinsame, politische und sociale Interessen verbunden sind. — Organisch verbunden mit dieser Idee der völkerrechtlichen Gemeinschaft ist der Begriff der *internationalen Verwaltung*, welche der Verf. als diejenige Thätigkeit der Staaten definirt, welche die vitalen, Völker verbindenden Beziehungen zu ihrem Gegenstande hat. Unter Verwaltung verteht er hier nicht nur das, was man gemeinhin vollziehende Gewalt des Staates, zum Unterschiede von gesetzgeberischer und richterlicher Thätigkeit nennt. Er fasst diesen Terminus in einem weiteren Sinne als Staatsverwaltung auf, indem er die letztere nur von den gesetzgeberischen Functionen des Staates geschieden wissen will. Aus diesen Bestimmungen der internationalen Verwaltung folgt, dass selbige eben nichts anderes sei, als die Gesammtheit oder der Inbegriff jener vitalen Beziehungen, die in einem gegebenen Momente zwischen verschiedenen Staaten bestehen. Offenbar hängen diese Beziehungen von den Erfordernissen und den von den Völkern erstrebten Zielen ab, während sie andererseits aus den fundamentalen Elementen des Staates und den bewegenden Kräften desselben herfliessen. In Folge dessen muss das Wesen der internationalen Verwaltung in den Beziehungen zwischen Völkern gleicher Culturstufe oder Glieder der völkerrechtlichen Gemeinschaft ein anderes sein, als zwischen civilisirten oder christlichen Staaten einerseits und uncivilisirten oder nichtchristlichen andererseits. Als specielle Verwaltungsaufgaben des Staates werden bezeichnet: 1) das physische Leben der Völker, 2) die Bedingungen ihrer geistigen Entwickelung und 3) die wirthschaftlichen Bedürfnisse und Beziehungen zwischen den Völkern; mithin sind dieselben sowohl rein politischer, als auch socialer Natur. Dem entsprechend giebt es zwei verschiedene Organe der internationalen Verwaltung: für die Vertretung der rein politischen Interessen — die Gesandten, für die Wahrung und Förderung der socialen — die Consuln.

Die Entwickelungsgesetze der internationalen Verwaltung und die Berechtigung der letzteren unterwirft der Verf. einer wissenschaftlichen Analyse, indem er den Nachweis führt, dass die ganz besondere Stellung der Consuln im Orient durch bestimmte, eigenartige Verhältnisse hervorgerufen und das Fortbestehen der consularischen Prärogative daselbst bis zu einem gewissen Punkte berechtigt sei. Denn eine nähere Bekanntschaft mit den Verhältnissen in der Türkei und ein häufigerer Verkehr mit dem ottomanischen Reiche haben in der That die Elemente der inneren Zersetzung, die dort angehäuft sind, nur in ein grelleres Licht gesetzt. In der Türkei und in der ganzen muhammedanischen Welt herrscht bis zur Zeit die unumstössliche Autorität des Korans, dessen Vorschriften alle Erscheinungen, nicht nur des religiösen, sondern auch des gesellschaftlichen und staatlichen Lebens beherrschen. Da der ganze Staatsbau der muhammedanischen Völker somit auf den unwandelbaren Vorschriften der Religion basirt, so sei, nach des Verfassers Behauptung, die Zeit noch nicht gekommen, um die Consularjurisdiction abzuschaffen und die Angehörigen christlicher und civilisirter Staaten, welche in der Türkei und in Aegypten sich aufhalten, der Territorialhoheit zu unterwerfen. Den absorbirenden Einfluss confessioneller Erwägungen auf alle, das staatliche wie gesellschaftliche Leben betreffende Fragen sieht jedoch Verf. eben nur für eine Stufe der Culturentwickelung in der menschheitlichen Civilisation an und sucht durch einen raschen Hinblick auf das Culturleben der Völker des Alterthums, des Mittelalters und der Neuzeit, diese seine Anschauung zu erhärten. Er glaubt daher zugleich annehmen zu dürfen, dass auch in den muhammedanischen Staaten ein Tag anbrechen werde, wo das Recht, so wie die staatliche und gesellschaftliche Ordnung nicht ausschliesslich auf religiöser Grundlage und confessionellen Anschauungen basirt sein werde. Anzeichen für das Herannahen dieser neuen Zeit treten schon gegenwärtig in Aegypten auf, wo die Einwirkung europäischer Ideen und socialer Interessen einen freieren Spielraum gewinnt und eine geringere Abhängigkeit von dem muhammedanischen Obscurantismus verräth. Je empfänglicher aber und je zugänglicher für die Ideen europäischer Civilisation und Cultur der Orient sich zeigen, je weniger religiöser Fanatismus die Freiheit und das Leben Andersgläubiger bedrohen wird, desto unabweislicher muss sich das Wesen der internationalen Verwaltung christlicher Staaten umwandeln, müssen die Rechte und die Functionen ihrer Organe in den Beziehungen zu nichtchristlichen Staaten einer Aenderung unterworfen werden.

Nachdem der Verfasser somit in der Einleitung seinen Standpunkt festgestellt und die Gründe dargelegt hat, welche die Sonderstellung der Consuln im Orient bedingen und die Fortdauer ihrer ausserordentlichen Rechte und Prärogative bis jetzt unumgänglich nothwendig erscheinen lassen, geht er an die Behandlung seiner eigentlichen Aufgabe, die er nach drei Seiten hin in's Auge fasst. Zunächst giebt er einen klaren Einblick in die historische Entwickelung der consularischen Institutionen im Orient, mithin einen Maassstab für die Entscheidung der Frage von der Aufhebung der consularischen Jurisdiction; nächstdem betrachtet er die richterlichen Functionen der Consuln in den nichtchristlichen Staaten des Orients und unterwirft, nach einem kurzen Excurse über die sonstigen Rechte und Pflichten der Consuln, schliesslich die Frage über conforme Organisation des Consulatwesens einer eingehenden Untersuchung.

Die Geschichte des Consulatwesens im Orient nimmt in dem vorliegenden Werke über 200 Seiten ein. Seit dem bekannten Werke von Miltitz (Manuel des Consuls, 1837), welches allen späteren Bearbeitern des Consulatwesens sich als eine wahre Fundgrube erwiesen, ist die Geschichte desselben nicht mehr selbstständig bearbeitet worden. Verf. hatte sich die Aufgabe gestellt, auf Grund der, in der neuesten Zeit stattgefundenen Veröffentlichungen aus venetianischen, florentinischen, genuesischen und anderen Archiven, die geschichtliche Entwickelung der Handelsbeziehungen mittelalterlicher Völker mit dem Orient in ein neues Licht zu stellen. Zu diesem Zwecke benutzte Verf. die bekannten Werke von *Amari* (Diplomi arabi), *Ricotti*, *Canale*, *Tafel* und *Thomas*, *Heyd*, *Langlois*, *Mas Latrie* u. A.

Der erste Abschnitt giebt uns in Capitel I. einen historischen Abriss der consularischen Institutionen im Orient und zwar: in der ersten Periode die Geschichte der Consulate bis zu der Eroberung Constantinopels durch die Türken. Hier kommen sowol diejenigen Consulate in Betracht, die sich in Ländern befanden, welche der staatlichen Gewalt christlicher Herrscher unterworfen waren, als auch jene, welche inmitten muselmännischer Bevölkerung errichtet wurden, wie namentlich die Consulate in Aegypten, Syrien, Palästina, in der Berberei. Hieran reiht sich eine eingehende Untersuchung über das Princip der *Capitulationen*, die um so interessanter ist, als sie uns in gewissem Sinne maassgebend erscheint für die Entscheidung einer, gegenwärtig die ganze civilisirte Welt berührenden Frage. «Denn», heisst es Seite 159, «wenn man erkannt hat, wie in den Beziehungen der europäischen Culturstaaten zur Türkei eine wahre, aus gemeinsamen politischen, socialen und Culturinteressen herrührende Gemeinschaft nicht hat bewerkstelligt werden können und die Grundlagen dieser Beziehungen sich von denen, im Mittelalter zwischen Christen und Muselmännern bestehenden, factisch in nichts unterscheiden, so muss man nothwendig zu dem Schlusse gelangen, dass die Capitulationen auch jetzt noch ihre reale Begründung nicht eingebüsst haben. Man braucht nur einerseits die Gestaltung des innern Lebens der europäischen Culturvölker und der Türkei, andererseits die Entwickelung der internationalen Beziehungen zwischen beiden näher in's Auge zu fassen, um in dieser Frage eine richtige Entscheidung zu treffen.» Es lassen sich nämlich sämmtliche, in Verträgen mit muhammedanischen Staaten getroffene Vereinbarungen inhaltlich in zwei Gruppen zerlegen: a) Bestimmungen, die die Wahrung der Rechte und Interessen von Christen bezwecken und b) Verpflichtungen Seitens der Christen und deren Regierungen den Muselmännern gegenüber, für die ihnen gewährleisteten Rechte und Prärogative.

Die erste Gruppe begreift folgende Bestimmungen in sich: 1) Sicherheit der Person und Freiheit des Verkehrs; 2) Jurisdiction und administrative Gewalt der Consuln; 3) Besitz von Factoreien, Kirchen u. s. w.; 4) individuelle Verantwortlichkeit; 5) Aufhebung des Strandrechtes und Schutz des persönlichen Eigenthums bei Strandungsfällen; 6) Abschaffung des droit d'aubaine; 7) gegenseitiges Verbot gegen Piratenwesen; 8) verschiedene, Entwickelung der Handelsbeziehungen bezweckende Maassregeln.

Die zweite Gruppe lässt sich in folgende Fragen zerlegen: 1) über die Eröffnung gewisser, näher zu bestimmender Häfen; 2) über die, auf den innern Zustand der Factoreien sich beziehenden Verordnungen; 3) über einige Regeln bezüglich des Handels und zwar a) über den Schmuggelhandel, b) über das Verkaufsrecht; 4) über die Gegenseitigkit von Schutz und Vertheidigung.

Alle diese Bestimmungen werden einzeln besprochen und damit die historische Darstellung der ersten, die Entstehung und allmählige Entwickelung des Consulatwesens behandelnde Periode zum Abschluss gebracht Während dieselbe gegenwärtig nur noch ein historisches Interesse beanspruchen dürfte, treten in der zweiten Periode, die die Entwickelung des Consulatwesens von 1453 bis zu dem 1783 zwischen Russland und der Türkei abgeschlossenen Tractate behandelt, bereits Verträge auf, deren Geltung in die Gegenwart hineinreicht und noch heut zu Tage die juridische Stellung der Consuln im Orient überhaupt, wie innerhalb der Türkei im Besondern vorzeichnet und formulirt. Zunächst kommen die von den Staaten Mittel- und West-Europa's mit der Türkei vereinbarten Capitulationen zur Sprache. Von Seite 247 ab geht der Verf. auf die Beziehungen Russland's zum ottomanischen Reiche über, deren Anfänge er bis in den Schluss des XV. Jahrhunderts hinein verfolgt, während dieselben erst um die Mitte des XVI. Jahrhunderts eine bestimmtere Form anzunehmen beginnen. Dass diese Beziehungen von jeher keinen besonders freundschaftlichen Charakter gehabt haben, wird offen zugegeben und auf den Mangel jeglichen, solidarischen Interesses zwischen den beiden Staaten, als auf die Ursache des gespannten Verhältnisses hingewiesen. Ueberdies hatten die Türken das byzantinische Reich, mit welchem Russland Jahrhunderte lang in dem intimsten Verkehr gestanden, erobert, die Glaubensgenossen der Russen geknechtet: natürlich musste Russland sich da zum Protector der letzteren aufwerfen und für den nächstberechtigten Erben der Interessen des untergegangenen Byzanz sich ansehen; eine beständige, wenn auch nicht immer offene Feindschaft zwischen beiden war die natürliche, die nothwendige Folge.

Die dritte Periode skizzirt die internationalen Beziehungen der Mächte zum ottomanischen Reich und das Consulatwesen im Orient, speciell in Persien, China, Japan, Siam und Maskat, von dem Traktate von 1783 bis auf die Gegenwart. Der Verf. stellt sich hier, wie überhaupt in der historischen Darstellung seines Gegenstandes die Aufgabe, den ursächlichen Zusammenhang aufzudecken, der zwischen dem Umfange der consularischen Machtvollkommenheit und der Culturstufe derjenigen Staaten besteht, auf deren Territorien die Consule eben ihre organische Thätigkeit zu entfalten haben.

Der geschichtliche Rückblick auf die Entwickelung und gegenwärtige Gestaltung des Consulatwesens im Orient sollte das Verständniss vermitteln für die Betrachtung der Rechte und Pflichten der Consuln in richterlicher Beziehung, die nun den Gegenstand des zweiten Hauptabschnittes bildet. Die Organisation der consularischen Gerichtshöfe, die Rechtspflege und Praxis derselben sind bis jetzt in der völkerrechtlichen Literatur fast gar nicht bearbeitet worden. Nur ein *einziges* Werk, das des französischen Juristen Féraud-Giraud (De la juridiction française dans les échelles du Levant), welches einen Commentar zu französischen Gesetzen und Traktaten bildet, hat bis jetzt nothdürftig diese Lücke ausgefüllt. Dem Verfasser vorliegenden Buches nun ist es glücklicherweise möglich gemacht worden, mit den Consulargesetzen, den Instruktionen und der Praxis, welche in den europäischen Hauptstaaten veröffentlicht worden sind, sich bekannt zu machen. Die französische, englische, deutsche (preussische), österreichische, italienische, spanische, belgische, holländische, amerikanische und russische Gesetzgebung auf diesem Gebiete wird einer eingehenden Kritik unterworfen.

Das erste Capitel handelt von der Organisation der verschiedenen consularischen Gerichtshöfe im Orient und führt zu folgenden Ergebnissen: 1) für Consulat-Gerichtshöfe erster Instanz im Orient sollten zu consularischen Richtern ausschliesslich nur solche Personen ernannt werden, die eine juridische Bildung erlangt oder wenigstens mit der juridischen Praxis sich näher vertraut gemacht haben; 2) in dem Falle, dass auch noch die Errichtung eines collegialischen Consulat-Gerichtshofes beliebt würde, sollte die Wahl der Mitglieder desselben ortsangesessenen, dem resp. Jurisdictionskreise angehörenden Unterthanen eines civilisirten Staates anheimgegeben werden, jedoch mit der Berücksichtigung, dass Wahlbedingung und Wahlordnung begründet wären auf einer genauen Kenntniss des, dem Consularbezirke angehörenden Personalbestandes, um anderweitige Unzuträglichkeiten zu vermeiden; 3) die mit der Apellation von den genannten Gerichten betrauten Gerichtshöfe zweiter Instanz sollten volle Garantie gewähren, dass ihr richterliches Personal durchaus vertraut sei mit den, im Orient geltenden Gesetzen und Gewohnheiten, insbesondere so weit sie sich auf Handelsverhältnisse beziehen.

Im zweiten Capitel des zweiten Hauptabschnittes geht der Verfasser auf die Gerichtsbarkeit der Consuln und Consulargerichte im Civil- und Handelsprocess über. Die Hauptschwierigkeit für Gesetzgebung und Justiz im Orient besteht in den unaufhörlichen Competenzstreitigkeiten, was einleuchten wird, wenn man bedenkt, dass z. B. in Aegypten nicht mehr und nicht weniger als *siebzehn* (!) verschiedene von der Territorialhoheit unabhängige Gerichtsbarkeiten neben einander functioniren. So sucht der Verfasser denn diese Frage näher zu bestimmen und bespricht: a) die Gerichtsbarkeit und das, in den verschiedenen Consulaten im Orient existirende Verfahren in Civil- und Handelssachen, zunächst zwischen Unterthanen ein und desselben Staates. Das Resultat, zu welchen er hierbei gelangt, lässt sich dahin präcisiren, dass weder die europäischen Gesetze, noch die Verträge, noch auch die Gerichtspraxis alle Zweifel und Schwierigkeiten zu heben vermögen. Noch schlimmer bestellt ist es b) mit der Gerichtsbarkeit in Bezug auf Unterthanen verschiedener christlicher Staaten. Verfasser führt den Nachweis, dass der Ausgang derartiger Processe bisher ganz von der Willkür der Parteien oder der resp. Gesandtschaften abgehangen haben, da zwischen den betheiligten europäischen Mächten noch keine formell bindenden Abmachungen getroffen worden sind, die Praxis der Consulate aber eine höchst schwankende und widersprechende ist. Endlich c) betreffs der Gerichtsbarkeit in Civilsachen, an welchen auch territoriale Staatsangehörige betheiligt sind, führt Verfasser gleichfalls den Beweis, dass in derartigen Fällen dieselbe absolute Willkür, das gleiche undurchdringliche Chaos walte. Wie in der Türkei und in Aegypten, so hängt auch in Persien, China, Japan, Siam und Maskat der definitive Ausgang derartiger Processe von dem guten Willen der resp. Gesandten ab. — Verfasser leitet sodann die Untersuchung hierüber zu den Competenzstreitigkeiten zwischen Consuln ein und desselben Staates, um schliesslich in bündiger Weise über Gerichtsverfahren und Entscheidung bei Civil- und

Handelssachen in den verschiedenen Consulaten einige Bemerkungen zu machen.

Das dritte Capitel ist dem Criminalprocess gewidmet. In demselben untersucht Verfasser zunächst die Gerichtsbarkeit der Consuln und Consulargerichte in Bezug auf Verbrechen, welche von Unterthanen ein und desselben christlichen Staates gegen einander verübt worden sind. Nachdem er hier die verschiedenen Gesetzgebungen einer wissenschaftlichen Kritik unterworfen und die, in der französischen Gerichtspraxis im Orient herrschende Unbestimmtheit und Principlosigkeit auf kritischem Wege blosgelegt hat, versucht er die Competenz der Consulargerichte in Bezug auf Verbrechen festzustellen, an welchen Unterthanen verschiedener Staaten betheiligt sind. Die Betrachtung endlich der consularischen Jurisdiction und der im Oriente bestehenden Praxis bei Criminalsachen, in denen territoriale Staatsangehörige als Parteien erscheinen, führt den Verfasser zu der Ueberzeugung, dass auch in dieser Frage weder die Capitulationen oder Staatsverträge, noch die europäischen Gesetzgebungen irgend welche definitive Grundsätze ausgearbeitet haben. Hier hängt ebenfalls Alles von dem politischen Einflusse des resp. Gesandten ab, der, wenn er mächtig genug ist, es kuhnlich wagen darf, einen Europäer für Vergehen und Verbrechen, durch die territoriale Unterthanen geschädigt worden sind, völlig straflos ausziehen zu lassen. Den besten Beleg dafür liefert die Türkei. Es ist interessant, wie der Verfasser, gestützt auf die neuesten Verträge zwischen der Pforte und Belgien, den Vereinigten Staaten und den Hansestädten (von 1839), den klaren Nachweis führt, dass Europa auch für Verbrechen gegen türkische Unterthanen *nur* ihrem Consul gerichtsständig sind. Theorie, wie Praxis im Orient sind gegenwärtig von einer Ansicht beherrscht, die derjenigen diametral entgegengesetzt ist, welche die Capitulationen vergangener Jahrhunderte für sich hatten.

Nachdem Verfasser die Bestimmung der consularischen Competenz in Criminalsachen ausgeführt hat, giebt er uns einen kurzen Ueberblick über das Gerichtsverfahren in Criminalsachen, um schliesslich die Execution der consularischen Gerichtsentscheidungen zu behandeln. Zu den, mit der Jurisdiction eng verbundenen Rechten und Pflichten der Consuln im Orient rechnet Verfasser auch diejenigen, die in das Gebiet der sogenannten freiwilligen Gerichtsbarkeit und des Notariates gehören. Auch bei der Besprechung dieser consularischen Funktionen finden wir eine vergleichende Kritik der europäischen Gesetzgebungen und der consularischen Praxis.

Das letzte Capitel des zweiten Hauptabschnittes beschäftigt sich mit der Justizreform in Aegypten und in der Türkei. Es ist bekannt, dass die turkische und vornämlich die aegyptische Regierung seit dem Pariser Frieden von 1856 alle Mittel aufgeboten haben, um die Capitulationen abzuschaffen, die Europäer der türkischen Gerichtsbarkeit zu unterwerfen, mithin die consularische Jurisdiction aufzuheben. Gegen Ende 1869 eröffnete in Kairo eine internationale Commission ihre Sitzungen, um das von der aegyptischen Regierung vorgelegte, die Gerichtsbarkeit der Consuln bedeutend beschränkende Project einer Justizreform gemeinschaftlich zu prüfen. Das Resultat dieser Arbeiten erwies sich als ein den aegyptischen Bestrebungen sehr günstiges, indem die Commission in eine bedeutende Verminderung der consularischen Rechte willigte. Verfasser giebt uns einen ausführlichen Ueberblick über die historische Entwickelung dieser Frage, theilt den Verlauf der diplomatischen Verhandlungen von 1856 bis 1872 mit und bespricht die verschiedenen Projecte und Vorschläge, welche von Seiten europäischer Regierungen gemacht worden sind. Gerade diese Abhandlung dürfte ein um so grösseres Interesse beanspruchen, als dem Verfasser hier Quellen zu Gebote standen und Materialien geliefert wurden, die sonst nicht zugänglich sind.

Nach den in der Einleitung entwickelten allgemeinen Gesichtspunkten, kann über das Resultat, das der Verfasser aus seinen Untersuchungen zieht, kein Zweifel bestehen. Er spricht sich kategorisch gegen jegliche Einschränkung der consularischen Gerichtsbarkeit in der Türkei und in Aegypten aus; überzeugend weiss er den Nachweiss zu führen, dass beide Länder, am allerwenigsten die Türkei, gar nicht einmal im Stande sind, eine irgend wie genügende Garantie für Sicherheit und Unverletzbarkeit der Europäer zu bieten und dass es daher jedenfalls am gerathensten wäre, diese ganze Frage bis auf Weiteres zu vertagen. „Die Abschaffung der Capitulationen und der consularischen Jurisdiction", heisst es S. 545 und 552, „ist eine Frage der *Zeit*, nicht des Princips." Jedoch in Anbetracht dessen, dass der gegenwärtige Zustand der consularischen Justiz im Orient an so mannigfachen Unzuträglichkeiten leidet und in keinerlei Weise befriedigen kann, macht Verfasser verschiedene Vorschläge zur Abhülfe und zur Beseitigung der von ihm aufgedeckten Schäden. Hierzu erscheint ihm vor allem eine Uebereinkunft der christlichen Staaten zu folgenden Zwecken wünschenswerth, ja dringend geboten: erstens, um den Inhalt der Capitulationen genau zu bestimmen oder zu „*codificiren*"; sodann, um das gegenseitige Verhältniss und die Competenz der verschiedenen Consulargerichte bei gemischten Processen festzustellen, und endlich, um auf die Einsetzung eines internationalen Apellationshofes in Constantinopel hinzuwirken, dessen Mitglieder aus den juristisch gebildeten General-Consuln zusammenzusetzen wären.

Da die richterliche Function gerade die unterscheidende Besonderheit in der Amtssphäre eines in nichtchristlichen Staaten des Orients accreditirten Consuls ausmacht, so hat Verfasser hierauf auch den Hauptaccent setzen zu müssen geglaubt und diese Seite der consularischen Thätigkeit einer besonders gründlichen und erschöpfenden Untersuchung werth erachtet. Er wünschte jedoch zugleich auch ein allseitig abgerundetes Bild der Gesammtthätigkeit der Consuln im Orient zu geben und sah sich somit veranlasst, in einem dritten Hauptabschnitte noch derjenigen consularischen Obliegenheiten, wenn auch nur in Kürze Erwähnung zu thun, die den Consulaten des Morgen- und Abendlandes mehr oder minder gemeinsam sind. Es sind hiermit die ausübenden Rechte und Pflichten der Consuln gemeint, die in diesem Schlussabschnitte zur Besprechung kommen: 1) nach ihrem Umfange, 2) nach den amtlichen Beziehungen der Consuln zu Privatpersonen, 3) nach ihrer Stellung Kriegs- und Handelsfragen gegenüber, so wie 4) nach den consularischen Obliegenheiten in Kriegszeiten. Den Abschluss des ganzen Werkes bildet endlich ein Capitel über die Organisation der Consulate. Obschon Verfasser auch hier speciell die Consulate des Orients im Auge behält, streut er doch gar oft Bemerkungen ein, die für das Consulatwesen überhaupt eine praktische Bedeutung haben. Von der Ansicht ausgehend, dass die Consuln Organe der internationalen Verwaltung sind, vindicirt er ihnen auch eine bestimmte Stellung im Staatsdienste und stellt an die Organisation der Consulate die Forderung, dass sie eine, der Gesammtheit der consularischen Thätigkeit durchaus entsprechende sei. Für entschieden geboten hält er es demnach, dass die auf den Dienst im Orient Aspirirenden nur erst, nachdem sie ihre juridische Bildung documentirt und eine praktische Prüfungszeit durchgemacht haben, zur selbstständigen Verwaltung eines Consulates zugelassen würden. Der verschiedentlichen Streitfragen, die in letzterer Zeit in England, wie zum Theil auch in Russland, hinsichtlich einer besseren Organisation der Consulate aufgeworfen worden sind, thut Verfasser noch besondere Erwähnung.

Schliesslich kann Referent nicht umhin, im Interesse der Sache seinen lebhaften Wunsch dahin auszusprechen, es möge sich recht bald ein Uebersetzer finden, der dieses, in seinem russischen Gewande dem übrigen Europa so gut wie unzugängliche Werk für die Wissenschaft zu einem Gemeingut machte und demselben in den Kreisen des Fachgenossen *die* Anerkennung verschaffte, auf welche eine wissenschaftliche, gründliche und allseitige Behandlung des Gegenstandes, wie nicht minder die Zeitgemässheit der aufgeworfenen Frage ihm den gegründetsten Anspruch verleihen.

Revue Russischer Zeitschriften.

„Der Europäische Bote" (Westnik Jewropy—Вѣстникъ Европы). Zeitschrift für Geschichte, Politik und Literatur. Herausgegeben und redigirt von *M. Stassjulewitsch*. Achter Jahrgang. Viertes Buch. April 1873. Inhalt:

I. Friedrich Bodenstedt's Lieder des Mirza-Schaffy, von *W. W. Markow*. (S. 457 — 470). — II. Die Charakteristiken der in der Literatur der zwanziger bis fünfziger Jahre vertretenen Richtungen. Historische Umrisse. VII. Gogol. Von *A. Pypin*. (S. 471—547). — III. Von wem und wie soll die Psychologie bearbeitet werden? I — III. Von *N. M. Ssjetschenow*. (S. 548-628). — IV. „Ultimo", Novelle I — VII. Von *Fr. Spielhagen*. (S. 629-669) — V. Die religiöse mohamedanische Bewegung in Indien. X — XIV. Vom Grafen *P. N. Kutaissow*. (S. 670—699). — VI. Ein Versuch zur Aufstellung der Sociologie. A. Stronin, seine „Methode" und „Politik". I - XI. Von *W. D. Spassowitsch*. (S. 700 — 752) — VII. Die Landschaft und ihre Bedeutung in der Malerei. Von *N. P. Wagner*. (S. 753—764) — VIII. Am Scheldewege. Roman von *N. Dmitrijewa*. Schluss. (S. 765—799). — IX. Ueber die Grenzen des Naturerkennens. Von *Em. Du Bois-Reymond*, russisch von *S. P. Lowzow*. (S. 800—817). — X. Chronik.—Eine Universitätsfrage. — Ueber die Meinung des Herrn Ljubimow in Hinsicht der Durchsicht der Universitäts-Statuten. Von *W. J. Guérier*. (S. 818—836).— XI. Innere Umschau.—Die Adels-Session des St. Petersburger Gouvernement's.—Die Frage über die alle Stände umfassende Wolostj.— Projecte der Herren Platonow und Saweljew. — Die Abstammung des Fürsten Lobanow-Rostowskij. — Das Urtheil des Kreis-Landgerichts. — Die Ordnung der Gemeindeberathungen. — Die Grundlagen des Projectes über die Kriegspflicht — Eine Frage über die Organisation der Armee. — Termine. — Ausnahmen und Privilegien. (S 837 — 860). - XII. Umschau im Auslande. — Die Ministerkrisis in England. — Die Eigenschaften der Krisis. — Gladstone in Irland. — Die Niederlage und die Wiederherstellung des Ministeriums — Die Ergänzung der französischen Constitution.— Die neue Convention mit Deutschland — Die neue Organisation der Armee. (S. 861—882). XIII. Berliner Correspondenz. - Der Schwindel und die sociale Bewegung. Von *K*. (S 882—906).— XIV. Die neueste Literatur. Die Arbeit des Weibes und ihre Organisation. (Le travail des femmes au XIX-me siècle. par *Paul Leroy-Beaulieu*). (S. 906—923) —XV. Neue Bücher. Physics and Politics, or thoughts on the application of the principals of „natural selection" and „inheritance" to political society. By *Walter Bagehot*.— Considérations sur la marche des idées et des événements dans les temps modernes Par M. Cournot L'histoire de France depuis les temps les plus reculés jusqu'en 1789, racontée à mes petits enfants, par M. Guizot. (S. 923—934). — XVI. Kritische Anmerkung. *Trautscholl*. Grundzüge der Geologie. Erster Theil. Geogenie und Geomorphie. 1873. Von *A J*. (S. 935—944).— XVII Warschauer Briefe. Zweiter Brief. Von *L. L*. (S. 944—958).— XVIII Nachrichten. 1) Die Gesellschaft zur Unterstützung hülfsbedürftiger Literaten und Gelehrten.— 2) Die Subscription zu einem Denkmal für Puschkin. (S. 959—960).— XIX. Bibliographisches Intelligenzblatt. (Auf dem Umschlage).

„Das alte Russland" (Russkaja Starina — Русская Старина). — Herausgegeben und redigirt von *M. J. Ssemewskij*. Vierter Jahrgang. Heft IV. April 1873. Inhalt:

I. Erinnerungen von *K. P. Kolsakow*: Die Russen im Zarthum Polen. 1815—1831. Kap. I—V. (S. 423—455).— II. Der Cesarewitsch Konstantin Pawlowitsch: die Correspondenz mit *Th. P. Opotschinin*. 1816—1831. Mitgetheilt von *Th. K. Opotschinin*. (S. 456—476).— III. Der Kaiser Paul Petrowitsch: 1) Seine Rescripte und Briefe an den Grafen Araktscheew. 1794 — 1799. 2) Verordnungen, Ukase u. Resolutionen Paul's I. 1796 — 1798. (S. 477—516).— IV. Der Graf Th. P. Tolstoi: Seine künstlerische Wirksamkeit. 1783 — 1873. (S. 517—532). — V. Die Angelegenheit des Flügel-Adjutanten Ju. A Kopiew. 1845—1850. Erzählung von *A J. Völkner*. (S. 533—546). — VI M. J. Lermontow: 1) Russische Urkunden über die Vorfahren des Dichters. 1621

—1703.— 2) Schottländische Nachrichten über den Stammvater der Lermontows. 1061.— 3) Thomas Leirmont, schottländischer Barde. 1286.— 4) Jurij Lermontow, der Vater des Dichters. 1811. Forschungen von W. W. Nikolski. Anmerkungen von M. L. (S. 547—566.—VII. Blätter aus dem Notizbuch der „Russkaja Starina": 1) Russische Emigranten während Paul's Regierung: W. N. Karasin und Christophorus Vonder Hoven. (S. 567 u. 569). — 2) Die Hinrichtung der Brüder Grusinow 1800. Mitgetheilt von *A. A. Karassew.* (S. 573—576).— 3) Ein Versuch im Jahre 1801 in St. Petersburg einen Klub zu stiften. (S. 576). - 4) Episode aus der Geschichte des russischen Theaters 1818. (S. 576) — 5) Der Verwiesene an seine Eltern, Gedicht von *P. S. Bobrischtschew-Puschkin.* 1827. Mitgetheilt vom Baron A. E. Rosen (S. 577—578). — 6) Ein Attestat dem studioso seminarii Kurilski, aus dem Album von *N. Th. Schtscherbina.* (S. 578 — 580).— VIII. Anmerkungen und Verbesserungen: 1) Prostakow, ein Architekt aus der Mitte der Leibeigenen. (S. 580 – 582). — 2) An die Bibliographen, Brief von *A. N. Neustroew.* (S. 582 — 583). — IX. Die Moden in Russland vor hundert Jahren. (S. 583 — 586 mit 1 Tafel Zeichnungen). — X. Bibliographisches Intelligenzblatt über neue Bücher (auf dem Umschlage).

Beilage: Memoiren von *A. T. Bolotow.* 1738—1795. Vierter und letzter Band. Theil XXIV: Das Leben des russischen Adels. — Die Bureaukratie. — Bestechungen, Gefälligkeiten und Gastfreiheiten.—Herausgabe eines Journals.—Der Baron P. J. Tscherkassow u. And. 1788.

Russische Bibliographie.

Golitzyn, N. S. Allgemeine Kriegsgeschichte des Alterthums. Band II. Vom Tode Alexanders des Grossen bis zum 2ten Punischen Kriege. 323—218 vor Chr. G. 8°. mit Plänen. St. Petersburg. (**Голицынъ, Н. С.** кн. Всеобщая военная исторія древнихъ временъ. Ч. II. Отъ смерти Александра В. до 2-й Пунической войны. (323—218 г. до Р. Х.) Съ чертеж. и план. Спб. 8 д.). 248 S.

— Allgemeine Kriegsgeschichte der Neuzeit. Bd. II. Die Kriege der 2ten Hälfte des XVII. und der ersten Hälfte des XVIII. Jahrhunderts im westlichen Europa. 1650—1740. 8°. mit Karten und Plänen. St. Petersburg. (Всеобщая военная исторія новыхъ временъ. Ч. II. Войны второй половины XVII и первой половины XVIII вѣковъ въ Западной Европѣ. 1650 — 1740. Съ план. и карт.). 261 S.

Sammlung von historischen Materialien und Dokumenten, die sich auf die Geschichte Russlands des 18. u. 19. Jahrh. beziehen. 8°. St. Petersburg. (Сборникъ историческихъ матеріаловъ и документовъ, относящихся къ новой русской исторіи XVIII и XIX в. Спб. 8 д.). 545 S.

Patkanoff, K. P. Die Edelsteine, ihre Namen und Eigenschaften nach den Begriffen der Armenier im 17. Jahrh. 8°. St. Petersburg. (**Патканов, К. П.** Драгоцѣнные камни, ихъ названія и свойства по понятіямъ арминъ въ XVII в. Спб. 8 д.) 92 S.

Sewerzoff, N. A. Die vertikale und horizontale Verbreitung der turkestanschen Thiere. 4°. mit 10 Tafeln. (**Сѣверцовъ, Н. А.** Вертикальное и горизонтальное распредѣленіе туркестантскихъ животныхъ. Изд. Общ. люб. Естествозн., Антроп. и Этногр., подъ ред. А. Федченко и Л. Сабанѣева. Москва. 4 д. и 10 л. рис.). 157 S.

Gatzuck, A. Nicolaus Kopernikus, der Begründer der neuen Astronomie. 12°. Moskau. (**Гатцукъ, А.** Николай Коперникъ, основатель новой астрономіи. Москва. 12 д.). 60 S.

Liwanow, Th. W. Die Schismatiker und die Gefangenen. Band IV. 8°. St. Petersburg. (**Ливановъ, Ѳ. В.** Раскольники и острожники. Т. IV. Спб. 8 д.). 624 S.

Brafman, J. Livre du Kahal. Matériaux pour étudier le Judaïsme en Russie. Odessa. 8°. 256 S.

Soudakevicz, Theodor. Notice sur le progrès de la pisciculture en Russie. St. Pétersbourg. 4°. 27 S.

Bertram. Baltische Skizzen oder Fünfzig Jahre zurück. Erstes Bändchen. Dritte Aufl. Dorpat. 12°. 96 S.

Samokwassoff, D. J. Die alten Städte Russlands. Historisch-juristische Untersuchung. 8°. mit 1 Karte. St. Petersburg. (**Самоквасовъ, Д. Я.** Древніе города Россіи. Историко-юридическое изслѣдованіе. Спб. 8 д. и 1 карта). 190 S.

Nikitsky, A. Umriss der innern Geschichte der Stadt Pleskau. 8°. St. Petersburg. (**Никитскій, А.** Очеркъ внутренней исторіи Пскова. Спб. 8 д.). 344 S.

Sammlung von Handschriften, die Sr. Kaiserliche Hoheit dem Grossfürsten Thronfolger über die Vertheidigung Ssewastopols zugestellt worden sind. Band III. 8°. und 1 Portrait. (Сборникъ рукописей, представленныхъ Его Императорскому Высочеству Государю Наслѣднику Цесаревичу о Севастопольской оборонѣ севастопольцами. Съ портр. Т. III. Спб. 8 д.). 446 S.

Timerjäsoff, D. A. Statistischer Atlas der Hauptzweige der Fabrikindustrie des Europäischen Russlands. Lieferung 3. 4°. und 4 Karten. (**Тимирязевъ, Д. А.** Статистическій атласъ главнѣйшихъ отраслей фабрично-заводской промышленности Европейской Россіи. Вып. III. Спб. 4 д. и 4 карты). 132 S.

Herausgeber und verantwortlicher Redacteur Carl Röttger.

Дозволено цензурою. С-Петербургъ, 2-го іюня 1873 года.

Buchdruckerei von Röttger & Schneider, Newsky-Prospect No. 5.

Der internationale Handel Russlands

von

F. Matthäi.

II.

Die Hülfsmittel des auswärtigen Handels Russlands.

Schifffahrt und Rhederei.

Ueber die historische Entwickelung der national-russischen Schifffahrt und Rhederei lässt sich nicht viel berichten. Der Staat hat sich mehr oder weniger jeder direkten Einwirkung in Bezug auf die Schifffahrt enthalten und letzterer die möglichst freie Entwickelung gestattet. Obgleich die russische Regierung es an Aufmunterungen nicht fehlen liess, und durch vielseitige administrative Maassregeln, namentlich in Bezug auf die Erhaltung von Schiffsbauhölzern in den russischen Waldungen, darauf hinarbeitete, die Vergrösserung der russischen Handelsflotte zu ermöglichen, so hütete sie sich wohl im Interesse des allgemeinen Handels zu Gunsten dieser letzteren Monopole zu schaffen, welche eine nachtheilige Wirkung auf die Schifffahrtsverbindung mit anderen Staaten äussern mussten. Erst ein Ukas der Kaiserin Katharina II. (vom 8. Mai 1770) enthält Vorschriften über die Behandlung der Kauffahrer zu Kriegszeiten, über die Eigenschaften eines russischen Handelsschiffes, über Mannschaft, Schiffspapiere etc. Eine freie Mitbewerbung der Fremden an dem russischen Handel war in keiner Weise und zu keiner Zeit behindert worden, und in dieser Beziehung zeichnet sich die russische Handelsgesetzgebung sehr vortheilhaft aus. Ohne die eigene Flagge in irgend einer Weise zu bevorzugen, behandelte Russland alle Flaggen ganz gleich, nur die schwedisch-norwegische genoss kraft wiederholter Verträge, jedoch nur speciell für den Handel mit Finnland, einzelne Begünstigungen.

Ein Ukas vom 19. Juni 1845 stellte allerdings Maassregeln zu Gunsten der einheimischen Rhederei in Aussicht, doch sollten dieselben nur gegenüber solchen Staaten in Anwendung kommen, welche die russische Flagge nachtheiliger behandelten als andere Flaggen. Die Folge davon war der Abschluss zahlreicher gegenseitiger Schifffahrtsverträge zwischen Russland und anderen Staaten, da ein jeder dieser Letzteren ein grösseres Interesse daran hatte, seiner Schifffahrt den russischen Handel ungeschmälert zu erhalten, als daran, der an und für sich unbedeutenden russischen Seeschifffahrt Hindernisse in den Weg zu stellen. Der erwähnte Ukas blieb daher auch im Ganzen ohne praktische Folgen.

Obgleich Manches geschehen war, um die heimische Schifffahrt zu fördern und Russland in den Besitz einer seinem Handel entsprechenden Kauffahrteiflotte zu setzen, blieb doch das Wachsthum dieser letzteren ein spärliches, so dass auch heute noch die russische Handelsflotte keineswegs jene Entwickelung erlangt hat, wie eine solche den Verhältnissen seines Handels selbst entsprechen würde.

Bevor ich auf den heutigen Bestand derselben zu reden komme, wird es von Interesse sein, einen Blick auf den früheren Zustand der russischen Handelsflotte zu werfen, und benutze ich daher die Daten, welche v. Reden in dieser Beziehung gesammelt hat und die auf die Jahre 1840 — 1852 zurückgreifen.

Nach dem genannten Schriftsteller zeigte damals die russische Handelsflotte folgenden Bestand:

I. *Baltisches Meer.*

a) Finnische Häfen (Ende 1852).

In 20 Häfen gab es 470 Seeschiffe (182 Dreimaster, 75 Briggs, 127 Schooner, 43 Galeassen, 34 Yachten, Tender, 9 Dampfschiffe mit 106,210 Tonnen = gleich 53,105 Lasten Gehalt. Diese finnischen Seeschiffe machten 61,46% der gesammten russischen Handelsflotte aus. Im Bau waren im Jahre 1852 noch 31 Schiffe mit 3595 Lastengehalt begriffen. Die meisten dieser finnischen

Schiffe, 57 mit 8674 Tonnengehalt, entfielen auf den Hafen von Nystad, 47 mit 12630 Tonnen Gehalt auf den von Abo, 42 mit 10596 Tonnen Gehalt auf Uleaborg, 38 (5532 Tonnen Gehalt) auf Raumo, 37 (5888 Tonnen Gehalt) auf Helsingfors etc. Küstenfahrer besass das Grossfürstenthum Finnland Ende des Jahres 1847: 1011.

b) Uebrige Häfen der russischen Ostseeländer.

Auf 10 diverse Häfen entfielen 85 Seeschiffe mit 16608 Tonnen = gleich 8,304 Lasten = Geh. (9,8% der gesammten russischen Handelsflotte), darunter 24 Briggs, 23 Barken, 21 Schooner, 8 Brigg-Schooner, 2 Galeassen, 3 Slops, 1 Barkgaleasse und 1 Yacht. Die meisten Schiffe zählten die Häfen Riga: 29 (mit 5901 Tonnen Gehalt), Libau 28 (mit 5478 Ton. Geh.) und Reval 9 (mit 1213 Ton. Geh.). Küstenfahrer giebt von Reden auf 2000 an, davon entfielen 885 auf St. Petersburg resp. Kronstadt, 623 auf Reval und 260 auf Riga.

II. *Weisses Meer:* 756 Fahrzeuge (72 Schmacken, 69 Rdnschine, 152 Karbassen, 154 Kotschmare, 275 Lodja (Seebote) 1 Dampfschiff, 1 Lichterschiff, 7 Galeassen, 15 Schkuner, 3 Schluppen, 4 Briggs, 2 Schiffe und 1 Barkschiff) mit 23,760 Tonnengehalt = 13,71% der gesammten russischen Handelsflotte.

III. *Schwarzes und Asowsches Meer.* Auf 9 Häfen entfielen 105 Seeschiffe mit 26,027 Tonnen = 13,013½ Lasten Gehalt = 15,05% der gesammten russischen Handelsflotte. Die meisten dieser Seeschiffe 68 (mit 17,361 Ton. Geh.) gab es in Odessa, dann 26 (mit 5,967 Ton. Geh.) in Taganrog. Sehr bedeutend war die Zahl der Küstenfahrer, im Ganzen 7026 Schiffe, von denen 1421 auf Ssewastopol, 1393 auf Rostow am Don, 963 auf Kertsch, 800 auf Odessa, 684 auf Taganrog, 570 auf Cherson, 163 auf Nikolajew, 157 auf Eupatoria, 138 auf Jalta, 118 auf Berdiansk, 113 auf Theodosia etc. entfielen. Trotz der grossen Anzahl dieser Küstenfahrer waren dieselben doch in einem so schlechten Zustande, dass selten ein solches Fahrzeug ohne Havarie einen Hafen erreichte.

Im Ganzen giebt von Reden die Stärke der russischen Kauffahrerflotte für 1852 und frühere Jahre auf 1416 Fahrzeuge mit 86,500 Normallasten (von je 120 Pud) Tragfähigkeit und 10,800 Köpfen Bemannung an, wovon jedoch (die Finnen abgerechnet) ein grosser Theil Ausländer war. Des Vergleiches halber führt v. Reden noch an, dass die preussischen Ostseehäfen 862 *See*schiffe von 128,037 Normallasten Tragfähigkeit, also 42,000 Normallasten mehr besassen, als die gesammte russische Handelsflotte und 67,000 mehr als die russische Ostseeflotte.

Ueber den *gegenwärtigen Zustand der russischen Handelsflotte* fehlten bis jetzt ausführliche und zuverlässige Nachrichten. Erst in allerneuester Zeit hat sich Herr *D. A. Timirjasew*, in weiteren Kreisen durch seinen statistischen Atlas der russischen Grossindustrie bekannt (s. meine früheren Artikel in der „Russischen Revue" über die russische, polnische und finnländische Industrie), der Mühewaltung unterzogen, auf Grundlage des officiellen Materials des Handels- und Manufaktur-Departements eine Zusammenstellung über das gegenwärtige Grössenverhältniss der national-russischen Handelsflotte zu entwerfen. Dieser Zusammenstellung verdanke ich die nachfolgenden Daten, die ich der Uebersichtlichkeit wegen in tabellarischer Form wiedergebe. Als eigentliche Seeschiffe hat Timirjasew mit Recht nur solche aufgenommen, welche einen Tonnengehalt von 50 Tonnen oder 25 Normallasten à 4000 Pfd. besitzen. Ferner bemerke ich, dass die von mir angegebene Gesammtzahl der Schiffe auch diejenige Zahl mit einbegreift, deren Tonnengehalt 25 Lasten noch nicht erreicht, also alle Küstenfahrer, überhaupt alle Schiffe, welche in den Schiffsregistern der einzelnen Häfen aufgenommen sind. Die von mir angegebene Gesammtsumme ist aber nur als Minimalsumme anzusehen, indem sie mit der *laufenden* Nummer abschliesst, welche das von Timirjasew in seiner Zusammenstellung aufgenommene *letzte* Schiff mit einem Tonnengehalt von 25 Last und darüber trägt. Die von mir angegebene Gesammtzahl der den eigentlichen russischen Häfen angehörenden Schiffe wird daher hinter der Wirklichkeit im Ganzen nur wenig zurückstehen. Da Timirjasew für die Schiffe des Grossfürstenthums Finnland keine laufenden Nummern anführt, so musste ich mich auch enthalten, bei den finnischen Schiffen eine Gesammtzahl anzugeben. Von letzteren sind daher nur solche in der Tabelle aufgenommen, welche einen Tonnengehalt von 25 Last und darüber enthalten, die demnach schon als wirkliche Seeschiffe anzusehen sind. Zwischen Kabotage-Fahrzeugen und eigentlichen Seeschiffen macht Timirjasew ebenfalls keinen Unterschied, und zwar aus dem Grunde, weil die Rheder ihre Schiffspapiere häufig wechseln und sie bald für die blosse Küstenfahrt, bald wieder für weitere Fahrten ausstellen lassen. Im Schwarzen Meere gilt als Küstenfahrt selbst eine Reise über das ganze Meer, aus einem russischen nach einem türkischen Hafen etc.

Meere und Häfen.	Gesammtzahl sämmtlicher Schiffe.	Darunter Schiffe mit Tonnengehalt von 25 Last u. darüber	Tonnengehalt der Schiffe der letzten Rubrik Lasten.	Darunter Dampfschiffe.	Pferdekraft der Dampfmaschinen.
Weisses Meer					
Hafen Onega . .	79	26	920	—	—
» Archangel	485	127	4.481	2	100
	564	153	5.401	2	100
Stilles Meer					
Hafen Nikolajewsk	15	15	550[1]	15	780
Kaspisches Meer					
Hafen Astrachan	668	250	10,535	9	520
» Baku	72	17	1,255	—	—
	740	267	11.790	9	520
Schwarzes und Asowsches Meer					
Hafen Poti	23	13	1,266	—	—
» Redut-Kale	2	2	277		—
» Otschemtschiri . . .	1	1	62	—	—
» Sukum-Kale	1	1	268	—	—
» Noworossiisk. . . .	5	2	135	—	-
» Jeisk	29	3	212	—	—
» Rostow	820	207	14,699	8	482
» Taganrog	258	149	10.307	1	30
» Mariupol.	125	58	6,913	—	-
» Berdjansk	97	26	1.417	—	
» Kertsch	171	90	3,882	3	215
» Theodosia.	9	4	456	4	220
» Ssewastopol	4	4	179	—	
» Eupatoria	16	10	655	—	—
» Nikolajew	261	113	5,546	—	—
» Odessa	337	239	41,161	77	7,234
» Akjerman	4	1	31	—	—
	2 163	923	87.466	93	8,181
Ostsee					
» Libau	41	33	3.253	—	—
» Windau	24	17	1,204	—	
» Riga	130	119	12,734	7	856
» Pernau.	45	32	2,502	2	140
» Arensburg. . . .	5	2	62	—	
» Insel Dago. . . .	19	8	547	—	
» Reval.	24	20	2,167	1	90
» Narva.	25	23	1,651	—	-
» Kronstadt	20	14	1,510	5	290
» St. Petersburg. . . .	80	62	5,600	1	70
	413	330	31,230	16	1,446
Zusammen in allen vorstehenden russischen Häfen .	3 895	1,688	136,437	135	11,027

[1] Diese Angabe bezieht sich nur auf 4 Schiffe; von den übrigen 11 Schiffen ist der Tonnengehalt nicht bekannt.

Grossfürstenthum Finnland.	Schiffe mit einem Tonnengehalt von 25 Lasten u. darüber.	Tonnengehalt vorstehend angegebener Schiffszahl Lasten.	Darunter Dampfschiffe.	Pferdekraft der Dampfmaschinen.
Hafen Sordawola	6	314	1	90
» Kexholm	8	484	1	40
» Wiborg	105	7,348	3	345
» Friedrichshamm	6	781[1]	2	30
» des Gouvernements Wiborg	200	12,596	—	—
» Lowisa	7	1,168	—	—
» Borgo	19	2,770	1	45
» Helsingfors	18	2.416	5	423
» Ekenäs	3	368	2	90
» des Gouvernements Nyland	35	1,779	-	—
» Abo	31	7,099	5	480
» Nystad	39	7,475	—	—
» Raumo	30	3,919	—	—
» Björneborg	14	3,621	3	320
» des Gouvernements Abo-Björneborg	131	13,077	1	40
» der Alands-Inseln	33	19,325	—	—
» Kasko	2	531	—	—
» Nikolstad	30	7,511	2	92
» Ny-Carleby	4	1,109	—	—
» Jakobstadt	17	4,972	—	—
» Gamla-Karleby	8	2,003	—	—
» des Gouvernements Wasa	2	190	—	—
» Brochestad	46	14,337	—	—
» Uleaborg	30	8,023	1	50
» Torneo	1	90	1	80
» an der Küste von Uleaborg	1	30	—	—
Zusammen in Finnland	826	123,336	49	2,125
Hierzu die russischen Schiffe	1,688	136,437	135	11,027
So ergiebt sich die Stärke der russischen Handelsflotte	2,514	259,773	184	13 152

Da die Bedeutung einer Handelsflotte nicht blos von der Zahl der Schiffe allein, sondern hauptsächlich von dem Tonnengehalt abhängt, so füge ich noch nachstehende hierauf bezughabende Daten bei:

Die Schiffe des Weissen Meeres sind die kleinsten. Von 153 Schiffen mit einem Tonnengehalt von 25 Last und darüber, giebt es nur 25 mit einem Gehalt von 50—99 Lasten und nur 6 von à 150 Last, darunter 2 Dampfschiffe.

Die Angaben über die Handelsflotte im Stillen Ocean können nicht als vollständig angesehen werden, da es keineswegs anzunehmen ist, dass die dortige russische Handelsflotte nur aus 15 Dampfern, wenn auch, wie es scheint, von grösserem Tonnengehalte, bestehen sollte. Unter den Handelsschiffen des Kaspischen Meeres

[1] Exclus. Tonnengehalt der beiden Dampfschiffe.

giebt es 78 von 50—99 Lasten, 29 von 100—199 Lasten, 7 von 200 bis 240 Lasten und 3 à 556 Lasten.

Von 923 Handelsschiffen des Schwarzen- und Asowschen Meeres besitzen 352 einen Tonnengehalt von 50—99 Lasten; 107 von 100 bis 199 Lasten, 28 von 200—299, 11 von 300—399, 7 von 400—499, 2 von 500—599, 3 von 600—699, 1 von 789 Lasten, 3 von 806—893 Lasten, 1 von 946, 1 von 1053 und 1 von 1102 Lasten. Die letztangeführten grossen Schiffe sind sämmtlich Dampfschiffe des Odessaer Hafens.

Von 330 Seeschiffen in den Häfen der Ostsee besitzen 129 einen Tonnengehalt von 50—99 Lasten, 140 einen solchen von 100—199 Lasten, 15 von 200—299, 1 einen Tonnengehalt von 440 und 1 einen solchen von 530 Lasten.

Ausser dem Hafen von Odessa besitzen die finnländischen Häfen die verhältnissmässig bedeutendste Anzahl von grossen Handelsschiffen, indem 170 Schiffe einen Tonnengehalt von 50—99 Lasten, 228 einen solchen von 100—199 Lasten, 109 von 200—299 Lasten, 65 von 300—399 Lasten, 15 von 400—499 und 7 von über 500 Lasten haben.

v. Reden berechnet für die fünfziger Jahre die Gesammtstärke der russischen Kauffahrer-Flotte auf 1416 Fahrzeuge mit einem Tonnengehalte von 86,500 Normallasten. Demnach hätte sich die Zahl der Handelsschiffe um 1098 oder 77%, deren Lastengehalt aber um 173,273 Lasten oder um 200% vermehrt. Ob diese Verhältnisszahlen richtig sind lässt sich schwer nachweisen, da v. Reden die Seeschiffe von den Küstenfahrern trennt, während in der Timirjasew'schen Uebersicht nur der Tonnengehalt der Schiffe, nicht aber ihre Bestimmung den Ausschlag gegeben hat. — Dem Tonnengehalte seiner Handelsschiffe nach würde Russland den 9. Platz unter den verschiedenen Seemächten einnehmen, indem nur der Tonnengehalt der englischen, nordamerikanischen, deutschen, französischen, italienischen, norwegischen, chinesischen und niederländischen Handelsschiffe den der russischen übertrifft. Nimmt man aber das Verhältniss des Tonnengehaltes zur Bevölkerungszahl zur Basis des Vergleiches der verschiedenen Seemächte, dann nimmt Russland allerdings nur die 16., d. h. vorletzte Rangstufe ein, indem nur China ein noch ungünstigeres Verhältniss des Tonnengehaltes der Handelsschiffe zur Bevölkerungszahl aufzuweisen hat.

Die Seeschifffahrt nach und aus russischen Häfen.

Nach den verschiedenen Meeren, von welchen Russland begrenzt wird, wird auch der russische Seehandel in, diesen Meeren entsprechende Gruppen oder Zollgebiete getheilt, und zwar, wenn wir die officielle Eintheilung beibehalten:

A, in den Handel nach den Häfen des Baltischen Meeres (der Ostsee)
B, » » » » » » des Weissen Meeres
C, » » » » » » » Schwarzen- u. Asow. Meeres.

Im Ganzen zählt Russland (mit Ausschluss von Finnland) 31 grössere, dem auswärtigen Handel erschlossene Seehäfen, davon entfallen:

A, auf das Baltische Meer 12 und zwar die Häfen: 1. Kronstadt und St. Petersburg, 2. Narva, 3. Kunda, 4. Reval, 5. Baltischport, 6. Hapsal, 7. Dagen, 8. Arensburg, 9. Pernau, 10. Riga, 11. Windau und 12. Libau.

B, auf das Weisse Meer 5 und zwar: 13. Archangelsk, 14. Onega, 15. Sumskoi, 16. Sorrokskoi, 17. Kem.

C, auf das Schwarze- und Asowsche Meer 14 und zwar die Häfen: 18. Odessa, 19. Akjermann, 20. Nikolajewsk, 21. Eupatoria, 22. Ssewastopol, 23. Theodosia, 24. Kertsch, 25. Genitschi, 26. Berdjansk, 27. Mariupol, 28. Taganrog, 29. Rostow, 30. Jeisk, u. 31. Temrjuk.

Die mehr oder minder grosse Bedeutung dieser Häfen werde ich weiter unten hervorheben. Zunächst liegt mir ob, ein möglichst vollständiges Bild der *Schiffsbewegung* in diesen verschiedenen Häfen zu geben, und greife ich, um Anhaltepunkte zum Vergleiche mit dem gegenwärtigen Zustand dieser Schiffsbewegung zu gewinnen. ebenfalls auf das Jahr 1850 zurück.

Nach v. Reden[1] liefen Schiffe im Jahre 1850 in die russischen Häfen ein und aus:

Häfen	ein	aus
der Ostsee	3423	3545
des Weissen Meeres	547	541
des Schwarzen- und Asowschen Meeres	2590	2480
des Kaspischen Meeres . .	220	235
	6780 v. 626,373 Schiffslast[2]	6801 v. 576,077 Schfl.

[1] Russlands Kraft-Elemente und Einflussmittel.
[2] Eine Schiffslast = 120 Pud.

In der 12-jahrigen Periode von 1830–1841 waren zusammen 62892 Kauffahrteischiffe in sämmtliche russische Seehafen (mit Ausnahme der finnischen) eingelaufen, dagegen 63101 Kauffahrteischiffe aus denselben in See gegangen. Dies ergiebt einen Schiffsverkehr von durchschnittlich 5421 ein- und 5258 auslaufenden Handelsschiffen im Jahr, zusammen also von 10499 grösseren Fahrzeugen.

Bis zum Jahre 1850, in welchem 13581 Kauffahrteischiffe in den russischen Häfen ein- und ausliefen, hatte sich dennoch die Zahl der den Handelsverkehr unterhaltenden Schiffe um 3082 oder um über 29°/₀ vermehrt. In dieser früheren Periode (1830—1841) machten (nach v. Reden) die unter englischer Flagge fahrenden Schiffe 32,33°/₀, die unter russischer Flägge fahrenden 16,77°/₀, und die unter deutscher Flagge fahrenden 14,11°/₀ der sämmtlichen in den russischen Häfen verkehrenden Schiffe aus. Die der Mehrzahl der Schiffe nächst betheiligten Flaggen waren die schwedisch - norwegische (6,25°/₀), die holländische (5,17°/₀), und die italienische (5,05°/₀).

Vom Jahre 1851 an gestaltete sich in den darauf folgenden zehnjährigen Perioden der Handelsschiffsverkehr in den russischen Häfen wie folgt: Es liefen Schiffe in diesen Häfen ein:

Flagge		Zahl der Schiffe.	Tonnengehalt Lasten per 120 Pud.	Durchschnittlicher Tonnengehalt der Schiffs. Lasten.	Procentantheil der Flagge an der Gesammtschifffahrt.
Russische	1851	1019	78,662	78	13,96
„	1861	1,247	139,842	112	11,96
„	1871	1,500	211,147	140	12,24
Englische	1851 [1]	1,875	187,386	100	25,66
„	1861 [2]	1,956	263,541	135	18,76
„	1871	2,672	649,105	243	21,80
Schwedisch-Norwegische	1851	366	20,661	56	5,01
„	1861	712	59,435	84	6,83
„	1871	1465	176,697	120	11,13
Holländische	1851	586	33,312	57	8,03
„	1861	763	50,388	66	7,32
„	1871	760	64,753	85	2,14
Italienische	1851	262	30,840	158	3,21

[1] Sämmtliche Angaben für das Jahr 1851 sind entnommen: v. Reden. Russlands Kraft-Elemente und Einfluss-Mittel.

[2] Die für 1861 und 1871 den officiellen Handelstabellen.

Flagge.	Zahl der Schiffe.		Tonnengehalt Lasten per 120 Pud.	Durchschnittlicher Tonnengehalt der Schiffe. Lasten.	Prozentantheil der Flagge an der Gesammtschifffahrt.
Italienische	1861	752	107,395	142	7,21
,, ...	1871	1372	293,881	211	11,11
Oesterreichische . . .	1851	191	30,102	157	2,62
„ . . .	1861	371	69,446	187	3.56
„ . . .	1871	526	126,420	240	4,29
Deutsche	1851	1038	67,272	65	14,31
„	1861	1425	122,383	85	13,67
,, ...	1871	1783	177,362	99	14,55
Dänische	1851	223	9,720	43	3,05
„	1861	484	26,658	55	4,64
,, ...	1871	530	40,771	76	4,32
Türkische	1851	978	43,798	36	13,40
„	1861	1468	50,770	34	14,08
,, ...	1871	568	16,381	28	4,63
Griechische	1851	444	50,761	114	6,08
,, ...	1861	378	50,352	136	3,63
„	1871	898	103,331	115	7,33
Französische	1851	130	10,281	79	1,78
„	1861	216	18,068	83	2,07
„	1871	101	10,426	103	0,82
Amerikanische	1851	65	12,826	197	0,89
,, ...	1861	52	17,859	261	0,49
„	1871	39	14,535	372	6,32
Jonische	1851	119	12,087	101	1,63
,, ...		87	9,811	113	0,84
Belgische	1861	15	3,290	219	0,14
,, ...	1871	21	9,625	458	0,17
Portugisische	1851	2	182	191	0,03
„	1861	2	203	101	0,02
Moldauer & Wallachische	1861	22	2,017	73	0,21
„	1871	5	396	79	0,04
Serbische	1861	6	726	121	0,06
In Summa .	1851	7,323	579,396	79	
	1861	10,016	996,531	99	
	1871	12,256	1,894,830	153	

Aus vorstehender Tabelle ergiebt sich, dass sich die Hulfsmittel des auswärtigen Handels Russlands, in soweit dieselben in der Seeschifffahrt bestehen, in den letzten 20 Jahren sehr ansehnlich gemehrt haben. Die Zahl der in den russischen Häfen eingelaufenen Schiffe hat sich in dieser Zeitperiode um 4933 Schiffe oder um 67,36%, deren Tonnengehalt aber um 1,315,434 Schiffslast oder um 227% vermehrt, was den Beweis eines ausserordentlich gesteigerten Verkehrs liefert. Was die ausgelaufenen Schiffe anbelangt, so kommt mit verhältnissmässig geringer Differenz deren Zahl der der eingelaufenen sehr nahe, so dass es sich unnöthig erweist, über dieselben einen besonderen, detaillirten Nachweis zu liefern.

Es liefen aus sämmtlichen Häfen Russlands im Jahre 1861: 10,105 Schiffe mit einem Tonnengehalt von 997,627 Lasten und im Jahre 1871: 12,172 Schiffe mit einem Tonnengehalt von 1,897,638 Lasten aus.

Die Gesammtbewegung der ein- und auslaufenden Schiffe stellt sich demnach im Jahre 1861 auf 20,121 Schiffe und
„ 1871 „ 24,428 „

Was nun speciell die *Zahl* der in den russischen Häfen verkehrenden russischen Schiffe anbelangt [1], so betrug dieselbe

im Jahre 1851:	1019	mit	78,662	Lasten Tonnengehalt
„ 1861:	1247	„	139,842	„ „
„ 1871:	1500	„	211,147	„ „

Die Zahl der in den heimathlichen Häfen verkehrenden russischen Schiffe war daher im Jahre 1871 gegenüber 1861 um 253 Schiffe oder um 20%, gegenüber 1851 aber um 481 oder um 47%, der Tonnengehalt dagegen um 71,305 Lasten oder 50% resp. um 132,485 Lasten oder 168% gestiegen. Diese Zahlen deuten allerdings ebenfalls auf eine nicht unbedeutende Entwickelung der russischen Handelsflotte hin, die auch im Laufe der Zeit ganz ohne Zweifel erfolgt ist. Um aber diesen Fortschritt richtig beurtheilen und um erfahren zu können, ob Russland in dieser Beziehung den gleichen Entwickelungsgang wie andere Staaten genommen hat, sollen nachstehend auch die Fortschritte constatirt werden, welche die fremden in den russischen Häfen verkehrenden Schiffe sowohl

[1] Die nachstehenden Zahlen beziehen sich nur auf die *ein*gelaufenen, nicht auch auf die *aus*gelaufenen Schiffe.

hinsichtlich ihrer Zahl als auch ihres Tonnengehaltes gemacht haben.

Es liefen im Jahre 1871 in russische Häfen mehr oder weniger Schiffe mit mehr oder weniger Tonnengehalt ein, als im Jahre 1850:

Nationalität	Schiffe	(Procente)	Lasten	(Procente)
Schweden u. Norwegen	+ 1204	(+ 461)	+ 155,632	(+ 738)
Italien	+ 1092	(+ 368)	+ 259,776	(+ 761)
Deutschland	+ 1072	(+ 150)	+ 124,444	(+ 235)
England	+ 806	(+ 43)	+ 421,080	(+ 188)
Russland	+ 472	(+ 41)	+ 116,625	(+ 123)
Griechenland	+ 395	(+ 78)	+ 45,709	(+ 79)
Dänemark	+ 381	(+ 255)	+ 34,367	(+ 536)
Holland	+ 321	(+ 73)	+ 36,038	(+ 125)
Oesterreich	+ 293	(+ 125)	+ 86,880	(+ 219)
Amerika	— 13	(— 25)	+ 4,554	(+ 45)
Frankreich	— 22	(— 18)	- 1,088	(— 9)
Türkei	— 314	(— 34)	- 9,823	(— 37)

Nimmt in dieser Zusammenstellung, schon was die absolute Vermehrung der Zahl der die russischen Häfen besuchenden Schiffe anbelangt, die russische Handelsflotte keinen sehr hervorragenden Platz ein, so reducirt sich derselbe doch noch sehr bedeutend, wenn man die proportionelle Vermehrung des Schiffsverkehrs (in der Tabelle durch Procente ausgedrückt) in's Auge fasst. In diesem Falle würde Russland, was die Vermehrung der Schiffszahl anbelangt, nicht den 5. sondern den 9. (also beinahe einen der letzten Plätze), und was die Vermehrung des Lastengehalts betrifft, den 8. Platz unter den die russischen Häfen besuchenden seefahrenden Nationen einnehmen. Diejenigen behalten daher Recht, welche behaupten, dass die Entwickelung der russischen Handelsflotte, trotz ihrer faktischen Vergrösserung, eine verhältnissmässig geringe ist, und dass dieselbe keineswegs den an sie von dem russischen Handel gestellten Anforderungen entspricht.

Die verschiedenen, die Küsten Russlands begrenzenden Meere haben keineswegs eine gleiche Bedeutung für Handel und Schifffahrt, was am deutlichsten aus nachstehender Zusammenstellung hervorgeht:

	In Ballast.		Mit Ladung.		Zusammen.	
	Schiffe.	Lasten.	Schiffe.	Lasten.	Schiffe.	Lasten.
Es liefen ein in die Häfen:						
der Ostsee . . . 1861	1,463 von	111,936	3,344 von	326,225	4,807 von	438,161
" " . . . 1871	1,959 "	239,492	4,265 "	584,892	6,225 "	824,384
des Weiss. Meeres 1861	527 "	50,413	284 "	8,491	811 "	58,904
" " " 1871	569 "	81,086	345 "	12,233	914 "	93,318
des Schwarz " 1861	2,180 "	321,003	1,117 "	145,994	3,297 "	466,997
" " " 1871	3,464 "	645,910	1,653 "	331,217	5,117 "	977,127

	In Ballast.		Mit Ladung.		Zusammen.	
	Schiffe.	Lasten.	Schiffe.	Lasten.	Schiffe.	Lasten.
Es liefen aus aus den Häfen:						
der Ostsee . . 1861	428 von	48,418	4,383 von	387,606	4,811 von	436,024
" " . . . 1871	320 "	53,318	5,819 "	769,628	6,139 "	822,946
des Weiss. Meeres 1861	12 "	79	817 "	60,327	829 "	60,406
" " " 1871	— "	—	929 "	94,868	929 "	94,868
des Schwarz. " 1861	458 "	45,752	2,919 "	427,326	3,377 "	473,078
" " " 1871	900 "	125,675	4,204 "	854,149	5,104 "	979,824

Die grösste Schiffszahl, sowohl der ein- wie auslaufenden Schiffe concentrirt sich in der Ostsee; unter diesen Schiffen dominiren die englischen, dann folgen die deutschen, die skandinavischen, holländischen und dann erst in fünfter Stelle die russischen. Im Weissen Meere dagegen bilden die russischen Schiffe die Mehrzahl, und diese sind es auch, welche grossentheils den Import vermitteln, dann folgen die skandinavischen, englischen, deutschen und dänischen. In den südrussischen Häfen dagegen (im Schwarzen- und Asowschen Meere) treten, mit Ausnahme der englischen, die hier genannten vollständig in den Hintergrund, und selbst England steht, was die Schiffszahl anbelangt, Italien und Griechenland nach. Nach den englischen folgen die türkischen, österreichischen, russischen, deutschen und skandinavischen Schiffe.

Wenn auch die Fortschritte, welche die Schifffahrt in der Ostsee aufzuweisen hat, als sehr bedeutende bezeichnet werden müssen, indem sich die Zahl der einlaufenden Schiffe im letzten Decennium um 1418 oder 29,4% und der Tonnengehalt derselben um 386,223 Lasten oder 88% gesteigert hat, so steht dennoch in dieser Beziehung die Ostsee dem Schwarzen- und Asowschen Meere nicht unerheblich nach. In diesen Meeren hat sich die Zahl der einlaufenden Schiffe um 1820 oder 55% und deren Tonnengehalt um 506,746 Lasten oder 171% vermehrt. Es ist daher gar nicht abzuleugnen, dass die beiden letztgenannten Meere eine grosse und rasch steigende Bedeutung für den auswärtigen Handel Russlands gewinnen und dass man alle Ursache hatte, sie so rasch als möglich durch

Eisenbahnbauten mit den inneren Gouvernements Russlands in Verbindung zu setzen. Diesem letzten Umstande ist es vorzugsweise zuzuschreiben, dass sich auch die Zahl der mit Ladung einlaufenden Schiffe in den letzten Jahren so vermehrt hat.

Trotz dieses letzterwähnten Umstandes stellt sich aber das Verhältniss für die südlichen Meere Russlands weniger günstig, wenn man die Zahl der *in Ballast* ein- und auslaufenden Schiffe zu den mit Ladung ein- und auslaufenden in Vergleich zieht. An und für sich ist es schon einer der grössten Uebelstände des russischen Seehandels auf allen Russland begrenzenden Meeren ohne Ausnahme, dass ein grosser Theil der die russischen Häfen besuchenden Schiffe gezwungen ist, anstatt mit Ladung, in Ballast ein- und auszulaufen. Von 12,256 im Jahre 1871 einlaufenden Schiffen konnten dies nur 6264 oder 50,1 % mit Ladung thun, während der Rest (5992 Schiffe oder 49,9 %) in Ballast einlaufen musste. Bei den auslaufenden Schiffen stellte sich das Verhältniss bedeutend günstiger, da von 12,172 abgehenden Schiffen 10,952 (89 %) mit voller Ladung auslaufen konnten. Immerhin bleibt es aber ein grosser Uebelstand, wenn von 24,428 ein- und auslaufenden Schiffen 7212 oder gegen 30 % in Ballast ihre Reise zurücklegen müssen. Dass in Folge davon auch die Wasserfracht aus und nach Russland sehr vertheuert wird und der Seehandel unter derartigen Verhältnissen nothwendig leiden muss, liegt auf der Hand. Man wird sich unter solchen Umständen auch nicht wundern dürfen, dass der Landhandel mit Russland, wie wir weiter unten sehen werden, in einem noch weit rascheren Verhältnisse wächst, wie der Seehandel und dass ersterer diesen letzteren zu überflügeln droht.

	Davon				
	Mit Ladung.		In Ballast.		Procente d. letzt.
	Schiffe.	Lasten.	Schiffe.	Lasten	
Es liefen 1871 ein und aus:					
in der Ostsee	10,085	(von 1,354,520)	2,279	(von 292,810)	22,6 % (21,6 %)
im Weissen Meere . .	1,274	(„ 107,101)	569	(„ 81,086)	44,7 % (75,7 %)
im Schwarz. Meere etc.	5,857	(„ 1,185.366)	4,364	(„ 771,585)	74,5 % (65 %)

Hieraus geht in unzweideutiger Weise hervor, dass die Schifffahrtsverhältnisse auf dem Schwarzen- und Asowschen Meere keineswegs zu den günstigen zählen. Die Häfen dieser Meere sind die eigentlichen *Exporthäfen* Russlands für dessen voluminöse Rohprodukte, namentlich für Getreide, das vorzugsweise auf die Wasserverfrachtung angewiesen ist. Die letzten Jahre, und unter ihnen namentlich auch das Jahr 1871, zeichneten sich durch einen sehr starken Getreideexport aus. Letzterer bedingt das Einlaufen einer grossen Anzahl ausländischer Schiffe, die aber gezwungen sind, da es ihnen für den russischen Import an Ladung gebricht, ihre Reise in Ballast zurückzulegen. Hierdurch wird nicht nur der Handel im Allgemeinen, sondern in erster Linie auch die Landwirthschaft benachtheiligt, indem beiden für ihre Producte in dem Verhältnisse geringere Preise gezahlt werden, wie die ausländischen Rheder die verdienstlose Hinfahrt sich berechnen. Hier begegnen wir der ersten nachtheiligen Folge des russischen Zolltarifs, der es verhindert, dass wenigstens ein grösserer Theil der einlaufenden Schiffe sich mit Ladung nach Russland versorgen könnte. Der Schaden, der hieraus entsteht, trifft demnach zunächst zwei wichtige, ja unter den russischen Verhältnissen die wichtigsten productiven Gewerbe, dann aber auch den Staat selbst, dem eine reiche Einnahmsquelle entgeht. Die verhältnissmässig geringe Zahl der national-russischen Handelsschiffe, so wie der Umstand, dass diese letzteren ihrer grossen Mehrzahl nach sich am ausländischen Handel Russlands wenig oder gar nicht betheiligen, tragen ebenfalls dazu bei, das obenerwähnte Missverhältniss zu steigern. Betheiligte sich die russische Rhederei lebhafter an dem Import und Export, so würde sie darnach streben, die nutzlosen Fahrten mit blossem Ballast möglichst zu beseitigen, da sie Schiffe, welche bestimmt wären, Importartikel nach Russland zu bringen, mit Getreide und anderen Exportwaaren befrachtete. Endlich trägt der Umstand, dass Russland fast nur landwirthschaftliche Rohproducte exportirt, anstatt dieselben vor den Export in Fabrikate oder wenigstens Halbfabrikate zu verwandeln, wesentlich dazu bei, die für den Export erforderliche Schiffszahl zu vermehren, und dadurch nothwendig die Zahl der in Ballast in russische Häfen einlaufenden Schiffe zu steigern.

Obgleich die Zahl der mit Fracht in die russischen Häfen einlaufenden Schiffe in den letzten Jahren recht ansehnlich gestiegen, so ist doch dadurch keine Besserung des in Rede stehenden Missverhältnisses, sondern im Gegentheil eine noch grössere Verschlimmerung eingetreten, indem die Zahl der in Ballast eingelaufenen Schiffe sich in einem noch grösseren Verhältnisse gesteigert hat, wie die der mit Fracht eingelaufenen.

Die Zahl der im Jahre 1861 in der Ostsee in Ballast eingelaufenen Schiffe betrug 43,7% der mit Fracht eingelaufenen, im Jahre 1871 war dieses Verhältniss auf 45,9% gestiegen. Im Schwarzen und Asowschen Meere dagegen liefen 1861 195% der mit Fracht eingelaufenen Schiffe in Ballast ein, 1871 aber bereits 209%. Es scheint daher in der That dieses Missverhältniss für die Zukunft nicht zu beseitigen zu sein.

Die Schifffahrtsverhältnisse in der Ostsee sind jedenfalls die am meisten ausgeglichenen. Die dortigen Häfen sind nicht nur für den Import die wichtigsten von ganz Russland, sondern auch der Export ist, wie ich bald nachweisen werde, ein sehr erheblicher, wenn er auch in den letzten Jahren von dem aus den Häfen des Schwarzen- und Asowschen Meeres überflügelt worden ist. Es ist aber kaum denkbar, dass der massenhafte Getreideexport, welcher die Jahre 1870 und 1871 auszeichnete, auch für die Zukunft die gleiche Höhe behaupten werde (schon das Jahr 1872 weist einen nicht unbedeutenden Ausfall in dieser Beziehung aus), und in Folge davon werden die Häfen der Ostsee eben sowohl für den Export wie für den Import ihre überwiegende Bedeutung behalten. Ja einige dieser Hafen, welche in früheren Jahren als für den Handelsverkehr ganz unbedeutend erscheinen mussten, haben in den letzten Jahren, namentlich seitdem sie durch Eisenbahnen mit den inneren Gouvernements in Verbindung stehen, die günstigsten Handelsverhältnisse aufzuweisen.

In dieser Beziehung stellte vor einiger Zeit der „Regierungsanzeiger" Reval als ein äusserst interessantes Beispiel auf, und dieser Zeitung entnehme ich folgende Daten:

Die Zahl der aus dem Auslande in den Revaler Hafen eingelaufenen Schiffe betrug

1868	92	darunter	27	Dampfschiffe
1869	98	„	31	„
1870	166	„	38	„
1871	239	„	117	„
1872	301	„	174	„

In einem Zeitraume von 5 Jahren hatte sich also die Zahl der aus ausländischen Häfen einlaufenden Schiffe mehr als verdreifacht.—In demselben Zeitraume wurden in den Hafen von Reval aus dem Auslande Waaren eingeführt:

Im Jahre	1868	für	1,247,751	Rubel
„	1869	„	1,548,078	„
„	1870	„	3,944,542	„
„	1871	„	9,916,794	„
„	1872	„	32,608,422	„

Der Werth des Imports war also im letzten Jahre gegen 1868 um 31,360,671 Rubel gestiegen, hatte sich demnach um mehr als das 27 fache oder um 2513% vermehrt. In demselben Zeitraume wurden über Reval Waaren ausgeführt:

im Jahre	1868	für	313,360	Rubel
„	1869	„	287,583	„
„	1870	„	856,537	„
„	1871	„	2,863,538	„
„	1872	„	2,857,740	„ also um 2,544,380 Rbl.

oder um ca. 812% mehr als 1868. Die Zolleinnahmen hatten sich in den gleichen Jahren um das 5½ fache gesteigert. Auch der Verkehr im Libauer Hafen hat grössere Fortschritte aufzuweisen, obgleich keineswegs solche wie Reval. Freilich ist die Verkehrssteigerung Reval's auf Kosten des Kronstädter und St. Petersburger Hafens, die Libau's auf Kosten Riga's erfolgt, deren Verkehr zwar ebenfalls, allein nicht in dem Verhältnisse gewachsen ist, wie es vermuthlich geschehen sein würde, wenn sich der Schiffsverkehr nicht Reval oder Libau zugewendet hätte.

Es wurde eingeführt in die Häfen von

	1861	1871	Zunahme
St. Petersburg für	83,835,717 Rbl.	108,038,192	28%
Riga . . . . . „	5,297,948 „	19,061,804	259 „

Ausgeführt wurden aus den Häfen von

	1861	1871	Zunahme
St. Petersburg für	42,179,993 Rbl.	77,699,774 Rbl.	86%
Riga . . . . . „	19,118,197 „	41,432,815 „	116 „

Das *Weisse Meer* hat, was den Import anbelangt, nur ein äusserst geringes Interesse, da es, wie bereits erwähnt, vorzugsweise nur russische Schiffe sind, welche den Bewohnern des hohen Nordens die Waaren, welche sie bedürfen, zuführen. Im Jahre 1871 wurden in die Häfen des Weissen Meeres für 961,141 Rbl. Waaren importirt und der Import hatte bisher in keinem Jahre die gleiche Höhe erreicht. Von ausländischen Schiffen liefen nur 8 schwedische und norwegische, 7 englische, 7 deutsche, 7 holländische und 2 dänische Schiffe mit Fracht in die Häfen des Weissen Meeres ein. Die übrige Zufuhr brachten 313 mit Fracht beladene russische Schiffe. Dagegen ist der Export aus den Häfen des Weissen Meeres ansehnlich genug. Im Jahre 1871 wurden für über 10 Mill., im Jahre 1869 sogar über 11 Mill. Rbl. Waaren, grösstentheils Holz, exportirt. Der Haupthafen ist Archangelsk, dessen Einfuhr sich 1871 auf 803,617 Rbl., dessen Ausfuhr sich auf 9,667,650 Rbl. beziffert.

Das *Schwarze* und *Asowsche Meer* ist für den Export von der allergrössten Bedeutung. Derselbe erreichte daselbst für das Jahr 1871 die Werthsumme von 135,493,984 Rbl., während die Einfuhr nur eine solche von 15,170,860 Rbl. erreichte. Die Haupthäfen sind Odessa und Taganrog, deren Bedeutung von Jahr zu Jahr steigt.

Im Jahre 1861 wurden aus den Häfen des Schwarzen und Asowschen Meeres für 63,076,629 Rbl. Waaren ausgeführt;

davon entfielen auf Odessa Waaren für 35,838,675 Rbl.
„ Taganrog „ „ 6,850,220 „

Im Jahre 1871 erreichte die Waarenausfuhr aus

Odessa die Werthsumme von	55,475,864 Rbl.	Zunahme:	54%
Taganrog „ „	19,946,172 „	„	191 „

Nicht ohne Bedeutung für den Export sind noch die Häfen von

Berdjansk	mit einer Ausfuhr im Werthe von	10,394,392 Rbl.
und Nikolajewsk	„ „ „ „ „	8,043,162 „

Für die Einfuhr sind ebenfalls die Häfen von Odessa und Taganrog die bedeutendsten, ja fast die einzig bedeutenden im Schwarzen und Asowschen Meere. Es wurden importirt:

	Waaren im Werthe von 1861.	1871.	Zunahme.
	Rubel.		
nach Odessa . . .	12,566	35,656,179	183%
„ Taganrog . .	2,500	8,089,775	223%

Diese bedeutende und verhältnissmässig rasche Zunahme danken sowohl Odessa wie Taganrog vorzugsweise dem inzwischen erfolgten Ausbau der sie mit den inneren Gouvernements verbindenden Eisenbahnen.

Ich glaube die Bedeutung der verschiedenen Seezollgebiete Russlands durch Anführung der mitgetheilten Daten genügend erörtert zu haben. Es erübrigt jetzt nur noch, das Verhältniss des auswärtigen Handels Russlands über die Landgrenze im Vergleich zu jenem über die Wassergrenze kennen zu lernen, zugleich aber auch einen Gesammtüberblick über die ganze Bewegung des russischen ausländischen Handels zu bieten. Der Schiffsverkehr, wie ich denselben nachgewiesen habe, bleibt doch, trotz seiner grossen Bedeutung, nur Mittel zum Zweck und von manchen Zufälligkeiten abhängig. Der Waarenverkehr ist aber der Zweck selbst, und um ihn kennen zu lernen, müssen wir die Ein- und Ausfuhr über die verschiedenen Zollgebiete, und deren gegenseitiges Verhältniss in Betracht ziehen.

Es wurden Waaren *ausgeführt* im Werthe von

Zollgebiete:	Rubel 1851	1861	1871
Weisses Meer	4,469,548	6,809,557	10,146,298
Ostsee	49,657,878	67,815,895	133,744,664
Schwarzes- und Asowsches Meer	19,937,430	63,076,629	135,493,984
über die Landgrenzen. .	10,008,747	22,158,216	73,373,066
Summa.	84,073,603	159,860,297	352,758,012

Eingeführt wurden dagegen Waaren im Werthe von:

Zollgebiete:	Rubel 1851	1861	1871
Weisses Meer	368,410	500,685	961,141
Ostsee.	62,660,455	100,996,990	190,708,316
Schwarzes und Asowsches Meer	8,451,336	15,695,152	45,677,855
über die Landgrenzen .	15,573,486	35,557,473	107,223,239
Summa.	87,053,687	142,750,300	344,570,551

Der Export von Handelswaaren hatte sich daher dem Werthe nach im Jahre 1871 gesteigert:

Im Allgemeinen

gegen	1851	um	268,684,409	Rbl. oder	319 %
„	1861	„	192,897,713	„ „	120 „
1861 „	1851	„	75,786,696	„ „	90 „

Im Weissen Meere:

gegen	1851	um	5,676,750	Rbl. oder	127 %
„	1861	„	3,336,741	„ „	48 „
1861 „	1851	„	2,340,009	„ „	52 „

In der Ostsee:

gegen	1851	um	84,086,786	Rbl. oder	169 %
„	1861	„	65,928,769	„ „	97 „
1861 „	1851	„	18,157,981	„ „	18 „

Im Schwarzen und Asowschen Meere:

gegen	1851	um	115,556,554	Rbl. oder	579 %
„	1861	„	72,417,355	„ „	114 „
1861 „	1851	„	43,139,199	„ „	216 „

Ueber die Landgrenzen:

gegen	1851	um	63,364,319	Rbl. oder	633 %
„	1861	„	51,214,850	„ „	231 „
1861 „	1851	„	12,149,469	„ „	121 „

Dagegen hatte sich der *Import* von Handelswaaren dem Werthe nach im Jahre 1871 gesteigert.

Im Allgemeinen

	gegen 1851	um	257,516,864	Rubel	oder	um	295 %
	„ 1861	„	201,820,251	„	„	„	141 „
1861	„ 1851	„	55,696,613	„	„	„	64 „

Im Weissen Meere:

	gegen 1851	um	547,731	Rubel	oder	um	148 %
	„ 1861	„	415,456	„	„	„	82 „
1861	„ 1851	„	132,275	„	„	„	35 „

In der Ostsee:

	gegen 1851	um	128,047,861	Rubel	oder	um	204 %
	„ 1861	„	89,711,326	„	„	„	88 „
1861	„ 1851	„	38,336,535	„	„	„	61 „

Im Schwarzen- und Asowschen Meere:

	gegen 1851	um	37,226,519	Rubel	oder	um	440 %
	„ 1861	„	29,982,152	„	„	„	191 „
1861	„ 1851	„	7,244,816	„	„	„	85 „

Ueber die Landgrenzen:

	gegen 1851	um	91,649,753	Rubel	oder	um	588 %
	„ 1861	„	71,665,766	„	„	„	201 „
1861	„ 1851	„	19,983,987	„	„	„	128 „

Aus dieser Zusammenstellung geht die immer steigende Bedeutung hervor, welche der Verkehr über die Landgrenzen, gegenüber dem über die Seegrenzen für den internationalen Handel Russlands von Jahr zu Jahr, namentlich aber seit der grösseren Vervollständigung des russischen Eisenbahnnetzes, gewinnt.

Im Allgemeinen erreichte der Export- und Importhandel zusammengenommen einen Werth:

	1851	1861	1871
im Weissen Meere . .	4,837,958	7,310,242	11,107,439
in der Ostsee	112,318,333	168,812,885	324,452,980
im Schwarzen- und Asowschen Meere	28,388,094	78,771,781	181,171,839
über die Landgrenzen . .	25,582,233	57,715,689	180,596,305
Summa .	171,126,618	312,610,597	697,328,563
Der Landhandel verhielt sich zum Seehandel wie	1 : 5,6	1 : 4,4	1 : 2,8;

er gewinnt daher von Jahr zu Jahr an Ausdehnung und Bedeutung und wollte man das bisherige Steigerungsverhältniss desselben als

Maassstab für die Zukunft festhalten, so steht zu erwarten, dass binnen wenigen Decennien der Landhandel dem Seehandel nicht nur gleich kommt, sondern diesen letzteren auch noch an Bedeutung überragt. Diese an und für sich genug auffallende Erscheinung ist theils auf die obenerwähnten eigenthumlichen Verhältnisse der russischen Seeschifffahrt (kurze Navigationsperiode, Nothwendigkeit der Inballastfahrten vieler Schiffe) und auf den Einfluss zurückzuführen, welchen auf diesen letzteren ausgeübt haben:

Die russischen Eisenbahnen als Hülfsmittel des Handels.

Obgleich schon im Jahre 1838 die erste russische Eisenbahn, die von St. Petersburg nach Zarskoje-Sselo in einer Länge von allerdings nur 25 Werst eröffnet wurde, so datirt doch erst der Ausbau des eigentlichen grossen russischen Eisenbahnnetzes aus den letztverflossenen Jahren. Der unglückliche Ausgang des Krimkrieges hatte es für die Regierung klar gelegt, dass die Anlage eines den strategischen Rücksichten entsprechenden Eisenbahnnetzes eine Lebensfrage für Russland sei, und sie machte daher auch Anstrengungen aller Art, um den Bau der nun projectirten Bahnen zur Ausführung zu bringen. Wenn die Resultate dieser Anstrengungen durch eine Reihe von Jahren hinter den gehegten Erwartungen zurückblieben, so ist dies wohl hauptsächlich dem Umstande zuzuschreiben, dass ausländische Unternehmer und Capitalisten, auf welche man zunächst für den Ausbau russischer Bahnen angewiesen war, wenig Neigung fur den Bau von Bahnen zeigten, bei deren Anlage weniger das commercielle als das strategische Interesse vorherrschte. Dem Ausbau der ersten grossen russischen Eisenbahnlinien mussten daher grosse materielle Opfer seitens des Staates gebracht werden, und trotz dieser letzteren mussten Jahre vergehen, ehe das allgemeine Interesse für den Ausbau des russischen Eisenbahnnetzes und der Wunsch aus- wie inländischer Capitalisten geweckt wurde, sich an demselben zu betheiligen.

Nachdem man sich überzeugt hatte, dass das strategische Interesse wenigstens bei den Hauptbahnen mit den commerciellen und dem allgemeinen Verkehrsinteresse Hand in Hand gehe, und dass durch die Erlangung russischer Eisenbahnconcessionen noch rascher Millionen zu verdienen waren, wie anderswo, folgte der früheren Ebbe eine immer steigende Fluth, und wir sehen namentlich in den letzten Jahren des verflossenen Decenniums sich die Concurrenz auf diesem Unternehmungsgebiete so mächtig regen, dass Russland in wenigen Jahren das nachholen konnte, was es durch Decennien hindurch vernachlässigt hatte. Die Regierung unterstützte ihrerseits dadurch den Eisenbahnbau, dass sie das Princip der Staatsgarantie acceptirte, ein Princip, das bis zum heutigen Tage, wenn auch nicht in so ausgedehnter Weise und unter beschränkenden Modalitäten, Geltung behalten hat. Nachdem dem Hauptbedürfnisse des Landes durch den factischen Ausbau der wichtigsten Eisenbahnstrecken Rechnung getragen worden ist, hat die Regierung jetzt bereits angefangen, die früher gewährten Garantien mehr und mehr zu beschränken, ja Russland besitzt bereits einige Eisenbahnen (z. B. die Rybinsk-Bologojer, die Grjäsi-Zarizyner und mehrere kleinere Bahnen) welche ganz, wenigstens was das Actiencapital anbelangt, ohne Staatsgarantie erbaut worden sind. — Die Obligationen der Gesellschaften dagegen geniessen grossentheils Staatsgarantie. Bei anderen Bahnen, z. B. der Baltischen, wurde die Garantie von 5 auf 3% herabgesetzt. Anstatt des Staates haben in einzelnen Fällen die Landschaften eine, wenn auch beschränkte, Garantie übernommen.

Die nachfolgende Tabelle (der Schrift: „Die russischen Eisenbahnen im Jahre 18⁷⁰/₇₁" von Louis Perl, mit einer Uebersichtskarte der russischen Eisenbahnen, St. Petersburg entnommen) giebt folgende Uebersicht über die Entwickelung der russischen Eisenbahnbauten seit Entstehen der ersten Eisenbahn in Russland.

Es wurden eröffnet, standen resp. in Betrieb Eisenbahnen

im Jahre	in der Länge von				
1838	25	Werst			
1845	135	„	Zuwachs	110	Werst
1846	261	„	„	126	„
1847	343,3	„	„	82,3	„
1848	356,3	„	„	13	„
1850	467,5	„	„	111,2	„
1851	937	„	„	469,5	„
1853	979	„	„	42	„
1857	1092,2	„	„	113,2	„
1859	1250,7	„	„	158,5	„
1860	1490,7	„	„	240	„
1861	1953,7	„	„	463	„
1862	3174	„	„	1220,3	„
1863	3371	„	„	197	„
1864	3461,4	„	„	90,4	„

im Jahre	in der Länge von			
1865	3681,9 Werst	Zuwachs	220,5	Werst
1866	4351,2 „	„	669,3	„
1867	4790,5 „	„	439,3	„
1868	6565,9 „	„	1775,4	„
1869	7748,1 „	„	1182,2	„
1870	10,531,5 „	„	2783,3	„
1871	13,068,6 „	„	2537,2	„

Im Uebrigen verweisen wir wegen der näheren Details auf die erwähnte Schrift von L. Perl.

Dass sich die russische Regierung zunächst durch strategische und politische Rücksichten bei Anlage ihres Eisenbahnnetzes leiten liess, war eben so natürlich wie berechtigt. Der Krimkrieg hatte zur Genüge bewiesen, wie gefährlich es für Russland war, wichtige Grenzprovinzen ohne Eisenbahnverbindungen mit den Centren und den eigentlichen militärischen Hülfsquellen des Landes zu lassen. Der Ausbau der *Nikolaibahn* (St. Petersburg-Moskau) war bereits vor dem Krimkriege beendet, und wenn auch die Tracirung dieser Bahn Manches zu wünschen übrig liess, so erwies sich dieselbe sowohl aus politischen und militärischen, wie aus commerciellen Rücksichten als eine der wichtigsten Linien des gesammten russischen Eisenbahnnetzes. Sie brachte die beiden Hauptcentren der russischen Fabriksthätigkeit, Moskau und St. Petersburg, mit einander in Verbindung und ersteres zugleich mit dem wichtigsten Hafen des Baltischen Meeres. Auch heute noch behauptet die Nikolaibahn sowohl in Bezug auf Personen- wie auf Lastenverkehr unter allen russischen Bahnen den ersten Platz. Im Jahre 1870 wurde die genannte Bahn von 1,498,066 Personen frequentirt und wurden auf derselben 85,128,941 Pud Lasten bewegt. Wie bedeutend die Nikolaibahn so wie die übrigen von Moskau aus nach der westlichen Grenze Russlands vorgeschobenen Bahnen für den auswärtigen Handel Russlands sind, geht daraus hervor, dass im Jahre 1871 im Moskauer Zollamt Waaren im Werthe von 41,746,567 Rbl. verzollt wurden, wovon 8,198,264 Rbl. auf Waaren fielen, welche über Häfen des Baltischen Meeres in Russland eingeführt worden waren. Die übrigen Waaren im Werthe von 33,548,303 Rbl. waren auf den übrigen zu den südlichen nnd westlichen Grenzgebieten führenden Eisenbahnen nach Moskau verfrachtet worden. Da nun ein sehr grosser Theil der für Moskau bestimmten Waaren aber ausserdem noch auf den Grenzstationen verzollt wird, so erhellt hieraus die grosse

Bedeutung dieser Stadt und der sie berührenden Bahnen für den auswärtigen Handel Russlands.

Die dringendste Aufgabe dieses letzteren in Bezug auf den Ausbau seines Eisenbahnnetzes musste zunächst darin bestehen, das Zarthum Polen und die westlichen und südlichen Grenzländer so rasch als möglich mit den beiden Hauptstädten des Landes, St. Petersburg und Moskau in Verbindung zu bringen. Sowohl politische wie commercielle Rücksichten vereinigten sich, um einerseits den Bau der St. Petersburg-Warschauer Bahn mit einer Zweigbahn zur preussischen Grenze, andererseits aber den Bau einer Bahn von Moskau nach Odessa dringend geboten erscheinen zu lassen. Wie nothwendig es gewesen war, dass die russische Regierung selbst vor grossen Opfern nicht zurückscheute, um den Bau der *St. Petersburg-Warschauer Bahn* so rasch als möglich beendet zu sehen, beweist der polnische Aufstand vom Jahre 1863, dessen verhältnissmässig rasche Bewältigung Russland vorzugsweise dem Umstande dankt, dass die genannte Bahn zu dieser Zeit bereits im Betrieb stand. In militärischer Beziehung leistete sie auch in späteren Jahren, z. B. während des preussisch-österreichischen Krieges 1866, so wie in den letzten Jahren wesentliche Dienste, wie denn überhaupt die Warschauer Bahn als eine der wichtigsten strategischen Bahnen Russlands angesehen werden muss. Als Handelsbahn ist dieselbe von nicht geringerer Bedeutung. Abgesehen von der Förderung des innern Verkehrs zwischen dem Zarthum Polen und Russland verbindet sie durch die Zweigbahn von Wilna nach Wirballen und durch die Warschau-Bromberger Bahn, die preussische Ostbahn, durch die Warschau-Wiener Bahn das österreichische mit dem russischen Eisenbahnnetze. Es traten durch diese Bahn die Hauptcentren des mitteleuropäischen Handelsverkehrs Berlin und Wien mit St. Petersburg, resp. Moskau in directe Eisenbahnverbindung. Wie wichtig die St. Petersburg-Warschauer Bahn für den Personen- wie Güterverkehr ist, geht schon daraus hervor, dass im Jahre 1870 diese Bahn 1,192,146 Personen und 58,048,028 Pud Waaren beförderte. Hierzu kommt noch die Frequenz auf der Warschau-Wiener Bahn mit 1,018,619 Personen und 47,568,116 Pud Frachten, und auf der Warschau-Bromberger Bahn mit 318,315 Personen und 16,637,960 Pud Frachten, so dass die russischen, zur preussischen und österreichischen Grenze führenden Bahnen schon im Jahre 1870 zusammen einen noch immer steigenden Frachtverkehr von 122,272,014 Pud aufzuweisen hatten.

Auf der preussischen Grenzstation Wirballen wurden verzollt im Jahre 1871 Waaren im Werthe von 31,123,271 Rbl., auf der österreichischen Grenzstation Granitza solche im Werthe von 4,222,981 Rbl., in Warschau für 22,517,445 Rbl., in Alexandrowo, Grenzstation der Warschau-Bromberger Bahn für 13,018,513 Rbl., endlich in St. Petersburg, direkt mit der Warschauer Eisenbahn angekommene Waaren, für 2,081,406 Rbl., zusammen also Waaren im Werthe von 72,963,619 Rbl.

Moskau-Odessaer Bahnen. Die Eisenbahnverbindung zwischen Moskau und Odessa befindet sich nicht wie die von St. Petersburg nach Warschau in den Händen einer einzigen Gesellschaft, sondern wird durch eine grössere Anzahl von, verschiedenen Gesellschaften gehörenden Eisenbahnen hergestellt, welche unter sich in direkter Verbindung stehen, so dass die in Odessa anlangenden oder dorthin bestimmten Waaren ohne weitere Umladung an ihren Bestimmungsort eintreffen können.

Das Hauptverbindungsglied bildet die frühere Staatsbahn von Moskau nach Kursk mit einen Verkehr von (1870) 1,030,308 Personen und 43,095,189 Pud Frachten. Von Kursk aus theilt sich die Bahn nach Kijew und Charkow, welche beide Städte wiederum durch besondere Bahnen mit Odessa verbunden sind

a) *Kijewer Linie:* 1. Bahn Kursk-Kijew: Verkehr (1870) 313,578 Personen und 10,126,988 Pud Frachten.

2. Kijew-Brest und zwar die Station von Kijew nach Schmerinka (253 Werst) Verkehr (1870) 173,026 Personen[1] 30,262,585 Pud Frachten.

3. Schmerinka-Balta-Odessa.

b) *Charkow-Odessaer Linie:* 1. Kursk-Charkow-Asower Linie, und zwar Strecke Kursk Charkow 230 Werst.

2. Charkow-Krementschug.

3. Elisabethgrad-Krementschug.

4. Elisabethgrad-Balta-Odessa.

Die *Odessaer Bahn*, das Endglied der beiden Hauptlinien von Moskau nach Odessa, ist berufen, eine der wichtigsten Bahnen für den internationalen Verkehr Russlands zu werden, indem sie einerseits Odessa in direkte Verbindung nicht nur mit dem rumänischen, sondern auch mit dem oesterreichisch-galizischen Eisenbahnennetze bringt, und durch beide Abzweigungen diese wichtige

[1] Hiervon entfallen ein entsprechender Theil auf die nur 25 Werst lange Bahn von Kasatin nach Berditschew, von wo die Bahn nach Brest weiter geführt ist.

südrussische Handelsstadt in direkten Verkehr mit Wien setzt, sondern andererseits auch zum Verbindungsgliede der an Production reichen inneren Gouvernements Russlands mit dem Schwarzen Meere geworden ist. Gleichzeitig bildet die Odessaer Bahn auch das erste Glied jener Reihe von theils fertigen, theils im Bau begriffenen Eisenbahnen, welche auf der kürzesten Linie eine Bahnverbindung zwischen Königsberg und Odessa, also zwischen der Ostsee und dem Schwarzen Meere herstellen.

Die Odessaer Bahn wird aus folgenden Linien gebildet:

1. Odessa-Balta-Elisabethgrad		442,3 Werst
Zweigbahn Rasdelna-Tiraspol	43,2 Werst	
„ nach dem Quarantaine-Hafen in Odessa	8,0 „	
„ zu den Magazinen am Tiraspoler Thor in Odessa . .	0,9 „	
„ nach der Kujalnitzer Saline .	8,6 „	
2. Birsula-Schmerinka.	187,1 „	
		690,9 Werst
3. Schmerinka Wolotschisk, Verbindung mit der Lemberger Bahn	154,2 Werst	
4. Tiraspol-Kischinew.	66,7 „	
5. Kischinew zum Pruth (Verbindung mit Jassy)	103 „	324 „
Zusammen .		1014,6 Werst

Die Verbindung zwischen Moskau, resp. den inneren Gouvernements Russlands und dem Asowschen Meere wird durch die *Kursk-Charkow-Asowsche Bahn* hergestellt, welche in einer Länge von 763 Werst von Kursk über Charkow, Taganrog nach Rostow am Don führt. Sowohl die Linie Moskau-Odessa als Moskau-Taganrog haben für den internationalen Handel Russlands insofern eine grosse Bedeutung, als auf ihnen vorzugsweise das grosse Quantum von Getreide verfrachtet wird, welches in den genannten Seestädten zur Ausfuhr gelangt. Andererseits hat zwar deren Vollendung auch dazu beigetragen, den Import ausländischer Waaren in Odessa und Taganrog zu steigern, doch ist diese Steigerung, wenn sie auch in starker Proportion erfolgte, keineswegs so erheblich, um auf den Handel einen wesentlichen Einfluss zu üben. Das im ersten Abschnitte dieses Artikels nachgewiesene Missverhältniss zwischen Import und Export in den Häfen des Schwarzen und Asowschen Meeres übt nicht nur einen nachtheiligen Einfluss auf die Rhederei, indem ihm das Einlaufen einer übergrossen Anzahl von Schiffen in Ballast zur Last fällt, sondern es documentirt sich derselbe Einfluss auch im Bezug auf das Eisenbahnwesen. Die südrussischen Eisenbahnen sind, da sie verhältnissmässig wenig Waaren ins Innere von Russland, aber eine grosse Masse von Getreide und anderen voluminösen Exportartikeln aus dem Innern nach den Hafen des Schwarzen und Asowschen Meeres zu schaffen haben, gezwungen, ihre Fahrten nordwärts grossentheils mit leeren Wagen zu machen. Die Folge davon ist, dass sich der Frachtentarif nothwendig vertheuert. Würden die Bahnen für Hin- und Rückfahrten gleichmässige Ladung haben, so könnten sie die Frachtsätze wesentlich ermässigen und würden dabei noch bessere Geschäfte machen, als es gegenwärtig noch der Fall ist. Da nun der grösste Theil dieser Bahnen mit Staatsgarantie gebaut ist, so liegt es auf der Hand, dass der Staat in erster Linie die Folgen dieser Verhältnisse zu tragen hat. Es ist daher eine handelspolitische Frage von hoher Wichtigkeit, nicht nur für den Staat allein, sondern auch für die russischen Producenten und für die Händler mit russischen Rohproducten, wie dieses Missverhältniss zu beseitigen wäre. Eine entsprechende Lösung dieser Frage ist aber um so schwieriger, als eine der Hauptursachen in den allgemeinen Productionsverhältnissen liegt, die wiederum mit der ganzen Gestaltung des wirthschaftlichen Lebens Russlands im engsten Zusammenhange stehen. Dieses Missverhältniss wird sich vielleicht mildern, aber kaum gänzlich beseitigen lassen.

Die in die südlichen Häfen mündenden Eisenbahnen sind gezwungen, eine verhältnissmässig grosse Menge von Betriebsmaterial für den Fall zur Verfügung zu halten, dass der Export eine lebhaftere Gestaltung annimmt. Thun sie dies nicht, so leidet nothwendig der Handel und ein wichtiges Staatsinteresse wird in der empfindlichsten Weise getroffen. Stockt dagegen der Export, so leiden nothwendig die Bahnen darunter, die sich demselben dienstbar gemacht haben. Jedenfalls wird es daher für das Staatsinteresse wie für die Bahnen, deren Actionären der Staat Garantie leistet, von Nutzen sein, wenn der Import nach den Häfen des Schwarzen und Asowschen Meeres begünstigt wird. Nur Zollerleichterungen können in dieser Beziehung, wenigstens theilweise, helfen.

Von grösserer Wichtigkeit für den auswärtigen Handel Russlands, als es den Anschein hat, ist die von St. Petersburg nach Reval und Baltischport führende *Baltische Eisenbahn* geworden. Die rasch steigende Bedeutung des Revaler Hafens, namentlich für den Import, habe ich bereits im ersten Abschnitte dieses Artikels nachgewiesen. Der rasche, ja man kann wohl sagen plötzliche Aufschwung, den die dortigen Verkehrsverhältnisse genommen haben, datirt von dem Zeitpunkte des Ausbaues der Baltischen Bahn her. Diese Bahn bringt St. Petersburg und die hier ausgehenden Bahnen ausser mit Reval noch mit den Hafenplätzen Narva und Baltischport in Verbindung. Obgleich die beiden letztgenannten in ihrer Bedeutung noch sehr hinter Reval zurückstehen, so sind sie dennoch nicht ganz ohne Wichtigkeit für den auswärtigen Handel Russlands.

Nach Narva wurden 1871 eingeführt Waaren im Werthe von	3,313,836 Rbl.
ausgeführt „ „	1,238,453 „
Zusammen für	4,552,289 Rbl.
Im Hafen von Baltischport wurden 1871 eingeführt Waaren für	1,403,386 „
ausgeführt „ „	403,639 „
Zusammen für	1,807,025 Rbl.

Wichtig für die Baltische Bahn ist ihr Anschluss an die Nikolaibahn (bei Tosna) und die dadurch erzielte Verbindung mit der Rybinsk-Bologojer Bahn, welche letztere vorzugsweise darauf basirt ist, die in Rybinsk aus den Wolgagegenden angehäuften Getreidevorräthe dem über St. Petersburg, Narva und Reval vermittelten Export zugänglich zu machen.

Weniger befriedigend sind die Resultate der *Kowno-Libauer Bahn*, an deren Ausbau man namentlich für den auswärtigen Handel grosse Erwartungen knüpfte. Freilich muss erst die Zukunft lehren, ob diese Bahn nicht dennoch später ihre Verheissungen wahr machen werde. Gegenwärtig scheint es allerdings, als ob sie der mächtigen Concurrenz Königsbergs nicht gewachsen sei, um so mehr, als es die grosse Russische Eisenbahngesellschaft (Warschauer Linie) in ihrem Interesse findet, den Handel nach Königsberg mehr zu begünstigen als den nach Libau, und zwar aus dem einfachen Grunde, weil die nach der erstgenannten Stadt verfrachteten oder die von dort eingeführten Waaren auf eine weitere Strecke die Warschauer Bahn benutzen, als die nach Libau bestimmten. Von russischen Bahnen in den inneren Gouvernements sind für den auswärtigen Handel von besonderem Interesse die *Orel-Witebsker* und *Witebsk-Dünaburger*

Linie, welche gewissermaassen eine Fortsetzung der Riga-Dünaburger Bahn nach dem Innern Russlands zu bilden. Diese Bahnstrecke, welche für alle 3 genannten Bahnen eine Länge von 133²/₇ deutsche Meilen besitzt, kreuzt sich bei Smolensk mit der Moskau-Brester Linie, bei Dünaburg mit der St. Petersburg-Warschau-Königsberger Linie, während sie in Orel selbst ihren Anschluss an die zur Wolga führenden Linien findet Die Handelsbeziehungen zwischen Orel und Königsberg sind Dank dieser Bahnen so lebhaft geworden, dass neuerdings Oreler Handelshäuser ihre Commanditen in Königsberg und umgekehrt Königsberger Häuser Commanditen in Orel errichtet haben. Noch wichtiger für Königsberg verspricht aber die im Bau begriffene *Kijew-Brester* Bahn zu werden, durch welche die Ostsee mit dem Schwarzen Meere auf dem kürzesten Wege in Verbindung gebracht wird und welche den Königsberger Handel überdies mit sämmtlichen westlichen Provinzen in direkten Verkehr bringt, mit Provinzen also, welche sich durch ihren Productenreichthum auszeichnen. Selbst durch den neuerdings erfolgten Ausbau der Linien Smolensk-Brest einerseits und Wilna-Romny andererseits hat Königsberg viel gewonnen, indem die aus Orel etc. nach Königsberg verfrachteten Waaren über Smolensk nach Minsk gehen, wo sich die beiden letztgenannten Bahnen kreuzen, und von dort über Wilna nach Königsberg dirigirt werden. Es scheint demnach, dass alle Bahnen im westlichen und mittlern Theile Russlands sich diesem wichtigen Ostseehandelsplatze dienstbar zu machen suchen.

In Vorstehendem habe ich die Hauptlinien des russischen Eisenbahnnetzes berührt, welche für den auswärtigen Handel Russlands von besonderem Interesse sind. Es erübrigt mir nur noch zur allgemeinen Charakterisirung des russischen Eisenbahnnetzes hervorzuheben, dass bereits 6 Bahnen ihren Endpunkt an der Wolga, jener wichtigen Verkehrsader Russlands finden, und diese letztere direkt mit der Ostsee, indirekt aber auch mit dem Schwarzen und Asowschen Meere in Verbindung bringen. Von Rybinsk, Jarosslaw, Kineschma, Nishnij-Nowgorod, Ssaratow und Zarizyn an der Wolga gehen Bahnen aus, die ihren Endpunkt in St. Petersburg, Baltischport, Riga, Libau, ja noch weiter nach Westen hin, in Königsberg, sowie durch Vermittelung der Asowschen Bahn in Taganrog und Rostow finden. Durch die Wolga-Donbahn wird noch überdem der erstgenannte Fluss mit dem Asowschen Meere verbunden. Die Wichtigkeit des unter dem Namen *Odessaer Bahn* vereinigten, wenn auch mehr oder weniger lokal begrenzten Eisenbahnnetzes habe ich bereits hervorgehoben. Während sie die Aufgabe erfüllt, die inneren Gouvernements Russlands mit dem Schwarzen Meere in Verbindung zu bringen, stellt sie die direkte Verbindung dieses letztern mit der Ostsee her und eröffnet dem russischen Handel neue Verkehrswege nach dem Westen, den Anschluss des russischen an das südöstliche Eisenbahnnetz Europas vermittelnd. Es steht zu erwarten, dass die durch die Odessaer Bahn hergestellte Linie Wien-Odessa mit der Zeit eine Weltbahn von grosser Bedeutung werde, eine Bahn, die ihren Endpunkt in Odessa noch keineswegs gefunden haben, sondern die ihren Weg weiter fortsetzen wird nach Rostow, und von dort aus südlich durch den Kaukasus bis in das benachbarte Asien. Ich brauche in dieser Beziehung nur an den interessanten Artikel im I. Hefte der „Russischen Revue" d. J.: „die kaukasischen Eisenbahnen und der Ueberlandweg nach Indien", von N. v. Seidlitz zu erinnern, welcher in klarer und übersichtlicher Weise die Bedeutung des südrussischen Eisenbahnnetzes nicht nur für Russland, sondern auch für den allgemeinen Weltverkehr hervorhebt.

Das russische Eisenbahnnetz hat noch keineswegs seinen Abschluss gefunden. Nur dem dringendsten Bedürfnisse des Verkehrs nach Westen und Süden hin ist Rechnung getragen worden. Der ganze Osten liegt noch offen, die Wolga bildet bis jetzt die Grenzscheide des russischen Eisenbahnnetzes. Wichtige Interessen, sowohl politische, wie commercielle drängen Russland über diese Grenze hinaus und namentlich ist die Uralbahn, welche Russland mit Sibirien verbindet, zu einem so dringenden Bedürfnisse des russischen Handels geworden, dass der Ausbau derselben kaum länger verschoben werden kann. Auch die Linie Morschansk-Orenburg wird durch das Interesse des russisch-asiatischen Handels bedingt, der durch den Ausbau wenigstens einiger Hauptlinien in feste Bahnen gelenkt und in stabiler Weise entwickelt werden kann. Jedenfalls sind auch für Russland die Eisenbahnen schon das geworden, was sie für die übrigen Kulturländer der alten und neuen Welt schon längst waren, zu einem mächtigen Hülfsmittel des innern wie des auswärtigen Handels. Russland hat mit seltener Energie und unter Darbringung grosser Opfer das Versäumte nachgeholt und es steht zu erwarten, dass es nicht auf halbem Wege stehen bleiben und sich mit den bisher erzielten Resultaten noch nicht begnügen werde. Viel ist geschehen, aber auch noch Vieles bleibt zu thun übrig, um Russland den Segen eines leichten und raschen Verkehrs in der gleichen Weise zu verschaffen, wie das Ausland sich eines solchen erfreut. Die Kulturperiode des Chausseeverkehrs hat Russland gewissermaassen übersprungen, es hat daher doppelte Veranlassung den Eisenbahnverkehr in einer Weise zu entwickeln, dass es nicht abermals zu neuen Sprüngen veranlasst wird, die stets eine unausfüllbare Lücke in der Kulturentwickelung der Völker zurücklassen. Bis zum 1. Januar 1873 waren in Russland 13½ Tausend Werst Eisenbahnen eröffnet. Die russische „St. Petersburger Zeitung" knüpft hieran die Bemerkung, dass im europäischen Russland demnach gegenwärtig 0,15 Werst Eisenbahnlinien auf die □ Meile entfielen, während in dem keineswegs reichen Oesterreich 0,90 Werst Bahnen auf die □ Meile kommen. Wollte Russland sich demnach auf gleiche Stufe wie Oesterreich stellen, so müsse es seine Eisenbahnen noch um das sechsfache vermehren, d. h. 80,000 Werst Eisenbahnen zubauen. Wolle Russland aber weiter gehen, und in gleichem Verhältnisse Eisenbahnen besitzen, wie z. B. Frankreich, so müsse es sein Eisenbahnnetz noch um 130,000 Werst Bahnlänge ausdehnen. Die sehr eingehenden Artikel der russischen „St. Petersburger Zeitung" sind von der „Nordischen Presse" reproducirt worden, und verweise ich diejenigen, welche sich eingehender für die russische Eisenbahnfrage interessiren sollten, auf die angezogenen Artikel.

Die Creditinstitute.

Als Hülfsmittel für den Handel sind die Creditinstitute von der allergrössten Bedeutung. In Russland ist es mit diesen Institutionen gegangen wie mit den Eisenbahnen: es blieb lange Zeit ein entschiedener Mangel daran, bis das Eis brach, die Unternehmer, ausländische wie inländische, sich für Bankgründungen erwärmten und auf einmal aller Orten und Enden Banken aller Art errichtet wurden. Ausser der Reichsbank mit ihren Filialen, besitzt heute Russland 35 grosse Handelsbanken, eine grössere Anzahl Bodencreditbanken und 215 städtische Communalbanken, deren Zahl sich noch immer mehrt. Die Bedeutung der Staatsbank ist gar nicht zu unterschätzen, sie bildete gewissermaassen den Krystallisationspunkt für die ganze Reihe von Actien und städtischen Banken, die im Laufe der letzten Jahre entstanden sind. Wenn ich an dieser Stelle nicht näher auf diese Bank eingehe, so geschieht dies deshalb, weil bereits im 3. Hefte des I.

Jahrgangs der „Russischen Revue" S. 278 u. f. in ausführlicher Weise die Verhältnisse dieser Bank, namentlich in Bezug auf ihre Wirksamkeit im Jahre 1871 und während der vorhergehenden Jahre besprochen worden sind. Aus dem gleichen Grunde enthalte ich mich auch des näheren Eingehens auf die Communalbanken, und verweise auf den Artikel: „die städtischen Communalbanken Russlands und deren Geschäftsbetrieb im Jahre 1870" im 2. Hefte des laufenden Jahrgangs der „Russischen Revue". Dagegen sehe ich mich aber veranlasst, hier einige Mittheilungen über die eigentlichen Handelsbanken Russlands zu machen, da dieselben von ganz wesentlichem Einflusse auf die Gestaltung der Handelsverhältnisse der letzten Jahre gewesen sind. Die nachstehende Uebersicht gebe ich nach einem Beiblatte der russischen Zeitung „Börse" (Таблицы о процентныхъ бумагахъ, ѳондахъ, акціяхъ и облигаціяхъ Россіи. — Приложеніе къ газетѣ „Биржа" — Составилъ И. К. Гейлеръ, издалъ П. С. Усовъ —), und dürften die von mir angeführten Daten dem vorliegenden Zwecke vollkommen entsprechen. Zugleich wird man aus der nachfolgenden Tabelle entnehmen können, in welchen Jahren die Banken entstanden und wie rasch und vielseitig sie sich in den letzten Jahren, namentlich seit 1871, gefolgt sind.

Aus dieser Zusammenstellung ergiebt sich in ganz unzweideutiger Weise, dass an Creditinstituten der verschiedensten Art, deren Zweck dahin geht, die Operationen des Handels zu unterstützen, kein Mangel mehr herrscht. Unter diesen Umständen muss es allerdings nicht ganz ungerechtfertigt erscheinen, wenn die Regierung bis auf Weiteres die Concessionirung neuer Handelsbanken in St. Petersburg und Moskau sistirt hat. In gewisser Beziehung müssen zum Theil auch die Feuerversicherungs-Gesellschaften zu den Banken gerechnet werden, da auch sie das Lombardgeschäft betreiben und Wechsel discontiren, um dadurch eine lukrativere Verwerthung ihrer disponibeln Gelder zu erzielen als durch blosse Bankeinlagen. Diese letzteren sind daher auch gegenwärtig bei mehreren Feuerversicherungs-Gesellschaften sehr beschränkt worden.

Leider habe ich die jährlichen Totalumsätze, den Gewinn und die Dividendenzahlungen nur von den 12 älteren Banken, deren Geschäftsabschlüsse bis jetzt für das Jahr 1871 vorlagen, geben können. Diese Banken machten mit einem wirklich eingezahlten Gründungskapital von 57 Millionen Rubel, zusammen einen Totalumsatz von 10,320,836,636 Rbl. und erzielten dabei einen Gewinn von 5,945,553 Rbl. oder 10,43 % des eingezahlten Kapitals. Von diesem Gewinn kamen zur Vertheilung an die Actionäre 4,428,270 Rbl. oder 7,67%; als Tantièmen für die Directionen, Gratificationen, Abschreibungen für den Reservefond etc. verblieben 1,417,238 Rbl. oder 23,04% des Reinertrages. Namentlich die Summe des Totalumsatzes, die beinahe 10½ Milliarde erreichte, liefert den Beweis, dass durch die Banken (und dieser Umsatz rührt nur von den Manipulationen von 12 Banken her, während es deren ausser der Reichsbank doch 35 giebt) dem Creditbedürfnisse des Handels entsprochen werden könnte. Wenn letzteres doch nicht immer der Fall ist, trotzdem, dass z. B. im Jahre 1870 noch 185 Communalbanken für 74,383,226 Rbl. Wechsel discontirten und dieselben Banken 15,381,032 Rbl. Vorschüsse auf Effecten und Waaren leisteten, demnach auch den Handel mit einer Summe von 89,764,258 Rbl. unterstützten, so weist dies allerdings auf ein ausserordentlich gesteigertes Creditbedürfniss hin, und auf einen Zustand des russischen Handels, der Manches zu bedenken giebt. Im Jahre 1872 stand sogar eine Bankkrisis in Aussicht und zwar dadurch, dass die Reichsbank die Discontirung von Bankwechseln einschränkte und in Folge dessen die Banken, namentlich jene im Innern des Reichs, auch ihrerseits den Credit in einer Weise zu beschränken für nöthig hielten, die zu den ernstesten Befürchtungen Veranlassung gab. Durch die vielen Banken, deren bei Weitem grösster Theil ihren Stützpunkt in der Reichsbank und deren Filialen sucht, ist diese letztere allerdings in eine, wenigstens zeitweise unbequeme Lage gerathen, und es daher erklärlich, dass die Regierung nicht durch Concessionirung neuer Banken die Hand bieten will, diese Lage womöglich noch zu verschlimmern.

Hiermit glaube ich die wichtigsten Hülfsmittel des Handels Russlands und die Grundlagen desselben einer entsprechenden Erörterung unterzogen zu haben und werde daher in dem nächsten Artikel auf die Verhältnisse dieses Handels selbst, so weit sich derselbe auf den Handel mit dem Auslande bezieht, übergehen, und folgt umstehend die Seite 528 erwähnte Tabelle über die jetzt bestehenden russischen Handels- und Industriebanken.

NAMEN DER BANK.
1. St. Petersburger Privat-Handelsbank
2. Moskauer Kaufmanns-Bank
3. Charkowsche Handelsbank
4. Kijewer Privat-Commerz-Bank.
5. St. Petersburger Disconto-Leihbank.
6. St. Petersburger Internationale Bank (Filiale in Kijew u. Charkow).
7. Moskauer Disconto-Bank.
8. Warschauer Commerz-Bank.
9. Wolga-Kamaer Commerz-Bank. (Filiale in Moskau, Kasan, Astrachan, Nishnij-Nowgorod, Rybinsk, Ssamara, Ssaratow, Jekaterinburg, Charkow, Kijew, Zarizyn, Rschew u. Jarosslaw).
10. Odessaer Commerz-Bank
11. Nishegoroder Kaufmanns-Bank.
12. Commerz- und Leihbank in Moskau.
13. Revalsche Commerz-Bank.
14. Kostromaer Commerz-Bank
15. Warschauer Disconto-Bank
16. Tifliser Commerz-Bank.
17. Russische Bank für den auswärtigen Handel
18. Asow-Don'sche Commerz-Bank.
19. Moskauer Handels-Bank (Filial in Odessa seit 1873)
20. Industriebank in Moskau
21. Kijewer Industrie-Bank.
22. Kischinewer Handels-Bank
23. Rigaer Handels-Bank
24. Rostow am Don Commerz-Bank.
25. Moskauer Gesellschaft für commerziel. Credit.
26. Nikolajewsker Commerz-Bank
27. Sibirische Handels-Bank (Jekaterinburg)
28. Orel'sche Commerz-Bank,
29. Libauer Commerz-Bank
30. Lodzer Handelsbank
31. Rjasaner Handelsbank
32. Wilnaer Commerzbank.
33. Kronstädter Commerzbank
34. Jekaterinosslawer Commerzbank
35. Krementschuger Commerzbank

[1] 2. Emission 75 Rbl. angezahlt.

[2] 1. Emission 150 Rbl. — 2. Emission 100 Rbl. angezahlt.

[3] 130 Rbl. angezahlt.

[4] 100 „ „

[5] 100 „ „

[6] 175 „ „

[7] 175 „ „

Statut vom	Statutenmäss. Gründungscapital.	Wirklich eingezahltes Capital.	Nominalwerth der Actien.	Umsatz im Jahre 1871.	Gewinn im Jahre 1871.	Gezahlte % per Actie.
						8,166
28 Juli 1864	10,000,000	5,000,000	250	798,539,563	777,750	14,416
1 Juli 1866	5,000,000	5 000,000	5.000	1,568,783,040	1,070,272	14,86
8 Mai 1868	500.000	500,000	100	72,592,769	122,146	20,18
18 Juni 1868	1,000,000	1,000,000	200	379,215.753	277,671	36,6 Pai 21,40 Act
		5,000,000				
		1,500,000				
13 Mai 1869	10,000,000	6,500,000	250[1]	1,691.367,973	579.380	9,91
28 Mai 1869	30,000,000	13,000.000	250[2]	1,260,687,066	697,259	9,84
4 Nov. 1869	2,000,000	2 000,000	200	1,352,279.894	303.272	14
24 Febr. 1870	3,000,000	3,000,000	250	334,992,146	120,164	10
24 Febr. 1870	6,000,000	6,000.000	1,000	1,830,738,362	835,054	13,40
17 März 1870	5,000,000	5,000,000	250	489,703,655	784,379	13,48
24 Mai / 5 Juni 1870	6,000,000	6,000,000	61 Pai à 10,000	73,074,417	67 916	11
27 Mai / 8 Juni 1870	3,000,000	3,000,000	200	468,828,988	221,290	7
23 Febr 1871	500,000	500,000	100			
		100,000				
		129.350				
21 Mai 1871	100,000	229,350	100			
21 Mai 1871	2,000,000	2,000,000	250			
21 Mai 1871	500,000	325,490	200[3]			
4 Juni 1871	7,500,000	3,000,000	250[4]			
12 Juni 1871	3,000,000	1,200 000	250[5]			
12 Juni 1871	2,000,000	2,000,000	200			
12 Juni 1871	2,000,000	2,000,000	200			
12 Juni 1871	1,500,000	1,500,000	200			
18 Oct. 1871	1,000,000	700,000	250[6]			
10 Nov. 1871	5,000,000	1,500,000	250[7]			
7 Dez. 1871	3,000,000	1,200,000	250[8]			
31 Mai 1872	1,000,000	500,000	1,000[9]			
21 Juni 1872	2,500,000	1,250,000	250[10]			
28 Juni 1872	4,000,000	—	250			
28 Juni 1872	2,000,000	—	—			
14 Juli 1872	1,000,000	—	250			
7 Aug. 1872	2,000,000	800,000	250[11]			
18 Aug. 1872	1,000,000	—	250			
9 Aug. 1872						
1872	2,000,000	—	250			
1872	500,000	—	250			
23 Sept. 1872	500,000	—	250			

[8] 100 Rbl. per Actie eingezahlt.
[9] 500 ,, ,, Pai ,,
[10] 125 ,, ,, Actie ,,
[11] Eingezahlt per Actie 100 Rbl.

Das russische Unterrichtswesen im Jahre 1871.[1]

Russland nimmt nach dem Grade und der Verbreitung der Bildung unter seinen Bewohnern bei Weitem noch nicht eine hervorragende Stellung im Verein der europäischen Culturstaaten ein. Die verderblichen Folgen des Tatarenjochs, die alle Kräfte absorbirenden Bestrebungen: den Theilfürstenthümern ein Ende zu machen, die ganze Nation zu einigen, die in den Kern derselben eingedrungenen Splitter fremder, hauptsächlich finnischer Stämme, zu unterwerfen und der Kampf um diejenigen Gränzen, welche dem grossen Reiche einen direkten Verkehr mit der Culturwelt des Westens sicherten — haben Russland erst spät von dem Werke äusseren Kampfes zu dem der Capitalansammlung und der durch eine Hebung der intellectuellen Kräfte bedingten innern Entwickelung übergehen lassen. An Bestrebungen, den Gang der Bildung im Reiche zu beschleunigen, hat es seit langer Zeit nicht gefehlt, aber wie ein Volk überhaupt sich den Consequenzen seiner Geschichte nicht entziehen, sondern dieselben erst allmählig durch eigene geistige Arbeit überwinden kann, so ist es auch in Russland gewesen, so ist es noch heute. Russland, hören wir sehr oft mit gewisser Zufriedenheit äussern, hat kein feudales Mittelalter gehabt. Sehr gut, aber dies feudale Mittelalter hat ja auch im Kampfe mit Adel und Ritterthum das selbstbewusste, nach materiellem und geistigen Fortschritte dürstende städtische Bürgerthum erzeugt, das nach dem Klerus der Träger und Vertreter der Bildung wurde. Russland fehlt noch jetzt ein Bürgerthum im Sinne des westlichen Europas. Der Einfluss der Geistlichkeit auf die Schulen, der sich seiner Zeit besonders von Kijew aus geltend machte, ist mehr und mehr geschwunden; von der, durch das Leibeigenschaftsrecht in ihrem ganzen Wesen gebundenen unteren Volksmasse liess sich überhaupt nicht eine Initiative auf dem Gebiete der intellectuellen Bildung erwarten; der grundbesitzende und durch die Leibeigenschaft der Bauern in seiner Existenz gesicherte Adel hatte, so weit er an dem geistigen Verkehr überhaupt participirte, mehr das Bedürfniss nach einer glänzenden und für diesen Verkehr erforderlichen Salonbildung, als das Stre-

[1] Nach dem von Sr. Excell. dem Minister der Volksaufklärung an Sr. Majestät den Kaiser erstatteten Bericht.

ben nach einer soliden und in den tieferen Gründen des menschlichen Lebens sich bewegenden Erkenntniss. So fiel die Last der Volksbildung beinahe ausschliesslich der Regierung zu, für welche schon die Heranbildung von Beamten, die ihre Anordnungen auszuführen und ihre Interessen zu wahren im Stande wären, eine Lebensfrage war. Dass aber in einem Lande, wo die Bevölkerung in dieser Beziehung der Regierung nur wenig entgegen kam und entgegen kommen konnte, wo nicht blos die Schulen, sondern die Lehrer, die Bücher fehlten, — von einer Methode nicht zu sprechen — die Ausführung eines umfassenden Bildungssystems mit ungeheueren Opfern für die Regierung verbunden sein muss, liegt auf der Hand. Und so ist es auch jetzt. Zwar ist in denjenigen Gouvernements, welchen landschaftliche Institutionen verliehen wurden, die Sorge für das Volksschulwesen den Landschaften ans Herz gelegt worden, zwar sind von den Landschaften und Städten hier und da auch höhere Schulen gegründet worden und in den letzten Jahren ein stetiger Zufluss von Privatspenden für das Bildungswesen zu verzeichnen gewesen, aber es fehlt dem sich eben erst zu industrieller Thätigkeit in rationeller Weise erhebenden Lande überhaupt noch an Capital; die Landschaften sind vielfachen anderen, ebenfalls dringenden Bedürfnissen gegenübergestellt, es mangelt oft auch die nöthige Einsicht, und so bleibt auch heute noch die Heranbildung der Jugend zum grössten Theile eine Aufgabe der Regierung, wenn man von einzelnen Reichstheilen, wie Finnland und die Ostseeprovinzen (für die Volksschulen), absieht.

Als das hauptsächliche Verwaltungsorgan der Regierung für die Zwecke der Bildung erscheint das *Ministerium der Volksaufklärung;* indessen würde man sehr irren, wenn man annähme, dass die Ausgabesummen, welche das Budget dieses Ministeriums aufweist, wirklich auch Alles enthalten, was die Regierung zu Bildungszwecken verausgabt. Schon ein flüchtiger Blick in die Budgetabrechnungen der Reichscontrolle zeigt, welche bedeutenden Mittel auch sonst in beinahe allen Ministerialressorts für Zwecke der Bildung (allerdings die specielle Fachbildung mit einbegriffen) angewiesen werden. Unterstützungen zum Zweck der Erziehung der Beamtenkinder weist jedes Ministerium auf; wir erwähnen ferner beispielsweise der Summen zur Erziehung von Zöglingen aus dem Kaukasus in verschiedenen Schulen, für Südslaven, für die Schulen des geistlichen Ressorts (1869: 900,000 Rbl.), der Militärschulen (1869: 3,856,655 Rbl.), der Generalstabsakademie,

Ingenieur-Artillerieschule, der medico-chirurgischen Akademie (1869: 229,000 Rbl.), der Marineschulen (345,000), der Institute der Kaiserin Marie (im Jahre 1869 erhielten diese aus dem Finanz-Ministerium über 2½ Millionen), der landwirthschaftlichen Schulen, Fermen, Akademien, der Feldmesserschulen, der Rechtsschule u. s. w., deren Gesammtbudget für das Jahr 1869 auf etwa 12 Millionen zu berechnen sein dürfte. Der Haupthebel für die allgemeine Bildung der Nation ruht aber allerdings im Unterrichts-Ministerium, sowohl wegen der Grösse der Mittel, wie wegen der Einheit und des umfassenden und auf pädagogischen Grundlagen ruhenden Systems, das in stetiger Entwickelung die ganze Nation zu einer höheren geistigen Regsamkeit zu führen bestrebt ist. Zum Ressort des Kultus-Ministeriums gehören ausser den (8) Universitäten des Reichs, dem historisch-philologischen Institut in St. Petersburg, dem Besborodko'schen und dem Demidow'schen Lyceum in Njeshin und Twer als höhere Lehranstalten, noch das Lasarew'sche Institut für die orientalischen Sprachen in Moskau, das Institut für Land- und Forstwirthschaft in Nowo-Alexandrowsk und die Veterinärschulen in Charkow, Dorpat und Warschau. Am 1. Januar gehörten ferner an mittleren Unterrichtsanstalten 123 Gymnasien und 23 Progymnasien, eine höhere Gewerbeschule (in Lodz), eine Handelsschule (in Odessa) und zwei Rabbinerschulen (in Wilna und Shitomir) zum Ressort des Unterrichts-Ministeriums; an anderen Schulen: 424 Kreisschulen und 16,739 Elementar-Volksschulen, so wie schliesslich 168 weibliche Lehranstalten (darunter 56 Gymnasien). Die Gesammtzahl der Privatschulen unter der Oberaufsicht des Ministeriums betrug 1081. An gelehrten Instituten gehören in den Kreis des Ministeriums: die Akademie der Wissenschaften, das astronomische Haupt-Observatorium in Pulkowa, die Kaiserliche Oeffentliche Bibliothek, das Rumjanzow-Museum in Moskau, das Museum und die Oeffentliche Bibliothek in Wilna, die archäographische Commission, die Commission zur Prüfung alter Documente zu Wilna und die Centralarchive alter Actenbücher in Wilna und Kijew.

An gelehrten Gesellschaften, welche wissenschaftliche oder pädagogische Zwecke verfolgten, gab es 1871 im Ressort des genannten Ministeriums 40.

Aus dem Bericht des Unterrichts-Ministers über das Jahr 1871 ergiebt sich, dass an den acht, zu seinem Ressort gehörenden *Universitäten*: St. Petersburg, Moskau, Charkow, Kasan, Kijew, Odessa,

Dorpat und Warschau die Lehrkörper aus 512 Personen bestanden, von denen 46 ausseretatmässig angestellt waren. Schon bei diesem zwar gewählten, aber doch im Verhältniss zur Bevölkerung nicht zahlreichem Lehrpersonal macht sich die Thatsache geltend, dass die Regierung nicht aus einer Fülle wissenschaftlich durchgebildeter und wirkender Geisteskräfte, die sich in der Staatsgemeinde selbst entwickeln, die Wahl zu treffen hat, sondern die erforderlichen Lehrkräfte selbst heranziehen muss. Die Besetzung der vacanten Lehrstühle an den Universitäten, von jeher eine schwere Sorge der letzteren, hat auch im Jahre 1871 eine besondere Sorgfalt und materielle Opfer von Seiten des Ministeriums in Anspruch genommen. Das System der Privat-Docenturen ist in Russland lange nicht so ausgebildet, wie in Deutschland, vielmehr werden die zukünftigen Professoren nach Auswahl der Universitäts-Conseils nach absolvirten Studien zur weiteren Ausbildung auf Kosten der Regierung ins Ausland geschickt. Im Jahre 1871 wurde nun, um dem immer noch fühlbaren Mangel an Lehrkräften wirksamer entgegenzutreten, festgesetzt: 1) dass die Candidaten zu einer Professur, die bis zur Erwerbung eines höheren gelehrten Grades als Stipendiaten bei den Universitäten verbleiben, ehe sie die ausländische Reise zur weiteren wissenschaftlichen Ausbildung antreten, schon während dieser Zeit als im activen Dienste stehend betrachtet werden sollen und 2) die Mittel des Ministeriums zu diesem Zwecke um 25,000 Rbl. zu erhöhen, so dass sie fortan jährlich 50,000 Rbl. betragen. Beide Maassregeln haben schon ihre Wirkung in der gewünschten Richtung geübt. Die Zahl solcher Professur-Candidaten ist von 51 auf 90 gestiegen, zur Besetzung der vacanten Lehrstellen kann ausserdem auf die schon thätigen Privatdocenten (31 im Jahr 1871) und die jungen im Laufe des Jahres zu höheren Graden promovirten Gelehrten zurückgegriffen werden, deren Zahl sich gegen früher bedeutend gehoben hat.

So konnte denn, dem Etat von 1863 entsprechend, mit der Besetzung noch vacant gebliebener Lehrstühle vorgegangen werden; 4 Professoren wurden neu besetzt und ausserdem eine bisher combinirte in zwei selbstständige zerlegt werden. Die Thätigkeit der Lehrer beschränkte sich nicht auf rein wissenschaftliche Vorträge und Arbeiten, sondern es wurden von ihnen vielfach, besonders in Dorpat, St. Petersburg und Kijew populäre Vorlesungen gehalten.

Von den bei den Universitäten bestehenden gelehrten Gesellschaften wurden im Jahre 1871 die Moskau'sche, die sich mit dem theoretischen praktischen Recht beschäftigt und die Kaiserliche Moskau'sche Gesellschaft für Naturkunde, Anthropologie und Ethnographie erweitert. Die Letztere erhielt eine turkestansche Abtheilung und durch ihre Bemühungen wurde auch die gleichnamige Abtheilung der polytechnischen Ausstellung zu Moskau in würdiger Weise mit den Producten und Naturschätzen des neu erworbenen Gebiets ausgestattet. Das Ministerium betheiligte sich selbst durch Sammlungen von Gegenständen für die Mittel- und Nieder-Schulen an dieser Ausstellung und verwandte zu diesem Zwecke wie zur Delegation von Schulmännern, welche die Ausstellung besuchen sollten, die Summe von 37,000 Rubeln.

Das bedeutendste Ereigniss auf dem Gebiete wissenschaftlicher Associirung war die dritte in Kijew vom 20. August ab abgehaltene Naturforscher-Versammlung. Die in den 9 Sectionen dieser Versammlung vorgenommenen Arbeiten wurden gedruckt [1] und hat das Ministerium hierzu wie um die Kosten der Versammlung zu decken 4000 Rubel angewiesen.

Ueber die Zahl und die Vertheilung der Studenten (am 1. Januar 1872) nach den Facultäten, sowie über die Stipendiaten giebt die nebenstehende Tabelle (I) Auskunft. Zu bemerken ist dabei, dass allein die Universität Dorpat eine theologische Facultät hat. Die confessionellen Verhältnisse sind leider nicht fixirt. Die grosse Zahl der Juristen ist eine Folge der durch die Justizreform geschaffenen Verhältnisse, welche nicht blos ein grosses Contingent rechtsgelehrter Richter, sondern auch Advocaten, Untersuchungsbeamte u. s. w. verlangen. Die historisch-philologischen Facultäten, obgleich noch nicht einmal den Lehrerbedarf des Staates deckend, zeigen doch gegen früher einen erfreulichen Aufschwung.

Gross ist die Zahl der Stipendiaten an den Universitäten St. Petersburg, Moskau, Charkow und Odessa, wo sie zwischen 40 und 48% der Gesammtzahl der Studirenden schwankt. Im Laufe des Jahres 1871 beendigten an sämmtlichen Universitäten ihre Studien und erhielten gelehrte Grade 999 Studenten oder 14,7% der Gesammtzahl, während 1069 Studenten oder 15,7% die Universität vor beendigten Studien verliessen. Dies wie andere Umstände, z. B. die Vertheilung von Prämien im Laufe der Jahre weist darauf hin, dass an den Universitäten in der That ernst und fleissig gearbeitet wird. Nur die Methode

---

[1] S. das Referat darüber im II. Jahrg. der „Russ. Revue" S. 381 u. f. *(D. Red.)*

ZAHL

Tabelle I.

der Studirenden und Vertheilung derselben nach den Facultäten.

Universitäten.	Zahl der Studirenden. Theologische Facultät.	Historisch-philologische Facultät. Kameralistische Section.	Historisch-philologische Facultät. Historisch-philologische Sect.	Juristische Facultät. Section der juridischen Wissenschaften.	Juristische Facultät. Sect. d. Staatswissenschaften	Physiko-mathematische Facultät. Sect d mathem. Wissens.	Physiko-mathematische Facultät. Sect. d. Naturwissenschaften	Physiko-mathematische Facultät. Section der physik. und chemischen Wissenschaften.	Medicinische Facultät.	Facultät der orientalischen Sprachen.	Gesammtzahl der Studirenden.	Zahl der Hospitanten	Summe.	Zahl derer, denen die Collegiengelder erlassen sind. Unentgeltlichen Unterricht geniessen. Zahl der Studirenden.	In Procenten.	Die Hälfte der Collegiengelder ist erlassen.
St. Petersb. . .	—	—	89	829	41	141	149	—	—	36	1285	128	1413	528	40,09	42
Moskau. . . .	—	—	103	743	—	121	35	—	520	—	1522	66	1588	668	43,80	32
Charkow . . .	—	—	28	260	—	32	18	17	172	—	527	57	584	211	40,00	—
Kasan	—	—	64	246	37	51	16	—	201	—	615	51	666	198	31,00	2
Kijew	—	—	99	313	—	64	33	—	431	—	940	69	1009	170	19,10	1
Odessa	—	—	19	301	—	42	50[1]	—	—	—	412	32	444	200	48,50	—
Dorpat	81	21	62	202	—	33	52	—	232	—	683	10	693	150	16,60	—
Warschau . .	—	—	40[2]	262	—	102	25	—	366	—	795	59	854	83	10,90	—
Gesammtzahl	81	21	504	3156	78	586	378	17	1922	36	6779	472	7251	2208	32,5	77

[1] Darunter 17 Studirende der technisch-agronomischen Abtheilung.

[2] In den drei Abtheilungen der classischen, der slavischen Philologie und Geschichte.

des juristischen Studiums liess noch Manches zu wünschen übrig und wurde Allerhöchst die Einsetzung einer Commission unter Vorsitz des Ministers verfügt, nach deren Meinung, durch die vereinigte Arbeit sämmtlicher Juristenfacultäten, neue Bestimmungen in Betreff der Anordnung und Methode dieses Unterrichts zusammengestellt und nach ihrer Bestätigung in allen Juristenfacultäten angewandt werden sollen.

Unter den ausserordentlichen Bereicherungen der Universitätsinstitute im Jahre 1871 sind besonders hervorzuheben: die Vollendung des astronomischen Observatoriums in Odessa, der Bau eines Meridian-Saals in Kijew, der Erwerb einer Sammlung fossiler Fische für Kijew und der orientalischen Handschriften und Bücher des verstorbenen Professors Mirza-Kasem-Bek für St. Petersburg, die Gründung einer Specialbibliothek für ethnographische Alterthümer und schöne Künste bei dem Museum in Kijew und die Zuwendung der Warschauer Hauptbibliothek an die dortige Universität, welche bisher keine Bibliothek gehabt hatte und nunmehr ausser den früher für die Hauptbibliothek ausgezahlten Summen noch jährlich 11,468 Rubel zugewiesen erhielt. Ueberhaupt wurden zur Verbesserung der Hülfslehranstalten und Vermehrung der Lehrmittel an den Universitäten ausser den etat- und ausser-etatmässigen Summen im Jahre 1871 aus den Specialmitteln 14,559 Rubel aufgewendet.

Das Stipendien-Capital der Universitäten ist im Jahre 1871 um 105,225 Rubel gestiegen; ausserdem haben verschiedene Corporationen die Verpflichtung übernommen, jährlich 1780 Rbl. für 7 Stipendien an Studenten beizusteuern. Die erheblichste Schenkung in dem Jahre war die des Ehrenbürgers Botkin, welcher der Moskauer Universität 5250 Rubel zur Anschaffung von Kunstwerken und eine gleiche Summe zur Einrichtung einer Prämie vermachte, die alle 3 Jahre von den Zinsen an einen Studenten russischer Herkunft für die beste Abhandlung auf dem Gebiete des classischen Alterthums verliehen werden soll.

Den historisch-philologischen Facultäten reiht sich das Kaiserliche historisch-philologische Institut an, das aber einen mehr praktischen Zweck verfolgt: die Heranbildung von Gymnasiallehrern, besonders für die alten Sprachen. Dies Institut, das inzwischen leider seinen ersten Director durch den Tod verloren hat, ist die eigenste Schöpfung des gegenwärtigen Ministers der Volksaufklärung und ein wichtiges Glied in dem System der Reformen, durch welche derselbe die Gymnasien zum ersten Mal in Russland vollständig auf ihren eigensten Boden, das Studium der classischen Sprachen, gestellt hat. Abgesehen von der fehlenden, praktisch-pädagogischen Vorbildung der Univeritätsphilologen, waren die Facultäten allein nicht im Stande, die durch die Gymnasialreform geforderte Zahl von Lehrern für das Reich zu stellen und um in beiden Beziehungen helfend einzugreifen, wurde das genannte Institut geschaffen und mit demselben ein Gymnasium verbunden, das im Jahre 1870 mit zwei Classen eröffnet, bereits 1871 eine dritte Classe erhielt. In dem letzten Jahre erhielt auch das Institut seine volle Entwickelung, es zählte 94 Zöglinge, von denen 86 auf Regierungskosten, 8 auf Kosten des Kaukasischen und des Wilnaschen Lehrbezirks erzogen wurden, und entliess 25 Zöglinge zu Gymnasiallehrerstellen (13 für die alten Sprachen, 9 für russische Sprache und Literatur, 3 für Geschichte und Geographie). Im Jahre 1872 wurden auf Vorschlag des Ministers 6 neue Regierungs-Stipendien zur Bildung von Gymnasiallehrern für den Dorpater Lehrbezirk in dem Institut gegründet, auch die Stadt Astrachan hat 2 Stipendien errichtet.

Die Arbeiten der Studenten beschränkten sich nicht auf theoretisches Wissen, sondern bestanden im Hinblick auf ihre zukünftige Wirksamkeit auch aus praktischen Uebungen und zwar in allen Cursen. (Uebersetzungen aus den alten Sprachen in's Russische und umgekehrt, Analysen altslavischer Schriftdenkmäler vom 3. Cursus an, mit dem die Dreitheilung in die Sectionen der alten Sprachen, russischen Literatur und der Geschichte beginnt, Aufsätze aus dem Kreise der speciellen Studienfächer; im 4. Cursus auch praktische Uebungen im Unterricht am Instituts-Gymnasium und zwar im Umfange von 1/8 der sämmtlichen Unterrichtsstunden.) Etwa 5 Gymnasiasten wurden ausserdem, wie früher, einem einzelnen Studenten zur Beaufsichtigung in Betreff der Schularbeiten und zu etwa erforderlicher Nachhülfe übergeben. Die Studenten des 4. Cursus nahmen, wie früher, auch an den abendlichen, pädagogisch-didactischen Besprechungen der Classen-Ordinarien des Gymnasiums Theil.

Wie das historisch-philologische Institut den historisch-philologischen Facultäten an die Seite getreten ist, um einem praktischen Bedürfnisse abzuhelfen, so ist das mit dem im Jahre 1870 reorganisirten und mit einem neuen Etat ausgestatteten juristischen Demidow'schen Lyceum zu Twer in Betreff der juristischen Facultäten der Fall. Die Auflösung des früheren Instituts erfolgte in diesem Jahre definitiv, nachdem die letzten 22 von den alten Zöglingen ihren Cursus absolvirt hatten. Die Zahl der Studenten betrug am 1. Januar

1872 139; die Anstalt verfügt über genügende Mittel; es fehlen wohl noch Professoren für die höheren juristischen Curse, aber 7 Personen (4 in Moskau und 3 im Auslande) bereiten sich zur Uebernahme von Lehrstellen an dem Institut vor. Die Fortschritte der Studenten sind befriedigend, von 108 des ersten Cursus wurden 80°|₀ in den zweiten versetzt; die reiche juristische Bibliothek erhielt einen Bücherzuwachs im Werthe von 4800 Rubeln und von Privaten wurden der Anstalt im Laufe des zweiten Halbjahres Spenden im Betrage von 8151 Rbl. zugewandt.

In einer traurigen Lage befindet sich dagegen wegen seiner Mittellosigkeit das Lyceum des Fürsten Besborodko in Njeshin, für das der erforderliche Zuschuss von 29,000 Rbl. jährlich auch im Jahre 1871 nicht flüssig gemacht werden konnte. Der Lehrstuhl der Statistik und russischen Geschichte ist z. B. mit 735 Rbl. besoldet und steht daher seit dem Jahre 1868 leer. Die Zahl der Studenten beträgt immerhin noch 180 und das Ministerium spricht den Wunsch aus, das jetzige Lyceum in ein historisch-philologisches umzuwandeln, da der Kijewsche Lehrbezirk einen grossen Mangel an Lehrern des Russischen hat und die dortige Universität den Bedarf nicht entfernt zu decken im Stande ist.

Das Lasarew'sche Institut für die orientalischen Sprachen in Moskau bestand aus einer Gymnasialabtheilung und einer 2-classigen höheren Specialabtheilung, welche letztere ihren Zöglingen dieselben Rechte verlieh, wie den Lyceen. Aber in dieser Form genügte die Anstalt weder den Forderungen an eine gründliche Gymnasialbildung, noch auch waren die orientalischen Fächer umfassend genug vertreten; die Mehrzahl der Zöglinge trat aus den Gymnasialclassen in die Universität. Deswegen reorganisirte das gegenwärtige Ministerium (laut Allerhöchst bestätigtem Beschluss des Minister-Comité's vom 16. Juni 1871) die zeitweilig geschlossen gewesenen Specialcurse und hob sie auf eine Stufe mit den Universitätsfacultäten. Es wurden hierzu aus der Reichscasse über 19,000 Rubel angewiesen und bei 8 Professoren und Lehrern folgende Lehrstühle bestimmt: 1) für armenische Literatur, 2) für arabische Literatur, 3) für persische Literatur, 4) für türkisch-tatarische Sprachen, 5) für die Geschichte des Orients, 6) für russische Literatur, 7) für die grusinische Sprache. Professoren und Studenten erhielten gleiche Rechte mit den Universitäten, und die so reorganisirten Specialclassen wurden den 1. September 1871 eröffnet. Für die entlassenen Zöglinge der orientalischen Abtheilung éröffnet sich im Staatsdienste wie zu privater Thätigkeit ein weites Feld in Kaukasien, Transkaukasien, Turkestan und im Osten überhaupt.

In dem Institut für Land- und Forstwirthschaft in Nowo-Alexandrowsk wurde im Jahre 1871 zu den vorhandenen, der dritte und letzte Jahrescursus hinzugefügt. Von den 16 Lehrstellen wurde nur zum Schluss des Jahres die der politischen Oekonomie durch den Tod vacant. Die Zahl der Studenten belief sich am 1. Januar 1872 auf 48, von denen sich 21 in der Forstabtheilung befanden. Die Sammlung von Lehrhülfsmitteln hat für solche Institute, die mehr praktische Ziele verfolgen, eine besondere Bedeutung und es wurden zu dem genannten Zwecke ausser den etatmässig angewiesenen Summen noch 9288 Rubel bewilligt.

An Veterinärschulen hatte das Ressort des Unterrichts-Ministeriums 3, zu Dorpat, Charkow und Warschau, die am Ende des Jahres 199 Studirende zählten; 22 davon absolvirten den Cursus, 3 erlangten den Magistergrad. Die einzelnen Schulen waren sehr verschieden dotirt, die Warschauer erhielt zu ihrem Unterhalt 8505, die in Dorpat 27,925 Rubel ausgezahlt und demgemäss war auch das wissenschaftliche Niveau der Schulen verschieden. Auch die grösseren auf Dorpat und Charkow verwandten Summen »erscheinen lange nicht hinreichend, weder für die Gehälter des sehr begränzten Lehrkörpers, noch für den Unterhalt und die Bereicherung der Lehrhülfsmittel bis zu einer dem modernen Stande der Veterinärwissenschaften entsprechenden Stufe.« Der Reorganisation der Veterinärschulen stand aber der Mangel finanzieller Mittel im Wege.

Eine besondere Sorgfalt, und mit Recht muss man sagen, wenn man sich die socialen Verhältnisse Russlands vergegenwärtigt, ist auch 1871 den Mittelschulen zugewandt worden, die theils als Vorbereituug für das Universitätsstudium, theils als, eine allgemein humane Bildung abschliessende Institute dienen: den Gymnasien und den sich an dieselben anreihenden Progymnasien.

Am 1. Januar 1871 gehörten zum Ressort des Unterrichts-Ministeriums 123 Gymnasien (darunter das Armen-Erziehungshaus der philantropischen Gesellschaft in St. Petersburg, das Alexander-Institut in Nishnij-Nowgorod und die Domschule in Reval) und 23 Progymnasien. Unter den Gymnasien waren 68 vollständig classisch, d. h. mit den beiden alten Sprachen, in 43 wurde nur Latein getrieben und 12 waren sogenannte Realgymnasien; von den Progymnasien gehörten 14 der ersten, 8 der zweiten und 1 der dritten Kategorie an.

Im Laufe des Jahres wurden 3 neue Gymnasien errichtet, eins zu

Jelez mit einem Kapital von 200,000 Rubeln, das der Commerzienrath Poljakow dargebracht hatte, eins in Goldingen von der Stadt und Ritterschaft, mit einem Zuschuss von Seiten des Staates, und dann das, aus einem durch den Staatsrath Galagan dargebrachten Fonds gestiftete Galagansche Collegium, welches den Gymnasien gleichsteht; ferner ging das bei dem Lasarew'schen Institut befindliche Gymnasium in die Verwaltung des Unterrichts-Ministeriums über. Eingegangen oder vielmehr in ein Progymnasium verwandelt ist das Gymnasium zu Pintschew im Warschauer Lehrbezirk. Ausserdem wurden 9 neue Progymnasien gegründet und eröffnet, und zwar 8 auf Kosten des Staates, 1 auf Kosten einer Landschaft und Stadtgemeinde. Ein Progymnasium in Praga wurde geschlossen. Für den Unterhalt der 9 neugegründeten Progymnasien, die durch die grosse Anzahl Schüler in den unteren Gymnasialclassen hervorgerufen wurden, sind aus der Reichscasse 122,850 Rubel jährlich angewiesen worden, — eine Summe, die zwar ihrer speciellen Bestimmung entspricht, das in Wirklichkeit vorhandene Bedürfniss nach einer grösseren Anzahl von Progymnasien jedoch nicht deckt. Denn die unteren Classen der Gymnasien bleiben zum Schaden des Unterrichts noch immer überfüllt, trotz der grossen Anzahl vorhandener Parallelclassen (213), aus denen allein 53 neue Progymnasien hätten gebildet werden können. An Gymnasien wurden im Jahre 1871 zwei, das russische Alexander-Gymnasium in Riga (auf Staatskosten) und das Gymnasium in Berdjansk (auf städtische Kosten mit einem Zuschuss von der Krone) gegründet, aber erst 1872 eröffnet. So standen zu Anfang des Jahres im Ressort des Unterrichts-Ministeriums 126 Gymnasien und 32 Progymnasien und zwar in den

Lehrbezirken	Gymnasien	Progymnasien
St. Petersburg	16	3
Moskau	16	1
Charkow	10	4
Kasan	15	2
Kijew	12	5
Wilna	13	3
Odessa	9	3
Dorpat	11	—
Warschau	20	9

Die Gesammtsumme des Jahresunterhalts belief sich für die Gymnasien und Progymnasien auf 4,467,644 Rubel, von denen nicht weniger als 3,215,887 Rbl. aus der Reichscasse flossen, während an Schul- und Pensionsgeldern 420,335 und 317,888 Rbl. eingenommen wurden. Jeder der 42,791 Schüler des Jahres kam also dem Staate auf beinahe 80 Rubel zu stehen, während das gezahlte Schulgeld sich im Durchschnitt mit kaum 10 Rubeln auf den einzelnen Schüler beziffert. Die Gesammtzahl der Gymnasiasten und Progymnasiasten betrug, wie gesagt, 42,791 oder 3720 mehr als im Vorjahre, was sich zum Theil aus der grösseren Anzahl der Schüler erklärt. Die grössere Zahl aber derjenigen Schüler, die den Cursus absolvirten — 1804 gegen 1090 im Vorjahre, — weist auf eine Hebung des Unterrichts hin. Ueber die Zahl der Gymnasiasten in den einzelnen Lehrbezirken und ihre Vertheilung nach Confessionen und Ständen giebt die folgende Tabelle (II) Auskunft.

Die wichtigste der im Jahre 1871 ergriffenen Maassregeln hinsichtlich der Gymnasien bestand aber nicht in der Extension des Gymnasialunterrichts durch Gründung neuer Anstalten dieser Art, sondern in der innern Wandlung, Anordnung und Concentration, die der Unterricht durch das den 30. Juli 1871 Allerhöchst bestätigte neue Gymnasialstatut erhielt. Der Existenz der bisherigen Pseudo-Gymnasien wurde durch dieses Statut speciell ein Ende gemacht, ebenso den sogenannten Realgymnasien, deren Benennung allein schon die schiefe Auffassung einer ganzen Reihe grundlegender Begriffe des Schulwesens voraussetzen liess. Die bisherigen Gymnasien waren, um sie kurz zu charakterisiren (abgesehen von einigen Ausnahmen), ungefähr preussische Realschulen erster Ordnung gewesen, nur mit weniger Latein als diese, und der Unterricht bot mehr ein zufälliges Conglomerat disparater Fächer, als ein organisches System in sich zusammenhängenden Wissens; der Unterrichtsplan war mehr aus Utilitätsrücksichten, als aus dem klaren Begriffe des Wesens humaner Bildung hervorgegangen. Kein Ineinandergreifen der Fächer, keine Beziehungen des Einzelnen auf das Centrum eines geschlossenen Kreises. Das Latein, dessen Nutzen den weniger Gebildeten nicht einleuchtet, erschien diesen besonders als ein, mechanisch dem Lehrplan angehängter schwieriger Gegenstand, der die Zeit und die Kräfte der Schüler unnütz in Anspruch nahm, und wurde bald Gegenstand ebenso allgemeiner wie seichter Angriffe in der Presse. Die «Naturwissenschaften», die mit ihren neuen Resultaten in Russland für das grössere Publicum eigentlich erst seit der Censurreform und der sich

Tabelle II.

ZAHL

der Schüler der Gymnasien und Vertheilung derselben nach Confessionen und Ständen.

Lehrbezirke.	Zahl der Schüler.	Gegen 1870.	Ausgetreten vor absolvirtem Cursus.	Ausgetreten nach absolvirtem Cursus.	Nach Confessionen: Rechtgläubiger Confession	Römisch-katholischer Confession	Lutherischer Confession	Muhamedaner.	Andere Bekenntnisse.	Nach Ständen: Edelleute und Beamte.	Geistlichen Standes.	Städtischen Standes.	Ländlichen Standes.	Ausländer.
St. Petersburg .	4,558	+ 639	780	173	3,854[1]	211	316	2	73	3,032	227	1017	111	69
Moskau	5,143	+ 310	928	189	4,740	122	130	3	148	3,460[2]	209	1212	19	66
Charkow	3,963	+ 386	564	174	3,708	101	92	—	62	2,522	207	802	373	59
Kasan	4,710	+ 723	778	176	4,271	107	163	47	122	2,739	235	1367	315	54
Kijew........	4,633	+ 42	861	265	3,083	1,225	63	2	260	3,119	340	814	282	78
Wilnâ	4,212	+ 503	660	210	1,556	1,835	206	27	588	2,558	251	1070	260	73
Odessa.......	3,786	+ 428	1008	109	2,579	198	95	4	910	1,881	132	1519	90	164
Dorpat.......	2,443	+ 388	350	102	311	242	1798	—	92	1,065	147	961	220	50
Warschau.....	8,494	+ 327	1414	366	844	6,421	493	6	730	4,069	213	2901	723	48
Westsibirien...	468	+ 38	65	33	421	30	1	1	15	285	19	129	35	—
Ostsibirien	381	— 64	70	7	352	8	6	—	15	191	26	137	27	—
Summe.	42,791	+3784	7478	1804	25,719	10,500	3363	92	3015	25,461	2006	11,929	2455	661

[1] Von einem Gymnasium mit 102 Schülern sind keine Angaben über beide Rubriken vorhanden.

[2] Von einem Gymnasium mit 177 Schülern sind die Data dieser Rubrik nicht angegeben.

in Folge dessen entwickelnden Uebersetzungsliteratur importirt wurden, wurden zum Losungsworte nicht blos für diejenigen, die von der wissenschaftlichen Seite her die Bedeutung derselben erwogen und erwiegen konnten, sondern auch für die grosse Masse derer, die sie nur aus populären Schriften kannten und allenfalls den Buckle u. s. w. sich angesehen hatten. «Die Naturwissenschaften sollen fortan den Hauptstoff für die Bildung in den bisherigen Mittelschulen abgeben,» — das wurde die Losung der Presse und eines grossen Theils des Publicums, «diese Richtung müsse die Reform der Gymnasien einschlagen.» Gestützt wurde diese Forderung in dem Maasse, als die Kämpfer sich allmälig mit der Geschichte und Literatur der Frage «classisch oder real?» bekannt machten, durch das ganze Arsenal der Gründe, welche dem deutschen Publicum seit dem 3. Decennium des Jahrhunderts in Fülle gedruckt vorliegen und denen gegenüber meist ein «Alles schon dagewesen» genügt hätte. Auf die praktische Frage, wie denn, vorausgesetzt, dass das Ministerium sich auf die verlangte Wandlung einliesse, die Lehrer und die noch nirgends genügend vorhandenen Lehrmittel und Methoden für den naturwissenschaftlichen Unterricht in den Schulen Russlands so plötzlich beschafft werden könnten, liess man sich gar nicht ein. Die Negation der Nothwendigkeit der alten Sprachen war die Hauptsache, das α und ω.

In einer andern Reihe von Gedanken bewegte sich glücklicherweise das Ministerium. In der Gesammterfahrung des Menschengeschlechts den Ausgangspunkt für jede humane Bildung sehend, konnte es bei der Frage, wie diese Gesammterfahrung für die Schulen concentrirt werden müsse, konnte es, wenn es die Bildung als etwas in der Zeit gewordenes ansah, nicht anders, als bei den Sprachen und der Literatur (als Ausdruck der Cultur) der Schwestervölker des Alterthums stehen bleiben, auf deren Schultern wir stehen und deren Cultur unserer modernen in weit grösserem Maasse offen und verborgen im Blute steckt, als die nur das «heute» im Auge habenden Anwälte der Naturwissenschaften ahnen und wissen. Die alten Sprachen und neben diesen die Mathematik als Schlüssel zum Verständnisse der Welt des Körperlichen wurden demnach als Hauptthebel zur Erreichung einer von unmittelbaren Nützlichkeitszwecken absehenden und die Jugend an die Pforten der strengen Wissenschaft geleitenden Wissenschaft anerkannt.

Sobald Sr. Majestät der Kaiser die Vorlagen über die Reorganisation der Gymnasien und Progymnasien bestätigt hatte, wurde das

Statut in allen Punkten, ohne Störung des allgemeinen Ganges des Unterrichts und der Erziehungsthätigkeit durchgeführt, und zwar im Wesentlichen in folgenden Maassregeln: Es wurden Vorbereitungsclassen an den Gymnasien und Progymnasien eingerichtet, welche, indem sie die Schüler für den eigentlichen Gymnasialunterricht gleichmässig und besser vorbereiten, den ganzen Cursus auf eine grössere Zahl von Jahren ausdehnen, es möglich machen, eine grössere Gründlichkeit des Unterrichts zu erreichen, ohne die Schüler auf ein Mal mit zu viel Stoff zu überladen. Dass diese Vorbereitungsclassen einem Bedürfnisse entgegenkamen, ergiebt sich schon aus dem Umstande, dass in dieselben gleich im Schuljahre 1871 — 1872 über 2000 Schüler eintraten.

Die wichtigste Aenderung, welche das neue Statut brachte, war unstreitig die, dass der Mathematik nebst Physik und den beiden alten Sprachen eine grössere Stundenzahl zugewiesen wurde. Detaillirte Lehrpläne konnten erst im Jahre 1872 ausgearbeitet werden, daher war es anfänglich nur möglich, allgemeine Anweisungen in Betreff der Vertheilung des Unterrichts in den einzelnen Fächern auf die Classen zu geben; aber die Entschiedenheit der Reform scheint gleich von vorn herein, namentlich auf die Kreise der Schüler der jüngeren Classen in der Weise günstig gewirkt zu haben, dass das starke Vorurtheil gegen eine ausgesprochene Betonung des Unterrichts in den alten Sprachen zu schwinden beginnt. Trotz des noch vielfach fühlbaren Mangels an Lehrkräften wurde angeordnet, im Jahre 1871 mit der Einführung der griechischen Sprache in allen Gymnasien vorzugehen, und dieser neue Unterrichtsgegenstand fand nicht blos eine grössere Lernbereitheit bei den Schülern als das Latein, sondern es konnte derselbe auch in ziemlich umfassender Weise eingeführt werden, da um dieselbe Zeit das historisch-philologische Institut zum ersten Mal eine Anzahl junger Gymnasiallehrer entliess und 60 oesterreichische Slaven, besonders Tschechen, durch das Ministerium in dem Lehrfach angestellt wurden. Erleichtert wurde die Einführung ferner dadurch, dass Directoren und Inspectoren, von denen manche früher als Lehrer der alten Sprachen fungirt hatten, nach der neuen Ordnung zum Unterrichten mit herangezogen wurden und die Vereinigung von mehreren Fächern (besonders der alten Sprachen, des Lateins mit dem Russischen u. d.) als wünschenswerth hingestellt worden war. So kam es, dass seit der zweiten Hälfte des Jahres 1871 das Griechische als neues Unterrichtsfach in 39 Gymnasien in der 3. und 4. Classe eingeführt wurde und zu Ende desselben Jahres, abgerechnet den Warschauer und Dorpater Lehrbezirk und ausgenommen die sibirischen Gymnasien, nur in drei Schulen dieser Kategorie eine und nicht beide classischen Sprachen getrieben wurden. Freilich konnte das Griechische nicht gleich in alle Classen zugleich eingeführt werden, obgleich auch dies im Moskauer und Wilnaer Lehrbezirk (abgesehen wiederum von Warschau und Dorpat) beinahe völlig erreicht wurde.

Die Zahl der Wochenstunden in allen Classen der Gymnasien wurde für das Latein um 9, für das Griechische um 5 gesteigert. Der ausgesprochen classische Charakter der Gymnasien soll zunächst in den Universitätsstädten möglichst scharf ausgeprägt werden, um so den historisch-philologischen Facultäten einen stetigen und wachsenden Zufluss gründlich vorgebildeter Zöglinge zuzuführen.

Die Heranziehung der Directoren und Inspectoren zum Unterricht nach dem neuen Statut hat sich gleich im ersten Jahre in den Zahlen ausgedrückt, dass von 73 Directoren und 80 Inspectoren, sich 60 der ersteren und alle Inspectoren sofort am Unterrichten betheiligten und zwar kam dieser Zuschuss von Lehrkräften vorzüglich den alten Sprachen zu Gute, indem 59 Procent der durch die ersteren und 46 Procent durch die letzteren ertheilten Stunden auf die alten Sprachen fielen. Das Ministerium spricht bei dieser Gelegenheit überhaupt den Wunsch aus, dass die Lehrthätigkeit der Directoren und Inspectoren sich den fundamentalen Gymnasialfächern, den alten Sprachen und der Mathematik vorzüglich zuwenden möge.

Ein weiteres Mittel zur ausgiebigeren Verwendung der vorhandenen Lehrkräfte in den Mittelschulen giebt das neue Statut in der Möglichkeit der Vereinigung mehrerer verwandter Fächer in der Person eines Lehrers an die Hand. Auch von diesem Mittel ist gleich im ersten Jahre Anwendung gemacht worden; die Berichte über den Umfang, in welchem die Maassregel ergriffen wurde, lagen von 76 Gymnasien und 15 Progymnasien noch nicht vor, aber in 81 Schulen der beiden Arten sind schon 214 Fälle solcher Vereinigungen gemeldet. Das Ministerium hatte in durchaus rationeller Weise vor Allem die Vereinigung des Unterrichts im Russischen und im Lateinischen in den zwei unteren Classen als wünschenswerth hingestellt und dies hat denn auch in 68 von den gemeldeten 214 Fällen stattgefunden, während 66 Mal das Latein und das Griechische, 62 Mal die Geschichte und die Geographie in der Hand eines Lehrers vereinigt wurden. Es liegt auf der Hand, dass, wenn die Lehrer die genügenden Kenntnisse und Lehrfähigkeit besitzen, diese Vereinigungen, abgesehen von der Ersparniss an Lehrkräften, viel zur geistigen Concentration des Unterrichts beitragen und die Erreichung der Lehrzwecke erleichtern müssen.

In der Durchführung des neuen Gesichtspunktes, der für die Gymnasialbildung durch das neue Statut Geltung erhielt, wurde auch der naturwissenschaftliche Unterricht in den unteren Classen eingestellt und statt dessen die Aufstellung eines Normallehrplanes für dieses Fach in der 6. Classe ins Auge gefasst, ferner der Unterricht in der Kosmographie durch den der mathematischen Geographie in der 7. Classe ersetzt und den Abiturienten eine Wochenstunde zum Zweck der Repetition der Geographie vorgeschrieben. Der Unterricht in der Logik wurde auf das Jahr der obersten Classe verlegt und auch für dieses Fach die Aufstellung eines Lehrplanes und die Abfassung eines Lehrbuchs in Aussicht genommen.

Die Gesammtlehrpläne für alle Fächer des Gymnasial- und Progymnasialcursus, von einer besondern Commission der namhaftesten Lehrer, unter Vorsitz der Mitglieder des wissenschaftlichen Comités des Ministeriums ausgearbeitet, konnten aber erst zu Anfang des Schuljahres 1872 — 1873 in die Praxis eingeführt werden; für das erste Jahr musste es bei kurzen, interimistischen Anweisungen sein Bewenden haben.

Zu den Aenderungen im Lehrplan, welche durch das neue Statut eingeführt wurden, gehört auch die, dass das Zeichnen und Reissen nicht mehr obligatorischer Unterrichtsgegenstand ist, obgleich das Ministerium die Bedeutung desselben durchaus nicht verkennt und den Schülern möglichst Gelegenheit bietet, an diesem facultativen Unterricht Theil zu nehmen. So weit die Nachrichten (über 62 Gymnasien und 14 Progymnasien) vorliegen, haben etwa 20 Procent der Schüler die gebotene Gelegenheit benützt.

In Betreff der neueren Sprachen schreibt das Statut vor, dass es den Schülern, welche in allen obligatorischen Fächern Tüchtiges leisten, freistehen soll, zwei und nicht blos eine (deutsch oder französisch) derselben zu treiben. Interessant ist es dabei zu sehen, wie verschieden nach der Localität die Wahl für die eine und für die andere Sprache ausfällt und im Ganzen doch die deutsche Sprache vorwiegt. Von 100 Schülern lernen im St. Petersburger Lehrbezirk 84, im Wilnaschen 64, im Moskauschen 62, im Kasanschen 48, im Charkowschen 30, im Odessaer 36 deutsch und französisch oder deutsch allein. Im Süden und Osten wird demnach das Französische, im Norden und Westen das Deutsche vorgezogen; man dürfte sich vielleicht nicht täuschen, wenn man hierin eine Spur des Hinneigens zu dem oder jenem fremden Culturkreise erblicken wollte. Dass aber bei der Durchführung der Gymasialreform im Allgemeinen vielfach ausländische, speciell deutsche Verhältnisse als Muster vorliegen, zeigt sich auch in der Anordnung, dass fortan der Cursus in der 7. (obersten) Classe ein zweijähriger zu sein habe. Nur als Ausnahme können auf Beschluss des pädagogischen Conseils und mit Genehmigung des Curators des Lehrbezirks die ausgezeichnetsten Schüler zum Abiturienten-Examen zugelassen werden. Durch diese Vorschrift wurde der Gymnasialcursus von 7 auf 8 Jahre ausgedehnt, was die Möglichkeit gewährt, den gesammten Lehrstoff ohne Ueberladung der Schüler in gründlicher Weise durchzunehmen. Demgemäss wurden gleich für das Jahr 1871 — 1872 zwar noch alle Schüler nach einem Jahre zur Abiturientenprüfung zugelassen, diese Prüfungen selbst aber schon im Sinne der Normen des neuen Statuts verschärft. Zugleich wurde eine besondere Commission eingesetzt, welche ein definitives Reglement, sowohl für die Aufnahmeprüfungen in die Gymnasien und die Progymnasien, wie für die Abiturienten-Examina ausarbeiten und dabei die Prüfungszeit abkürzen, die Prüfung selbst erleichtern und auf das Wichtigste concentriren und die Aufmerksamkeit der Examinatoren auf die Frage lenken sollten, wie weit die Examinanden sich für den Unterricht in den höheren Classen und das Universitätsstudium als reif erwiesen. Dies Reglement kam aber im Schuljahre 1871 — 1872 noch nicht zur Anwendung.

Es ergiebt sich aus dem Dargelegten, dass durch die Einführung des neuen Statuts dem gesammten Lehr- und Verwaltungspersonal eine grosse Arbeit erwuchs, dass eine Reihe neuer Aufgaben gestellt wurde (wie ausser dem Angeführten noch die Aufstellung einer einheitlichen grammatischen Terminologie für das Russische, die alten und neuen Sprachen, Instructionen für die Classenlehrer u. s. w.), deren Erfüllung die Kräfte gewaltig in Anspruch nahm. Diesen gesteigerten Pflichtforderungen gegenüber gesteht der officielle Bericht zwar ein, dass der Dienst im Lehrfache zwar noch immer weniger gut bezahlt ist, als die meisten anderen Branchen des Staatsdienstes, aber das neue Schulgesetz legt doch einen Grund zur allmäligen Verbesserung der Lage derjenigen Personen, welche sich dauernd dem Lehrfache widmen. Gleich beim Eintritt in den Dienst erhalten dieselben nämlich 750 Rubel für 12 wöchentliche Stunden; nach 5 Dienstjahren an derselben Anstalt steigert sich die Summe auf 900, später kann sie die Höhe von 1250 und 1500 Rubeln erreichen, wenn besonderer Eifer bewiesen wird. Unter den Lehrern der neueren Sprachen sollen bei der Gehaltserhöhung diejenigen bevorzugt werden, die Universitätsbildung genossen haben.

Sehr wichtig für die erzieherische Seite der Schulen, die in Russland oft von Seite der Familie nicht die gehörige Unterstützung findet, (es fehlt ja ein eigentlicher gebildeter wohlhabender Mittelstand), was denn auch zur Gründung zahlreicher mit den Gymnasien eng verbundener Pensionen geführt hat, — ist die engere Verbindung zwischen Unterricht und Erziehung, welche durch die Einführung des Instituts der Classenlehrer an Stelle der früheren Gouverneure durch das neue Statut angebahnt worden ist. Die Classenlehrer werden für ihre Mühewaltung mit 160 Rubeln extra remunerirt und sollen in verschiedener Weise bevorzugt werden, indem ihnen eine grössere Stundenanzahl übertragen, aus ihrer Mitte vorzugsweise die Directoren und Inspectoren gewählt, sie bei der Zuerkennung höherer Gehaltsclassen zunächst berücksichtigt werden und womöglich Wohnungen in den Gymnasien oder in, dem Unterrichtsressort gehörigen Gebäuden erhalten sollen. Die Classenlehrer sollen Berather und Leiter der Schüler ihrer Classe sein. Das Classenlehrerinstitut wurde in dem Schuljahre 1871—72 übrigens noch nicht vollständig durchgeführt, zum Theil nur die Haupt-, zum Theil die Parallelclassen Classenlehrern überwiesen, zuweilen auch das Classenlehreramt von zwei Classen in der Hand eines Lehrers vereinigt. Hier und da werden die Anforderungen an die Classenlehrer zu hoch gespannt, im Dejouriren in der Schule, in dem Verlangen schriftlicher ausführlicher Berichte über jeden Schüler, dann werden die Lehrer nach ihrem Dienstalter zu Classenlehrern ernannt u. s. w. Diese und ähnliche Unzuträglichkeiten rügt der Bericht des Ministers, indem er die Forderungen auf ein rationelles Maass und auf pädagogische Gesichtspunkte zurückführt. Es wird dabei darauf hingewiesen, dass die Bedeutung und die Stundenzahl eines Faches sich annähernd auch in der Wahl der Classenlehrer reflectiren müsse, und dass fortan namentlich die Lehrer der alten Sprachen, denen eine so grosse Stundenanzahl in den einzelnen Classen zugewiesen sei, die daher mit den Schülern auch in vielfachere und nähere Berührung kommen, unter den Classenlehrern stärker vertreten sein müssten, als das anfänglich der Fall gewesen ist.

Für die Institute, welche mit den Gymnasien verbunden sind und in denen besonders die erzieherische Seite der Schule ihren Wirkungskreis findet, für die Pensionen, wurden durch das neue Statut diejenigen Bestimmungen des Reglements von 1864 aufgehoben, durch welche die Zahl der Pensionäre auf 80 begränzt und in welchen vorgeschrieben war, nur Schüler der drei unteren Classen in die Pensionen aufzunehmen. Jetzt werden Schüler aller Classen und ohne Beschränkung der Zahl, nur mit Rücksicht auf den zur Verfügung stehenden Raum acceptirt.

Der Gesammtaufwand für die 40 Gymnasial-Pensionen, die im Jahre 1871 2969 Zöglinge zählten, belief sich auf 680,000 Rubel, was auf den Kopf eine Summe von etwa 229 Rubeln ausmacht. Diese Summe erweist sich aber für die Bedürfnisse der Pensionen im Allgemeinen als nicht zureichend, so dass dieselben Schwierigkeiten haben, aus den ihnen zu Gebote stehenden Mitteln Erziehern mit Universitätsbildung (wie das wünschenswerth ist) genügende Gehalte zu bieten. Dies ist um so mehr zu bedauern, als nach dem Zeugnisse des Berichts des Ministers die Pensionen ein verhältnissmässig grösseres Contingent guter Schüler stellen, als die Externen. Als ein eigenthümliches Institut, das in gewissen Beziehungen den Pensionen an die Seite tritt, obgleich es dieselben natürlich nicht zu ersetzen vermag, erscheinen die gemeinsamen Schülerwohnungen, die im Wilnaschen und Kijewschen Lehrbezirk in grösserer Anzahl vorhanden, zum Theil aus früheren Convicten hervorgegangen und, wie die Pensionen, der Aufsicht der betreffenden Schulbehörden untergeordnet sind. In den beiden genannten Lehrbezirken gab es ausserdem gegen 500 private Schülerwohnungen, die von durch die Schulverwaltung gut attestirten Personen gehalten und von der ersteren beaufsichtigt und Inspectionen unterworfen werden. Die Zahl der Zöglinge in den gemeinsamen und privaten Wohnungen beider Lehrbezirke belief sich am 1. Januar 1872 auf 2618; dazu im Warschauer Lehrhbezirk 30 Zöglinge in 2 Anstalten und ausserdem waren in Privatwohnungen unter Aufsicht der Schulbehörde von 8494 Schülern der Gymnasien und Progymnasien 2631 untergebracht. Die Zahl dieser Institute in den anderen Lehrbezirken war wie früher unbedeutend.

Ueber die national-politische Aufgabe schliesslich, welche den Gymnasien in den westlichen Grenzgebieten nicht rein russischer oder nichtrussischer Bevölkerung zugewiesen ist, äussert sich der Bericht des Unterrichts-Ministers in folgenden Worten:

„In den westlichen Gouvernements des Reiches, im Kijewschen und Wilnaschen Lehrbezirk, wo eine gemischte polnische, litauische uud russische Bevölkerung lebt, wurde in den Gymnasien und Progymnasien das Hauptaugenmerk darauf gerichtet, eine gründliche

Kenntniss der russischen Sprache unter den Schülern einheimisch zu machen und ihnen die richtige Anschauung in Betreff der Thatsachen der vaterländischen Geschichte beizubringen. Die zur Erreichung dieses Zweckes ergriffenen Maassregeln, über welche schon in meinen früheren Berichten genaue Angaben gemacht worden sind, wurden auch 1871 mit aller Pünktlichkeit ausgeführt und von fruchtbringenden Resultaten begleitet.

Im Wilnaschen Lehrbezirk sind die Erfolge in dieser Beziehung noch etwas zurück, in Folge des Mangels an gut vorbereiteten Lehrern; aber diesem Mangel wird bald abgeholfen sein, da mit diesem Jahre die Bildung von Lehrern für diese Gymnasien im historisch-philologischen Institut begonnen hat.

In den Anstalten des Warschauer Lehrbezirks erweisen sich die Leistungen im Russischen als besonders bedeutend in den Gymnasien, in welchen seit 1866 der Unterricht Russisch ertheilt wird; zu den früheren, für die Hebung der Leistungen im Russischen angewandten Maassregeln trat 1871 noch eine, nämlich die Erhöhung der Anforderungen im Russischen bei den Aufnahmeprüfungen hinzu. Die Resultate derselben äusserten sich darin, dass die Eltern nunmehr für eine bessere Vorbereitung ihrer Kinder im Russischen zu sorgen anfingen und den Schülern das Durchmachen des Gymnasiums erleichtert wurde. Das sechste, aus der früheren deutschen Hauptschule reorganisirte Gymnasium war das einzige, in welchem noch nicht alle Unterrichtsfächer in russischer Sprache vorgetragen wurden; von dem zweiten Semester 1871 an wurde auch dieses in dieser Beziehung den für alle Gymnasien geltenden Bestimmungen untergeordnet. Ausser der Einführung des Russischen als Unterrichtssprache, mit dem Gebrauch von russischen Lehr- und Handbüchern, wurde, um demselben grössere Ausdehnung zu geben, ihm in allen Gymnasien und Progymnasien die Bedeutung der Umgangssprache beigelegt, in welcher aller Verkehr zwischen Lehrern und Schülern und der Letzteren unter sich innerhalb der Anstalten selbst geführt wurde. Mit der Ausführung der bezeichneten Maassregeln bleibt zur vollständigen Annäherung der Gymnasien des Warschauer Bezirks an die des Reichs nur noch übrig, das neue Statut auf die ersteren anzuwenden. Mein desfalsiger Antrag ist schon der Durchsicht auf dem Wege der gesetzlichen Ordnung unterbreitet.

In durchaus verschiedener Lage in Betreff der russischen Sprache befinden sich die Gymnasien des Dorpater Lehrbezirks. Dort war in 10 Gymnasien (von 11) das Russische nicht nur nicht die Unterrichtsprache, sondern der Unterricht hierin stand sogar im Vergleich mit den übrigen Gegenständen auf niederem Niveau und die Leistungen der Schüler waren im Allgemeinen unbefriedigend, wenn auch in einigen Gymnasien, wie in Reval, Libau und Mitau, der Unterricht im Russischen im Vergleich mit dem vorigen Jahre lebhafter betrieben wurde und mehr Erfolg hatte. Als eine der Hauptursachen, welche die Fortschritte im Russischen in den Gymnasien mit deutscher Unterrichtssprache hemmen, hatte ich in meinem vorigen Berichte die Mangelhaftigkeit der Lehrer des Russichen selbst bezeichnet, da dies entweder des Russischen nicht recht mächtige Deutsche oder geborene Russen sind, die aber keine gründliche philologische Bildung haben. Diese Ursache war auch im gegenwärtigen Rechenschaftsjahre noch in hohem Grade vorhanden; von 10 Oberlehrern des Russischen an sämmtlichen Gymnasien haben nur drei, unter diesen ein geborener Russe, eine gründliche philologische Bildung, und nur drei von 14 Unterlehrern hatten die Universität durchgemacht; 11 von 24 waren deutscher Herkunft. Die zur Durchsicht meines Berichts vom Jahre 1869 Allerhöchst eingesetzte Commission bezeichnete als wirksamste Maassregel zur Abstellung dieses Mangels, die Lehrer des Russischen für die Gymnasien des Dorpater Lehrbezirks an der Moskauer Universität heranzubilden. Allein Ew. Kaiserliche Majestät geruhten es für angemessener zu erachten, diese Aufgabe dem historisch-philologischen Institut zu überweisen, indem zu diesem Zwecke bei demselben 6 Stipendien zu errichten seien. Meine diesbezügliche Vorlage an den Reichsrath fand die Allerhöchste Bestätigung und die allmähliche Bildung von russischen Lehrern für die Gymnasien des Dorpater Lehrbezirks und gleichzeitige Hebung des Personals der russischen Lehrer kann nunmehr beginnen.

Der Verbreitung der für die Bevölkerung der Baltischen Provinzen bei der engen Verbindung ihrer Interessen mit den allgemeinen Interessen des Reichs so nothwendigen Kenntniss des Russischen diente auch in nicht geringem Grade das Alexander-Gymnasium in Riga, in welchem alle Fächer Russisch unterrichtet werden; dasselbe erhielt in diesem Jahre die volle Classenzahl (7) und wurde durch die Einführung des Griechischen mit den deutschen Gymnasien der Provinz auf eine Stufe gestellt, wozu nicht wenig die gelungene Wahl des Lehrerpersonals beitrug. Als russisches Gymnasium zeichnete es sich auch durch eine bessere Sammlung russischer Bücher aus, worauf, ausser den etatmässigen Summen, mit meiner Genehmigung 3,845

Rubel verwandt wurden. Im Jahre 1871 wurde auch die Eröffnung eines Gymnasiums in Reval mit dem gleichen Zwecke, wie in Riga, ebenfalls unter dem Namen Alexander-Gymnasium genehmigt; die Eröffnung erfolgte aber erst im Januar 1872. Zum Unterhalt desselben wurden aus der Reichscasse jährlich 18,755 Rubel angewiesen und überdies zum Ankauf eines Hauses und der Einrichtung desselben zum Gymnasium 42,500 Rbl. ebendaher bestimmt. Es ist vollkommen begründete Hoffnung vorhanden, dass das russische Alexander-Gymnasium in Reval, das ein ebenso befriedigendes Lehrerpersonal, wie das in Riga hat, sich dasselbe Vertrauen erwerben wird, welches das ältere in Riga errichtete schon geniesst.

Die übrigen, von mir in den vorigen Berichten erwähnten Maassregeln, um der russischen Sprache den gehörigen Erfolg zu verschaffen, wurden von der Unterrichtsverwaltung in den Gymnasien des Dorpater Lehrbezirks mit voller Parteilosigkeit angewendet."

Von ihren Gemeinden unterhalten und zwar zum Theil in grossartigster und sich stetig erweiternder Anlage, gehören in die Kategorie der Gymnasien, noch die drei Kirchenschulen fremder Confessionen in St. Petersburg; die Petri-, Annen- und reformirte Schule mit zusammen 1365 Schülern (am 1. Januar 1872). Unter diesen Schülern waren 481 Griechisch-Orthodoxe, ein Beweis des Vertrauens, der diesen Schulen auch von ausserhalb ihres Gemeindekreises entgegengetragen wird. Der Bericht des Ministers bemerkt, dass sie «in moralischer und unterrichtlicher Beziehung alle in einem vollständig befriedigenden Zustande sich befinden». Zu dem Ressort des Ministeriums gehören schliesslich 4 mittlere Fachschulen:

1) Die höhere Gewerbeschule in Lodz, in der 1871 alle Classen vollständig wurden und die sich in kürzester Zeit durch ihre Leistungen das Zutrauen der Fabrikbevölkerung erworben hat. Ihre Schülerzahl betrug den 1. Januar 1871 184.

2) Die Handelsschule in Odessa mit 149 Schülern und

3, 4) zwei Rabbinerschulen in Wilna und Shitomir mit 463 und 335 Schülern. Dennoch genügten diese Schulen ihrer Bestimmung keineswegs. Die allgemeine Bildung in den unteren Classen war mangelhaft und die Fachclassen standen leer. — Obgleich viele Zöglinge gar keine Existenzmittel hatten, blieben doch sogar 20 Freistellen der Regierung für zukünftige Lehrer und Rabbiner unbesetzt. Es ist dies eine Folge der Abneigung der Juden gegen Lehrer und Rabbiner, die in ihrer Richtung vom Staate influenzirt werden.

Das Ministerium ist daher damit beschäftigt, eine vollständige Reform des ganzen israelitischen Bildungssystems vorzunehmen.

Zu den niederen Schulen des Ressorts des Unterrichts-Ministeriums wurden im Jahre 1871 noch die, inzwischen durch 4, 3, 2 und einclassige Stadtschulen ersetzten Kreisschulen, die sowohl durch das Ministerium wie durch die öffentliche Meinung als ungenügend verurtheilt waren, und die Elementar-Volksschulen gerechnet..

Kreisschulen, die in der Mehrzahl der Kreisstädte die einzigen Schulen sind, welche eine vollständige Elementarbildung übermitteln, gab es im Jahre 1871 (ausgenommen den Warschauer Lehrbezirk) 424, von denen 3 vier Classen, 51 zwei Classen, 3 eine Classe und der Rest drei Classen hatten. Die Schülerzahl belief sich den 1. Januar 1872 auf 27,380, von denen etwa 10 Procent den Cursus absolvirten. Aus der Reihe der letzteren gehen die meisten Localbeamten hervor, und wer die Verhältnisse im Innern des Reiches kennt, wird sich nur dem Wunsche des Ministeriums anschliessen können, dass diesen Personen durch die besser gestellten neuen Stadtschulen die Möglichkeit gewährt werde, eine höhere Stufe der Entwickelung auf dem Wege einer gründlicheren Bildung zu erreichen.

Müssen wir aus dem Theil des Berichts des Ministers, der von den Mittelschulen handelt, einerseits die Ueberzeugung gewinnen, dass die Gymnasialbildung in der letzten Zeit auf ihren festen Boden gestellt ist und die Regierung dazu im Vergleich mit anderen europäischen Staaten grossartige Geldmittel zur Verfügung gestellt hat, so können wir andererseits uns der Einsicht nicht erwehren, dass die Resultate dieser Bildung doch in erster Linie mehr der Regierung als der Gesellschaft zu Gute kommen werden. Der Staat wird offenbar den grössten Theil der gebildeten Kräfte zu seinen Zwecken absorbiren, so gross ist allein das Bedürfniss nach gebildeten Beamten aller Kategorien. Die Gesellschaft, die Gemeinde wird sich noch andere Bildungsinstitute schaffen müssen und zwar aus eigenen Mitteln, der Staat wird in dieser Beziehung in Russland nur zu sehr in Anspruch genommen. Mehr aber noch als bei den Mittelschulen wird eine Selbstbetheiligung der Gesellschaft bei der Gründung der Volksschulen erforderlich sein, denn die Mittel des Staates reichen hierzu nicht aus. Man bedenke nur, was es besagen will, eine Bevölkerung von 75 Millionen mit Schulen, Lehrern, Lehrmitteln auszustatten. Denn was bis jetzt vorhanden — obgleich an und für sich die bedeutenden Zahlen von 16,739 Schulen mit

675,317 Schülern aufweisend,—ist doch nur ein sehr Geringes im Vergleich mit der Gesammtbevölkerung; dies giebt noch nicht ein Schulkind auf 100 Einwohner. Wir verweisen ferner auf die Statistik der Rekrutirungen, welche kundgeben, dass von 100 Neueingestellten 70—80 Procent nicht lesen können. Der Bericht des Ministers selbst sagt, dass die «Volksschule im Allgemeinen sich noch im Kindesalter befindet». Eine Ausnahme machen die 3 Ostseeprovinzen mit ihrer zum grössten Theil protestantischen Bevölkerung, deren Landschulen, soweit sie nicht griechisch-orthodox sind, nicht zum Ressort des Ministeriums gehören, und die für die Volksbildung im Reiche weitaus am Besten gesorgt hat. Auch mit den zur Disposition stehenden Kräften fährt das Ministerium fort, auf die Hebung der Volksschule hinzuwirken, dieselbe mit Lehrern, Lehrmitteln, Localen auszurüsten und einer unablässigen Controlle zu unterwerfen. Diese letztere erscheint besonders da geboten, wo wie zum Theil bei den durch die Landschaften gegründeten Volksschulen, der gute Wille das Volk zu heben, nicht mit der nöthigen, auf Erfahrung beruhenden Einsicht gepaart ist. Eine einfache Schreib-Leseschule ist jedenfalls nützlicher, als eine ungenügende Volksschule, denn sie stiftet wenigstens keinen Schaden.

Die Bildung der Elementar-Volksschul-Lehrer konnte vom Jahre 1871 an in umfassenderer Weise vor sich gehen, da zu den bestehenden 15 Lehrerseminaren in diesem Jahre 10 neue gegründete Regierungsseminare mit einem jährlichen Kostenaufwande von 168,100 Rubel hinzukamen und die Errichtung von 8 weiteren genehmigt wurde. Von den 25 Seminaren waren drei landschaftliche (d. h. von den Landschaften errichtet) und eins von dem wirkl. Staatsrathe Naryshkin gegründet, die übrigen aber Regierungs-Institute.

In dem Maasse, wie die Heranbildung von Volksschul-Lehrern in Lehrerseminaren eine weitere Entwickelung erhielt, konnte auch mit der Schliessung der, an verschiedenen Orten zu demselben Zwecke aber nicht mit grossem Erfolge wirkenden, pädagogischen Curse an den Kreisschulen vorgegangen werden, deren 12 auch in der That aufgehoben wurden. Im Laufe des Jahres 1871 wurde ferner mit Allerhöchster Genehmigung dem Reichsrath die Errichtung von 4 Lehrerseminaren und 2 Lehrerschulen vorgelegt, deren Bestätigung erst 1872 erfolgte. Ausserdem wurden 1872 zur Hebung der schon bestehenden Seminare Maassregeln ergriffen, der Etat des Kijewschen Instituts um beinahe 3000 Rbl. erhöht und demselben ausserdem zu einem Neubau bei der Uebersiedelung in einen kleineren Ort 63,000 Rubel angewiesen; das Kasansche Seminar erhielt zu dem letzteren Zwecke ausser den früher ausgezahlten 64,433 Rubel noch 25,567 Rubel; für die Wohnungsmiethe des baltischen Seminars wurden 3000 Rbl. assignirt; das Naryshkin'sche Institut erwarb 1871 ein grosses Haus, das zu seinen Zwecken umgebaut wurde und erhielt von seinem Gründer noch 150,000 Rbl. geschenkt, so dass es 1872 nach den Plänen des Ministeriums in ein pädagogisches Lehrerinstitut umgewandelt werden konnte.

In Anerkennung der Verdienste, welche sich auch verschiedene Landschaften ihrerseits durch Gründung und Unterhaltung von Seminarien um die Sache der Volksbildung erworben, wurde durch Reichsrathsgutachten vom 21. December 1871 dem Minister der Volksaufklärung anheim gestellt, die Directoren und Lehrer der landschaftlichen, schon vorhandenen oder noch zu gründenden Seminarien in Bezug auf Classenrang und Beförderung mit den Regierungs-Instituten gleich zu stellen, die Fürsorge für die Pensionen aber den Landschaften zu überlassen. Da aber bei alledem das Bedürfniss des Reiches durch die genannten Institute auch nur annähernd gedeckt wurde, wurden auch 1871 andere weniger vollkommene Wege zur Bildung von Volksschullehrern eingeschlagen, so pädagogische Ergänzungs-Curse an 4 Kreisschulen und einem Gymnasium, die Bildung von Volksschullehrern an 8 Kreisschulen und einem geistlichen Seminar, alle auf Kosten der Landschaften, und durch Directoren und Inspectoren der Volksschulen in Wilna so wie anderes mehr. Den geistlichen Seminarien wurden für Sonntagsschulen, in denen die Seminaristen sich praktisch im Volksunterricht übten, 6800 Rbl. aus den Summen des Ministeriums angewiesen und im Laufe des Jahres an 44 verschiedenen Orten Lehrerversammlungen abgehalten, deren Kosten meist von den Landschaften getragen wurden.

Der Gesammtaufwand für sämmtliche Volksschulen betrug 1871 3,415,188 Rubel, was bei 24,000 Schulen durchschnittlich 142 Rubel für jede ergiebt, eine durchaus ungenügende Summe. Dazu schwanken die Kosten noch sehr zwischen Minimum und Maximum, so dass neben 2-classigen Muster-Schulen des Ministeriums die jährlich 885 bis 1226 Rubel kosten, solche erscheinen, die nur 25 ja 10 Rubel erhalten, ohne ein passendes Local zu besitzen. Von 599 Volksschulen in Tula hatten nur 12 eigene Locale. Diese so mangelhafte materielle Lage der Volksschulen, schlechte Lehrer, Mangel an Lehrmitteln flössen denn oft den Gemeinden Misstrauen gegen den

Nutzen des Unterrichts ein, was nicht selten zur Schliessung der Schulen führt, wie 1871 im ganzen Zarizynschen Kreise des Gouvernements Ssaratow, während umgekehrt gut eingerichtete Schulen, wie namentlich die 146 Muster-Volksschulen des Ministeriums, sich als Bildungscentra erweisen, von denen aus sich das Interesse an der Volksschule und Bildung überall hin verbreitet. Aehnliche Musterschulen haben auch einige Landschaften errichtet, immerhin aber ist es äusserst wünschenswerth, dass die Geldmittel des Ministeriums zu diesem Zwecke (68,000 Rubel) bedeutend erhöht werden. Der Gesammtaugabeposten von 3,415,188 R. für die Volksschulen im Jahre 1871 setzte sich hauptsächlich zusammen aus 1,271,825 R., (37%), welche die Stadt- und Landgemeinden, 766,642 Rbl. (22%), welche die Landschaften und 703,541 Rbl., die der Reichsschatz beisteuerte. Für die Bildung der Volksschullehrer dagegen, die 334,351 Rubel kostete, trug die Staatscasse 210,329 Rubel oder (64 %) bei, während die Landschaften 98,439 Rubel (29 %) hergaben.

Mit *Bibliotheken* sind die Volksschulen nur mangelhaft ausgestattet, nur die Schulen des Ministeriums der Volksaufklärung und die früher dem Domänen- und Apanagen-Ressort unterstellten besitzen dergleichen durchweg; die Bibliotheken derjenigen Schulen, die unter den Kreisschulräthen stehen, beschränken sich meist auf Unterrichtsbücher, sonst fehlen Bibliotheken ganz oder sind unpassend ausgewählt. Daher hat das Ministerium einen Katalog der in den Volksschulen zu gebrauchenden Bücher zusammenstellen und den Volksschulen zustellen lassen mit der Bemerkung, dass ausser den angeführten Büchern, vor Allem die von dem Ministerium approbirten in die Bibliotheken der Volksschulen aufgenommen werden sollen. Ausserdem vertheilte das Ministerium 1871 Bücher und Lehrmittel für die Summe von 18,272 Rubeln an einzelne Schulen.

In Betreff der Controlle und Leitung des Elementar-Schulwesens ist das Bestreben des Ministeriums, wie der Bericht erklärt, darauf gerichtet gewesen, der schädlichen Ungleichheit derselben in den verschiedenen Reichstheilen ein Ende zu machen. Am wirksamsten war die Controlle in den nicht reinrussischen Grenzbezirken organisirt, wo die Schule, wie oben bemerkt, eine doppelte Aufgabe verfolgt; im Wilnaschen Lehrbezirk war zu diesem Zweck eine genügende Anzahl von Volksschul-Directoren und Inspectoren vorhanden und auch der Unterricht befriedigend, es schliessen sich an, die Schulen des Warschauer Bezirks unter unmittelbarer Aufsicht der Vorstände, der Schuldirectoren und theilweise die Schulen der drei südwestlichen Gouvernements des Kijewschen Bezirks, die der Controlle von 6 Inspectoren unterstellt sind. Ungenügender ist die Aufsicht in Bessarabien und den 33 übrigen Gouvernements, welche Landschaftsinstitutionen erhalten haben. Diese haben ausser dem Gouvernements- und den Kreisschulräthen nur je einen besondern Volksschul-Inspector. In den übrigen Gouvernements endlich stehen die Volksschulen unter den Gymnasialdirectoren, deren Aufsicht aber bei der Vielseitigkeit ihrer Pflichten und der Ausdehnung ihrer Bezirke nur eine ganz fictive ist. Die Volksschulen des Gouvernements Astrachan wurden z. B. drei Jahre gar nicht revidirt.

Die Elementarschulen des Dorpater Lehrbezirks schliesslich, mit Ausnahme der städtischen, gehörten gar nicht zum Ressort des Ministeriums, sondern unterlagen localen Aufsichtsbehörden, wie sie auch durch locale Umlagen und durch die Ritterschaften der Provinzen unterhalten werden. Erst im Jahre 1873 sind die orthodox-griechischen Volksschulen der Provinzen dem Ministerium untergeordnet worden.

Die Maassregeln nun, die das Ministerium im Jahre 1871 zur Durchführung jener einheitlichen und eindringenden Controlle ergreifen konnte, bestanden in einer, im Einverständnisse mit den Ressorts des Ministeriums des Innern und der Griechisch-orthodoxen Angelegenheiten ausgearbeiteten Instruction für die Volksschul-Inspectoren in den 33 Gouvernements und Bessarabien, in Regeln für die Visitation der Volksschulen in den drei südwestlichen Gouvernements des Kijewschen Lehrbezirks und in einer Instruction für die Inspectoren der Volksschulen im Wilnaschen Lehrbezirk. Das Ministerium stellt ferner die Vermehrung der Zahl der Volksschul-Inspectoren und überhaupt eine Veränderung der Stellung und Zusammensetzung der Gouvernements- und Kreisschulräthe in ihrem Verhältniss zum Ministerium in Aussicht; unzweifelhaft aber ist, dass von der Hebung der Volksschule selbst durch Lehrer und Lehrmittel mehr zu erwarten ist, als von der Verstärkung der Controlle. Die Controllirenden müssen auch wieder controllirt werden. Die Nothwendigkeit der Controlle der Volksschulen in den Baltischen Provinzen motivirt das Ministerium noch besonders damit, dass sie die „Stellung derjenigen Personen sichern soll, welche ihre Bildung im Rigaschen Baltischen Lehrerseminar erhielten, das nach dem Zeugnisse des Curators des Lehrbezirks eine tüchtige Pflanzschule künftiger esthnischer und lettischer Landschullehrer von russischer Richtung und Bildung ist".

Das Institut hat 84 Zöglinge, von denen 28 Lutheraner sind. „Wird der Zudrang noch stärker, «heisst es,—was mit Sicherheit vorauszusetzen ist,» so wird die Errichtung eines zweiten Seminars mit demselben Ziel und auf denselben Grundlagen im Dorpater Lehrbezirk nothwendig." Im Kasanschen Lehrbezirk schliesslich wurde ein besonderer Inspector der tatarischen, baschkirischen und kirgisischen Schulen angestellt.

Was das frühere Zarthum Polen betrifft, so sprach sich das Bestreben, russische Sprache und „Richtung" daselbst einzubürgern, in dem Ressort des Ministeriums der Volksaufklärung im Jahre 1871 in zwei gesetzgeberischen Acten aus; einmal wurde zu Anfang des Schuljahres 1871 — 1872 in den, beim 6. Warschauer Gymnasium bestehenden pädagogischen Cursen zur Bildung von Elementar-Schullehrern der Unterricht in allen Fächern mit Ausnahme der Religion in russischer statt in deutscher Sprache eingeführt und ferner wurde durch ein Gesetz vom 2. December 1871 bestimmt: die russische Sprache als obligatorisches Fach in allen Elementarschulen des Warschauer Lehrbezirks einzuführen. Die vorbereitenden Maassregeln hierzu wurden rechtzeitig getroffen, so dass das Gesetz schon m Jahre 1872 beinahe überall zur Anwendung kommen konnte. Die russische Sprache als die Reichssprache, welche, wie der Bericht sagt, „eines der stärksten Mittel zur Einigung des Weichselgebiets mit dem Reiche ist", hat dadurch jetzt die hervorragendste Stellung in allen Lehranstalten des Warschauer Lehrbezirks von der Volksschule an bis zur Universität erhalten.

Konnte schon gegenüber der Zahl der Mittelschulen für Knaben die Bemerkung zurückgehalten werden, dass dieselben den Bildungsansprüchen einer Nation von 75 und mehr Millionen nicht genügen können, so ist aus dem Theil des officiellen Berichts, welcher von den Gymnasien und Progymnasien für Mädchen handelt (und diese Schulen sind fast die einzigen Lehranstalten, die der weiblichen Bevölkerung eine gründliche Bildung geben) zu ersehen, dass diese Institute, auf denen die Bildung des weiblichen Geschlechts wesentlich beruht und welche die zukünftigen Mütter bilden sollen, unter deren Obhut die jüngere Generation zur Schule heranreift, in ihrer Entwickelung der der Knabenschulen noch weit nachsteht. 1871 standen im Ressort des Unterrichts-Ministeriums 54 weibliche Gymnasien, 2 diesen gleichgestellte höhere Mädchenschulen, 108

Progymnasien und 22 diesen gleichstehende Anstalten zweiter Ordnung, im Ganzen also nur 186 Lehranstalten mit 23,404 Schülerinnen, von denen 990 in dem Jahre den Cursus absolvirten.

Aus dieser Zahl sind 11 Gymnasien, 11 Progymnasien und 2 höhere Mädchenschulen mit besonderen Statuten dem Ministerium unmittelbar untergeordnet und werden fast ausschliesslich aus der Staatscasse unterhalten; 43 Gymnasien aber und 97 Progymnasien, nach den Vorschriften des Gesetzes vom 24. Mai 1870 über weibliche Gymnasien und Progymnasien organisirt, erhalten nur geringe Unterstützung aus dem Staatssäckel und werden von verschiedenen Landschaften, Gemeinden, Körperschaften, Privatpersonen und aus den Unterrichtsgeldern unterhalten. 22 Mädchenschulen 2. Ordnung waren darin begriffen, nach den Normen des genannten Gesetzes in Gymnasien umgewandelt zu werden, im Anschluss an die schon 1870 begonnene Reorganisation, durch welche alle bis dahin bestehenden Mädchenschulen erster Ordnung in Gymnasien und 75 Schulen 2. Ordnung in Progymnasien umbenannt worden waren. Die neuen Gymnasien hatten aber 1870 meist noch nicht die volle Zahl von 7, sondern nur 6 Classen erhalten, die 7. wurde erst 1871 hinzugefügt, und an einigen Orten noch eine 8. pädagogische, zur Bildung von Hauslehrerinnen bestimmte. Auch wurden Vorbereitungsclassen für viele Gymnasien und einige Progymnasien gegründet, 6 Mädchenschulen 2. Ordnung aus der Zahl von 28 in Progymnasien reorganisirt und ausserdem von Städten und Landschaften 7 neue Progymnasien errichtet. Die Mittel, welche dem Ministerium für die Zwecke der weiblichen Gymnasien und Progymnasien zur Verfügung stehen, belaufen sich jedoch nur auf 50,000 Rbl. und es erscheint dem Minister daher nur wünschenswerth, dass diese ungenügende Summe mindestens auf 150,000 Rbl. erhöht werde. In der That ist auch in das Budget von 1873 die Summe von 125,000 Rbl. zu diesem Zwecke aufgenommen worden und mit dem Jahre 1874 soll der Ausgabeposten die obige volle Höhe erhalten. Dies ist aber auch nothwendig, denn die Unterhaltungskosten der 43 Gymnasien und 108 Progymnasien (die 22 Schulen 2. Ordnung mit hineingerechnet) betrugen 624,099 Rbl., ohne auch nur die dringendsten Bedürfnisse (Besetzung aller Lehrstellen, Bibliotheken, Lehrmittel) annähernd zu befriedigen. Das Schulgeld brachte von dieser Summe 34 Procent oder 216,999 Rbl. ein, die Landschaften gaben 88,123 (14 Procent), die Stadtgemeinden 171,028 Rbl. (27 Procent); alle diese Einnahmequellen hatten sich in dem letzten Jahre bedeutend gesteigert, so dass bei der oeconomschen Lage der Localbevölkerung ein ferneres Wachsthum nicht zu erhoffen ist. Daher kann nur die angedeutete Staatshülfe die Sache fördern, was das Ministerium auch um so gerechtfertigter findet, als die übrigen 24 weiblichen Lehranstalten (11 Gymnasien, 11 Progymnasien und 2 höhere Mädchenschulen), die auf Grund besonderer Statuten bestehen, allein aus der Staatscasse 259,565 Rbl. oder 81 Procent der Jahreskosten erhalten. Eine quantitative Entwickelung der weiblichen Lehranstalten wird übrigens auch durch den steigenden Zudrang von Schülerinnen gefördert, im Jahre 1871 war die Zahl derselben gegen das Vorjahr im Kasanschen Lehrbezirk allein von 3224 auf 6776 und im Ganzen um 6353 gestiegen. Das Verhältniss dieser Schülerinnenzahl zu der Bevölkerungszahl ist ein sehr verschiedenes; im Moskauschen Lehrbezirk wie 1: 200.

Alle weiblichen Lehranstalten sind offene, mit Ausnahme der höheren Mädchenschulen zu Chelm und zu Wilna, in denen Pensionen bestanden; am Progymnasium zu Birsk wurde 1871 eine Pension für 15 Baschkirinnen, an dem Gymnasium zu Kijew und in den Progymnasien zu Nemirow und Bjelazerkwa gemeinsame Schülerinnen-Wohnungen eingerichtet.

Privatschulen gab es am 1. Januar 1872 1081 mit 16,641 Knaben und 21,789 Schülerinnen; 843 von diesen Schulen sind Elementarschulen, nur 81 Schulen nähern sich dem Gymnasialprogramm. 523 Schulen waren für beide Geschlechter; 171 für Knaben, der Rest für Mädchen bestimmt. Sie dienten wesentlich der weiblichen Elementarbildung und befanden sich hauptsächlich in den Hauptstädten (507), in St. Petersburg (379) und in Moskau; am wenigsten Privatschulen (nur 30) hatte der Lehrbezirk Kijew; der Dorpater Lehrbezirk, wo die Bildung überhaupt am verbreitetsten und höchsten steht, zählte 147 Privatschulen. Aus der Reihe der Privat-Knabenschulen erster Ordnung sind neben dem Katkow'schen Lyceum noch 9 Privatgymnasien (6 in St. Petersburg, 2 in Odessa, 1 in Moskau) hervorzuheben, die von dem Ministerium angewiesen wurden, falls sie das Recht der Entlassung zur Universität behalten wollten, bei der Einführung des Griechischen, so wie in allen Fächern gleichen Schritt mit den Regierungs-Gymnasien zu halten. Die 8 Privat-Gymnasien in St. Petersburg und Odessa zählten Ende 1871 mehr als 1100 Schüler und waren eine „nicht unwichtige Hülfe für die Gymnasien der Regierung, deren Anzahl bei der grossen Menge derjenigen, welche in dieselben eintreten wollen, sich gegenwärtig als sehr unzureichend erweist."

Der letzte Theil des ministeriellen Jahresberichts giebt Rechenschaft über die gelehrten Institute, die gelehrten Gesellschaften im Reiche, so wie über die Thätigkeit des gelehrten Comité's des Ministeriums der Volksaufklärung.

Unter den Ersteren steht natürlich die Akademie der Wissenschaften an der Spitze, deren 558 Druckbogen betragende Arbeiten auch in dem Rechenschaftsjahre von der regen wissenschaftlichen Wirksamkeit des Instituts Zeugniss ablegten. Neuerungen in Betreff der Akademie bestanden darin, dass durch Allerhöchst bestätigtes Reichsraths-Gutachten vom 27. October 1871 die Akademiker und Adjuncten in Bezug auf die Rangclasse ihres Amtes und die Rechte der Beförderung den Professoren und Docenten der Universitäten gleichgestellt und auch die Rangclassen der übrigen administrativen Beamten dem entsprechend erhöht wurden, und ferner darin, dass das physikalische Haupt-Observatorium vorzüglich in Folge der Bedeutung, welche die Wissenschaft der Meteorologie gewonnen hat, einen neuen erweiterten Etat erhielt. Vom 1. Januar 1872 ab erhielt das Observatorium als Ergänzung zu den früheren 14,600 Rbl. noch etatmässig 11,310 Rbl., ausseretatmässig 5000 Rbl. und zur Erweiterung des Gebäudes 20,202 Rbl. angewiesen.

Unter den vielen gelehrten Arbeiten der Akademie, wird die Beobachtung des Venusdurchgangs im December 1874 nach dem Anschlag einer Commission von Fachmännern 45,000 Rbl. kosten, von denen 10,000 schon für das Jahr 1872 liquid gemacht wurden.

Ueber die Arbeiten des Nicolai-Hauptobservatoriums in Pulkowa, deren Aufzählung mehr in eine Geschichte der Astronomie gehört, sind als von praktischer Bedeutung hervorzuheben: die Herstellung tragbarer Drehthürme für ein temporäres Observatorium am Ussuri und der Beginn einer neuen Nivellirung des ganzen Reichs, mit welcher im Jahre 1871 durch Nivellirungen des Generalstabs an der Baltischen Eisenbahn der Anfang gemacht wurde.

Ueber die Benützung der Kaiserlichen Oeffentlichen Bibliothek erfahren wir, dass die Gesammtsumme der Leser im Jahre 1871 101,079, die der ausgeliehenen Bücher 289,330 Bände, der periodischen Schriften 218,950 und der Manuscripte 654 Nummern betrug. Der Umfang der Erwerbungen der Kaiserlichen Oeffentlichen Bibliothek ist nicht angegeben, wohl aber der des öffentlichen und Rumjanzow-Museum in Moskau, das 92 Handschriften, 184 alte slavische Drucke, 4272 Bücher und Broschüren und 94 Karten, Pläne u. s. w. erwarb, und das ausserdem durch zahlreiche Medaillen und Münzen aus dem Moskauer Findelhause, sowie durch eine Sammlung alter Heiligenbilder und Kreuze des 14. bis 16. Jahrhunderts bereichert wurde.

Die 1865 in Wilna eröffnete öffentliche Bibliothek ermangelte noch der Arbeitskräfte und der Organisation, als dass ihre reichen, zumal alten kirchenslavischen Drucke [1] hätten nutzbar gemacht werden können. Eine besondere Commission ist beschäftigt, die Bibliothek, deren Jahreszuwachs in 6368 Bänden bestand, zu katalogisiren. Das Museum der Bibliothek erwarb 206 Nummern.

Die archäographische Commission beim Ministerium hat 4 historische Handschriften edirt und bereitet ; andere vor, zu welchem Zwecke ihr die Regierung 2000 Rbl. auf 3 Jahre angewiesen und ein Kaufmann 4000 Rbl. geschenkt hat. Die Commission zur Prüfung alter Dokumente in Wilna hat ihre Beschäftigung fortgesetzt, ebenso die Centralarchive alter Actenbücher in Wilna und Kijew, welches letztere ausserdem die Herausgabe eines Wörterbuchs der juristischen Ausdrücke des nordwestlichen und des Weichselgebiets vorbereitet.

Gelehrte Gesellschaften gab es Ende 1871 im Ressort des Ministeriums 40, von denen 18 sich bei den Universitäten befanden. 18 der Gesellschaften hatten die Förderung der Naturwissenschaften zum Zweck, 6 dienten dem Studium der Archäologie, der Alterthümer und der Geschichte, 7 der Literatur und den Künsten, je 2 der Pädagogik und der classischen Philologie und 3 der Mathematik, Jurisprudenz und Medicin. Zum Ressort des Ministeriums gehörten ausserdem die Gesellschaft zur Unterstützung nothleidender Schriftsteller und Gelehrter in St. Petersburg, die Gesellschaft zur Verbreitung nützlicher Bücher in Moskau und die Gesellschaft zur Ermittelung von Maassregeln zu gegenseitiger Bildung in Tukkum. Den 28. Mai 1871 wurde ferner zu Zwecken der Kindererziehung eine Fröbel'sche Gesellschaft mit Kindergärten und Kinderwärterinnen bestätigt, mit dem Recht von Schulgründungen und Vorlesungen über Fröbel'sche Pädagogik. Ihre Kaiserliche Hoheit die Grossfürstin Katharina Michailowna hat das Amt einer Beschützerin dieser Gesellschaft anzunehmen geruht.

Die archäologische Gesellschaft unter dem Präsidium Sr. Kaiserlichen Hoheit des Grossfürsten Konstantin Nikolajewitsch feierte den

[1] S. unser Referat S. 378 des II. Jahrg. der „Russ. Revue" über die von Peter Hildebrandt veröffentlichte Schrift: Die Manuscripten-Abtheilung der Oeffentl. Bibliothek in Wilna. I. Lieferung. Wilna, 1871. (D. Red.).

7. December 1871 ihr 25-jähriges Jubiläum und erhielt bei dieser Gelegenheit ein Allergnädigstes Rescript, welches den jährlichen Staatszuschuss von 3000 auf 5000 Rubel erhöhte. Dieselbe Gesellschaft hat in den Tagen vom 8. — 20. December 1871 einen zweiten Archäologen-Congress abgehalten, für dessen Ausgaben die Regierung 3000 Rubel anwies.

Die Arbeiten des gelehrten Comités des Ministeriums bestanden 1871 wesentlich in der Durchsicht und Prüfung von 62 Acten, Projecten und Fragen, welche die Universitäten (9), die Gymnasien (4). andere Schulen (15), Seminare für Elementarlehrer (15), gelehrte und wohlthätige Gesellschaften (5) und Schulfragen anderer Ressorts (19) betrafen.

Zum Schluss berichtet der Minister noch anerkennend über die Thätigkeit der Curatoren der Lehrbezirke, die sich 1871 wesentlich nach zwei Richtungen, nämlich in Sachen der Durchführung des neuen Gymnasialstatuts und in Betreff der Weiterentwickelung der Elementar-Volksbildung geltend gemacht hat.

Khiva oder Khârezm.

Seine historischen und geographischen Verhältnisse

von

P. Lerch.

(Schluss.)

Ueber die Schicksale Khârezms von dem Ende des XIV. Jahrhunderts bis zur zweiten Hälfte des fünfzehnten Jahrhunderts wissen wir Nichts. Damals unternahm der in den Umgegenden des Aralsee's über türkische Wanderhorden herrschende Abul-kheir-khan, der Nachkomme Scheiban's, des Sohnes Dschudschi's, einen Feldzug gegen Khârezm und eroberte die Hauptstadt. Sein tapferer Grosssohn, der Nebenbuhler Baber's um die Herrschaft in Maverannahr, hatte diesen aus dem Felde geschlagen und auch Khorasan an sich gezogen. Urgendsch war damals von Khorasan abhängig, musste aber jetzt einen von Scheibâni-khan ernannten Dârugha in seine Mauern aufnehmen.

Scheibâni-khan zog bereits im Jahre 891 (= 1486) aus der Gegend des untern Sir nach Khârezm, wo Sultan Husein-Mirza, der Herrscher von Khorasan, Machthaber war. Zuerst nahm er *Tersek*, dessen

Lage mir unbekannt und das er befestigte, dann wurde *Buldum-saz*, eine befestigte Stadt, deren Ueberreste noch jetzt am Ende des Kanals Kilitsch-Niaz-Bai sich befinden und bewohnt sind, zur Uebergabe gezwungen. Darauf zogen sich Husein-Mirza's Truppen bei *Vezir* zusammen. In einer in dschagataischer Sprache abgefassten Quelle[1], welche wohl als das Original des vom Professor Berezin herausgegebenen sogenannten Scheibâni-nâme zu betrachten ist, wird Vezir (Jenkinson's Sellisure) beständig *schehr Vezir*, d. i. Stadt Vezir, genannt, während beim Nennen anderer Städte das Wort «schehr» weggelassen wird. Früher tritt diese Stadt in den mir bekannten Quellen zur Geschichte des hier behandelten Ländergebietes nicht auf; daher ist mir auch die Zeit ihrer Entstehung, sowie die Veranlassung zu ihrem Namen unbekannt geblieben. «Schehr-i-vezir», d. i. «die Stadt des Vezirs» wird sie wohl ursprünglich genannt sein. Ungeachtet dessen, dass Scheibâni-khan nur 600 Mann bei sich hatte, zwang er das zahlreiche feindliche Heer zum Rückzuge nach Urgendsch, und ging selbst, nachdem er eine Besatzung in Vezir zurückgelassen, zu einem Raubzuge nach Asterabad, von wo er mit reicher Beute zurückkehrte. Unterdessen eilten Husein-Mirza's Truppen aus Urgendsch nach Khorasan, von wo jener seinen Sohn mit einem frischen Heere nach Khârezm zum Entsatz von Vezir sandte, welches von Scheibâni-khan umzingelt war, aber nicht genommen wurde. Erst zwanzig Jahre später (911 d. Fl. = 1505—1506 n. Chr. Geb.) sehen wir Scheibâni-khan wieder in Khârezm, wohin er gegen einen Sprössling derselben Familie, die zu Timur's Zeit eine Rolle daselbst gespielt hatte, gezogen war. Husein-Sôfi behauptete sich in der Hauptstadt von Khârezm — Urgendsch, welches nach einer Belagerung von zehn Monaten von Scheibâni-khan genommen wurde. Dieser setzte einen Gouverneur ein und ging selbst nach Samarkand zurück.

Nach Scheibâni-khan's unglücklichem Ende in der Schlacht bei Merv, wo er gegen Schâh Ismail Sefi von Persien, welcher ihm den Besitz von Khorasan streitig machte, gekämpft hatte, verfiel Khârezm der Macht des neuen Besitzers von Khorasan. Das Land wurde von drei, vom Schah eingesetzten Gouverneuren regiert, doch nicht lange, denn die sunnitischen Einwohner wollten eine schiitische

[1] Es heisst *Nusret-nâme* (das Buch des göttlichen Beistandes) und hat zum Verfasser einen gewissen Sultan-Veled, der es in den Jahren 908 oder 909 der Hidschret (=1502—1504), also zu Lebzeiten Scheibâni-khans, in Maverannahr in dschagataischer Sprache schrieb.

Herrschaft nicht ertragen und beriefen zwei Brüder aus demselben Geschlechte, aus welchem Scheibâni-khan stammte. Des letzteren Grossvater Abul-kheir-khan stammte im dritten Gliede von Fulâd, welcher seinerseits im fünften Gliede von Scheiban, dem Sohne Dschudschi's und Grosssohne Dschingizkhans abstammte. Fulâd hatte zwei Söhne: Ibrahim und Arab-schâh, welche die vom Vater überkommene Herrschaft über in der aralo-kaspischen Niederung und am Ural-Flusse lebende Uezbegen-Stämme unter sich theilten, aber beisammen lebten. Den Sommer verbrachten sie am obern Laufe des genannten Flusses, den Winter an der Mündung des Sir-Darja. Arab-Schâhs Grosssohn, Timur-Scheich, starb in der Blüthe der Jahre, ohne lebende männliche Nachkommen hinterlassen zu haben, doch soll seine älteste Gemahlin 6 Monate nach seinem Tode eines Knäbleins genesen sein, welcher den Namen Jâdigâr erhielt. Dessen ältester Sohn, Berke-Sultan, war ein Zeitgenosse Abul-kheir-khans, jedoch viel jünger als dieser, der ihn mit dem Neffen seiner jüngsten Gemahlin, einer Tochter Ulugh-beks, also einer Urgrosstochter Timurs, nach Maverannahr gegen den Timuriden Abu-Said Mirza schickte. Berke-Sultan kämpfte glücklich gegen Letzteren am mittleren Sir und in Soghd. Später wurde er der Rivale von Scheibâni-khan und ward von diesem getödtet. Seine Söhne blieben ohne Besitzthum. Nach Scheibâni's Tode waren, wie oben bemerkt, die Einwohner von Vezir, wo einer der Statthalter Ismail Sefi's sass, darauf bedacht, sich der Herrschaft der ihnen verhassten Schiiten zu entledigen. Ein frommer Mann machte sie auf die Söhne Berke-Sultan's, Ilbars und Balbars, aufmerksam und sie beriefen den Ersteren, der mit seinem Bruder sich in die Nähe von Vezir begab, dessen Einwohner gegen den persischen Gouverneur revoltirten und ihn mit seinem Gefolge tödteten. Ilbars wurde zum Khan ausgerufen, gab seinem Bruder Jangy-schehr als Apanage und setzte einen Gouverneur in Tersek ein. Diese beiden Städte gehörten zu Vezir; Jangy-schehr (Neu-Stadt kommt schon auf den Dschudschiden-Münzen im Anfang der zweiten Hälfte des XIV. Jahrhunderts vor). Vor Ilbars-khan's Zeit soll, nach Abulghâzi, die Zahl der zur Provinz Vezir gehörigen Städte grösser gewesen sein. Ich habe auf der Karte den Namen der Stadt Vezir mit einem Fragezeichen versehen, weil über die Lage der Ruinen derselben unsere Nachrichten nicht genau sind.

Drei Monate, nachdem Ilbars-khan sich in Vezir festgesetzt hatte, eroberte er Urgendsch. Khiva, wo auch ein persischer Gouverneur war, zu nehmen gelang den Uezbegen erst, als sie aus ihrem Stammlande Verstärkung erhielten. Es kamen von dort die Söhne der Brüder Berke-Sultan's nach Urgendsch mit ihren Familien und ihrem Anhange. Von hier aus unternahmen sie Excursionnen in die Umgebungen von Khiva und Hazarasp. Die Qyzylbasch — so werden die Perser von den Sunniten genannt—sahen sich genöthigt, das Land zu verlassen und ausser den beiden genannten Städten fiel auch Khât in die Hände der Uezbegen, welche schon damals allen alten Einwohnern von Khârezm den Namen «Sarten» gaben.

Ich habe in meinem Aufsatze über das russische Turkestan (siehe Russ. Revue, I. Jahrgang, S. 24 — 59) meine Ansicht von dem Ursprunge und der Bedeutung dieses Namens ausgesprochen, jedoch vergessen folgendes gewichtvolle Zeugniss zu Gunsten dieser Ansicht anzuführen. In dem Wörterbuch Abuschka, welches die in Mir Ali Schirs dschagataisch geschriebenen Werken vorkommenden Wörter im Osmanli-Türkischen erklärt, wird «*Sart*» durch «*schehri*». d. i. städtisch wiedergegeben und diese Erklärung bestätigt vollkommen meine Ableitung des Wortes vom altiranischen *khskatre* = neupersischem *schehr*.

Nachdem die Uezbegen Herren von Khârezm geworden, versäumten sie nicht, auch bald Khorasan anzugreifen. „Schâh Ismail," heisst es bei Abulghâzi, „war damals bereits todt. Die Gouverneure in den persischen Grenzprovinzen im Norden der Khorasanischen Berge, bis Mehine und Derûn im Osten, in Schrecken gesetzt durch die Uezbegen, verliessen ihre Posten und ergriffen die Flucht. Die Uezbegen betrachteten sich daher als Herren eines ausgebreiteten Länderstrichs und jeder Fürst (Türe) hatte sein Gebiet, wo er seine Herrschaft befestigte. Von dort aus machten sie ihre Razzias, theils im Südosten nach Khorasan, theils im Westen nach den Turkmenenlande am Abulkahn-Gebirge (Balkan) und auf Mangyschlaq."

Die zahlreichen Fürsten aus der Familie Jadigârs lebten nicht sehr einig, im Gegentheil es begann, obgleich immer nur Einer Khan war, ein ununterbrochener Bruderkrieg. Gewöhnlich war der Khan, welcher als Apanage Urgendsch besass, der Beneidete und folglich der Angegriffene. Die Zwistigkeiten in der Familie gaben bald den Herrschern von Maverannahr Veranlassung, sich in die khârezmischen Angelegenheiten einzumischen. So wurde Urgendsch schon von Obeid-ullah-khan, welcher von 939(=1532 —335) bis 945(1539—1540) in Bukhara herrschte und an dessen Hofe Omar-Ghâzi-Sultan aus dem Geschlechte Jadigârs als Flüchtling lebte, eingenommen.

Fast alle lebenden Nachkommen Abul-kheir-khan's hatten sich dem Feldzuge Obeid-ullah's angeschlossen; Obeid-ullah gab Urgendsch seinem Sohne und führte die uezbegischen Stämme, welche um Urgendsch lebten, nach Maverannahr Auch die jungen Fürsten wurden nach Bukhara geführt, andere flohen nach Derûn in Khorasan, von wo aus sie mit Hülfe von Turkmenen aus dem Stamme Adaqly eine Expedition zur Wiedereroberung Khârezms unternahmen. Sie griffen zuerst Khiva und Hazarasp an, wo sie die bukharischen Gouverneure beseitigten. Davon unterrichtet, floh Obeid-ullah's Sohn aus Urgendsch zu seinem Vater, welcher Truppen sammelte und mit einem zahlreichen Heere gegen Khârezm zog, wo er eine Niederlage erlitt, obgleich seine Feinde über eine geringe Truppenzahl verfügten. Die in Maverannahr zurückgehaltenen Gefangenen kehrten nach Khârezm zurück. Darauf soll unter der Herrschaft Qâl-khans eine Zeit der Ruhe eingetreten sein: das Land erholte sich und die Lebensmittel wurden äusserst billig. Doch dies währte nur einige Jahre; nach Qâl-khan's Tode begann wieder der Bruderkrieg.

Bis zur Zeit, wo Jenkinson Urgendsch besuchte, lebte der erwählte Khan in dieser Stadt. Kurz vor Jenkinson's Ankunft erhielt der neu erwählte Khan, Hadschi-Muhammed-khan, Vezir als Apanage, das er aber neun Jahre später, als Ali-Sultan gestorben, gegen Urgendsch vertauschte und seinem Bruder Mahmud-Sultan gab.

In Khorasan, dessen nördlichen Theil mit den Städten Abiverd, Nessa'i, Derûn die Uezbegen besassen, wurden die Perser oft von ihnen belästigt. Um das Jahr 1570 machte, während Hadschi-Muhammed-khan nach Khorasan gezogen war, der berühmte Abdullah-khan, der Machthaber in Maverannahr, welcher im Namen seines Vaters Iskender-khan herrschte, einen Einfall in Khârezm, ohne aber Urgendsch zu nehmen. Bald darauf wiederholte er seinen Feldzug. Zuerst wandte er sich aber gegen Merv und Abiverd, so wie Nessai, deren er sich bemächtigte. Nur Derûn blieb den Uezbegen. Zum Winter kehrte Abdullah-khan nach Bukhara zurück, setzte aber schon im Januar seine Truppen von Neuem gegen Khârezm in Bewegung. Zuerst wurde Khiva genommen, dann zog er gegen Vezir, wo sich zehn der Fürsten, die minderjährigen ungerechnet, eingefunden hatten. Sie ergaben sich und Abdullah-khan setzte seine Gouverneure in Vezir, Urgendsch, Kât, Khiva und Hazarasp ein. Hadschi-Muhammed-khan mit zehn anderen Fürsten verliessen Derûn und begaben sich nach Iraq zu Schah Abbas I. Die Fürsten aber, welche von Abdullah-khan nach Maverannahr gekommen waren oder freiwillig dorthin gezogen waren, wurden von ihm getödtet: es waren ihrer zwölf, die im Stande waren die Waffen zu tragen und gegen zehn Knaben. In Urgendsch drückten die von Abdullah festgesetzten Steuern das Volk so sehr, dass Viele sich genöthigt sahen, ihre Söhne und Töchter zu verkaufen. Jedes männliche Glied der Familie, selbst die zehnjährigen Knaben mussten eine Kopfsteuer von dreissig Tenge (Silberstücke) zahlen.

Nach einiger Zeit bemächtigte sich Hadschi-Muhammed-khan, von Turkmenen unterstützt, der Stadt Urgendsch. Khiva wurde von einem seiner Neffen, Baba-Sultan, eingenommen; davon in Kenntniss gesetzt, verliessen Abdullah-khan's Gouverneure Kât und Hazarasp. Der von Hazarasp begegnete am Amu die Vorhut der Truppen Abdullah's, welcher auf dem Marsche nach Khorasan begriffen war. Statt dorthin ging man jetzt gegen Khârezm. Hadschi-Muhammed floh von Neuem zum Schah von Persien. Baba-Sultan wurde nach der Einnahme von Hazarasp getödtet. Im Jahre 1006 der Flucht (1597 — 1598 nach Chr. Geb.) starb Abdullah-khan und Hadschi-Muhammed kehrte wieder nach Urgendsch zurück. Er behielt Urgendsch und Vezir für sich, gab seinem Sohne Arab-Muhammed Khiva und Kât und dessen Sohne Isfendiar Hazarasp. Die von Abdullah-khan weggeführten Uezbegen kehrten auch zurück.

Hadschi-Muhammed-khan starb im Jahre 1602. Sein Sohn Süjünitsch-khan war unterdessen aus der Türkei zurückgekommen, wohin er während der Occupation Khârezms durch Abdullah-khan geflohen war, und hatte vom Vater Urgendsch und Vezir als Apanage erhalten, während dieser nach Khiva zu seinem jüngeren Sohne Arab-Muhammed-khan zog. Da Süjünitsch-Muhammed-Sultan und ein anderer Bruder desselben noch vor dem Vater starben, wurde nach dessen Tode Arab-Muhammed, der Vater des Geschichtsschreibers Abulghâzi, zum Khan ausgerufen. Kât und Hazarasp gab er seinem Sohne Isfendiar-Sultan.

In die Regierungszeit Arab-Muhammed-khan's fällt der Einfall uralischer Kosaken in das Gebiet von Urgendsch (1603). Es war im Monat Juni. Der Khan mit den Truppen waren am Amu, der damals schon nicht mehr in der Nähe von Urgendsch vorbeifloss (s. Heft 5. S. 471). Nach Abulghâzi's Bericht sollen tausend Einwohner von Urgendsch getödtet und tausend junger Männer und Mädchen weggeführt worden sein; ausserdem sollen die Kosaken noch tausend Wagen mit kostbarer Beute mitgenommen und den Rest der in der Stadt vorhandenen Waaren verbrannt haben. Auf ihrem Rückzuge wurden sie von Arab-Muhammed, der unterdess herbeigeeilt war, nach hartnäckigem Kampfe vernichtet. Sechs Monate nach diesem Einfalle erlitt Khârezm einen andern Ueberfall von Seiten der Qalmuq. Sie kamen beim Nordende des Scheich-, Dschelil-Gebirges ins Land und plünderten die Zeltlager an beiden Ufern des Flusses (des Laudân-Armes) bis zur Festung Tûk (s. Heft 5. S. 471). Die Beute und die Gefangenen, die sie gemacht, wurden ihnen abgejagt, von ihnen selbst aber fiel keiner in die Hände Arab-Muhammeds. Zehn Jahre später machten die Qalmuq einen zweiten Einfall und gingen mit reicher Beute und vielen Gefangenen davon.

Nachdem Arab-Muhammed vierzehn Jahre regiert, erlebte er den Aufstand zweier seiner Söhne, die erst im Alter von 14 und 16 Jahren waren und mit einem zahlreichen Anhange einen Einfall in Khorasan machten. Darauf überliess ihnen der Vater Vezir und die Turkmenenstämme, welche in dessen Umgegend lebten. Nach fünf Jahren bemächtigte sich aber einer dieser Söhne, Ilbars, Khiva's, während der Vater in Urgendsch war. Als der Vater gegen ihn ausgezogen war, schickte Ilbars Leute aus, die ihn gefangen nahmen und dem Sohne überlieferten. Dieser bemächtigte sich der vom Vater angesammelten Schätze, beraubte auch dessen Begs ihrer Güter, liess aber dem Vater das Leben. Die übrigen Söhne sammelten sich um den Vater und zwangen Ilbars zur Flucht auf den Ust-Urt. Anfangs unternahm der Khan nichts gegen Ilbars und dessen gleichgesinnten Bruder Habasch-Sultan, als er aber sich dazu entschloss, gerieth er in die Gewalt des Letzteren, der ihm die Augen ausstechen liess. Zu dieser Zeit floh Abulghâzi nach Samarkand, zu Imâm-Quli-khan, welcher von Tuqai-Timur, einem Sohne Dschudschi's abstammte. Die übrigen Brüder versöhnten sich mit Ilbars und Habasch-Sultan. Letzterer behielt Urgendsch und Vezir, Ilbars Khiva und Hazarasp und der geblendete Vater wurde in einer Festung gefangen gehalten. Im nächsten Jahre liess Ilbars den Vater, einen Bruder und zwei Neffen tödten. Ein anderer Sohn Arab-Muhammeds, Afghan-Sultan, wurde (im Jahre 1622) nach Russland geschickt, wo er 1648 starb. Sein Grabmal hat sich noch bis jetzt in Kassimow erhalten.

Sein Bruder Isfendiar-Sultan war, nachdem Hazarasp von Ilbars genommen worden war, an den Hof Schah Abbas I. gegangen. Als der Vater getödtet, kam er über Khorasan und die Abul-khan-Berge, wo sich ihm einige Turkmenen von den Stämmen Teke und Saryq anschlossen, in die Amu-Gegend, in die Nähe der Festung Tûk. Er fand bald einen bedeutenden Anhang unter den alten Dienern seines Vaters und einem grossen Theile der Bevölkerung. Doch musste er nach Mangyschlaq fliehen, wo sich ihm drei Tausend Turkmenen anschlossen, mit denen er gegen Urgendsch zog und nach dreiwöchentlichem Kampfe seine Feinde besiegte. Ilbars fiel in seine Hände und wurde getödtet. Habasch-Sultan floh zu den Qara-qalpaq am Sir, und von dort an die Ufer der Emba zu den dort lebenden Mangyt, deren Häuptling ihn an Isfendiar-Sultan auslieferte, welcher ihm das Leben nehmen liess. Im Jahre 1623 kam Abulghâzi nach Khiva, wo Isfendiar als Khan ausgerufen wurde. Er behielt für sich Khiva, Hazarasp und Kât, gab Abulghâzi Urgendsch und dem jüngsten Bruder Scherif-Muhammed Vezir.

Der neue Khan entliess nicht die Turkmenen, mit deren Hülfe er Herr des Landes geworden war. Solches geschah nicht umsonst, denn er benutzte dieselben, um ein Blutbad unter den Uezbegen, welche zwischen Hazarasp und Khast-Minaresi (östlich von Urgendsch) lebten, anzurichten, namentlich unter den Stämmen Uighur und Naiman. Da wollten die übrigen Uezbegen, welche um Urgendsch lebten, nach Maverannahr auswandern und liessen sich von ihrem Vorhaben nur zurückhalten, als Abulghâzi, der in Khiva gefangen gehalten wurde, freigelassen war. Darauf begann dieser einen Krieg mit Isfendiar-khan, wo der Sieg unentschieden blieb, was zur Folge hatte, dass die Uezbegen Urgendsch verliessen und nach Bukhara und Turkestan auswanderten. — Auch Abulghâzi begab sich nach Turkestan zum Khan der Qazaq, Ischim. Von dort ging er an den Hof Imâm-Quli-khan's, wo er eine Einladung der Turkmenen in Khiva, zu ihnen zu kommen, erhielt. Er folgte der Einladung, kämpfte mit seinen Brüdern und schloss mit denselben Frieden, doch dauerte derselbe nicht lange und die Turkmenen unterstützten von Neuem Isfendiar-khan, in dessen Gefangenschaft Abulghâzi gerieth und darauf von ihm nach Abiverd in Khorasan geschickt wurde. Von dort kam er nach Hamadan und Ispahan, wo er zehn Jahre blieb. Im elften Jahre floh er zu den Teke-Turkmenen, bei den Abul-khan-Bergen, wo er zwei Jahre blieb und darauf nach Mangyschlaq ging. Die hiesigen Turkmenen waren völlig ruinirt und standen unter der Botmässigkeit der Kalmüken. Der Fürst derselben liess ihn zu sich kommen und behielt ihn ein Jahr bei sich, worauf er ihn nach Urgendsch entliess. Dies geschah im Jahre 1641.

Sechs Monate darauf starb Isfendiar-khan. Ein Jahr später wurde Abulghâzi in der Aralgegend, um das jetzige Qungrad, zum Khan von den Uezbegen, welche aus Maverannahr unterdessen zurückgekehrt waren, ausgerufen. Die Turkmenen von Khiva erkannten abermals als Herrscher des Landes den Bruder des verstorbenen Imam-Quli-khan, Nadir-Muhammed-khan, an. Dieser schickte seine Militär-Gouverneure nach Khiva und Hazarasp, welche die Verwaltung in den Händen der von Isfendiar dazu bestimmten Leute liessen, wodurch die Einnahme vom Lande den Turkmenen blieb. Abulghâzi machte aus dem Aral-Lande häufige Einfälle in das Gebiet von Khiva. Als Nadir-Muhammed von den eigenen Begs entthront und sein ältester Sohn Abdul-aziz zum Khan ausgerufen worden war, zogen sich die bukharischen Truppen aus Khiva in ihre Heimath zurück. Da kam denn, im Jahre 1644, Abulghâzi nach Khiva, liess über die Turkmenen ein Blutbad ergehen und machte ihre Frauen und Kinder zu Sklaven. Auch gegen diejenigen Turkmenen, welche Khiva zeitig verlassen, sowie gegen andere unternahm er Vernichtungszüge; ferner zog er zwei Mal gegen die Kalmüken zu Felde und machte einige Einfälle in das bukharische Gebiet.

Wir haben hier dem Leser ein Stuck uzbegischer Geschichte vorgeführt. Schwerlich wird er von dem ihm gebotenen Bilde besonders erbaut sein. Im Gegentheil, dasselbe wird in ihm die Ueberzeugung wecken, dass der Nomade türkischen Bluts zum Leben in cultivirten Ländern nicht geschaffen sei, denn er ist weder anhaltender Arbeit, noch der Herrschaft fähig. Das Herrschen wird er wohl niemals lernen, das Arbeiten, das Produciren vielleicht erst unter einer starken und strengen Regierung. Ohne die eingeborenen Sarten und ohne die bestädige Zufuhr von persischen Sklaven wäre die Oase von Khârezm wohl längst schon untergegangen. Der Handel ist fast ausschliesslich in den Händen der Sarten. Die Gärten werden von Sarten und in den Besitzungen der Uezbegen von persischen Sklaven bestellt. Ackerbau treiben auch die Uezbeg, Qaraqalpaq und Qazaq, sowie einige Turkmenenstämme, ohne aber das Leben im Zelte aufgegeben zu haben.

Wir wollen die auf einander folgenden Regierungswechsel seit Abulghâzi's Tode nicht verzeichnen, da sie kein Interesse bieten. Aus der Geschichte Khârezms im achtzehnten Jahrhunderte beschränken wir uns darauf, der von Peter dem Grossen gegen Khiva ausgerüsteten Expedition, unter der Leitung des Fürsten Bekewitsch-Tscherkaskij, sowie der Einnahme von Khârezm durch Nadir Schah zu erwähnen. Erstere fand bekanntlich im Jahre 1717 statt und endete unglücklich. Die Geschichte derselben ist neuerdings von K. E. von Baer in seiner Schrift «Peter's des Grossen Verdienste um die Erweiterung der geographischen Kenntnisse» behandelt worden.[1] Nach dieser Expedition gab aber Peter den Wunsch, Handelsverbindungen mit Innerasien und womöglich bis Indien anzuknüpfen, keineswegs auf. So wurde, um Handelsbeziehungen einzuleiten und zugleich über die unruhigen Bewegungen in Persien Berichte zu erhalten, dorthin ein neuer Gesandter geschickt. Nach Bukhara wurde im März 1718 der gewandte Italiener *Florio Benevini*[2], welcher 1725 über Khiva zurückkehrte, abgefertigt. Der damalige Khan von Khiva, *Schir-ghâzi*, hatte einen gefährlichen Nebenbuhler an Schah-Temir-Sultan, welcher seinen Anhang im Aral-Lande hatte. Auch im südlichen Khârezm hatten sich viele Städte für ihn erklärt. Die Geschichte der Gesandtschaft Benevini's ist höchst lehrreich und sein Tagebuch und seine Berichte geben uns ein anschauliches Bild von den damaligen Zuständen in den Oxus-Ländern und von üzbegischer Wirthschaft überhaupt. Wer diese Quellen, sowie die Berichte anderer Augenzeugen über die erwähnten Länder kennen gelernt, dem wird es gewiss nicht einfallen, an die Möglichkeit einer Neutralisirung des untern Flussgebiets des Amu zu denken. Ein solcher Gedanke ist jedoch vor weniger als einem Jahre in einer sehr verdienstvollen, der Erdkunde gewidmeten Zeitschrift ausgesprochen worden. Am Ende des vorigen Jahrhunderts (1793) ward auf die Bitte der Regierung in Khiva, ein deutscher Arzt aus St. Petersburg dorthin gesandt. Derselbe äussert sich folgendermaassen über die dortigen Verhältnisse: «Ich muss bemerken, dass man den Khivesen nicht im Geringsten trauen darf. Treubruch ist bei ihnen gewöhnlich, und Christen gegenüber halten sie denselben für eine Gott wohlgefällige That. Da man ausserdem bei ihnen jeden Tag

[1] „Beiträge zur Kenntniss des Russischen Reiches" u. s. w. Sechszehntes Bändchen. St. Petersburg, 1872 (8°) S. 175—206. Ausser Müller's Sammlung russischer Geschichten (Th. VII) ist eine auf Grund von Acten verfasste Monographie über diese Expedition von *Dimitrij Golossow* (im Wojennij Sbornik für 1861) von Herrn von Baer benutzt worden. Vor zwei Jahren wurden aus dem Archiv des Generalstabs auf Bekewitsch's Expedition bezügliche Acten herausgegeben.

[2] Benevini's in italienischer Sprache während seines Aufenthalts in Khiva geführtes Tagebuch, sowie seine Berichte an den Kaiser sind im IX. Bande der (alten) „Sapiski" (1853) der Geogr. Gesellschaft als Beilage zu einer umfassenden Arbeit von *A. Popow* über die Beziehungen Russlands zu Khiva und Bukhara zu Peter's des Grossen Zeit veröffentlicht. Hier ist auch die Geschichte der Expedition Bekewitsch's gegeben.

innere Unruhen zu befürchten hat, so entstehen nicht selten solche Verwickelungen, dass auf eine Beobachtung der von ihnen eingegangenen Verpflichtungen und Vereinbarungen gar nicht zu rechnen ist.» An einer andern Stelle heisst es: «Das Gefühl der Ehre hat nie eine khivesische Seele erfüllt, wovon mich zu überzeugen ich während meines Aufenthalts daselbst Gelegenheit hatte.» Als Blankennagels ärztliche Hülfe nicht mehr nöthig war, war man in Khiva darauf bedacht, ihn umzubringen. Seine siebzehn Pferde hatte man ihm bei der Ankunft, unter dem Vorwande sie auffüttern zu wollen, abgenommen und ihm nur eins, statt der anderen aber schlechte Mähren zurückgegeben. Nur sein entschlossenes Auftreten rettete ihn. Er erinnerte die Khivesen an die Rache Nadir-Schah's, dessen Gesandte der damalige Khan in Khiva, Ilbars, hatte umbringen lassen.[1] Nadir, nachdem er in Bukhara eingezogen und dem dortigen Khan, Abulfeiz, den Thron gelassen und mit dessen Tochter seinen Neffen vermählt, hatte vom Khan in Khiva verlangt, dass er sich unterwerfe. Mit Nadirs Gesandten schickte auch Abulfeiz von sich welche, die die Forderung Nadir's zu erfüllen riethen. In seinem blinden Uebermuthe und wahrscheinlich auf die isolirte Lage seines Landes trotzend, hatte Ilbars die Gesandten umbringen lassen. Nachdem Nadir die Festung Khanqâh, wo sich Ilbars auf's Aeusserste vertheidigte, genommen, liess er ihn und die Theilnehmer am Morde der Gesandten hinrichten. Zum Khan machte Nadir einen Verwandten Abulfeiz-khan's, einen gewissen Tahir, welcher von Dschingizkhan abstammte. Die Einwohner von Khiva hatten, während Nadir vor Khanqâh stand, den Khan der kleinen Qazaq-Horde, Abulkheir-khan, welcher Russland sich unterworfen hatte, zum Khan ausgerufen (1740). Anfangs erklarte er Nadir gegenüber, dass das Land seiner Suzeränin, der Kaiserin von Russland, gehöre, bald darauf floh er aber vor Nadir. Bald nach dessen Abzuge wurde Tahir von den Khivesen getödtet, welche Abul-kheirs Sohn, Nar-Ali-Sultan, beriefen, der aber die Ufer des Amu verliess, als er hörte, dass ein persisches Heer heranrücke. Nadir ernannte nun zum Khan in Khiva den Sohn des von ihm hingerichteten Ilbars. Ferner ist bekannt, dass um das Jahr 1750 ein Sprössling aus der Familie der Khane der Qazaq, Ka'ip, der Sohn Batyr-Sultans, Khan war. Zu Blankennagels Zeit galt

[1] Blankennagels Bericht ist vom Professor *B. Grigorjew* in dem Bulletin („Wjestnik") der Kais. Russ. Geographischen Gesellschaft, Band XXII. Abth. II S. 87—116 mit sehr werthvollen Anmerkungen herausgegeben.

als Khan in Khiva Ka'ips Sohn, Abulghâzi. Das Land wurde von den angesehensten üzbegischen Stammesältesten, Inaq genannt, verwaltet. Das Haupt dieser Verwaltung war Ajaz-beg, aus dem Stamme Qungrad, der seinen Sitz in Khiva hatte. Sein Sohn Iltezer schaffte die «Khans fainéants» ab und nahm selbst den Khan-Titel an. Sein Bruder Muhammed-Rahim, von welchem der gegenwärtige Khan in Khiva abstammt, vollendete die einheitliche Regierung; er herrschte von 1802 oder 1803 bis 1825. Ihm folgte sein Sohn Allah-Quli (bis 1842), mit dem J. Abbott, als er 1839 im Auftrage der englischen Regierung Khiva besuchte, verhandelte. Nach Allah-Quli regierten seine beiden Söhne Rahim-Quli (etwas über zwei Jahre) und Muhammed-Enim, welcher im Jahre 1855 im Kriege gegen die Perser, bei Serakhs, unweit Merv, fiel. In demselben Jahre hatte Khârezm fünf Khane, von denen der gegenwärtige Khan, Seid-Muhammed, der Sohn Rahim-Quli's abstammt. Das von Serakhs zurückkehrende Heer hatte einen Vetter Muhammed Emin's ausgerufen. Er starb in kurzer Zeit im Kampfe gegen die Turkmenen. In Khiva wurde sein Bruder Qutluq-Murad zum Khan ausgerufen, die Turkmenen riefen Ata-Murad aus dem Stamme der Jomuden, die Qazaq und Qaraqalpaq den Qaraqalpaqen Dscharlyq-Türe zum Khan aus. Qutluq-Murad wurde von seinem Onkel ermordet, worauf denn Muhammed den Ark in Khiva als Khan bezog.—Münzen wurden in Khârezm seit der Zeit, wo die Khane der Goldenen Horde von Sarai sie daselbst prägen liessen, erst im Anfange dieses Jahrhunderts, mit dem Auftreten der gegenwärtigen Qungrader Dynastie, wieder geprägt. Die ältesten bekannten Münzen dieser Dynastie sind aus den Jahren 1216 und 1217 der Hidschret (1801—1803 n. Chr. Geb.).[1] Vor dieser Zeit bis in's XIV. Jahrhundert hinauf sind uns keine in Khârezm geprägten Münzen bekannt. Während der Herrschaft von Jadigâr's Nachkommen in Kharezm scheinen im Lande nur fremde, vorzüglich maverannahrische Münzen in Umlauf gewesen zu sein. Abulghâzi, als er einmal anführt, dass während Abdullah-khans Herrschaft in Urgendsch das Volk dreissig Silberstücke für den Kopf Steuer zu zahlen hatte, bemerkt dabei, dass ein Silberstück (Tenge) von Abdul-

[1] Im IV. Bande der Arbeiten („Trudy") der orientalischen Abtheilung der hiesigen Archäologischen Gesellschaft hat im J. 1859 Herr Akademiker *Weljaminow-Sernow* eine Monographie über bukharische und khivesische Münzen veröffentlicht. Einen Nachtrag dazu lieferte Herr Professor *Grigorjew* im Bulletin („Iswestija") derselben Gesellschaft, wo auch die im J. 1858 oder 1859 (1275 der Hidschret) geprägte Münze eines ephemeren Khans, Muhammed-Renah's, der in Qungrad erstanden war, beschrieben ist.

lah-khans Gepräge damals mehr als einen Aschrefi werth gewesen wäre. Also wurden die Abgaben in maverannahrischen Münzen gezahlt.

Die finanziellen Verhältnisse des gegenwärtigen Khârezm sind nichts weniger als glänzend. Das Volk ist arm, namentlich in dem nördlichen Theile des bebauten Landes. Der Handel ist unbedeutend, da die Einwohner des Landes geringe Bedürfnisse haben und selbst die Vornehmen, die Würdenträger und Verwandten des Khans, bei den Kaufleuten stark verschuldet sind. Der Transithandel, der früher in Urgendsch sein Emporium hatte, existirt nicht mehr; von den Producten des Landes wird ins Ausland fast nur Baumwolle (nach Russland) und dazu in unbedeutender Quantität abgesetzt. In zehn Jahren (1840 — 1849) wurde aus Khiva nach Orenburg rohe und verarbeitete Baumwolle nur für 1,101,436 Rbl. 10½ Kop. eingeführt, an anderen Waaren, als Rauchwaaren, Leder, Krapp, Teppichen u. s. w., in demselben Zeitraum für nicht mehr als 295,753 Rbl. 49½ Kop. Von uns bezieht Khiva hauptsächlich Metalle roh und verarbeitet (Kupfer, Eisen und Gusseisen) Baumwollenstoffe und Wollenstoffe, Farben, raffinirten Zucker. Die in den angeführten zehn Jahren aus Russland nach Khiva ausgeführten Waaren repräsentirten einen Werth von 1,232,789 Rbl. 67 Kop. Mit Bukhara und Persien ist der Handel Khiva's unbedeutender als mit uns.

Die geringe Einnahme, welche in die Staatskasse fliesst, geht fast ganz auf die Besoldung der erbärmlichen Kriegsmacht des Beherrschers von Khârezm und auf die Geschenke an seine Beamten. Die Küche des Khans selbst und seiner Frauen und Kinder kostet nicht mehr als 1,500 Rbl. jährlich. Wie ärmlich man in Khiva lebt, wird einem recht anschaulich, wenn man die Aussagen derjenigen unserer Landsleute liest, welche dort Jahre lang in der Gefangenschaft gelebt. So erzählte Gruschin, welcher eine Vertrauensperson am Hofe Muhammeds-Rahim-khans war: „In Khiva werden Rinder und Pferde schlecht gefüttert; selbst die Rosse des Khans stehen Tage lang ohne Futter. Doch das darf Einen nicht wundern, wenn man weiss, dass der Khan seinen Frauen das Brod nach Gewicht verabfolgen lässt .... Viele der Frauen des Khans schicken die Ueberreste ihres Pillaws auf den Bazar und kaufen für die eingelösten Groschen Seide und andere Kleinigkeiten. Thee wird im ganzen Palast nur vom Khan getrunken: meist ist es kalmückischer Ziegelthee, selten anderer. Nur zwei Mal in der Woche geniesst er ihn mit Zucker. Die Frauen und Kinder des Khans erhalten niemals Thee.“ Ein anderer

Beobachter khivesischer Verhältnisse, Iwan Rezanow, welcher längere Zeit bei einem Sohne Muhammed-Rahim-khans, Seïd-Mahmud-Türe, lebte, erzählt von der Mutter dieses Prinzen, die die bevorzugte Gemahlin seines Vaters war, dass sie sehr reich gewesen sein müsse, da sie die Reisgrütze, welche sie aus der Küche des Khans (wo, beiläufig gesagt, eine Russin, Anna Wassiljewna, Köchin war) bezog, an ihre Mägde weggab, und ihr und der Kinder Mittagsbrod selbst auf ihrem Zimmer bereitete. Die übrigen Frauen des Khans dürfen sich solchen Luxus nicht erlauben: sie leben nothdürftig und schicken die von ihnen gestickten Mützen zum Verkauf auf den Bazar." Als eines besondern Luxusartikels im Besitze der genannten Gemahlin des Khans erwähnt Rezanow eines Shawls im Werthe von zwanzig Goldstücken (Tillae) oder 80 Thalern!

So viel ich während meines kurzen Aufenthalts in der unmittelbaren Nähe der Residenzstadt des Seïd Muhammed Bahadur Khan khivesische Verhältnisse beobachten konnte, dürften die oben angeführten Aussagen nicht übertrieben sein. So wurde unsere Gesandtschaft bei ihrer Ankunft in Gœndûmgân mit einem Souper, welches aus einer Milchsuppe mit Nudeln aus Weizenmehl bestand, bewirthet. Dieselbe Speise erschien auch nach einem sehr einfachen Pillaw bei dem officiellen Diner beim Kuschbegi. Als wir auf unserer Fahrt den Amu Darja hinauf bei Neu-Urgendsch angekommen waren, wurde uns ein kleines Fest gegeben; das Geld zur Bestreitung der Kosten desselben musste bei den Kaufleuten von Neu-Urgendsch von der Regierung geliehen, oder was wahrscheinlicher ist, erpresst werden.

Während ich diese Zeilen niederschrieb, haben die Zeitungen die Nachricht von der Einnahme von Hazarasp gebracht. General Werewkin ist von Qungrad bei Qytai fast ohne Widerstand vorgerückt. Auch die Residenzstadt wird jetzt schon in den Händen unserer Krieger sein. Der Khan wird entweder in die Wüste geflohen oder, mit zu später Reue, sich dem Oberbefehlshaber der russischen Truppen ergeben haben, wenn nicht noch im letzten Augenblicke, seine eigenen Unterthanen ihm das Leben genommen haben.

Ich habe der Beziehungen Khiva's zu Russland während der letzten Jahre hier nicht erwähnt, weil sie in unserer Tagespresse hinreichend besprochen worden sind. Früher. als andere mittelasiatische Khanate hatte Khiva noch zu Peters des Grossen Zeiten die Suzeränität Russlands anerkannt. Obgleich es unser nächster Nachbar in Mittel-Asien, war ihm seine Selbstständigkeit bis auf den heutigen Tag gelassen. Auf seine geographische Lage trotzend, blieben die dortigen Machthaber, mit uezbegischer Kurzsichtigkeit, auch dem starken Nachbar gegenüber, bis auf die letzte Zeit bei der Politik eines Raubstaates, während wir uns begnügten, sie mit der Courtoisie europäischer Diplomatie zu behandeln. Weniger als unsere Beziehungen zu Khiva neuester Zeit sind die älterer, und am wenigsten in der Literatur des Auslandes, bekannt. Unsere eigene Literatur dagegen bietet für die Geschichte dieser Beziehungen im vorigen Jahrhundert ein ziemlich reiches Material, dessen Verarbeitung manche im Umlauf befindliche irrige Ansicht über unsere Stellung in Central-Asien berichtigen dürfte. Für den Augenblick fehlt es mir an Musse, einer solchen Arbeit mich zu unterziehen. Ich habe auf den vorstehenden Seiten mich hauptsächlich auf die historischen Verhältnisse Khârezms beschränkt, weil diese am Wenigsten oder fast gar nicht bekannt sind. Aus der physischen Geographie habe ich einige Punkte der Oxus-Frage hervorgehoben, weil, seitdem ich diese Frage in der Literatur verfolge, es mir schien, dass die vorliegenden historischen Nachrichten, welche zu ihrer Lösung beitragen können, nicht hinreichend benutzt worden sind. Als Verkehrsmittel wird der Oxus wohl schwerlich jemals eine Bedeutung erhalten. Der Schwerpunkt seiner Bedeutung liegt vielmehr in der Möglichkeit, durch ihn der Wüste mehr Culturland abzugewinnen. Das wird auch geschehen, sobald die politischen und socialen Verhältnisse an seinen Ufern nicht mehr so trostlos sein werden, wie sie es seit einer Reihe von Jahrhunderten bis jetzt waren.

Materiellen Gewinn haben wir von der Eroberung Khârezm's nicht zu erwarten. Ausser den bedeutenden Kosten der gegenwärtigen Expedition — an eine Contribution ist in Khiva nicht zu denken —, werden unserm Staate aus dieser Eroberung neue Sorgen und neue materielle Opfer erwachsen, welche nur durch den Gewinn, den die Wissenschaft aus dem Lande, zu dem jetzt der freie Zutritt für ihre Pioniere eröffnet ist, ziehen wird, aufgewogen werden können. Die hiesige Geographische Gesellschaft hat noch im Anfang dieses Jahres eine Reihe wissenschaftlicher Fragen aus der Geographie, Ethnographie und Culturgeschichte in Bezug auf Khiva veröffentlicht, zu deren Beantwortung Beiträge von Theilnehmern an der Expedition gegen Khiva zu erwarten wären.

P. LERCH.

St. Petersburg, den 14/26 Juni 1873.

Kleine Mittheilungen.

AREAL UND BEVÖLKERUNG DES KAUKASUS IM JAHRE 1871.

(Zusammengestellt und mitgetheilt vom Kaukasischen Statistischen Comité.)

Gouvernements und Kreise.	Areal.		Bevölkerung. In den Städten.		Bevölkerung. In den Kreisen.		Bevölkerung. Im Ganzen.	Einwohner auf	
	□ Meile.	□ Werst.	Männl.	Weibl.	Männl.	Weibl.		1 □ Meile.	1 □ W.
I. Gouv. Stawropol.									
Kreise:									
Stawropol	273,67	13,231,1	13,084	11,004	79,362	76,896	180,346	658,9	13,6
Pjätigorsk	214,09	10,356,1	5,706	3,888	40,653	39,461	89,708	419,2	8,7
Nowogrigorjewsk	240,68	11,646,7	—	—	42,409	40,323	82,732	343,7	7,1
Nomaden-Gebiet	559,30	27,064,9	—	—	47,047	37,285	84,332	150,5	3,4
Zusammen	1287,67	62,299,0	18,790	14,892	209,471	193,965	437,118	339,5	7,0
II. Kuban-Gebiet.									
Kreise:									
Jeïsk	327,40	15,839,0	16,533	12,992	55,574	52,511	137,610	420,7	8,7
Temrjuk	284,80	13,752,5	4,704	4,372	54,268	50,028	113,372	398,6	8,3
Jekaterinodar	202,20	9,785,2	8,693	8,929	54,645	53,388	125,655	621,4	12,8
Batalpaschin	496,70	24,032,9	—	—	81,635	78,114	159,749	321,6	6,6
Maikop	386,40	18,695,7	7,958	5,403	63,917	58,560	135,838	351,6	7,3
Zusammen	1,697,00	82,105,3	37,888	31,696	310,039	292,601	672,224	397,2	8,2

III. Terek-Gebiet.									
B e z i r k e:									
Georgijewsk	398,70	19,287,9	1,304	1,039	61,002	57,686	121,031	303,6	6,5
Wladikawkas (mit der Stadt Mosdok)	196,40	9,501,9	9,668	7,578	61,482	57,641	136,369	694,4	14,3
Grosnensk	157,80	7,638,9	1,438	1,193	55,035	51,047	108,713	688,9	14,2
Argun	51,00	2,471,0	—	—	11,196	11,093	22,289	437,0	9,0
Kisljar	137,40	6,648,0	5,123	4,144	10,997	10,015	30,279	220,3	4,6
Chasaw-Jurt	99,00	4,791,4	—	—	25,180	21,792	46,972	474,5	9,8
Weden	28,70	1,389,6	—	—	10,082	9,502	19,584	682,4	14,8
Zusammen	1,069,00	51,728,6	17,533	13,954	234,974	218,776	485,237	453,9	9,4
IV. Daghestan-Gebiet.									
Stadthauptmannschaft Derbent:									
Stadt Derbent	4,99	241,5	8,531	6,719	—	—	15,250	3,553,1	73,3
Umgebung			1,389	1,091	—	—	2,480		
B e z i r k e:									
Temir-chan-schura	110,74	5,358,9	3,744	1,350	32,020	29,720	66,834	603,5	12,3
Gunib	67,34	3,258,8	—	—	22,661	23,917	46,578	691,5	14,8
Kasikumuch'scher	37,64	1,820,7	—	—	16,322	18,342	34,664	920,9	19,2
Andischer	63,09	3,053,1	—	—	17,531	18,250	35,781	567,1	11,7
Awarscher	27,59	1,335,2	—	—	13,427	17,118	30,545	1,107,1	22,2
	53,10	2,569,5	—	—	20,990	21,090	42,080	792,5	16,2

Gouvernements und Kreise.	Areal. □ Meile.	Areal. □ Werst.	Bevölkerung. In den Städten. Männl.	In den Städten. Weibl.	In den Kreisen. Männl.	In den Kreisen. Weibl.	Im Ganzen.	Einwohner auf 1 □ Meile.	Einwohner auf 1 □ W.
Darginscher	29,90	1,447,2	—	—	32,918	31,033	63,951	2,138,8	44,2
Kürinischer	58,15	2,813,6	—	—	30,287	28,671	58,958	1,018,9	20,9
Ssamurischer	66,63	3,224,1	—	—	27,073	24,105	51,178	768,1	15,9
Zusammen	519,17	25,122,9	3,664	3,160	213,229	212,246	448,299	863,5	17,3
	72,29	3,497,4	— *)	—	30,717	26,085	56,802	785,8	16,2
V. Gouv. Tiflis.									
Kreise:									
Tiflis	192,66	9,322,5	38,626	23,498	62,096	52,706	176,926	918,3	18,2
Ssignach	93,98	4,545,2	5,355	5,244	38,496	34,619	83,714	891,2	18,4
Telaw	145,55	7,043,1	3,303	2,963	41,458	37,564	85,288	585,9	12,1
Gori	123,78	5,989,5	2,855	2,564	61,483	56,763	123,665	999,1	20,7
Duschet	78,04	3,776,7	—	—	28,355	26,448	54,803	702,2	14,3
Achalzig	98,84	4,783,2	7,362	6,622	35,640	32,564	82,188	831,5	17,2
Zusammen	732,90	35,460,5	57,501	40,891	267,528	240,664	606,584	827,8	17,1
VI. Gouv. Baku.									
Kreise:									
Baku	71,15	3,457,1	8,978	6,670	21,673	21,427	58,748	822,2	16,9
Schemacha	118,55	5,768,3	13,353	11,466	45,066	42,678	112,563	949,5	19,5

*) Ueber die städtische Bevölkerung fehlen die Angaben.

Kuban	130,20	6,300,7	7,336	5,937	74,931	64,665	152,869	1,174,1	24,3
Lenkoran	97,77	4,731,0	2,892	2,534	41,645	38,330	85,401	873,5	18,1
Dschewad	203,30	9,837,5	—	—	21,498	15,956	37,454	184,3	3,3
Goktscha	86,55	4,156,9	—	—	30,096	26,760	56,856	656,9	13,7
Flecken Saljani, Kreis Dschewad	—	—	4,947	4,722	—	—	9,669	—	—
Inseln	0,72	34,3	—	—	—	—	—	—	—
Zusammen	708,54	34,286,3	37,506	31,329	234,909	209,816	513,560	724,9	14,2
VII. Gouv. Eriwan.									
Kreise:									
Eriwan	59,81	2,865,0	8,415	6,590	33,576	32,120	80,701	1,363,0	28,2
Nachitschewan	118,10	5,714,7	4,670	3,945	42,840	36,750	88,205	746,9	15,4
Alexandropol	70,35	3,405,0	11,792	8,832	39,110	34,636	94,370	1,341,4	27,7
Neubajasid	111,02	5,372,3	2,561	2,324	31,327	29,212	65,424	589,3	12,2
Etschmiadsin	138,76	6,714,6	—	—	62,465	56,666	119,131	858,5	17,7
Stadt Ordubat	—	—	2,519	1,651	—	—	4,170	—	—
Zusammen	497,44	24,071,8	29,957	23,342	209,318	189,384	452,001	908,7	18,4
VIII. Gouv. Kutaiss.									
Kreise:									
Kutaïss	61,21	2,963,4	6,869	5,407	62,678	61,969	136,923	2,235,8	46,2
Osurgeti	39,44	1,928,5	844	641	31,443	26,626	59,554	1,494,8	30,9
Scharopansk	55,41	2,682,6	—	—	62,495	55,101	117,596	2,121,1	43,4
Ratschinsk	95,[illegible]	4,635,3	—	—	25,880	25,024	50,904	531,4	11,0
Sugdid	53,22	2,575,5	—	—	47,466	45,461	92,927	1,746,1	36,5

Gouvernements und Kreise.	Areal. □ Meile.	Areal. □ Werst.	Bevölkerung. In den Städten. Männl.	In den Städten. Weibl.	In den Kreisen. Männl.	In den Kreisen. Weibl.	Im Ganzen.	Einwohner auf 1 □ Meile.	Einwohner auf 1 □ W.
Ssenak	30,55	1,477,5	—	—	51,804	44,995	96,799	3,168,8	65,7
Letschgum	42,00	2,032,5	—	—	26,445	21,517	47,962	1,141,9	23,9
Hafenstadt Poti	—	—	1,755	1,271	—	—	3,026	—	—
Zusammen	378,08	18,295,3	5,468	7,319	308,211	280,693	605,691	1,602,0	33,1
IX. Gouv. Jelissawetopol.									
Kreise:									
Jelissawetopol	229,33	11,097,0	10,128	6,085	42,694	36,381	95,288	415,6	8,6
Nucha	127,94	6,190,5	13,393	12,093	61,788	51,681	138,955	1,086,1	22,3
Schuscha	136,74	6,617,3	11,015	9,132	54,524	43,289	117,960	862,7	17,8
Sangesur	152,31	7,371,1	—	—	48,049	39,102	87,151	572,2	11,9
Kasach	148,25	7,173,7	—	—	50,061	39,997	90,058	607,5	12,6
Zusammen	794,57	38,449,6	34,536	27,310	257,116	210,450	529,412	666,3	13,9
X. Ssuchumscher Bezirk.									
Stadt Ssuchum							1,161		
Bezirke:	132,55	6,427,9	—	—	—	—		532,2	10,9
Otschemtschir							38,458		
Pizunda							31,082		
Zusammen	132,95	6,427,9	—	—	—	—	70,701	532,2	10,9

XI. SCHWARZE-MEER BEZIRK.									
Stadt Noworossiïsk. . . .	96,00	4,645,5	1,118	763	—	—	1,881	163,6	3,5
„ Anapa.			2,681	2,356	—	—	5,037		
Die unter dem Curatorium für die Ansiedelungen am Ufer d. Schw. Meeres bestehenden Abtheilungen.			—	—	5,208	3,577	3,785		
Zusammen . . .	96,00	4,645,5	3,799	3,119	5,208	3,577	15,703	163,6	3,5
Im Ganzen im Kaukasischen und Transkaukasischen Gebiete	7,985,41	386,390,1	260,642	203,012	2,280,720	2,078,257	4,893,332	612,8	12,6

Literaturbericht.

Mémoires de l'Académie Impériale des sciences de St Pétersbourg. VII-e Série. Tome XIX, № 4.

Die Sammlung Cesnola, beschrieben von *Johannes Doll*. Mit siebzehn Steindrucktafeln. 1873.

Die Neigung, die Wurzeln der griechischen Kunst in Assyrien und Aegypten zu suchen, war vor nicht langer Zeit weit verbreitet. Gewisse Aehnlichkeiten der ältesten griechischen und aegyptisch-orientalischen Kunstwerke liessen die ersteren als Sprösslinge der letzteren erscheinen, besonders da ein Verkehr hauptsächlich zwischen Griechenland und Aegypten schon für das mythische Zeitalter bezeugt war. Maassgebend war bei diesen Combinationen das berechtigte Streben, wie man eine vergleichende Sprachwissenschaft besass, so auch eine vergleichende Archäologie der Kunst zu schaffen und dadurch den innern Zusammenhang der Kunstentwickelung bei den verschiedenen Völkern der alten Welt nachzuweisen.

Dass jene Versuche bei der Mangelhaftigkeit des zur Vergleichung wirklich tauglichen Materials nur unsichere Ergebnisse lieferten, zum Theil über das Ziel hinausschossen, ist unbestreitbar. Von um so grösserem Werthe ist es daher, wenn eine bedeutende Anzahl von Kunstwerken der gelehrten Forschung zugänglich gemacht wird, die einem Boden entstammen, auf welchem nachweislich orientalische, aegyptische und griechische Kunst und Cultur sich berührten.

Dieses Verdienst hat sich in vollstem Maasse *J. Doell* durch Beschreibung der Sammlung Cesnola erworben. Dieselbe wurde von Luigi de Cesnola, dem Consul der Vereinigten Staaten von Nordamerika in den Jahren 1866 — 1870 in Cypern zusammengebracht. Da diese Insel frühzeitig von griechischen und phönicischen Colonisten bewohnt, vorübergehend den Assyriern unterworfen, lange dem aegyptischen, später dem persischen Reiche Tribut zollte, so fanden sich auf derselben, wenngleich vereinzelt, schon in früheren Zeiten Kunstwerke und Inschriften, welche diesen verschiedenen Nationen ihren Ursprung verdanken, daneben Münzen und Inschriften in einer local cyprischen Sprache.

Im März des Jahres 1870 erhielten die cyprischen Alterthümer einen ungemein reichen und werthvollen Zuwachs durch die Ausgrabung der Skulpturwerke des Tempels von Golgoi. Neben geringfügigen architektonischen Ueberresten kamen 230 Statuen und Statuetten, 531 Köpfe, zahlreiche Reliefs und andere Alterthümer zum Vorschein. Noch im Juni desselben Jahres wurde J. Döll von der Direction der Kaiserlichen Eremitage nach Cypern gesandt, um die gefundenen Kunstwerke zu untersuchen und über den Ankauf der Sammlung für die Kaiserliche Eremitage mit dem Besitzer zu unterhandeln. Da über den Ankauf sich eine Verständigung nicht erzielen liess, so ist die Sammlung nach London geschafft worden und nunmehr in amerikanischen Besitz übergegangen.[1]

Der vorliegende Catalog wurde von J. Döll während eines achtwöchentlichen Aufenthalts in Larnaka angefertigt und dient wesentlich dazu, die lithographirten Abbildungen der Kunstwerke zu ergänzen. Er giebt Aufschluss über die Art der Aufstellung der Statuen, über die Spuren von Bemalung, über die Art der Arbeit und Erhaltung und über alle sonstigen Dinge, welche die Abbildungen allein nicht lehren können. Ausserdem hat der Verfasser in der Einleitung allgemeine Bemerkungen über die Körperhaltung und die Bekleidung der Statuen niedergelegt. Die erstere ist in den meisten Fällen starr und conventionell und nur bei der Minderzahl der Statuen verräth die Stellung der Beine und die Haltung der Arme einen freischaffenden Künstler. Die Gewandung dagegen schreitet von dem glatt herabfallenden Kleide bis zu künstlerisch freier Behandlung des griechischen Doppelgewandes fort.

Dass wir dies, z. B. bei No. 123 (T. VI, 4) mit den conventionell regelmässigen Stirnlöckchen vereinigt finden, beweist, dass ein die freiere Form beherrschender Künstler absichtlich am alten Typus festhielt. Interessant ist, um noch Eins von Vielem hervorzuheben, die Aehnlichkeit des Hüftschurzes bei No. 39 (T. II, 7) mit dem des cyprischen Torsos im Berliner Museum, welchen Stark besprochen hat. Beide tragen das Medusenhaupt mit breitgedrückter Nase und herausgesteckter Zunge zur Abwehr des bösen Blicks. Wir haben es also hier, wie bei den verschiedenen, dem Heraklesmythus angehörigen Darstellungen mit griechischen Elementen zu thun.

Die Beschreibung der Sammlung Cesnola beansprucht kein anderes Verdienst, als das, eine nützliche Vorarbeit für Untersuchungen über die cyprische Kunst zu sein. Dieser Zweck ist vollständig erreicht, denn die Genauigkeit und Treue, mit der die Kunstwerke durch Wort und Bild zur Anschauung gebracht werden, gewähren dem Forscher einen sicheren Boden. Das in reichem Maasse gebotene neue Material bietet hinsichtlich der Attribute und Ornamente viel Neues und wird es ermöglichen, richtiger darüber zu urtheilen, wie weit das aegyptische Princip strenger Regelmässigkeit und Gesetzmässigkeit und der Geist der griechischen Kunst, in welcher von Anfang an als lebenskräftiger Keim das Streben nach Bewegung, Freiheit und Individualisirung lag, sich gegenseitig beeinflusst haben.

---

[1] Neueren Nachrichten zufolge, die aus zuverlässiger Quelle stammen, ist das Schiff, auf dem die Sammlung Cesnola verladen war, bei Beirut untergegangen; einen um so grösseren Werth hat daher die hier besprochene Publication des Herrn Doell über diese Sammlung.

Vambéry, Herrmann. Centralasien und die englisch-russische Grenzfrage. Gesammelte politische Schriften. Leipzig. F. A. Brockhaus. 1873. VIII + 351. SS. 8°.

Die hier veröffentlichten, auf die „centralasiatische Frage" bezüglichen politischen Aufsätze des bekannten Reisenden in Khiva und Bukhara sind während der Jahre 1867 bis 1873 in „Unsere Zeit" zuerst erschienen.

Herr Vambéry hat bekanntlich seit der ersten Ausgabe seiner „Travels in Central Asia" (London 1864, bei John Murray) es sich zur besondern Aufgabe gemacht, die Engländer vor der Gefahr zu warnen, die ihnen für ihren Besitz Indiens aus Russlands sich erweiternder Machtstellung in Central-Asien erwachse. Wir glauben, dass die englische Regierung über die Lage der Dinge in Central-Asien im Allgemeinen und speciell über die Machtverhältnisse Russlands daselbst besser unterrichtet ist, als Herr Vambéry es sein kann. Erstens stehen ihr zahlreiche Berichterstatter, welche die Länder zwischen dem Himalaya und Thianschan, von den Ufern des Indus bis zu denen des Sir (Jaxartes) besuchen, zu Gebote; zweitens hat sie in St. Petersburg ihre Vertreter, die Alles, was bei uns über unsere centralasiatischen Besitzungen veröffentlicht wird, selbst wenn es in russischer Sprache gedruckt ist, lesen können. Die Bibliothek des „East-India-Office" sammelt seit einigen Jahren Alles, was in Russland über Central-Asien erscheint und früher erschienen ist, und wenn die Hälfte dieser verhältnissmässig ziemlich umfangreichen Literatur Herrn Vambéry bekannt wäre, würde er vielleicht begreifen, dass Russland als unmittelbarer Nachbar der centralasiatischen Länder in die Nothwendigkeit versetzt ist, die anarchischen Zustände in denselben nicht dulden zu dürfen Auch kann er überzeugt sein, dass man bei uns in maassgebenden Kreisen keine Zukunftspolitik treibt, sondern nur das thut, was der Augenblick gebietet und die Verhältnisse gestatten. Ferner täuscht sich Herr Vambéry, wenn er meint, dass England, von der Befugniss gar nicht zu reden, in der Lage sei, der ferneren Erweiterung unserer Machtstellung in Central-Asien irgend welche Schranken setzen zu können. Er mag sich noch so sehr über die tauben englischen Ohren, denen er predigt, alteriren, die britische Regierung wie die Nation wissen sehr gut, dass sie zunächst um ihre indischen Besitzungen sich zu kümmern und dafür Sorge zu tragen haben, dass die Fortschritte, welche die Cultur in diesen Ländern seit einem Jahrhunderte unter ihrer Aegide gemacht hat, stets auch im Wachsen begriffen seien.

Die in dem hier angezeigten Buche abgedruckten Aufsätze behandeln folgende Themata: 1) Die Rivalität Russlands und Englands in Central-Asien. Allgemeiner Ueberblick seit 1864 (erschien in „Unsere Zeit" 1867); 2) Neue Fortschritte Russlands in Central-Asien (1868); 3) Persien und die Türkei (1868); 4) Herat und die mittelasiatische Frage (1869); 5) Die socialen Umgestaltungen im Innern Asiens (1870); 6) Russlands Stellung in Mittelasien und die Revision des Pariser Vertrags von 1856 (1870; auch besonders,

Leipzig, bei F. A. Brockhaus, 1871. 95 SS. 8°); 7) der neueste Standpunkt der mittelasiatischen Frage (1871); 8) ein mahommedanischer Eroberer in Asien (1872); 9) der russische Feldzug gegen Chiwa (1873).

Weniger parteiisch als in den anderen verhält sich Vambéry Russland gegenüber in dem letzten Aufsatze, der die Ursachen und möglichen Folgen des damals, als der Aufsatz geschrieben wurde, erst in Aussicht genommenen Feldzuges gegen Khiva behandelt. Er giebt zu, dass Russland zu einer agressiven Politik Khiva gegenüber sich gezwungen sah, er gesteht uns sogar das Recht zu, die drei Khanate Khokand, Bukhara und Khiva mittelbar oder unmittelbar zu beherrschen. P. Lerch.

Hellwald, Friedrich von. Die Russen in Centralasien. Eine Studie über die neueste Geographie und Geschichte Centralasiens. Augsburg. A. F. Butsch's Verlag. 1873. VII + 233. SS. 8°.

Herr von Hellwald hat das Thema, welchem dieses Buch gewidmet ist, bereits vor vier Jahren in einer Schrift, die unter demselben Titel erschien, behandelt („die Russen in Centralasien". Eine geographisch-historische Studie. Wien. Im Verlage des Verfassers. 1869. 121 S. 8° mit einer Uebersichtskarte. Aus der «Oesterreichischen Militärischen Zeitschrift» abgedruckt). Die neue Schrift ist durch die Besprechung der neuesten Ereignisse, welche der Absendung der Expedition nach Khiva vorangingen, gegen die frühere erweitert; auch werden einige geographische Fragen, die früher unerörtert geblieben sind, z. B. die Oxusfrage, behandelt. Wir theilen hier die Ueberschriften der einzelnen Capitel mit: I. Die russischen Forschungen in Mittelasien. II. Die Landschaften Centralasiens. III. Wüsten- und Steppenbilder. IV. Die Landschaften am Ssyr- und Amu-Darjà. V. Das centralasiatische Hochland. VI. Die Völker Turân's. VII. Russlands erste Schritte in Centralasien. VIII. Der Krieg mit Chokan. IX. Die Ereignisse bis zur Errichtung des Generalgouvernements Turkestân. X. Der Kriegszug nach Samarkand. XI. Die Operationen gegen Chiwa. XII. Die Ereignisse in Afghânistân. XIII. Die Rivalität Russlands und Englands in Asien.

Herrn Hellwalds «Russen in Centralasien», obgleich fast gleichen Inhalts mit Vambéry's oben angezeigtem Buche, sind nicht so tendenziös wie dessen darin enthaltene Aufsätze. Er bemüht sich der Objectivität und es ist zu bedauern, dass ihm die Kenntniss der russischen Sprache abgeht und er daher genöthigt ist, den Stoff zu seiner «Studie» aus secundären und tertiären Quellen zu schöpfen. Doch glaube ich, dass selbst bei der Unkenntniss des Russischen, aus Petermanns «Geographischen Mittheilungen» aus dem «Journal» und den «Proceedings» der Londoner Geographischen Gesellschaft, der Berliner «Zeitschrift für Erdkunde» und endlich selbst aus den «Mittheilungen der Wiener Geographischen Gesellschaft» eine vollständigere Uebersicht der russischen Forschungen in Mittelasien sich gewinnen liesse, als die, welche Herr v. Hellwald im ersten Capitel seiner Schrift giebt. Die neue Ausgabe derselben, obgleich vier Jahre nach der ersten erschienen, giebt über das im ersten Capitel behandelte Thema nicht viel mehr als diese. Auch ist zu bemerken, dass der Verfasser manches Buch anführt, ohne es gesehen zu haben. So wird von ihm bemerkt, dass Oberst Yule Marco Polo's Reisen im Auftrage der Hakluyt Society in London herausgegeben habe; diese Ausgabe ist aber von John Murray verlegt. Ein anderes Werk Yule's über centralasiatische Reisen, nämlich «Cathay and the Way Thiter», ist von der Hakluyt Society in zwei Bänden herausgegeben.

In Betreff der Geschichte des Oxus und des Aralsee's vertritt H. v. Hellwald Sir Henry Rawlinsons Ansichten. Wenn er Menander's Bericht selbst nachgelesen hätte, würde er nicht dem Verfasser einer Besprechung von «Yule's Marco Polo» in der «Edinburgh Review» nachgeschrieben haben, dass Yule (in seinem «Cathay») die Geographie der Expedition des Zemarchos gänzlich missverstanden habe.

In dem Schlusscapitel seiner Studie spricht Herr v. Hellwald Zweifel über eine lange Dauer der englischen Herrschaft in Ost-Indien aus. Das Resultat, zu dem er am Ende seiner Betrachtungen gelangt, lautet folgendermaassen: «Die russische Politik kann in Asien drei verschiedene Ziele verfolgen, welche indess keine das andere ausschliessen: das erste, die Eroberung Indiens, ist das aller unwahrscheinlichste; das zweite, der Versuch die orientalische Frage von Osten her zum Austrag zu bringen, ist möglich; das dritte, das Erstreben der Handels-Hegemonie in Asien und damit der Eintritt in den Welthandel, ist positiv.»

Zum Schlusse müssen wir noch bemerken, dass die gegenwärtige Ausgabe von Herrn v. Hellwald's «Russen in Centralasien» zum Nachtheile des Verfassers eine sehr eilfertige ist. Einige Veränderungen gegen die frühere Ausgabe, welche der Zeitunterschied verlangte, hätten wohl angebracht werden können. So ist fast am Ende des Buches der Passus: «Eben vier Jahre sind es her, seitdem Vambéry .... die Aufmerksamkeit Europa's und besonders Englands auf Russlands geräuschloses Vordringen in Transoxanien gelenkt hat» unverändert aus der ersten Ausgabe in die zweite übergegangen.

P. Lerch.

Revue Russischer Zeitschriften.

„Der Europäische Bote" (Westnik Jewropy—Вѣстникъ Европы). Zeitschrift für Geschichte, Politik und Literatur. Herausgegeben und redigirt von *M. Stassjulewitsch*. Achter Jahrgang Fünftes Buch. Mai 1873. Inhalt:

I. Märchen von Dickens.—The life of Charles Dickens, by John Forster, vol. II. 1842 – 1852 I–III. von *L. A. Polonsky*. (S. 5 bis 42). — II. Neueste Polemik der Sektirer. I. von *D. J. Troitzky*. (S. 43—73). — III. „Ultimo". Novelle von *Fr. Spielhagen*. VIII — XIII. (S. 74—121). — IV. Neueste Geschichte Oesterreichs. I Zehn Jahre der Reaction: Ministerium Schwarzenberg-Bach. 1849—1859. I. - II. von *W. D. Spassowitsch*. (S. 122—157). — V. Der Blinde. Gedicht von Gr. *A. K. Tolstoi*. (S. 158—165). — VI. Praktische Philosophie des XIX. Jahrhunderts. Les discours de M. le Prince de Bismarck. VII—IX. von *Eug. Utin*. (S. 166—222). — VII. Charakteristik der in der Literatur vertretenen Ansichten von den zwanziger bis zu den fünfziger Jahren. Historische Umrisse. VIII. Belinsky. Von *A. N. Pypin*. (S. 223 — 274). — VIII. Darwins Theorie und Fragen der Pädagogik. A. Decandolle, Histoire des sciences et des savants, depuis deux siècles. Von Baron *N. A. Korff*. (S. 275—311). — IX. Chronik. — Die alle Stände umfassende Apathie. — Gedanken in Bezug auf die alle Stände umfassenden Wolostj. Von *E. L. Markow*. (S 312—349).—X. Innere Umschau. — Neue Frage über die Raskolniki.— Gerichtliche Beispiele. — Die Unumgänglichkeit eines Gesetzes für die Civilehe. — Das Verhältniss der Kirche zur Spaltung (Raskol).— Der Rechenschaftsbericht des Ober-Procureurs vom heil. Synod für das Jahr 1871. — Die Bekehrung und die Predigt. — Geistliche Schulen und ihre Einnahmen. — Der Kriegszug nach Chiwa und der Anfang der militärischen Actionen. — Die St. Petersburger Stadtobrigkeit.— Brief des Grafen A. P. Schuwalow an die Redaction.—„Uebrigens". — (S. 350 — 376). — XI. Neues Reglement für die Gymnasien in Bezug auf die Prüfung in denselben. Von *P. N.* (S. 377 — 381). — XII Rundschau im Auslande. — Ankunft des Kaiser Wilhelm. — Die Veränderung der österreichischen Constitution. — Das neue Wahlgesetz. — Uebereinkunft mit Galizien. — Die Resultate der Privatwahlen in Frankreich. — Remusat und Barodet. — Die kirchlichen Gesetze.—Die Lage des Elsass. (S. 382—399).—XIII. Pariser Correspondenzen. —Die Candidatur von Remusat und Barodet. Von *N.* (S. 400 — 415). — XIV. Florentine. Correspondenz.— Die Kunst in Italien. Von *D. C.* (S. 416 —423). — XV. Neueste Literatur. — Sittliche Verantwortlichkeit. — Old fashioned Ethics and common — sense Methaphysics with some of their applications, by *W. T. Thornton*. (S. 424—441). — XVI. Neue Bücher. — Lettres à la Princesse. par *C. A. Sainte-Beuve*. (S 442 — 443). — XVII. Die gesellschaftliche Hygiene. — Sammlung von Arbeiten über die gerichtliche Medicin. 1872. Band I. und II. 1873. Bd. I. Von *W.* (S 444 — 450). — XVIII. Blüthen auf pseudo-classischem Boden. — Herrn Kutorha's Gedanken „über die Wissenschaft und ihre Bedeutung im Staate". Von *D. E.*—XIX. Nachrichten von der Gesellschaft zur Unterstützung hülfsbedürftiger Literaten und Gelehrten. — XX. Bibliographisches Intelligenzblatt (auf dem Umschlage).

Russische Bibliographie.

Stephani, Ludolf. Die Alterthümer von Kertsch in der Kaiserlichen Eremitage. Erläuternder Text zu den photographischen Abbildungen, herausg. von **Carl Röttger**. Liefg. 1. 4°. St. Petersburg. (**Стефани, Лудольфъ**. Керченскія древности въ Императорскомъ Эрмитажѣ. Объяснит. текстъ къ фотографическимъ снимкамъ, изд. К. Реттеромъ. Вып. I. Спб. 4 д.) 20 S.

Gesetze für Pressangelegenheiten. Sammlung von jetzt rechtskräftigen gesetzlichen Bestimmungen für Pressangelegenheiten, erläutert durch die Entscheidungen der Cassations-Departements und durch die Circulare des Ministers des Innern. 8°. St. Petersburg. (Законы о печати. Собраніе дѣйствующихъ законодательныхъ постановленій о печати, разъясн. по рѣшеніямъ Кассаціонныхъ Д-товъ и циркулярамъ Министра В. Д. Спб. 8 д.). 266 S.

Sabelin, J. Versuche zum Studium der russischen Alterthümer und Geschichte. Theil II. 8°. Moskau. (**Забѣлинъ, Ив.** Опыты изученія русскихъ древностей и исторіи. Ч. II. 8 д.). 506 S.

Moskau. Ausführliche historische und archäologische Beschreibung der Stadt. Herausg. von **A. Martynoff**. Bd. II. 4° und 18 Tafeln Abbildungen. Moskau. (**Москва.** Подробное историческое и археологическое описаніе города. Изд. **А. Мартынова**. Т. II. **Москва.** 4 д. и 18 л. рис.). 221 S.

Fadejeff, R. Unsere Militärfrage. Militärische und politische Aufsätze. 8°. III. St. Petersburg. (**Фадѣевъ, Ростиславъ.** Нашъ военный вопросъ. Военныя и политическія статьи. Спб. 8 д. III). 369 S.

Meteorologische Beobachtungen, angestellt während der Weltumseglung des Kriegsschiffes „Kamtschatka" unter Führung des Capitains Golownin in den Jahren 1817, 1818 u. 1819. 4°. IV. St. Petersburg. (Метеорологическія наблюденія, производившіяся во время кругосвѣтнаго плаванія шлюпа „Камчатка" подъ командой кап. Головнина въ 1817, 1818 и 1819 гг. Спб. 4 д. IV. и 1 карта). 263 S.

Bericht über die Thätigkeit der Kaiserl. Freien Oekonomischen Gesellschaft im Jahre 1872. 8°. St. Petersburg. (Отчетъ о дѣйствіяхъ Императорскаго Вольнаго Экономическаго Общества за 1872 г. Спб. 8 д.). 92 S.

Schenurin, W. Das Lootsenwesen des Ladoga-See's. 8°. II. St. Petersburg. (**Шенуринъ, В.** Лоція Ладожскаго озера. Спб. 8 д. II). 107 S.

Korff, Baron **N. A.** Unsere Schulfrage. Sammlung von Aufsätzen über Leitung der Schulen. 8°. Moskau. (**Корфъ, Н. А.**, баронъ. Наше школьное дѣло. Сборникъ статей по училищевѣдѣнію. Москва. 8 д.). 430 S.

Grot, J. Die Streitfragen der russischen Rechtschreibekunst von Peter dem Grossen bis heute. 8°. St. Petersburg. (**Гротъ, Я.** Спорные вопросы русскаго правописанія отъ Петра В. донынѣ. Спб. 8 д.). 162 S.

—Philologische Forforschungen. Materialien zu einem Wörterbuch, zur Grammatik und Geschichte der russischen Sprache. 8°. St. Petersburg. (Филологическія розысканія. Матеріалы для словаря, грамматики и исторіи русскаго языка. Спб. 8 д.). 668 S.

Dubitzky, J. Ueber Copernicus als Arzt, Geograph, Geometer, Diplomat und Philosoph-Astronom. 12°. Riga. (**Дубицкій, I.** О Коперникѣ, какъ врачѣ, географѣ, геометрѣ, дипломатѣ и философѣ-астрономѣ. Рига. 12 д.). 56 S.

Herausgeber und verantwortlicher Redacteur Carl Röttger.

Дозволено цензурою. С-Петербургъ, 21-го іюня 1873 года.

Buchdruckerei von Röttger & Schneider, Newsky-Prospect No. 5.